评价科学研究与应用丛书

2021-2022
中国大学及学科专业评价报告

中国科教评价研究院　　（杭电）
中国科学评价研究中心（武大）
浙江高等教育研究院　　　　　　　◎研发
高教强省发展战略与评价研究中心（浙江智库）
"金平果"评价网（www.nseac.com）

邱均平　汤建民　赵蓉英　杨思洛　邱作谋　等　◎著

- 92类专业详细解读
- 556个排行榜独家发布
- 2461所高校竞争力全面比较

科学出版社
北京

内 容 简 介

本书以中国科教评价研究院（CASEE，杭电）为主，联合中国科学评价研究中心（RCCSE，武大）和"金平果"评价网（中国科教评价网，www.nseac.com）共同研发，由邱均平等著。全书共分三部分：第一部分为中国大学及学科专业评价工作概述及评价结果的简要分析，包括中国大学教育地区竞争力排行榜、中国"双一流"大学竞争力排行榜、部属院校竞争力排行榜、地方院校竞争力排行榜（前20%）、中国本科院校竞争力总排行榜、中国民办本科院校竞争力排行榜、中国独立学院竞争力排行榜、中国高职高专教育地区竞争力排行榜、中国高职高专院校竞争力排行榜、中国大学科技创新竞争力排行榜（100强）、中国大学人文社会科学创新竞争力排行榜（100强）、中国大学分类型竞争力排行榜（前20%）、22所职业本科院校竞争力排行榜、9所中外合作办学竞争力排行榜。第二部分为中国大学本科教育分学科门类竞争力排行榜、中国大学本科教育分专业类竞争力排行榜和中国大学本科教育分专业竞争力排行榜。第三部分为中国本科院校各类排名结果、专业等级分布、优势专业及联系方式。

本书全面、系统、公正、客观地评价了中国内地2461所大学的实力和水平。其评价指标合理、方法科学、数据准确、内容丰富、信息量大、资料翔实、权威性高、适用面广，可供政府管理部门、高等院校、教育研究机构、培训机构，以及广大学生和家长等社会各界人士阅读、使用。

图书在版编目(CIP)数据

中国大学及学科专业评价报告 2021—2022 / 邱均平等著. —北京：科学出版社，2021.1

（评价科学研究与应用丛书）

ISBN 978-7-03-067955-0

Ⅰ. ①中⋯ Ⅱ. ①邱⋯ Ⅲ. ①高等学校-评价-研究报告-中国-2021—2022 ②高等学校-学科-评价-研究报告-中国-2021—2022 Ⅳ. G649.28

中国版本图书馆 CIP 数据核字（2021）第 018839 号

责任编辑：朱丽娜 / 责任校对：何艳萍
责任印制：师艳茹 / 封面设计：润一文化

科学出版社 出版
北京东黄城根北街16号
邮政编码：100717
http://www.sciencep.com

天津文林印务有限公司 印刷
科学出版社发行 各地新华书店经销

*

2021年1月第 一 版　开本：890×1240 1/16
2021年1月第一次印刷　印张：26 3/4
字数：666 000

定价：68.00元
（如有印装质量问题，我社负责调换）

中国大学及学科专业评价报告 2021—2022 编委会

主　编	邱均平
副主编	汤建民（常务）　赵蓉英　杨思洛　邱作谋 董　克　刘　宁　祖文玲　张　蕊　宋艳辉 潘云涛　岳卫平
著　者	邱均平　汤建民　赵蓉英　杨思洛　邱作谋 董　克　刘　宁　祖文玲　潘云涛　岳卫平 周贞云　张　蕊　宋艳辉　张裕晨　田　京 卢　坚　徐明月　吴静超　周子番　陈丽婷 刘　姝　周子番　韩晓林　王　芮　沈　超 丰鹏萱　徐培培　崔腾腾　赵艺翔　魏开洋 任生婷　卢全梅　孟炎镕　凌　茜　陈　诚 高　翔　谭志民　孙月瑞　刘思辰　陈歆琦 赵　琪　张沛浩
研发单位	中国科教评价研究院　（CASEE，杭电） 中国科学评价研究中心（RCCSE，武大） 浙江高等教育研究院（ZAHE） 高教强省发展战略与评价研究中心（浙江智库） "金平果"评价网（www.nseac.com）
合作单位	中国科学技术信息研究所 科睿唯安科技信息服务（北京）有限公司

前　言

随着高等教育管理体制改革的不断深入，我国普通高等学校的办学规模迅速扩大，办学质量和科研水平也逐步提高，为我国的社会进步和经济发展提供了有力的人力资源保障。与此同时，市场机制逐渐被引入高等教育管理，高校之间的竞争和人才市场的竞争日趋激烈。社会各界都迫切希望更加全面、系统地了解和掌握各高校的教学质量、科研水平及其在同类高校中的地位和影响。如何科学、合理、客观、公正地评价高校及其学科专业的质量和水平，是政府部门、高校领导、广大教师、学生和家长以及社会人员都十分关注的重要问题，也是摆在教育评价机构工作人员面前的一项非常重要而紧迫的任务。国家教育部专门发文强调管、办、评分离，要求实行第三方评价。一份具有社会公信力的大学及学科专业评价报告，可以为政府管理部门的宏观管理和决策提供定量依据，为各高校准确定位、发挥比较优势、明确改革方向提供翔实的参考，为广大考生选择适合自己的大学和专业提供报考指南，为社会各界了解高校、引导社会资金在高等教育领域的合理流动提供快速通道。这对于推动我国高等教育的改革和发展，快速推进世界一流大学和一流学科建设，提高高等教育质量和水平，促进高校的准确定位与有序竞争，满足广大考生和家长的信息需求，推进高教强国战略和实现社会和谐发展都具有重要的指导意义和参考价值。

武汉大学中国科学评价研究中心是我国高等院校中第一个综合性的科技与教育评价研究中心，是集科学研究、人才培养和评价咨询服务于一体的湖北省人文社会科学重点研究基地。邱均平资深教授担任首任院长12年，首创了"金平果"评价品牌。本着"加强社会评价，提高教育质量，促进竞争发展，服务和谐社会"的宗旨，自2004年起，按年度连续发布《中国大学及学科专业评价报告》、《中国研究生教育及学科专业评价报告》、《世界一流大学和一流学科评价研究报告》和《中国学术期刊评价研究报告》（两年一期），受到国内外的高度重视和广泛认可。

邱均平教授是以"四大评价报告"为标志的《金平果（邱门）排行榜》商标品牌的创立者、负责人和首席专家，为我国科教评价事业的发展作出了重要贡献。2017年，杭州电子科技大学创办了中国科教评价研究院（以下简称"评价院"），特邀请邱均平教授担任院长，与武汉大学中国科学评价研究中心合作，继续开展大学及学科专业评价工作。

2020年下半年，中国科教评价研究院、浙江高等教育研究院组织开展2020年中国大学及学科专业评价工作，并于近日完成了《中国大学及学科专业评价报告2021—2022》。我们以教育部公布的最新《2020年全国高等学校名单》为依据，结合学校的实际招生情况，将具有普通高等教育招生资格的1040所普通

＊本书公布了我国大学及其学科门类、专业类的最新排名，专业的排名结果及更多详细信息请登录杭州电子科技大学中国科教评价研究院网站（http://casee.hdu.edu.cn）和中国科教评价网（www.nseac.com）查询。

本科院校（包括42所一流大学，794所一般大学，204所民办本科院校）、190所独立学院、9所中外合作办学、22所职业本科院校、1429所高职高专作为此次大学评价的对象。同时，我们还按照教育部公布的《普通高等学校本科专业目录（2012年）》，对普通本科院校的专业、专业类和学科门类进行了评价。

本次评价在传承多年评价经验和做法的基础上，结合实际情况做了大量的改进和创新，主要体现在以下六个方面：

第一，与时俱进，重构了"政治标准、业务标准、效益标准"三结合的教育评价体系。突出"双一流"背景，坚持质量第一、效益优先和国际化为重的评价标准。在科技创新和人文社会科学创新竞争力评价中，一直以"投入—产出—效益"为主线，坚持绝对量指标与相对量指标相结合，保证评价结果的准确性和公信力。在本次大学评价中，我们坚持突出"双一流"建设背景和要求，对包含一流高校和一流学科的140所院校作为新的类型单独做出评价。在专业评价中我们更加看重增量，即上次大学评价到现在的时间区间内学校的进步，而在大学评价方面则充分考虑存量，即学校已有的各项基础性指标，以质量、效益和国际化为导向开展评价。特别是中共中央、国务院印发《深化新时代教育评价改革方案》后，我们构建了"政治标准、业务标准和效益标准"三结合的新的大学评价指标体系。

第二，增加"部属院校"和"地方院校"评价排行榜。由于我国部属院校和地方院校办学定位不同，培养方向差异巨大，所以我们将国内本科院校进行部属/地方院校区分，以形成更精准、更科学的评价结果。其中部属院校114所，地方院校1116所。同时对一流大学建设计划中的42所大学作为一个新的类型类评价，并首次测定和公布这些大学的发展指数，以便衡量其建设成效。

第三，评价内容全面、系统，是目前国内最系统、最详尽、最权威的大学评价。本书的评价对象覆盖了教育部最新公布的所有普通本科院校、民办院校、独立学院和高职高专院校，涉及院校总数达到2461所，而且还从多个方面评价了1230所本科高等院校分10种类型、12个学科门类和92个专业类的实力和水平。从地区、学校、学校类型、科技创新竞争力、人文社会科学创新竞争力、学科门类、专业类、专业等角度共产生了600多个排行榜，多视角、多层次、全方位地展示我国大学及学科专业的创新与发展现状。限于篇幅，本书只公布门类、专业类和专业排行榜的前20%，完整、详尽的评价结果将在中国科教评价网（www.nseac.com）发布。

第四，继续采用得分、排名与等级相结合的表示方法，但对5★级进行了细分，更能满足各类用户的需要，并保持评价结果表达的合理性和充分性。在民办院校、独立学院、高职高专院校及学科专业评价中，我们按照高校教育的分布特点、集中与离散分布规律（二八律），将各培养单位在该排行榜中的竞争力依次分为5个等级，并用星级表示：①5★为具有重点优势竞争力的单位，即排在最前面10%的培养单位（其中，排在前1%（含1%，下同）的为5★+级，前1%以后至5%的为5★级，5%以后至10%的为5★-级）；②4★为具有优势竞争力的单位，占总数的10%，即排在10%~20%的单位；③3★为具有良好竞争力的单位，占总数的30%，即排在前20%~50%的单位；④2★为具有一般竞争力的单位，占总数的40%，即排在前50%~90%的单位；⑤1★为具有较差竞争力的单位，占总数的10%，即排在90%~100%的单位。对于排在5★的高校，给出名单并列出排名；对于排在4★的高校，按排名给出名单，对于排在3★、2★和1★的高校，只列出个数，不再列出高校名单。为了使内容重点突出，兼顾全面性，同时避免本书过于厚重，降低读者购买成本，书中只列出中国"双一流"大学排名、部属院校排名、地方院校总排名（前20%）；对于中国民办本科院校、独立学院和高职高专院校的排名，给出5★和4★的高校名单并列出排名，3★高校名单及2★和1★高校数量。另外需要说明的是，本次评价中各高校的得分均精确到了小数点后6位，但在本书中限于篇幅，得分仅保留到了小数点后两位。

第五，为了体现"分类评价，同类比较"的原则，更充分的满足读者的需求，我们对全国的本科院校的教育竞争力分类型进行了评价。2004年，教育部下发《普通高等学校基本办学条件指标（试行）》，将高等学校划分为6种类型。本次评价在以往经验的基础上，将所有培养单位分为10种类型：综合类、理工类、农林类、医药类、财经类、语言·政法类（简称文法类）、师范类、民族类、艺术类、体育类。本次评价还对部分高校的性质类型进行了调整，以更加符合该校发展的实际情况。通过对不同类型的高校进行评价和排序，最终得到"中国大学分类型竞争力排行榜"。这样，本次评价结果更加细化，更加具有可比性，更加有利于广大读者对同类型的高校进行分析和比较。

第六，编排结构科学合理，读者查阅非常方便。本书第一部分公布2021年中国大学教育竞争力排行榜，提供每所院校的总排名及在所属地区（省、自治区、直辖市）和同类型高校中的排名，如某省某所大学在该省中的排名、某综合性大学在综合类大学中的排名等。第二部分公布2021年中国大学本科教育竞争力排行榜，提供每所院校的学科门类、专业类和专业在全国所有开设相应专业类院校中的排名。第三部分介绍中国本科院校各类排名结果、专业等级分布、优势专业及联系方式等。首先，按中国大学教育地区竞争力进行排列；其次，在每一地区，按照一流大学、一般大学、民办院校、独立学院的顺序进行介绍；最后，将一流大学、部属院校、地方院校、民办院校按本次评价结果的名次顺序编排，详细给出每所学校在各类排行榜中的名次、专业等级分布、5★和4★专业名单、学校联系方式等（学校的地址、邮编、网址、联系电话等信息均从学校官方网站获得，为了方便读者使用，尽量提供该学校招生办的网址或电话）。

本书是"金平果"排行榜（中评榜）评价品牌的四大评价报告之一。《中国大学及学科专业评价报告2021—2022》由杭州电子科技大学中国科教评价研究院、武汉大学中国科学评价研究中心、"金平果"评价网（中国科教评价网）的多位专家、博士、硕士鼎力合作，共同研究、联合撰著而成，参编人员详见编委会名单。中国科学技术信息研究所、科睿唯安科技信息服务（北京）有限公司作为合作单位提供了数据支持和帮助。科学出版社有关领导对本书的出版给予了大力支持；付艳、朱丽娜等编校人员为本书的编辑出版付出了大量辛勤劳动。在此，我们一并致以衷心的感谢！

中国科学评价研究中心（武大）创始人、首届主任
"金平果"评价品牌创立者、首席专家和知识产权人
杭州电子科技大学资深教授、教育学和管理学博士生导师
中国科教评价研究院（杭电）院长
浙江高等教育研究院 院长
数据科学与信息计量研究院 院长
高教强省发展战略与评价研究中心（浙江智库）主 任

邱均平

2020年12月31日于杭电下沙校区

目 录

前言

第一部分 2021年评价工作概述及中国大学本科教育竞争力排行榜

2021年中国大学及学科专业评价的基本做法
　与结果分析 …………………………………… 3
中国大学教育地区竞争力排行榜 ………………… 19
中国"双一流"大学竞争力排行榜 ……………… 20
部属院校竞争力排行榜 …………………………… 22
地方院校竞争力排行榜（前20%） ……………… 24
中国本科院校竞争力总排行榜 …………………… 26
中国民办本科院校竞争力排行榜 ………………… 30
中国独立学院竞争力排行榜 ……………………… 31
中国高职高专教育地区竞争力排行榜 …………… 32
中国高职高专院校竞争力排行榜 ………………… 33
中国大学科技创新竞争力排行榜（100强） …… 37
中国大学人文社会科学创新竞争力
　排行榜（100强） …………………………… 39
中国大学分类型竞争力排行榜（前20%） ……… 41
22所职业本科院校竞争力排行榜 ……………… 44
9所中外合作办学院校竞争力排行榜 ………… 45

第二部分 2021年中国大学本科教育分门类、专业类和专业竞争力排行榜

中国大学本科教育分学科门类竞争力排行榜 …… 49
中国大学本科教育分专业类竞争力排行榜 …… 59
中国大学本科教育分专业竞争力排行榜 ……… 96

第三部分 中国本科院校各类排名结果、专业等级分布、优势专业及联系方式

北 京 市

一流大学

10003	清华大学 …………………………… 199	14430	中国科学院大学 …………………… 200
10001	北京大学 …………………………… 199	10027	北京师范大学 ……………………… 200
10002	中国人民大学 ……………………… 200	10006	北京航空航天大学 ………………… 200
		10007	北京理工大学 ……………………… 201
		10019	中国农业大学 ……………………… 201

代码	学校	页码		代码	学校	页码
10008	北京科技大学	201		10020	北京农学院	210
10004	北京交通大学	202		10018	北京电子科技学院	211
10005	北京工业大学	202		10042	国际关系学院	211
10054	华北电力大学	202		12453	中国劳动关系学院	211
10013	北京邮电大学	203		10037	北京物资学院	211
10034	中央财经大学	203		11149	中华女子学院	211
10010	北京化工大学	203		14019	北京警察学院	211
10023	北京协和医学院	204		**民办院校**		
10053	中国政法大学	204		11418	北京城市学院	211
10028	首都师范大学	204		12802	吉利学院	212
10022	北京林业大学	204		**江 苏 省**		
10033	中国传媒大学	204		**一流大学**		
10036	对外经济贸易大学	205		10284	南京大学	213
11414	中国石油大学（北京）	205		10286	东南大学	213
10045	中央音乐学院	205		10285	苏州大学	213
10047	中央美术学院	205		10287	南京航空航天大学	214
10052	中央民族大学	205		10288	南京理工大学	214
11413	中国矿业大学（北京）	206		10294	河海大学	214
11415	中国地质大学（北京）	206		10319	南京师范大学	215
10046	中国音乐学院	206		10295	江南大学	215
10026	北京中医药大学	206		10307	南京农业大学	215
10043	北京体育大学	206		10290	中国矿业大学	216
10030	北京外国语大学	207		10293	南京邮电大学	216
10040	外交学院	207		10300	南京信息工程大学	216
10048	中央戏剧学院	207		10316	中国药科大学	217
10041	中国人民公安大学	207		10298	南京林业大学	217
一般大学				10315	南京中医药大学	217
10025	首都医科大学	207		**一般大学**		
10032	北京语言大学	208		11117	扬州大学	217
10038	首都经济贸易大学	208		10299	江苏大学	218
11417	北京联合大学	208		10291	南京工业大学	218
10049	中国戏曲学院	208		10312	南京医科大学	218
10011	北京工商大学	208		10320	江苏师范大学	218
10016	北京建筑大学	209		10304	南通大学	219
10050	北京电影学院	209		10331	南京艺术学院	219
10009	北方工业大学	209		10292	常州大学	219
11232	北京信息科技大学	209		10289	江苏科技大学	219
10031	北京第二外国语学院	209		10327	南京财经大学	219
10015	北京印刷学院	210		11276	南京工程学院	220
10029	首都体育学院	210		10332	苏州科技大学	220
10017	北京石油化工学院	210		10313	徐州医科大学	220
10012	北京服装学院	210		11287	南京审计大学	220
10051	北京舞蹈学院	210				

编号	院校	页码	编号	院校	页码
10333	常熟理工学院	220	10451	鲁东大学	229
10305	盐城工学院	220	10430	山东建筑大学	229
11998	徐州工程学院	221	10447	聊城大学	229
11641	江苏海洋大学	221	10441	山东中医药大学	229
11463	江苏理工学院	221	10435	青岛农业大学	229
10323	淮阴师范学院	221	11688	山东工商学院	229
10324	盐城师范学院	221	10452	临沂大学	230
13573	金陵科技学院	221	10448	德州学院	230
10330	南京体育学院	222	10438	潍坊医学院	230
11049	淮阴工学院	222	10439	山东第一医科大学	230
11460	南京晓庄学院	222	11510	山东交通学院	230
11055	常州工学院	222	10458	山东艺术学院	230
10329	江苏警官学院	222	10908	山东工艺美术学院	231
12048	南京特殊教育师范学院	222	10440	滨州医学院	231
14436	江苏第二师范学院	222	11067	潍坊学院	231
12213	南京森林警察学院	223	10449	滨州学院	231
12917	泰州学院	223	10443	济宁医学院	231
13983	苏州城市学院	223	10457	山东体育学院	231
13982	无锡学院	223	10453	泰山学院	231

民办院校

11122	三江学院	223	10455	菏泽学院	232
13571	无锡太湖学院	223	12331	山东女子学院	232
12056	南通理工学院	223	14277	山东青年政治学院	232
14160	宿迁学院	224	10454	济宁学院	232

山东省

一流大学

10422	山东大学	225	10904	枣庄学院	232
10423	中国海洋大学	225	14439	山东农业工程学院	232
10425	中国石油大学（华东）	225	14100	山东政法学院	232

一般大学

10445	山东师范大学	226	11324	山东警察学院	233
10424	山东科技大学	226	14438	山东管理学院	233
10427	济南大学	226	14276	齐鲁师范学院	233
11065	青岛大学	226	13386	山东石油化工学院	233

民办院校

10434	山东农业大学	227	12843	潍坊科技学院	233
10426	青岛科技大学	227	12332	烟台南山学院	233
10433	山东理工大学	227	10868	青岛滨海学院	233
10456	山东财经大学	227	13006	山东英才学院	234
10446	曲阜师范大学	228	13322	山东现代学院	234
10429	青岛理工大学	228	13324	山东协和学院	234
11066	烟台大学	228	13320	青岛黄海学院	234
10431	齐鲁工业大学	228	10825	齐鲁医药学院	234
			13998	齐鲁理工学院	234
			13857	山东华宇工学院	234
			13378	青岛城市学院	235
			13995	青岛工学院	235

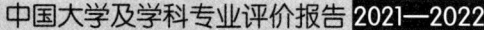

13015	青岛恒星科技学院	235
13359	烟台理工学院	235
13379	潍坊理工学院	235
13624	泰山科技学院	235

辽宁省

一流大学

10141	大连理工大学	236
10145	东北大学	236
10151	大连海事大学	236
10140	辽宁大学	237

一般大学

10159	中国医科大学	237
10173	东北财经大学	237
10142	沈阳工业大学	237
10165	辽宁师范大学	238
10147	辽宁工程技术大学	238
10157	沈阳农业大学	238
10161	大连医科大学	238
10153	沈阳建筑大学	238
10152	大连工业大学	239
10166	沈阳师范大学	239
10163	沈阳药科大学	239
10143	沈阳航空航天大学	239
11258	大连大学	239
10167	渤海大学	240
10148	辽宁石油化工大学	240
10150	大连交通大学	240
10154	辽宁工业大学	240
10172	大连外国语大学	240
10144	沈阳理工大学	241
10162	辽宁中医药大学	241
10178	鲁迅美术学院	241
10146	辽宁科技大学	241
10149	沈阳化工大学	241
10177	沈阳音乐学院	241
10160	锦州医科大学	242
10158	大连海洋大学	242
12026	大连民族大学	242
11035	沈阳大学	242
10175	中国刑事警察学院	242
10176	沈阳体育学院	242
10164	沈阳医学院	242

11779	辽东学院	243
11632	沈阳工程学院	243
10169	鞍山师范学院	243
11430	辽宁科技学院	243
13957	辽宁传媒学院	243
14435	营口理工学院	243
11432	辽宁警察学院	243

民办院校

13599	大连艺术学院	244
13201	沈阳工学院	244
13631	大连东软信息学院	244
13900	辽宁财贸学院	244
10841	辽宁对外经贸学院	244
13218	大连财经学院	244
13207	大连科技学院	244
13208	沈阳城市建设学院	245
13220	沈阳城市学院	245
13621	沈阳科技学院	245
13217	辽宁理工学院	245
13610	辽宁何氏医学院	245

广东省

一流大学

10558	中山大学	246
10561	华南理工大学	246
10559	暨南大学	246
10574	华南师范大学	247
10572	广州中医药大学	247

一般大学

10564	华南农业大学	247
10590	深圳大学	248
11845	广东工业大学	248
12121	南方医科大学	248
11078	广州大学	249
11846	广东外语外贸大学	249
10560	汕头大学	249
14325	南方科技大学	249
10570	广州医科大学	250
10592	广东财经大学	250
10566	广东海洋大学	250
10588	广东技术师范大学	250
10573	广东药科大学	250
11819	东莞理工学院	250

11349	五邑大学	251
10586	广州美术学院	251
11540	广东金融学院	251
10571	广东医科大学	251
10587	星海音乐学院	251
10579	岭南师范学院	251
11847	佛山科学技术学院	252
10578	韩山师范学院	252
10585	广州体育学院	252
10577	惠州学院	252
11347	仲恺农业工程学院	252
10576	韶关学院	252
11656	广东石油化工学院	252
10580	肇庆学院	253
10582	嘉应学院	253
14278	广东第二师范学院	253
11106	广州航海学院	253
11110	广东警官学院	253

民办院校

13719	广东科技学院	253
10822	广东白云学院	254
13714	广州工商学院	254
13667	广州商学院	254
12574	广东东软学院	254
13684	珠海科技学院	254
12059	广东培正学院	254
12617	广州城市理工学院	254
13720	广东理工学院	255
13902	广州新华学院	255
12618	广州软件学院	255
12622	湛江科技学院	255
12619	广州南方学院	255
12621	广州华商学院	255
13657	广州应用科技学院	255

湖 北 省

一流大学

10486	武汉大学	256
10487	华中科技大学	256
10497	武汉理工大学	257
10511	华中师范大学	257
10504	华中农业大学	258
10491	中国地质大学（武汉）	258
10520	中南财经政法大学	258

一般大学

10488	武汉科技大学	258
10512	湖北大学	259
10489	长江大学	259
11075	三峡大学	259
10524	中南民族大学	259
10500	湖北工业大学	259
10496	武汉轻工大学	260
10490	武汉工程大学	260
10522	武汉体育学院	260
10495	武汉纺织大学	260
11072	江汉大学	260
11600	湖北经济学院	261
10523	湖北美术学院	261
10513	湖北师范大学	261
10507	湖北中医药大学	261
10519	湖北文理学院	261
11524	武汉音乐学院	261
10525	湖北汽车工业学院	261
10929	湖北医药学院	262
10517	湖北民族大学	262
10927	湖北科技学院	262
10514	黄冈师范学院	262
10528	湖北工程学院	262
14099	湖北第二师范学院	262
10920	湖北理工学院	263
11336	荆楚理工学院	263
11654	武汉商学院	263
11332	湖北警官学院	263
10518	汉江师范学院	263

民办院校

11800	汉口学院	263
11798	武汉东湖学院	263
13262	文华学院	264
12362	武汉生物工程学院	264
12310	武昌理工学院	264
13686	武汉传媒学院	264
13242	武汉工商学院	264
13664	武汉工程科技学院	264
12309	武昌首义学院	264
13241	武昌工学院	265

13666	武汉华夏理工学院	265
14035	武汉设计工程学院	265
13247	湖北商贸学院	265
13235	武汉城市学院	265
13634	武汉学院	265
13188	武汉晴川学院	265
13237	武汉文理学院	265
13250	湖北恩施学院	266

浙江省

一流大学

10335	浙江大学	267
11646	宁波大学	267
10355	中国美术学院	267

一般大学

10337	浙江工业大学	268
10345	浙江师范大学	268
10336	杭州电子科技大学	268
10338	浙江理工大学	269
10353	浙江工商大学	269
10343	温州医科大学	269
10356	中国计量大学	269
10346	杭州师范大学	270
11482	浙江财经大学	270
10341	浙江农林大学	270
10344	浙江中医药大学	270
10351	温州大学	271
10340	浙江海洋大学	271
11057	浙江科技学院	271
11647	浙江传媒学院	271
11058	宁波工程学院	271
10349	绍兴文理学院	271
10347	湖州师范学院	272
10354	嘉兴学院	272
14535	浙江音乐学院	272
10876	浙江万里学院	272
10350	台州学院	272
10352	丽水学院	272
14275	浙江外国语学院	272
13023	杭州医学院	273
11483	浙江警察学院	273
11481	浙江水利水电学院	273
13021	浙大城市学院	273
11488	衢州学院	273
13022	浙大宁波理工学院	273
13289	温州理工学院	273
13287	湖州学院	274
13291	嘉兴南湖学院	274

民办院校

11842	浙江树人学院	274
13001	宁波财经学院	274
12792	浙江越秀外国语学院	274
13637	温州商学院	274

陕西省

一流大学

10698	西安交通大学	275
10699	西北工业大学	275
10701	西安电子科技大学	275
10718	陕西师范大学	276
10697	西北大学	276
10712	西北农林科技大学	276
10710	长安大学	277
91030	第四军医大学	277

一般大学

10703	西安建筑科技大学	277
10700	西安理工大学	277
10708	陕西科技大学	278
10704	西安科技大学	278
10702	西安工业大学	278
11664	西安邮电大学	278
10705	西安石油大学	278
10709	西安工程大学	279
10729	西安美术学院	279
10724	西安外国语大学	279
10726	西北政法大学	279
11560	西安财经大学	279
10719	延安大学	280
10727	西安体育学院	280
10720	陕西理工大学	280
10728	西安音乐学院	280
10716	陕西中医药大学	280
11080	西安文理学院	280
10723	渭南师范学院	281
10721	宝鸡文理学院	281
11840	西安医学院	281

10722	咸阳师范学院	281
11736	西安航空学院	281
11395	榆林学院	281
14390	陕西学前师范学院	281
11397	安康学院	282
11396	商洛学院	282

民办院校

12715	西京学院	282
12712	西安欧亚学院	282
12714	西安翻译学院	282
12713	西安外事学院	282
11400	西安培华学院	282
13123	陕西国际商贸学院	283
13121	西安思源学院	283
13125	陕西服装工程学院	283
13569	西安交通工程学院	283
13894	西安明德理工学院	283
13682	西安工商学院	283

上 海 市

一流大学

10248	上海交通大学	284
10246	复旦大学	284
10247	同济大学	284
10269	华东师范大学	285
10280	上海大学	285
10251	华东理工大学	286
10255	东华大学	286
10272	上海财经大学	286
91020	第二军医大学	287
10268	上海中医药大学	287
10271	上海外国语大学	287
10277	上海体育学院	287
10278	上海音乐学院	287
10264	上海海洋大学	287

一般大学

10270	上海师范大学	288
10252	上海理工大学	288
10254	上海海事大学	288
10276	华东政法大学	288
10856	上海工程技术大学	289
10279	上海戏剧学院	289
10256	上海电力大学	289
10273	上海对外经贸大学	289
10259	上海应用技术大学	289
14423	上海科技大学	290
11047	上海立信会计金融学院	290
11458	上海电机学院	290
11835	上海政法学院	290
12050	上海商学院	290
12044	上海第二工业大学	290
10274	上海海关学院	290
10262	上海健康医学院	290
10283	上海公安学院	291

民办院校

12799	上海建桥学院	291
13632	上海视觉艺术学院	291
11833	上海杉达学院	291
12914	上海兴伟学院	291
12587	上海立达学院	291

河 南 省

一流大学

| 10459 | 郑州大学 | 292 |
| 10475 | 河南大学 | 292 |

一般大学

10464	河南科技大学	292
10476	河南师范大学	293
10460	河南理工大学	293
10466	河南农业大学	293
10463	河南工业大学	293
10462	郑州轻工业大学	294
10078	华北水利水电大学	294
10484	河南财经政法大学	294
10465	中原工学院	294
10477	信阳师范学院	294
10471	河南中医药大学	295
10472	新乡医学院	295
11070	洛阳理工学院	295
10482	洛阳师范学院	295
11653	南阳理工学院	295
10467	河南科技学院	295
11517	河南工程学院	295
10479	安阳师范学院	296
10485	郑州航空工业管理学院	296
10480	许昌学院	296

代码	院校	页码		代码	院校	页码
10481	南阳师范学院	296		10081	华北理工大学	303
11071	新乡学院	296		10082	河北科技大学	303
10483	商丘师范学院	296		10107	石家庄铁道大学	303
10478	周口师范学院	297		11832	河北经贸大学	304
10918	黄淮学院	297		10076	河北工程大学	304
11765	河南城建学院	297		10077	河北地质大学	304
11330	安阳工学院	297		10092	河北北方学院	304
10919	平顶山学院	297		10798	河北科技师范学院	304
10469	河南牧业经济学院	297		11104	华北科技学院	304
11652	河南财政金融学院	298		11105	中国人民警察大学	305
12949	郑州师范学院	298		10093	承德医学院	305
11068	郑州工程技术学院	298		10100	廊坊师范学院	305
11788	河南警察学院	298		10102	石家庄学院	305
11329	河南工学院	298		11236	河北体育学院	305
11326	信阳农林学院	298		10103	邯郸学院	305
12735	铁道警察学院	298		10104	邢台学院	305

民办院校

代码	院校	页码		代码	院校	页码
11834	黄河科技学院	299		10099	唐山师范学院	306
14654	郑州西亚斯学院	299		11629	北华航天工业学院	306
14333	郑州升达经贸管理学院	299		10098	河北民族师范学院	306
12747	郑州工业应用技术学院	299		11420	河北金融学院	306
14003	商丘学院	299		10096	保定学院	306
13497	郑州财经学院	299		10101	衡水学院	306
13507	郑州工商学院	299		10084	河北建筑工程学院	306
13503	信阳学院	299		14432	河北中医学院	306
14040	郑州商学院	300		11903	中央司法警官学院	307
13504	安阳学院	300		11033	唐山学院	307
13500	商丘工学院	300		14458	张家口学院	307
12746	郑州科技学院	300		11775	防灾科技学院	307
13498	黄河交通学院	300		10105	沧州师范学院	307
13502	中原科技学院	300		10085	河北水利电力学院	307
13508	郑州经贸学院	300		51721	河北环境工程学院	307
13501	河南开封科技传媒学院	301		13409	河北工业职业技术大学	307
				13417	河北科技工程职业技术大学	308

河北省

一流大学

代码	院校	页码
10080	河北工业大学	302

一般大学

代码	院校	页码
10216	燕山大学	302
10075	河北大学	302
10094	河北师范大学	302
10086	河北农业大学	303
10089	河北医科大学	303

民办院校

代码	院校	页码
12784	河北传媒学院	308
13075	河北美术学院	308
13895	燕京理工学院	308
13391	河北科技学院	308
13402	河北外国语学院	308
12796	河北工程技术学院	308
14202	沧州交通学院	309
14225	河北东方学院	309

四川省

一流大学

代码	学校	页码
10610	四川大学	310
10614	电子科技大学	310
10613	西南交通大学	311
10651	西南财经大学	311
10615	西南石油大学	311
10626	四川农业大学	311
10616	成都理工大学	312
10633	成都中医药大学	312

一般大学

代码	学校	页码
10636	四川师范大学	312
10619	西南科技大学	312
10621	成都信息工程大学	313
10623	西华大学	313
10656	西南民族大学	313
10638	西华师范大学	313
10653	成都体育学院	313
10622	四川轻化工大学	314
10654	四川音乐学院	314
11079	成都大学	314
10632	西南医科大学	314
10649	乐山师范学院	314
10634	川北医学院	314
10624	中国民用航空飞行学院	314
10640	内江师范学院	315
13705	成都医学院	315
10646	阿坝师范学院	315
11116	成都工业学院	315
10628	西昌学院	315
14389	成都师范学院	315
11360	攀枝花学院	315
11552	四川旅游学院	316
10639	绵阳师范学院	316
10641	宜宾学院	316
10644	四川文理学院	316
12212	四川警察学院	316
11661	四川民族学院	316

民办院校

代码	学校	页码
13669	四川传媒学院	316
13671	成都文理学院	317
12636	成都东软学院	317
14043	四川文化艺术学院	317
13672	四川工商学院	317
14410	四川电影电视学院	317
13816	四川工业科技学院	317
13670	成都银杏酒店管理学院	318

湖南省

一流大学

代码	学校	页码
91002	国防科技大学	319
10533	中南大学	319
10532	湖南大学	319
10542	湖南师范大学	320

一般大学

代码	学校	页码
10530	湘潭大学	320
10536	长沙理工大学	320
10537	湖南农业大学	321
10534	湖南科技大学	321
10538	中南林业科技大学	321
10555	南华大学	321
10531	吉首大学	321
11535	湖南工业大学	321
10541	湖南中医药大学	322
10543	湖南理工学院	322
10554	湖南工商大学	322
10549	湖南文理学院	322
10546	衡阳师范学院	322
11077	长沙学院	322
11342	湖南工程学院	323
12034	湖南第一师范学院	323
11527	湖南城市学院	323
10553	湖南人文科技学院	323
10547	邵阳学院	323
10551	湖南科技学院	323
10548	怀化学院	323
11528	湖南工学院	324
10545	湘南学院	324
11538	湖南女子学院	324
13806	长沙师范学院	324
11532	湖南财政经济学院	324
11534	湖南警察学院	324
13836	湖南信息学院	324
12214	湖南医药学院	325

民办院校

12303	湖南涉外经济学院	325
10823	长沙医学院	325
13809	湖南应用技术学院	325
13924	湖南交通工程学院	325

安徽省

一流大学

10358	中国科学技术大学	326
10359	合肥工业大学	326
10357	安徽大学	326

一般大学

10370	安徽师范大学	327
10360	安徽工业大学	327
10361	安徽理工大学	327
10378	安徽财经大学	327
10366	安徽医科大学	327
10364	安徽农业大学	328
10363	安徽工程大学	328
10372	安庆师范大学	328
10369	安徽中医药大学	328
11059	合肥学院	328
10878	安徽建筑大学	329
10373	淮北师范大学	329
10371	阜阳师范大学	329
10368	皖南医学院	329
10367	蚌埠医学院	329
10375	黄山学院	329
10879	安徽科技学院	329
14098	合肥师范学院	330
10377	滁州学院	330
10383	铜陵学院	330
10376	皖西学院	330
10381	淮南师范学院	330
10380	巢湖学院	330
11306	池州学院	330
10379	宿州学院	331
11305	蚌埠学院	331
12926	亳州学院	331

民办院校

12216	安徽新华学院	331
10959	安徽三联学院	331
13613	安徽信息工程学院	331
13065	安徽外国语学院	331
12810	安徽文达信息工程学院	331
14203	皖江工学院	332
13616	合肥经济学院	332
13614	马鞍山学院	332
13611	蚌埠工商学院	332
13615	合肥城市学院	332

黑龙江

一流大学

10213	哈尔滨工业大学	333
10217	哈尔滨工程大学	333
10224	东北农业大学	333
10225	东北林业大学	334

一般大学

10212	黑龙江大学	334
10226	哈尔滨医科大学	334
10214	哈尔滨理工大学	334
10220	东北石油大学	335
10231	哈尔滨师范大学	335
10228	黑龙江中医药大学	335
10240	哈尔滨商业大学	335
10232	齐齐哈尔大学	336
10222	佳木斯大学	336
10223	黑龙江八一农垦大学	336
14560	哈尔滨音乐学院	336
10219	黑龙江科技大学	336
11802	黑龙江工程学院	336
10233	牡丹江师范学院	336
10242	哈尔滨体育学院	337
10234	哈尔滨学院	337
10229	牡丹江医学院	337
11230	齐齐哈尔医学院	337
13744	黑河学院	337
10235	大庆师范学院	337
10236	绥化学院	337
10245	哈尔滨金融学院	338
11445	黑龙江工业学院	338

民办院校

11446	黑龙江东方学院	338
13307	哈尔滨华德学院	338
13296	黑龙江外国语学院	338
13298	黑龙江财经学院	338

13299	哈尔滨石油学院	338
13306	哈尔滨广厦学院	338
13303	哈尔滨剑桥学院	339
12729	齐齐哈尔工程学院	339
13301	哈尔滨远东理工学院	339
11635	哈尔滨信息工程学院	339
13300	黑龙江工商学院	339

吉林省

一流大学

10183	吉林大学	340
10200	东北师范大学	340
10184	延边大学	340

一般大学

10186	长春理工大学	341
10193	吉林农业大学	341
10190	长春工业大学	341
10188	东北电力大学	341
10201	北华大学	341
10203	吉林师范大学	342
10207	吉林财经大学	342
10205	长春师范大学	342
11726	长春大学	342
10199	长春中医药大学	342
10191	吉林建筑大学	342
10209	吉林艺术学院	343
10208	吉林体育学院	343
11437	长春工程学院	343
10192	吉林化工学院	343
10206	白城师范学院	343
10204	吉林工程技术师范学院	343
10202	通化师范学院	343
11261	吉林工商学院	344
13706	吉林医药学院	344
11439	吉林农业科技学院	344
11441	吉林警察学院	344

民办院校

10964	吉林外国语大学	344
13607	吉林动画学院	344
13605	长春建筑学院	344
13603	长春财经学院	345
13606	长春科技学院	345
13662	长春人文学院	345
13600	长春光华学院	345
13602	长春电子科技学院	345
13604	吉林建筑科技学院	345

江西省

一流大学

| 10403 | 南昌大学 | 346 |

一般大学

10414	江西师范大学	346
10421	江西财经大学	346
10406	南昌航空大学	347
10404	华东交通大学	347
10407	江西理工大学	347
10405	东华理工大学	347
10408	景德镇陶瓷大学	347
10410	江西农业大学	348
11318	江西科技师范大学	348
10412	江西中医药大学	348
10418	赣南师范大学	348
11319	南昌工程学院	348
10419	井冈山大学	348
11843	九江学院	348
10417	宜春学院	349
10416	上饶师范学院	349
10413	赣南医学院	349
11508	新余学院	349
13774	豫章师范学院	349
14437	南昌师范学院	349
10894	景德镇学院	349
11504	江西警察学院	350
10895	萍乡学院	350
13434	赣南科技学院	350
13437	南昌医学院	350
13432	赣东学院	350

民办院校

10846	江西科技学院	350
12795	南昌理工学院	350
13421	南昌工学院	351
12766	江西工程学院	351
13418	江西服装学院	351
13431	南昌交通学院	351
12938	江西应用科技学院	351
13435	景德镇艺术职业大学	351

| 13440 | 南昌应用技术师范学院 | 351 |

福建省

一流大学

| 10384 | 厦门大学 | 352 |
| 10386 | 福州大学 | 352 |

一般大学

10394	福建师范大学	352
10389	福建农林大学	353
10385	华侨大学	353
10390	集美大学	353
10392	福建医科大学	353
11062	厦门理工学院	354
10388	福建工程学院	354
10393	福建中医药大学	354
10402	闽南师范大学	354
10395	闽江学院	354
10399	泉州师范学院	354
13763	福建江夏学院	355
11498	莆田学院	355
10397	武夷学院	355
11311	三明学院	355
12631	厦门医学院	355
10398	宁德师范学院	355
11312	龙岩学院	355
11495	福建警察学院	356
11313	福建商学院	356

民办院校

13762	福州外语外贸学院	356
12710	闽南理工学院	356
11784	仰恩大学	356
12709	厦门华厦学院	356
13468	阳光学院	356
13773	福州理工学院	357
13115	厦门工学院	357
13766	泉州信息工程学院	357
12993	福州工商学院	357

天津市

一流大学

10056	天津大学	358
10055	南开大学	358
10062	天津医科大学	358
10058	天津工业大学	359
10063	天津中医药大学	359

一般大学

10065	天津师范大学	359
10057	天津科技大学	359
10060	天津理工大学	360
10059	中国民航大学	360
10069	天津商业大学	360
10070	天津财经大学	360
10066	天津职业技术师范大学	360
10071	天津体育学院	361
10068	天津外国语大学	361
10792	天津城建大学	361
10073	天津美术学院	361
10061	天津农学院	361
10072	天津音乐学院	361
12105	天津中德应用技术大学	362
13584	河北石油职业技术大学	362

民办院校

14038	天津仁爱学院	362
10859	天津天狮学院	362
13659	天津传媒学院	362

山西省

一流大学

| 10112 | 太原理工大学 | 363 |

一般大学

10108	山西大学	363
10110	中北大学	363
10114	山西医科大学	364
10125	山西财经大学	364
10118	山西师范大学	364
10109	太原科技大学	364
10113	山西农业大学	364
10120	山西大同大学	365
10119	太原师范学院	365
10123	运城学院	365
14101	太原工业学院	365
10809	山西中医药大学	365
14434	山西传媒学院	365
10117	长治医学院	365
10124	忻州师范学院	366
10812	吕梁学院	366
10122	长治学院	366

11242	太原学院	366
10121	晋中学院	366
14527	山西工程技术学院	366
12111	山西警察学院	366
51189	山西能源学院	367
13533	山西工程科技职业大学	367
13534	山西工学院	367

民办院校

13691	山西工商学院	367
13535	晋中信息学院	367
12779	山西应用科技学院	367
13538	山西晋中理工学院	367

广西壮族自治区

一流大学

| 10593 | 广西大学 | 368 |

一般大学

10602	广西师范大学	368
10595	桂林电子科技大学	368
10596	桂林理工大学	369
10598	广西医科大学	369
10608	广西民族大学	369
10607	广西艺术学院	369
10594	广西科技大学	369
10603	南宁师范大学	370
10600	广西中医药大学	370
11548	广西财经学院	370
10601	桂林医学院	370
11837	桂林旅游学院	370
11838	贺州学院	370
11825	桂林航天工业学院	370
11546	广西科技师范学院	371
10606	玉林师范学院	371
10609	百色学院	371
10605	河池学院	371
11607	北部湾大学	371
10599	右江民族医学院	371
10604	广西民族师范学院	371
11354	梧州学院	372
13520	广西警察学院	372

民办院校

11549	南宁学院	372
13830	广西外国语学院	372
13639	柳州工学院	372
13524	北海艺术设计学院	372

云 南 省

一流大学

| 10673 | 云南大学 | 373 |

一般大学

10674	昆明理工大学	373
10681	云南师范大学	373
10676	云南农业大学	374
10689	云南财经大学	374
10678	昆明医科大学	374
10691	云南民族大学	374
10677	西南林业大学	374
10690	云南艺术学院	374
10679	大理大学	375
10680	云南中医药大学	375
11393	昆明学院	375
10684	曲靖师范学院	375
10687	红河学院	375
11390	玉溪师范学院	375
14092	滇西科技师范学院	375
11556	文山学院	376
11392	云南警官学院	376
11391	楚雄师范学院	376
10683	昭通学院	376
14623	滇西应用技术大学	376
10686	保山学院	376
10685	普洱学院	376

民办院校

12560	云南经济管理学院	377
13326	滇池学院	377
13909	云南工商学院	377
13331	昆明文理学院	377
13328	丽江文化旅游学院	377

重 庆 市

一流大学

| 10611 | 重庆大学 | 378 |
| 10635 | 西南大学 | 378 |

一般大学

10617	重庆邮电大学	379
10631	重庆医科大学	379
10618	重庆交通大学	379

编码	学校	页码
10637	重庆师范大学	379
10652	西南政法大学	379
11799	重庆工商大学	380
11660	重庆理工大学	380
10655	四川美术学院	380
11551	重庆科技学院	380
10642	重庆文理学院	380
10650	四川外国语大学	380
10647	长江师范学院	381
14388	重庆第二师范学院	381
10643	重庆三峡学院	381
12757	重庆警察学院	381

民办院校

编码	学校	页码
13548	重庆人文科技学院	381
12608	重庆工程学院	381
13590	重庆财经学院	382
13588	重庆外语外事学院	382
13589	重庆对外经贸学院	382
12616	重庆城市科技学院	382
13627	重庆信息学院	382

贵州省

一流大学

编码	学校	页码
10657	贵州大学	383

一般大学

编码	学校	页码
10663	贵州师范大学	383
10671	贵州财经大学	383
10660	贵州医科大学	383
10661	遵义医科大学	383
10672	贵州民族大学	384
10662	贵州中医药大学	384
11731	贵州商学院	384
14223	贵州师范学院	384
10665	铜仁学院	384
14440	贵州理工学院	384
10670	黔南民族师范学院	384
10976	贵阳学院	385
10664	遵义师范学院	385
10669	凯里学院	385
10977	六盘水师范学院	385
10667	安顺学院	385
12107	贵州警察学院	385
10668	贵州工程应用技术学院	385
10666	兴义民族师范学院	386

民办院校

编码	学校	页码
14625	茅台学院	386
13653	遵义医科大学医学与科技学院	386
13647	贵州中医药大学时珍学院	386

甘肃省

一流大学

编码	学校	页码
10730	兰州大学	387

一般大学

编码	学校	页码
10736	西北师范大学	387
10731	兰州理工大学	387
10732	兰州交通大学	388
10733	甘肃农业大学	388
10742	西北民族大学	388
10741	兰州财经大学	388
11406	甘肃政法大学	388
10735	甘肃中医药大学	388
10740	河西学院	389
10739	天水师范学院	389
10737	兰州城市学院	389
10738	陇东学院	389
11805	甘肃医学院	389
11562	兰州文理学院	389
11561	甘肃民族师范学院	389
11807	兰州工业学院	389

民办院校

编码	学校	页码
13511	兰州工商学院	390
13515	兰州信息科技学院	390
13514	兰州博文科技学院	390

内蒙古自治区

一流大学

编码	学校	页码
10126	内蒙古大学	391

一般大学

编码	学校	页码
10129	内蒙古农业大学	391
10128	内蒙古工业大学	391
10127	内蒙古科技大学	391
10135	内蒙古师范大学	392
10136	内蒙古民族大学	392
10139	内蒙古财经大学	392
10132	内蒙古医科大学	392
10138	赤峰学院	392
10819	呼伦贝尔学院	392

14531	内蒙古艺术学院	393
11427	集宁师范学院	393
11631	河套学院	393
11709	呼和浩特民族学院	393
14532	鄂尔多斯应用技术学院	393

新疆维吾尔自治区

一流大学

| 10755 | 新疆大学 | 394 |
| 10759 | 石河子大学 | 394 |

一般大学

10760	新疆医科大学	394
10762	新疆师范大学	394
10758	新疆农业大学	395
10766	新疆财经大学	395
10757	塔里木大学	395
10763	喀什大学	395
10768	新疆艺术学院	395
10764	伊犁师范大学	395
10994	新疆工程学院	395
10997	昌吉学院	396
12734	新疆警察学院	396
13628	新疆政法学院	396
13560	新疆第二医学院	396

海南省

一流大学

| 10589 | 海南大学 | 397 |

一般大学

| 11658 | 海南师范大学 | 397 |
| 11810 | 海南医学院 | 397 |

| 11100 | 海南热带海洋学院 | 397 |
| 13811 | 琼台师范学院 | 397 |

民办院校

| 13892 | 三亚学院 | 398 |
| 12308 | 海口经济学院 | 398 |

宁夏回族自治区

一流大学

| 10749 | 宁夏大学 | 399 |

一般大学

10752	宁夏医科大学	399
11407	北方民族大学	399
10753	宁夏师范学院	399

民办院校

| 12544 | 宁夏理工学院 | 399 |
| 13820 | 银川能源学院 | 400 |

西藏自治区

一流大学

| 10694 | 西藏大学 | 401 |

一般大学

10695	西藏民族大学	401
10696	西藏藏医药大学	401
10693	西藏农牧学院	401

青海省

一流大学

| 10743 | 青海大学 | 402 |

一般大学

| 10748 | 青海民族大学 | 402 |
| 10746 | 青海师范大学 | 402 |

第一部分

2021年评价工作概述及中国大学本科教育竞争力排行榜

2021 年中国大学及学科专业评价的基本做法与结果分析*

教育是事关国家发展和民族未来的国之大计。"十三五"时期我国教育改革发展取得新的显著成就，以习近平同志为核心的党中央加强党对教育工作的全面领导，我国教育面貌正在发生革新性变化。2020 年 11 月 10 日，教育部党组书记、部长陈宝生在《光明日报》上发表署名文章《建设高质量的教育体系》，提出"十四五"时期，教育改革面临着新的机遇和挑战，在复杂多变的发展环境中，我国教育制度优势明显，人才资源基础较好，随着经济社会发展和人民生活水平不断提高，教育需求呈现多层次、多样化态势。2020 年年初，全球疫情肆虐，全国人民上下一心，在很短的时间内控制了疫情的蔓延，并在全球疫情防控中，体现出大国担当和气度。事实证明中国已经站在新的历史起点上。在这伟大的时间节点上，建设高质量教育体系是党和全国人民对教育工作者提出的殷切期望。

《2019 年全国教育事业发展统计公报》显示，2019 年我国各类各级学历教育在校生 2.82 亿人，较前一年增长 660.62 万人，增长 2.40%；其中各类高等教育在学规模达 4002 万人，普通本专科招生达 914.9 万人，较 2018 年增长 15.67%。公报表明，我国高等教育规模仍呈现高速扩张态势。评价是教育发展的指挥棒，我国教育发展新阶段及新任务需要新的评价体系与原则方法进行导航，它直接关系到科学的教育观、人才观和用人观。

在此情况下，树立正确的评价导向机制，科学、合理、客观、公正地评价我国大学及学科专业的建设和发展水平，已成为政府管理部门、高校领导和广大教师、学生和家长及社会各界人士都十分关注的重要课题，也是摆在教育评价机构面前的一项非常重要而紧迫的任务。

为了贯彻执行国家科教兴国战略、创新驱动发展战略和"双一流"建设与高等教育强国发展战略，适应国家在各个领域和工作中普遍采用"第三方评价"和"管、办、评"分离的需要，实行"培养人才、创新研究、评价服务"相结合，大力促进我国评价科学的发展，为各级政府部门、企事业单位的管理和决策的科学化、规范化提供定量依据和智力服务。从 2020 年 10 月起，杭州电子科技大学中国科教评价研究院组织开展了新一轮中国大学及学科专业评价工作，并于近日完成了《中国大学及学科专业评价报告 2021—2022》。此次评价共产生了中国大学教育地区竞争力排行榜、中国一流大学及学科竞争力排行榜、中国本科院校竞争力总排行榜、中国民办本科院校竞争力排行榜、中国独立学院竞争力排行榜、中国高职高专院校竞争力排行榜、中国大学科技创新竞争力排行榜、中国大学人文社会科学创新竞争力排行榜、中国大学分类型竞争力排行榜、中国大学本科教育分学科门类竞争力排行榜、中国大学本科教育分专业类竞争力排行榜等多个榜单。限于篇幅，本书只公布其中的 100 多个榜单，其他更为详细的内容将在杭州电子科技大学中国科教评价研究院网站（www.casee.hdu.edu.cn）和中国科教评价网（"金平果"评价网，www.nseac.com）发布。

一、本次大学评价的指标体系

本次大学评价的指导原则是"分类评价、同类比较"，即根据不同的层次、不同的类型、不同的地

---

* 详细评价结果请查看本书或登录杭州电子科技大学中国科教评价研究院网站和"金平果"评价网（www.nseac.com）

区、不同的学科及专业构建不同指标体系，分类分层次评价。一方面，2020年2月23日，科技部、财政部发布《关于破除科技评价中"唯论文"不良导向的若干措施（试行）》，提出了破除科技评价中"唯论文"、"SCI至上"等相关措施。这一举措着力解决我国现行科技评价体系存在的问题及弊端，也从侧面反映了我国高等教育评价体系要破除唯论文的导向。另一方面，中共中央、国务院印发的《深化新时代教育评价改革总体方案》明确提出要完善立德树人体制机制，扭转不科学的教育评价导向。这是新中国成立以来，首次以党中央名义印发的教育评价改革文件，是指引新时代教育评价改革的纲领性文件，这一文件也为我国高等教育评价改革指定了方向。所以，本次大学评价明确将立德树人以及学术不端等师风学风问题纳入此次评价体系内，作为院校竞争力评比的重要定量、定性参考。

基于以上方针政策，本次大学评价的指标体系和上一年度的大学评价指标体系相比有较大调整，在原有指标体系中，新加入了政治标准和效益标准，形成了政治标准、业务标准和效益标准三结合的本科院校竞争力评价指标体系。在观测点的选择上，首先，舍弃了SCI的发文量指标，仅保留其被引数据，作为科研质量的观测点之一。其次，丰富科研质量的观测指标，新加入高质量期刊指标。最后，一方面，新选用教育部公布的国家一流本科专业和国家级一流课程观测点，突出本科培养及教学质量；另一方面，采用2020年中国高考分数线观测点，提高生源质量比重。

1. 中国本科院校竞争力评价指标体系

本次中国本科院校竞争力评价指标体系设一级指标3个，二级指标9个，三级指标33个。一级指标包括政治标准、业务标准和效益标准3个方面，二级指标包括立德树人、师风学风建设、治理与制度建设等9个方面，三级指标包括杰出人才、研究生导师数、专任教师数等30个方面。在本次评价中，我们首次设立了负分处理，对于21个存在学术不端行为的高校在评价得分中直接扣除2分，这严重影响了这些高校的排名结果。一级指标和二级指标及权重构成如表1所示。

表1 中国本科院校竞争力评价指标体系

一级指标	一级权重	二级指标	二级权重
政治标准	0.2	立德树人	0.40
		师风学风建设	0.30
		治理与制度建设	0.30
业务标准	0.4	师资队伍	0.20
		教学水平	0.45
		科研水平	0.35
效益标准	0.4	学术效益	0.60
		经济效益	0.20
		社会效益	0.20

2. 中国本科院校的学科专业竞争力评价指标体系

本次的学科专业评价指标体系大部分指标依然延续往年指标，舍弃SCI发文量观测点，采用中国科学引文数据库（CSCD）和中文社会科学引文索引（CSSCI）数据的数据库，共设一级指标4个，二级指标17个，三级指标30个。一级指标包括师资队伍、教学水平、科研水平、学科声誉等4个方面，二级指标包括教师数、博硕士学位点数、科研项目数等17个方面，三级指标包括杰出人才数、全国性学生竞赛获奖数、国家自然科学基金和国家社科基金项目数等约30个方面。一级指标和二级指标及权重构成如表2所示。

表2 学科专业竞争力评价指标体系

一级指标	一级权重	二级指标	二级权重
师资队伍	0.20	教师数	0.30
		博导数	0.15
		杰出人才	0.40
		教育专家	0.15
教学水平	0.30	学位点数	0.30
		人才基地	0.15
		教学成果	0.20
		人才培养	0.35
科研水平	0.30	科研基地	0.10
		科研项目	0.20
		论文发表	0.20
		发明专利	0.15
		论文被引	0.20
		科研获奖	0.15
学科声誉	0.20	国家一流专业	0.50
		ESI全球前1%学科	0.20
		上年度优势学科（含专家评审）	0.30

3. 中国高职高专的学科专业竞争力评价指标体系

今年将继续发布高职专科专业竞争力排行榜，高职专业评价指标体系经过两届"全国高职院校建设与评价论坛"的研讨、现场调查、咨询专家意见、层次分析等复杂过程，考虑了高职专业建设核心竞争力的方方面面，力求做到科学、合理、客观、公正。

金平果2021中国高职院校专业竞争力评价指标体系分为三级，其中一级指标包括师资队伍、平台基地、教学水平、科研产出和声誉影响5个方面，二级指标包括专任教师、教学团队、教研基地、人才培养、教学资源库、学生竞赛等15个方面，三级指标包括教指委、行指委、万人计划、名师先进、实训基地、教学成果、技能大赛、教学竞赛、教改试点、创新创业、产教融合、双高建设、办学历史等32个方面，涉及60多个数据观测点。一级指标和二级指标及权重构成如表3所示。

表3 金平果2021中国高职院校专业竞争力评价指标体系

一级指标	二级指标
师资队伍 0.2	专任教师
	杰出人才
	教学团队
平台基地 0.15	教学资源库
	教研基地
教学水平 0.3	人才培养
	教学成果
	学生竞赛
	教师竞赛

续表

一级指标	二级指标
科研产出 0.15	科研项目
	高质量论文
	发明专利
声誉影响 0.2	双高建设
	办学历史
	优势专业

二、本次大学评价的对象与做法

1. 评价对象

本次评价以教育部网站 2020 年公布的全国高等学校名单为依据，结合学校的实际招生情况，最终确定本次大学评价的对象为 2461 所高校，其中普通本科公办院校 836 所，民办院校 204 所，独立学院 190 所，高职高专 1200 所，中外合作办学 9 所，职业本科院校 22 所。纳入普通本科院校学科专业评价的对象为 12 个学科门类，92 个专业类，438 个专业。

2. 数据处理

在本次大学及学科专业评价中，收集的原始数据种类多，数量大。本次评价的原始数据主要来自于以下五个方面：①政府有关部门的统计数据资料（包括汇编、年鉴、报表等）；②国内外有关数据库；③有关政府部门、高校的网站信息；④有关刊物、书籍、报纸、内部资料等；⑤本研究团队在多年评价工作基础上建立的"基础数据库"。

本次评价中，我们采用人机结合的方式，大量使用 VBA、JAVA 等程序，提高了工作效率和准确性。对波动较大的数据进行了多次校准，以提高准确率。在评价的初步结果出来之后，邀请相关专家对结果进行了分析，将反馈的意见纳入最终的结果，以使评价的结果更具科学性和权威性。

3. 星级标记体系

本次大学评价中，大学及学科专业的星级标记体系由 5★+、5★、5★-、4★、3★、2★、1★组成，分别对应于大学或学科专业评价排名的前 1%、1~5%（包括 5%）、5~10%（包括 10%）、10~20%（包括 20%）、20~50%（包括 50%）、50~90%（包括 90%）、90~100%（包括 100%）大学或学科专业。其中 4★及以上的大学或学科专业统计为优秀的大学或学科专业，5★+的大学或学科专业统计为顶尖的大学或学科专业。

4. 结果发布平台

本研究团队在历年大学评价工作中已经积累了大量关于高等教育的原始数据和信息，为了充分发掘这些信息的社会价值，满足不同社会群体了解高等教育的实际需求，本次评价的相关信息将在杭州电子科技大学中国科教评价研究院网（图 1，http://casee.hdu.edu.cn/）和中国科教评价网（"金平果"评价网，图 2，www.nseac.com）上同步发布，以便为相关高校提供大学诊断与咨询服务，为高考和考研学生提供个人素质诊断与报考指南服务。

图1 杭州电子科技大学中国科教评价研究院网站页面

图2 评价信息服务网络平台（中国科教评价网）首页页面

中国大学及学科专业评价报告 2021—2022

三、本次大学评价的部分结果分析

1. 中国本科院校竞争力总排行榜

本次中国本科院校竞争力总排行榜前30强如表所4示，在2021年的本科教育评价结果中，清华大学、北京大学、浙江大学仍稳居前三，其他院校变动幅度也较为平稳，华中科技大学从第11名跃进前10强。在前30强名单中，只有1所文法类院校（中国人民大学）、2所师范类院校（北京师范大学和华东师范大学），其他27所均为综合类和理工类院校。

表4 2021年中国本科院校竞争力总排行榜（前30强）

排名	院校名称	总分	地区内序	类型序	排名	院校名称	总分	地区内序	类型序
1	清华大学	100	北京 1	理工 1	16	西安交通大学	99.31	陕西 1	理工 7
2	北京大学	99.62	北京 2	综合 1	17	中国科学院大学	99.27	北京 4	综合 9
3	浙江大学	99.49	浙江 1	综合 2	18	国防科技大学	99.26	湖南 1	理工 8
4	上海交通大学	99.47	上海 1	理工 2	19	同济大学	99.25	上海 3	理工 9
5	武汉大学	99.46	湖北 1	综合 3	20	山东大学	99.21	山东 1	综合 10
6	复旦大学	99.45	上海 2	综合 4	21	中南大学	98.95	湖南 2	理工 10
7	南京大学	99.44	江苏 1	综合 5	22	北京师范大学	98.95	北京 5	师范 1
8	华中科技大学	99.44	湖北 2	理工 3	23	华南理工大学	98.93	广东 2	理工 11
9	吉林大学	99.44	吉林 1	综合 6	24	北京航空航天大学	98.90	北京 6	理工 12
10	中国科学技术大学	99.40	安徽 1	理工 4	25	华东师范大学	98.87	上海 4	师范 2
11	中山大学	99.40	广东 1	综合 7	26	天津大学	98.86	天津 1	理工 13
12	四川大学	99.37	四川 1	综合 8	27	北京理工大学	98.86	北京 7	理工 14
13	哈尔滨工业大学	99.33	黑龙江 1	理工 5	28	南开大学	98.85	天津 2	综合 11
14	东南大学	99.33	江苏 2	理工 6	29	大连理工大学	98.85	辽宁 1	理工 15
15	中国人民大学	99.31	北京 3	文法 1	30	重庆大学	98.84	重庆 1	理工 16

与2020年的中国本科院校竞争力排行榜相比，新进入100强的有2所高校，分别是广东工业大学和长安大学。前100强中，理工类大学数量最多，有47所；综合类高校其次，有31所；师范类高校排在第三位，有12所；剩余的10所大学依次属于农林类（5所）、财经类（1所）、文法类（2所）、医药类（2所）。由此说明理工类和综合类院校实力非常强，符合目前社会对人才的培养需求。目前农林类、财经类、文法类、医科类和民族类院校的综合竞争实力有待进一步提高。

2. 中国一流大学竞争力排行榜

中国一流大学现有42所，本次评价以一流大学为标杆，分析各校综合实力，得出中国一流大学竞争力排行榜，如表5所示。

表5 2021年中国一流大学竞争力排行榜

排名	院校名称	地区内序	类型序	排名	院校名称	地区内序	类型序
1	清华大学	北京 1	理工 1	4	上海交通大学	上海 1	理工 2
2	北京大学	北京 2	综合 1	5	武汉大学	湖北 1	综合 3
3	浙江大学	浙江 1	综合 2	6	复旦大学	上海 2	综合 4

续表

排名	院校名称	地区内序		类型序		排名	院校名称	地区内序		类型序	
7	南京大学	江苏	1	综合	5	25	天津大学	天津	1	理工	13
8	华中科技大学	湖北	2	理工	3	26	北京理工大学	北京	7	理工	14
9	吉林大学	吉林	1	综合	6	27	南开大学	天津	2	综合	11
10	中国科学技术大学	安徽	1	理工	4	28	大连理工大学	辽宁	1	理工	15
11	中山大学	广东	1	综合	7	29	重庆大学	重庆	1	理工	16
12	四川大学	四川	1	综合	8	30	厦门大学	福建	1	综合	12
13	哈尔滨工业大学	黑龙江	1	理工	5	31	电子科技大学	四川	2	理工	17
14	东南大学	江苏	2	理工	6	32	中国农业大学	北京	8	农林	1
15	中国人民大学	北京	3	文法	1	33	西北工业大学	陕西	2	理工	18
16	西安交通大学	陕西	1	理工	7	34	东北大学	辽宁	2	理工	19
17	国防科技大学	湖南	1	理工	8	35	湖南大学	湖南	3	理工	21
18	同济大学	上海	3	理工	9	36	郑州大学	河南	1	综合	14
19	山东大学	山东	1	综合	10	37	兰州大学	甘肃	1	综合	16
20	中南大学	湖南	2	理工	10	38	中国海洋大学	山东	2	理工	33
21	北京师范大学	北京	5	师范	1	39	云南大学	云南	1	综合	22
22	华南理工大学	广东	2	理工	11	40	西北农林科技大学	陕西	6	农林	4
23	北京航空航天大学	北京	6	理工	12	41	中央民族大学	北京	26	民族	1
24	华东师范大学	上海	4	师范	2	42	新疆大学	新疆	1	综合	41

从一流大学竞争力排行榜来看，华南理工大学（2020年排名29，2021年排名23）和西北农林科技大学（2020年排名83，2021年排名75）在总排名上分别提升了6个名次和8个名次，有较大程度的提升。近期，各"双一流"高校都迎来了中期评估，从评估结果来看，大部分国家一流大学发展计划初见成效，华南理工大学和西北农林科技大学也在评估中得到了较高评价。

从一流大学类型分布来看，理工类院校依然占据较大优势。

3. 中国民办本科院校竞争力排行榜

民办本科院校是我国高等教育体系中的重要组成部分，在补充和平衡我国高等教育资源方面起着重要作用。近年来，我国民办本科院校的办学条件和教学水平都有了进一步提升，正受到越来越多的关注。相较于2020年民办院校数量为156所，2021年增长到204所，数量增长较为显著，其中部分院校是独立学院转设的。民办本科院校的前10强名单如表6所示。

表6 2021年中国民办本科院校竞争力排行榜（前10强）

排名	院校名称	总分	地区内序		排名	院校名称	总分	地区内序	
1	江西科技学院	100	江西	1	6	北京城市学院	95.64	北京	1
2	浙江树人学院	99.91	浙江	1	7	三亚学院	94.67	海南	1
3	南昌理工学院	98.29	江西	2	8	湖南涉外经济学院	93.78	湖南	1
4	黄河科技学院	96.11	河南	1	9	吉林外国语大学	92.98	吉林	1
5	西京学院	96.02	陕西	1	10	汉口学院	92.87	湖北	1

从中国民办本科院校竞争力排行榜看，江西省有2所民办高校挤进前10强，其他几个省份各居一

席。目前，民办本科院校群体的整体实力还比较弱，且排名波动较大。

4. 中国独立学院竞争力排行榜

本次大学评价中，我们也对独立学院进行了评价，因部分独立学院正在经历院校转制，故此次评价的独立学院数量较少，共190所。190所独立学院的前10强（前5%）如表7所示。

表7 2021年中国独立学院竞争力排行榜（前10强）（前5%）

排名	院校名称	总分	地区内序	排名	院校名称	总分	地区内序
1	厦门大学嘉庚学院	100	福建	1	6	南京大学金陵学院	90.94	江苏	1
2	北京师范大学珠海分校	91.92	广东	1	7	南京传媒学院	90.80	江苏	2
3	北京理工大学珠海学院	91.21	广东	2	8	电子科技大学中山学院	90.50	广东	1
4	四川大学锦江学院	91.07	四川	1	9	集美大学诚毅学院	90.46	福建	1
5	四川大学锦城学院	91.00	四川	2	10	浙江工业大学之江学院	90.43	浙江	1

从2021年独立学院竞争力前10强的排名结果来看，厦门大学嘉庚学院、北京师范大学珠海学院、北京理工大学珠海学院占据前三名。而2020年排名第1位的浙江大学城市学院已转为公办院校、排名第5位的吉林大学珠海学院已转为民办学院。相对于其他类型的院校而言，这些院校的排名波动较大，部分原因是很多院校在经历转制，还有一部分原因是这类院校的科研水平除极少数高校外都比较低，业绩不稳定。

5. 中国高职高专院校竞争力排行榜

高职（高等职业学校）和高专（高等专科学校）都是大专层次的普通高等学校，是我国高等教育的重要组成部分。在本轮大学评价中，我们进一步完善了高职高专院校的评价指标体系，对1200所高职高专院校进行了评价，排名前5%的院校情况如表8所示。

表8 2021年中国高职高专院校竞争力排行榜前60强（前5%）

排名	院校名称	总分	地区内序	排名	院校名称	总分	地区内序
1	深圳职业技术学院	100	广东	1	17	杨凌职业技术学院	98.24	陕西	2
2	金华职业技术学院	99.44	浙江	1	18	广州番禺职业技术学院	98.23	广东	5
3	淄博职业学院	99.30	山东	1	19	江苏农牧科技职业学院	98.21	江苏	2
4	无锡职业技术学院	99.16	江苏	1	20	武汉职业技术学院	98.21	湖北	1
5	广东轻工职业技术学院	99.01	广东	2	21	江苏农林职业学院	98.15	江苏	3
6	北京电子科技职业学院	98.78	北京	1	22	浙江金融职业学院	98.14	浙江	2
7	山东商业职业技术学院	98.69	山东	2	23	邢台职业技术学院	98.06	河北	1
8	顺德职业技术学院	98.54	广东	3	24	长沙民政职业技术学院	98.06	湖南	1
9	陕西工业职业技术学院	98.51	陕西	1	25	芜湖职业技术学院	98.05	安徽	1
10	黄河水利职业技术学院	98.43	河南	1	26	宁波职业技术学院	98.05	浙江	3
11	重庆电子工程职业学院	98.42	重庆	1	27	昆明冶金高等专科学校	98.05	云南	1
12	新疆农业职业技术学院	98.38	新疆	1	28	九江职业技术学院	98.04	江西	1
13	天津职业大学	98.34	天津	1	29	滨州职业学院	98.03	山东	3
14	深圳信息职业技术学院	98.33	广东	4	30	常州信息职业技术学院	97.99	江苏	4
15	北京工业职业技术学院	98.33	北京	2	31	河北工业职业技术学院	97.95	河北	2
16	重庆工业职业技术学院	98.26	重庆	2	32	浙江机电职业技术学院	97.93	浙江	4

续表

排名	院校名称	总分	地区	内序	排名	院校名称	总分	地区	内序
33	辽宁交通高等专科学校	97.93	辽宁	1	47	长春职业技术学院	97.75	吉林	1
34	福建船政交通职业学院	97.93	福建	1	48	常州机电职业技术学院	97.75	江苏	8
35	兰州资源环境职业技术学院	97.91	甘肃	1	49	兰州石化职业技术学院	97.72	甘肃	2
36	温州职业技术学院	97.91	浙江	5	50	威海职业学院	97.69	山东	5
37	南宁职业技术学院	97.90	广西	1	51	湖南铁道职业技术学院	97.68	湖南	2
38	日照职业技术学院	97.89	山东	4	52	潍坊职业学院	97.67	山东	6
39	南京信息职业技术学院	97.89	江苏	5	53	武汉船舶职业技术学院	97.65	湖北	2
40	广东科学技术职业学院	97.87	广东	6	54	重庆工程职业技术学院	97.65	重庆	3
41	成都航空职业技术学院	97.84	四川	1	55	西安航空职业技术学院	97.64	陕西	3
42	江苏建筑职业技术学院	97.84	江苏	6	56	安徽职业技术学院	97.63	安徽	2
43	四川工程职业技术学院	97.82	四川	2	57	河南工业职业技术学院	97.62	河南	2
44	承德石油高等专科学校	97.80	河北	3	58	柳州职业技术学院	97.61	广西	2
45	哈尔滨职业技术学院	97.79	黑龙江	1	59	陕西铁路工程职业技术学院	97.61	陕西	4
46	江苏经贸职业技术学院	97.77	江苏	7	60	内蒙古机电职业技术学院	97.59	内蒙古	1

从全国高职高专院校数量的地区分布来看，数量较多的省份主要有：江苏有79所，广东有75所，河南有71所，山东有68所，湖南有68所，安徽有66所，这些省份的数量位列前6强。在排名前30名的院校中，广东省占了5所，江苏省占了4所，浙江省和山东省各占3所，这种分布状况与各省的经济实力和人口数量有密切关系。

从高职高专院校排名前60强的结果来看，深圳职业技术学院雄踞榜首，其次是金华职业技术学院和淄博职业学院；从地区分布来看，江苏、广东、山东、河南等省份具有较大优势。

6. 中国大学科技创新竞争力排行榜

大学承担着人才培养、科学研究和社会服务三大主要职能，其中，科学研究在三大职能中占据较大比重，特别是对于重点大学来说，科学研究在其所有职能中占据的比重更大。因此，中国大学科研竞争力评价是中国大学评价的重要组成部分。2021年"中国大学科技创新竞争力排行榜"和"中国大学人文社会科学创新竞争力排行榜"前20强结果如表9和表10所示。

表9 2021年中国大学科技创新竞争力排行榜（前20强）

排名	院校名称	总分	类型序		排名	院校名称	总分	类型序	
1	清华大学	100	理工	1	11	国防科技大学	96.98	理工	5
2	浙江大学	99.58	综合	1	12	中南大学	96.97	理工	6
3	北京大学	99.30	综合	2	13	中山大学	96.91	综合	7
4	上海交通大学	98.99	理工	2	14	同济大学	96.73	理工	7
5	四川大学	97.55	综合	3	15	山东大学	96.66	综合	8
6	华中科技大学	97.52	理工	3	16	天津大学	96.65	理工	8
7	西安交通大学	97.52	理工	4	17	南京大学	96.52	综合	9
8	复旦大学	97.45	综合	4	18	东南大学	96.52	理工	9
9	中国科学院大学	97.36	综合	5	19	中国科学技术大学	96.42	理工	10
10	武汉大学	97.16	综合	6	20	吉林大学	95.48	综合	10

与 2020 年相比，新进入科技创新竞争力百强的高校有 8 所，分别是国防科技大学、湖南师范大学、福建师范大学、杭州电子科技大学、北京协和医学院、贵州大学、上海师范大学、浙江师范大学。前 20 强高校的排名则相对稳定，全部集中在理工类和综合类院校。

表 10 2021 年中国大学人文社会科学创新竞争力排行榜（前 20 强）

排名	院校名称	总分	类型序		排名	院校名称	总分	类型序	
1	北京大学	100	综合	1	11	西安交通大学	97.32	理工	3
2	中国人民大学	99.87	文法	1	12	山东大学	97.15	综合	8
3	清华大学	99.57	理工	1	13	厦门大学	96.99	综合	9
4	浙江大学	98.36	综合	2	14	吉林大学	96.87	综合	10
5	武汉大学	98.11	综合	3	15	华中科技大学	96.56	理工	4
6	复旦大学	98.04	综合	4	16	同济大学	96.25	理工	5
7	四川大学	97.52	综合	5	17	中南大学	96.19	理工	6
8	南京大学	97.38	综合	6	18	东南大学	96.06	理工	7
9	中山大学	97.34	综合	7	19	北京师范大学	95.96	师范	1
10	上海交通大学	97.33	理工	2	20	华南理工大学	95.79	理工	8

与 2020 年相比，清华大学和浙江大学分别从第 6 名和第 11 名跃升到第 3 名和第 4 名，上升势头迅猛。新进入人文社会科学创新竞争力排行榜百强的高校有 9 所，分别是中国地质大学（武汉）、燕山大学、中央财经大学、国防科技大学、广东工业大学、首都医科大学、中国石油大学（华东）、北京协和医学院和湘潭大学。前 100 强院校中比较多的类型是综合类和理工类，由此可见，在科研竞争力方面，综合类和理工类院校，无论科技创新还是人文社会科学发展均在全国处于领先地位。这一方面说明了综合类和理工类院校普遍拥有较为强大的办学资源和资金优势，能在短期内较快地提升其在人文社会科学方面的综合竞争力；另一方面也说明了近年来我国众多优秀的理工类院校充分重视学校的综合发展，加强了人文社会科学方面的建设力度。

7. 中国大学分类型竞争力排行榜

在我们的评价对象中，将本科院校分为 10 种类型：综合类、理工类、师范类、医药类、文法类、财经类、艺术类、体育类、民族类和农林类。为便于大家更好地了解每所高校在其所属类型中的水平和位置，我们秉承"分类评价、同类比较"的原则，分别对不同类型的高校进行了评价和排序，得到了中国大学分类型竞争力排行榜。每种类型的前 5 名高校如表 11 所示。

表 11 2021 年中国大学分类型竞争力排行榜（前 5 强）

类型 \ 排名	第 1 名	第 2 名	第 3 名	第 4 名	第 5 名
财经	中央财经大学	上海财经大学	对外经济贸易大学	西南财经大学	中南财经政法大学
理工	清华大学	上海交通大学	华中科技大学	中国科学技术大学	哈尔滨工业大学
民族	中央民族大学	中南民族大学	西南民族大学	广西民族大学	西北民族大学
农林	中国农业大学	华中农业大学	南京农业大学	西北农林科技大学	华南农业大学
师范	北京师范大学	华东师范大学	南京师范大学	华中师范大学	陕西师范大学
体育	北京体育大学	上海体育学院	武汉体育学院	成都体育学院	天津体育学院
文法	中国人民大学	中国政法大学	中国传媒大学	北京语言大学	上海外国语大学

续表

排名\类型	第1名	第2名	第3名	第4名	第5名
医药	首都医科大学	北京协和医学院	南京医科大学	南方医科大学	天津医科大学
艺术	中央音乐学院	中央美术学院	中国美术学院	中国音乐学院	南京艺术学院
综合	北京大学	浙江大学	武汉大学	复旦大学	南京大学

从表11中我们可以看到，与2020年相比，西北民族大学和陕西师范大学分别挤进民族类和师范类院校的前5名，其他类型院校排名变化不大。中央财经大学、清华大学、中央民族大学、中国农业大学、北京师范大学、北京体育大学、中国人民大学、首都医科大学、中央音乐学院、北京大学分别位居10种类型高校排名首位。结合中国本科院校综合竞争力总排行榜，可以看到清华大学、北京大学、中国人民大学、中国农业大学、北京师范大学这5所各类型首位高校的综合排名情况均靠前。而另外5所各类型榜首高校的总体排名情况稍差。中央财经大学排在第77位，中央音乐学院（排名118）、中央民族大学（排名125）、首都医科大学（排名85）、北京体育大学（排名180）均排在百名之外，这在一定程度上反映出我国财经类、民族类、艺术类和体育类高校的综合竞争力相对较弱。

8. 中国大学本科教育分学科门类竞争力排行榜

相对于本科专业而言，学科门类是一个更为宏观的概念，它可以帮助我们在更高层次上对国内大学的本科教育竞争力有一个"量"和"质"的总体把握。2021年中国大学本科教育分学科门类竞争力排行榜的对象涵盖1230所本科院校，从中不仅能够查出某高校的本科教育是否涵盖某个学科门类，而且还可以看出各个大学在12个学科门类中的具体表现。表12给出了中国大学本科教育分学科门类竞争力前5%的高校。

表12 中国大学本科教育分学科门类竞争力排行榜（前5%）

排名	高校名称	排名	高校名称	排名	高校名称	排名	高校名称
哲学（70）							
1	北京大学	2	中国人民大学	3	复旦大学	4	中山大学
经济学（939）							
1	中国人民大学	12	山西财经大学	23	暨南大学	34	广东财经大学
2	中央财经大学	13	厦门大学	24	新疆财经大学	35	湖南大学
3	西南财经大学	14	西安交通大学	25	吉林大学	36	清华大学
4	上海财经大学	15	复旦大学	26	哈尔滨商业大学	37	浙江工商大学
5	中南财经政法大学	16	南京财经大学	27	华中科技大学	38	河南大学
6	北京大学	17	首都经济贸易大学	28	重庆工商大学	39	云南财经大学
7	对外经济贸易大学	18	武汉大学	29	安徽财经大学	40	河南财经政法大学
8	南开大学	19	天津财经大学	30	广东外语外贸大学	41	吉林财经大学
9	江西财经大学	20	四川大学	31	浙江大学	42	河北经贸大学
10	东北财经大学	21	浙江财经大学	32	西北大学	43	北京师范大学
11	辽宁大学	22	山东大学	33	南京大学	44	上海交通大学

续表

排名	高校名称	排名	高校名称	排名	高校名称	排名	高校名称
法学（755）							
1	中国人民大学	11	南京大学	21	湘潭大学	31	中南大学
2	北京大学	12	华中师范大学	22	湖南师范大学	32	四川大学
3	中国政法大学	13	中国人民公安大学	23	河南师范大学	33	南京师范大学
4	复旦大学	14	云南大学	24	兰州大学	34	苏州大学
5	吉林大学	15	清华大学	25	中南民族大学	35	中南财经政法大学
6	南开大学	16	华东师范大学	26	华东政法大学	36	浙江大学
7	武汉大学	17	西南政法大学	27	上海大学	37	西北政法大学
8	厦门大学	18	中央民族大学	28	天津师范大学	38	安徽大学
8	山东大学	19	北京师范大学	29	西南大学		
10	中山大学	20	东北师范大学	30	云南民族大学		
教育学（598）							
1	华东师范大学	9	西北师范大学	17	上海体育学院	25	沈阳师范大学
2	华南师范大学	10	武汉体育学院	18	哈尔滨师范大学	26	江西师范大学
3	北京师范大学	11	四川师范大学	19	广西师范大学	27	内蒙古师范大学
4	华中师范大学	12	湖南师范大学	20	上海师范大学	28	首都师范大学
5	北京体育大学	13	西南大学	21	山东师范大学	29	河北师范大学
6	南京师范大学	14	福建师范大学	22	陕西师范大学	30	首都体育学院
7	东北师范大学	15	辽宁师范大学	23	云南师范大学		
8	浙江师范大学	16	河南大学	24	成都体育学院		
文学（1046）							
1	北京大学	14	四川外国语大学	27	四川大学	40	北京第二外国语学院
2	北京外国语大学	15	中国传媒大学	28	清华大学	41	上海师范大学
3	广东外语外贸大学	16	大连外国语大学	29	中山大学	42	上海大学
4	上海外国语大学	17	天津外国语大学	30	首都师范大学	43	河北大学
5	西安外国语大学	18	湖南师范大学	31	对外经济贸易大学	44	上海交通大学
6	复旦大学	19	华东师范大学	32	延边大学	45	西南大学
7	中国人民大学	20	华中师范大学	33	河南大学	46	扬州大学
8	武汉大学	21	厦门大学	34	福建师范大学	47	云南民族大学
9	浙江大学	22	山东大学	35	北京师范大学	48	内蒙古大学
10	黑龙江大学	23	暨南大学	36	安徽大学	49	郑州大学
11	南京大学	24	苏州大学	37	吉林大学	50	东北师范大学
12	北京语言大学	25	陕西师范大学	38	南开大学	51	南昌大学
13	南京师范大学	26	华中科技大学	39	广西民族大学	52	华南师范大学
历史学（254）							
1	北京大学	5	武汉大学	9	陕西师范大学	13	南开大学
2	西北大学	6	吉林大学	10	复旦大学		
3	四川大学	7	河南大学	11	山东大学		
4	首都师范大学	8	中国人民大学	12	北京师范大学		

排名	高校名称	排名	高校名称	排名	高校名称	排名	高校名称
理学（792）							
1	北京大学	11	复旦大学	21	华南师范大学	31	福建师范大学
2	南京大学	12	华东师范大学	22	湖南师范大学	32	河南大学
3	中山大学	13	西北大学	23	云南大学	33	西北师范大学
4	兰州大学	14	吉林大学	24	中国海洋大学	34	山东师范大学
5	中国科学技术大学	15	山东大学	25	中国地质大学（武汉）	35	中南大学
6	武汉大学	16	南开大学	26	南京师范大学	36	同济大学
7	北京师范大学	17	清华大学	27	华中师范大学	37	西安交通大学
8	厦门大学	18	上海交通大学	28	东北师范大学	38	河北师范大学
9	浙江大学	19	陕西师范大学	29	西南大学	39	郑州大学
10	中国科学院大学	20	华中科技大学	30	四川大学	40	首都师范大学
工学（1139）							
1	哈尔滨工业大学	16	北京航空航天大学	31	江苏大学	46	燕山大学
2	浙江大学	17	华中科技大学	32	电子科技大学	47	南京工业大学
3	重庆大学	18	南京理工大学	33	华东理工大学	48	中国石油大学（华东）
4	天津大学	19	合肥工业大学	34	中国矿业大学	49	河北工业大学
5	武汉理工大学	20	北京理工大学	35	西安电子科技大学	50	中北大学
6	四川大学	21	西北工业大学	36	河海大学	51	山东科技大学
7	华南理工大学	22	武汉大学	37	西安理工大学	52	西安建筑科技大学
8	同济大学	23	西南交通大学	38	福州大学	53	南昌大学
9	大连理工大学	24	东北大学	39	北京工业大学	54	哈尔滨工程大学
10	清华大学	25	昆明理工大学	40	北京大学	55	江南大学
11	上海交通大学	26	太原理工大学	41	北京交通大学	56	浙江工业大学
12	吉林大学	27	山东大学	42	湖南大学	57	东华大学
13	西安交通大学	28	长安大学	43	郑州大学	58	燕山大学
14	东南大学	29	苏州大学	44	北京科技大学		
15	中南大学	30	南京航空航天大学	45	上海大学		
农学（243）							
1	华中农业大学	4	中国农业大学	7	西南大学	10	内蒙古农业大学
2	四川农业大学	5	华南农业大学	8	河南农业大学	11	山东农业大学
3	西北农林科技大学	6	南京农业大学	9	福建农林大学	12	河北农业大学
医学（396）							
1	四川大学	6	河北医科大学	11	温州医科大学	16	南京中医药大学
2	重庆医科大学	7	天津医科大学	12	首都医科大学	17	成都中医药大学
3	南方医科大学	8	中山大学	13	山西医科大学	18	哈尔滨医科大学
4	北京大学	9	华中科技大学	14	安徽医科大学	19	福建医科大学
5	南京医科大学	10	中国医科大学	15	上海交通大学	20	中南大学
管理学（1166）							
1	中国人民大学	3	浙江大学	5	中南财经政法大学	7	西安交通大学
2	武汉大学	4	四川大学	6	吉林大学	8	东北财经大学

续表

排名	高校名称	排名	高校名称	排名	高校名称	排名	高校名称
9	中央财经大学	22	山西财经大学	35	哈尔滨商业大学	48	同济大学
10	天津大学	23	山东大学	36	云南大学	49	华东师范大学
11	清华大学	24	首都经济贸易大学	37	湘潭大学	50	福州大学
12	南开大学	25	暨南大学	38	天津财经大学	51	河北经贸大学
13	重庆大学	26	复旦大学	39	西南大学	52	广东财经大学
14	南京大学	27	华南理工大学	40	中南大学	53	安徽财经大学
15	中山大学	28	华中科技大学	41	西南交通大学	54	合肥工业大学
16	浙江工商大学	29	北京交通大学	42	东北大学	55	河海大学
17	江西财经大学	30	云南财经大学	43	浙江财经大学	56	西北大学
18	西南财经大学	31	上海财经大学	44	华南农业大学	57	华侨大学
19	北京大学	32	对外经济贸易大学	45	大连理工大学	58	苏州大学
20	厦门大学	33	郑州大学	46	南昌大学		
21	南京农业大学	34	武汉理工大学	47	华中师范大学		
艺术学（961）							
1	中国美术学院	13	四川美术学院	25	上海戏剧学院	37	北京师范大学
2	南京艺术学院	14	上海大学	26	吉林艺术学院	38	星海音乐学院
3	清华大学	15	四川音乐学院	27	上海音乐学院	39	西安音乐学院
4	中国传媒大学	16	湖北美术学院	28	云南艺术学院	40	四川大学
5	中央美术学院	17	山东艺术学院	29	华东师范大学	41	临沂大学
6	广西艺术学院	18	鲁迅美术学院	30	湖南师范大学	42	大连工业大学
7	中央戏剧学院	19	四川师范大学	31	东北师范大学	43	陕西师范大学
8	西安美术学院	20	北京电影学院	32	沈阳音乐学院	44	内蒙古师范大学
9	中国音乐学院	21	广州美术学院	33	首都师范大学	45	上海师范大学
10	中央音乐学院	22	哈尔滨师范大学	34	山东师范大学	46	天津师范大学
11	中国戏曲学院	23	山东工艺美术学院	35	福建师范大学	47	武汉音乐学院
12	中央民族大学	24	浙江传媒学院	36	西南大学	48	华中师范大学

注：学科门类名称后面括号中的数字是开设该学科门类的学校总数。

从表 12 中我们可以看出，北京大学（综合类高校）在哲学、文学、历史学、理学这四大门类中均位居榜首，充分体现了该校在众多高校中具备显著的综合实力。与 2020 年排名结果相比，2021 年医学类位居榜首的高校被四川大学摘得。同样，中国人民大学（文法类高校）也占领了经济学、法学和管理学三大门类首位，其中法学类榜首的位置是近年来首次被中国人民大学收入囊中。此外，教育学门类中华东师范大学位居榜首，工学门类中哈尔滨工业大学位居榜首，农学门类中华中农业大学位居榜首，医学门类中四川大学位居榜首，艺术学门类中中国美术学院居榜首。由此反映出这些院校各有所长，形成自身特有的竞争优势。

门类排行榜的结果从某种程度上更是学科门类发展整体质量的表现。值得一提的是，法学门类排名前 10 强的院校中，除去中国人民大学和中国政法大学外，其他高校都是综合类高校。

9. 中国大学本科教育分专业竞争力排行榜和分专业类竞争力排行榜

通过查询 1230 所普通本科院校的招生计划，我们发现 2021 年实际招生的本科专业约有 435 个，按照教育部公布的专业目录,这些专业分属于 92 个专业类。限于篇幅,我们在本书的第二部分列出了 2021 年中国大学本科教育分专业类竞争力排行榜(前 20%),在本书第三部分则公布了 5★+、5★、5★-、4★、3★、2★专业在各高校的分布情况。

四、本次大学评价的几点启示

根据 2021 年大学评价相关数据的分析,结合我们研究团队历年来从事大学评价工作所积累的经验和数据,可以得出以下几点启示。

1. 以立德树人为根本,破除唯论文导向,促进高等教育多元化评价

评价是教育发展的方向盘,我国教育发展新阶段及新任务,需要新的评价体系与原则方法进行导航,它直接关系到科学的教育观、人才观和用人观。从近几年招生人数、论文数量等指标逐年递增的情况来看,我国高等教育在规模和数量上实现了迅速扩张,我国高等教育的发展力量在逐步壮大;但高等教育评价却屡屡被人诟病。

2020 年 10 月 20 日,中共中央、国务院首次印发《深化新时代教育评价改革总体方案》,明确提出要完善立德树人体制机制,扭转不科学的教育评价导向。国无德不兴,人无德不立。育人之本在于立德铸魂。从教育评价上突出立德树人,旨在引导教育回归根本。近年来,唯论文、唯 SCI 至上的非科学评价导向问题日益突出,进而导致高等教育工作者舍本逐末,为了论文而论文,为了职称和奖励而论文。为响应党中央和教育部的号召,构建良好的高等教育环境,中国科教评价研究院及时调整了院校评价指标体系,在原有指标体系中加入了政治标准和效益标准,形成了政治标准、业务标准和效益标准三结合的本科院校竞争力评价指标体系,以期形成以立德树人为根本,高等教育多元化发展的新格局。

2. 坚持分层分类评价,突出院校办学特色

从评价工作采集的数据看,我国 2461 所高校的办学层次各有不同,办学定位各有特色。基于以上认知,此次评价依然坚持分层分类评价原则,着力突出院校办学特色。在教育部公布的高校名单中,我们依据办学性质将高校分为公办、民办、独立学院、中外合作办学;依据办学层次,将高校分为部属高校、地方院校、职业本科院校和高职高专院校。不同的办学性质和办学层次对学校自身发展定位至关重要。分类分层评价是帮助高校充分挖掘自身发展特色、找准对标院校、发现自身发展不足的重要方式方法。高等教育评价工作者更要深刻认识到,评价工作不应该是教育工作的对立面,而是教育者的问题检测仪,排名不是目的,发掘并解决问题才是根本。

2020 年,根据教育部通知,我国共有 54 所独立学院转设为公办或民办院校,22 所高职高专院校转为职业本科院校。在高等教育改革的动荡期,为了实现更好的同型比较,我们除了对公办院校、民办院校和独立学院单独排名外,还对 22 所职业本科院校单独做了排名。

3. 着力学科专业发展,凸显中国特色,地方一流

高校的发展归根结底是学科专业的发展。如何结合时代和社会发展机遇,整合资源,形成优势学科群,进而带动整个高校的发展是当下每个高校必须思考的重点。为了响应教育部"双万计划"的号召,2021 年我们依旧公布专业评价结果,并在专业评价指标体系中将国家一流专业纳入观测点。在 2021 年的专业排名结果中,北京印刷学院的数字出版专业、南京信息工程大学的大气科学专业、浙江工商大学的应用统计学专业等在地方院校特色专业排名中位居榜首,说明部分一般院校也能拥有自身王牌特色专业。

对于第二甚至第三梯队的地方院校来说，发展自身王牌特色专业、打造院校名片是地方院校寻求自身跨越式发展的重要途径。

4. 经济助推，沿海省域高校排名连年攀升

从 2016—2020 年的评价结果来看，沿海经济发达地区的院校虽然最开始实力一般，但上升势头迅猛，不容小觑。例如，浙江地区的高校高考录取分数线明显高于同一层次的其他地方高校，其学生质量、本科教育和就业率等指标表现优异，已形成一个良性生态循环。从 2021 年浙江高校整体排名情况来看，多数高校排名较去年有所提升，这与当地经济发展状况不无关系。

无论是从大学教育地区竞争力来看还是高职高专教育地区竞争力来看，长三角地区和珠三角地区的高等教育发展都呈现良好势头，高校排名呈现区域性齐头并进的态势，值得期待。

整体看来，2021 年的大学评价结果与去年的结果大致相同。教育是慢发展，但不意味着不发展。我国高等教育发展一直在摸索中前进，国外知名高校的多元化、综合性发展模式是我国高校发展的重要参考，但中国的大学要在中国的土地上生根发芽、开花结果，要服务于我国现代化发展，其中有我们不得不尊重的基本国情，基于此，无论是高等教育工作者还是教育评价工作者，都要在国内外院校发展的异同点中找到平衡，探索出一条适合中国国情的世界一流大学发展道路，为我国高等教育事业强国战略的发展贡献力量。

中国大学教育地区竞争力排行榜

地区	总分	排名	本科院校数	一流大学院校数
北京	100	1	64	8
江苏	99.87	2	75	2
上海	99.56	3	39	4
湖北	99.56	4	68	2
广东	99.52	5	60	2
陕西	99.49	6	55	3
浙江	99.48	7	56	1
山东	99.43	8	67	2
四川	99.34	9	51	2
辽宁	99.32	10	61	2
湖南	99.30	11	52	3
河南	99.14	12	56	1
安徽	99.11	13	45	1
河北	99.09	14	60	0
黑龙江	99.03	15	39	1
福建	99.03	16	37	1
天津	98.99	17	31	2
江西	98.94	18	43	0
吉林	98.93	19	37	1
重庆	98.87	20	25	1
广西	98.71	21	35	0
山西	98.69	22	33	0
云南	98.69	23	32	1
甘肃	98.48	24	22	1
贵州	98.43	25	29	0
新疆	98.13	26	18	1
内蒙古	98.12	27	17	0
海南	97.60	28	7	0
宁夏	97.53	29	8	0
青海	97.09	30	4	0
西藏	96.97	31	4	0

中国"双一流"大学竞争力排行榜

排名	院校名称	国内总排名	类型序		排名	院校名称	国内总排名	类型序	
1	清华大学	1	理工	1	36	东北大学	36	理工	19
2	北京大学	2	综合	1	37	南京航空航天大学	37	理工	20
3	浙江大学	3	综合	2	38	湖南大学	38	理工	21
4	上海交通大学	4	理工	2	39	郑州大学	39	综合	14
5	武汉大学	5	综合	3	40	上海大学	40	综合	15
6	复旦大学	6	综合	4	41	南京理工大学	41	理工	22
7	南京大学	7	综合	5	42	西南交通大学	42	理工	23
8	华中科技大学	8	理工	3	43	兰州大学	43	综合	16
9	吉林大学	9	综合	6	44	华东理工大学	44	理工	24
10	中国科学技术大学	10	理工	4	45	武汉理工大学	45	理工	25
11	中山大学	11	综合	7	46	北京科技大学	46	理工	26
12	四川大学	12	综合	8	47	北京交通大学	47	理工	27
13	哈尔滨工业大学	13	理工	5	48	暨南大学	48	综合	17
14	东南大学	14	理工	6	49	西安电子科技大学	49	理工	28
15	中国人民大学	15	文法	1	50	西南大学	50	综合	18
16	西安交通大学	16	理工	7	51	河海大学	51	理工	29
17	中国科学院大学	17	综合	9	52	南京师范大学	52	师范	3
18	国防科技大学	18	理工	8	53	南昌大学	53	综合	19
19	同济大学	19	理工	9	54	华中师范大学	54	师范	4
20	山东大学	20	综合	10	55	合肥工业大学	55	理工	30
21	中南大学	21	理工	10	56	江南大学	56	综合	20
22	北京师范大学	22	师范	1	57	华中农业大学	57	农林	2
23	华南理工大学	23	理工	11	58	北京工业大学	58	理工	31
24	北京航空航天大学	24	理工	12	59	南京农业大学	60	农林	3
25	华东师范大学	25	师范	2	60	中国海洋大学	61	理工	32
26	天津大学	26	理工	13	61	陕西师范大学	62	师范	5
27	北京理工大学	27	理工	14	62	哈尔滨工程大学	63	理工	33
28	南开大学	28	综合	11	63	中国矿业大学	64	理工	34
29	大连理工大学	29	理工	15	64	华南师范大学	65	师范	6
30	重庆大学	30	理工	16	65	东北师范大学	66	师范	7
31	厦门大学	31	综合	12	66	华北电力大学	69	理工	35
32	电子科技大学	32	理工	17	67	东华大学	70	理工	36
33	中国农业大学	33	农林	1	68	云南大学	71	综合	21
34	西北工业大学	34	理工	18	69	西北大学	72	综合	22
35	苏州大学	35	综合	13	70	北京邮电大学	73	理工	37

续表

排名	院校名称	国内总排名	类型	序	排名	院校名称	国内总排名	类型	序
71	宁波大学	74	综合	23	106	大连海事大学	137	理工	49
72	西北农林科技大学	75	农林	4	107	海南大学	143	综合	29
73	中央财经大学	77	财经	1	108	第二军医大学	146	医药	3
74	湖南师范大学	78	师范	8	109	中国美术学院	147	艺术	3
75	北京化工大学	80	理工	38	110	中国音乐学院	149	艺术	4
76	广西大学	83	综合	24	111	第四军医大学	153	医药	4
77	福州大学	84	综合	25	112	上海中医药大学	154	医药	5
78	河南大学	88	综合	26	113	新疆大学	155	综合	30
79	安徽大学	89	综合	27	114	辽宁大学	157	综合	31
80	中国石油大学（华东）	90	理工	39	115	内蒙古大学	158	综合	32
81	北京协和医学院	91	医药	1	116	中国药科大学	160	医药	6
82	中国地质大学（武汉）	92	理工	40	117	天津工业大学	164	理工	50
83	太原理工大学	95	理工	41	118	西南石油大学	167	理工	51
84	中国政法大学	96	文法	2	119	南京林业大学	169	农林	8
85	长安大学	98	理工	42	120	北京中医药大学	171	医药	7
86	首都师范大学	99	师范	9	121	南京中医药大学	172	医药	8
87	北京林业大学	102	农林	5	122	四川农业大学	175	农林	9
88	上海财经大学	104	财经	2	123	北京体育大学	180	体育	1
89	南京邮电大学	106	理工	43	124	上海外国语大学	181	文法	4
90	中国传媒大学	110	文法	3	125	石河子大学	184	综合	33
91	对外经济贸易大学	113	财经	3	126	北京外国语大学	186	文法	5
92	西南财经大学	114	财经	4	127	成都理工大学	190	理工	52
93	中国石油大学（北京）	116	理工	44	128	上海体育学院	206	体育	2
94	中央音乐学院	118	艺术	1	129	广州中医药大学	220	医药	9
95	中央美术学院	119	艺术	2	130	上海音乐学院	226	艺术	5
96	东北农业大学	123	农林	6	131	宁夏大学	229	综合	34
97	中央民族大学	125	民族	1	132	延边大学	236	综合	35
98	天津医科大学	126	医药	2	133	外交学院	239	文法	6
99	中南财经政法大学	127	财经	5	134	天津中医药大学	262	医药	10
100	南京信息工程大学	128	理工	45	135	中央戏剧学院	266	艺术	6
101	河北工业大学	130	理工	46	136	成都中医药大学	269	医药	11
102	东北林业大学	131	农林	7	137	青海大学	273	综合	36
103	贵州大学	132	综合	28	138	上海海洋大学	288	农林	10
104	中国矿业大学（北京）	134	理工	47	139	中国人民公安大学	304	文法	7
105	中国地质大学（北京）	135	理工	48	140	西藏大学	338	综合	37

部属院校竞争力排行榜

排名	院校名称	国内总排名	星级	类型序		排名	院校名称	国内总排名	星级	类型序	
1	清华大学	1	5★+	理工	1	36	南京航空航天大学	37	5★	理工	20
2	北京大学	2	5★+	综合	1	37	湖南大学	38	5★	理工	21
3	浙江大学	3	5★+	综合	2	38	南京理工大学	41	5★	理工	22
4	上海交通大学	4	5★+	理工	2	39	西南交通大学	42	5★	理工	23
5	武汉大学	5	5★+	综合	3	40	兰州大学	43	5★	综合	13
6	复旦大学	6	5★+	综合	4	41	华东理工大学	44	5★	理工	24
7	南京大学	7	5★+	综合	5	42	武汉理工大学	45	5★	理工	25
8	华中科技大学	8	5★+	理工	3	43	北京科技大学	46	5★	理工	26
9	吉林大学	9	5★+	综合	6	44	北京交通大学	47	5★	理工	27
10	中国科学技术大学	10	5★+	理工	4	45	暨南大学	48	5★	综合	14
11	中山大学	11	5★+	综合	7	46	西安电子科技大学	49	5★	理工	28
12	四川大学	12	5★+	综合	8	47	西南大学	50	5★	综合	15
13	哈尔滨工业大学	13	5★	理工	5	48	河海大学	51	5★	理工	29
14	东南大学	14	5★	理工	6	49	华中师范大学	54	5★	师范	3
15	中国人民大学	15	5★	文法	1	50	合肥工业大学	55	5★	理工	30
16	西安交通大学	16	5★	理工	7	51	江南大学	56	5★	综合	16
17	中国科学院大学	17	5★	综合	9	52	华中农业大学	57	5★	农林	2
18	国防科技大学	18	5★	理工	8	53	南京农业大学	60	5★	农林	3
19	同济大学	19	5★	理工	9	54	中国海洋大学	61	5★	理工	31
20	山东大学	20	5★	综合	10	55	陕西师范大学	62	5★	师范	4
21	中南大学	21	5★	理工	10	56	哈尔滨工程大学	63	5★-	理工	32
22	北京师范大学	22	5★	师范	1	57	中国矿业大学	64	5★-	理工	33
23	华南理工大学	23	5★	理工	11	58	东北师范大学	66	5★-	师范	5
24	北京航空航天大学	24	5★	理工	12	59	华北电力大学	69	5★-	理工	34
25	华东师范大学	25	5★	师范	2	60	东华大学	70	5★-	理工	35
26	天津大学	26	5★	理工	13	61	北京邮电大学	73	5★-	理工	36
27	北京理工大学	27	5★	理工	14	62	西北农林科技大学	75	5★-	农林	4
28	南开大学	28	5★	综合	11	63	中央财经大学	77	5★-	财经	1
29	大连理工大学	29	5★	理工	15	64	北京化工大学	80	5★-	理工	37
30	重庆大学	30	5★	理工	16	65	中国石油大学（华东）	90	5★-	理工	38
31	厦门大学	31	5★	综合	12	66	北京协和医学院	91	5★-	医药	1
32	电子科技大学	32	5★	理工	17	67	中国地质大学（武汉）	92	5★-	理工	39
33	中国农业大学	33	5★	农林	1	68	中国政法大学	96	5★-	文法	2
34	西北工业大学	34	5★	理工	18	69	长安大学	98	5★-	理工	40
35	东北大学	36	5★	理工	19	70	北京林业大学	102	5★-	农林	5

续表

排名	院校名称	国内总排名	星级	类型序		排名	院校名称	国内总排名	星级	类型序	
71	上海财经大学	104	5★-	财经	2	93	北京外国语大学	186	4★	文法	6
72	中国传媒大学	110	5★-	文法	3	94	中南民族大学	218	4★	民族	2
73	对外经济贸易大学	113	5★-	财经	3	95	外交学院	239	4★	文法	7
74	西南财经大学	114	5★-	财经	4	96	中央戏剧学院	266	3★	艺术	4
75	中国石油大学（北京）	116	5★-	理工	41	97	中国民航大学	274	3★	理工	45
76	中央音乐学院	118	5★-	艺术	1	98	中国人民公安大学	304	3★	文法	8
77	中央美术学院	119	5★-	艺术	2	99	西北民族大学	397	3★	民族	3
78	华侨大学	124	4★	综合	17	100	北方民族大学	401	3★	民族	4
79	中央民族大学	125	4★	民族	1	101	大连民族大学	448	3★	民族	5
80	中南财经政法大学	127	4★	财经	5	102	中国刑事警察学院	513	3★	文法	9
81	北京语言大学	129	4★	文法	4	103	北京电子科技学院	521	3★	理工	46
82	东北林业大学	131	4★	农林	6	104	国际关系学院	526	3★	文法	10
83	中国矿业大学（北京）	134	4★	理工	42	105	华北科技学院	527	3★	理工	47
84	中国地质大学（北京）	135	4★	理工	43	106	中国民用航空飞行学院	539	3★	理工	48
85	大连海事大学	137	4★	理工	44	107	中国劳动关系学院	545	3★	文法	11
86	第二军医大学	146	4★	医药	2	108	中国人民警察大学	562	3★	文法	12
87	中国美术学院	147	4★	艺术	3	109	中华女子学院	628	2★	综合	18
88	第四军医大学	153	4★	医药	3	110	上海海关学院	709	2★	文法	13
89	中国药科大学	160	4★	医药	4	111	南京森林警察学院	771	2★	文法	14
90	北京中医药大学	171	4★	医药	5	112	中央司法警官学院	786	2★	文法	15
91	北京体育大学	180	4★	体育	1	113	防灾科技学院	806	2★	理工	49
92	上海外国语大学	181	4★	文法	5	114	铁道警察学院	849	2★	文法	16

地方院校竞争力排行榜（前20%）

排名	院校名称	国内总排名	星级	类型序		排名	院校名称	国内总排名	星级	类型序	
1	苏州大学	35	5★	综合	1	37	山东师范大学	108	5★-	师范	8
2	郑州大学	39	5★	综合	2	38	南京医科大学	109	5★-	医药	2
3	上海大学	40	5★	综合	3	39	南方医科大学	111	5★-	医药	3
4	南京师范大学	52	5★	师范	1	40	浙江理工大学	112	5★-	理工	11
5	南昌大学	53	5★	综合	4	41	广州大学	115	5★-	综合	18
6	北京工业大学	58	5★	理工	1	42	福建农林大学	117	5★-	农林	2
7	浙江工业大学	59	5★	理工	2	43	山东科技大学	120	5★-	理工	12
8	华南师范大学	65	5★-	师范	2	44	济南大学	121	5★-	综合	19
9	燕山大学	67	5★-	理工	3	45	青岛大学	122	5★-	综合	20
10	扬州大学	68	5★-	综合	5	46	东北农业大学	123	5★-	农林	3
11	云南大学	71	5★-	综合	6	47	天津医科大学	126	4★	医药	4
12	西北大学	72	5★-	综合	7	48	南京信息工程大学	128	4★	理工	13
13	宁波大学	74	5★-	综合	8	49	河北工业大学	130	4★	理工	14
14	华南农业大学	76	5★-	农林	1	50	贵州大学	132	4★	综合	21
15	湖南师范大学	78	5★-	师范	3	51	中国医科大学	133	4★	医药	5
16	浙江师范大学	79	5★-	师范	4	52	上海理工大学	136	4★	理工	15
17	福建师范大学	81	5★-	师范	5	53	西安理工大学	138	4★	理工	16
18	江苏大学	82	5★-	综合	9	54	东北财经大学	139	4★	财经	1
19	广西大学	83	5★-	综合	10	55	黑龙江大学	140	4★	综合	22
20	福州大学	84	5★-	综合	11	56	浙江工商大学	141	4★	财经	2
21	首都医科大学	85	5★-	医药	1	57	中北大学	142	4★	理工	17
22	上海师范大学	86	5★-	师范	6	58	海南大学	143	4★	综合	23
23	深圳大学	87	5★-	综合	12	59	长沙理工大学	144	4★	理工	18
24	河南大学	88	5★-	综合	13	60	哈尔滨医科大学	145	4★	医药	6
25	安徽大学	89	5★-	综合	14	61	温州医科大学	148	4★	医药	7
26	杭州电子科技大学	93	5★-	理工	4	62	中国音乐学院	149	4★	艺术	1
27	广东工业大学	94	5★-	理工	5	63	重庆邮电大学	150	4★	理工	19
28	太原理工大学	95	5★-	理工	6	64	江西师范大学	151	4★	师范	9
29	西安建筑科技大学	97	5★-	理工	7	65	天津师范大学	152	4★	师范	10
30	首都师范大学	99	5★-	师范	7	66	上海中医药大学	154	4★	医药	8
31	河北大学	100	5★-	综合	15	67	新疆大学	155	4★	综合	24
32	湘潭大学	101	5★-	综合	16	68	河南科技大学	156	4★	理工	20
33	昆明理工大学	103	5★-	理工	8	69	辽宁大学	157	4★	综合	25
34	南京工业大学	105	5★-	理工	9	70	内蒙古大学	158	4★	综合	26
35	南京邮电大学	106	5★-	理工	10	71	中国计量大学	159	4★	理工	21
36	山西大学	107	5★-	综合	17	72	武汉科技大学	161	4★	理工	22

续表

排名	院校名称	国内总排名	星级	类型	序	排名	院校名称	国内总排名	星级	类型	序
73	江西财经大学	162	4★	财经	3	113	安徽工业大学	207	4★	理工	39
74	西北师范大学	163	4★	师范	11	114	兰州交通大学	208	4★	理工	40
75	天津工业大学	164	4★	理工	23	115	南方科技大学	209	4★	综合	32
76	哈尔滨理工大学	165	4★	理工	24	116	曲阜师范大学	210	4★	师范	19
77	河南师范大学	166	4★	师范	12	117	三峡大学	211	4★	综合	33
78	西南石油大学	167	4★	理工	25	118	南京艺术学院	212	4★	艺术	2
79	安徽师范大学	168	4★	师范	13	119	河南农业大学	213	4★	农林	8
80	南京林业大学	169	4★	农林	4	120	河北农业大学	214	4★	农林	9
81	四川师范大学	170	4★	师范	14	121	华东政法大学	215	4★	文法	2
82	南京中医药大学	172	4★	医药	9	122	桂林电子科技大学	216	4★	理工	41
83	河南理工大学	173	4★	理工	26	123	辽宁师范大学	217	4★	师范	20
84	广西师范大学	174	4★	师范	15	124	山西财经大学	219	4★	财经	5
85	四川农业大学	175	4★	农林	5	125	广州中医药大学	220	4★	医药	12
86	江苏师范大学	176	4★	师范	16	126	南昌航空大学	221	4★	理工	42
87	长春理工大学	177	4★	理工	27	127	安徽理工大学	222	4★	理工	43
88	南通大学	178	4★	综合	27	128	常州大学	223	4★	理工	44
89	云南师范大学	179	4★	师范	17	129	中南林业科技大学	224	4★	农林	10
90	广东外语外贸大学	182	4★	文法	1	130	西安科技大学	225	4★	理工	45
91	山东农业大学	183	4★	农林	6	131	上海音乐学院	226	4★	艺术	3
92	石河子大学	184	4★	综合	28	132	杭州师范大学	227	4★	师范	21
93	青岛科技大学	185	4★	理工	28	133	重庆师范大学	228	4★	师范	22
94	湖北大学	187	4★	综合	29	134	宁夏大学	229	4★	综合	34
95	重庆医科大学	188	4★	医药	10	135	桂林理工大学	230	4★	理工	46
96	成都理工大学	190	4★	理工	29	136	西南政法大学	231	4★	文法	3
97	河北师范大学	191	4★	师范	18	137	天津理工大学	232	4★	理工	47
98	汕头大学	192	4★	综合	30	138	辽宁工程技术大学	233	4★	理工	48
99	陕西科技大学	193	4★	理工	30	139	江苏科技大学	234	4★	理工	49
100	山东理工大学	194	4★	理工	31	140	重庆工商大学	235	4★	财经	6
101	兰州理工大学	195	4★	理工	32	141	延边大学	236	4★	综合	35
102	西南科技大学	196	4★	理工	33	142	河南工业大学	237	4★	理工	50
103	长江大学	197	4★	综合	31	143	青岛理工大学	238	4★	理工	51
104	山东财经大学	198	4★	财经	4	144	吉林农业大学	240	4★	农林	11
105	山西医科大学	199	4★	医药	11	145	集美大学	241	4★	综合	36
106	上海海事大学	200	4★	理工	34	146	南华大学	242	4★	综合	37
107	天津科技大学	201	4★	理工	35	147	东北石油大学	243	4★	理工	52
108	重庆交通大学	202	4★	理工	36	148	湖北工业大学	244	4★	理工	53
109	湖南农业大学	203	4★	农林	7	149	哈尔滨师范大学	245	4★	师范	23
110	湖南科技大学	204	4★	理工	37	150	首都经济贸易大学	246	4★	财经	7
111	沈阳工业大学	205	4★	理工	38	151	浙江财经大学	247	4★	财经	8
112	上海体育学院	206	4★	体育	1						

中国本科院校竞争力总排行榜

排名	院校名称	总分	星级	地区	内序	类型	序	排名	院校名称	总分	星级	地区	内序	类型	序
1	清华大学	100	5★+	北京	1	理工	1	36	东北大学	97.27	5★	辽宁	2	理工	19
2	浙江大学	99.24	5★+	浙江	1	综合	1	37	南京航空航天大学	97.19	5★	江苏	4	理工	20
3	北京大学	98.99	5★+	北京	2	综合	2	38	湖南大学	97.17	5★	湖南	3	理工	21
4	上海交通大学	98.94	5★+	上海	1	理工	2	39	郑州大学	97.14	5★	河南	1	综合	14
5	武汉大学	98.92	5★+	湖北	1	综合	3	40	上海大学	97.14	5★	上海	5	综合	15
6	复旦大学	98.89	5★+	上海	2	综合	4	41	南京理工大学	97.13	5★	江苏	5	理工	22
7	南京大学	98.89	5★+	江苏	1	综合	5	42	西南交通大学	97.10	5★	四川	3	理工	23
8	华中科技大学	98.89	5★+	湖北	2	理工	3	43	兰州大学	97.09	5★	甘肃	1	综合	16
9	吉林大学	98.88	5★+	吉林	1	综合	6	44	华东理工大学	97.08	5★	上海	6	理工	24
10	中国科学技术大学	98.81	5★+	安徽	1	理工	4	45	武汉理工大学	97.07	5★	湖北	3	理工	25
11	中山大学	98.80	5★+	广东	1	综合	7	46	北京科技大学	97.06	5★	北京	9	理工	26
12	四川大学	98.75	5★+	四川	1	综合	8	47	北京交通大学	97.06	5★	北京	10	理工	27
13	哈尔滨工业大学	98.67	5★	黑龙江	1	理工	5	48	暨南大学	97.02	5★	广东	3	综合	17
14	东南大学	98.66	5★	江苏	2	理工	6	49	西安电子科技大学	96.97	5★	陕西	3	理工	28
15	中国人民大学	98.63	5★	北京	3	文法	1	50	西南大学	96.95	5★	重庆	2	综合	18
16	西安交通大学	98.62	5★	陕西	1	理工	7	51	河海大学	96.94	5★	江苏	6	理工	29
17	中国科学院大学	98.54	5★	北京	4	综合	9	52	南京师范大学	96.93	5★	江苏	7	师范	3
18	国防科技大学	98.52	5★	湖南	1	理工	8	53	南昌大学	96.87	5★	江西	1	综合	19
19	同济大学	98.51	5★	上海	3	理工	9	54	华中师范大学	96.87	5★	湖北	4	师范	4
20	山东大学	98.43	5★	山东	1	综合	10	55	合肥工业大学	96.86	5★	安徽	2	理工	30
21	中南大学	97.92	5★	湖南	2	理工	10	56	江南大学	96.81	5★	江苏	8	综合	20
22	北京师范大学	97.91	5★	北京	5	师范	1	57	华中农业大学	96.79	5★	湖北	5	农林	2
23	华南理工大学	97.86	5★	广东	2	理工	11	58	北京工业大学	96.77	5★	北京	11	理工	31
24	北京航空航天大学	97.81	5★	北京	6	理工	12	59	浙江工业大学	96.76	5★	浙江	2	理工	32
25	华东师范大学	97.75	5★	上海	4	师范	2	60	南京农业大学	96.75	5★	江苏	9	农林	3
26	天津大学	97.73	5★	天津	1	理工	13	61	中国海洋大学	96.75	5★	山东	2	理工	33
27	北京理工大学	97.73	5★	北京	7	理工	14	62	陕西师范大学	96.74	5★	陕西	4	师范	5
28	南开大学	97.72	5★	天津	2	综合	11	63	哈尔滨工程大学	96.73	5★-	黑龙江	2	理工	34
29	大连理工大学	97.72	5★	辽宁	1	理工	15	64	中国矿业大学	96.72	5★-	江苏	10	理工	35
30	重庆大学	97.70	5★	重庆	1	理工	16	65	华南师范大学	96.70	5★-	广东	4	师范	6
31	厦门大学	97.58	5★	福建	1	综合	12	66	东北师范大学	96.69	5★-	吉林	2	师范	7
32	电子科技大学	97.48	5★	四川	2	理工	17	67	燕山大学	96.68	5★-	河北	1	理工	36
33	中国农业大学	97.44	5★	北京	8	农林	1	68	扬州大学	96.66	5★-	江苏	11	综合	21
34	西北工业大学	97.44	5★	陕西	2	理工	18	69	华北电力大学	96.48	5★-	北京	12	理工	37
35	苏州大学	97.31	5★	江苏	3	综合	13	70	东华大学	96.45	5★-	上海	7	理工	38

续表

排名	院校名称	总分	星级	地区	地区内序	类型	类型序	排名	院校名称	总分	星级	地区	地区内序	类型	类型序
71	云南大学	96.42	5★-	云南	1	综合	22	110	中国传媒大学	95.44	5★-	北京	21	文法	3
72	西北大学	96.41	5★-	陕西	5	综合	23	111	南方医科大学	95.40	5★-	广东	8	医药	4
73	北京邮电大学	96.41	5★-	北京	13	理工	39	112	浙江理工大学	95.36	5★-	浙江	6	理工	51
74	宁波大学	96.40	5★-	浙江	3	综合	24	113	对外经济贸易大学	95.35	5★-	北京	22	财经	3
75	西北农林科技大学	96.36	5★-	陕西	6	农林	4	114	西南财经大学	95.35	5★-	四川	4	财经	4
76	华南农业大学	96.36	5★-	广东	5	农林	5	115	广州大学	95.32	5★-	广东	9	综合	34
77	中央财经大学	96.33	5★-	北京	14	财经	1	116	中国石油大学（北京）	95.32	5★-	北京	23	理工	52
78	湖南师范大学	96.31	5★-	湖南	4	师范	8	117	福建农林大学	95.24	5★-	福建	4	农林	7
79	浙江师范大学	96.25	5★-	浙江	4	师范	9	118	中央音乐学院	95.21	5★-	北京	24	艺术	1
80	北京化工大学	96.25	5★-	北京	15	理工	40	119	中央美术学院	95.18	5★-	北京	25	艺术	2
81	福建师范大学	96.21	5★-	福建	2	师范	10	120	山东科技大学	95.16	5★-	山东	5	理工	53
82	江苏大学	96.21	5★-	江苏	12	综合	25	121	济南大学	95.16	5★-	山东	6	综合	35
83	广西大学	96.18	5★-	广西	1	综合	26	122	青岛大学	95.14	5★-	山东	7	综合	36
84	福州大学	96.16	5★-	福建	3	综合	27	123	东北农业大学	95.13	5★-	黑龙江	3	农林	8
85	首都医科大学	96.12	5★-	北京	16	医药	1	124	华侨大学	95.10	4★	福建	5	综合	37
86	上海师范大学	96.11	5★-	上海	8	师范	11	125	中央民族大学	95.04	4★	北京	26	民族	1
87	深圳大学	96.07	5★-	广东	6	综合	28	126	天津医科大学	95.01	4★	天津	3	医药	5
88	河南大学	95.99	5★-	河南	2	综合	29	127	中南财经政法大学	95.01	4★	湖北	7	财经	5
89	安徽大学	95.92	5★-	安徽	3	综合	30	128	南京信息工程大学	95.00	4★	江苏	16	理工	54
90	中国石油大学（华东）	95.82	5★-	山东	3	理工	41	129	北京语言大学	95.00	4★	北京	27	文法	4
91	北京协和医学院	95.79	5★-	北京	17	医药	2	130	河北工业大学	94.98	4★	河北	3	理工	55
92	中国地质大学（武汉）	95.73	5★-	湖北	6	理工	42	131	东北林业大学	94.98	4★	黑龙江	4	农林	9
93	杭州电子科技大学	95.73	5★-	浙江	5	理工	43	132	贵州大学	94.89	4★	贵州	1	综合	38
94	广东工业大学	95.71	5★-	广东	7	理工	44	133	中国医科大学	94.88	4★	辽宁	3	医药	6
95	太原理工大学	95.67	5★-	山西	1	理工	45	134	中国矿业大学（北京）	94.87	4★	北京	28	理工	56
96	中国政法大学	95.65	5★-	北京	18	文法	2	135	中国地质大学（北京）	94.87	4★	北京	29	理工	57
97	西安建筑科技大学	95.63	5★-	陕西	7	理工	46	136	上海理工大学	94.86	4★	上海	10	理工	58
98	长安大学	95.62	5★-	陕西	8	理工	47	137	大连海事大学	94.85	4★	辽宁	4	理工	59
99	首都师范大学	95.62	5★-	北京	19	师范	12	138	西安理工大学	94.85	4★	陕西	9	理工	60
100	河北大学	95.62	5★-	河北	2	综合	31	139	东北财经大学	94.85	4★	辽宁	5	财经	6
101	湘潭大学	95.59	5★-	湖南	5	综合	32	140	黑龙江大学	94.84	4★	黑龙江	5	综合	39
102	北京林业大学	95.57	5★-	北京	20	农林	6	141	浙江工商大学	94.82	4★	浙江	7	财经	7
103	昆明理工大学	95.52	5★-	云南	2	理工	48	142	中北大学	94.81	4★	山西	3	理工	61
104	上海财经大学	95.52	5★-	上海	9	财经	2	143	海南大学	94.80	4★	海南	1	综合	40
105	南京工业大学	95.50	5★-	江苏	13	理工	49	144	长沙理工大学	94.79	4★	湖南	6	理工	62
106	南京邮电大学	95.49	5★-	江苏	14	理工	50	145	哈尔滨医科大学	94.78	4★	黑龙江	6	医药	7
107	山西大学	95.46	5★-	山西	2	综合	33	146	第二军医大学	94.72	4★	上海	11	医药	8
108	山东师范大学	95.46	5★-	山东	4	师范	13	147	中国美术学院	94.71	4★	浙江	8	艺术	3
109	南京医科大学	95.44	5★-	江苏	15	医药	3	148	温州医科大学	94.70	4★	浙江	9	医药	9

续表

排名	院校名称	总分	星级	地区	内序	类型	序	排名	院校名称	总分	星级	地区	内序	类型	序
149	中国音乐学院	94.69	4★	北京	30	艺术	4	190	河北师范大学	94.18	4★	河北	4	师范	23
150	重庆邮电大学	94.68	4★	重庆	3	理工	63	191	汕头大学	94.18	4★	广东	11	综合	47
151	江西师范大学	94.68	4★	江西	2	师范	14	192	陕西科技大学	94.17	4★	陕西	11	理工	74
152	天津师范大学	94.67	4★	天津	4	师范	15	193	山东理工大学	94.16	4★	山东	10	理工	75
153	第四军医大学	94.66	4★	陕西	10	医药	10	194	兰州理工大学	94.16	4★	甘肃	3	理工	76
154	上海中医药大学	94.66	4★	上海	12	医药	11	195	西南科技大学	94.16	4★	四川	9	理工	77
155	新疆大学	94.66	4★	新疆	1	综合	41	196	长江大学	94.13	4★	湖北	10	综合	48
156	河南科技大学	94.65	4★	河南	3	理工	64	197	山东财经大学	94.13	4★	山东	11	财经	9
157	辽宁大学	94.63	4★	辽宁	6	综合	42	198	山西医科大学	94.13	4★	山西	4	医药	16
158	内蒙古大学	94.61	4★	内蒙古	1	综合	43	199	上海海事大学	94.12	4★	上海	14	理工	78
159	中国计量大学	94.60	4★	浙江	10	理工	65	200	天津科技大学	94.12	4★	天津	6	理工	79
160	中国药科大学	94.58	4★	江苏	17	医药	12	201	重庆交通大学	94.12	4★	重庆	5	理工	80
161	武汉科技大学	94.57	4★	湖北	8	理工	66	202	湖南农业大学	94.11	4★	湖南	7	农林	13
162	江西财经大学	94.56	4★	江西	3	财经	8	203	湖南科技大学	94.10	4★	湖南	8	理工	81
163	西北师范大学	94.56	4★	甘肃	2	师范	16	204	沈阳工业大学	94.07	4★	辽宁	7	理工	82
164	天津工业大学	94.53	4★	天津	5	理工	67	205	上海体育学院	94.05	4★	上海	15	体育	2
165	哈尔滨理工大学	94.53	4★	黑龙江	7	理工	68	206	安徽工业大学	94.04	4★	安徽	5	理工	83
166	河南师范大学	94.52	4★	河南	4	师范	17	207	兰州交通大学	94.04	4★	甘肃	4	理工	84
167	西南石油大学	94.51	4★	四川	5	理工	69	208	南方科技大学	94.04	4★	广东	12	综合	49
168	安徽师范大学	94.48	4★	安徽	4	师范	18	209	曲阜师范大学	94.04	4★	山东	12	师范	24
169	南京林业大学	94.45	4★	江苏	18	农林	10	210	三峡大学	94.03	4★	湖北	11	综合	50
170	四川师范大学	94.45	4★	四川	6	师范	19	211	南京艺术学院	94.01	4★	江苏	22	艺术	5
171	北京中医药大学	94.43	4★	北京	31	医药	13	212	河南农业大学	94.01	4★	河南	6	农林	14
172	南京中医药大学	94.42	4★	江苏	19	医药	14	213	河北农业大学	94.00	4★	河北	5	农林	15
173	河南理工大学	94.42	4★	河南	5	理工	70	214	华东政法大学	94.00	4★	上海	16	文法	8
174	广西师范大学	94.41	4★	广西	2	师范	20	215	桂林电子科技大学	93.99	4★	广西	3	理工	85
175	四川农业大学	94.40	4★	四川	7	农林	11	216	辽宁师范大学	93.98	4★	辽宁	8	师范	25
176	江苏师范大学	94.36	4★	江苏	20	师范	21	217	中南民族大学	93.97	4★	湖北	12	民族	2
177	长春理工大学	94.36	4★	吉林	3	理工	71	218	山西财经大学	93.96	4★	山西	5	财经	10
178	南通大学	94.35	4★	江苏	21	综合	44	219	广州中医药大学	93.95	4★	广东	13	医药	17
179	云南师范大学	94.31	4★	云南	3	师范	22	220	南昌航空大学	93.95	4★	江西	4	理工	86
180	北京体育大学	94.30	4★	北京	32	体育	1	221	安徽理工大学	93.94	4★	安徽	6	理工	87
181	上海外国语大学	94.27	4★	上海	13	文法	5	222	常州大学	93.94	4★	江苏	23	理工	88
182	广东外语外贸大学	94.27	4★	广东	10	文法	6	223	中南林业科技大学	93.91	4★	湖南	9	农林	16
183	山东农业大学	94.26	4★	山东	8	农林	12	224	西安科技大学	93.91	4★	陕西	12	理工	89
184	石河子大学	94.25	4★	新疆	2	综合	45	225	上海音乐学院	93.89	4★	上海	17	艺术	6
185	青岛科技大学	94.24	4★	山东	9	理工	72	226	杭州师范大学	93.87	4★	浙江	11	师范	26
186	北京外国语大学	94.24	4★	北京	33	文法	7	227	重庆师范大学	93.86	4★	重庆	6	师范	27
187	湖北大学	94.23	4★	湖北	9	综合	46	228	宁夏大学	93.86	4★	宁夏	1	综合	51
188	重庆医科大学	94.22	4★	重庆	4	医药	15	229	桂林理工大学	93.85	4★	广西	4	理工	90
189	成都理工大学	94.18	4★	四川	8	理工	73	230	西南政法大学	93.84	4★	重庆	7	文法	9

续表

排名	院校名称	总分	星级	地区	内序	类型	序	排名	院校名称	总分	星级	地区	内序	类型	序
231	天津理工大学	93.82	4★	天津	7	理工	91	239	吉林农业大学	93.73	4★	吉林	5	农林	17
232	辽宁工程技术大学	93.79	4★	辽宁	9	理工	92	240	集美大学	93.73	4★	福建	6	综合	53
233	江苏科技大学	93.79	4★	江苏	24	理工	93	241	南华大学	93.73	4★	湖南	10	综合	54
234	重庆工商大学	93.78	4★	重庆	8	财经	11	242	东北石油大学	93.73	4★	黑龙江	8	理工	96
235	延边大学	93.77	4★	吉林	4	综合	52	243	湖北工业大学	93.72	4★	湖北	13	理工	97
236	河南工业大学	93.77	4★	河南	7	理工	94	244	哈尔滨师范大学	93.72	4★	黑龙江	9	师范	28
237	青岛理工大学	93.77	4★	山东	13	理工	95	245	首都经济贸易大学	93.72	4★	北京	35	财经	12
238	外交学院	93.73	4★	北京	34	文法	10	246	浙江财经大学	93.71	4★	浙江	12	财经	13

3★（369个）：沈阳农业大学、大连医科大学、北京联合大学、河北医科大学、烟台大学、重庆理工大学、华北理工大学、长春工业大学、安徽财经大学、安徽医科大学、中国戏曲学院、华东交通大学、东北电力大学、齐鲁工业大学、天津中医药大学、南京财经大学、上海工程技术大学、内蒙古农业大学、中央戏剧学院、沈阳建筑大学、河北科技大学、成都中医药大学、大连工业大学、北京工商大学、浙江农林大学、青海大学、中国民航大学、沈阳师范大学、沈阳药科大学、广州医科大学、浙江中医药大学、温州大学、南京工程学院、沈阳航空航天大学、内蒙古工业大学、北京建筑大学、江西理工大学、安徽农业大学、东华理工大学、鲁东大学、广西医科大学、上海海洋大学、广东财经大学、贵州师范大学、成都信息工程大学、西华大学、郑州轻工业大学、山东建筑大学、北京电影学院、上海戏剧学院、苏州科技大学、浙江海洋大学、武汉轻工大学、福建医科大学、内蒙古科技大学、大连大学、景德镇陶瓷大学、中国人民公安大学、武汉工程大学、山西师范大学、上海电力大学、聊城大学、北方工业大学、石家庄铁道大学、北华大学、黑龙江中医药大学、西安工业大学、西南民族大学、天津商业大学、渤海大学、华北水利水电大学、西安邮电大学、辽宁石油化工大学、哈尔滨商业大学、甘肃农业大学、江西农业大学、太原科技大学、河南财经政法大学、山东中医药大学、吉首大学、青岛农业大学、云南农业大学、新疆医科大学、浙江科技学院、上海对外经贸大学、厦门理工学院、大连交通大学、四川美术学院、福建工程学院、武汉体育学院、西华师范大学、西藏大学、浙江传媒学院、武汉纺织大学、武汉信息科技大学、辽宁工业大学、内蒙古师范大学、吉林师范大学、新疆师范大学、中南民族大学、海南师范大学、中原工学院、山西财经大学、上海应用技术大学、西安石油大学、天津财经大学、安徽工程大学、天津职业技术师范大学、海南医学院、西安工程大学、徐州医科大学、大连外国语大学、广西艺术学院、江西师范大学、南京审计大学、广东海洋大学、成都体育学院、新疆农业大学、信阳师范学院、河北经贸大学、宁波工程学院、绍兴文理学院、西安美术学院、西安外国语大学、山西农业大学、广西大学、天津体育学院、北京第二外国语学院、湖南中医药大学、北京印刷学院、重庆科技学院、昆明医科大学、山东工商学院、江汉大学、河北工程大学、西北政法大学、首都体育学院、上海科技大学、江西中医药大学、湖南理工学院、广东技术师范大学、湖南师范学院、嘉兴学院、沈阳理工大学、天津外国语大学、河南中医药大学、宁夏医科大学、北京石油化工学院、广东药科大学、常熟理工学院、西北民族大学、齐齐哈尔大学、湖北经济学院、新乡医学院、北方民族大学、辽宁中医药大学、四川轻化工大学、福建中医药大学、湖南工商大学、南宁师范大学、鲁迅美术学院、云南民族大学、洛阳理工学院、盐城工学院、东莞理工学院、浙江音乐学院、洛阳师范学院、贵州财经大学、辽宁科技大学、青海民族大学、五邑大学、安庆师范大学、西南林业大学、徐州工程学院、南阳理工学院、安徽中医药大学、合肥学院、重庆文理学院、沈阳化工大学、湖北美术学院、广州美术学院、佳木斯大学、四川音乐学院、湖北师范大学、赣南师范大学、沈阳音乐学院、安徽建筑大学、湖北中医药大学、贵州医科大学、锦州医科大学、广东金融学院、河南科技学院、吉林财经大学、河南工程学院、江苏海洋大学、大连海洋大学、安阳师范学院、黑龙江八一农垦大学、四川外国语大学、西安财经大学、江苏理工学院、大连民族大学、湖北文理学院、成都大学、广东医科大学、新疆财经大学、临沂大学、长春师范大学、北京服装学院、长春大学、德州学院、星海音乐学院、西南民族大学、延安大学、北京舞蹈学院、河北大学、淮北师范大学、闽江学院、武汉音乐学院、沈阳大学、塔里木大学、哈尔滨音乐学院、南昌工程学院、贵州民族大学、内蒙古民族大学、云南艺术学院、岭南师范学院、潍坊医学院、乐山师范学院、山东第一医科大学、井冈山大学、广西中医药大学、黑龙江科技大学、北京农学院、内蒙古财经大学、山东交通学院、佛山科学技术学院、阜阳师范大学、西安体育学院、湖南文理学院、郑州航空工业管理学院、内蒙古医科大学、泉州师范学院、陕西理工大学、吉林建筑大学、湖北汽车工业学院、江西科技学院、许昌学院、浙江树人学院、青海师范大学、山东艺术学院、韩山师范学院、衡阳师范学院、上海电机学院、金陵科技学院、海南医学院、南京体育学院、天津城建大学、山东工艺美术学院、中国刑事警察学院、兰州财经大学、滨州医学院、九江学院、山西大同大学、长沙学院、河北科技师范学院、淮阴工学院、北京电子科技学院、川北医学院、吉林艺术学院、大理大学、广州体育学院、国际关系学院、华北科技学院、沈阳体育学院、潍坊学院、湖北医药学院、惠州学院、滨州学院、南昌理工学院、皖南医学院、湖南工程学院、上海政法学院、广西财经学院、蚌埠医学院、中国民用航空飞行学院、西安音乐学院、上海商学院、南京晓庄学院、天津美术学院、常州工学院、中国劳动关系学院、内江师范学院、黑龙江工程学院、南阳师范学院、湖北民族大学、牡丹江师范学院、浙江万里学院、仲恺农业工程学院、云南中医药大学、新乡学院、陕西中医药大学、湖南第一师范学院、黄山学院、太原师范学院、宜春学院、北京物资学院、天津农学院、中国人民警察大学、长江师范学院、韶关学院、安徽科技学院、湖北科技学院、湖南城市学院、上海第二工业大学、桂林医学院、昆明学院、黄冈师范学院、哈尔滨体育学院、福建江夏学院、广东石油化工学院、重庆第二师范学院、桂林旅游学院、湖南人文科技学院、贵州中医药大学、湖北工程学院、天津音乐学院、运城学院、合肥师范学院、贺州学院、台州学院、甘肃政法大学、黄河科技学院、济宁医学院、西安文理学院、厦门大学嘉庚学院、西京学院、山东体育学院、邵阳学院、商丘师范学院、滁州学院、周口师范学院、渭南师范学院、成都文理学院、西藏民族大学、曲靖师范学院、宝鸡文理学院、黄淮学院、阿坝师范学院、沈阳医学院、贵州商学院、北京城市学院、江苏警官学院、承德医学院、上饶师范学院、甘肃中医药大学、铜陵学院、嘉应学院、皖西学院、河南城建学院

2★（492个），1★（123个）：名单略

中国民办本科院校竞争力排行榜

排名	院校名称	总分	星级	地区	内序	排名	院校名称	总分	星级	地区	内序
1	江西科技学院	100	5★+	江西	1	22	青岛滨海学院	91.72	4★	山东	3
2	浙江树人学院	99.91	5★+	浙江	1	23	武汉生物工程学院	91.69	4★	湖北	4
3	南昌理工学院	98.29	5★	江西	2	24	福州外语外贸学院	91.47	4★	福建	1
4	黄河科技学院	96.11	5★	河南	1	25	三江学院	91.43	4★	江苏	1
5	西京学院	96.02	5★	陕西	1	26	四川传媒学院	91.39	4★	四川	1
6	北京城市学院	95.64	5★	北京	1	27	无锡太湖学院	91.35	4★	江苏	2
7	三亚学院	94.67	5★	海南	1	28	吉林动画学院	91.34	4★	吉林	2
8	湖南涉外经济学院	93.78	5★	湖南	1	29	安徽新华学院	90.87	4★	安徽	1
9	吉林外国语大学	92.98	5★	吉林	1	30	河北美术学院	90.82	4★	河北	2
10	汉口学院	92.87	5★	湖北	1	31	黑龙江东方学院	90.81	4★	黑龙江	1
11	潍坊科技学院	92.75	5★−	山东	1	32	武昌理工学院	90.78	4★	湖北	5
12	宁波财经学院	92.70	5★−	浙江	2	33	西安培华学院	90.70	4★	陕西	5
13	武汉东湖学院	92.64	5★−	湖北	2	34	广东科技学院	90.48	4★	广东	1
14	河北传媒学院	92.54	5★−	河北	1	35	成都文理学院	90.43	4★	四川	2
15	浙江越秀外国语学院	92.52	5★−	浙江	3	36	海口经济学院	90.36	4★	海南	2
16	烟台南山学院	92.43	5★−	山东	2	37	郑州西亚斯学院	90.36	4★	河南	2
17	长沙医学院	92.24	5★−	湖南	2	38	山西工商学院	90.16	4★	山西	1
18	西安欧亚学院	92.23	5★−	陕西	2	39	武汉传媒学院	89.85	4★	湖北	6
19	文华学院	92.09	5★−	湖北	3	40	郑州升达经贸管理学院	89.78	4★	河南	3
20	西安翻译学院	91.88	5★−	陕西	3	41	闽南理工学院	89.75	4★	福建	2
21	西安外事学院	91.84	4★	陕西	4						

3★（61 个）：燕京理工学院、武汉工商学院、南昌工学院、郑州工业应用技术学院、长春建筑学院、商丘学院、山东英才学院、大连艺术学院、武汉工程科技学院、广东白云学院、沈阳工学院、重庆人文科技学院、成都东软学院、山东现代学院、广州工商学院、山东协和学院、上海建桥学院、上海视觉艺术学院、武昌首义学院、仰恩大学、广州商学院、陕西国际商贸学院、大连东软信息学院、青岛黄海学院、安徽三联学院、南宁学院、郑州财经学院、广东东软学院、武昌工学院、江西工程学院、四川文化艺术学院、珠海科技学院、安徽信息工程学院、四川工商学院、西安思源学院、辽宁财贸学院、江西服装学院、广东培正学院、郑州工商学院、温州商学院、长春财经学院、四川电影电视学院、广州城理工学院、厦门华厦学院、信阳学院、上海杉达学院、武汉华夏理工学院、齐鲁医药学院、广西外国语学院、郑州商学院、阳光学院、武汉设计工程学院、辽宁对外经贸学院、陕西服装工程学院、云南经济管理学院、广东理工学院、湖北商贸学院、长春科技学院、武汉城学院、重庆工程学院、广州新华学院

2★（82 个），1★（20 个）：名单略

中国独立学院竞争力排行榜

排名	院校名称	总分	星级	地区	内序	排名	院校名称	总分	星级	地区	内序
1	厦门大学嘉庚学院	100	5★+	福建	1	20	西南财经大学天府学院	89.70	4★	四川	5
2	北京师范大学珠海分校	91.92	5★+	广东	1	21	三峡大学科技学院	89.66	4★	湖北	1
3	北京理工大学珠海学院	91.21	5★	广东	2	22	湖北经济学院法商学院	89.62	4★	湖北	2
4	四川大学锦江学院	91.07	5★	四川	1	23	云南师范大学商学院	89.56	4★	云南	1
5	四川大学锦城学院	91.00	5★	四川	2	24	福州大学至诚学院	89.49	4★	福建	3
6	南京大学金陵学院	90.94	5★	江苏	1	25	河北师范大学汇华学院	89.35	4★	河北	2
7	南京传媒学院	90.80	5★	江苏	2	26	东莞理工学院城市学院	89.35	4★	广东	4
8	电子科技大学中山学院	90.50	5★	广东	3	27	南京理工大学紫金学院	89.35	4★	江苏	6
9	集美大学诚毅学院	90.46	5★	福建	2	28	福建师范大学协和学院	89.26	4★	福建	4
10	浙江工业大学之江学院	90.43	5★	浙江	1	29	浙江财经大学东方学院	89.16	4★	浙江	3
11	成都理工大学工程技术学院	90.41	5★-	四川	3	30	杭州电子科技大学信息工程学院	89.15	4★	浙江	4
12	燕山大学里仁学院	90.29	5★-	河北	1	31	湖北工业大学工程技术学院	89.10	4★	湖北	3
13	东南大学成贤学院	90.28	5★-	江苏	3	32	广东工业大学华立学院	89.09	4★	广东	5
14	电子科技大学成都学院	90.05	5★-	四川	4	33	中国计量大学现代科技学院	88.99	4★	浙江	5
15	南开大学滨海学院	90.01	5★-	天津	1	34	宁波大学科学技术学院	88.85	4★	浙江	6
16	南京师范大学泰州学院	89.93	5★-	江苏	4	35	北京中医药大学东方学院	88.83	4★	河北	3
17	新乡医学院三全学院	89.92	5★-	河南	1	36	浙江海洋大学东海科学技术学院	88.83	4★	浙江	7
18	南京理工大学泰州科技学院	89.86	5★-	江苏	5	37	南京航空航天大学金城学院	88.80	4★	江苏	7
19	杭州师范大学钱江学院	89.76	5★-	浙江	2	38	浙江师范大学行知学院	88.75	4★	浙江	8

3★（57个）：绍兴文理学院元培学院、河北大学工商学院、湖南农业大学东方科技学院、河南科技学院新科学院、中国矿业大学徐海学院、广西大学行健文理学院、昆明理工大学津桥学院、天津财经大学珠江学院、广西民族大学相思湖学院、中南林业科技大学涉外学院、江西师范大学科学技术学院、同济大学浙江学院、南昌大学科学技术学院、扬州大学广陵学院、河北经贸大学经济管理学院、南京邮电大学通达学院、昆明医科大学海源学院、长春工业大学人文信息学院、淮北师范大学信息学院、北京科技大学天津学院、长春大学旅游学院、西安交通大学城市学院、四川外国语大学成都学院、苏州大学应用技术学院、南京财经大学红山学院、浙江农林大学暨阳学院、吉首大学张家界学院、湖北大学知行学院、南京审计大学金审学院、西南交通大学希望学院、武汉工程大学邮电与信息工程学院、湘潭大学兴湘学院、南京工业大学浦江学院、桂林理工大学博文管理学院、青岛农业大学海都学院、安徽师范大学皖江学院、石家庄铁道大学四方学院、河北工程大学科信学院、闽南科技学院、温州医科大学仁济学院、贵州财经大学商务学院、贵州师范大学求是学院、济南大学泉城学院、兰州财经大学长青学院、西安科技大学高新学院、西北大学现代学院、西安建筑科技大学华清学院、长沙理工大学城南学院、华南农业大学珠江学院、贵州大学明德学院、陕西科技大学镐京学院、赣南师范大学科学技术学院、中国矿业大学银川学院、长江大学工程技术学院、常州大学怀德学院、贵州大学科技学院、广西师范大学漓江学院

2★（76个），1★（19个）：名单略

中国高职高专教育地区竞争力排行榜

地区	总分	排名	高职高专院校数量
江苏	100	1	79
广东	94.38	2	75
山东	91.02	3	68
河南	87.34	4	71
湖南	82.08	5	68
安徽	79.14	6	66
四川	76.77	7	56
浙江	76.70	8	45
河北	76.31	9	56
湖北	76.13	10	50
江西	71.13	11	51
福建	65.59	12	44
辽宁	63.53	13	40
陕西	62.58	14	35
黑龙江	62.32	15	39
重庆	61.60	16	32
山西	61.23	17	39
云南	59.67	18	32
贵州	58.22	19	36
广西	57.71	20	28
内蒙古	55.56	21	28
北京	55.11	22	24
天津	53.65	23	24
新疆	52.17	24	21
甘肃	49.52	25	25
吉林	46.35	26	19
上海	45.91	27	21
宁夏	31.61	28	10
海南	30.63	29	8
青海	27.43	30	8
西藏	14.57	31	2

中国高职高专院校竞争力排行榜

排名	院校名称	总分	星级	地区	内序	排名	院校名称	总分	星级	地区	内序
1	深圳职业技术学院	100	5★+	广东	1	37	南宁职业技术学院	97.90	5★	广西	1
2	金华职业技术学院	99.44	5★+	浙江	1	38	日照职业技术学院	97.89	5★	山东	4
3	淄博职业学院	99.30	5★+	山东	1	39	南京信息职业技术学院	97.89	5★	江苏	5
4	无锡职业技术学院	99.16	5★+	江苏	1	40	广东科学技术职业学院	97.87	5★	广东	6
5	广东轻工职业技术学院	99.01	5★+	广东	2	41	成都航空职业技术学院	97.84	5★	四川	1
6	北京电子科技职业学院	98.78	5★+	北京	1	42	江苏建筑职业技术学院	97.84	5★	江苏	6
7	山东商业职业技术学院	98.69	5★+	山东	2	43	四川工程职业技术学院	97.82	5★	四川	2
8	顺德职业技术学院	98.54	5★+	广东	3	44	承德石油高等专科学校	97.80	5★	河北	3
9	陕西工业职业技术学院	98.51	5★+	陕西	1	45	哈尔滨职业技术学院	97.79	5★	黑龙江	1
10	黄河水利职业技术学院	98.43	5★+	河南	1	46	江苏经贸职业技术学院	97.77	5★	江苏	7
11	重庆电子工程职业学院	98.42	5★+	重庆	1	47	长春职业技术学院	97.75	5★	吉林	1
12	新疆农业职业技术学院	98.38	5★+	新疆	1	48	常州机电职业技术学院	97.75	5★	江苏	8
13	天津职业大学	98.34	5★	天津	1	49	兰州石化职业技术学院	97.72	5★	甘肃	2
14	深圳信息职业技术学院	98.33	5★	广东	4	50	威海职业学院	97.69	5★	山东	5
15	北京工业职业技术学院	98.33	5★	北京	2	51	湖南铁道职业技术学院	97.68	5★	湖南	2
16	重庆工业职业技术学院	98.26	5★	重庆	2	52	潍坊职业学院	97.67	5★	山东	6
17	杨凌职业技术学院	98.24	5★	陕西	2	53	武汉船舶职业技术学院	97.65	5★	湖北	2
18	广州番禺职业技术学院	98.23	5★	广东	5	54	重庆工程职业技术学院	97.65	5★	重庆	3
19	江苏农牧科技职业学院	98.21	5★	江苏	2	55	西安航空职业技术学院	97.64	5★	陕西	3
20	武汉职业技术学院	98.21	5★	湖北	1	56	安徽职业技术学院	97.63	5★	安徽	2
21	江苏农林职业技术学院	98.15	5★	江苏	3	57	河南工业职业技术学院	97.62	5★	河南	2
22	浙江金融职业学院	98.14	5★	浙江	2	58	柳州职业技术学院	97.61	5★	广西	2
23	邢台职业技术学院	98.06	5★	河北	1	59	陕西铁路工程职业技术学院	97.61	5★	陕西	4
24	长沙民政职业技术学院	98.06	5★	湖南	1	60	内蒙古机电职业技术学院	97.59	5★	内蒙古	1
25	芜湖职业技术学院	98.05	5★	安徽	1	61	贵州交通职业技术学院	97.58	5★-	贵州	1
26	宁波职业技术学院	98.05	5★	浙江	3	62	四川建筑职业技术学院	97.58	5★-	四川	3
27	昆明冶金高等专科学校	98.05	5★	云南	1	63	北京财贸职业学院	97.54	5★-	北京	3
28	九江职业技术学院	98.04	5★	江西	1	64	烟台职业学院	97.51	5★-	山东	7
29	滨州职业学院	98.03	5★	山东	3	65	湖南汽车工程职业学院	97.51	5★-	湖南	3
30	常州信息职业技术学院	97.99	5★	江苏	4	66	郑州铁路职业技术学院	97.50	5★-	河南	3
31	河北工业职业技术学院	97.95	5★	河北	2	67	四川交通职业技术学院	97.50	5★-	四川	4
32	浙江机电职业技术学院	97.93	5★	浙江	4	68	青岛职业技术学院	97.48	5★-	山东	8
33	辽宁交通高等专科学校	97.93	5★	辽宁	1	69	常州工程职业技术学院	97.47	5★-	江苏	9
34	福建船政交通职业学院	97.93	5★	福建	1	70	黑龙江建筑职业技术学院	97.47	5★-	黑龙江	2
35	兰州资源环境职业技术学院	97.91	5★	甘肃	1	71	无锡商业职业技术学院	97.46	5★-	江苏	10
36	温州职业技术学院	97.91	5★	浙江	5	72	北京信息职业技术学院	97.44	5★-	北京	4

续表

排名	院校名称	总分	星级	地区	内序	排名	院校名称	总分	星级	地区	内序
73	河北化工医药职业技术学院	97.43	5★-	河北	4	114	安徽水利水电职业技术学院	97.11	5★-	安徽	4
74	襄阳职业技术学院	97.41	5★-	湖北	3	115	商丘职业技术学院	97.09	5★-	河南	6
75	河南职业技术学院	97.40	5★-	河南	4	116	许昌职业技术学院	97.09	5★-	河南	7
76	江西应用技术职业学院	97.39	5★-	江西	2	117	安徽商贸职业技术学院	97.08	5★-	安徽	5
77	广东水利电力职业技术学院	97.37	5★-	广东	7	118	天津电子信息职业技术学院	97.08	5★-	天津	3
78	铜仁职业技术学院	97.36	5★-	贵州	2	119	黄冈职业技术学院	97.07	5★-	湖北	7
79	杭州职业技术学院	97.36	5★-	浙江	6	120	河南经贸职业学院	97.07	5★-	河南	8
80	江苏海事职业技术学院	97.35	5★-	江苏	11	121	山西工程职业学院	97.06	4★	山西	1
81	浙江交通职业技术学院	97.35	5★-	浙江	7	122	山西财政税务专科学校	97.05	4★	山西	2
82	浙江经济职业技术学院	97.35	5★-	浙江	8	123	江西交通职业技术学院	97.05	4★	江西	3
83	江苏工程职业技术学院	97.35	5★-	江苏	12	124	海南经贸职业技术学院	97.03	4★	海南	1
84	江苏航运职业技术学院	97.34	5★-	江苏	13	125	江苏食品药品职业技术学院	97.02	4★	江苏	15
85	浙江建设职业技术学院	97.34	5★-	浙江	9	126	武汉铁路职业技术学院	97.01	4★	湖北	8
86	山东科技职业学院	97.32	5★-	山东	9	127	湖南交通职业技术学院	97.01	4★	湖南	5
87	广东交通职业技术学院	97.32	5★-	广东	8	128	陕西国防工业职业技术学院	97.01	4★	陕西	5
88	黑龙江职业学院	97.31	5★-	黑龙江	3	129	广州铁路职业技术学院	97.00	4★	广东	11
89	河南农业职业学院	97.28	5★-	河南	5	130	内蒙古建筑职业技术学院	96.99	4★	内蒙古	2
90	长春汽车工业高等专科学校	97.28	5★-	吉林	2	131	北京劳动保障职业学院	96.99	4★	北京	6
91	广西职业技术学院	97.28	5★-	广西	3	132	湖北三峡职业技术学院	96.98	4★	湖北	9
92	重庆城市管理职业学院	97.26	5★-	重庆	4	133	秦皇岛职业技术学院	96.98	4★	河北	5
93	上海工艺美术职业学院	97.25	5★-	上海	1	134	唐山工业职业技术学院	96.97	4★	河北	6
94	武汉软件工程职业学院	97.23	5★-	湖北	4	135	漯河医学高等专科学校	96.97	4★	河南	9
95	天津医学高等专科学校	97.22	5★-	天津	2	136	黎明职业大学	96.96	4★	福建	3
96	湖北职业技术学院	97.22	5★-	湖北	5	137	浙江经贸职业技术学院	96.95	4★	浙江	13
97	浙江工贸职业技术学院	97.21	5★-	浙江	10	138	徐州工业职业技术学院	96.95	4★	江苏	16
98	浙江商业职业技术学院	97.21	5★-	浙江	11	139	平顶山工业职业技术学院	96.95	4★	河南	10
99	黑龙江农业工程职业学院	97.19	5★-	黑龙江	4	140	天津交通职业学院	96.94	4★	天津	4
100	福建信息职业技术学院	97.19	5★-	福建	2	141	苏州农业职业技术学院	96.94	4★	江苏	17
101	广州民航职业技术学院	97.19	5★-	广东	9	142	南京科技职业学院	96.94	4★	江苏	18
102	济南职业学院	97.18	5★-	山东	10	143	重庆工商职业学院	96.92	4★	重庆	5
103	浙江旅游职业学院	97.18	5★-	浙江	12	144	天津现代职业技术学院	96.91	4★	天津	5
104	辽宁农业职业技术学院	97.17	5★-	辽宁	2	145	石家庄铁路职业技术学院	96.90	4★	河北	7
105	湖南工业职业技术学院	97.16	5★-	湖南	4	146	湖南化工职业技术学院	96.89	4★	湖南	6
106	南京铁道职业技术学院	97.16	5★-	江苏	14	147	成都纺织高等专科学校	96.88	4★	四川	5
107	黑龙江农业经济职业学院	97.16	5★-	黑龙江	5	148	长沙航空职业技术学院	96.88	4★	湖南	7
108	北京农业职业学院	97.14	5★-	北京	5	149	山东职业学院	96.88	4★	山东	12
109	宁夏职业技术学院	97.14	5★-	宁夏	1	150	宁夏工商职业技术学院	96.86	4★	宁夏	2
110	安徽机电职业技术学院	97.13	5★-	安徽	3	151	贵州轻工职业技术学院	96.85	4★	贵州	3
111	武汉城市职业学院	97.13	5★-	湖北	6	152	天津轻工职业技术学院	96.85	4★	天津	6
112	广东机电职业技术学院	97.12	5★-	广东	10	153	新疆轻工职业技术学院	96.84	4★	新疆	2
113	东营职业学院	97.11	5★-	山东	11	154	成都职业技术学院	96.83	4★	四川	6

排名	院校名称	总分	星级	地区	内序	排名	院校名称	总分	星级	地区	内序
155	常州工业职业技术学院	96.83	4★	江苏	19	196	包头职业技术学院	96.51	4★	内蒙古	4
156	山东交通职业学院	96.82	4★	山东	13	197	湖南机电职业技术学院	96.50	4★	湖南	11
157	广东食品药品职业学院	96.81	4★	广东	12	198	扬州工业职业技术学院	96.50	4★	江苏	27
158	石家庄职业技术学院	96.79	4★	河北	8	199	陕西交通职业技术学院	96.50	4★	陕西	7
159	江西环境工程职业学院	96.78	4★	江西	4	200	湖北交通职业技术学院	96.49	4★	湖北	10
160	南通职业大学	96.78	4★	江苏	20	201	长沙商贸旅游职业技术学院	96.47	4★	湖南	12
161	江西外语外贸职业学院	96.77	4★	江西	5	202	江苏电子信息职业学院	96.46	4★	江苏	28
162	湖南工艺美术职业学院	96.76	4★	湖南	8	203	广西机电职业技术学院	96.46	4★	广西	4
163	山东畜牧兽医职业学院	96.75	4★	山东	14	204	武汉电力职业技术学院	96.46	4★	湖北	11
164	江西现代职业技术学院	96.75	4★	江西	6	205	河南交通职业技术学院	96.46	4★	河南	11
165	苏州职业大学	96.75	4★	江苏	21	206	武汉交通职业学院	96.44	4★	湖北	12
166	江西财经职业学院	96.73	4★	江西	7	207	山东水利职业学院	96.44	4★	山东	16
167	克拉玛依职业技术学院	96.73	4★	新疆	3	208	哈尔滨铁道职业技术学院	96.43	4★	黑龙江	6
168	云南交通职业技术学院	96.72	4★	云南	2	209	广东工贸职业技术学院	96.42	4★	广东	17
169	永州职业技术学院	96.72	4★	湖南	9	210	北京交通运输职业学院	96.42	4★	北京	7
170	大连职业技术学院	96.71	4★	辽宁	3	211	岳阳职业技术学院	96.42	4★	湖南	13
171	漳州职业技术学院	96.71	4★	福建	4	212	鄂州职业大学	96.42	4★	湖北	13
172	山西职业技术学院	96.69	4★	山西	3	213	浙江工商职业技术学院	96.41	4★	浙江	15
173	青岛酒店管理职业技术学院	96.69	4★	山东	15	214	咸阳职业技术学院	96.40	4★	陕西	8
174	娄底职业技术学院	96.66	4★	湖南	10	215	河北对外经贸职业学院	96.39	4★	河北	10
175	广东农工商职业技术学院	96.66	4★	广东	13	216	渤海船舶职业学院	96.39	4★	辽宁	5
176	中山火炬职业技术学院	96.66	4★	广东	14	217	酒泉职业技术学院	96.39	4★	甘肃	3
177	重庆三峡医药高等专科学校	96.64	4★	重庆	6	218	广东岭南职业技术学院	96.38	4★	广东	18
178	陕西职业技术学院	96.64	4★	陕西	6	219	广西交通职业技术学院	96.37	4★	广西	5
179	东莞职业技术学院	96.62	4★	广东	15	220	成都农业科技职业学院	96.36	4★	四川	8
180	江苏城乡职业学院	96.61	4★	江苏	22	221	义乌工商职业技术学院	96.35	4★	浙江	16
181	天津渤海职业技术学院	96.60	4★	天津	7	222	湖南生物机电职业技术学院	96.34	4★	湖南	14
182	沈阳职业技术学院	96.60	4★	辽宁	4	223	安徽工商职业学院	96.33	4★	安徽	6
183	上海出版印刷高等专科学校	96.60	4★	上海	2	224	邯郸职业技术学院	96.30	4★	河北	11
184	苏州工业职业技术学院	96.59	4★	江苏	23	225	青海交通职业技术学院	96.30	4★	青海	1
185	锡林郭勒职业学院	96.59	4★	内蒙古	3	226	浙江工业职业技术学院	96.28	4★	浙江	17
186	浙江警官职业学院	96.59	4★	浙江	14	227	湖南环境生物职业技术学院	96.27	4★	湖南	15
187	扬州职业大学	96.58	4★	江苏	24	228	合肥职业技术学院	96.27	4★	安徽	7
188	南京交通职业技术学院	96.57	4★	江苏	25	229	安徽医学高等专科学校	96.26	4★	安徽	8
189	上海电子信息职业技术学院	96.56	4★	上海	3	230	济源职业技术学院	96.25	4★	河南	12
190	中山职业技术学院	96.56	4★	广东	16	231	江西旅游商贸职业学院	96.24	4★	江西	8
191	海南职业技术学院	96.56	4★	海南	2	232	德州职业技术学院	96.23	4★	山东	17
192	重庆医药高等专科学校	96.55	4★	重庆	7	233	江苏医药职业学院	96.23	4★	江苏	29
193	苏州工艺美术职业技术学院	96.55	4★	江苏	26	234	福建林业职业技术学院	96.22	4★	福建	5
194	石家庄邮电职业技术学院	96.52	4★	河北	9	235	苏州经贸职业技术学院	96.22	4★	江苏	30
195	绵阳职业技术学院	96.51	4★	四川	7	236	南阳医学高等专科学校	96.21	4★	河南	13

续表

排名	院校名称	总分	星级	地区内序	排名	院校名称	总分	星级	地区内序
237	河北旅游职业学院	96.19	4★	河北	12	239	信阳职业技术学院	96.18	4★	河南	14
238	佛山职业技术学院	96.18	4★	广东	19	240	江苏信息职业技术学院	96.18	4★	江苏	31

3★（360个）：甘肃林业职业技术学院、湖南大众传媒职业技术学院、内蒙古化工职业学院、苏州工业园区职业技术学院、咸宁职业技术学院、西安铁路职业技术学院、山东理工职业学院、福州职业技术学院、云南机电职业技术学院、漯河职业技术学院、山东工业职业学院、山东商务职业学院、吉林工业职业技术学院、昆明工业职业技术学院、常州纺织服装职业技术学院、青岛港湾职业技术学院、湖南科技职业学院、重庆电力高等专科学校、盐城工业职业技术学院、山东医学高等专科学校、荆州职业技术学院、陕西能源职业技术学院、山东电力高等专科学校、广州城职业学院、开封大学、吉林交通职业技术学院、台州职业技术学院、包头轻工职业技术学院、四川邮电职业技术学院、莱芜职业技术学院、广西建设职业技术学院、济宁职业技术学院、贵州电子信息职业技术学院、浙江医药高等专科学校、辽宁石化职业技术学院、北京青年政治学院、闽西职业技术学院、苏州卫生职业技术学院、浙江纺织服装职业技术学院、镇江高等专科学校、广西水利电力职业技术学院、河源职业技术学院、湖南铁路科技职业技术学院、新疆师范高等专科学校、沧州医学高等专科学校、三门峡职业技术学院、新乡职业技术学院、呼和浩特职业学院、江苏财经职业技术学院、无锡城职业技术学院、广西工业职业技术学院、鹤壁职业技术学院、辽宁机电职业技术学院、湖北工业职业技术学院、重庆三峡职业学院、郑州旅游职业学院、宁波城职业技术学院、宜宾职业技术学院、聊城职业技术学院、山东中医药高等专科学校、柳州铁道职业技术学院、泉州医学高等专科学校、温州科技职业学院、大庆职业学院、山东城建职业学院、九江职业大学、郑州职业技术学院、山东外贸职业学院、保定职业技术学院、泰州职业技术学院、云南林业职业技术学院、安徽财贸职业学院、唐山职业技术学院、山西机电职业技术学院、广州城建职业学院、阜阳职业技术学院、嘉兴职业技术学院、山东旅游职业学院、北京政法职业学院、潍坊工程职业学院、郑州澍青医学高等专科学校、吉林铁道职业技术学院、宜春职业技术学院、长江职业学院、安徽交通职业技术学院、天津商务职业学院、湖州职业技术学院、天津工程职业技术学院、乐山职业技术学院、天津城市职业学院、济南工程职业技术学院、山东劳动职业技术学院、邢台医学高等专科学校、北京经济管理职业学院、焦作大学、周口职业技术学院、厦门城市职业学院、桂林师范高等专科学校、渭南职业技术学院、肇庆医学高等专科学校、湖北水利水电职业技术学院、湖北生物科技职业学院、宝鸡职业技术学院、天津机电职业技术学院、江门职业技术学院、北京科技职业学院、珠海城市职业技术学院、濮阳职业技术学院、无锡工艺职业技术学院、河北交通职业技术学院、广东外语艺术职业学院、乌鲁木齐职业大学、焦作师范高等专科学校、湖北城建职业技术学院、安庆职业技术学院、河北机电职业技术学院、重庆航天职业技术学院、广东职业技术学院、常德职业技术学院、广西农业职业技术学院、河北软件职业技术学院、石家庄医学高等专科学校、丽水职业技术学院、广东理工职业学院、兰州职业技术学院、山东药品食品职业学院、河北政法职业学院、商丘医学高等专科学校、上海旅游高等专科学校、山西建筑职业技术学院、上海城建职业学院、徐州幼儿师范高等专科学校、无锡科技职业学院、湖北生态工程职业技术学院、遵义医药高等专科学校、仙桃职业学院、辽宁建筑职业学院、安徽电气工程职业技术学院、菏泽医学专科学校、四川城市职业学院、江西电力职业技术学院、四川职业技术学院、四川科技职业学院、广西工商职业技术学院、浙江艺术职业学院、青海畜牧兽医职业技术学院、江阴职业技术学院、湖南财经工业职业技术学院、重庆水利电力职业技术学院、辽宁生态工程职业学院、黔东南民族职业技术学院、河南应用技术职业学院、新疆石河子职业技术学院、四川航天职业技术学院、四川工商职业技术学院、江西工业贸易职业技术学院、辽宁经济职业技术学院、浙江同济科技职业学院、沙洲职业工学院、浙江体育职业技术学院、内蒙古电子信息职业技术学院、厦门海洋职业技术学院、上海农林职业技术学院、烟台汽车工程职业学院、南通师范高等专科学校、江西工业职业技术学院、天津滨海职业学院、四川信息职业技术学院、浙江长征职业技术学院、黑龙江生物科技职业学院、昌吉职业技术学院、清远职业技术学院、河南建筑职业技术学院、西安电力高等专科学校、威海海洋职业学院、泰山职业技术学院、绍兴职业技术学院、江西卫生职业学院、北京社会管理职业学院、贵阳职业技术学院、山东电子职业技术学院、武威职业学院、连云港职业技术学院、广州工程技术职业学院、滁州职业技术学院、陕西工商职业学院、淮北职业技术学院、连云港师范高等专科学校、淄博师范高等专科学校、广东科贸职业学院、辽宁职业学院、黑龙江农垦职业学院、重庆建筑职业技术学院、四川水利职业技术学院、南京旅游职业学院、郑州电力高等专科学校、三亚航空旅游职业学院、云南能源职业技术学院、延安职业技术学院、广西电力职业技术学院、江西新能源科技职业学院、武汉工程职业技术学院、宁波卫生职业技术学院、六安职业技术学院、湖南工程职业技术学院、浙江国际海运职业技术学院、江西机电职业技术学院、重庆交通职业学院、山东力明科技职业学院、湖南网络工程职业学院、广东工程职业技术学院、盘锦职业技术学院、河南机电职业学院、西藏职业技术学院、湖南城建职业技术学院、晋中职业技术学院、黑龙江护理高等专科学校、湖北中医药高等专科学校、衢州职业技术学院、湖南外贸职业学院、山东胜利职业学院、江西陶瓷工艺美术职业技术学院、甘肃交通职业技术学院、德宏师范高等专科学校、重庆科创职业学院、佳木斯职业学院、内蒙古农业职业学院、北京卫生职业学院、黔南民族医学高等专科学校、巴音郭楞职业技术学院、河南医学高等专科学校、泸州职业技术学院、恩施职业技术学院、烟台工程职业技术学院、广安职业技术学院、江苏卫生健康职业学院、安徽中医药高等专科学校、湖南现代物流职业技术学院、长沙环境保护职业技术学院、汉中职业技术学院、重庆能源职业学院、丽江师范高等专科学校、南充职业技术学院、南通科技职业学院、成都职业技术学院、台州科技职业学院、安徽工业经济职业技术学院、陇南师范高等专科学校、广东文理职业学院、苏州工业园区服务外包职业学院、四川机电职业技术学院、福建生物工程职业技术学院、北京戏曲艺术职业学院、江西工业工程职业技术学院、湖南高速铁路职业技术学院、廊坊职业技术学院、重庆工贸职业技术学院、新疆交通职业技术学院、新疆职业大学、西安医学高等专科学校、天津海运职业学院、武汉商贸职业学院、湖南信息职业技术学院、苏州健雄职业技术学院、贵州工业职业技术学院、山西交通职业技术学院、吉林电子信息职业技术学院、广东建设职业技术学院、广东女子职业技术学院、四川中医药高等专科学校、阿克苏职业技术学院、黑龙江交通职业技术学院、四川电力职业技术学院、云南国防工业职业技术学院、安徽国际商务职业学院、铜陵职业技术学院、松原职业技术学院、吉安职业技术学院、天津铁道职业技术学院、石家庄信息工程职业学院、遵义职业技术学院、民办四川天一学院、宁夏财经职业技术学院、广西生态工程职业技术学院、长沙职业技术学院、江苏城乡建设职业学院、闽江师范高等专科学校、云南国土资源职业学院、上海思博职业技术学院、四川化工职业技术学院、河南工业贸易职业学院、枣庄职业学院、西安职业技术学院、广州华立科技职业学院、黑龙江林业职业技术学院、云南农业职业技术学院、上海工商职业技术学院、德州科技职业学院、宿州职业技术学院、海南政法职业学院、黑龙江农业职业技术学院、海南软件职业技术学院、辽宁现代服务职业技术学院、广西理工职业技术学院、重庆财经职业学院、湖南商务职业技术学院、呼伦贝尔职业技术学院、四川文化产业职业学院、长春医学高等专科学校、江西生物科技职业学院、山东铝业职业学院、安徽警官职业学院、福建农业职业技术学院、长春金融高等专科学校、天津工业职业学院、泉州幼儿师范高等专科学校、晋城职业技术学院、朝阳师范高等专科学校、许昌电气职业学院、安徽电子信息职业技术学院、兰州现代职业学院、湖南民族职业学院、雅安职业技术学院、淮南联合大学、榆林职业技术学院、广西国际商务职业技术学院、四川财经职业学院、广州涉外经济职业技术学院、贵州职业技术学院、甘肃工业职业技术学院、湘西民族职业技术学院、兴安职业技术学院、天津石油职业技术学院、黑龙江旅游职业学院、漳州卫生职业学院、营口职业技术学院、鄂尔多斯职业学院、保定电力职业技术学院、共青科技职业学院、江西制造职业技术学院、山东信息职业技术学院、江西建设职业技术学院、郑州信息科技职业学院、安顺职业技术学院、广东南方职业学院、亳州职业技术学院、河北能源职业技术学院、辽源职业技术学院、贵州航天职业技术学院、内江职业技术学院、广州体育职业技术学院、太原旅游职业学院、陕西财经职业技术学院、山西电力职业技术学院、河北建材职业技术学院、永城职业学院、广东松山职业技术学院、福建水利电力职业技术学院、江苏护理职业学院

2★（480个），1★（120个）：名单略

中国大学科技创新竞争力排行榜（100强）

排名	院校名称	总分	类型序		排名	院校名称	总分	类型序	
1	清华大学	100	理工	1	37	中国农业大学	93.68	农林	1
2	浙江大学	99.58	综合	1	38	南京航空航天大学	93.56	理工	22
3	北京大学	99.30	综合	2	39	西北农林科技大学	93.55	农林	2
4	上海交通大学	98.99	理工	2	40	华中农业大学	93.53	农林	3
5	四川大学	97.55	综合	3	41	西南大学	93.50	综合	14
6	华中科技大学	97.52	理工	3	42	东北大学	93.37	理工	23
7	西安交通大学	97.52	理工	4	43	兰州大学	93.37	综合	15
8	复旦大学	97.45	综合	4	44	西安电子科技大学	93.36	理工	24
9	中国科学院大学	97.36	综合	5	45	中国海洋大学	93.35	理工	25
10	武汉大学	97.16	综合	6	46	浙江工业大学	93.30	理工	26
11	国防科技大学	96.98	理工	5	47	上海大学	93.26	综合	16
12	中南大学	96.97	理工	6	48	江南大学	93.24	综合	17
13	中山大学	96.91	综合	7	49	南京农业大学	93.21	农林	4
14	同济大学	96.73	理工	7	50	郑州大学	93.20	综合	18
15	山东大学	96.66	综合	8	51	中国人民大学	93.20	文法	1
16	天津大学	96.65	理工	8	52	南昌大学	93.16	综合	19
17	南京大学	96.52	综合	9	53	南京理工大学	93.15	理工	27
18	东南大学	96.52	理工	9	54	中国矿业大学	93.11	理工	28
19	中国科学技术大学	96.42	理工	10	55	华南农业大学	93.10	农林	5
20	吉林大学	95.48	综合	10	56	江苏大学	93.07	综合	20
21	哈尔滨工业大学	95.36	理工	11	57	北京科技大学	93.05	理工	29
22	华南理工大学	95.34	理工	12	58	北京工业大学	93.03	理工	30
23	厦门大学	95.25	综合	11	59	福州大学	93.03	综合	21
24	北京航空航天大学	95.01	理工	13	60	合肥工业大学	92.98	理工	31
25	北京理工大学	94.94	理工	14	61	扬州大学	92.94	综合	22
26	重庆大学	94.79	理工	15	62	华东理工大学	92.88	理工	32
27	西北工业大学	94.76	理工	16	63	暨南大学	92.86	综合	23
28	大连理工大学	94.55	理工	17	64	河海大学	92.79	理工	33
29	南开大学	94.55	综合	12	65	北京交通大学	92.71	理工	34
30	电子科技大学	94.48	理工	18	66	华北电力大学	92.63	理工	35
31	北京师范大学	94.42	师范	1	67	西北大学	92.28	综合	24
32	西南交通大学	94.26	理工	19	68	陕西师范大学	92.17	师范	3
33	武汉理工大学	94.23	理工	20	69	华南师范大学	92.14	师范	4
34	苏州大学	94.20	综合	13	70	华中师范大学	92.00	师范	5
35	华东师范大学	94.13	师范	2	71	宁波大学	91.99	综合	25
36	湖南大学	94.04	理工	21	72	中国地质大学（武汉）	91.96	理工	36

续表

排名	院校名称	总分	类型	序	排名	院校名称	总分	类型	序
73	东华大学	91.88	理工	37	87	昆明理工大学	91.18	理工	45
74	哈尔滨工程大学	91.83	理工	38	88	南京邮电大学	91.12	理工	46
75	广西大学	91.74	综合	26	89	东北师范大学	91.10	师范	9
76	广东工业大学	91.70	理工	39	90	北京林业大学	91.00	农林	6
77	南京师范大学	91.65	师范	6	91	首都医科大学	90.92	医药	1
78	北京化工大学	91.58	理工	40	92	河南大学	90.91	综合	29
79	深圳大学	91.57	综合	27	93	太原理工大学	90.75	理工	47
80	燕山大学	91.52	理工	41	94	杭州电子科技大学	90.64	理工	48
81	湖南师范大学	91.50	师范	7	95	北京协和医学院	90.43	医药	2
82	长安大学	91.49	理工	42	96	贵州大学	90.42	综合	30
83	福建师范大学	91.45	师范	8	97	南京信息工程大学	90.42	理工	49
84	云南大学	91.44	综合	28	98	上海师范大学	90.41	师范	10
85	中国石油大学（华东）	91.44	理工	43	99	浙江师范大学	90.35	师范	11
86	北京邮电大学	91.36	理工	44	100	中国地质大学（北京）	90.35	理工	50

中国大学人文社会科学创新竞争力排行榜（100强）

排名	院校名称	总分	类型序		排名	院校名称	总分	类型序	
1	北京大学	100	综合	1	36	上海大学	93.77	综合	14
2	中国人民大学	99.87	文法	1	37	西南大学	93.76	综合	15
3	清华大学	99.57	理工	1	38	中国农业大学	93.68	农林	1
4	浙江大学	98.36	综合	2	39	西南交通大学	93.59	理工	20
5	武汉大学	98.11	综合	3	40	华中师范大学	93.45	师范	3
6	复旦大学	98.04	综合	4	41	郑州大学	93.45	综合	16
7	四川大学	97.52	综合	5	42	兰州大学	93.38	综合	17
8	南京大学	97.38	综合	6	43	中国科学院大学	93.27	综合	18
9	中山大学	97.34	综合	7	44	南京航空航天大学	93.26	理工	21
10	上海交通大学	97.33	理工	2	45	东北大学	93.18	理工	22
11	西安交通大学	97.32	理工	3	46	南昌大学	93.15	综合	19
12	山东大学	97.15	综合	8	47	扬州大学	93.14	综合	20
13	厦门大学	96.99	综合	9	48	陕西师范大学	93.14	师范	4
14	吉林大学	96.87	综合	10	49	华中农业大学	93.14	农林	2
15	华中科技大学	96.56	理工	4	50	西北大学	93.05	综合	21
16	同济大学	96.25	理工	5	51	华南师范大学	93.00	师范	5
17	中南大学	96.19	理工	6	52	中国海洋大学	92.96	理工	23
18	东南大学	96.06	理工	7	53	南京师范大学	92.88	师范	6
19	北京师范大学	95.96	师范	1	54	华南农业大学	92.81	农林	3
20	华南理工大学	95.79	理工	8	55	福州大学	92.79	综合	22
21	南开大学	95.73	综合	11	56	华东理工大学	92.78	理工	24
22	华东师范大学	95.65	师范	2	57	西北农林科技大学	92.73	农林	4
23	天津大学	95.58	理工	9	58	南京农业大学	92.70	农林	5
24	哈尔滨工业大学	95.52	理工	10	59	北京交通大学	92.70	理工	25
25	重庆大学	94.86	理工	11	60	云南大学	92.66	综合	23
26	北京理工大学	94.74	理工	12	61	南京理工大学	92.6	理工	26
27	北京航空航天大学	94.63	理工	13	62	湖南师范大学	92.58	师范	7
28	中国科学技术大学	94.61	理工	14	63	西安电子科技大学	92.54	理工	27
29	苏州大学	94.59	综合	12	64	江苏大学	92.50	综合	24
30	大连理工大学	94.54	理工	15	65	浙江工业大学	92.45	理工	28
31	武汉理工大学	94.25	理工	16	66	东北师范大学	92.25	师范	8
32	湖南大学	94.19	理工	17	67	河海大学	92.19	理工	29
33	电子科技大学	94.18	理工	18	68	北京科技大学	92.12	理工	30
34	西北工业大学	94.16	理工	19	69	合肥工业大学	92.09	理工	31
35	暨南大学	93.85	综合	13	70	福建师范大学	92.05	师范	9

续表

排名	院校名称	总分	类型	序	排名	院校名称	总分	类型	序
71	河南大学	92.01	综合	25	86	北京化工大学	91.20	理工	40
72	中国矿业大学	92.00	理工	32	87	中央财经大学	91.07	财经	1
73	上海师范大学	91.98	师范	10	88	国防科技大学	90.94	理工	41
74	宁波大学	91.89	综合	26	89	广东工业大学	90.86	理工	42
75	江南大学	91.88	综合	27	90	首都医科大学	90.75	医药	1
76	广西大学	91.72	综合	28	91	上海财经大学	90.70	财经	2
77	北京工业大学	91.72	理工	33	92	南京邮电大学	90.62	理工	43
78	深圳大学	91.63	综合	29	93	长安大学	90.43	理工	44
79	东华大学	91.58	理工	34	94	中国石油大学（华东）	90.38	理工	45
80	华北电力大学	91.53	理工	35	95	西南财经大学	90.36	财经	3
81	中国地质大学（武汉）	91.52	理工	36	96	安徽大学	90.23	综合	30
82	哈尔滨工程大学	91.37	理工	37	97	山西大学	90.17	综合	31
83	北京邮电大学	91.33	理工	38	98	北京协和医学院	90.17	医药	2
84	浙江师范大学	91.27	师范	11	99	湘潭大学	90.16	综合	32
85	燕山大学	91.25	理工	39	100	山东师范大学	90.13	师范	12

中国大学分类型竞争力排行榜（前20%）

综合类（273）

排名	学校名称	排名	学校名称	排名	学校名称
1	浙江大学	20	江南大学	39	黑龙江大学
2	北京大学	21	扬州大学	40	海南大学
3	武汉大学	22	云南大学	41	新疆大学
4	复旦大学	23	西北大学	42	辽宁大学
5	南京大学	24	宁波大学	43	内蒙古大学
6	吉林大学	25	江苏大学	44	南通大学
7	中山大学	26	广西大学	45	石河子大学
8	四川大学	27	福州大学	46	湖北大学
9	中国科学院大学	28	深圳大学	47	汕头大学
10	山东大学	29	河南大学	48	长江大学
11	南开大学	30	安徽大学	49	南方科技大学
12	厦门大学	31	河北大学	50	三峡大学
13	苏州大学	32	湘潭大学	51	宁夏大学
14	郑州大学	33	山西大学	52	延边大学
15	上海大学	34	广州大学	53	集美大学
16	兰州大学	35	济南大学	54	南华大学
17	暨南大学	36	青岛大学	55	北京联合大学
18	西南大学	37	华侨大学		
19	南昌大学	38	贵州大学		

理工类（366）

排名	学校名称	排名	学校名称	排名	学校名称
1	清华大学	14	北京理工大学	27	北京交通大学
2	上海交通大学	15	大连理工大学	28	西安电子科技大学
3	华中科技大学	16	重庆大学	29	河海大学
4	中国科学技术大学	17	电子科技大学	30	合肥工业大学
5	哈尔滨工业大学	18	西北工业大学	31	北京工业大学
6	东南大学	19	东北大学	32	浙江工业大学
7	西安交通大学	20	南京航空航天大学	33	中国海洋大学
8	国防科技大学	21	湖南大学	34	哈尔滨工程大学
9	同济大学	22	南京理工大学	35	中国矿业大学
10	中南大学	23	西南交通大学	36	燕山大学
11	华南理工大学	24	华东理工大学	37	华北电力大学
12	北京航空航天大学	25	武汉理工大学	38	东华大学
13	天津大学	26	北京科技大学	39	北京邮电大学

续表

排名	学校名称	排名	学校名称	排名	学校名称
40	北京化工大学	52	中国石油大学（北京）	64	河南科技大学
41	中国石油大学（华东）	53	山东科技大学	65	中国计量大学
42	中国地质大学（武汉）	54	南京信息工程大学	66	武汉科技大学
43	杭州电子科技大学	55	河北工业大学	67	天津工业大学
44	广东工业大学	56	中国矿业大学（北京）	68	哈尔滨理工大学
45	太原理工大学	57	中国地质大学（北京）	69	西南石油大学
46	西安建筑科技大学	58	上海理工大学	70	河南理工大学
47	长安大学	59	大连海事大学	71	长春理工大学
48	昆明理工大学	60	西安理工大学	72	青岛科技大学
49	南京工业大学	61	中北大学	73	成都理工大学
50	南京邮电大学	62	长沙理工大学		
51	浙江理工大学	63	重庆邮电大学		

财经类（111）

排名	学校名称	排名	学校名称	排名	学校名称
1	中央财经大学	9	山东财经大学	17	广东财经大学
2	上海财经大学	10	山西财经大学	18	天津商业大学
3	对外经济贸易大学	11	重庆工商大学	19	哈尔滨商业大学
4	西南财经大学	12	首都经济贸易大学	20	河南财经政法大学
5	中南财经政法大学	13	浙江财经大学	21	上海对外经贸大学
6	东北财经大学	14	安徽财经大学	22	云南财经大学
7	浙江工商大学	15	南京财经大学		
8	江西财经大学	16	北京工商大学		

文法类（68）

排名	学校名称	排名	学校名称	排名	学校名称
1	中国人民大学	6	广东外语外贸大学	11	中国人民公安大学
2	中国政法大学	7	北京外国语大学	12	浙江传媒学院
3	中国传媒大学	8	华东政法大学	13	大连外国语大学
4	北京语言大学	9	西南政法大学	14	西安外国语大学
5	上海外国语大学	10	外交学院		

师范类（175）

排名	学校名称	排名	学校名称	排名	学校名称
1	北京师范大学	8	湖南师范大学	15	天津师范大学
2	华东师范大学	9	浙江师范大学	16	西北师范大学
3	南京师范大学	10	福建师范大学	17	河南师范大学
4	华中师范大学	11	上海师范大学	18	安徽师范大学
5	陕西师范大学	12	首都师范大学	19	四川师范大学
6	华南师范大学	13	山东师范大学	20	广西师范大学
7	东北师范大学	14	江西师范大学	21	江苏师范大学

续表

排名	学校名称	排名	学校名称	排名	学校名称
22	云南师范大学	27	重庆师范大学	32	山西师范大学
23	河北师范大学	28	哈尔滨师范大学	33	聊城大学
24	曲阜师范大学	29	沈阳师范大学	34	西华师范大学
25	辽宁师范大学	30	鲁东大学	35	内蒙古师范大学
26	杭州师范大学	31	贵州师范大学		

医药类（109）

排名	学校名称	排名	学校名称	排名	学校名称
1	首都医科大学	9	温州医科大学	17	广州中医药大学
2	北京协和医学院	10	第四军医大学	18	大连医科大学
3	南京医科大学	11	上海中医药大学	19	河北医科大学
4	南方医科大学	12	中国药科大学	20	安徽医科大学
5	天津医科大学	13	北京中医药大学	21	天津中医药大学
6	中国医科大学	14	南京中医药大学	22	成都中医药大学
7	哈尔滨医科大学	15	重庆医科大学		
8	第二军医大学	16	山西医科大学		

农林类（48）

排名	学校名称	排名	学校名称	排名	学校名称
1	中国农业大学	5	华南农业大学	9	东北林业大学
2	华中农业大学	6	北京林业大学	10	南京林业大学
3	南京农业大学	7	福建农林大学		
4	西北农林科技大学	8	东北农业大学		

民族类（17）

排名	学校名称	排名	学校名称	排名	学校名称
1	中央民族大学	2	中南民族大学	3	西南民族大学

艺术类（47）

排名	学校名称	排名	学校名称	排名	学校名称
1	中央音乐学院	4	中国音乐学院	7	中国戏曲学院
2	中央美术学院	5	南京艺术学院	8	中央戏剧学院
3	中国美术学院	6	上海音乐学院	9	北京电影学院

体育类（16）

排名	学校名称	排名	学校名称	排名	学校名称
1	北京体育大学	2	上海体育学院	3	武汉体育学院

22所职业本科院校竞争力排行榜

学校名称	排名	地区	院校类型	院校性质
南京工业职业技术大学	1	江苏	理工	公办
海南科技职业大学	2	海南	理工	民办
广西城市职业大学	3	广西	综合	民办
广东工商职业技术大学	4	广东	财经	民办
南昌职业大学	5	江西	综合	民办
山东外事职业大学	6	山东	综合	民办
浙江广厦建设职业技术大学	7	浙江	理工	民办
广州科技职业技术大学	8	广东	综合	民办
重庆机电职业技术大学	9	重庆	理工	民办
山东外国语职业技术大学	10	山东	语言	民办
西安信息职业大学	11	陕西	理工	民办
山东工程职业技术大学	12	山东	理工	民办
西安汽车职业大学	13	陕西	理工	民办
运城职业技术大学	14	山西	综合	民办
江西软件职业技术大学	15	江西	理工	民办
泉州职业技术大学	16	福建	综合	民办
湖南软件职业学院(本科)	17	湖南	理工	民办
河南科技职业大学	18	河南	理工	民办
上海中侨职业技术大学	19	上海	综合	民办
成都艺术职业大学	20	四川	艺术	民办
新疆天山职业技术大学	21	新疆	理工	民办
辽宁理工职业大学	22	辽宁	理工	民办

9所中外合作办学院校竞争力排行榜

学校名称	排名	地区	院校类型	院校性质
宁波诺丁汉大学	1	浙江	综合	民办
西交利物浦大学	2	江苏	综合	民办
昆山杜克大学	3	江苏	综合	民办
深圳北理莫斯科大学	4	广东	综合	公办
北京师范大学-香港浸会大学联合国际学院	5	广东	综合	民办
上海纽约大学	6	上海	综合	民办
温州肯恩大学	7	浙江	综合	民办
广东以色列理工学院	8	广东	理工	公办
香港中文大学（深圳）	9	广东	综合	民办

第二部分

2021年中国大学本科教育分门类、专业类和专业竞争力排行榜

中国大学本科教育分学科门类竞争力排行榜

01 哲学（70）

排名	学校名称	星级	排名	学校名称	星级	排名	学校名称	星级
1	北京大学	5★+	4	中山大学	5★	7	南京大学	5★-
2	中国人民大学	5★	5	武汉大学	5★-			
3	复旦大学	5★	6	南开大学	5★-			

4★（7个）：吉林大学、山东大学、北京师范大学、山西大学、黑龙江大学、南京师范大学、清华大学

3★（21个），2★（28个），1★（7个）：名单略

02 经济学（939）

排名	学校名称	星级	排名	学校名称	星级	排名	学校名称	星级
1	中国人民大学	5★+	29	安徽财经大学	5★	57	东北大学	5★-
2	中央财经大学	5★+	30	广东外语外贸大学	5★	58	深圳大学	5★-
3	西南财经大学	5★+	31	浙江大学	5★	59	内蒙古财经大学	5★-
4	上海财经大学	5★+	32	西北大学	5★	60	青岛大学	5★-
5	中南财经政法大学	5★+	33	南京大学	5★	61	苏州大学	5★-
6	北京大学	5★+	34	广东财经大学	5★	62	云南大学	5★-
7	对外经济贸易大学	5★+	35	湖南大学	5★	63	安徽大学	5★-
8	南开大学	5★+	36	清华大学	5★	64	广西大学	5★-
9	江西财经大学	5★+	37	浙江工商大学	5★	65	华南理工大学	5★-
10	东北财经大学	5★	38	河南大学	5★	66	南京农业大学	5★-
11	辽宁大学	5★	39	云南财经大学	5★	67	天津商业大学	5★-
12	山西财经大学	5★	40	河南财经政法大学	5★	68	广东金融学院	5★-
13	厦门大学	5★	41	吉林财经大学	5★	69	华侨大学	5★-
14	西安交通大学	5★	42	河北经贸大学	5★	70	中国农业大学	5★-
15	复旦大学	5★	43	北京师范大学	5★	71	山东财经大学	5★-
16	南京财经大学	5★	44	上海交通大学	5★	72	北京交通大学	5★-
17	首都经济贸易大学	5★	45	北京工商大学	5★	73	上海大学	5★-
18	武汉大学	5★	46	重庆大学	5★	74	中国海洋大学	5★-
19	天津财经大学	5★	47	中山大学	5★	75	华中师范大学	5★-
20	四川大学	5★	48	上海对外经贸大学	5★-	76	贵州财经大学	5★-
21	浙江财经大学	5★	49	北京工业大学	5★-	77	东北师范大学	5★-
22	山东大学	5★	50	兰州财经大学	5★-	78	西安财经大学	5★-
23	暨南大学	5★	51	东南大学	5★-	79	陕西师范大学	5★-
24	新疆财经大学	5★	52	福建师范大学	5★-	80	湖北大学	5★-
25	吉林大学	5★	53	湘潭大学	5★-	81	南昌大学	5★-
26	哈尔滨商业大学	5★	54	华东师范大学	5★-	82	福州大学	5★-
27	华中科技大学	5★	55	河北大学	5★-	83	北京理工大学	5★-
28	重庆工商大学	5★	56	湖南工商大学	5★-	84	中央民族大学	5★-

续表

排名	学校名称	星级	排名	学校名称	星级	排名	学校名称	星级
85	华东理工大学	5★-	89	河南工业大学	5★-	93	浙江工业大学	5★-
86	华南师范大学	5★-	90	大连理工大学	5★-	94	兰州大学	5★-
87	武汉理工大学	5★-	91	西南民族大学	5★-			
88	南京审计大学	5★-	92	郑州大学	5★-			

4★（94个）：山西大学、宁波大学、杭州电子科技大学、新疆大学、黑龙江大学、南京师范大学、安徽工业大学、中国地质大学（武汉）、中南大学、中国政法大学、集美大学、西南政法大学、石河子大学、华中农业大学、华东政法大学、长沙理工大学、西南大学、湖南科技大学、湖南师范大学、南京信息工程大学、山东工商学院、上海理工大学、重庆理工大学、贵州大学、华南农业大学、哈尔滨工业大学、海南大学、南京航空航天大学、济南大学、云南师范大学、成都理工大学、中国矿业大学、西南交通大学、东北农业大学、中南民族大学、上海立信会计金融学院、北京物资学院、湖北工业大学、北京科技大学、河海大学、天津大学、沈阳工业大学、浙江理工大学、扬州大学、内蒙古大学、西北师范大学、东莞理工学院、天津师范大学、江西师范大学、西安理工大学、西北农林科技大学、合肥工业大学、四川农业大学、南华大学、山东农业大学、福州外语外贸学院、四川师范大学、北京航空航天大学、上海海事大学、长春工业大学、广西财经学院、江南大学、湖北经济学院、江苏师范大学、天津工业大学、广西师范大学、河北金融学院、上海师范大学、中南林业科技大学、沈阳大学、华北电力大学、河南财政金融学院、江苏大学、长春财经学院、昆明理工大学、北京联合大学、河南师范大学、大连海事大学、信阳师范学院、燕山大学、山东理工大学、河北农业大学、西北政法大学、河南科技大学、广州大学、广东科技学院、安徽师范大学、重庆师范大学、云南民族大学、天津外国语大学、南京理工大学、天津科技大学、浙江师范大学、福建江夏学院

3★（282个），2★（375个），1★（94个）：名单略

03 法学（755）

排名	学校名称	星级	排名	学校名称	星级	排名	学校名称	星级
1	中国人民大学	5★+	27	上海大学	5★	53	贵州大学	5★-
2	北京大学	5★+	28	天津师范大学	5★	54	山西大学	5★-
3	中国政法大学	5★+	29	西南大学	5★	55	中国海洋大学	5★-
4	复旦大学	5★+	30	云南民族大学	5★	56	贵州师范大学	5★-
5	吉林大学	5★+	31	中南大学	5★	57	陕西师范大学	5★-
6	南开大学	5★+	32	四川大学	5★	58	西安交通大学	5★-
7	武汉大学	5★+	33	南京师范大学	5★	59	黑龙江大学	5★-
8	厦门大学	5★+	34	苏州大学	5★	60	沈阳师范大学	5★-
9	山东大学	5★	35	中南财经政法大学	5★	61	海南大学	5★-
10	中山大学	5★	36	浙江大学	5★	62	新疆大学	5★-
11	南京大学	5★	37	西北政法大学	5★	63	华东理工大学	5★-
12	华中师范大学	5★	38	安徽大学	5★	64	辽宁大学	5★-
13	中国人民公安大学	5★	39	广西师范大学	5★-	65	上海师范大学	5★-
14	云南大学	5★	40	华中科技大学	5★-	66	西南民族大学	5★-
15	清华大学	5★	41	对外经济贸易大学	5★-	67	辽宁师范大学	5★-
16	华东师范大学	5★	42	安徽师范大学	5★-	68	扬州大学	5★-
17	西南政法大学	5★	43	华南师范大学	5★-	69	山东师范大学	5★-
18	中央民族大学	5★	44	郑州大学	5★-	70	河北师范大学	5★-
19	北京师范大学	5★	45	暨南大学	5★-	71	重庆大学	5★-
20	东北师范大学	5★	46	河海大学	5★-	72	上海外国语大学	5★-
21	湘潭大学	5★	47	新疆师范大学	5★-	73	青海民族大学	5★-
22	湖南师范大学	5★	48	内蒙古大学	5★-	74	浙江师范大学	5★-
23	河南师范大学	5★	49	首都师范大学	5★-	75	贵州民族大学	5★-
24	兰州大学	5★	50	广西民族大学	5★-	76	华南理工大学	5★-
25	中南民族大学	5★	51	东南大学	5★-			
26	华东政法大学	5★	52	上海交通大学	5★-			

续表

4★（75个）：中央财经大学、河南大学、江西财经大学、西南财经大学、浙江工商大学、湖北大学、湖南大学、福建师范大学、同济大学、西北师范大学、外交学院、上海政法学院、广东外语外贸大学、武汉理工大学、江西师范大学、大连海事大学、烟台大学、上海财经大学、西北大学、北京航空航天大学、中国刑事警察学院、广州大学、宁波大学、华中农业大学、四川师范大学、哈尔滨师范大学、深圳大学、华侨大学、西南交通大学、曲阜师范大学、南昌大学、青岛大学、西北民族大学、河南财经政法大学、西华师范大学、北京外国语大学、中国地质大学（武汉）、河北大学、中国农业大学、江西财经大学、延安大学、广东财经大学、云南警官学院、福州大学、山西师范大学、宁夏大学、广西大学、济南大学、北京工业大学、北京理工大学、延安大学、湖南科技大学、杭州师范大学、广东警官学院、华北电力大学、西北农林科技大学、合肥工业大学、首都经济贸易大学、东北大学、南京航空航天大学、内蒙古师范大学、聊城大学、西藏民族大学、中央司法警官学院、河南科技大学、成都理工大学、河北经贸大学、重庆师范大学、哈尔滨工业大学、浙江工业大学、北京科技大学、上海海事大学、海南师范大学、北京邮电大学
3★（227个），2★（302个），1★（75个）：名单略

04　教育学（598）

排名	学校名称	星级	排名	学校名称	星级	排名	学校名称	星级
1	华东师范大学	5★+	21	山东师范大学	5★	41	广州体育学院	5★-
2	华南师范大学	5★+	22	陕西师范大学	5★	42	宁波大学	5★-
3	北京师范大学	5★+	23	云南师范大学	5★	43	西安体育学院	5★-
4	华中师范大学	5★+	24	成都体育学院	5★	44	江苏师范大学	5★-
5	北京体育大学	5★+	25	沈阳师范大学	5★	45	扬州大学	5★-
6	南京师范大学	5★+	26	江西师范大学	5★	46	山东体育学院	5★-
7	东北师范大学	5★	27	内蒙古师范大学	5★	47	新疆师范大学	5★-
8	浙江师范大学	5★	28	首都师范大学	5★	48	吉林体育学院	5★-
9	西北师范大学	5★	29	河北师范大学	5★	49	山西师范大学	5★-
10	武汉体育学院	5★	30	首都体育学院	5★	50	贵州师范大学	5★-
11	四川师范大学	5★	31	杭州师范大学	5★-	51	聊城大学	5★-
12	湖南师范大学	5★	32	天津体育学院	5★-	52	湖北大学	5★-
13	西南大学	5★	33	天津师范大学	5★-	53	广州大学	5★-
14	福建师范大学	5★	34	重庆师范大学	5★-	54	南京体育学院	5★-
15	辽宁师范大学	5★	35	浙江大学	5★-	55	西华师范大学	5★-
16	河南大学	5★	36	安徽师范大学	5★-	56	苏州大学	5★-
17	上海体育学院	5★	37	河南师范大学	5★-	57	河北大学	5★-
18	哈尔滨师范大学	5★	38	曲阜师范大学	5★-	58	吉林师范大学	5★-
19	广西师范大学	5★	39	海南师范大学	5★-	59	长春师范大学	5★-
20	上海师范大学	5★	40	沈阳体育学院	5★-	60	山西大学	5★-

4★（60个）：南宁师范大学、河北体育学院、郑州大学、南通大学、哈尔滨体育学院、湖北师范大学、赣南师范大学、信阳师范学院、淮北师范大学、江南大学、深圳大学、石河子大学、鲁东大学、温州大学、南京晓庄学院、吉首大学、青海师范大学、长江大学、江西科技师范大学、湖南第一师范学院、集美大学、长沙师范学院、延边大学、北华大学、天津大学、广西民族大学、宁夏大学、湖南科技大学、张家口学院、洛阳师范学院、中南民族大学、山东大学、喀什大学、安庆师范大学、怀化学院、中央民族大学、大连大学、延安大学、中国矿业大学、天津职业技术师范大学、牡丹江师范学院、云南民族大学、浙江工业大学、广西科技师范学院、山西大同大学、河北科技师范学院、青岛大学、中北大学、集宁师范学院、绍兴文理学院、昆明学院、潍坊学院、成都师范学院、西藏民族大学、黄冈师范学院、临沂大学、内蒙古民族大学、岭南师范学院、西安文理学院
3★（179个），2★（239个），1★（60个）：名单略

05　文学（1046）

排名	学校名称	星级	排名	学校名称	星级	排名	学校名称	星级
1	北京大学	5★+	4	上海外国语大学	5★+	7	中国人民大学	5★+
2	北京外国语大学	5★+	5	西安外国语大学	5★+	8	武汉大学	5★+
3	广东外语外贸大学	5★+	6	复旦大学	5★+	9	浙江大学	5★+

续表

排名	学校名称	星级	排名	学校名称	星级	排名	学校名称	星级
10	黑龙江大学	5★+	42	上海大学	5★	74	曲阜师范大学	5★-
11	南京大学	5★	43	河北大学	5★	75	浙江师范大学	5★-
12	北京语言大学	5★	44	上海交通大学	5★	76	浙江工商大学	5★-
13	南京师范大学	5★	45	西南大学	5★	77	兰州大学	5★-
14	四川外国语大学	5★	46	扬州大学	5★	78	西南民族大学	5★-
15	中国传媒大学	5★	47	云南民族大学	5★	79	西安交通大学	5★-
16	大连外国语大学	5★	48	内蒙古大学	5★	80	湖北大学	5★-
17	天津外国语大学	5★	49	郑州大学	5★	81	江苏师范大学	5★-
18	湖南师范大学	5★	50	东北师范大学	5★	82	重庆师范大学	5★-
19	华东师范大学	5★	51	南昌大学	5★	83	河南师范大学	5★-
20	华中师范大学	5★	52	华南师范大学	5★	84	青岛大学	5★-
21	厦门大学	5★	53	湖南大学	5★-	85	中国政法大学	5★-
22	山东大学	5★	54	云南大学	5★-	86	重庆大学	5★-
23	暨南大学	5★	55	中央民族大学	5★-	87	广西大学	5★-
24	苏州大学	5★	56	江西师范大学	5★-	88	杭州师范大学	5★-
25	陕西师范大学	5★	57	辽宁大学	5★-	89	中国海洋大学	5★-
26	华中科技大学	5★	58	哈尔滨师范大学	5★-	90	东南大学	5★-
27	四川大学	5★	59	西北师范大学	5★-	91	西北民族大学	5★-
28	清华大学	5★	60	安徽师范大学	5★-	92	宁波大学	5★-
29	中山大学	5★	61	山东师范大学	5★-	93	内蒙古师范大学	5★-
30	首都师范大学	5★	62	深圳大学	5★-	94	贵州师范大学	5★-
31	对外经济贸易大学	5★	63	西北大学	5★-	95	中南财经政法大学	5★-
32	延边大学	5★	64	天津师范大学	5★-	96	辽宁师范大学	5★-
33	河南大学	5★	65	四川师范大学	5★-	97	贵州大学	5★-
34	福建师范大学	5★	66	山西大学	5★-	98	广西师范大学	5★-
35	北京师范大学	5★	67	新疆大学	5★-	99	吉林师范大学	5★-
36	安徽大学	5★	68	西南交通大学	5★-	100	北京航空航天大学	5★-
37	吉林大学	5★	69	中南大学	5★-	101	上海对外经贸大学	5★-
38	南开大学	5★	70	云南师范大学	5★-	102	大连理工大学	5★-
39	广西民族大学	5★	71	湘潭大学	5★-	103	南通大学	5★-
40	北京第二外国语学院	5★	72	同济大学	5★-	104	广州大学	5★-
41	上海师范大学	5★	73	河北师范大学	5★-	105	沈阳师范大学	5★-

4★（104个）：海南大学、北京印刷学院、鲁东大学、聊城大学、渤海大学、中南民族大学、北京科技大学、宁夏大学、西华师范大学、上海理工大学、西藏大学、济南大学、北京交通大学、华南理工大学、牡丹江师范学院、海南师范大学、燕山大学、南宁师范大学、上海海事大学、西南政法大学、哈尔滨理工大学、华侨大学、浙江财经大学、东北大学、信阳师范学院、三峡大学、温州大学、赣南师范大学、大连大学、河南工业大学、北京理工大学、河南科技大学、山东财经大学、上海财经大学、南京航空航天大学、淮北师范大学、武汉理工大学、烟台大学、湖南科技大学、济南大学、集美大学、青海师范大学、齐齐哈尔大学、哈尔滨工业大学、山西师范大学、吉首大学、中国矿业大学、新疆师范大学、长沙理工大学、中国地质大学（武汉）、闽南师范大学、南京财经大学、杭州电子科技大学、青岛科技大学、吉林外国语大学、华东政法大学、喀什大学、华中农业大学、浙江越秀外国语学院、商丘师范学院、西南科技大学、北华大学、重庆工商大学、北京邮电大学、浙江工业大学、青海民族大学、长江大学、江西财经大学、天津科技大学、安庆师范大学、南京信息工程大学、西藏民族大学、河海大学、西北工业大学、浙江万里学院、合肥工业大学、内蒙古民族大学、湖南理工学院、西北政法大学、天津理工大学、河北科技大学、韶关学院、西安翻译学院、淮阴师范学院、佳木斯大学、中国农业大学、绍兴文理学院、山西大同大学、广东财经大学、河北经贸大学、山东科技大学、重庆第二师范学院、华东理工大学、衡阳师范学院、国际关系学院、新疆财经大学、浙江外国语学院、福州大学、南京理工大学、北京林业大学、闽江学院、陕西理工大学

3★（314个）、2★（418个）、1★（105个）：名单略

06 历史学（254）

排名	学校名称	星级	排名	学校名称	星级	排名	学校名称	星级
1	北京大学	5★+	10	复旦大学	5★	19	厦门大学	5★-
2	西北大学	5★+	11	山东大学	5★	20	安徽大学	5★-
3	四川大学	5★+	12	北京师范大学	5★	21	山西大学	5★-
4	首都师范大学	5★	13	南开大学	5★	22	南京师范大学	5★-
5	武汉大学	5★	14	中山大学	5★-	23	东北师范大学	5★-
6	吉林大学	5★	15	南京大学	5★-	24	上海师范大学	5★-
7	河南大学	5★	16	兰州大学	5★-	25	安徽师范大学	5★-
8	中国人民大学	5★	17	河北师范大学	5★-			
9	陕西师范大学	5★	18	浙江大学	5★-			

4★（26个）：华中师范大学、华东师范大学、河北大学、云南大学、湖南师范大学、山东师范大学、暨南大学、中央民族大学、清华大学、西北师范大学、江西师范大学、郑州大学、福建师范大学、华南师范大学、西南大学、苏州大学、上海大学、河南师范大学、四川师范大学、浙江师范大学、湖南大学、曲阜师范大学、湖北大学、辽宁大学、黑龙江大学、青海师范大学

3★（76个），2★（102个），1★（25个）：名单略

07 理学（792）

排名	学校名称	星级	排名	学校名称	星级	排名	学校名称	星级
1	北京大学	5★+	28	东北师范大学	5★	55	湖北大学	5★-
2	南京大学	5★+	29	西南大学	5★	56	新疆大学	5★-
3	中山大学	5★+	30	四川大学	5★	57	浙江师范大学	5★-
4	兰州大学	5★+	31	福建师范大学	5★	58	山西大学	5★-
5	中国科学技术大学	5★+	32	河南大学	5★	59	华南理工大学	5★-
6	武汉大学	5★+	33	西北师范大学	5★	60	内蒙古大学	5★-
7	北京师范大学	5★+	34	山东师范大学	5★	61	广州大学	5★-
8	厦门大学	5★+	35	中南大学	5★	62	重庆大学	5★-
9	浙江大学	5★	36	同济大学	5★	63	成都理工大学	5★-
10	中国科学院大学	5★	37	西安交通大学	5★	64	上海师范大学	5★-
11	复旦大学	5★	38	河北大学	5★	65	四川师范大学	5★-
12	华东师范大学	5★	39	郑州大学	5★	66	北京理工大学	5★-
13	西北大学	5★	40	首都师范大学	5★	67	天津大学	5★-
14	吉林大学	5★	41	安徽师范大学	5★-	68	中国地质大学（北京）	5★-
15	山东大学	5★	42	苏州大学	5★-	69	华中农业大学	5★-
16	南开大学	5★	43	江西师范大学	5★-	70	北京航空航天大学	5★-
17	清华大学	5★	44	南昌大学	5★-	71	湘潭大学	5★-
18	上海交通大学	5★	45	中国农业大学	5★-	72	贵州师范大学	5★-
19	陕西师范大学	5★	46	湖南大学	5★-	73	哈尔滨师范大学	5★-
20	华中科技大学	5★	47	扬州大学	5★-	74	安徽大学	5★-
21	华南师范大学	5★	48	大连理工大学	5★-	75	河南师范大学	5★-
22	湖南师范大学	5★	49	东南大学	5★-	76	中国石油大学（华东）	5★-
23	云南大学	5★	50	哈尔滨工业大学	5★-	77	电子科技大学	5★-
24	中国海洋大学	5★	51	辽宁师范大学	5★-	78	广西大学	5★-
25	中国地质大学（武汉）	5★	52	云南师范大学	5★-	79	天津师范大学	5★-
26	南京师范大学	5★	53	南京信息工程大学	5★-			
27	华中师范大学	5★	54	华东理工大学	5★-			

续表

4★（79个）：曲阜师范大学、贵州大学、福州大学、暨南大学、西北工业大学、西北农林科技大学、广西师范大学、华南农业大学、宁夏大学、山西师范大学、合肥工业大学、青岛大学、福建农林大学、上海大学、河北大学、北京工业大学、西安电子科技大学、东北林业大学、宁波大学、北京林业大学、中国人民大学、吉林师范大学、杭州师范大学、南京农业大学、浙江工业大学、东北农业大学、深圳大学、北京化工大学、东北大学、辽宁大学、中国矿业大学、北京科技大学、南方医科大学、江苏师范大学、重庆师范大学、内蒙古师范大学、济南大学、青岛科技大学、南京理工大学、西华师范大学、青海师范大学、海南大学、杭州电子科技大学、聊城大学、黑龙江大学、信阳师范学院、西南交通大学、延边大学、海南师范大学、新疆师范大学、江苏大学、长安大学、安徽农业大学、南京航空航天大学、河海大学、浙江理工大学、燕山大学、汕头大学、长江大学、温州大学、鲁东大学、南京工业大学、四川农业大学、河南科技大学、江南大学、中国矿业大学（北京）、山东科技大学、山东农业大学、南京林业大学、山东理工大学、国防科技大学、南京邮电大学、湖南科技大学、湖南农业大学、武汉理工大学、东华大学、沈阳师范大学、中南民族大学、石河子大学

3★（238个），2★（317个），1★（79个）：名单略

08 工学（1139）

排名	学校名称	星级	排名	学校名称	星级	排名	学校名称	星级
1	哈尔滨工业大学	5★+	33	华东理工大学	5★	65	复旦大学	5★-
2	浙江大学	5★+	34	中国矿业大学	5★	66	华北电力大学	5★-
3	重庆大学	5★+	35	西安电子科技大学	5★	67	中山大学	5★-
4	天津大学	5★+	36	河海大学	5★	68	厦门大学	5★-
5	武汉理工大学	5★+	37	西安理工大学	5★	69	河南科技大学	5★-
6	四川大学	5★+	38	福州大学	5★	70	广东工业大学	5★-
7	华南理工大学	5★+	39	北京工业大学	5★	71	兰州交通大学	5★-
8	同济大学	5★+	40	北京大学	5★	72	中国地质大学（武汉）	5★-
9	大连理工大学	5★+	41	北京交通大学	5★	73	兰州理工大学	5★-
10	清华大学	5★+	42	湖南大学	5★	74	南京邮电大学	5★-
11	上海交通大学	5★+	43	郑州大学	5★	75	中国农业大学	5★-
12	吉林大学	5★	44	北京科技大学	5★	76	大连海事大学	5★-
13	西安交通大学	5★	45	上海大学	5★	77	上海理工大学	5★-
14	东南大学	5★	46	燕山大学	5★	78	西安科技大学	5★-
15	中南大学	5★	47	南京工业大学	5★	79	天津工业大学	5★-
16	北京航空航天大学	5★	48	中国石油大学（华东）	5★	80	南京林业大学	5★-
17	华中科技大学	5★	49	河北工业大学	5★	81	哈尔滨理工大学	5★-
18	南京理工大学	5★	50	中北大学	5★	82	中国矿业大学（北京）	5★-
19	合肥工业大学	5★	51	山东科技大学	5★	83	贵州大学	5★-
20	北京理工大学	5★	52	西安建筑科技大学	5★	84	北京化工大学	5★-
21	西北工业大学	5★	53	南昌大学	5★	85	辽宁工程技术大学	5★-
22	武汉大学	5★	54	哈尔滨工程大学	5★	86	安徽理工大学	5★-
23	西南交通大学	5★	55	江南大学	5★	87	桂林电子科技大学	5★-
24	东北大学	5★	56	浙江工业大学	5★	88	中国石油大学（北京）	5★-
25	昆明理工大学	5★	57	东华大学	5★	89	西南石油大学	5★-
26	太原理工大学	5★	58	中国科学技术大学	5★-	90	广西大学	5★-
27	山东大学	5★	59	南京大学	5★-	91	新疆大学	5★-
28	长安大学	5★	60	杭州电子科技大学	5★-	92	扬州大学	5★-
29	苏州大学	5★	61	河南理工大学	5★-	93	天津科技大学	5★-
30	南京航空航天大学	5★	62	北京邮电大学	5★-	94	长春理工大学	5★-
31	江苏大学	5★	63	长沙理工大学	5★-	95	东北林业大学	5★-
32	电子科技大学	5★	64	武汉科技大学	5★-	96	重庆交通大学	5★-

续表

排名	学校名称	星级	排名	学校名称	星级	排名	学校名称	星级
97	中国地质大学（北京）	5★-	103	成都理工大学	5★-	109	深圳大学	5★-
98	内蒙古工业大学	5★-	104	沈阳工业大学	5★-	110	青岛理工大学	5★-
99	中国科学院大学	5★-	105	西北农林科技大学	5★-	111	山东理工大学	5★-
100	重庆邮电大学	5★-	106	东北石油大学	5★-	112	南昌航空大学	5★-
101	陕西科技大学	5★-	107	浙江理工大学	5★-	113	江西理工大学	5★-
102	南开大学	5★-	108	中国海洋大学	5★-	114	西南科技大学	5★-

4★（114个）：华东交通大学、三峡大学、西北大学、天津理工大学、石家庄铁道大学、江苏科技大学、兰州大学、沈阳建筑大学、河南工业大学、西安工业大学、桂林理工大学、武汉工程大学、内蒙古科技大学、安徽大学、北京师范大学、华侨大学、长江大学、安徽工业大学、青岛科技大学、东北电力大学、华北水利水电大学、常州大学、湘潭大学、济南大学、华南农业大学、南华大学、河北科技大学、上海海事大学、东北农业大学、青岛大学、湖南科技大学、湖北工业大学、郑州轻工业大学、西安石油大学、太原科技大学、长春工业大学、国防科技大学、山东建筑大学、中国计量大学、沈阳航空航天大学、西南大学、华北理工大学、暨南大学、西华大学、大连交通大学、河北工程大学、北京建筑大学、北京林业大学、大连工业大学、沈阳理工大学、宁波大学、华东师范大学、重庆理工大学、东华理工大学、南京信息工程大学、辽宁石油化工大学、山东农业大学、广州大学、齐鲁工业大学、海南大学、西安工程大学、上海工程技术大学、福建农林大学、黑龙江大学、辽宁科技大学、北方工业大学、华中农业大学、成都信息工程大学、内蒙古农业大学、北京信息科技大学、山西大学、南京农业大学、沈阳化工大学、烟台大学、中南林业科技大学、河北大学、安徽工程大学、南通大学、中国民航大学、苏州科技大学、云南大学、中原工学院、沈阳农业大学、安徽建筑大学、石河子大学、华南师范大学、青海大学、河南农业大学、湖南工业大学、黑龙江科技大学、西安邮电大学、河北农业大学、南京师范大学、福建师范大学、辽宁工业大学、宁夏大学、景德镇陶瓷大学、安徽农业大学、河南大学、武汉纺织大学、浙江工商大学、福建工程学院、天津城建大学、四川轻化工大学、四川农业大学、广西科技大学、集美大学、浙江科技学院、山东师范大学、华中师范大学、北京工商大学、上海应用技术大学、汕头大学、哈尔滨商业大学

3★（342个），2★（455个），1★（114个）：名单略

09 农学（243）

排名	学校名称	星级	排名	学校名称	星级	排名	学校名称	星级
1	华中农业大学	5★+	9	福建农林大学	5★	17	甘肃农业大学	5★-
2	四川农业大学	5★+	10	内蒙古农业大学	5★	18	云南农业大学	5★-
3	西北农林科技大学	5★	11	山东农业大学	5★	19	沈阳农业大学	5★-
4	中国农业大学	5★	12	河北农业大学	5★	20	山西农业大学	5★-
5	华南农业大学	5★	13	浙江大学	5★	21	江西农业大学	5★-
6	南京农业大学	5★	14	安徽农业大学	5★	22	吉林农业大学	5★-
7	西南大学	5★	15	北京林业大学	5★	23	湖南农业大学	5★-
8	河南农业大学	5★	16	东北农业大学	5★-	24	扬州大学	5★-

4★（25个）：新疆农业大学、贵州大学、海南大学、黑龙江八一农垦大学、石河子大学、广西大学、长江大学、东北林业大学、青岛农业大学、浙江农林大学、河南科技大学、宁夏大学、南京林业大学、天津农学院、青海大学、吉林大学、西南林业大学、上海海洋大学、塔里木大学、河南科技学院、北京农学院、广东海洋大学、上海交通大学、中国海洋大学、仲恺农业工程学院

3★（73个），2★（97个），1★（24个）：名单略

10 医学（396）

排名	学校名称	星级	排名	学校名称	星级	排名	学校名称	星级
1	四川大学	5★+	9	华中科技大学	5★	17	成都中医药大学	5★
2	重庆医科大学	5★+	10	中国医科大学	5★	18	哈尔滨医科大学	5★
3	南方医科大学	5★+	11	温州医科大学	5★	19	福建医科大学	5★
4	北京大学	5★+	12	首都医科大学	5★	20	中南大学	5★
5	南京医科大学	5★	13	山西医科大学	5★	21	广州中医药大学	5★-
6	河北医科大学	5★	14	安徽医科大学	5★	22	新疆医科大学	5★-
7	天津医科大学	5★	15	上海交通大学	5★	23	中国药科大学	5★-
8	中山大学	5★	16	南京中医药大学	5★	24	郑州大学	5★-

续表

排名	学校名称	星级	排名	学校名称	星级	排名	学校名称	星级
25	浙江中医药大学	5★-	31	广西医科大学	5★-	37	天津中医药大学	5★-
26	复旦大学	5★-	32	河南中医药大学	5★-	38	北京中医药大学	5★-
27	昆明医科大学	5★-	33	黑龙江中医药大学	5★-	39	吉林大学	5★-
28	武汉大学	5★-	34	徐州医科大学	5★-	40	山东大学	5★-
29	上海中医药大学	5★-	35	山东中医药大学	5★-			
30	浙江大学	5★-	36	西安交通大学	5★-			

4★（39个）：贵州医科大学、沈阳药科大学、南昌大学、大连医科大学、福建中医药大学、宁夏医科大学、湖南中医药大学、广州医科大学、苏州大学、湖北中医药大学、广西中医药大学、内蒙古医科大学、甘肃中医药大学、滨州医学院、辽宁中医药大学、安徽中医药大学、江西中医药大学、兰州大学、新乡医学院、潍坊医学院、南通大学、青岛大学、暨南大学、西南医科大学、广东医科大学、蚌埠医学院、海南医学院、华北理工大学、陕西中医药大学、锦州医科大学、长春中医药大学、第四军医大学、遵义医科大学、南华大学、延边大学、第二军医大学、同济大学、北京协和医学院、川北医学院

3★（119个），2★（158个），1★（40个）：名单略

12　管理学（1166）

排名	学校名称	星级	排名	学校名称	星级	排名	学校名称	星级
1	中国人民大学	5★+	29	北京交通大学	5★	57	华侨大学	5★
2	武汉大学	5★+	30	云南财经大学	5★	58	苏州大学	5★
3	浙江大学	5★+	31	上海财经大学	5★	59	华东理工大学	5★-
4	四川大学	5★+	32	对外经济贸易大学	5★	60	上海交通大学	5★-
5	中南财经政法大学	5★+	33	郑州大学	5★	61	东南大学	5★-
6	吉林大学	5★+	34	武汉理工大学	5★	62	北京师范大学	5★-
7	西安交通大学	5★+	35	哈尔滨商业大学	5★	63	哈尔滨工业大学	5★-
8	东北财经大学	5★+	36	云南大学	5★	64	南京财经大学	5★-
9	中央财经大学	5★+	37	湘潭大学	5★	65	华中农业大学	5★-
10	天津大学	5★+	38	天津财经大学	5★	66	江苏大学	5★-
11	清华大学	5★+	39	西南大学	5★	67	河南大学	5★-
12	南开大学	5★+	40	中南大学	5★	68	上海海事大学	5★-
13	重庆大学	5★	41	西南交通大学	5★	69	中国农业大学	5★-
14	南京大学	5★	42	东北大学	5★	70	海南大学	5★-
15	中山大学	5★	43	浙江财经大学	5★	71	辽宁大学	5★-
16	浙江工商大学	5★	44	华南农业大学	5★	72	安徽大学	5★-
17	江西财经大学	5★	45	大连理工大学	5★	73	东华大学	5★-
18	西南财经大学	5★	46	南昌大学	5★	74	福建农林大学	5★-
19	北京大学	5★	47	华中师范大学	5★	75	深圳大学	5★-
20	厦门大学	5★	48	同济大学	5★	76	北京理工大学	5★-
21	南京农业大学	5★	49	华东师范大学	5★	77	华南师范大学	5★-
22	山西财经大学	5★	50	福州大学	5★	78	中国海洋大学	5★-
23	山东大学	5★	51	河北经贸大学	5★	79	上海对外经贸大学	5★-
24	首都经济贸易大学	5★	52	广东财经大学	5★	80	重庆工商大学	5★-
25	暨南大学	5★	53	安徽财经大学	5★	81	北京航空航天大学	5★-
26	复旦大学	5★	54	合肥工业大学	5★	82	福建师范大学	5★-
27	华南理工大学	5★	55	河海大学	5★	83	浙江工业大学	5★-
28	华中科技大学	5★	56	西北大学	5★	84	石河子大学	5★-

排名	学校名称	星级	排名	学校名称	星级	排名	学校名称	星级
85	西安理工大学	5★-	96	贵州大学	5★-	107	湖南大学	5★-
86	山西大学	5★-	97	上海理工大学	5★-	108	中南民族大学	5★-
87	东北农业大学	5★-	98	东北师范大学	5★-	109	广州大学	5★-
88	兰州大学	5★-	99	西北农林科技大学	5★-	110	广东工业大学	5★-
89	电子科技大学	5★-	100	河南财经政法大学	5★-	111	河南理工大学	5★-
90	黑龙江大学	5★-	101	大连海事大学	5★-	112	西北工业大学	5★-
91	燕山大学	5★-	102	天津商业大学	5★-	113	南京航空航天大学	5★-
92	长安大学	5★-	103	上海大学	5★-	114	武汉科技大学	5★-
93	上海师范大学	5★-	104	内蒙古大学	5★-	115	西南民族大学	5★-
94	广东外语外贸大学	5★-	105	北京工商大学	5★-	116	四川师范大学	5★-
95	杭州电子科技大学	5★-	106	新疆财经大学	5★-	117	扬州大学	5★-

4★（116 个）：中南林业科技大学、北京科技大学、湖南工商大学、河北大学、北京林业大学、青岛大学、东北大学、重庆交通大学、中国矿业大学、河北农业大学、兰州财经大学、长沙理工大学、昆明理工大学、江西师范大学、湖南农业大学、郑州航空工业管理学院、广西大学、四川农业大学、南京师范大学、天津理工大学、北京邮电大学、华北电力大学、桂林理工大学、西安邮电大学、吉林财经大学、江西财经大学、内蒙古大学、广西地质大学（武汉）、山东农业大学、重庆理工大学、南京审计大学、西安建筑科技大学、南京理工大学、山东财经大学、济南大学、山东建筑大学、湖北大学、哈尔滨理工大学、杭州师范大学、内蒙古财经大学、沈阳师范大学、广西民族大学、中国科学技术大学、贵州财经大学、中国矿业大学（北京）、湖南师范大学、天津师范大学、河南工业大学、上海工程技术大学、山东师范大学、天津工业大学、陕西师范大学、安徽农业大学、宁波大学、江苏科技大学、北京化工大学、云南师范大学、云南民族大学、西安电子科技大学、西北师范大学、兰州理工大学、安徽工业大学、渤海大学、河北地质大学、华东政法大学、西南政法大学、中国地质大学（北京）、安徽师范大学、三峡大学、北京联合大学、新疆大学、武汉纺织大学、西华大学、辽宁师范大学、成都理工大学、河南师范大学、内蒙古工业大学、山东科技大学、沈阳农业大学、山东工商学院、汕头大学、北京物资学院、北京第二外国语学院、吉首大学、河北工业大学、新疆农业大学、河北师范大学、中央民族大学、中国政法大学、浙江师范大学、南京邮电大学、大连大学、广州商学院、南京工业大学、青岛理工大学、中国石油大学（华东）、南京林业大学、北京信息科技大学、南宁师范大学、青海大学、黑龙江科技大学、西南林业大学、山东理工大学、江西科技师范大学、福建江夏学院、福建工程学院、湖南工业大学、山东管理学院、西南科技大学、南华大学、河南农业大学、华东交通大学、河南科技大学、上海立信会计金融学院、哈尔滨工程大学

3★（350 个），2★（466 个），1★（117 个）：名单略

13　艺术学（961）

排名	学校名称	星级	排名	学校名称	星级	排名	学校名称	星级
1	中国美术学院	5★+	18	鲁迅美术学院	5★	35	福建师范大学	5★
2	南京艺术学院	5★+	19	四川师范大学	5★	36	西南大学	5★
3	清华大学	5★+	20	北京电影学院	5★	37	北京师范大学	5★
4	中国传媒大学	5★+	21	广州美术学院	5★	38	星海音乐学院	5★
5	中央美术学院	5★+	22	哈尔滨师范大学	5★	39	西安音乐学院	5★
6	广西艺术学院	5★+	23	山东工艺美术学院	5★	40	四川大学	5★
7	中央戏剧学院	5★+	24	浙江传媒学院	5★	41	临沂大学	5★
8	西安美术学院	5★+	25	上海戏剧学院	5★	42	大连工业大学	5★
9	中国音乐学院	5★+	26	吉林艺术学院	5★	43	陕西师范大学	5★
10	中央音乐学院	5★+	27	上海音乐学院	5★	44	内蒙古师范大学	5★
11	中国戏曲学院	5★	28	云南艺术学院	5★	45	上海师范大学	5★
12	中央民族大学	5★	29	华东师范大学	5★	46	天津师范大学	5★
13	四川美术学院	5★	30	湖南师范大学	5★	47	武汉音乐学院	5★
14	上海大学	5★	31	东北师范大学	5★	48	华中师范大学	5★
15	四川音乐学院	5★	32	沈阳音乐学院	5★	49	北京大学	5★-
16	湖北美术学院	5★	33	首都师范大学	5★	50	深圳大学	5★-
17	山东艺术学院	5★	34	山东师范大学	5★	51	广西师范大学	5★-

续表

排名	学校名称	星级	排名	学校名称	星级	排名	学校名称	星级
52	安徽师范大学	5★-	67	曲阜师范大学	5★-	82	德州学院	5★-
53	山西大学	5★-	68	四川文化艺术学院	5★-	83	吉林动画学院	5★-
54	西北师范大学	5★-	69	武汉纺织大学	5★-	84	河南大学	5★-
55	浙江理工大学	5★-	70	新疆师范大学	5★-	85	九江学院	5★-
56	山西传媒学院	5★-	71	辽宁师范大学	5★-	86	山西师范大学	5★-
57	武汉理工大学	5★-	72	华南师范大学	5★-	87	西南民族大学	5★-
58	西安工程大学	5★-	73	江苏师范大学	5★-	88	南京师范大学	5★-
59	浙江师范大学	5★-	74	江西科技学院	5★-	89	聊城大学	5★-
60	云南师范大学	5★-	75	福州大学	5★-	90	南昌大学	5★-
61	北京舞蹈学院	5★-	76	河北美术学院	5★-	91	齐齐哈尔大学	5★-
62	东南大学	5★-	77	北京服装学院	5★-	92	大连艺术学院	5★-
63	江西科技师范大学	5★-	78	四川传媒学院	5★-	93	苏州大学	5★-
64	沈阳师范大学	5★-	79	湖南工业大学	5★-	94	河北传媒学院	5★-
65	杭州师范大学	5★-	80	厦门大学	5★-	95	南通大学	5★-
66	江西师范大学	5★-	81	山东大学	5★-	96	郑州大学	5★-

4★（96个）：河北师范大学、郑州轻工业大学、许昌学院、成都大学、渭南师范学院、武汉传媒学院、黄淮学院、新疆艺术学院、扬州大学、上海工程技术大学、商丘师范学院、重庆师范大学、中原工学院、湖北科技学院、武汉大学、温州大学、江南大学、乐山师范学院、洛阳师范学院、北海艺术设计学院、西安建筑科技大学、中国地质大学（武汉）、四川电影电视学院、河南师范大学、黄冈师范学院、佳木斯大学、湖南科技大学、上饶师范学院、景德镇陶瓷大学、浙江大学、云南大学、长春师范大学、太原师范学院、齐鲁工业大学、长沙师范学院、天津音乐学院、新乡学院、延边大学、华南理工大学、宜春学院、北京联合大学、湖北工程学院、北京城市学院、西藏大学、湘南学院、湖北工业大学、济南大学、中国人民大学、广州大学、天津理工大学、重庆邮电大学、贵州民族大学、上海视觉艺术学院、中南林业科技大学、大连大学、江汉大学、广东工业大学、浙江科技学院、湖南女子学院、华南农业大学、北京工业大学、武夷学院、浙江音乐学院、淮阴师范学院、陕西科技大学、贵州大学、内蒙古艺术学院、湖南涉外经济学院、太原理工大学、潍坊学院、厦门理工学院、湖南理工学院、南京林业大学、安阳师范学院、重庆大学、海南师范大学、湖南文理学院、海口经济学院、内蒙古大学、湖南工商大学、西华大学、宝鸡文理学院、贵州师范大学、长沙理工大学、荆楚理工学院、青岛大学、湖南第一师范学院、西安体育学院、安徽大学、华中科技大学、闽江学院、南昌理工学院、山东建筑大学、西安工业大学、河北大学、兰州文理学院

3★（289个），2★（384个），1★（96个）：名单略

中国大学本科教育分专业类竞争力排行榜

0101 哲学类(70)

排名	学校名称	星级	排名	学校名称	星级	排名	学校名称	星级
1	北京大学	5★+	4	中山大学	5★	7	南京大学	5★-
2	中国人民大学	5★	5	武汉大学	5★-			
3	复旦大学	5★	6	南开大学	5★-			
4★（7个）：吉林大学、山东大学、北京师范大学、山西大学、黑龙江大学、南京师范大学、清华大学									
3★（21个），2★（28个），1★（7个）：名单略									

0201 经济学类(421)

排名	学校名称	星级	排名	学校名称	星级	排名	学校名称	星级
1	中国人民大学	5★+	15	首都经济贸易大学	5★	29	福建师范大学	5★-
2	北京大学	5★+	16	西北大学	5★	30	中山大学	5★-
3	中央财经大学	5★+	17	西安交通大学	5★	31	浙江工商大学	5★-
4	上海财经大学	5★+	18	南京大学	5★	32	哈尔滨商业大学	5★-
5	山西财经大学	5★	19	华中科技大学	5★	33	湘潭大学	5★-
6	辽宁大学	5★	20	清华大学	5★	34	浙江财经大学	5★-
7	西南财经大学	5★	21	复旦大学	5★	35	山西大学	5★-
8	江西财经大学	5★	22	武汉大学	5★-	36	山东大学	5★-
9	厦门大学	5★	23	北京师范大学	5★-	37	湖南大学	5★-
10	东北财经大学	5★	24	河南大学	5★-	38	重庆大学	5★-
11	南开大学	5★	25	山东财经大学	5★-	39	新疆财经大学	5★-
12	中南财经政法大学	5★	26	南京财经大学	5★-	40	对外经济贸易大学	5★-
13	暨南大学	5★	27	天津财经大学	5★-	41	浙江大学	5★-
14	四川大学	5★	28	吉林大学	5★-	42	重庆工商大学	5★-
4★（42个）：安徽大学、河南财经政法大学、吉林财经大学、陕西师范大学、内蒙古财经大学、南昌大学、深圳大学、云南大学、北京交通大学、安徽财经大学、中国地质大学（武汉）、北京工业大学、中国政法大学、青岛大学、华南师范大学、湖北大学、河北大学、华中农业大学、云南财经大学、广东外语外贸大学、新疆大学、东南大学、兰州财经大学、北京理工大学、兰州大学、华中师范大学、东北大学、华南理工大学、西南大学、上海对外经贸大学、华侨大学、贵州财经大学、北京工商大学、中国海洋大学、湖南师范大学、广东财经大学、中央民族大学、福州大学、东北师范大学、郑州大学、中南民族大学、北京航空航天大学									
3★（127个），2★（168个），1★（42个）：名单略									

0202 财政学类（128）

排名	学校名称	星级	排名	学校名称	星级	排名	学校名称	星级
1	上海财经大学	5★+	6	浙江财经大学	5★	11	厦门大学	5★-
2	中南财经政法大学	5★	7	东北财经大学	5★-	12	天津财经大学	5★-
3	中央财经大学	5★	8	山东财经大学	5★-	13	云南财经大学	5★-
4	中国人民大学	5★	9	西南财经大学	5★-			
5	江西财经大学	5★	10	对外经济贸易大学	5★-			

续表

4★（13个）：新疆财经大学、首都经济贸易大学、北京大学、山东大学、辽宁大学、山西财经大学、哈尔滨商业大学、暨南大学、重庆工商大学、广东外语外贸大学、河北大学、南开大学、安徽财经大学
3★（38个），2★（51个），1★（13个）：名单略

0203 金融学类（708）

排名	学校名称	星级	排名	学校名称	星级	排名	学校名称	星级
1	西南财经大学	5★+	25	清华大学	5★	49	东南大学	5★-
2	对外经济贸易大学	5★+	26	河南财经政法大学	5★	50	浙江大学	5★-
3	中央财经大学	5★+	27	南京大学	5★	51	长沙理工大学	5★-
4	中南财经政法大学	5★+	28	河北经贸大学	5★	52	北京交通大学	5★-
5	北京大学	5★+	29	首都经济贸易大学	5★	53	北京工业大学	5★-
6	上海财经大学	5★+	30	新疆财经大学	5★	54	北京师范大学	5★-
7	南开大学	5★+	31	厦门大学	5★	55	西安财经大学	5★-
8	中国人民大学	5★	32	江西财经大学	5★	56	上海对外经贸大学	5★-
9	安徽财经大学	5★	33	中山大学	5★	57	郑州大学	5★-
10	东北财经大学	5★	34	南京审计大学	5★	58	重庆大学	5★-
11	西安交通大学	5★	35	浙江工商大学	5★	59	东北师范大学	5★-
12	山东财经大学	5★	36	暨南大学	5★-	60	河南大学	5★-
13	复旦大学	5★	37	吉林大学	5★-	61	上海大学	5★-
14	南京财经大学	5★	38	广东外语外贸大学	5★-	62	兰州财经大学	5★-
15	湖南大学	5★	39	华中科技大学	5★-	63	苏州大学	5★-
16	广东金融学院	5★	40	华东师范大学	5★-	64	东北大学	5★-
17	武汉大学	5★	41	哈尔滨商业大学	5★-	65	中南大学	5★-
18	山西财经大学	5★	42	浙江财经大学	5★-	66	福州外语外贸学院	5★-
19	辽宁大学	5★	43	北京工商大学	5★-	67	重庆理工大学	5★-
20	广东财经大学	5★	44	云南财经大学	5★-	68	吉林财经大学	5★-
21	南京农业大学	5★	45	湖南工商大学	5★-	69	中国海洋大学	5★-
22	山东大学	5★	46	天津大学	5★-	70	西北大学	5★-
23	四川大学	5★	47	中国农业大学	5★-	71	内蒙古财经大学	5★-
24	天津财经大学	5★	48	重庆工商大学	5★-			

4★（71个）：西南大学、西南政法大学、广西大学、深圳大学、电子科技大学、大连理工大学、天津商业大学、河南财政金融学院、南京师范大学、西南民族大学、广东科技学院、华南理工大学、华东理工大学、华南师范大学、贵州财经大学、湖北经济学院、内蒙古大学、北京化工大学、上海师范大学、南京信息工程大学、青岛大学、中南林业科技大学、厦门理工学院、武汉理工大学、上海立信会计金融学院、东北农业大学、安庆师范大学、山东工商学院、北京科技大学、西南交通大学、安徽大学、郑州财经学院、华南农业大学、江苏大学、西北农林科技大学、福州大学、华侨大学、南京航空航天大学、河南工业大学、湘潭大学、安徽工业大学、南昌大学、沈阳工业大学、湖北工业大学、中央民族大学、广州商学院、湖南财政经济学院、河北大学、河南牧业经济学院、福建江夏学院、中国矿业大学、安徽中医药大学、宁波大学、齐鲁工业大学、东莞理工学院、四川农业大学、山东科技大学、云南大学、广州大学、海南大学、上海理工大学、杭州电子科技大学、中南民族大学、汉口学院、上海外国语大学、华东政法大学、贵州商学院、北京联合大学、内蒙古农业大学、石河子大学、温州大学
3★（212个），2★（283个），1★（71个）：名单略

0204 经济与贸易类（699）

排名	学校名称	星级	排名	学校名称	星级	排名	学校名称	星级
1	西安交通大学	5★+	4	对外经济贸易大学	5★+	7	南开大学	5★+
2	中央财经大学	5★+	5	首都经济贸易大学	5★+	8	辽宁大学	5★
3	重庆工商大学	5★+	6	中国人民大学	5★+	9	西南财经大学	5★

续表

排名	学校名称	星级	排名	学校名称	星级	排名	学校名称	星级
10	浙江工业大学	5★	31	四川大学	5★	52	重庆大学	5★-
11	复旦大学	5★	32	浙江工商大学	5★	53	湖南工商大学	5★-
12	南京财经大学	5★	33	武汉大学	5★	54	西北大学	5★-
13	中南财经政法大学	5★	34	河北经贸大学	5★	55	华东理工大学	5★-
14	湖南大学	5★	35	南京农业大学	5★	56	南京航空航天大学	5★-
15	江西财经大学	5★	36	河南大学	5★-	57	江南大学	5★-
16	北京大学	5★	37	安徽财经大学	5★	58	中国海洋大学	5★-
17	上海交通大学	5★	38	河海大学	5★	59	兰州财经大学	5★-
18	吉林大学	5★	39	暨南大学	5★	60	上海理工大学	5★-
19	广东外语外贸大学	5★	40	山西财经大学	5★-	61	北京科技大学	5★-
20	浙江大学	5★	41	哈尔滨商业大学	5★	62	南京信息工程大学	5★-
21	上海对外经贸大学	5★	42	上海立信会计金融学院	5★	63	东北大学	5★-
22	北京师范大学	5★	43	华中科技大学	5★	64	河南财经政法大学	5★-
23	厦门大学	5★	44	北京理工大学	5★	65	华侨大学	5★-
24	上海财经大学	5★	45	中南大学	5★	66	广东财经大学	5★-
25	山东大学	5★	46	浙江财经大学	5★	67	东北农业大学	5★-
26	中国农业大学	5★	47	上海大学	5★	68	西南政法大学	5★-
27	山东财经大学	5★	48	云南财经大学	5★	69	广西大学	5★-
28	天津财经大学	5★	49	中国矿业大学	5★	70	武汉理工大学	5★-
29	东北财经大学	5★	50	北京工业大学	5★			
30	新疆财经大学	5★	51	华南理工大学	5★-			

4★（70个）：深圳大学、青岛大学、华中农业大学、大连理工大学、吉林财经大学、南通大学、湖北大学、天津商业大学、青岛科技大学、河南工业大学、北京工商大学、沈阳工业大学、长沙理工大学、上海外国语大学、南京师范大学、华中师范大学、沈阳师范大学、湖北工业大学、宁波大学、昆明理工大学、华东政法大学、湘潭大学、浙江万里学院、景德镇陶瓷大学、天津师范大学、云南大学、广西外国语学院、浙江师范大学、杭州电子科技大学、湖南科技大学、长春工业大学、安徽工业大学、北京林业大学、中南林业科技大学、集美大学、九江学院、南京审计大学、福建师范大学、浙江外国语学院、南华大学、内蒙古财经大学、成都师范学院、海南大学、北京第二外国语学院、广州中医药大学、山东农业大学、上海海事大学、重庆理工大学、大连海事大学、黑龙江大学、武汉轻工大学、安徽大学、北京联合大学、西南民族大学、广州商学院、华南农业大学、中国地质大学（武汉）、中央民族大学、江苏大学、西北政法大学、华南师范大学、天津工业大学、合肥工业大学、天津科技大学、福州大学、南京理工大学、郑州大学、宁波财经学院、沈阳理工大学、西安理工大学

3★（210个），2★（279个），1★（70个）：名单略

0301 法学类（604）

排名	学校名称	星级	排名	学校名称	星级	排名	学校名称	星级
1	西南政法大学	5★+	11	浙江大学	5★	21	湖南师范大学	5★
2	华东政法大学	5★+	12	四川大学	5★	22	北京师范大学	5★
3	湘潭大学	5★+	13	东南大学	5★	23	西南财经大学	5★
4	中国政法大学	5★+	14	重庆大学	5★	24	对外经济贸易大学	5★
5	中国人民大学	5★+	15	上海交通大学	5★	25	暨南大学	5★
6	武汉大学	5★+	16	厦门大学	5★	26	海南大学	5★
7	北京大学	5★	17	苏州大学	5★	27	南京师范大学	5★
8	中南财经政法大学	5★	18	西北政法大学	5★	28	中南大学	5★
9	清华大学	5★	19	山东大学	5★	29	湖南大学	5★
10	吉林大学	5★	20	华南理工大学	5★	30	北京航空航天大学	5★

续表

排名	学校名称	星级	排名	学校名称	星级	排名	学校名称	星级
31	南开大学	5★-	41	黑龙江大学	5★-	51	新疆大学	5★-
32	复旦大学	5★-	42	安徽大学	5★-	52	中央财经大学	5★-
33	中山大学	5★-	43	江西财经大学	5★-	53	宁波大学	5★-
34	中国海洋大学	5★-	44	辽宁大学	5★-	54	贵州大学	5★-
35	浙江工商大学	5★-	45	河南财经政法大学	5★-	55	北京理工大学	5★-
36	云南大学	5★-	46	华中科技大学	5★-	56	南昌大学	5★-
37	郑州大学	5★-	47	广东外语外贸大学	5★-	57	中央民族大学	5★-
38	烟台大学	5★-	48	上海大学	5★-	58	沈阳师范大学	5★-
39	大连海事大学	5★-	49	上海政法学院	5★-	59	天津师范大学	5★-
40	上海财经大学	5★-	50	广东财经大学	5★-	60	广州大学	5★-

4★（61个）：西北大学、河南大学、华中师范大学、广西大学、深圳大学、浙江工业大学、河南师范大学、扬州大学、中南民族大学、西安交通大学、内蒙古大学、广西师范大学、河北经贸大学、福州大学、山西大学、青海民族大学、甘肃政法大学、河北大学、中国计量大学、兰州大学、昆明理工大学、上海海事大学、中央司法警官学院、南京工业大学、华南师范大学、山西财经大学、福建师范大学、华侨大学、北京外国语大学、四川师范大学、北京化工大学、安徽财经大学、河海大学、南京航空航天大学、华北电力大学、辽宁师范大学、杭州师范大学、首都经济贸易大学、武汉理工大学、天津大学、北京交通大学、江西师范大学、山东师范大学、西南民族大学、华东师范大学、浙江财经大学、山东科技大学、西南科技大学、中南林业科技大学、山东政法学院、山东财经大学、广西民族大学、上海对外经贸大学、安徽师范大学、大连理工大学、贵州师范大学、上海师范大学、东北财经大学、贵州民族大学、北方工业大学、兰州财经大学

3★（181个），2★（242个），1★（60个）：名单略

0302 政治学类（109）

排名	学校名称	星级	排名	学校名称	星级	排名	学校名称	星级
1	北京大学	5★+	5	厦门大学	5★	9	南京大学	5★-
2	中国人民大学	5★	6	上海外国语大学	5★-	10	中国政法大学	5★-
3	复旦大学	5★	7	中山大学	5★-	11	华中师范大学	5★-
4	吉林大学	5★	8	南开大学	5★-			

4★（11个）：暨南大学、清华大学、武汉大学、河南师范大学、对外经济贸易大学、外交学院、东北师范大学、山东大学、天津师范大学、云南大学、山西大学

3★（33个），2★（43个），1★（11个）：名单略

0303 社会学类（303）

排名	学校名称	星级	排名	学校名称	星级	排名	学校名称	星级
1	北京大学	5★+	11	吉林大学	5★	21	北京工业大学	5★-
2	复旦大学	5★+	12	华东理工大学	5★	22	贵州民族大学	5★-
3	中国人民大学	5★+	13	南京大学	5★	23	中南大学	5★-
4	华东师范大学	5★	14	中央民族大学	5★	24	云南民族大学	5★-
5	厦门大学	5★	15	华中科技大学	5★	25	北京师范大学	5★-
6	中山大学	5★	16	安徽大学	5★	26	武汉大学	5★-
7	南开大学	5★	17	清华大学	5★	27	中国农业大学	5★-
8	上海大学	5★	18	云南大学	5★	28	中南民族大学	5★-
9	华中师范大学	5★	19	华中农业大学	5★	29	西北农林科技大学	5★-
10	山东大学	5★	20	中国政法大学	5★	30	安徽师范大学	5★-

4★（31个）：浙江大学、河海大学、山西大学、西安交通大学、四川大学、华北电力大学、江西财经大学、河南大学、哈尔滨工业大学、南京农业大学、北京科技大学、上海师范大学、浙江师范大学、南京师范大学、贵州大学、沈阳师范大学、江苏师范大学、中央财经大学、黑龙江大学、苏州大学、吉林农业大学、兰州大学、广西科技大学、天津理工大学、西南民族大学、重庆工商大学、南京理工大学、西北民族大学、桂林理工大学、内蒙古师范大学、青海师范大学

3★（91个），2★（121个），1★（30个）：名单略

0304　民族学类（27）

排名	学校名称	星级	排名	学校名称	星级	排名	学校名称	星级
1	中央民族大学	5★	2	云南大学	5★-	3	中南民族大学	5★-
4★（2个）：广西民族大学、新疆师范大学							
3★（9个），2★（10个），1★（3个）：名单略							

0305　马克思主义理论类（273）

排名	学校名称	星级	排名	学校名称	星级	排名	学校名称	星级
1	中国人民大学	5★+	10	华中师范大学	5★	19	福建师范大学	5★-
2	武汉大学	5★+	11	南京师范大学	5★	20	华东师范大学	5★-
3	华南师范大学	5★+	12	哈尔滨师范大学	5★	21	广西师范大学	5★-
4	东北师范大学	5★	13	首都师范大学	5★	22	山东师范大学	5★-
5	安徽师范大学	5★	14	湖北大学	5★	23	河南师范大学	5★-
6	南开大学	5★	15	河北师范大学	5★-	24	江西师范大学	5★-
7	北京师范大学	5★	16	兰州大学	5★-	25	湖南师范大学	5★-
8	西南大学	5★	17	陕西师范大学	5★-	26	武汉理工大学	5★-
9	湘潭大学	5★	18	河海大学	5★-	27	西北师范大学	5★-
4★（28个）：合肥工业大学、西南交通大学、浙江师范大学、湖南科技大学、新疆师范大学、贵州师范大学、曲阜师范大学、中国地质大学（武汉）、天津师范大学、苏州大学、中南大学、中国政法大学、辽宁师范大学、扬州大学、吉林大学、四川师范大学、山东大学、复旦大学、山西师范大学、延安大学、重庆师范大学、上海师范大学、河南大学、海南大学、新疆大学、上海大学、海南师范大学、东北大学							
3★（82个），2★（109个），1★（27个）：名单略							

0306　公安学类（32）

排名	学校名称	星级	排名	学校名称	星级	排名	学校名称	星级
1	中国人民公安大学	5★	2	中国刑事警察学院	5★	3	浙江警察学院	5★-
4★（3个）：江苏警官学院、广东警官学院、南京森林警察学院							
3★（10个），2★（13个），1★（3个）：名单略							

0401　教育学类（452）

排名	学校名称	星级	排名	学校名称	星级	排名	学校名称	星级
1	华南师范大学	5★+	16	哈尔滨师范大学	5★	31	河北大学	5★-
2	华中师范大学	5★+	17	福建师范大学	5★	32	河南师范大学	5★-
3	四川师范大学	5★+	18	云南师范大学	5★	33	长春师范大学	5★-
4	华东师范大学	5★+	19	湖南师范大学	5★	34	浙江大学	5★-
5	浙江师范大学	5★+	20	重庆师范大学	5★	35	江苏师范大学	5★-
6	西北师范大学	5★	21	辽宁师范大学	5★	36	湖北师范大学	5★-
7	北京师范大学	5★	22	新疆师范大学	5★	37	海南师范大学	5★-
8	南京师范大学	5★	23	河南大学	5★	38	内蒙古师范大学	5★-
9	西南大学	5★	24	山东师范大学	5★-	39	广州大学	5★-
10	东北师范大学	5★	25	杭州师范大学	5★-	40	宁波大学	5★-
11	首都师范大学	5★	26	曲阜师范大学	5★-	41	河北师范大学	5★-
12	天津师范大学	5★	27	沈阳师范大学	5★-	42	聊城大学	5★-
13	陕西师范大学	5★	28	安徽师范大学	5★-	43	西华师范大学	5★-
14	广西师范大学	5★	29	贵州师范大学	5★-	44	南宁师范大学	5★-
15	上海师范大学	5★	30	江西师范大学	5★-	45	吉林师范大学	5★-

续表

4★（45个）：南通大学、江南大学、温州大学、天津职业技术师范大学、石河子大学、赣南师范大学、淮北师范大学、南京晓庄学院、湖州师范学院、扬州大学、天津大学、湖南第一师范学院、信阳师范学院、苏州大学、长沙师范学院、湖北大学、中南民族大学、浙江工业大学、陕西学前师范学院、天津体育学院、山西师范大学、延边大学、洛阳师范学院、青海师范大学、宁夏大学、张家口学院、中央民族大学、长江大学、鲁东大学、南京邮电大学、江西科技师范大学、南阳理工学院、喀什大学、怀化学院、重庆第二师范学院、郑州大学、西藏民族大学、延安大学、山西大学、大庆师范学院、北华大学、昆明学院、西安文理学院、广西科技师范学院、郑州师范学院

3★（136个），2★（181个），1★（45个）：名单略

0402 体育学类（444）

排名	学校名称	星级	排名	学校名称	星级	排名	学校名称	星级
1	北京体育大学	5★+	16	南京师范大学	5★	31	苏州大学	5★-
2	武汉体育学院	5★+	17	湖南师范大学	5★	32	华中师范大学	5★-
3	首都体育学院	5★+	18	辽宁师范大学	5★	33	河北体育学院	5★-
4	成都体育学院	5★+	19	天津体育学院	5★	34	云南师范大学	5★-
5	上海体育学院	5★	20	山东师范大学	5★	35	内蒙古师范大学	5★-
6	吉林体育学院	5★	21	河北师范大学	5★	36	扬州大学	5★-
7	华南师范大学	5★	22	哈尔滨体育学院	5★	37	西北师范大学	5★-
8	华东师范大学	5★	23	哈尔滨师范大学	5★-	38	北京师范大学	5★-
9	西安体育学院	5★	24	山西师范大学	5★-	39	东北师范大学	5★-
10	沈阳体育学院	5★	25	安徽师范大学	5★-	40	曲阜师范大学	5★-
11	广州体育学院	5★	26	上海师范大学	5★-	41	沈阳师范大学	5★-
12	福建师范大学	5★	27	山西大学	5★-	42	郑州大学	5★-
13	山东体育学院	5★	28	浙江师范大学	5★-	43	西南大学	5★-
14	河南大学	5★	29	江西师范大学	5★-	44	吉首大学	5★-
15	南京体育学院	5★	30	广西师范大学	5★-			

4★（45个）：陕西师范大学、集美大学、海南师范大学、宁波大学、河南师范大学、新疆师范大学、杭州师范大学、江苏师范大学、西华师范大学、四川师范大学、浙江大学、贵州师范大学、聊城大学、淮北师范大学、广州大学、山东大学、赣南师范大学、中国矿业大学、南通大学、吉林师范大学、江西科技师范大学、重庆大学、青海师范大学、中国地质大学（武汉）、广西民族大学、太原理工大学、大连理工大学、鲁东大学、温州大学、湖南涉外经济学院、深圳大学、中北大学、长江大学、华东交通大学、三峡大学、大连大学、湖南科技大学、云南民族大学、四川旅游学院、东北大学、内蒙古民族大学、牡丹江师范学院、延安大学、临沂大学、延边大学

3★（133个），2★（178个），1★（44个）：名单略

0501 中国语言文学类（695）

排名	学校名称	星级	排名	学校名称	星级	排名	学校名称	星级
1	北京大学	5★+	13	北京语言大学	5★	25	河北师范大学	5★
2	南京师范大学	5★+	14	安徽师范大学	5★	26	西北师范大学	5★
3	首都师范大学	5★+	15	山东师范大学	5★	27	浙江师范大学	5★
4	陕西师范大学	5★+	16	中央民族大学	5★	28	河北大学	5★
5	华中师范大学	5★+	17	四川师范大学	5★	29	山东大学	5★
6	暨南大学	5★+	18	上海师范大学	5★	30	四川大学	5★
7	南京大学	5★+	19	黑龙江大学	5★	31	南开大学	5★
8	福建师范大学	5★	20	华东师范大学	5★	32	清华大学	5★
9	复旦大学	5★	21	西南民族大学	5★	33	西北民族大学	5★
10	扬州大学	5★	22	苏州大学	5★	34	西南大学	5★
11	北京师范大学	5★	23	武汉大学	5★	35	西北大学	5★
12	浙江大学	5★	24	新疆大学	5★	36	云南民族大学	5★-

续表

排名	学校名称	星级	排名	学校名称	星级	排名	学校名称	星级
37	哈尔滨师范大学	5★-	49	内蒙古师范大学	5★-	61	新疆师范大学	5★-
38	上海大学	5★-	50	天津师范大学	5★-	62	西华师范大学	5★-
39	中国人民大学	5★-	51	南昌大学	5★-	63	曲阜师范大学	5★-
40	湖南师范大学	5★-	52	中山大学	5★-	64	广东外语外贸大学	5★-
41	河南大学	5★-	53	华南师范大学	5★-	65	华中科技大学	5★-
42	广西师范大学	5★-	54	内蒙古大学	5★-	66	杭州师范大学	5★-
43	安徽大学	5★-	55	贵州师范大学	5★-	67	云南大学	5★-
44	中国传媒大学	5★-	56	西南交通大学	5★-	68	厦门大学	5★-
45	河南师范大学	5★-	57	湖北大学	5★-	69	北京外国语大学	5★-
46	江苏师范大学	5★-	58	郑州大学	5★-	70	湘潭大学	5★-
47	江西师范大学	5★-	59	辽宁大学	5★-			
48	广西民族大学	5★-	60	吉林大学	5★-			

4★（69个）：东北师范大学、延边大学、中南民族大学、云南师范大学、南通大学、重庆师范大学、鲁东大学、上海交通大学、聊城大学、兰州大学、山西大学、沈阳师范大学、青海民族大学、济南大学、吉林师范大学、深圳大学、西藏大学、天津外国语大学、海南师范大学、贵州民族大学、青海师范大学、辽宁师范大学、广州大学、喀什大学、信阳师范学院、西安外国语大学、温州大学、青岛大学、闽南师范大学、绍兴文理学院、山西师范大学、华侨大学、浙江工业大学、宁夏大学、上海外国语大学、海南大学、东南大学、贵州大学、中南大学、延安大学、中国海洋大学、内蒙古民族大学、安庆师范大学、广西大学、湖南大学、西藏民族大学、四川外国语大学、烟台大学、淮北师范大学、湖南科技大学、渤海大学、汕头大学、三峡大学、浙江财经大学、北京第二外国语学院、南宁师范大学、集美大学、西南科技大学、宁波大学、长春师范大学、大连外国语大学、湖南理工学院、牡丹江师范学院、赣南师范大学、大连大学、同济大学、南京信息工程大学、西安交通大学、湖北师范大学

3★（209个），2★（278个），1★（69个）：名单略

0502　外国语言文学类（993）

排名	学校名称	星级	排名	学校名称	星级	排名	学校名称	星级
1	北京外国语大学	5★+	21	延边大学	5★	41	上海对外经贸大学	5★
2	广东外语外贸大学	5★+	22	南京师范大学	5★	42	北京航空航天大学	5★
3	北京大学	5★+	23	首都师范大学	5★	43	华南师范大学	5★
4	西安外国语大学	5★+	24	苏州大学	5★	44	湖南大学	5★
5	四川外国语大学	5★+	25	厦门大学	5★	45	陕西师范大学	5★
6	上海外国语大学	5★+	26	中国人民大学	5★	46	中南大学	5★
7	大连外国语大学	5★+	27	中山大学	5★	47	北京科技大学	5★
8	天津外国语大学	5★+	28	吉林大学	5★	48	浙江工商大学	5★
9	对外经济贸易大学	5★+	29	清华大学	5★	49	福建师范大学	5★
10	北京语言大学	5★+	30	华中科技大学	5★	50	云南民族大学	5★
11	黑龙江大学	5★	31	南开大学	5★	51	辽宁大学	5★
12	复旦大学	5★	32	上海交通大学	5★	52	西南交通大学	5★
13	南京大学	5★	33	北京师范大学	5★	53	广西民族大学	5★
14	北京第二外国语学院	5★	34	东北师范大学	5★	54	西安交通大学	5★
15	山东大学	5★	35	同济大学	5★	55	江西师范大学	5★
16	浙江大学	5★	36	哈尔滨师范大学	5★	56	上海海事大学	5★
17	湖南师范大学	5★	37	四川大学	5★	57	西北师范大学	5★
18	华东师范大学	5★	38	河南大学	5★	58	青岛大学	5★
19	武汉大学	5★	39	暨南大学	5★	59	山西大学	5★
20	华中师范大学	5★	40	西南大学	5★	60	东南大学	5★-

续表

排名	学校名称	星级	排名	学校名称	星级	排名	学校名称	星级
61	中国海洋大学	5★-	74	北京理工大学	5★-	87	海南大学	5★-
62	云南大学	5★-	75	辽宁师范大学	5★-	88	贵州大学	5★-
63	杭州师范大学	5★-	76	哈尔滨理工大学	5★-	89	中国政法大学	5★-
64	扬州大学	5★-	77	安徽大学	5★-	90	外交学院	5★-
65	内蒙古大学	5★-	78	东北大学	5★-	91	宁夏大学	5★-
66	曲阜师范大学	5★-	79	重庆大学	5★-	92	天津师范大学	5★-
67	中南财经政法大学	5★-	80	上海师范大学	5★-	93	北京邮电大学	5★-
68	郑州大学	5★-	81	重庆师范大学	5★-	94	河南科技大学	5★-
69	河北师范大学	5★-	82	云南师范大学	5★-	95	浙江师范大学	5★-
70	广西大学	5★-	83	中国传媒大学	5★-	96	南昌大学	5★-
71	湘潭大学	5★-	84	山东师范大学	5★-	97	南通大学	5★-
72	大连理工大学	5★-	85	燕山大学	5★-	98	南京航空航天大学	5★-
73	宁波大学	5★-	86	深圳大学	5★-	99	吉林师范大学	5★-

4★（100个）：广西师范大学、江苏师范大学、哈尔滨工业大学、北京交通大学、上海大学、南京农业大学、武汉理工大学、河北大学、河南师范大学、新疆大学、电子科技大学、青岛科技大学、兰州大学、安徽师范大学、四川师范大学、西北工业大学、天津工业大学、沈阳师范大学、杭州电子科技大学、大连大学、吉林外国语大学、贵州师范大学、西北大学、浙江财经大学、佳木斯大学、大连海事大学、齐齐哈尔大学、北京林业大学、天津科技大学、西南民族大学、天津财经大学、福州大学、合肥工业大学、国际关系学院、河北经贸大学、华东理工大学、浙江越秀外国语学院、中央民族大学、广州大学、中南民族大学、南京财经大学、上海理工大学、韶关学院、江南大学、华南理工大学、三峡大学、西安电子科技大学、南宁师范大学、聊城大学、广东工业大学、东北林业大学、信阳师范学院、西安翻译学院、山西大同大学、华东政法大学、山东科技大学、牡丹江师范学院、中国地质大学（武汉）、长江大学、湖南科技大学、内蒙古工业大学、中国地质大学（北京）、赣南师范大学、山东财经大学、武汉科技大学、南京理工大学、国防科技大学、湖北大学、河南工业大学、内蒙古师范大学、华中农业大学、烟台大学、华北电力大学、华侨大学、西南财经大学、重庆交通大学、北华大学、河海大学、江苏理工学院、中国矿业大学、广东财经大学、中国石油大学（华东）、浙江外国语学院、南昌航空大学、长沙理工大学、西南科技大学、沈阳大学、盐城师范学院、江西财经大学、中北大学、华北理工大学、南华大学、渤海大学、温州大学、中国矿业大学（北京）、集美大学、首都经济贸易大学、浙江工业大学、山东理工大学

3★（298个），2★（397个），1★（99个）：名单略

0503 新闻传播学类（638）

排名	学校名称	星级	排名	学校名称	星级	排名	学校名称	星级
1	中国传媒大学	5★+	17	南昌大学	5★	33	湖南大学	5★-
2	北京大学	5★+	18	浙江大学	5★	34	中国政法大学	5★-
3	武汉大学	5★+	19	深圳大学	5★	35	福建师范大学	5★-
4	复旦大学	5★+	20	华东师范大学	5★	36	中山大学	5★-
5	中国人民大学	5★+	21	陕西师范大学	5★	37	上海理工大学	5★-
6	暨南大学	5★+	22	西北大学	5★	38	上海外国语大学	5★-
7	南京大学	5★	23	华南理工大学	5★	39	苏州大学	5★-
8	华中科技大学	5★	24	西南政法大学	5★	40	上海交通大学	5★-
9	安徽大学	5★	25	清华大学	5★	41	内蒙古大学	5★-
10	北京印刷学院	5★	26	湖南师范大学	5★	42	湖北大学	5★-
11	郑州大学	5★	27	浙江传媒学院	5★	43	吉林大学	5★-
12	上海大学	5★	28	黑龙江大学	5★	44	云南大学	5★-
13	河北大学	5★	29	河南大学	5★	45	湘潭大学	5★-
14	厦门大学	5★	30	天津师范大学	5★	46	辽宁大学	5★-
15	四川大学	5★	31	华中师范大学	5★	47	中南大学	5★-
16	南京师范大学	5★	32	山东大学	5★	48	上海师范大学	5★-

续表

排名	学校名称	星级	排名	学校名称	星级	排名	学校名称	星级
49	北京外国语大学	5★-	55	山西大学	5★-	61	江西师范大学	5★-
50	重庆大学	5★-	56	北京工商大学	5★-	62	西北政法大学	5★-
51	中央民族大学	5★-	57	重庆工商大学	5★-	63	广西艺术学院	5★-
52	安徽师范大学	5★-	58	河南工业大学	5★-	64	新疆大学	5★-
53	广西大学	5★-	59	北京师范大学	5★-			
54	山西传媒学院	5★-	60	辽宁传媒学院	5★-			

4★（64个）：上海财经大学、中南财经政法大学、河北经贸大学、渤海大学、东北师范大学、西南大学、四川师范大学、北京交通大学、华南师范大学、西南交通大学、兰州大学、上海体育学院、汕头大学、成都体育学院、广州大学、云南师范大学、新疆财经大学、西安交通大学、广东外语外贸大学、武汉理工大学、西安外国语大学、福建工程学院、大连理工大学、山东理工大学、南宁师范大学、广东技术师范大学、江西财经大学、同济大学、山东师范大学、闽江学院、四川外国语大学、河海大学、中国农业大学、华中农业大学、贵州大学、重庆第二师范学院、中国地质大学（武汉）、首都经济贸易大学、四川农业大学、南京财经大学、江苏师范大学、北京联合大学、成都理工大学、浙江工业大学、中南民族大学、华侨大学、贵州民族大学、合肥师范学院、南开大学、吉林师范大学、浙江工商大学、温州大学、聊城大学、厦门大学嘉庚学院、四川传媒学院、北京体育大学、西安欧亚学院、武昌首义学院、辽宁工程技术大学、三江学院、成都大学、淮北师范大学、浙江越秀外国语学院、湖北第二师范学院

3★（191个），2★（255个），1★（64个）：名单略

0601 历史学类（254）

排名	学校名称	星级	排名	学校名称	星级	排名	学校名称	星级
1	北京大学	5★+	10	复旦大学	5★	19	厦门大学	5★-
2	四川大学	5★+	11	山东大学	5★	20	安徽大学	5★-
3	首都师范大学	5★+	12	北京师范大学	5★	21	南京师范大学	5★-
4	西北大学	5★	13	中山大学	5★	22	山西大学	5★-
5	武汉大学	5★	14	南开大学	5★-	23	东北师范大学	5★-
6	吉林大学	5★	15	南京大学	5★-	24	上海师范大学	5★-
7	河南大学	5★	16	河北师范大学	5★-	25	华中师范大学	5★-
8	中国人民大学	5★	17	兰州大学	5★-			
9	陕西师范大学	5★	18	浙江大学	5★-			

4★（26个）：安徽师范大学、华东师范大学、河北大学、云南大学、中央民族大学、湖南师范大学、暨南大学、山东师范大学、清华大学、西北师范大学、郑州大学、江西师范大学、福建师范大学、西南大学、华南师范大学、苏州大学、上海大学、四川师范大学、浙江师范大学、湖南大学、曲阜师范大学、辽宁师范大学、辽宁大学、黑龙江大学、湖北大学

3★（76个），2★（102个），1★（25个）：名单略

0701 数学类（595）

排名	学校名称	星级	排名	学校名称	星级	排名	学校名称	星级
1	北京大学	5★+	11	哈尔滨工业大学	5★	21	西安电子科技大学	5★
2	复旦大学	5★+	12	清华大学	5★	22	重庆大学	5★
3	山东大学	5★+	13	大连理工大学	5★	23	上海大学	5★
4	西安交通大学	5★+	14	厦门大学	5★	24	湘潭大学	5★
5	中山大学	5★+	15	浙江大学	5★	25	陕西师范大学	5★
6	中国科学技术大学	5★+	16	北京航空航天大学	5★	26	华中科技大学	5★
7	南开大学	5★	17	首都师范大学	5★	27	苏州大学	5★
8	电子科技大学	5★	18	武汉大学	5★	28	西北工业大学	5★
9	吉林大学	5★	19	华东师范大学	5★	29	南京大学	5★
10	四川大学	5★	20	中南大学	5★	30	新疆大学	5★

排名	学校名称	星级	排名	学校名称	星级	排名	学校名称	星级
31	北京师范大学	5★-	41	华南师范大学	5★-	51	上海师范大学	5★-
32	湖南大学	5★-	42	东南大学	5★-	52	南京理工大学	5★-
33	兰州大学	5★-	43	南京师范大学	5★-	53	合肥工业大学	5★-
34	云南大学	5★-	44	北京理工大学	5★-	54	四川师范大学	5★-
35	山东师范大学	5★-	45	湖南师范大学	5★-	55	西北师范大学	5★-
36	广州大学	5★-	46	上海交通大学	5★-	56	河北师范大学	5★-
37	杭州电子科技大学	5★-	47	扬州大学	5★-	57	南京信息工程大学	5★-
38	浙江师范大学	5★-	48	华南理工大学	5★-	58	同济大学	5★-
39	安徽大学	5★-	49	曲阜师范大学	5★-	59	山西大学	5★-
40	郑州大学	5★-	50	西北大学	5★-	60	北京工业大学	5★-

4★（59个）：福州大学、湖北大学、中国海洋大学、华东理工大学、东北师范大学、华中师范大学、河南师范大学、中国人民大学、重庆师范大学、北京科技大学、北京交通大学、天津大学、宁夏大学、西南大学、南昌大学、桂林电子科技大学、内蒙古大学、东北大学、福建师范大学、中国矿业大学（北京）、浙江工业大学、西南交通大学、河海大学、贵州师范大学、江西师范大学、贵州大学、山东科技大学、河南科技大学、广西大学、重庆邮电大学、青岛大学、天津师范大学、广东工业大学、汕头大学、南京航空航天大学、中国矿业大学、中北大学、天津工业大学、暨南大学、三峡大学、闽南师范大学、云南师范大学、河南大学、信阳师范学院、江苏大学、江苏师范大学、哈尔滨师范大学、中国石油大学（华东）、宁波大学、成都理工大学、华南农业大学、河南理工大学、北方民族大学、浙江理工大学、燕山大学、长春理工大学、辽宁师范大学、北京邮电大学、吉林师范大学

3★（179个），2★（238个），1★（59个）：名单略

0702 物理学类（385）

排名	学校名称	星级	排名	学校名称	星级	排名	学校名称	星级
1	南京大学	5★+	14	浙江大学	5★	27	华南理工大学	5★-
2	上海交通大学	5★+	15	中山大学	5★	28	重庆大学	5★-
3	北京大学	5★+	16	郑州大学	5★	29	苏州大学	5★-
4	中国科学技术大学	5★+	17	南开大学	5★	30	厦门大学	5★-
5	清华大学	5★	18	华中师范大学	5★	31	陕西师范大学	5★-
6	吉林大学	5★	19	武汉大学	5★	32	华南师范大学	5★-
7	西安交通大学	5★	20	四川大学	5★-	33	华东师范大学	5★-
8	山东大学	5★	21	北京师范大学	5★-	34	上海大学	5★-
9	西北大学	5★	22	湖南师范大学	5★-	35	河北大学	5★-
10	华中科技大学	5★	23	东南大学	5★-	36	河南师范大学	5★-
11	复旦大学	5★	24	大连理工大学	5★-	37	西北工业大学	5★-
12	北京航空航天大学	5★	25	山西大学	5★-	38	曲阜师范大学	5★-
13	兰州大学	5★	26	同济大学	5★-	39	电子科技大学	5★-

4★（38个）：东北师范大学、吉林师范大学、西北师范大学、云南师范大学、福建师范大学、中南大学、湘潭大学、河北师范大学、北京理工大学、辽宁大学、北京科技大学、浙江师范大学、辽宁师范大学、山东师范大学、天津大学、南京航空航天大学、南昌大学、青岛大学、四川师范大学、西南大学、天津师范大学、哈尔滨师范大学、中国人民大学、西南交通大学、福州大学、北京工业大学、内蒙古大学、南京师范大学、广西师范大学、河南大学、长春理工大学、云南大学、首都师范大学、中国科学院大学、沈阳师范大学、信阳师范学院、燕山大学、长江大学

3★（116个），2★（154个），1★（38个）：名单略

0703 化学类（495）

排名	学校名称	星级	排名	学校名称	星级	排名	学校名称	星级
1	北京大学	5★+	3	南京大学	5★+	5	华东理工大学	5★+
2	南开大学	5★+	4	四川大学	5★+	6	吉林大学	5★

排名	学校名称	星级	排名	学校名称	星级	排名	学校名称	星级
7	复旦大学	5★	22	陕西师范大学	5★	37	南京工业大学	5★-
8	厦门大学	5★	23	扬州大学	5★	38	广西师范大学	5★-
9	武汉大学	5★	24	北京理工大学	5★	39	中国石油大学（华东）	5★-
10	湖南大学	5★	25	华南理工大学	5★	40	济南大学	5★-
11	西北大学	5★	26	华中科技大学	5★-	41	黑龙江大学	5★-
12	清华大学	5★	27	江西师范大学	5★-	42	山西大学	5★-
13	北京化工大学	5★	28	青岛科技大学	5★-	43	西南大学	5★-
14	兰州大学	5★	29	华中师范大学	5★-	44	哈尔滨工业大学	5★-
15	山东大学	5★	30	中山大学	5★-	45	河南大学	5★-
16	上海交通大学	5★	31	湘潭大学	5★-	46	中国农业大学	5★-
17	苏州大学	5★	32	安徽师范大学	5★-	47	安徽大学	5★-
18	郑州大学	5★	33	福州大学	5★-	48	华东师范大学	5★-
19	中国科学技术大学	5★	34	福建师范大学	5★-	49	东北师范大学	5★-
20	天津大学	5★	35	大连理工大学	5★-	50	北京师范大学	5★-
21	浙江大学	5★	36	南昌大学	5★-			

4★（49个）：辽宁大学、北京航空航天大学、西安交通大学、中南大学、浙江工业大学、南京师范大学、河南师范大学、陕西科技大学、中国石油大学（北京）、西北工业大学、辽宁师范大学、西北师范大学、云南大学、东北大学、海南师范大学、南京理工大学、湖南师范大学、广西大学、新疆大学、重庆大学、同济大学、北京科技大学、江南大学、江苏大学、华南师范大学、贵州大学、东南大学、东华大学、浙江师范大学、广东工业大学、山西师范大学、上海师范大学、温州大学、湖北大学、中国科学院大学、青岛大学、东北石油大学、山东师范大学、武汉工程大学、杭州师范大学、西南石油大学、延边大学、燕山大学、河北师范大学、常州大学、辽宁石油化工大学、武汉理工大学、上海大学、电子科技大学

3★（149个），2★（198个），1★（49个）：名单略

0704 天文学类（12）

排名	学校名称	星级	排名	学校名称	星级	排名	学校名称	星级
1	南京大学	5★						

4★（1个）：中国科学技术大学

3★（4个），2★（5个），1★（1个）：名单略

0705 地理科学类（286）

排名	学校名称	星级	排名	学校名称	星级	排名	学校名称	星级
1	北京大学	5★+	11	武汉大学	5★	21	哈尔滨师范大学	5★-
2	中山大学	5★+	12	贵州师范大学	5★	22	东北师范大学	5★-
3	北京师范大学	5★+	13	华南师范大学	5★	23	新疆大学	5★-
4	南京大学	5★	14	中国地质大学（武汉）	5★	24	江西师范大学	5★-
5	兰州大学	5★	15	华中师范大学	5★-	25	陕西师范大学	5★-
6	河南大学	5★	16	湖南师范大学	5★-	26	山东师范大学	5★-
7	华东师范大学	5★	17	青海师范大学	5★-	27	辽宁师范大学	5★-
8	南京师范大学	5★	18	西北师范大学	5★-	28	西南大学	5★-
9	福建师范大学	5★	19	首都师范大学	5★-	29	河北师范大学	5★-
10	云南师范大学	5★	20	西北大学	5★-			

4★（28个）：内蒙古师范大学、安徽师范大学、四川师范大学、广州大学、云南大学、天津大学、南京信息工程大学、宁夏大学、南宁师范大学、北京联合大学、南京邮电大学、浙江师范大学、山西师范大学、成都理工大学、中国科学院大学、中国地质大学（北京）、浙江大学、上海师范大学、西华师范大学、新疆师范大学、河南理工大学、西南交通大学、鲁东大学、北京林业大学、中南大学、西南林业大学、重庆师范大学、武汉理工大学

3★（86个），2★（114个），1★（29个）：名单略

0706 大气科学类（21）

排名	学校名称	星级	排名	学校名称	星级	排名	学校名称	星级
1	南京信息工程大学	5★	2	南京大学	5★-			
4★（2个）：兰州大学、中山大学							
3★（7个），2★（8个），1★（2个）：名单略							

0707 海洋科学类（44）

排名	学校名称	星级	排名	学校名称	星级	排名	学校名称	星级
1	中国海洋大学	5★	3	上海海洋大学	5★-			
2	厦门大学	5★	4	浙江海洋大学	5★-			
4★（5个）：广东海洋大学、同济大学、中国地质大学（北京）、中国地质大学（武汉）、南京信息工程大学							
3★（13个），2★（18个），1★（4个）：名单略							

0708 地球物理学类（26）

排名	学校名称	星级	排名	学校名称	星级	排名	学校名称	星级
1	北京大学	5★	2	成都理工大学	5★-	3	中国科学技术大学	5★-
4★（2个）：武汉大学、中国地质大学（武汉）							
3★（8个），2★（10个），1★（3个）：名单略							

0709 地质学类（33）

排名	学校名称	星级	排名	学校名称	星级	排名	学校名称	星级
1	中国地质大学（武汉）	5★	2	北京大学	5★	3	中国地质大学（北京）	5★-
4★（4个）：成都理工大学、西北大学、南京大学、中国海洋大学							
3★（10个），2★（13个），1★（3个）：名单略							

0710 生物科学类（417）

排名	学校名称	星级	排名	学校名称	星级	排名	学校名称	星级
1	北京大学	5★+	15	山东大学	5★	29	暨南大学	5★-
2	复旦大学	5★+	16	云南大学	5★	30	华南农业大学	5★-
3	中山大学	5★+	17	中南大学	5★	31	同济大学	5★-
4	华中农业大学	5★+	18	内蒙古大学	5★	32	东北农业大学	5★-
5	兰州大学	5★	19	南京农业大学	5★	33	清华大学	5★-
6	浙江大学	5★	20	四川大学	5★	34	湖北大学	5★-
7	武汉大学	5★	21	西北大学	5★	35	河北师范大学	5★-
8	厦门大学	5★	22	中国科学技术大学	5★-	36	湖南师范大学	5★-
9	中国农业大学	5★	23	东北林业大学	5★-	37	西北农林科技大学	5★-
10	上海交通大学	5★	24	中国海洋大学	5★-	38	南开大学	5★-
11	华中科技大学	5★	25	西南大学	5★-	39	安徽师范大学	5★-
12	福建农林大学	5★	26	华东师范大学	5★-	40	北京林业大学	5★-
13	北京师范大学	5★	27	东北师范大学	5★-	41	海南大学	5★-
14	南京大学	5★	28	南方医科大学	5★-	42	湖南农业大学	5★-
4★（41个）：南昌大学、南京林业大学、吉林大学、河北农业大学、扬州大学、陕西师范大学、首都师范大学、山东农业大学、上海海洋大学、华南师范大学、四川农业大学、安徽农业大学、南京师范大学、哈尔滨医科大学、河北大学、贵州大学、山东师范大学、中南林业科技大学、华中师范大学、中国医科大学、东南大学、沈阳农业大学、哈尔滨师范大学、西北师范大学、广西大学、华东理工大学、河南师范大学、宁夏大学、徐州医科大学、河南大学、福建师范大学、南通大学、江苏师范大学、安徽医科大学、郑州大学、内蒙古农业大学、汕头大学、苏州大学、云南师范大学、江南大学、华南理工大学							
3★（126个），2★（166个），1★（42个）：名单略							

0711 心理学类（298）

排名	学校名称	星级	排名	学校名称	星级	排名	学校名称	星级
1	北京师范大学	5★+	11	山东师范大学	5★	21	湖南师范大学	5★-
2	北京大学	5★+	12	上海师范大学	5★	22	广州大学	5★-
3	华南师范大学	5★+	13	江西师范大学	5★	23	首都师范大学	5★-
4	西南大学	5★	14	浙江师范大学	5★	24	新乡医学院	5★-
5	华东师范大学	5★	15	南京师范大学	5★	25	贵州师范大学	5★-
6	浙江大学	5★	16	西北师范大学	5★-	26	内蒙古师范大学	5★-
7	陕西师范大学	5★	17	东北师范大学	5★-	27	北京林业大学	5★-
8	华中师范大学	5★	18	中国人民大学	5★-	28	宁波大学	5★-
9	天津师范大学	5★	19	福建师范大学	5★-	29	河南大学	5★-
10	辽宁师范大学	5★	20	清华大学	5★-	30	南开大学	5★-

4★（30个）：南方医科大学、河北师范大学、中国政法大学、杭州师范大学、中山大学、郑州大学、北京体育大学、西南交通大学、苏州大学、聊城大学、潍坊医学院、深圳大学、重庆师范大学、南京大学、上海体育学院、南昌大学、中央财经大学、广州中医药大学、沈阳师范大学、浙江理工大学、大连医科大学、青岛大学、吉林大学、云南师范大学、宁夏大学、山西大学、山东中医药大学、武汉体育学院、皖南医学院、安徽师范大学

3★（89个），2★（119个），1★（30个）：名单略

0712 统计学类（340）

排名	学校名称	星级	排名	学校名称	星级	排名	学校名称	星级
1	北京大学	5★+	13	西安交通大学	5★	25	西南大学	5★-
2	中国科学技术大学	5★+	14	山东大学	5★	26	华中科技大学	5★-
3	中国人民大学	5★+	15	曲阜师范大学	5★	27	四川大学	5★-
4	上海财经大学	5★	16	湖南大学	5★	28	东北财经大学	5★-
5	华东师范大学	5★	17	浙江工商大学	5★	29	武汉大学	5★-
6	西南财经大学	5★	18	广州大学	5★-	30	西安财经大学	5★-
7	厦门大学	5★	19	中南大学	5★-	31	复旦大学	5★-
8	南开大学	5★	20	中央财经大学	5★-	32	江西财经大学	5★-
9	东北师范大学	5★	21	重庆大学	5★-	33	南京邮电大学	5★-
10	山西财经大学	5★	22	首都经济贸易大学	5★-	34	安徽大学	5★-
11	上海交通大学	5★	23	云南大学	5★-			
12	云南财经大学	5★	24	北京师范大学	5★-			

4★（34个）：福建师范大学、湖南师范大学、桂林理工大学、南京师范大学、东南大学、重庆大学、苏州大学、南方医科大学、北京交通大学、嘉兴学院、山东工商学院、重庆理工大学、哈尔滨理工大学、重庆工商大学、山东科技大学、北京工商大学、中南财经政法大学、南京医科大学、吉林大学、华北水利水电大学、青岛科技大学、广东财经大学、长沙理工大学、安徽财经大学、河南科技大学、天津财经大学、西北工业大学、杭州电子科技大学、景德镇陶瓷大学、中央民族大学、内蒙古农业大学、江苏大学、中南民族大学、广西师范大学

3★（102个），2★（136个），1★（34个）：名单略

0801 力学类（87）

排名	学校名称	星级	排名	学校名称	星级	排名	学校名称	星级
1	北京大学	5★+	4	西安交通大学	5★	7	北京航空航天大学	5★-
2	清华大学	5★	5	哈尔滨工业大学	5★	8	西南交通大学	5★-
3	南京航空航天大学	5★	6	大连理工大学	5★-	9	浙江大学	5★-

4★（8个）：天津大学、辽宁工程技术大学、中国科学技术大学、北京理工大学、西北工业大学、宁波大学、河海大学、上海交通大学

3★（27个），2★（34个），1★（9个）：名单略

0802 机械类（690）

排名	学校名称	星级	排名	学校名称	星级	排名	学校名称	星级
1	哈尔滨工业大学	5★+	24	燕山大学	5★	47	华东理工大学	5★-
2	武汉理工大学	5★+	25	山东大学	5★	48	兰州交通大学	5★-
3	浙江大学	5★+	26	兰州理工大学	5★	49	南京林业大学	5★-
4	吉林大学	5★+	27	河北工业大学	5★	50	长春工业大学	5★-
5	同济大学	5★+	28	武汉科技大学	5★	51	山东科技大学	5★-
6	大连理工大学	5★+	29	太原科技大学	5★	52	浙江工业大学	5★-
7	重庆大学	5★+	30	沈阳工业大学	5★	53	湖南科技大学	5★-
8	西安交通大学	5★	31	清华大学	5★	54	四川大学	5★-
9	华南理工大学	5★	32	南昌大学	5★	55	西南石油大学	5★-
10	西北工业大学	5★	33	南京理工大学	5★	56	西安科技大学	5★-
11	东北大学	5★	34	山东理工大学	5★	57	中国农业大学	5★-
12	湖南大学	5★	35	上海交通大学	5★	58	南京航空航天大学	5★-
13	北京理工大学	5★	36	福州大学	5★-	59	上海工程技术大学	5★-
14	江苏大学	5★	37	浙江理工大学	5★-	60	长春理工大学	5★-
15	天津大学	5★	38	哈尔滨理工大学	5★-	61	东北林业大学	5★-
16	长安大学	5★	39	上海大学	5★-	62	西华大学	5★-
17	太原理工大学	5★	40	西南交通大学	5★-	63	北京交通大学	5★-
18	中国石油大学（华东）	5★	41	西安建筑科技大学	5★-	64	青岛科技大学	5★-
19	北京航空航天大学	5★	42	中北大学	5★-	65	河南理工大学	5★-
20	合肥工业大学	5★	43	上海理工大学	5★-	66	中南大学	5★-
21	广东工业大学	5★	44	桂林电子科技大学	5★-	67	青岛理工大学	5★-
22	河南科技大学	5★	45	西安理工大学	5★-	68	重庆交通大学	5★-
23	华中科技大学	5★	46	大连交通大学	5★-	69	杭州电子科技大学	5★-

4★（69个）：贵州大学、北京科技大学、安徽工业大学、江苏科技大学、辽宁工程技术大学、昆明理工大学、西安工业大学、内蒙古科技大学、重庆理工大学、沈阳航空航天大学、石家庄铁道大学、华东交通大学、天津工业大学、中国石油大学（北京）、内蒙古工业大学、沈阳建筑大学、沈阳工学院、华侨大学、江南大学、东南大学、广西大学、辽宁工业大学、苏州大学、常州大学、北京工业大学、北京化工大学、陕西科技大学、安徽理工大学、东华大学、西安电子科技大学、南京工业大学、天津职业技术师范大学、安徽工程大学、中国矿业大学、广西科技大学、厦门理工学院、天津理工大学、南昌航空大学、天津科技大学、武汉大学、长沙理工大学、厦门大学、浙江科技学院、扬州大学、郑州大学、西安石油大学、三峡大学、辽宁科技大学、西南科技大学、山东建筑大学、河南工业大学、湖北工业大学、湘潭大学、东北石油大学、武汉工程大学、宁波大学、长江大学、电子科技大学、西安工程大学、北京林业大学、景德镇陶瓷大学、中原工学院、黑龙江科技大学、华南农业大学、陕西理工大学、上海电机学院、北京信息科技大学、辽宁石油化工大学、汕头大学

3★（207个），2★（276个），1★（69个）：名单略

0803 仪器类（202）

排名	学校名称	星级	排名	学校名称	星级	排名	学校名称	星级
1	天津大学	5★+	8	重庆大学	5★	15	西安工业大学	5★-
2	东南大学	5★+	9	长春理工大学	5★	16	合肥工业大学	5★-
3	哈尔滨工业大学	5★	10	中国计量大学	5★	17	上海交通大学	5★-
4	北京航空航天大学	5★	11	燕山大学	5★-	18	大连理工大学	5★-
5	电子科技大学	5★	12	西安交通大学	5★-	19	中国科学技术大学	5★-
6	清华大学	5★	13	西安电子科技大学	5★-	20	中北大学	5★-
7	北京理工大学	5★	14	吉林大学	5★-			

4★（20个）：桂林电子科技大学、上海理工大学、河北大学、西安理工大学、南京航空航天大学、厦门大学、湖北工业大学、四川大学、哈尔滨理工大学、江苏大学、南京理工大学、浙江大学、北京工业大学、北京信息科技大学、杭州电子科技大学、苏州大学、沈阳工业大学、武汉理工大学、南昌航空大学、西安石油大学

3★（61个），2★（81个），1★（20个）：名单略

0804 材料类（475）

排名	学校名称	星级	排名	学校名称	星级	排名	学校名称	星级
1	武汉理工大学	5★+	17	清华大学	5★	33	郑州大学	5★-
2	哈尔滨工业大学	5★+	18	东北大学	5★	34	华中科技大学	5★-
3	吉林大学	5★+	19	中国科学技术大学	5★	35	上海交通大学	5★-
4	西安交通大学	5★+	20	复旦大学	5★	36	南京大学	5★-
5	中南大学	5★+	21	北京航空航天大学	5★	37	江苏大学	5★-
6	北京理工大学	5★	22	浙江大学	5★	38	南昌航空大学	5★-
7	北京科技大学	5★	23	天津大学	5★	39	北京化工大学	5★-
8	四川大学	5★	24	南昌大学	5★	40	济南大学	5★-
9	华东理工大学	5★	25	山东大学	5★-	41	河南科技大学	5★-
10	南京理工大学	5★	26	武汉科技大学	5★-	42	北京大学	5★-
11	昆明理工大学	5★	27	中山大学	5★-	43	南京工业大学	5★-
12	华南理工大学	5★	28	东华大学	5★-	44	安徽工业大学	5★-
13	苏州大学	5★	29	燕山大学	5★-	45	华北理工大学	5★-
14	重庆大学	5★	30	西安建筑科技大学	5★-	46	南京航空航天大学	5★-
15	西北工业大学	5★	31	合肥工业大学	5★-	47	电子科技大学	5★-
16	上海大学	5★	32	大连理工大学	5★-	48	东南大学	5★-

4★（47个）：河北工业大学、北京工业大学、南开大学、辽宁科技大学、天津工业大学、江西理工大学、中国科学院大学、西安理工大学、中国地质大学（武汉）、青岛科技大学、同济大学、太原理工大学、桂林理工大学、陕西科技大学、中国石油大学（华东）、哈尔滨工程大学、贵州大学、武汉大学、广东工业大学、湘潭大学、厦门大学、江苏科技大学、西南石油大学、重庆科技学院、西南交通大学、景德镇陶瓷大学、沈阳化工大学、长春理工大学、湖南大学、西南科技大学、西安工业大学、西安石油大学、桂林电子科技大学、长春工业大学、内蒙古科技大学、安徽大学、太原科技大学、哈尔滨理工大学、西安科技大学、常州大学、浙江理工大学、兰州理工大学、上海工程技术大学、兰州大学、沈阳建筑大学、中国地质大学（北京）、齐鲁工业大学

3★（143个），2★（190个），1★（47个）：名单略

0805 能源动力类（253）

排名	学校名称	星级	排名	学校名称	星级	排名	学校名称	星级
1	西安交通大学	5★+	10	北京科技大学	5★	19	东北大学	5★-
2	上海交通大学	5★+	11	兰州理工大学	5★	20	南京理工大学	5★-
3	浙江大学	5★+	12	清华大学	5★	21	中南大学	5★-
4	华中科技大学	5★	13	北京工业大学	5★	22	哈尔滨工程大学	5★-
5	重庆大学	5★	14	江苏大学	5★-	23	中国科学技术大学	5★-
6	华北电力大学	5★	15	上海理工大学	5★-	24	大连理工大学	5★-
7	哈尔滨工业大学	5★	16	东南大学	5★-	25	武汉理工大学	5★-
8	山东大学	5★	17	天津大学	5★-			
9	南京工业大学	5★	18	东北电力大学	5★-			

4★（26个）：青岛科技大学、华东理工大学、昆明理工大学、南京航空航天大学、西北工业大学、中国石油大学（北京）、北京理工大学、内蒙古工业大学、中国石油大学（华东）、吉林大学、西安理工大学、青岛大学、武汉大学、河南科技大学、安徽工业大学、四川大学、广东工业大学、北京大学、长沙理工大学、河海大学、北京航空航天大学、华北理工大学、同济大学、河北工业大学、武汉工程大学、郑州大学

3★（76个），2★（101个），1★（25个）：名单略

0806 电气类（578）

排名	学校名称	星级	排名	学校名称	星级	排名	学校名称	星级
1	重庆大学	5★+	3	西南交通大学	5★+	5	西安交通大学	5★+
2	华北电力大学	5★+	4	华中科技大学	5★+	6	清华大学	5★+

续表

排名	学校名称	星级	排名	学校名称	星级	排名	学校名称	星级
7	浙江大学	5★	25	南京理工大学	5★	43	贵州大学	5★-
8	天津大学	5★	26	苏州大学	5★	44	山东科技大学	5★-
9	东北电力大学	5★	27	四川大学	5★	45	河海大学	5★-
10	哈尔滨工业大学	5★	28	大连理工大学	5★	46	南京师范大学	5★-
11	湖南大学	5★	29	西安理工大学	5★	47	青岛大学	5★-
12	上海交通大学	5★	30	长沙理工大学	5★-	48	中国矿业大学（北京）	5★-
13	东南大学	5★	31	西北工业大学	5★-	49	上海大学	5★-
14	武汉大学	5★	32	合肥工业大学	5★-	50	燕山大学	5★-
15	华南理工大学	5★	33	中南大学	5★-	51	广东工业大学	5★-
16	河北工业大学	5★	34	哈尔滨理工大学	5★-	52	华东交通大学	5★-
17	沈阳工业大学	5★	35	北京交通大学	5★-	53	武汉理工大学	5★-
18	三峡大学	5★	36	中国矿业大学	5★-	54	石家庄铁道大学	5★-
19	山东大学	5★	37	东北大学	5★-	55	东北石油大学	5★-
20	电子科技大学	5★	38	广西大学	5★-	56	新疆大学	5★-
21	福州大学	5★	39	湖北工业大学	5★-	57	同济大学	5★-
22	江苏大学	5★	40	南京航空航天大学	5★-	58	山东理工大学	5★-
23	昆明理工大学	5★	41	兰州交通大学	5★-			
24	太原理工大学	5★	42	北京航空航天大学	5★-			

4★（58个）：郑州轻工业大学、安徽理工大学、安徽工业大学、中国石油大学（华东）、西华大学、西安电子科技大学、北华大学、辽宁工程技术大学、北方工业大学、兰州理工大学、北京理工大学、天津理工大学、内蒙古工业大学、河南理工大学、中国科学院大学、郑州大学、中国农业大学、南昌大学、南京工业大学、大连交通大学、南京工程学院、大连海事大学、上海海事大学、杭州电子科技大学、南通大学、江南大学、湖南工业大学、江苏科技大学、陕西科技大学、中北大学、东华大学、长春工业大学、西安工程大学、湖南工程学院、吉林大学、太原科技大学、西安科技大学、上海应用技术大学、温州大学、天津工业大学、河南科技大学、重庆邮电大学、厦门理工学院、河北科技大学、江西理工大学、广东石油化工学院、湖南科技大学、黑龙江科技大学、上海理工大学、大连工业大学、哈尔滨工程大学、山西大学、西安建筑科技大学、浙江工业大学、复旦大学、扬州大学、青海大学、西南石油大学

3★（173个），2★（231个），1★（58个）：名单略

0807 电子信息类（869）

排名	学校名称	星级	排名	学校名称	星级	排名	学校名称	星级
1	华中科技大学	5★+	15	重庆大学	5★	29	南京大学	5★
2	哈尔滨工业大学	5★+	16	武汉大学	5★	30	上海大学	5★
3	西北工业大学	5★+	17	南京理工大学	5★	31	杭州电子科技大学	5★
4	电子科技大学	5★+	18	四川大学	5★	32	中山大学	5★
5	西安电子科技大学	5★+	19	山东大学	5★	33	北京交通大学	5★
6	上海交通大学	5★+	20	东南大学	5★	34	大连理工大学	5★
7	北京理工大学	5★+	21	复旦大学	5★	35	南开大学	5★
8	南京邮电大学	5★+	22	北京大学	5★	36	华南理工大学	5★
9	北京邮电大学	5★+	23	哈尔滨工程大学	5★	37	中北大学	5★
10	浙江大学	5★	24	重庆邮电大学	5★	38	清华大学	5★
11	北京航空航天大学	5★	25	长春理工大学	5★	39	广东工业大学	5★
12	吉林大学	5★	26	武汉理工大学	5★	40	国防科技大学	5★
13	天津大学	5★	27	合肥工业大学	5★	41	厦门大学	5★
14	西安交通大学	5★	28	中国科学技术大学	5★	42	东北大学	5★

续表

排名	学校名称	星级	排名	学校名称	星级	排名	学校名称	星级
43	华东师范大学	5★	58	福州大学	5★-	73	云南大学	5★-
44	北京工业大学	5★-	59	上海理工大学	5★-	74	暨南大学	5★-
45	桂林电子科技大学	5★-	60	中南大学	5★-	75	河海大学	5★-
46	南京航空航天大学	5★-	61	太原理工大学	5★-	76	宁波大学	5★-
47	西南交通大学	5★-	62	哈尔滨理工大学	5★-	77	中国科学院大学	5★-
48	燕山大学	5★-	63	天津工业大学	5★-	78	华北电力大学	5★-
49	郑州大学	5★-	64	湖南大学	5★-	79	南京信息工程大学	5★-
50	深圳大学	5★-	65	浙江工业大学	5★-	80	南通大学	5★-
51	苏州大学	5★-	66	天津理工大学	5★-	81	沈阳理工大学	5★-
52	西安理工大学	5★-	67	大连海事大学	5★-	82	江苏大学	5★-
53	成都信息工程大学	5★-	68	昆明理工大学	5★-	83	北京信息科技大学	5★-
54	西安邮电大学	5★-	69	西北大学	5★-	84	兰州交通大学	5★-
55	同济大学	5★-	70	中国传媒大学	5★-	85	东华大学	5★-
56	安徽大学	5★-	71	山东师范大学	5★-	86	南昌大学	5★-
57	中国计量大学	5★-	72	河北工业大学	5★-	87	山东科技大学	5★-

4★（87个）：重庆理工大学、中国矿业大学、山西大学、华东交通大学、华侨大学、长沙理工大学、中国民航大学、河北大学、长江大学、兰州大学、中国海洋大学、汕头大学、东北石油大学、贵州大学、西安科技大学、中国石油大学（华东）、华中师范大学、辽宁工程技术大学、南昌航空大学、北京科技大学、福建师范大学、华南师范大学、新疆大学、海南大学、河南科技大学、浙江理工大学、兰州理工大学、上海海事大学、北方工业大学、湘潭大学、沈阳航空航天大学、长安大学、西安工业大学、黑龙江大学、西南科技大学、中南民族大学、聊城大学、浙江工商大学、五邑大学、河南理工大学、华东理工大学、湖南师范大学、华北理工大学、中国地质大学（武汉）、东北电力大学、东莞理工学院、成都理工大学、江苏科技大学、湖北大学、首都师范大学、河北科技大学、南京师范大学、扬州大学、南京工业大学、上海师范大学、延安大学、东华理工大学、江西理工大学、江南大学、武汉工程大学、武汉科技大学、湖南理工学院、三峡大学、长春工业大学、北京师范大学、辽宁工业大学、沈阳工业大学、河南师范大学、河南工业大学、华南农业大学、中国农业大学、湖北工业大学、西安石油大学、齐齐哈尔大学、内蒙古工业大学、大连交通大学、郑州轻工业大学、福建工程学院、中南林业科技大学、青岛科技大学、曲阜师范大学、陕西科技大学、青岛理工大学、湖北师范大学、江苏师范大学、内蒙古大学、中国石油大学（北京）

3★（261个），2★（347个），1★（87个）：名单略

0808 自动化类（516）

排名	学校名称	星级	排名	学校名称	星级	排名	学校名称	星级
1	浙江大学	5★+	16	哈尔滨工程大学	5★	31	北京化工大学	5★-
2	哈尔滨工业大学	5★+	17	燕山大学	5★	32	重庆邮电大学	5★-
3	北京航空航天大学	5★+	18	西北工业大学	5★	33	武汉科技大学	5★-
4	北京交通大学	5★+	19	电子科技大学	5★	34	兰州交通大学	5★-
5	东南大学	5★+	20	西安理工大学	5★	35	北京工业大学	5★-
6	东北大学	5★	21	北京科技大学	5★	36	江南大学	5★-
7	西南交通大学	5★	22	湖南大学	5★	37	兰州理工大学	5★-
8	清华大学	5★	23	杭州电子科技大学	5★	38	河南理工大学	5★-
9	上海交通大学	5★	24	山东大学	5★	39	东华大学	5★-
10	北京理工大学	5★	25	中南大学	5★	40	上海大学	5★-
11	南京航空航天大学	5★	26	华中科技大学	5★	41	华北电力大学	5★-
12	重庆大学	5★	27	华南理工大学	5★-	42	中国科学技术大学	5★-
13	西安交通大学	5★	28	广东工业大学	5★-	43	同济大学	5★-
14	南京理工大学	5★	29	中国矿业大学	5★-	44	华东交通大学	5★-
15	郑州大学	5★	30	华东理工大学	5★-	45	山东科技大学	5★-

续表

排名	学校名称	星级	排名	学校名称	星级	排名	学校名称	星级
46	长安大学	5★-	49	大连理工大学	5★-	52	河南科技大学	5★-
47	浙江工业大学	5★-	50	哈尔滨理工大学	5★-			
48	河北工业大学	5★-	51	天津大学	5★-			

4★（51个）：河海大学、南开大学、厦门大学、合肥工业大学、青岛大学、北京邮电大学、四川大学、武汉理工大学、天津工业大学、北京信息科技大学、东北电力大学、长沙理工大学、江苏大学、西安工业大学、西安电子科技大学、吉林大学、广西大学、中国计量大学、北方工业大学、长春工业大学、武汉大学、天津理工大学、中国石油大学（华东）、西南科技大学、太原科技大学、辽宁石油化工大学、湖南工业大学、中国石油大学（北京）、上海理工大学、昆明理工大学、大连海事大学、中国地质大学（武汉）、南京邮电大学、江西理工大学、东北石油大学、安徽工业大学、上海工程技术大学、湖北工业大学、中北大学、沈阳工业大学、江苏科技大学、西安邮电大学、安徽理工大学、天津科技大学、沈阳航空航天大学、湖南科技大学、河南工业大学、安徽工程大学、三峡大学、南昌航空大学、内蒙古工业大学

3★（155个），2★（206个），1★（52个）：名单略

0809 计算机类（1031）

排名	学校名称	星级	排名	学校名称	星级	排名	学校名称	星级
1	西安电子科技大学	5★+	31	四川大学	5★	61	青岛大学	5★-
2	北京邮电大学	5★+	32	云南大学	5★	62	上海大学	5★-
3	电子科技大学	5★+	33	西安交通大学	5★	63	河海大学	5★-
4	哈尔滨工业大学	5★+	34	浙江工业大学	5★	64	哈尔滨工程大学	5★-
5	杭州电子科技大学	5★+	35	福州大学	5★	65	黑龙江大学	5★-
6	北京大学	5★+	36	南京理工大学	5★	66	新疆大学	5★-
7	清华大学	5★+	37	合肥工业大学	5★	67	燕山大学	5★-
8	山东大学	5★+	38	南京航空航天大学	5★	68	中北大学	5★-
9	浙江大学	5★+	39	厦门大学	5★	69	江南大学	5★-
10	上海交通大学	5★+	40	成都信息工程大学	5★	70	华北电力大学	5★-
11	北京工业大学	5★	41	南京大学	5★	71	南京信息工程大学	5★-
12	北京航空航天大学	5★	42	太原理工大学	5★	72	天津工业大学	5★-
13	西北工业大学	5★	43	广东工业大学	5★	73	福建师范大学	5★-
14	华中科技大学	5★	44	华东师范大学	5★	74	天津理工大学	5★-
15	北京理工大学	5★	45	武汉理工大学	5★	75	北京科技大学	5★-
16	东北大学	5★	46	南开大学	5★	76	江苏大学	5★-
17	南京邮电大学	5★	47	中国科学技术大学	5★	77	大连海事大学	5★-
18	重庆邮电大学	5★	48	西南交通大学	5★	78	中国人民大学	5★-
19	武汉大学	5★	49	安徽大学	5★	79	贵州大学	5★-
20	华南理工大学	5★	50	西安理工大学	5★	80	中国地质大学（武汉）	5★-
21	北京交通大学	5★	51	中国科学院大学	5★	81	湘潭大学	5★-
22	同济大学	5★	52	湖南大学	5★	82	郑州轻工业大学	5★-
23	东南大学	5★	53	山东科技大学	5★-	83	郑州大学	5★-
24	中南大学	5★	54	长春理工大学	5★-	84	河南大学	5★-
25	复旦大学	5★	55	哈尔滨理工大学	5★-	85	江西财经大学	5★-
26	大连理工大学	5★	56	西北大学	5★-	86	长沙理工大学	5★-
27	中山大学	5★	57	苏州大学	5★-	87	南昌大学	5★-
28	天津大学	5★	58	东华大学	5★-	88	暨南大学	5★-
29	重庆大学	5★	59	桂林电子科技大学	5★-	89	国防科技大学	5★-
30	吉林大学	5★	60	华中师范大学	5★-	90	北京信息科技大学	5★-

排名	学校名称	星级	排名	学校名称	星级	排名	学校名称	星级
91	山西大学	5★-	96	浙江工商大学	5★-	101	长春工业大学	5★-
92	华南师范大学	5★-	97	深圳大学	5★-	102	内蒙古大学	5★-
93	河南科技大学	5★-	98	东北师范大学	5★-	103	东华理工大学	5★-
94	沈阳工业大学	5★-	99	南昌航空大学	5★-			
95	武汉科技大学	5★-	100	南方科技大学	5★-			

4★（103个）：西安工业大学、西南大学、陕西师范大学、浙江师范大学、河北工业大学、南华大学、西南石油大学、中国传媒大学、济南大学、河南工业大学、海南大学、烟台大学、北京师范大学、北京联合大学、安徽师范大学、温州大学、辽宁工程技术大学、西安邮电大学、江西师范大学、华东理工大学、西安科技大学、中国海洋大学、哈尔滨师范大学、常州大学、长安大学、中国石油大学（华东）、昆明理工大学、武汉工程大学、重庆理工大学、河南理工大学、西安石油大学、华东交通大学、华侨大学、江苏科技大学、广西大学、太原科技大学、天津科技大学、中国矿业大学、西安工程大学、上海海事大学、三峡大学、南阳理工学院、兰州大学、中国农业大学、广西师范大学、西南科技大学、安徽理工大学、河北大学、沈阳航空航天大学、扬州大学、兰州交通大学、华南农业大学、西北师范大学、桂林理工大学、西南师范大学、东北电力大学、东北石油大学、成都理工大学、山东师范大学、杭州师范大学、兰州理工大学、河北经贸大学、湖南师范大学、西华大学、湖北大学、辽宁大学、河北师范大学、中原工学院、宁波大学、青岛科技大学、北方民族大学、南京财经大学、青海师范大学、中国地质大学（北京）、长江大学、湖南科技大学、南京师范大学、福建工程学院、江西理工大学、大连交通大学、中国计量大学、北京化工大学、沈阳理工大学、宁夏大学、东北林业大学、西北农林科技大学、山东理工大学、渤海大学、河北理工大学、天津师范大学、重庆交通大学、曲阜师范大学、中央民族大学、辽宁石油化工大学、石家庄铁道大学、浙江理工大学、大连大学、北京林业大学、内蒙古工业大学、上海海洋大学、广州大学、辽宁师范大学

3★（310个），2★（412个），1★（103个）：名单略

0810 土木类（571）

排名	学校名称	星级	排名	学校名称	星级	排名	学校名称	星级
1	哈尔滨工业大学	5★+	20	北京建筑大学	5★	39	北京科技大学	5★-
2	东南大学	5★+	21	南京工业大学	5★	40	北京交通大学	5★-
3	同济大学	5★+	22	河海大学	5★	41	浙江大学	5★-
4	重庆大学	5★+	23	太原理工大学	5★	42	兰州理工大学	5★-
5	西南交通大学	5★+	24	长沙理工大学	5★	43	上海交通大学	5★-
6	西安建筑科技大学	5★+	25	广州大学	5★	44	天津城建大学	5★-
7	华中科技大学	5★	26	华东交通大学	5★	45	重庆交通大学	5★-
8	青岛理工大学	5★	27	大连理工大学	5★	46	华南理工大学	5★-
9	中南大学	5★	28	天津大学	5★	47	福州大学	5★-
10	武汉理工大学	5★	29	石家庄铁道大学	5★	48	华侨大学	5★-
11	北京工业大学	5★	30	山东大学	5★-	49	河南理工大学	5★-
12	清华大学	5★	31	河北工业大学	5★-	50	西安科技大学	5★-
13	长安大学	5★	32	四川大学	5★-	51	中国矿业大学（北京）	5★-
14	郑州大学	5★	33	安徽建筑大学	5★-	52	昆明理工大学	5★-
15	兰州交通大学	5★	34	中国矿业大学	5★-	53	安徽理工大学	5★-
16	湖南大学	5★	35	南华大学	5★-	54	河北工程大学	5★-
17	合肥工业大学	5★	36	武汉大学	5★-	55	南昌大学	5★-
18	沈阳建筑大学	5★	37	吉林建筑大学	5★-	56	苏州科技大学	5★-
19	山东建筑大学	5★	38	广东工业大学	5★-	57	广西大学	5★-

4★（57个）：辽宁工程技术大学、吉林大学、内蒙古科技大学、三峡大学、西安工业大学、桂林理工大学、浙江工业大学、武汉科技大学、新疆大学、中国地质大学（武汉）、成都理工大学、山东科技大学、湖南工业大学、河北建筑工程学院、东北大学、东北电力大学、扬州大学、河南工业大学、深圳大学、内蒙古工业大学、华北水利水电大学、江苏科技大学、西华大学、南京理工大学、福建工程学院、江西理工大学、中原工学院、上海大学、南京林业大学、西安工业大学、西南科技大学、大连大学、东北林业大学、湖南科技大学、上海理工大学、北方工业大学、沈阳工业大学、安徽工业大学、厦门大学、湖北工业大学、兰州大学、东北石油大学、西南石油大学、西北工业大学、辽宁工业大学、东华大学、贵州大学、燕山大学、中国石油大学（华东）、汕头大学、郑州轻工业大学、华北理工大学、南京航空航天大学、中南林业科技大学、宁波大学、河北科技大学、长江大学

3★（172个），2★（228个），1★（57个）：名单略

0811 水利类（124）

排名	学校名称	星级	排名	学校名称	星级	排名	学校名称	星级
1	河海大学	5★+	5	西安理工大学	5★	9	长安大学	5★-
2	武汉大学	5★	6	郑州大学	5★	10	合肥工业大学	5★-
3	天津大学	5★	7	华北水利水电大学	5★-	11	华北电力大学	5★-
4	大连理工大学	5★	8	三峡大学	5★-	12	中国地质大学(武汉)	5★-

4★（13个）：昆明理工大学、华中科技大学、长沙理工大学、吉林大学、中国海洋大学、中国地质大学（北京）、太原理工大学、重庆交通大学、扬州大学、同济大学、浙江大学、西北农林科技大学、济南大学

3★（37个），2★（50个），1★（12个）：名单略

0812 测绘类（160）

排名	学校名称	星级	排名	学校名称	星级	排名	学校名称	星级
1	武汉大学	5★+	7	河海大学	5★	13	河南理工大学	5★-
2	中南大学	5★+	8	中国地质大学(武汉)	5★	14	西安科技大学	5★-
3	山东科技大学	5★	9	辽宁工程技术大学	5★-	15	哈尔滨工业大学	5★-
4	西南交通大学	5★	10	中国矿业大学	5★-	16	江西理工大学	5★-
5	中国矿业大学（北京）	5★	11	长安大学	5★-			
6	同济大学	5★	12	东华理工大学	5★-			

4★（16个）：桂林理工大学、长沙理工大学、昆明理工大学、北京航空航天大学、南京信息工程大学、中国地质大学（北京）、南京工业大学、重庆大学、山东师范大学、吉林大学、西安电子科技大学、东南大学、东北大学、中山大学、安徽理工大学、深圳大学

3★（48个），2★（64个），1★（16个）：名单略

0813 化工与制药类（454）

排名	学校名称	星级	排名	学校名称	星级	排名	学校名称	星级
1	大连理工大学	5★+	16	福州大学	5★	31	武汉理工大学	5★-
2	浙江大学	5★+	17	江南大学	5★	32	广西大学	5★-
3	天津大学	5★+	18	青岛科技大学	5★	33	广东工业大学	5★-
4	华东理工大学	5★+	19	中南大学	5★	34	新疆大学	5★-
5	华南理工大学	5★+	20	清华大学	5★	35	厦门大学	5★-
6	北京化工大学	5★	21	郑州大学	5★	36	山东大学	5★-
7	南京工业大学	5★	22	昆明理工大学	5★	37	贵州大学	5★-
8	太原理工大学	5★	23	河北科技大学	5★	38	东南大学	5★-
9	浙江工业大学	5★	24	重庆大学	5★-	39	常州大学	5★-
10	北京理工大学	5★	25	南京理工大学	5★-	40	中国石油大学（华东）	5★-
11	武汉工程大学	5★	26	哈尔滨工业大学	5★-	41	烟台大学	5★-
12	西安交通大学	5★	27	上海交通大学	5★-	42	河北工业大学	5★-
13	中国石油大学（北京）	5★	28	济南大学	5★-	43	内蒙古工业大学	5★-
14	四川大学	5★	29	湖南大学	5★-	44	沈阳化工大学	5★-
15	合肥工业大学	5★	30	西北大学	5★-	45	中国药科大学	5★-

4★（46个）：天津科技大学、武汉科技大学、石河子大学、陕西科技大学、南昌大学、兰州理工大学、辽宁石油化工大学、海南大学、沈阳药科大学、华侨大学、中国矿业大学、长春工业大学、桂林理工大学、中北大学、湘潭大学、燕山大学、中山大学、天津理工大学、天津中医药大学、东北石油大学、山东理工大学、西南石油大学、江苏大学、安徽大学、安徽工业大学、沈阳工业大学、西南交通大学、北京石油化工学院、河南工业大学、山东中医药大学、广州中医药大学、青海大学、成都理工大学、兰州大学、西安科技大学、同济大学、武汉轻工大学、辽宁科技大学、西安建筑科技大学、成都中医药大学、上海大学、天津工业大学、宁夏大学、吉林化工学院、黑龙江中医药大学、广州大学

3★（136个），2★（182个），1★（45个）：名单略

0814 地质类（84）

排名	学校名称	星级	排名	学校名称	星级	排名	学校名称	星级
1	中国地质大学（武汉）	5★+	4	成都理工大学	5★	7	山东科技大学	5★-
2	中国地质大学（北京）	5★	5	吉林大学	5★-	8	西安科技大学	5★-
3	长安大学	5★	6	中国矿业大学（北京）	5★-			
4★（9个）：西南交通大学、安徽理工大学、中国矿业大学、西北大学、福州大学、中国石油大学（华东）、中国石油大学（北京）、中南大学、昆明理工大学									
3★（25个），2★（34个），1★（8个）：名单略									

0815 矿业类（89）

排名	学校名称	星级	排名	学校名称	星级	排名	学校名称	星级
1	中国矿业大学	5★+	4	北京科技大学	5★	7	中南大学	5★-
2	中国石油大学（华东）	5★	5	中国石油大学（北京）	5★-	8	太原理工大学	5★-
3	中国矿业大学（北京）	5★	6	东北大学	5★-	9	西南石油大学	5★-
4★（9个）：河南理工大学、昆明理工大学、武汉理工大学、山东科技大学、长江大学、辽宁工程技术大学、西安科技大学、辽宁石油化工大学、福州大学									
3★（27个），2★（35个），1★（9个）：名单略									

0816 纺织类（72）

排名	学校名称	星级	排名	学校名称	星级	排名	学校名称	星级
1	东华大学	5★+	4	苏州大学	5★	7	武汉纺织大学	5★-
2	浙江理工大学	5★	5	江南大学	5★-			
3	天津工业大学	5★	6	西安工程大学	5★-			
4★（7个）：青岛大学、中原工学院、上海工程技术大学、南通大学、北京服装学院、太原理工大学、大连工业大学									
3★（22个），2★（29个），1★（7个）：名单略									

0817 轻工类（78）

排名	学校名称	星级	排名	学校名称	星级	排名	学校名称	星级
1	陕西科技大学	5★+	4	广西大学	5★	7	武汉大学	5★-
2	天津科技大学	5★	5	四川大学	5★-	8	大连工业大学	5★-
3	江南大学	5★	6	华南理工大学	5★-			
4★（8个）：西安理工大学、南京林业大学、齐鲁工业大学、青岛科技大学、东华大学、南京工业大学、北京印刷学院、湖北工业大学									
3★（23个），2★（31个），1★（8个）：名单略									

0818 交通运输类（195）

排名	学校名称	星级	排名	学校名称	星级	排名	学校名称	星级
1	西南交通大学	5★+	8	北京交通大学	5★	15	石家庄铁道大学	5★-
2	大连海事大学	5★+	9	重庆交通大学	5★	16	集美大学	5★-
3	长安大学	5★	10	吉林大学	5★	17	昆明理工大学	5★-
4	同济大学	5★	11	中国民用航空飞行学院	5★-	18	兰州交通大学	5★-
5	上海海事大学	5★	12	南京航空航天大学	5★-	19	长沙理工大学	5★-
6	武汉理工大学	5★	13	东南大学	5★-	20	北京工业大学	5★-
7	中南大学	5★	14	中国民航大学	5★-			

续表

4★（19个）：合肥工业大学、北京航空航天大学、哈尔滨工业大学、上海工程技术大学、华中科技大学、东北林业大学、大连交通大学、山东科技大学、华东交通大学、河海大学、哈尔滨工程大学、华南理工大学、南京林业大学、江苏大学、上海交通大学、大连理工大学、中山大学、福州大学、清华大学
3★（59个），2★（78个），1★（19个）：名单略

0819 海洋工程类（45）

排名	学校名称	星级	排名	学校名称	星级	排名	学校名称	星级
1	哈尔滨工程大学	5★	3	武汉理工大学	5★-	5	中国海洋大学	5★-
2	上海交通大学	5★	4	浙江海洋大学	5★-			
4★（4个）：天津大学、华中科技大学、江苏科技大学、大连理工大学									
3★（14个），2★（18个），1★（4个）：名单略									

0820 航空航天类（71）

排名	学校名称	星级	排名	学校名称	星级	排名	学校名称	星级
1	北京航空航天大学	5★+	4	哈尔滨工业大学	5★	7	中国民航大学	5★-
2	南京航空航天大学	5★	5	沈阳航空航天大学	5★			
3	西北工业大学	5★	6	北京理工大学	5★			
4★（7个）：清华大学、同济大学、电子科技大学、北京大学、国防科技大学、厦门大学、中国民用航空飞行学院									
3★（22个），2★（28个），1★（7个）：名单略									

0821 兵器类（22）

排名	学校名称	星级	排名	学校名称	星级	排名	学校名称	星级
1	北京理工大学	5★	2	南京理工大学	5★-			
4★（2个）：中北大学、西北工业大学									
3★（7个），2★（9个），1★（2个）：名单略									

0822 核工程类（30）

排名	学校名称	星级	排名	学校名称	星级	排名	学校名称	星级
1	清华大学	5★	2	哈尔滨工程大学	5★	3	西安交通大学	5★-
4★（3个）：四川大学、兰州大学、南华大学									
3★（9个），2★（12个），1★（3个）：名单略									

0823 农业工程类（62）

排名	学校名称	星级	排名	学校名称	星级	排名	学校名称	星级
1	中国农业大学	5★+	3	江苏大学	5★	5	沈阳农业大学	5★-
2	东北农业大学	5★	4	河南科技大学	5★-	6	西北农林科技大学	5★-
4★（6个）：昆明理工大学、内蒙古农业大学、华南农业大学、吉林大学、南京农业大学、河北农业大学									
3★（19个），2★（25个），1★（6个）：名单略									

0824 林业工程类（19）

排名	学校名称	星级	排名	学校名称	星级	排名	学校名称	星级
1	东北林业大学	5★	2	南京林业大学	5★-			
4★（2个）：北京林业大学、西南林业大学									
3★（6个），2★（7个），1★（2个）：名单略									

0825 环境科学与工程类（483）

排名	学校名称	星级	排名	学校名称	星级	排名	学校名称	星级
1	哈尔滨工业大学	5★+	17	山东大学	5★	33	北京化工大学	5★-
2	浙江大学	5★+	18	西北农林科技大学	5★	34	南京理工大学	5★-
3	北京大学	5★+	19	昆明理工大学	5★	35	长安大学	5★-
4	北京师范大学	5★+	20	中国农业大学	5★	36	桂林理工大学	5★-
5	清华大学	5★+	21	东华大学	5★	37	武汉理工大学	5★-
6	同济大学	5★	22	华东师范大学	5★	38	江苏大学	5★-
7	河海大学	5★	23	复旦大学	5★	39	兰州交通大学	5★-
8	大连理工大学	5★	24	武汉大学	5★	40	华北电力大学	5★-
9	南京大学	5★	25	湖南大学	5★-	41	河北科技大学	5★-
10	重庆大学	5★	26	中国海洋大学	5★-	42	浙江工业大学	5★-
11	北京工业大学	5★	27	上海交通大学	5★-	43	吉林大学	5★-
12	天津大学	5★	28	兰州大学	5★-	44	广东工业大学	5★-
13	华南理工大学	5★	29	四川大学	5★-	45	天津工业大学	5★-
14	南开大学	5★	30	华东理工大学	5★-	46	东北师范大学	5★-
15	中山大学	5★	31	南京信息工程大学	5★-	47	北京科技大学	5★-
16	西安建筑科技大学	5★	32	厦门大学	5★-	48	苏州科技大学	5★-

4★（49个）：中国矿业大学、山西大学、中国科学院大学、西安交通大学、中国地质大学（武汉）、东南大学、河南师范大学、华中农业大学、江南大学、中国科学技术大学、西安理工大学、南昌大学、太原理工大学、南京农业大学、北京航空航天大学、安徽理工大学、中南林业科技大学、华中科技大学、西南科技大学、郑州大学、中南大学、南京航空大学、中国石油大学（华东）、暨南大学、上海大学、南京工业大学、西南大学、北京林业大学、广西师范大学、大连海事大学、天津科技大学、中国石油大学（北京）、内蒙古大学、上海理工大学、华侨大学、北京建筑大学、南京师范大学、四川农业大学、广西大学、西北大学、青岛理工大学、辽宁工程技术大学、中国人民大学、西南交通大学、华南农业大学、南京林业大学、东北大学、沈阳大学、沈阳工业大学

3★（145个），2★（193个），1★（48个）：名单略

0826 生物医学工程类（118）

排名	学校名称	星级	排名	学校名称	星级	排名	学校名称	星级
1	上海交通大学	5★+	5	四川大学	5★	9	北京航空航天大学	5★-
2	复旦大学	5★	6	华中科技大学	5★	10	电子科技大学	5★-
3	清华大学	5★	7	西安交通大学	5★-	11	北京大学	5★-
4	浙江大学	5★	8	东南大学	5★-	12	南方医科大学	5★-

4★（12个）：北京理工大学、天津大学、重庆医科大学、南京医科大学、深圳大学、东北大学、桂林电子科技大学、上海理工大学、贵州医科大学、河北工业大学、中山大学、南京大学

3★（35个），2★（47个），1★（12个）：名单略

0827 食品科学与工程类（368）

排名	学校名称	星级	排名	学校名称	星级	排名	学校名称	星级
1	江南大学	5★+	8	华中农业大学	5★	15	江苏大学	5★
2	中国农业大学	5★+	9	北京工商大学	5★	16	吉林大学	5★
3	西北农林科技大学	5★+	10	浙江工商大学	5★	17	天津科技大学	5★
4	东北农业大学	5★+	11	南京农业大学	5★	18	吉林农业大学	5★
5	大连工业大学	5★	12	华南农业大学	5★	19	山东农业大学	5★
6	南昌大学	5★	13	扬州大学	5★	20	内蒙古农业大学	5★-
7	河南工业大学	5★	14	华南理工大学	5★	21	合肥工业大学	5★-

续表

排名	学校名称	星级	排名	学校名称	星级	排名	学校名称	星级
22	西南大学	5★-	28	中国海洋大学	5★-	34	湖南农业大学	5★-
23	福建农林大学	5★-	29	河北农业大学	5★-	35	海南大学	5★-
24	广东海洋大学	5★-	30	中南林业科技大学	5★-	36	宁夏大学	5★-
25	河南农业大学	5★-	31	南京财经大学	5★-	37	上海海洋大学	5★-
26	四川农业大学	5★-	32	浙江大学	5★-			
27	哈尔滨商业大学	5★-	33	石河子大学	5★-			

4★（37个）：上海交通大学、齐鲁工业大学、青岛农业大学、沈阳农业大学、安徽农业大学、暨南大学、陕西科技大学、陕西师范大学、郑州轻工业大学、广西大学、武汉轻工大学、四川大学、云南农业大学、河南科技大学、黑龙江八一农垦大学、华东理工大学、宁波大学、甘肃农业大学、四川旅游学院、重庆师范大学、福州大学、渤海大学、北京林业大学、北京联合大学、西华大学、集美大学、河南科技学院、新疆农业大学、天津农学院、河北科技师范学院、中国计量大学、天津商业大学、江西农业大学、北京农学院、仲恺农业工程学院、浙江农林大学、长沙理工大学

3★（110个），2★（147个），1★（37个）：名单略

0828 建筑类（408）

排名	学校名称	星级	排名	学校名称	星级	排名	学校名称	星级
1	同济大学	5★+	15	武汉大学	5★	29	西北农林科技大学	5★-
2	清华大学	5★+	16	大连理工大学	5★	30	北京交通大学	5★-
3	东南大学	5★+	17	北京工业大学	5★	31	南京林业大学	5★-
4	华南理工大学	5★+	18	湖南大学	5★	32	合肥工业大学	5★-
5	西安建筑科技大学	5★	19	北京林业大学	5★	33	浙江农林大学	5★-
6	哈尔滨工业大学	5★	20	南京大学	5★	34	长安大学	5★-
7	重庆大学	5★	21	深圳大学	5★-	35	华侨大学	5★-
8	天津大学	5★	22	北京建筑大学	5★-	36	东北林业大学	5★-
9	浙江大学	5★	23	四川大学	5★-	37	河北农业大学	5★-
10	苏州科技大学	5★	24	南京工业大学	5★-	38	华中农业大学	5★-
11	山东建筑大学	5★	25	西南交通大学	5★-	39	福州大学	5★-
12	沈阳建筑大学	5★	26	福建农林大学	5★-	40	四川农业大学	5★-
13	华中科技大学	5★	27	河北工业大学	5★-	41	河南农业大学	5★-
14	昆明理工大学	5★	28	青岛理工大学	5★-			

4★（41个）：厦门大学、安徽建筑大学、北方工业大学、华南农业大学、内蒙古工业大学、中南林业科技大学、广州大学、中南大学、浙江工业大学、桂林理工大学、吉林建筑大学、南京农业大学、河北工程大学、上海交通大学、武汉理工大学、太原理工大学、东北农业大学、海南大学、山东农业大学、苏州大学、中国美术学院、郑州大学、西南大学、中央美术学院、长江大学、青岛农业大学、广东工业大学、华北水利水电大学、西南科技大学、内蒙古农业大学、西安交通大学、北京大学、东北大学、广西大学、南昌大学、西南林业大学、西北大学、上海大学、西北工业大学、南华大学、山东大学

3★（122个），2★（163个），1★（41个）：名单略

0829 安全科学与工程类（150）

排名	学校名称	星级	排名	学校名称	星级	排名	学校名称	星级
1	中国矿业大学	5★+	6	太原理工大学	5★	11	北京科技大学	5★-
2	河南理工大学	5★+	7	西安科技大学	5★	12	辽宁工程技术大学	5★-
3	安徽理工大学	5★	8	中国科学技术大学	5★	13	中国石油大学（北京）	5★-
4	山东科技大学	5★	9	中国矿业大学（北京）	5★-	14	湖南科技大学	5★-
5	南京工业大学	5★	10	中南大学	5★-	15	武汉理工大学	5★-

4★（15个）：中国石油大学（华东）、北京理工大学、常州大学、南华大学、东北大学、华北科学学院、重庆大学、西南交通大学、中国地质大学（北京）、中国地质大学（武汉）、北京化工大学、黑龙江科技大学、南京理工大学、武汉科技大学、内蒙古科技大学

3★（45个），2★（60个），1★（15个）：名单略

0830　生物工程类（301）

排名	学校名称	星级	排名	学校名称	星级	排名	学校名称	星级
1	华南理工大学	5★+	11	四川大学	5★	21	上海大学	5★-
2	浙江工业大学	5★+	12	浙江大学	5★	22	南昌大学	5★-
3	华东理工大学	5★+	13	华中农业大学	5★	23	华中科技大学	5★-
4	江南大学	5★	14	沈阳药科大学	5★	24	齐鲁工业大学	5★-
5	上海交通大学	5★	15	扬州大学	5★	25	武汉大学	5★-
6	北京化工大学	5★	16	南京工业大学	5★-	26	西北农林科技大学	5★-
7	天津大学	5★	17	东南大学	5★-	27	黑龙江大学	5★-
8	天津科技大学	5★	18	重庆大学	5★-	28	中国农业大学	5★-
9	大连工业大学	5★	19	河南农业大学	5★-	29	吉林大学	5★-
10	中国药科大学	5★	20	聊城大学	5★-	30	东华大学	5★-

4★（30个）：大连理工大学、三峡大学、哈尔滨工业大学、山西医科大学、山东大学、西南交通大学、温州医科大学、南京理工学院、南京中医药大学、暨南大学、合肥工业大学、盐城师范学院、新乡医学院、南京理工大学、南京师范大学、东北大学、燕山大学、遵义医科大学、桂林理工大学、安徽工程大学、南京林业大学、广东药科大学、华南师范大学、河南大学、西南科技大学、吉林农业大学、南京农业大学、安徽大学、鲁东大学、浙江理工大学

3★（91个），2★（120个），1★（30个）：名单略

0831　公安技术类（45）

排名	学校名称	星级	排名	学校名称	星级	排名	学校名称	星级
1	中国人民公安大学	5★	3	江苏警官学院	5★-	5	中国人民警察大学	5★-
2	中国刑事警察学院	5★	4	浙江警察学院	5★-			

4★（4个）：辽宁警察学院、湖南警察学院、铁道警察学院、吉林警察学院

3★（14个），2★（18个），1★（4个）：名单略

0901　植物生产类（152）

排名	学校名称	星级	排名	学校名称	星级	排名	学校名称	星级
1	南京农业大学	5★+	6	中国农业大学	5★	11	西南大学	5★-
2	华中农业大学	5★+	7	四川农业大学	5★	12	浙江大学	5★-
3	河南农业大学	5★	8	西北农林科技大学	5★	13	云南农业大学	5★-
4	福建农林大学	5★	9	安徽农业大学	5★-	14	甘肃农业大学	5★-
5	华南农业大学	5★	10	东北农业大学	5★-	15	山东农业大学	5★-

4★（15个）：沈阳农业大学、河北农业大学、内蒙古农业大学、湖南农业大学、海南大学、山西农业大学、扬州大学、江西农业大学、贵州大学、新疆农业大学、长江大学、石河子大学、黑龙江八一农垦大学、吉林农业大学、广西大学

3★（46个），2★（61个），1★（15个）：名单略

0902　自然保护与环境生态类（59）

排名	学校名称	星级	排名	学校名称	星级	排名	学校名称	星级
1	西南大学	5★+	3	南京农业大学	5★	5	北京林业大学	5★-
2	内蒙古农业大学	5★	4	浙江大学	5★-	6	华中农业大学	5★-

4★（6个）：山西农业大学、沈阳农业大学、四川农业大学、西北农林科技大学、甘肃农业大学、福建农林大学

3★（18个），2★（23个），1★（6个）：名单略

0903 动物生产类(86)

排名	学校名称	星级	排名	学校名称	星级	排名	学校名称	星级
1	华南农业大学	5★+	4	华中农业大学	5★	7	四川农业大学	5★-
2	山东农业大学	5★	5	南京农业大学	5★-	8	东北农业大学	5★-
3	中国农业大学	5★	6	西北农林科技大学	5★-	9	西南大学	5★-
4★(8个): 浙江大学、福建农林大学、内蒙古农业大学、云南农业大学、扬州大学、江西农业大学、湖南农业大学、吉林农业大学								
3★(26个),2★(34个),1★(9个): 名单略								

0904 动物医学类(83)

排名	学校名称	星级	排名	学校名称	星级	排名	学校名称	星级
1	华南农业大学	5★+	4	中国农业大学	5★	7	河南农业大学	5★-
2	南京农业大学	5★	5	西北农林科技大学	5★-	8	扬州大学	5★-
3	山西农业大学	5★	6	四川农业大学	5★-			
4★(9个): 华中农业大学、西南大学、河北农业大学、江西农业大学、吉林农业大学、云南农业大学、东北农业大学、内蒙古农业大学、甘肃农业大学								
3★(25个),2★(33个),1★(8个): 名单略								

0905 林学类(145)

排名	学校名称	星级	排名	学校名称	星级	排名	学校名称	星级
1	东北林业大学	5★+	6	河北农业大学	5★	11	福建农林大学	5★-
2	北京林业大学	5★	7	南京林业大学	5★	12	河南农业大学	5★-
3	四川农业大学	5★	8	内蒙古农业大学	5★-	13	中南林业科技大学	5★-
4	西北农林科技大学	5★	9	江西农业大学	5★-	14	安徽农业大学	5★-
5	华南农业大学	5★	10	甘肃农业大学	5★-	15	西南林业大学	5★-
4★(14个): 新疆农业大学、华中农业大学、山东农业大学、浙江农林大学、吉林农业大学、云南农业大学、贵州大学、山西农业大学、沈阳农业大学、中国农业大学、海南大学、北华大学、广西大学、南京农业大学								
3★(44个),2★(58个),1★(14个): 名单略								

0906 水产类(50)

排名	学校名称	星级	排名	学校名称	星级	排名	学校名称	星级
1	上海海洋大学	5★+	3	中国海洋大学	5★	5	大连海洋大学	5★-
2	华中农业大学	5★	4	西南大学	5★			
4★(5个): 宁波大学、浙江海洋大学、集美大学、天津农学院、广东海洋大学								
3★(15个),2★(20个),1★(5个): 名单略								

0907 草学类(30)

排名	学校名称	星级	排名	学校名称	星级	排名	学校名称	星级
1	兰州大学	5★	2	内蒙古农业大学	5★-	3	北京林业大学	5★-
4★(3个): 西北农林科技大学、四川农业大学、甘肃农业大学								
3★(9个),2★(12个),1★(3个): 名单略								

1001 基础医学类(30)

排名	学校名称	星级	排名	学校名称	星级	排名	学校名称	星级
1	北京大学	5★	2	复旦大学	5★-	3	南方医科大学	5★-
4★(3个): 哈尔滨医科大学、四川大学、中山大学								
3★(9个),2★(12个),1★(3个): 名单略								

1002 临床医学类（186）

排名	学校名称	星级	排名	学校名称	星级	排名	学校名称	星级
1	温州医科大学	5★+	8	河北医科大学	5★	15	郑州大学	5★-
2	中国医科大学	5★+	9	中南大学	5★	16	广州医科大学	5★-
3	重庆医科大学	5★	10	安徽医科大学	5★-	17	新疆医科大学	5★-
4	南京医科大学	5★	11	首都医科大学	5★-	18	昆明医科大学	5★-
5	山西医科大学	5★	12	徐州医科大学	5★-	19	广西医科大学	5★-
6	天津医科大学	5★	13	哈尔滨医科大学	5★-			
7	南方医科大学	5★	14	上海交通大学	5★-			

4★（18个）：华中科技大学、复旦大学、南昌大学、北京大学、贵州医科大学、大连医科大学、北京协和医学院、中山大学、浙江大学、苏州大学、南华大学、宁夏医科大学、兰州大学、南通大学、广东医科大学、福建医科大学、四川大学、吉林大学

3★（56个），2★（74个），1★（19个）：名单略

1003 口腔医学类（110）

排名	学校名称	星级	排名	学校名称	星级	排名	学校名称	星级
1	四川大学	5★+	5	武汉大学	5★	9	中国医科大学	5★-
2	上海交通大学	5★	6	南京医科大学	5★	10	重庆医科大学	5★-
3	北京大学	5★	7	首都医科大学	5★-	11	福建医科大学	5★-
4	中山大学	5★	8	山东大学	5★-			

4★（11个）：广西医科大学、同济大学、天津医科大学、哈尔滨医科大学、浙江大学、吉林大学、兰州大学、青岛大学、大连医科大学、第四军医大学、西安交通大学

3★（33个），2★（44个），1★（11个）：名单略

1004 公共卫生与预防医学类（118）

排名	学校名称	星级	排名	学校名称	星级	排名	学校名称	星级
1	上海交通大学	5★+	5	重庆医科大学	5★	9	广西医科大学	5★-
2	河北医科大学	5★	6	北京大学	5★	10	南京医科大学	5★-
3	四川大学	5★	7	中山大学	5★-	11	南方医科大学	5★-
4	华中科技大学	5★	8	安徽医科大学	5★-	12	复旦大学	5★-

4★（12个）：首都医科大学、天津医科大学、贵州医科大学、哈尔滨医科大学、浙江大学、山东大学、中国医科大学、山西医科大学、郑州大学、吉林大学、武汉大学、新疆医科大学

3★（35个），2★（47个），1★（12个）：名单略

1005 中医学类（73）

排名	学校名称	星级	排名	学校名称	星级	排名	学校名称	星级
1	成都中医药大学	5★+	4	北京中医药大学	5★	7	上海中医药大学	5★-
2	南京中医药大学	5★	5	广州中医药大学	5★-			
3	河南中医药大学	5★	6	山东中医药大学	5★-			

4★（8个）：广西中医药大学、湖南中医药大学、辽宁中医药大学、浙江中医药大学、黑龙江中医药大学、天津中医药大学、长春中医药大学、江西中医药大学

3★（22个），2★（29个），1★（7个）：名单略

1006 中西医结合类（50）

排名	学校名称	星级	排名	学校名称	星级	排名	学校名称	星级
1	上海中医药大学	5★+	2	湖南中医药大学	5★	3	成都中医药大学	5★

续表

排名	学校名称	星级	排名	学校名称	星级	排名	学校名称	星级
4	辽宁中医药大学	5★-	5	南京中医药大学	5★-			
4★（5个）：河北医科大学、华中科技大学、南方医科大学、天津中医药大学、黑龙江中医药大学								
3★（15个），2★（20个），1★（5个）：名单略								

1007　药学类（259）

排名	学校名称	星级	排名	学校名称	星级	排名	学校名称	星级
1	中国药科大学	5★+	10	吉林大学	5★	19	哈尔滨医科大学	5★-
2	沈阳药科大学	5★+	11	安徽医科大学	5★	20	中南大学	5★-
3	河北医科大学	5★+	12	福建医科大学	5★	21	山东大学	5★-
4	浙江大学	5★	13	广东药科大学	5★	22	上海交通大学	5★-
5	四川大学	5★	14	中国医科大学	5★-	23	郑州大学	5★-
6	天津医科大学	5★	15	中山大学	5★-	24	南京中医药大学	5★-
7	黑龙江中医药大学	5★	16	南方医科大学	5★-	25	重庆医科大学	5★-
8	首都医科大学	5★	17	复旦大学	5★-	26	安徽中医药大学	5★-
9	华东理工大学	5★	18	天津中医药大学	5★-			
4★（26个）：北京大学、昆明医科大学、延边大学、江苏大学、南京医科大学、浙江工业大学、新疆医科大学、华中科技大学、成都中医药大学、西安交通大学、暨南大学、中国海洋大学、温州医科大学、贵州医科大学、苏州大学、江西中医药大学、广州中医药大学、广西医科大学、徐州医科大学、南昌大学、桂林医学院、北京中医药大学、烟台大学、大连医科大学、辽宁中医药大学、山西医科大学								
3★（78个），2★（103个），1★（26个）：名单略								

1008　中药学类（129）

排名	学校名称	星级	排名	学校名称	星级	排名	学校名称	星级
1	中国药科大学	5★+	6	山东中医药大学	5★	11	江西中医药大学	5★-
2	天津中医药大学	5★	7	河南中医药大学	5★-	12	浙江中医药大学	5★-
3	南京中医药大学	5★	8	黑龙江中医药大学	5★-	13	广州中医药大学	5★-
4	成都中医药大学	5★	9	沈阳药科大学	5★-			
5	辽宁中医药大学	5★	10	北京中医药大学	5★-			
4★（13个）：湖北中医药大学、吉林农业大学、上海中医药大学、甘肃中医药大学、南方医科大学、湖南中医药大学、长春中医药大学、安徽中医药大学、陕西中医药大学、贵州中医药大学、西北大学、哈尔滨商业大学、福建中医药大学								
3★（39个），2★（51个），1★（13个）：名单略								

1009　法医学类（30）

排名	学校名称	星级	排名	学校名称	星级	排名	学校名称	星级
1	四川大学	5★	2	山西医科大学	5★	3	中国医科大学	5★-
4★（3个）：中山大学、西安交通大学、河北医科大学								
3★（9个），2★（12个），1★（3个）：名单略								

1010　医学技术类（242）

排名	学校名称	星级	排名	学校名称	星级	排名	学校名称	星级
1	四川大学	5★+	4	北京大学	5★	7	昆明医科大学	5★
2	南京医科大学	5★+	5	重庆医科大学	5★	8	温州医科大学	5★
3	天津医科大学	5★	6	南方医科大学	5★	9	首都医科大学	5★

续表

排名	学校名称	星级	排名	学校名称	星级	排名	学校名称	星级
10	浙江中医药大学	5★	15	河北医科大学	5★-	20	郑州大学	5★-
11	福建医科大学	5★	16	徐州医科大学	5★-	21	川北医学院	5★-
12	山西医科大学	5★	17	河南中医药大学	5★-	22	新乡医学院	5★-
13	滨州医学院	5★-	18	安徽医科大学	5★-	23	南昌大学	5★-
14	中国医科大学	5★-	19	福建中医药大学	5★-	24	上海交通大学	5★-

4★（24个）：蚌埠医学院、华中科技大学、黑龙江中医药大学、江苏大学、广州中医药大学、湖北医学院、宁夏医科大学、中南大学、广东医科大学、广西医科大学、大连医科大学、赣南医学院、南通大学、贵州医科大学、成都中医药大学、北华大学、广州医科大学、上海健康医学院、广西中医药大学、山东中医药大学、东南大学、锦州医科大学、同济大学、上海中医药大学

3★（73个），2★（97个），1★（24个）：名单略

1011　护理学类（278）

排名	学校名称	星级	排名	学校名称	星级	排名	学校名称	星级
1	山西医科大学	5★+	11	山东大学	5★	21	天津医科大学	5★-
2	北京大学	5★+	12	哈尔滨医科大学	5★	22	西安交通大学	5★-
3	福建医科大学	5★+	13	北京协和医学院	5★	23	广西医科大学	5★-
4	上海交通大学	5★	14	南京中医药大学	5★	24	安徽医科大学	5★-
5	浙江中医药大学	5★	15	南方医科大学	5★-	25	湖北中医药大学	5★-
6	复旦大学	5★	16	吉林大学	5★	26	郑州大学	5★-
7	四川大学	5★	17	华中科技大学	5★	27	武汉大学	5★-
8	重庆医科大学	5★	18	温州医科大学	5★	28	苏州大学	5★-
9	中山大学	5★	19	首都医科大学	5★			
10	中南大学	5★	20	南京医科大学	5★			

4★（28个）：贵州医科大学、黑龙江中医药大学、河北医科大学、成都中医药大学、天津中医药大学、广西中医药大学、遵义医科大学、华北理工大学、潍坊医学院、大连大学、锦州医科大学、广州医科大学、昆明医科大学、广州中医药大学、蚌埠医学院、滨州医学院、第四军医大学、山东中医药大学、徐州医科大学、第二军医大学、北京中医药大学、海南医学院、南昌大学、新乡医学院、福建中医药大学、杭州师范大学、川北医学院、延边大学

3★（83个），2★（111个），1★（28个）：名单略

1201　管理科学与工程类（736）

排名	学校名称	星级	排名	学校名称	星级	排名	学校名称	星级
1	北京交通大学	5★+	14	东北财经大学	5★	27	杭州电子科技大学	5★
2	重庆大学	5★+	15	大连理工大学	5★	28	上海大学	5★
3	天津大学	5★+	16	哈尔滨工业大学	5★	29	华东理工大学	5★
4	西安交通大学	5★+	17	西北工业大学	5★	30	北京航空航天大学	5★
5	吉林大学	5★+	18	中国人民大学	5★	31	南京农业大学	5★
6	北京师范大学	5★+	19	四川大学	5★	32	山西大学	5★
7	中南大学	5★+	20	华中师范大学	5★	33	华北电力大学	5★
8	清华大学	5★	21	东南大学	5★	34	西南交通大学	5★
9	河海大学	5★	22	中山大学	5★	35	南京大学	5★
10	合肥工业大学	5★	23	华中科技大学	5★	36	南京航空航天大学	5★
11	同济大学	5★	24	天津理工大学	5★	37	江西财经大学	5★
12	复旦大学	5★	25	浙江大学	5★	38	南开大学	5★-
13	武汉大学	5★	26	北京大学	5★	39	华东师范大学	5★-

续表

排名	学校名称	星级	排名	学校名称	星级	排名	学校名称	星级
40	西安建筑科技大学	5★-	52	北京邮电大学	5★-	64	上海财经大学	5★-
41	西安电子科技大学	5★-	53	中国地质大学(武汉)	5★-	65	中国矿业大学	5★-
42	华南理工大学	5★-	54	青岛理工大学	5★-	66	西南大学	5★-
43	福建工程学院	5★-	55	厦门大学	5★-	67	山东财经大学	5★-
44	山西财经大学	5★-	56	深圳大学	5★-	68	北京科技大学	5★-
45	福州大学	5★-	57	重庆交通大学	5★-	69	安徽大学	5★-
46	江苏大学	5★-	58	北京理工大学	5★-	70	山东理工大学	5★-
47	中南财经政法大学	5★-	59	南京理工大学	5★-	71	长安大学	5★-
48	郑州大学	5★-	60	南昌大学	5★-	72	苏州大学	5★-
49	山东科技大学	5★-	61	西安理工大学	5★-	73	山东大学	5★-
50	山东建筑大学	5★-	62	中国科学技术大学	5★-	74	西南财经大学	5★-
51	武汉理工大学	5★-	63	中央财经大学	5★-			

4★（73个）：郑州航空工业管理学院、济南大学、东华大学、东北大学、三峡大学、电子科技大学、昆明理工大学、安徽财经大学、兰州理工大学、国防科技大学、上海理工大学、中国医科大学、湘潭大学、华北水利水电大学、云南财经大学、大连外国语大学、西华大学、福建师范大学、长沙理工大学、浙江工业大学、黑龙江大学、北京工业大学、浙江工商大学、河南理工大学、辽宁工程技术大学、河北大学、天津师范大学、北京建筑大学、江苏科技大学、南京邮电大学、徐州工程学院、广东工业大学、武汉纺织大学、对外经济贸易大学、兰州交通大学、西南科技大学、沈阳建筑大学、桂林理工大学、河北建筑工程学院、天津工业大学、河北工程技术学院、太原理工大学、山西工商学院、上海交通大学、华侨大学、西京学院、南京财经大学、新乡医学院、北京信息科技大学、九江学院、贵州财经大学、四川师范大学、重庆邮电大学、河南财经政法大学、集美大学、南通大学、暨南大学、河北工程大学、兰州大学、江西师范大学、洛阳理工学院、大连海事大学、四川轻化工大学、河南工业大学、福州外语外贸学院、贵州理工学院、湖南工商大学、河南财政金融学院、河北科师范学院、上海工程技术大学、南京审计大学、山西工程技术学院、中国石油大学（华东）

3★（221个），2★（294个），1★（74个）：名单略

1202 工商管理类（1090）

排名	学校名称	星级	排名	学校名称	星级	排名	学校名称	星级
1	中央财经大学	5★+	20	广东财经大学	5★	39	上海对外贸大学	5★
2	东北财经大学	5★+	21	浙江大学	5★	40	江苏大学	5★
3	西安交通大学	5★+	22	复旦大学	5★	41	广东外语外贸大学	5★
4	西南财经大学	5★+	23	浙江财经大学	5★	42	河海大学	5★
5	中国人民大学	5★+	24	哈尔滨工业大学	5★	43	福州大学	5★
6	江西财经大学	5★+	25	云南财经大学	5★	44	武汉理工大学	5★
7	北京大学	5★+	26	华南理工大学	5★	45	北京交通大学	5★
8	暨南大学	5★+	27	吉林大学	5★	46	杭州电子科技大学	5★
9	中南财经政法大学	5★+	28	哈尔滨商业大学	5★	47	中国海洋大学	5★
10	厦门大学	5★+	29	华中科技大学	5★	48	东北大学	5★
11	浙江工商大学	5★+	30	武汉大学	5★	49	北京理工大学	5★
12	上海财经大学	5★	31	四川大学	5★	50	河南大学	5★
13	山西财经大学	5★	32	安徽财经大学	5★	51	清华大学	5★
14	天津财经大学	5★	33	南京大学	5★	52	华北电力大学	5★
15	对外经济贸易大学	5★	34	重庆大学	5★	53	郑州大学	5★
16	首都经济贸易大学	5★	35	中南大学	5★	54	西安理工大学	5★
17	山东大学	5★	36	上海交通大学	5★	55	云南大学	5★
18	南开大学	5★	37	河北经贸大学	5★	56	湖南大学	5★-
19	中山大学	5★	38	南京财经大学	5★	57	重庆工商大学	5★-

续表

排名	学校名称	星级	排名	学校名称	星级	排名	学校名称	星级
58	兰州财经大学	5★-	76	合肥工业大学	5★-	94	东华大学	5★-
59	华东理工大学	5★-	77	中国矿业大学	5★-	95	中国矿业大学（北京）	5★-
60	辽宁大学	5★-	78	石河子大学	5★-	96	吉林财经大学	5★-
61	西南交通大学	5★-	79	北京师范大学	5★-	97	重庆理工大学	5★-
62	同济大学	5★-	80	北京科技大学	5★-	98	武汉科技大学	5★-
63	海南大学	5★-	81	长沙理工大学	5★-	99	天津商业大学	5★-
64	湘潭大学	5★-	82	山东财经大学	5★-	100	安徽大学	5★-
65	新疆财经大学	5★-	83	西南民族大学	5★-	101	青岛大学	5★-
66	西南大学	5★-	84	西北大学	5★-	102	电子科技大学	5★-
67	内蒙古财经大学	5★-	85	贵州财经大学	5★-	103	东南大学	5★-
68	哈尔滨理工大学	5★-	86	南京审计大学	5★-	104	南昌大学	5★-
69	华侨大学	5★-	87	北京联合大学	5★-	105	云南民族大学	5★-
70	浙江工业大学	5★-	88	上海理工大学	5★-	106	苏州大学	5★-
71	大连理工大学	5★-	89	天津大学	5★-	107	中国地质大学（武汉）	5★-
72	北京工商大学	5★-	90	四川师范大学	5★-	108	东北师范大学	5★-
73	河南财经政法大学	5★-	91	华东师范大学	5★-	109	西安财经大学	5★-
74	深圳大学	5★-	92	广西大学	5★-			
75	湖南工商大学	5★-	93	广东工业大学	5★-			

4★（109个）：渤海大学、华中农业大学、汕头大学、广州大学、华南师范大学、华南农业大学、上海大学、西南政法大学、安徽工业大学、兰州理工大学、上海立信会计金融学院、兰州大学、河南理工大学、湖南工业大学、中南民族大学、燕山大学、西安建筑科技大学、山西大学、扬州大学、广州工商学院、西华大学、南华大学、济南大学、中国农业大学、大连大学、武汉纺织大学、南京农业大学、沈阳大学、中国石油大学（北京）、郑州航空工业管理学院、宁波大学、北京化工大学、河北地质大学、天津工业大学、广西师范大学、上海海事大学、北京航空航天大学、江西师范大学、陕西科技大学、中南林业科技大学、中国石油大学（华东）、黑龙江科技大学、西北工业大学、中原工学院、桂林理工大学、内蒙古大学、内蒙古农业大学、华中师范大学、青海大学、北京林业大学、山东管理学院、吉首大学、福建农林大学、北方工业大学、南京师范大学、内蒙古工业大学、河北工业大学、齐鲁工业大学、青岛科技大学、景德镇陶瓷大学、上海工程技术大学、山东工商学院、长安大学、昆明理工大学、河南工业大学、山东农业大学、福建师范大学、辽宁石油化工大学、福建江夏学院、东北农业大学、南京理工大学、中国地质大学（北京）、浙江工商大学、河南大学、长江大学、东北电力大学、河北大学、山东建筑大学、贵州大学、浙江师范大学、山西工商学院、华东交通大学、江苏科技大学、山东科技大学、成都理工大学、南京航空航天大学、大连交通大学、湖北大学、北京信息科技大学、辽宁师范大学、甘肃政法大学、湖南农业大学、湖南科技大学、南通大学、黑龙江八一农垦大学、江西理工大学、河南牧业经济学院、中央民族大学、广西财经学院、南京工业大学、北京工业大学、上海师范大学、东北石油大学、辽宁科技大学、湖南师范大学、黑龙江大学、江西农业大学、沈阳工业大学、西南石油大学

3★（327个），2★（436个），1★（109个）：名单略

1203 农业经济管理类（70）

排名	学校名称	星级	排名	学校名称	星级	排名	学校名称	星级
1	中国人民大学	5★+	4	华中农业大学	5★	7	华南农业大学	5★-
2	南京农业大学	5★	5	浙江大学	5★-			
3	中国农业大学	5★	6	西北农林科技大学	5★-			

4★（7个）：四川农业大学、西南大学、河北农业大学、北京林业大学、东北林业大学、福建农林大学、山东农业大学

3★（21个），2★（28个），1★（7个）：名单略

1204 公共管理类（600）

排名	学校名称	星级	排名	学校名称	星级	排名	学校名称	星级
1	中国人民大学	5★+	3	南京农业大学	5★+	5	浙江大学	5★+
2	武汉大学	5★+	4	中南财经政法大学	5★+	6	四川大学	5★+

续表

排名	学校名称	星级	排名	学校名称	星级	排名	学校名称	星级
7	东北大学	5★	25	中南大学	5★	43	浙江财经大学	5★-
8	西北大学	5★	26	华中师范大学	5★	44	厦门大学	5★-
9	北京大学	5★	27	河南大学	5★	45	贵州大学	5★-
10	东北财经大学	5★	28	上海财经大学	5★	46	南京师范大学	5★-
11	西安交通大学	5★	29	山东大学	5★	47	华南理工大学	5★-
12	华南农业大学	5★	30	华中农业大学	5★	48	华东理工大学	5★-
13	吉林大学	5★	31	对外经济贸易大学	5★-	49	北京航空航天大学	5★-
14	南京大学	5★	32	中国矿业大学	5★-	50	福建农林大学	5★-
15	复旦大学	5★	33	南昌大学	5★-	51	西南大学	5★-
16	湘潭大学	5★	34	华中科技大学	5★-	52	中国政法大学	5★-
17	兰州大学	5★	35	南开大学	5★-	53	西南财经大学	5★-
18	苏州大学	5★	36	内蒙古大学	5★-	54	电子科技大学	5★-
19	云南大学	5★	37	中央财经大学	5★-	55	重庆大学	5★-
20	中山大学	5★	38	中国农业大学	5★-	56	上海师范大学	5★-
21	华东师范大学	5★	39	湖南农业大学	5★-	57	华南师范大学	5★-
22	华东政法大学	5★	40	中南民族大学	5★-	58	北京师范大学	5★-
23	首都经济贸易大学	5★	41	上海交通大学	5★-	59	中国地质大学(武汉)	5★-
24	郑州大学	5★	42	杭州师范大学	5★-	60	首都医科大学	5★-

4★(60个)：安徽财经大学、山西财经大学、福州大学、大连海事大学、河北经贸大学、燕山大学、长安大学、安徽医科大学、江西农业大学、暨南大学、武汉科技大学、东北师范大学、西南政法大学、华北电力大学、山东财经大学、河北师范大学、南宁师范大学、中央民族大学、哈尔滨商业大学、西南交通大学、大连理工大学、东北农业大学、甘肃农业大学、福建师范大学、上海工程技术大学、内蒙古师范大学、河南理工大学、武汉理工大学、辽宁大学、浙江工商大学、黑龙江大学、南京中医药大学、南京医科大学、河海大学、贵州财经大学、上海海事大学、天津工业大学、云南财经大学、海南大学、天津商业大学、广西师范大学、山东农业大学、潍坊医学院、云南民族大学、广州中医药大学、山西农业大学、青海民族大学、山东师范大学、广西民族大学、中国地质大学(北京)、哈尔滨医科大学、哈尔滨师范大学、西华师范大学、重庆医科大学、西北师范大学、西北政法大学、东南大学、云南师范大学、成都中医药大学、浙江工业大学

3★(180个)，2★(240个)，1★(60个)：名单略

1205　图书情报与档案管理类（52）

排名	学校名称	星级	排名	学校名称	星级	排名	学校名称	星级
1	武汉大学	5★+	3	南京大学	5★	5	中山大学	5★-
2	中国人民大学	5★	4	湘潭大学	5★-			

4★(5个)：黑龙江大学、上海大学、河北大学、北京大学、云南大学

3★(16个)，2★(21个)，1★(5个)：名单略

1206　物流管理与工程类（528）

排名	学校名称	星级	排名	学校名称	星级	排名	学校名称	星级
1	上海海事大学	5★+	8	重庆大学	5★	15	东北财经大学	5★
2	北京物资学院	5★+	9	东南大学	5★	16	华中科技大学	5★
3	西南交通大学	5★+	10	浙江工商大学	5★	17	江西财经大学	5★
4	武汉理工大学	5★+	11	云南财经大学	5★	18	北京工商大学	5★
5	北京交通大学	5★+	12	重庆工商大学	5★	19	大连理工大学	5★
6	同济大学	5★	13	吉林大学	5★	20	河南工业大学	5★
7	哈尔滨商业大学	5★	14	湖南工商大学	5★	21	大连海事大学	5★

续表

排名	学校名称	星级	排名	学校名称	星级	排名	学校名称	星级
22	中央财经大学	5★	33	重庆交通大学	5★-	44	中南财经政法大学	5★-
23	浙江大学	5★	34	福州大学	5★-	45	贵州商学院	5★-
24	北京科技大学	5★	35	上海对外经贸大学	5★-	46	渤海大学	5★-
25	南京财经大学	5★	36	深圳大学	5★-	47	华侨大学	5★-
26	南开大学	5★	37	山西财经大学	5★-	48	浙江万里学院	5★-
27	山东大学	5★-	38	天津财经大学	5★-	49	华南师范大学	5★-
28	中南林业科技大学	5★-	39	北京化工大学	5★-	50	太原学院	5★-
29	华南理工大学	5★-	40	长安大学	5★-	51	武汉纺织大学	5★-
30	西南财经大学	5★-	41	武汉大学	5★-	52	中南大学	5★-
31	广州工商学院	5★-	42	江苏大学	5★-	53	天津大学	5★-
32	对外经济贸易大学	5★-	43	苏州大学	5★-			

4★（53个）：东华大学、重庆第二师范学院、桂林航天工业学院、广州商学院、天津科技大学、广东理工学院、武汉商学院、广州大学、四川工业科技学院、长沙理工大学、郑州财经学院、广西科技师范学院、临沂大学、内蒙古工业大学、华东理工大学、安徽工业大学、河南财政金融学院、合肥工业大学、广东财经大学、湖南应用技术学院、厦门华厦学院、首都经济贸易大学、太原理工大学、广州航海学院、武汉轻工大学、中国民航大学、郑州科技学院、郑州大学、大连工业大学、沈阳师范大学、浙江工程技术大学、上海工程技术大学、青岛大学、信阳农林学院、沈阳工程学院、青岛科技大学、吉利学院、安徽大学、兰州交通大学、武夷学院、商丘师范学院、江西应用技术学院、营口工学院、武汉科技大学、湖南工学院、宁波工程学院、南京邮电大学、山东科技大学、华北水利水电大学、广西科技大学、昆明理工大学、成都信息工程大学、福建江夏学院

3★（158个），2★（211个），1★（53个）：名单略

1207 工业工程类（162）

排名	学校名称	星级	排名	学校名称	星级	排名	学校名称	星级
1	清华大学	5★+	7	电子科技大学	5★	13	昆明理工大学	5★-
2	上海交通大学	5★+	8	南京航空航天大学	5★	14	郑州大学	5★-
3	中国计量大学	5★	9	东北大学	5★-	15	北京理工大学	5★-
4	华中科技大学	5★	10	江南大学	5★-	16	天津理工大学	5★-
5	重庆大学	5★	11	天津大学	5★-			
6	浙江工业大学	5★	12	西北工业大学	5★-			

4★（16个）：同济大学、四川大学、西南交通大学、南京大学、吉林大学、浙江大学、广东理工学院、南京财经大学、西安交通大学、燕山大学、南京农业大学、中国矿业大学、河北工业大学、温州大学、西安理工大学、南宁学院

3★（49个），2★（65个），1★（16个）：名单略

1208 电子商务类（486）

排名	学校名称	星级	排名	学校名称	星级	排名	学校名称	星级
1	北京邮电大学	5★+	11	北京交通大学	5★	21	云南财经大学	5★
2	浙江工商大学	5★+	12	哈尔滨工程大学	5★	22	大连理工大学	5★
3	对外经济贸易大学	5★+	13	上海财经大学	5★	23	西安财经大学	5★
4	湖南大学	5★+	14	合肥工业大学	5★	24	武汉大学	5★
5	杭州师范大学	5★+	15	河南工业大学	5★	25	南京财经大学	5★-
6	山东财经大学	5★	16	暨南大学	5★	26	燕山大学	5★-
7	东北财经大学	5★	17	西南财经大学	5★	27	东南大学	5★-
8	西安交通大学	5★	18	厦门大学	5★	28	哈尔滨工业大学	5★-
9	中央财经大学	5★	19	华南理工大学	5★	29	武汉商学院	5★-
10	广东财经大学	5★	20	江西财经大学	5★	30	湖南信息学院	5★-

续表

排名	学校名称	星级	排名	学校名称	星级	排名	学校名称	星级
31	华中师范大学	5★-	38	泉州信息工程学院	5★-	45	广东外语外贸大学	5★-
32	山西大学	5★-	39	中南财经政法大学	5★-	46	上海师范大学	5★-
33	深圳大学	5★-	40	华南师范大学	5★-	47	广东工业大学	5★-
34	南京大学	5★-	41	西安邮电大学	5★-	48	沈阳理工大学	5★-
35	河南大学	5★-	42	成都东软学院	5★-	49	华侨大学	5★-
36	天津大学	5★-	43	江西工程学院	5★-			
37	广东金融学院	5★-	44	郑州财经学院	5★-			

4★（48个）：南开大学、东华大学、广东东软学院、首都经济贸易大学、上海商学院、天津财经大学、武汉理工大学、重庆工程学院、广州商学院、山西财经大学、广州航海学院、南京审计大学、浙江万里学院、河南财经政法大学、大连东软信息学院、浙江师范大学、电子科技大学、贵州商学院、郑州大学、武汉工商学院、浙江财经大学、哈尔滨商业大学、河北工程技术学院、吉林财经大学、东北大学、重庆师范大学、青岛黄海学院、郑州科技学院、贵州师范大学、南昌理工学院、湘潭大学、西京学院、西安培华学院、西安石油大学、湖北商贸学院、商丘师范学院、闽江学院、泉州师范学院、阜阳师范大学、湖北工业大学、南京农业大学、郑州轻工业大学、山东师范大学、河北科技大学、武汉工程大学、首都师范大学、重庆理工大学、黑龙江大学

3★（146个），2★（194个），1★（49个）：名单略

1209 旅游管理类（562）

排名	学校名称	星级	排名	学校名称	星级	排名	学校名称	星级
1	中山大学	5★+	20	沈阳师范大学	5★	39	广州大学	5★-
2	北京第二外国语学院	5★+	21	郑州大学	5★	40	江西财经大学	5★-
3	湖南师范大学	5★+	22	华东师范大学	5★	41	北京交通大学	5★-
4	上海师范大学	5★+	23	江西科技师范大学	5★	42	宁波大学	5★-
5	华南理工大学	5★+	24	云南大学	5★	43	西南民族大学	5★-
6	云南财经大学	5★+	25	中南林业科技大学	5★	44	浙江大学	5★-
7	南开大学	5★	26	西南财经大学	5★	45	西北大学	5★-
8	华南师范大学	5★	27	陕西师范大学	5★	46	四川旅游学院	5★-
9	桂林理工大学	5★	28	中南财经政法大学	5★	47	广东财经大学	5★-
10	华侨大学	5★	29	复旦大学	5★-	48	西安外国语大学	5★-
11	北京联合大学	5★	30	桂林旅游学院	5★-	49	新疆大学	5★-
12	四川大学	5★	31	东北财经大学	5★-	50	西北师范大学	5★-
13	厦门大学	5★	32	天津商业大学	5★-	51	湘潭大学	5★-
14	海南大学	5★	33	河北经贸大学	5★-	52	南昌大学	5★-
15	暨南大学	5★	34	燕山大学	5★-	53	四川师范大学	5★-
16	云南师范大学	5★	35	湖北大学	5★-	54	上海对外经贸大学	5★-
17	福建师范大学	5★	36	浙江工商大学	5★-	55	青岛大学	5★-
18	哈尔滨商业大学	5★	37	山西财经大学	5★-	56	黄山学院	5★-
19	安徽师范大学	5★	38	中国海洋大学	5★-			

4★（56个）：扬州大学、新疆师范大学、内蒙古大学、广西师范大学、吉首大学、重庆工商大学、新疆财经大学、首都师范大学、河南大学、太原学院、南京师范大学、东南大学、贵州商学院、河南财经大学、北京林业大学、重庆交通大学、重庆师范大学、西南大学、贵州师范大学、南京农业大学、武夷学院、三亚学院、中央民族大学、北京工商大学、湖南工商大学、贵州财经大学、中国地质大学（武汉）、成都理工大学、山西大学、重庆文理学院、江西师范大学、青海民族大学、黑龙江大学、东华大学、天津财经大学、上海杉达学院、渤海大学、四川农业大学、内蒙古财经大学、浙江万里学院、河南理工大学、乐山师范学院、浙江越秀外国语学院、大连大学、河南财经政法大学、南京财经大学、河南科技大学、大连海事大学、上海工程技术大学、山东师范大学、辽宁师范大学、成都大学、云南民族大学、海南热带海洋学院、哈尔滨理工大学、忻州师范学院

3★（169个），2★（225个），1★（56个）：名单略

1301 艺术学理论类（25）

排名	学校名称	星级	排名	学校名称	星级	排名	学校名称	星级
1	中央美术学院	5★	2	中国美术学院	5★-	3	清华大学	5★-
4★（2个）：西安美术学院、北京大学							
3★（8个），2★（10个），1★（2个）：名单略							

1302 音乐与舞蹈学类（509）

排名	学校名称	星级	排名	学校名称	星级	排名	学校名称	星级
1	南京艺术学院	5★+	18	山东艺术学院	5★	35	延边大学	5★-
2	上海音乐学院	5★+	19	云南艺术学院	5★	36	西藏大学	5★-
3	中央音乐学院	5★+	20	山东师范大学	5★	37	新疆师范大学	5★-
4	星海音乐学院	5★+	21	上海师范大学	5★	38	河南大学	5★-
5	沈阳音乐学院	5★+	22	华中师范大学	5★	39	南京师范大学	5★-
6	中国音乐学院	5★	23	吉林艺术学院	5★	40	浙江传媒学院	5★-
7	四川音乐学院	5★	24	西南大学	5★	41	中国传媒大学	5★-
8	西安音乐学院	5★	25	云南师范大学	5★	42	武汉体育学院	5★-
9	湖南师范大学	5★	26	哈尔滨师范大学	5★-	43	临沂大学	5★-
10	武汉音乐学院	5★	27	浙江音乐学院	5★	44	西南民族大学	5★-
11	北京舞蹈学院	5★	28	内蒙古师范大学	5★	45	郑州大学	5★-
12	天津音乐学院	5★	29	中央民族大学	5★	46	广西师范大学	5★-
13	广西艺术学院	5★	30	西北师范大学	5★	47	洛阳师范学院	5★-
14	华南师范大学	5★	31	福建师范大学	5★	48	浙江师范大学	5★-
15	首都师范大学	5★	32	安徽师范大学	5★	49	沈阳师范大学	5★-
16	四川师范大学	5★	33	陕西师范大学	5★	50	北京师范大学	5★-
17	山西大学	5★	34	齐齐哈尔大学	5★	51	厦门大学	5★-
4★（51个）：西安体育学院、济南大学、内蒙古艺术学院、华东师范大学、东北师范大学、深圳大学、湖南文理学院、西北民族大学、江苏师范大学、曲阜师范大学、新疆艺术学院、佳木斯大学、贵州民族大学、中国戏曲学院、上海大学、大连大学、山西师范大学、南通大学、南昌大学、贵州大学、扬州大学、湖南科技大学、河南师范大学、江西科技师范大学、肇庆学院、江西师范大学、山东大学、燕山大学、天津师范大学、四川工商学院、江南大学、兰州城市学院、聊城大学、长沙师范学院、上饶师范学院、辽宁师范大学、河北大学、潍坊学院、广州大学、广东海洋大学、兰州文理学院、四川大学、河北师范大学、哈尔滨体育学院、北京体育大学、云南民族大学、重庆师范大学、东北石油大学、湖南涉外经济学院、苏州大学、天津体育学院							
3★（153个），2★（203个），1★（51个）：名单略							

1303 戏剧与影视学类（530）

排名	学校名称	星级	排名	学校名称	星级	排名	学校名称	星级
1	中国传媒大学	5★+	11	云南艺术学院	5★	21	福建师范大学	5★
2	北京电影学院	5★+	12	四川音乐学院	5★	22	南京师范大学	5★
3	中央戏剧学院	5★+	13	上海大学	5★	23	黄冈师范学院	5★
4	南京艺术学院	5★+	14	北京师范大学	5★	24	四川传媒学院	5★
5	上海戏剧学院	5★+	15	内蒙古大学	5★	25	四川美术学院	5★
6	浙江传媒学院	5★	16	河北传媒学院	5★	26	西南大学	5★
7	中国戏曲学院	5★	17	广西艺术学院	5★	27	中国美术学院	5★
8	山西师范大学	5★	18	天津师范大学	5★	28	陕西师范大学	5★-
9	山西传媒学院	5★	19	北京大学	5★	29	临沂大学	5★-
10	四川师范大学	5★	20	辽宁师范大学	5★	30	安徽师范大学	5★-

续表

排名	学校名称	星级	排名	学校名称	星级	排名	学校名称	星级
31	吉林动画学院	5★-	39	东南大学	5★-	47	上海师范大学	5★-
32	重庆邮电大学	5★-	40	哈尔滨师范大学	5★-	48	四川文化艺术学院	5★-
33	吉林艺术学院	5★-	41	华东师范大学	5★-	49	成都大学	5★-
34	山东艺术学院	5★-	42	长春师范大学	5★-	50	西安体育学院	5★-
35	陕西科技大学	5★-	43	黄淮学院	5★-	51	新乡学院	5★-
36	鲁迅美术学院	5★-	44	重庆大学	5★-	52	大连艺术学院	5★-
37	厦门大学	5★-	45	辽宁大学	5★-	53	浙江师范大学	5★-
38	武汉大学	5★-	46	南昌理工学院	5★-			

4★（53个）：天津工业大学、武汉传媒学院、湖北美术学院、深圳大学、东北师范大学、广州美术学院、湖北文理学院、武汉音乐学院、南京传媒学院、武夷学院、许昌学院、西安工程大学、九江学院、沈阳音乐学院、吉林体育学院、天津音乐学院、成都文理学院、杭州师范大学、上饶师范学院、洛阳师范学院、河南大学、河北美术学院、南宁师范大学、贵州民族大学、汉口学院、成都理工大学、长沙师范学院、南阳师范学院、湖北民族大学、重庆师范大学、辽宁传媒学院、安庆师范大学、江西科技师范大学、西安培华学院、武汉理工大学、乐山师范学院、西北大学、福州外语外贸学院、南昌航空大学、北京城市学院、江西师范大学、湖南师范大学、上海音乐学院、海口经济学院、成都东软学院、曲阜师范大学、新疆艺术学院、四川大学、渭南师范学院、北海艺术设计学院、山东师范大学、荆楚理工学院、河北大学

3★（159个），2★（212个），1★（53个）：名单略

1304 美术学类（465）

排名	学校名称	星级	排名	学校名称	星级	排名	学校名称	星级
1	中国美术学院	5★+	17	华东师范大学	5★	33	北京师范大学	5★-
2	中央美术学院	5★+	18	山东艺术学院	5★	34	北京电影学院	5★-
3	南京艺术学院	5★+	19	西南大学	5★	35	华中师范大学	5★-
4	西安美术学院	5★+	20	云南艺术学院	5★	36	西南民族大学	5★-
5	清华大学	5★+	21	东北师范大学	5★	37	江苏师范大学	5★-
6	哈尔滨师范大学	5★	22	吉林艺术学院	5★	38	景德镇陶瓷大学	5★-
7	广西艺术学院	5★	23	陕西师范大学	5★	39	湖南科技大学	5★-
8	广州美术学院	5★	24	西北师范大学	5★-	40	江西师范大学	5★-
9	上海大学	5★	25	山东工艺美术学院	5★-	41	山东大学	5★-
10	四川大学	5★	26	福建师范大学	5★-	42	广西师范大学	5★-
11	四川美术学院	5★	27	杭州师范大学	5★-	43	内蒙古师范大学	5★-
12	湖北美术学院	5★	28	山东师范大学	5★-	44	四川师范大学	5★-
13	鲁迅美术学院	5★	29	曲阜师范大学	5★-	45	河南大学	5★-
14	南京师范大学	5★	30	中国人民大学	5★-	46	河北师范大学	5★-
15	首都师范大学	5★	31	浙江大学	5★-	47	上海师范大学	5★-
16	湖南师范大学	5★	32	东南大学	5★-			

4★（46个）：中央民族大学、新疆师范大学、四川音乐学院、云南师范大学、云南大学、沈阳师范大学、苏州大学、聊城大学、安徽师范大学、淮北师范大学、渤海大学、吉林师范大学、西安交通大学、南通大学、深圳大学、华南师范大学、郑州大学、天津美术学院、浙江师范大学、海南师范大学、北华大学、河南师范大学、贵州师范大学、佳木斯大学、吉林大学、长沙师范学院、河北师范大学、扬州大学、西藏大学、齐齐哈尔大学、福州大学、辽宁师范大学、北京服装学院、临沂大学、浙江传媒学院、山西大学、江南大学、新疆艺术学院、浙江理工大学、江苏大学、山西大同大学、山东建筑大学、暨南大学、大连工业大学、天津师范大学

3★（140个），2★（186个），1★（46个）：名单略

1305 设计学类（897）

排名	学校名称	星级	排名	学校名称	星级	排名	学校名称	星级
1	清华大学	5★+	2	中国美术学院	5★+	3	南京艺术学院	5★+

续表

排名	学校名称	星级	排名	学校名称	星级	排名	学校名称	星级
4	江南大学	5★+	33	天津理工大学	5★	62	湖南师范大学	5★-
5	中央美术学院	5★+	34	华南理工大学	5★	63	云南大学	5★-
6	山东工艺美术学院	5★+	35	湖北工业大学	5★	64	汕头大学	5★-
7	同济大学	5★+	36	广西师范大学	5★	65	深圳大学	5★-
8	西安美术学院	5★+	37	中国传媒大学	5★	66	九江学院	5★-
9	鲁迅美术学院	5★+	38	上海工程技术大学	5★	67	云南艺术学院	5★-
10	湖北美术学院	5★	39	南京林业大学	5★	68	广东工业大学	5★-
11	大连工业大学	5★	40	中国地质大学（武汉）	5★	69	燕山大学	5★-
12	北京服装学院	5★	41	厦门理工学院	5★	70	安徽工程大学	5★-
13	四川美术学院	5★	42	东北师范大学	5★	71	上海视觉艺术学院	5★-
14	浙江理工大学	5★	43	内蒙古师范大学	5★	72	华中科技大学	5★-
15	广州美术学院	5★	44	湖北工程学院	5★	73	西安工业大学	5★-
16	武汉理工大学	5★	45	北京师范大学	5★	74	北京工业大学	5★-
17	广西艺术学院	5★	46	辽东学院	5★-	75	湖南工商大学	5★-
18	郑州轻工业大学	5★	47	西安建筑科技大学	5★-	76	北京林业大学	5★-
19	武汉纺织大学	5★	48	上海大学	5★-	77	西安交通大学	5★-
20	西安工程大学	5★	49	大连艺术学院	5★-	78	华南农业大学	5★-
21	福州大学	5★	50	北京联合大学	5★-	79	中央民族大学	5★-
22	天津美术学院	5★	51	浙江科技学院	5★-	80	山东艺术学院	5★-
23	吉林艺术学院	5★	52	温州大学	5★-	81	湖北科技学院	5★-
24	湖南工业大学	5★	53	太原理工大学	5★-	82	浙江工业大学	5★-
25	齐鲁工业大学	5★	54	北京城市学院	5★-	83	四川大学	5★-
26	中原工学院	5★	55	广东技术师范大学	5★-	84	安徽建筑大学	5★-
27	苏州大学	5★	56	北京理工大学	5★-	85	湘南学院	5★-
28	四川师范大学	5★	57	中南林业科技大学	5★-	86	武汉东湖学院	5★-
29	华东师范大学	5★	58	浙江大学	5★-	87	上海交通大学	5★-
30	江西科技师范大学	5★	59	重庆大学	5★-	88	武汉大学	5★-
31	长沙理工大学	5★	60	湖南工程学院	5★-	89	河北美术学院	5★-
32	天津师范大学	5★	61	上海音乐学院	5★-	90	江西科技学院	5★-

4★（89个）：哈尔滨理工大学、嘉兴学院、湖南女子学院、德州学院、黄淮学院、闽江学院、南昌大学、山东大学、上海理工大学、武汉设计工程学院、商丘师范学院、成都大学、桂林电子科技大学、江汉大学、西南林业大学、徐州工程学院、燕京理工学院、北海艺术设计学院、东南大学、河北科技大学、吉林建筑大学、安徽大学、四川农业大学、昆明学院、许昌学院、长春建筑学院、南京信息工程大学、吉林动画学院、四川音乐学院、湖南理工学院、临沂大学、青岛大学、山东英才学院、南华大学、西华大学、重庆邮电大学、厦门大学、新乡学院、菏泽学院、广西科技大学、渭南师范学院、华东理工大学、陕西服装工程学院、青岛农业大学、桂林理工大学、沈阳航空航天大学、哈尔滨广厦学院、杭州师范大学、哈尔滨商业大学、乐山师范学院、山东师范大学、吉林大学、淮阴师范学院、青岛科技大学、闽南理工学院、上海建桥学院、昆明理工大学、湖北理工学院、咸阳师范学院、邢台学院、山西大学、西安欧亚学院、浙江传媒学院、金陵科技学院、中南财经政法大学、天津科技大学、浙江师范大学、南开大学、荆楚理工学院、河南工程学院、齐齐哈尔大学、天津大学、西南大学、河北工业大学、成都理工大学、广东财经大学、武汉城市学院、哈尔滨师范大学、上海应用技术大学、景德镇陶瓷大学、内蒙古大学、扬州大学、鞍山师范学院、云南财经大学、湖北师范大学、吉林工程技术师范学院、郑州大学、黑龙江大学、贺州学院

3★（270个），2★（358个），1★（90个）：名单略

中国大学本科教育分专业竞争力排行榜

010101 哲学（70）

排名	学校名称	星级	排名	学校名称	星级	排名	学校名称	星级
1	复旦大学	5★+	4	南京大学	5★	7	山东大学	5★-
2	中国人民大学	5★	5	中山大学	5★			
3	北京大学	5★	6	吉林大学	5★			
4★（7个）：北京师范大学、武汉大学、南开大学、黑龙江大学、南京师范大学、清华大学、华东师范大学								
3★（21个），2★（28个），1★（7个）：名单略								

020101 经济学（345）

排名	学校名称	星级	排名	学校名称	星级	排名	学校名称	星级
1	南京大学	5★+	13	吉林大学	5★	25	东北财经大学	5★-
2	复旦大学	5★+	14	西北大学	5★	26	山西财经大学	5★-
3	北京大学	5★+	15	福建师范大学	5★	27	山东大学	5★-
4	南开大学	5★	16	暨南大学	5★	28	湖南大学	5★-
5	北京师范大学	5★	17	中央财经大学	5★	29	西安交通大学	5★-
6	清华大学	5★	18	辽宁大学	5★-	30	江西财经大学	5★-
7	武汉大学	5★	19	中山大学	5★-	31	陕西师范大学	5★-
8	中国人民大学	5★	20	华中科技大学	5★-	32	首都经济贸易大学	5★-
9	西南财经大学	5★	21	湘潭大学	5★-	33	北京交通大学	5★-
10	厦门大学	5★	22	中南财经政法大学	5★-	34	浙江工商大学	5★-
11	上海财经大学	5★	23	河南大学	5★-	35	云南大学	5★-
12	四川大学	5★	24	浙江大学	5★-			
4★（34个）：南昌大学、北京理工大学、深圳大学、华南师范大学、重庆工商大学、山东财经大学、安徽财经大学、中国地质大学（武汉）、南京财经大学、中国政法大学、山西大学、湖北大学、中国海洋大学、新疆财经大学、云南财经大学、东北大学、西南大学、华侨大学、华南理工大学、湖南师范大学、东南大学、华中师范大学、四川师范大学、浙江财经大学、东北师范大学、天津财经大学、哈尔滨商业大学、兰州大学、黑龙江大学、大连理工大学、中国地质大学（北京）、宁波大学、中央民族大学、杭州电子科技大学								
3★（104个），2★（138个），1★（34个）：名单略								

020102 经济统计学（135）

排名	学校名称	星级	排名	学校名称	星级	排名	学校名称	星级
1	上海财经大学	5★+	6	江西财经大学	5★	11	天津财经大学	5★-
2	东北财经大学	5★	7	西安交通大学	5★	12	北京工业大学	5★-
3	对外经济贸易大学	5★	8	南京财经大学	5★-	13	哈尔滨商业大学	5★-
4	西南财经大学	5★	9	暨南大学	5★-	14	山东财经大学	5★-
5	中国人民大学	5★	10	中南财经政法大学	5★-			
4★（13个）：中央财经大学、西北大学、华中科技大学、新疆财经大学、厦门大学、辽宁大学、河南大学、山西大学、首都经济贸易大学、山西财经大学、浙江工商大学、河北大学、上海对外经贸大学								
3★（41个），2★（54个），1★（13个）：名单略								

020103T 国民经济管理（8）

排名	学校名称	星级	排名	学校名称	星级	排名	学校名称	星级
1	中国人民大学	5★-						
4★（1个）：辽宁大学									
3★（2个），2★（3个），1★（1个）：名单略									

020104T 资源与环境经济学（12）

排名	学校名称	星级	排名	学校名称	星级	排名	学校名称	星级
1	北京大学	5★						
4★（1个）：中国人民大学									
3★（4个），2★（5个），1★（1个）：名单略									

020105T 商务经济学（20）

排名	学校名称	星级	排名	学校名称	星级	排名	学校名称	星级
1	南开大学	5★	2	兰州财经大学	5★-			
4★（2个）：哈尔滨商业大学、湖北经济学院									
3★（6个），2★（8个），1★（2个）：名单略									

020106T 能源经济（15）

排名	学校名称	星级	排名	学校名称	星级	排名	学校名称	星级
1	中国人民大学	5★	2	山西财经大学	5★-			
4★（1个）：中国石油大学（北京）									
3★（5个），2★（6个），1★（1个）：名单略									

020201K 财政学（83）

排名	学校名称	星级	排名	学校名称	星级	排名	学校名称	星级
1	中国人民大学	5★+	4	中南财经政法大学	5★	7	北京大学	5★-
2	上海财经大学	5★	5	中央财经大学	5★-	8	山东大学	5★-
3	西南财经大学	5★	6	浙江财经大学	5★-			
4★（9个）：对外经济贸易大学、江西财经大学、辽宁大学、东北财经大学、山东财经大学、厦门大学、天津财经大学、云南财经大学、南开大学									
3★（25个），2★（33个），1★（8个）：名单略									

020202 税收学（89）

排名	学校名称	星级	排名	学校名称	星级	排名	学校名称	星级
1	上海财经大学	5★+	4	中国人民大学	5★	7	对外经济贸易大学	5★-
2	西南财经大学	5★	5	江西财经大学	5★-	8	东北财经大学	5★-
3	中南财经政法大学	5★	6	中央财经大学	5★-	9	山东财经大学	5★-
4★（9个）：浙江财经大学、首都经济贸易大学、广东财经大学、吉林财经大学、天津财经大学、内蒙古财经大学、南京财经大学、山西财经大学、哈尔滨商业大学									
3★（27个），2★（35个），1★（9个）：名单略									

020301K 金融学（385）

排名	学校名称	星级	排名	学校名称	星级	排名	学校名称	星级
1	中国人民大学	5★+	14	东北财经大学	5★	27	首都经济贸易大学	5★-
2	中央财经大学	5★+	15	江西财经大学	5★	28	华东师范大学	5★-
3	对外经济贸易大学	5★+	16	武汉大学	5★	29	山西财经大学	5★-
4	西南财经大学	5★+	17	南京农业大学	5★	30	云南财经大学	5★-
5	北京大学	5★	18	西安交通大学	5★	31	浙江工商大学	5★-
6	上海财经大学	5★	19	吉林大学	5★	32	重庆工商大学	5★-
7	湖南大学	5★	20	天津财经大学	5★-	33	新疆财经大学	5★-
8	中山大学	5★	21	山东大学	5★-	34	北京交通大学	5★-
9	厦门大学	5★	22	复旦大学	5★-	35	浙江大学	5★-
10	辽宁大学	5★	23	中南财经政法大学	5★-	36	北京工业大学	5★-
11	南开大学	5★	24	浙江财经大学	5★-	37	广东财经大学	5★-
12	安徽财经大学	5★	25	天津大学	5★-	38	四川大学	5★-
13	暨南大学	5★	26	中国农业大学	5★-	39	长沙理工大学	5★-

4★（38个）：山东财经大学、湖南工商大学、北京师范大学、上海大学、河南财经政法大学、河北地贸大学、南京财经大学、广东外语外贸大学、重庆大学、华中科技大学、电子科技大学、西安财经大学、东北大学、中南大学、中国海洋大学、郑州大学、东北师范大学、哈尔滨商业大学、广东金融学院、苏州大学、西北大学、上海对外经贸大学、深圳大学、上海立信会计金融学院、西南政法大学、武汉理工大学、大连理工大学、华南农业大学、吉林财经大学、南京航空航天大学、天津商业大学、广西大学、南京师范大学、西南民族大学、华南理工大学、华东理工大学、西南交通大学、杭州电子科技大学

3★（116个），2★（154个），1★（38个）：名单略

020302 金融工程（259）

排名	学校名称	星级	排名	学校名称	星级	排名	学校名称	星级
1	对外经济贸易大学	5★+	10	中南财经政法大学	5★	19	安庆师范大学	5★-
2	西安交通大学	5★+	11	中国人民大学	5★	20	武汉大学	5★-
3	北京科技大学	5★+	12	东南大学	5★	21	南京财经大学	5★-
4	南京大学	5★	13	南京信息工程大学	5★	22	湖南科技大学	5★-
5	中央财经大学	5★	14	温州大学	5★-	23	安徽财经大学	5★-
6	山东财经大学	5★	15	东北财经大学	5★-	24	华中科技大学	5★-
7	西南财经大学	5★	16	厦门理工学院	5★-	25	华中师范大学	5★-
8	南开大学	5★	17	四川大学	5★-	26	广东理工学院	5★-
9	广东外语外贸大学	5★	18	江苏师范大学	5★-			

4★（26个）：宁波财经学院、湖北工程学院、苏州科技大学、广东科技学院、中国政法大学、广西外国语学院、中国计量大学、济宁学院、安徽工程大学、合肥工业大学、福州外语外贸学院、南京林业大学、南京审计大学、山西财经大学、广东财经大学、天津财经大学、运城学院、北京工商大学、哈尔滨商业大学、天津科技大学、湖南人文科技学院、重庆师范大学、首都经济贸易大学、河南财经政法大学、海口经济学院、河海大学

3★（78个），2★（103个），1★（26个）：名单略

020303 保险学（109）

排名	学校名称	星级	排名	学校名称	星级	排名	学校名称	星级
1	北京大学	5★+	5	复旦大学	5★	9	东北财经大学	5★-
2	西南财经大学	5★	6	对外经济贸易大学	5★-	10	中国人民大学	5★-
3	中央财经大学	5★	7	中南财经政法大学	5★-	11	南开大学	5★-
4	上海财经大学	5★	8	湖南大学	5★-			

4★（11个）：辽宁大学、武汉大学、天津理工大学、南京大学、广东金融学院、东北农业大学、南京审计大学、山西财经大学、安徽中医药大学、华东师范大学、湖南工商大学

3★（33个），2★（43个），1★（11个）：名单略

020304 投资学（135）

排名	学校名称	星级	排名	学校名称	星级	排名	学校名称	星级
1	上海财经大学	5★+	6	广东财经大学	5★	11	太原学院	5★-
2	西南财经大学	5★	7	中央财经大学	5★	12	河南牧业经济学院	5★-
3	中南财经政法大学	5★	8	河南财政金融学院	5★-	13	广东金融学院	5★-
4	安徽财经大学	5★	9	山西工程技术学院	5★-	14	河北经贸大学	5★-
5	南京农业大学	5★	10	对外经济贸易大学	5★-			

4★（13个）：东北财经大学、武汉科技大学、烟台大学、天津城建大学、南京审计大学、福州外语外贸学院、天津科技大学、南开大学、郑州师范学院、厦门理工学院、成都理工大学、广东科技学院、贵州商学院

3★（41个），2★（54个），1★（13个）：名单略

020305T 金融数学（72）

排名	学校名称	星级	排名	学校名称	星级	排名	学校名称	星级
1	北京大学	5★+	4	南京财经大学	5★	7	北京化工大学	5★-
2	西南财经大学	5★	5	山东财经大学	5★-			
3	对外经济贸易大学	5★	6	济南大学	5★-			

4★（7个）：中南财经政法大学、重庆理工大学、河南财经政法大学、广东金融学院、新疆财经大学、天津大学、东北财经大学

3★（22个），2★（29个），1★（7个）：名单略

020306T 信用管理（23）

排名	学校名称	星级	排名	学校名称	星级	排名	学校名称	星级
1	西南财经大学	5★	2	中国人民大学	5★-			

4★（3个）：广东金融学院、吉林大学、上海立信会计金融学院

3★（7个），2★（9个），1★（2个）：名单略

020307T 经济与金融（69）

排名	学校名称	星级	排名	学校名称	星级	排名	学校名称	星级
1	清华大学	5★+	4	广东金融学院	5★-	7	黄冈师范学院	5★-
2	东莞理工学院	5★	5	西安文理学院	5★-			
3	汉口学院	5★	6	对外经济贸易大学	5★-			

4★（7个）：徐州工程学院、安徽新华学院、中国民航大学、桂林旅游学院、安徽工业大学、四川工商学院、燕山大学

3★（21个），2★（27个），1★（7个）：名单略

020308T 精算学（12）

排名	学校名称	星级	排名	学校名称	星级	排名	学校名称	星级
1	对外经济贸易大学	5★						

4★（1个）：中央财经大学

3★（4个），2★（5个），1★（1个）：名单略

020309T 互联网金融（42）

排名	学校名称	星级	排名	学校名称	星级	排名	学校名称	星级
1	广东金融学院	5★	3	安徽财经大学	5★-			
2	安徽工程大学	5★	4	广州商学院	5★-			

4★（4个）：沈阳工业大学、成都工业学院、滇西科技师范学院、广东理工学院

3★（13个），2★（17个），1★（4个）：名单略

020310T 金融科技（18）

排名	学校名称	星级	排名	学校名称	星级	排名	学校名称	星级
1	山东财经大学	5★	2	中央财经大学	5★-			
4★（2个）：上海立信会计金融学院、重庆财经学院							
3★（5个），2★（7个），1★（2个）：名单略							

020401 国际经济与贸易（688）

排名	学校名称	星级	排名	学校名称	星级	排名	学校名称	星级
1	对外经济贸易大学	5★+	24	东北财经大学	5★	47	西北大学	5★-
2	南开大学	5★+	25	四川大学	5★	48	华东理工大学	5★-
3	浙江工业大学	5★+	26	新疆财经大学	5★	49	江南大学	5★-
4	中国人民大学	5★+	27	西安交通大学	5★	50	华南理工大学	5★-
5	西南财经大学	5★+	28	浙江工商大学	5★	51	重庆工商大学	5★-
6	辽宁大学	5★+	29	武汉大学	5★	52	华侨大学	5★-
7	中南财经政法大学	5★+	30	天津财经大学	5★	53	中国海洋大学	5★-
8	吉林大学	5★	31	南京农业大学	5★	54	南京航空航天大学	5★-
9	中央财经大学	5★	32	河南大学	5★	55	河北经贸大学	5★-
10	湖南大学	5★	33	河海大学	5★	56	上海理工大学	5★-
11	上海交通大学	5★	34	暨南大学	5★	57	北京科技大学	5★-
12	复旦大学	5★	35	上海立信会计金融学院	5★-	58	南京信息工程大学	5★-
13	江西财经大学	5★	36	哈尔滨商业大学	5★-	59	湖南工商大学	5★-
14	浙江大学	5★	37	中南大学	5★-	60	安徽财经大学	5★-
15	中国农业大学	5★	38	北京理工大学	5★-	61	广东财经大学	5★-
16	上海对外经贸大学	5★	39	浙江财经大学	5★-	62	东北大学	5★-
17	厦门大学	5★	40	华中科技大学	5★-	63	西南政法大学	5★-
18	北京大学	5★	41	北京工业大学	5★-	64	河南财经政法大学	5★-
19	广东外语外贸大学	5★	42	山东财经大学	5★-	65	东北农业大学	5★-
20	北京师范大学	5★	43	上海大学	5★-	66	湖北大学	5★-
21	山东大学	5★	44	中国矿业大学	5★-	67	青岛大学	5★-
22	上海财经大学	5★	45	重庆大学	5★-	68	深圳大学	5★-
23	首都经济贸易大学	5★	46	云南财经大学	5★-	69	兰州财经大学	5★-

4★（69个）：山西财经大学、吉林财经大学、武汉理工大学、华中农业大学、南京财经大学、大连理工大学、天津商业大学、青岛科技大学、南通大学、沈阳工业大学、华中师范大学、湖北工业大学、湘潭大学、上海外国语大学、宁波大学、长沙理工大学、沈阳师范大学、福州外语外贸学院、华东政法大学、浙江外国语学院、南京师范大学、广州中医药大学、广西大学、景德镇陶瓷大学、昆明理工大学、浙江师范大学、广西外国语学院、杭州电子科技大学、河南工业大学、云南大学、北京林业大学、北京联合大学、安徽工业大学、中南林业科技大学、长春工业大学、东莞理工学院、福建师范大学、武汉科技大学、九江学院、西南民族大学、集美大学、浙江万里学院、湖南科技大学、海南大学、武汉轻工大学、南华大学、天津师范大学、北京工商大学、天津科技大学、山东农业大学、南京审计大学、重庆理工大学、大连海事大学、黑龙江大学、宁波财经学院、西北政法大学、内蒙古财经大学、中国地质大学（武汉）、广州商学院、南京理工大学、华南农业大学、江苏大学、辽宁对外经贸学院、中央民族大学、天津工业大学、安徽大学、华南师范大学、福州大学、郑州大学

3★（206个），2★（275个），1★（69个）：名单略

020402 贸易经济（42）

排名	学校名称	星级	排名	学校名称	星级	排名	学校名称	星级
1	重庆工商大学	5★	3	北京工商大学	5★-			
2	西安交通大学	5★	4	中国人民大学	5★-			
4★（4个）：首都经济贸易大学、中央财经大学、山东财经大学、成都师范学院								
3★（13个），2★（17个），1★（4个）：名单略								

030101K 法学（584）

排名	学校名称	星级	排名	学校名称	星级	排名	学校名称	星级
1	西南政法大学	5★+	21	南开大学	5★	41	华中科技大学	5★-
2	中国政法大学	5★+	22	对外经济贸易大学	5★	42	河南财经政法大学	5★-
3	中国人民大学	5★+	23	中山大学	5★	43	广东外语外贸大学	5★-
4	武汉大学	5★+	24	海南大学	5★	44	广东财经大学	5★-
5	北京大学	5★+	25	湖南大学	5★	45	浙江工商大学	5★-
6	中南财经政法大学	5★+	26	云南大学	5★	46	中央财经大学	5★-
7	吉林大学	5★	27	中国海洋大学	5★	47	华南理工大学	5★-
8	清华大学	5★	28	北京航空航天大学	5★	48	贵州大学	5★-
9	华东政法大学	5★	29	大连海事大学	5★	49	宁波大学	5★-
10	上海交通大学	5★	30	湘潭大学	5★-	50	暨南大学	5★-
11	西北政法大学	5★	31	复旦大学	5★-	51	沈阳师范大学	5★-
12	四川大学	5★	32	上海财经大学	5★-	52	烟台大学	5★-
13	浙江大学	5★	33	黑龙江大学	5★-	53	北京理工大学	5★-
14	西南财经大学	5★	34	苏州大学	5★-	54	中央民族大学	5★-
15	东南大学	5★	35	江西财经大学	5★-	55	上海大学	5★-
16	山东大学	5★	36	郑州大学	5★-	56	天津师范大学	5★-
17	南京师范大学	5★	37	湖南师范大学	5★-	57	华中师范大学	5★-
18	北京师范大学	5★	38	辽宁大学	5★-	58	新疆大学	5★-
19	中南大学	5★	39	重庆大学	5★-			
20	厦门大学	5★	40	安徽大学	5★-			

4★（59个）：广州大学、广西大学、河南大学、深圳大学、西北大学、扬州大学、河南师范大学、西安交通大学、内蒙古大学、广西师范大学、福州大学、河北大学、山西大学、河北经贸大学、青海民族大学、昆明理工大学、南昌大学、中南民族大学、上海海事大学、福建师范大学、华南师范大学、山西财经大学、上海政法学院、四川师范大学、兰州大学、北京外国语大学、安徽财经大学、华侨大学、南京航空航天大学、南京工业大学、北京化工大学、山东师范大学、河海大学、辽宁师范大学、华东师范大学、首都经济贸易大学、西南民族大学、华北电力大学、北京交通大学、浙江财经大学、上海对外经贸大学、武汉理工大学、山东科技大学、江西师范大学、上海师范大学、山东政法学院、安徽师范大学、中南林业科技大学、山东财经大学、天津大学、东北财经大学、华东理工大学、青岛大学、浙江工业大学、贵州师范大学、西南大学、江南大学、宁夏大学、吉林财经大学

3★（175个），2★（234个），1★（58个）：名单略

030102T 知识产权（79）

排名	学校名称	星级	排名	学校名称	星级	排名	学校名称	星级
1	西南政法大学	5★+	4	苏州大学	5★	7	重庆大学	5★-
2	华东政法大学	5★	5	湘潭大学	5★-	8	湖南师范大学	5★-
3	中国计量大学	5★	6	暨南大学	5★-			

4★（8个）：浙江工业大学、浙江工商大学、郑州大学、安徽大学、华南理工大学、大连理工大学、南昌大学、烟台大学

3★（24个），2★（31个），1★（8个）：名单略

030103T 监狱学（9）

排名	学校名称	星级	排名	学校名称	星级	排名	学校名称	星级
1	中央司法警官学院	5★						
4★（1个）：上海政法学院								
3★（3个），2★（3个），1★（1个）：名单略								

030201 政治学与行政学（83）

排名	学校名称	星级	排名	学校名称	星级	排名	学校名称	星级
1	中国人民大学	5★+	4	中山大学	5★	7	中国政法大学	5★-
2	复旦大学	5★	5	南开大学	5★-	8	天津师范大学	5★-
3	北京大学	5★	6	吉林大学	5★-			
4★（9个）：华中师范大学、云南大学、南京大学、武汉大学、厦门大学、山东大学、华东师范大学、同济大学、对外经济贸易大学								
3★（25个），2★（33个），1★（8个）：名单略								

030202 国际政治（35）

排名	学校名称	星级	排名	学校名称	星级	排名	学校名称	星级
1	清华大学	5★	3	复旦大学	5★-			
2	北京大学	5★	4	上海外国语大学	5★-			
4★（3个）：中国人民大学、暨南大学、南京大学								
3★（11个），2★（14个），1★（3个）：名单略								

030203 外交学（13）

排名	学校名称	星级	排名	学校名称	星级	排名	学校名称	星级
1	外交学院	5★						
4★（2个）：北京大学、武汉大学								
3★（4个），2★（5个），1★（1个）：名单略								

030204T 国际事务与国际关系（11）

排名	学校名称	星级	排名	学校名称	星级	排名	学校名称	星级
1	暨南大学	5★						
4★（1个）：华侨大学								
3★（4个），2★（4个），1★（1个）：名单略								

030301 社会学（84）

排名	学校名称	星级	排名	学校名称	星级	排名	学校名称	星级
1	中国人民大学	5★+	4	清华大学	5★	7	华东师范大学	5★-
2	中山大学	5★	5	复旦大学	5★-	8	华中师范大学	5★-
3	北京大学	5★	6	上海大学	5★-			
4★（9个）：中南大学、吉林大学、中央民族大学、南开大学、云南民族大学、北京师范大学、贵州民族大学、华中科技大学、中国农业大学								
3★（25个），2★（34个），1★（8个）：名单略								

030302 社会工作（261）

排名	学校名称	星级	排名	学校名称	星级	排名	学校名称	星级
1	北京大学	5★+	10	江西财经大学	5★	19	北京科技大学	5★-
2	复旦大学	5★+	11	吉林大学	5★	20	厦门大学	5★-
3	南京大学	5★+	12	华北电力大学	5★	21	山西大学	5★-
4	中国人民大学	5★	13	华东理工大学	5★	22	中央民族大学	5★-
5	华东师范大学	5★	14	浙江师范大学	5★-	23	桂林理工大学	5★-
6	华中师范大学	5★	15	山东大学	5★-	24	南京理工大学	5★-
7	南开大学	5★	16	华中科技大学	5★-	25	江苏师范大学	5★-
8	四川大学	5★	17	华中农业大学	5★-	26	首都师范大学	5★-
9	广西科技大学	5★	18	上海大学	5★-			

4★（26个）：上海师范大学、贵州大学、新疆师范大学、北京工业大学、西北师范大学、中南民族大学、云南大学、西北农林科技大学、济南大学、江南大学、安徽大学、西北大学、华南农业大学、安徽师范大学、武汉理工大学、岭南师范学院、河南师范大学、首都经济贸易大学、福建医科大学、河北大学、天津师范大学、浙江理工大学、杭州师范大学、扬州大学、安庆师范大学、浙江工商大学

3★（79个），2★（104个），1★（26个）：名单略

030305T 家政学（9）

排名	学校名称	星级	排名	学校名称	星级	排名	学校名称	星级
1	吉林农业大学	5★-						

4★（1个）：湖南女子学院

3★（3个），2★（3个），1★（1个）：名单略

030401 民族学（27）

排名	学校名称	星级	排名	学校名称	星级	排名	学校名称	星级
1	中央民族大学	5★	2	云南大学	5★-	3	中南民族大学	5★-

4★（2个）：广西民族大学、新疆师范大学

3★（9个），2★（10个），1★（3个）：名单略

030502 中国共产党历史（7）

排名	学校名称	星级
1	中国人民大学	5★-

3★（3个），2★（2个），1★（1个）：名单略

030503 思想政治教育（264）

排名	学校名称	星级	排名	学校名称	星级	排名	学校名称	星级
1	北京师范大学	5★+	10	湖北大学	5★	19	华东师范大学	5★-
2	西南大学	5★+	11	哈尔滨师范大学	5★	20	西北师范大学	5★-
3	武汉大学	5★+	12	江西师范大学	5★	21	安徽师范大学	5★-
4	华中师范大学	5★	13	华南师范大学	5★	22	河北师范大学	5★-
5	南京师范大学	5★	14	广西师范大学	5★	23	西南交通大学	5★-
6	东北师范大学	5★	15	山东师范大学	5★	24	合肥工业大学	5★-
7	陕西师范大学	5★	16	湖南师范大学	5★	25	首都师范大学	5★-
8	福建师范大学	5★	17	兰州大学	5★	26	新疆师范大学	5★-
9	河海大学	5★	18	武汉理工大学	5★			

续表

4★（27个）：浙江师范大学、贵州师范大学、湖南科技大学、曲阜师范大学、天津师范大学、苏州大学、中国政法大学、辽宁师范大学、南开大学、吉林大学、四川师范大学、中南大学、中国地质大学（武汉）、扬州大学、山西师范大学、重庆师范大学、上海师范大学、河南大学、海南大学、上海大学、新疆大学、海南师范大学、广西大学、宁波大学、郑州大学、安徽大学、东北大学
3★（79个），2★（106个），1★（26个）：名单略

030504T 马克思主义理论（16）

排名	学校名称	星级	排名	学校名称	星级	排名	学校名称	星级
1	中国人民大学	5★-	2	西安交通大学	5★-			
4★（1个）：山东大学									
3★（5个），2★（6个），1★（2个）：名单略									

030601K 治安学（27）

排名	学校名称	星级	排名	学校名称	星级	排名	学校名称	星级
1	中国人民公安大学	5★	2	山东警察学院	5★-	3	四川警察学院	5★-
4★（2个）：铁道警察学院、南京森林警察学院								
3★（9个），2★（10个），1★（3个）：名单略								

030602K 侦查学（31）

排名	学校名称	星级	排名	学校名称	星级	排名	学校名称	星级
1	中国人民公安大学	5★	2	中国刑事警察学院	5★	3	西北政法大学	5★-
4★（3个）：湖北警官学院、吉林警察学院、广东警官学院								
3★（10个），2★（12个），1★（3个）：名单略								

030604TK 禁毒学（12）

排名	学校名称	星级	排名	学校名称	星级	排名	学校名称	星级
1	云南警官学院	5★-						
4★（1个）：中国刑事警察学院								
3★（4个），2★（5个），1★（1个）：名单略								

030606TK 经济犯罪侦查（16）

排名	学校名称	星级	排名	学校名称	星级	排名	学校名称	星级
1	广东警官学院	5★	2	中国刑事警察学院	5★-			
4★（1个）：江苏警官学院								
3★（5个），2★（6个），1★（2个）：名单略								

030610TK 公安情报学（7）

排名	学校名称	星级	排名	学校名称	星级	排名	学校名称	星级
1	中国人民公安大学	5★-						
4★无								
3★（3个），2★（2个），1★（1个）：名单略								

030612TK 公安管理学（11）

排名	学校名称	星级	排名	学校名称	星级	排名	学校名称	星级
1	中国人民公安大学	5★						
4★（1个）：江苏警官学院									
3★（4个），2★（4个），1★（1个）：名单略									

030613TK 涉外警务（7）

排名	学校名称	星级	排名	学校名称	星级	排名	学校名称	星级
1	中国人民公安大学	5★-						
4★无									
3★（3个），2★（2个），1★（1个）：名单略									

030615TK 警务指挥与战术（18）

排名	学校名称	星级	排名	学校名称	星级	排名	学校名称	星级
1	中国人民公安大学	5★	2	南京森林警察学院	5★-			
4★（2个）：中国人民警察大学、浙江警察学院									
3★（5个），2★（7个），1★（2个）：名单略									

040101 教育学（84）

排名	学校名称	星级	排名	学校名称	星级	排名	学校名称	星级
1	北京师范大学	5★+	4	华中师范大学	5★	7	陕西师范大学	5★-
2	西南大学	5★	5	湖南师范大学	5★-	8	西北师范大学	5★-
3	华南师范大学	5★	6	首都师范大学	5★-			
4★（9个）：东北师范大学、天津大学、浙江大学、山东师范大学、河南大学、辽宁师范大学、南京师范大学、哈尔滨师范大学、福建师范大学									
3★（25个），2★（34个），1★（8个）：名单略									

040102 科学教育（38）

排名	学校名称	星级	排名	学校名称	星级	排名	学校名称	星级
1	浙江师范大学	5★	3	华中师范大学	5★-			
2	广西师范大学	5★	4	长春师范大学	5★-			
4★（4个）：上海师范大学、哈尔滨师范大学、四川师范大学、宁波大学									
3★（11个），2★（15个），1★（4个）：名单略									

040103 人文教育（8）

排名	学校名称	星级	排名	学校名称	星级	排名	学校名称	星级
1	长春师范大学	5★						
4★（1个）：廊坊师范学院									
3★（2个），2★（3个），1★（1个）：名单略									

040104 教育技术学（127）

排名	学校名称	星级	排名	学校名称	星级	排名	学校名称	星级
1	华中师范大学	5★+	6	四川师范大学	5★	11	南京师范大学	5★-
2	华南师范大学	5★	7	华东师范大学	5★-	12	天津师范大学	5★-
3	浙江师范大学	5★	8	西南大学	5★-	13	上海师范大学	5★-
4	曲阜师范大学	5★	9	陕西师范大学	5★-			
5	西北师范大学	5★	10	东北师范大学	5★-			

4★（12个）：江南大学、首都师范大学、河南大学、新疆师范大学、山东师范大学、广州大学、广西师范大学、辽宁师范大学、福建师范大学、天津职业技术师范大学、湖南师范大学、北京师范大学

3★（39个），2★（50个），1★（13个）：名单略

040105 艺术教育（27）

排名	学校名称	星级	排名	学校名称	星级	排名	学校名称	星级
1	华东师范大学	5★	2	西北师范大学	5★-	3	云南师范大学	5★-

4★（2个）：重庆师范大学、四川美术学院

3★（9个），2★（10个），1★（3个）：名单略

040106 学前教育（395）

排名	学校名称	星级	排名	学校名称	星级	排名	学校名称	星级
1	南京师范大学	5★+	15	首都师范大学	5★	29	江西科技师范大学	5★-
2	浙江师范大学	5★+	16	湖南师范大学	5★	30	云南师范大学	5★-
3	华东师范大学	5★+	17	石河子大学	5★	31	广州大学	5★-
4	北京师范大学	5★+	18	陕西学前师范学院	5★	32	南通大学	5★-
5	四川师范大学	5★	19	河南大学	5★	33	辽宁师范大学	5★-
6	陕西师范大学	5★	20	哈尔滨师范大学	5★	34	中华女子学院	5★-
7	西南大学	5★	21	天津师范大学	5★-	35	长沙师范学院	5★-
8	东北师范大学	5★	22	华南师范大学	5★-	36	杭州师范大学	5★-
9	沈阳师范大学	5★	23	宁波大学	5★-	37	淮北师范大学	5★-
10	华中师范大学	5★	24	内蒙古师范大学	5★-	38	重庆师范大学	5★-
11	山东师范大学	5★	25	西北师范大学	5★-	39	洛阳师范学院	5★-
12	广西师范大学	5★	26	江西师范大学	5★-	40	贵州师范大学	5★-
13	河北大学	5★	27	福建师范大学	5★-			
14	上海师范大学	5★	28	安徽师范大学	5★-			

4★（39个）：曲阜师范大学、河南师范大学、大庆师范学院、聊城大学、吉林师范大学、湖北师范大学、长春师范大学、长江大学、昆明学院、河北师范大学、温州大学、西华师范大学、北华大学、青海师范大学、南京晓庄学院、湖州师范学院、集宁师范学院、江苏师范大学、鞍山师范学院、张家口学院、山西工商学院、许昌学院、哈尔滨剑桥学院、商丘工学院、赤峰学院、新疆师范大学、山东英才学院、贵州师范学院、南阳理工学院、潍坊科技学院、西安文理学院、深圳大学、重庆第二师范学院、盐城师范学院、宝鸡文理学院、南昌工学院、鲁东大学、宜春学院、青海民族大学

3★（119个），2★（158个），1★（39个）：名单略

040107 小学教育（256）

排名	学校名称	星级	排名	学校名称	星级	排名	学校名称	星级
1	东北师范大学	5★+	4	上海师范大学	5★	7	湖南第一师范学院	5★
2	首都师范大学	5★+	5	天津师范大学	5★	8	江苏师范大学	5★
3	南京师范大学	5★+	6	杭州师范大学	5★	9	海南师范大学	5★

排名	学校名称	星级	排名	学校名称	星级	排名	学校名称	星级
10	温州大学	5★	16	江西师范大学	5★-	22	湖州师范学院	5★-
11	浙江师范大学	5★	17	重庆师范大学	5★-	23	沈阳大学	5★-
12	华南师范大学	5★	18	重庆第二师范学院	5★-	24	内蒙古师范大学	5★-
13	吉林师范大学	5★	19	宁波大学	5★-	25	广西科技师范学院	5★-
14	广西师范大学	5★-	20	新疆师范大学	5★-	26	四川师范大学	5★-
15	南京晓庄学院	5★-	21	长沙师范学院	5★-			

4★（25个）：聊城大学、大连大学、西北师范大学、江南大学、南阳理工学院、福建师范大学、鲁东大学、大理大学、江苏理工学院、扬州大学、绍兴文理学院、青海师范大学、南宁师范大学、安徽师范大学、沈阳师范大学、长江师范学院、河南师范大学、宁夏大学、哈尔滨学院、西安文理学院、盐城师范学院、集美大学、成都师范学院、临沂大学、潍坊学院

3★（77个），2★（102个），1★（26个）：名单略

040108 特殊教育（59）

排名	学校名称	星级	排名	学校名称	星级	排名	学校名称	星级
1	华东师范大学	5★+	3	华中师范大学	5★	5	浙江师范大学	5★-
2	北京师范大学	5★	4	西南大学	5★-	6	四川师范大学	5★-

4★（6个）：重庆师范大学、华南师范大学、西北师范大学、辽宁师范大学、湖南师范大学、新疆师范大学

3★（18个），2★（23个），1★（6个）：名单略

040110TK 教育康复学（9）

排名	学校名称	星级	排名	学校名称	星级	排名	学校名称	星级
1	华东师范大学	5★-						

4★（1个）：重庆师范大学

3★（3个），2★（3个），1★（1个）：名单略

040201 体育教育（319）

排名	学校名称	星级	排名	学校名称	星级	排名	学校名称	星级
1	北京师范大学	5★+	12	天津体育学院	5★	23	山东师范大学	5★-
2	华东师范大学	5★+	13	西南大学	5★	24	山西大学	5★-
3	福建师范大学	5★+	14	首都体育学院	5★	25	曲阜师范大学	5★-
4	华中师范大学	5★	15	西安体育学院	5★	26	浙江师范大学	5★-
5	北京体育大学	5★	16	陕西师范大学	5★	27	华南师范大学	5★-
6	东北师范大学	5★	17	苏州大学	5★	28	沈阳体育学院	5★-
7	上海体育学院	5★	18	辽宁师范大学	5★	29	广州体育学院	5★-
8	南京师范大学	5★	19	云南师范大学	5★	30	西北师范大学	5★-
9	河南大学	5★	20	宁波大学	5★	31	新疆师范大学	5★-
10	成都体育学院	5★	21	河北师范大学	5★	32	郑州大学	5★-
11	武汉体育学院	5★	22	湖南师范大学	5★			

4★（32个）：内蒙古师范大学、哈尔滨师范大学、南京体育学院、四川师范大学、吉林体育学院、上海师范大学、深圳大学、安徽师范大学、河南师范大学、山西师范大学、江西师范大学、吉首大学、温州大学、广西师范大学、哈尔滨体育学院、贵州师范大学、扬州大学、广州大学、重庆大学、太原理工大学、杭州师范大学、广西民族大学、聊城大学、沈阳师范大学、江苏师范大学、鲁东大学、山东体育学院、河北体育学院、赣南师范大学、淮北师范大学、吉林师范大学、长江大学

3★（96个），2★（127个），1★（32个）：名单略

040202K 运动训练（52）

排名	学校名称	星级	排名	学校名称	星级	排名	学校名称	星级
1	武汉体育学院	5★+	3	华南师范大学	5★	5	成都体育学院	5★-
2	北京体育大学	5★	4	沈阳体育学院	5★-			

4★（5个）：河南大学、山东体育学院、首都体育学院、河北体育学院、广州体育学院

3★（16个），2★（21个），1★（5个）：名单略

040203 社会体育指导与管理（235）

排名	学校名称	星级	排名	学校名称	星级	排名	学校名称	星级
1	华南师范大学	5★+	9	上海师范大学	5★	17	山东师范大学	5★-
2	华东师范大学	5★+	10	福建师范大学	5★	18	中国矿业大学	5★-
3	武汉体育学院	5★	11	广州体育学院	5★	19	浙江师范大学	5★-
4	南京师范大学	5★	12	山东大学	5★	20	安徽师范大学	5★-
5	北京体育大学	5★	13	辽宁师范大学	5★-	21	郑州大学	5★-
6	上海体育学院	5★	14	吉林体育学院	5★-	22	扬州大学	5★-
7	西安体育学院	5★	15	山东体育学院	5★-	23	首都体育学院	5★-
8	沈阳体育学院	5★	16	湖南师范大学	5★-	24	成都体育学院	5★-

4★（23个）：内蒙古师范大学、海南师范大学、南京体育学院、江西师范大学、山西师范大学、淮北师范大学、云南师范大学、广西师范大学、哈尔滨师范大学、集美大学、中国地质大学（武汉）、贵州师范大学、湖南涉外经济学院、哈尔滨体育学院、盐城师范学院、天津体育学院、河北体育学院、中北大学、东北大学、四川师范大学、三峡大学、江西财经大学、湖北文理学院

3★（71个），2★（94个），1★（23个）：名单略

040204K 武术与民族传统体育（32）

排名	学校名称	星级	排名	学校名称	星级	排名	学校名称	星级
1	武汉体育学院	5★	2	北京体育大学	5★	3	成都体育学院	5★-

4★（3个）：首都体育学院、河南大学、吉首大学

3★（10个），2★（13个），1★（3个）：名单略

040205 运动人体科学（17）

排名	学校名称	星级	排名	学校名称	星级	排名	学校名称	星级
1	北京体育大学	5★	2	南京体育学院	5★-			

4★（1个）：吉林体育学院

3★（6个），2★（6个），1★（2个）：名单略

040206T 运动康复（65）

排名	学校名称	星级	排名	学校名称	星级	排名	学校名称	星级
1	上海体育学院	5★+	4	苏州大学	5★-	7	成都体育学院	5★-
2	北京体育大学	5★	5	首都体育学院	5★-			
3	武汉体育学院	5★	6	大连理工大学	5★-			

4★（6个）：天津体育学院、哈尔滨体育学院、山西医科大学、山东中医药大学、潍坊医学院、湖北中医药大学

3★（20个），2★（26个），1★（6个）：名单略

040207T 休闲体育（81）

排名	学校名称	星级	排名	学校名称	星级	排名	学校名称	星级
1	武汉体育学院	5★+	4	北京体育大学	5★	7	南京体育学院	5★-
2	广州体育学院	5★	5	曲阜师范大学	5★-	8	成都体育学院	5★-
3	上海体育学院	5★	6	首都体育学院	5★-			
4★（8个）：深圳大学、四川旅游学院、武汉商学院、安徽师范大学、海南大学、沈阳体育学院、常州大学、山东体育学院								
3★（25个），2★（32个），1★（8个）：名单略								

040208T 体能训练（7）

排名	学校名称	星级	排名	学校名称	星级	排名	学校名称	星级
1	上海体育学院	5★-						
4★无								
3★（3个），2★（2个），1★（1个）：名单略								

040209T 冰雪运动（7）

排名	学校名称	星级	排名	学校名称	星级	排名	学校名称	星级
1	北京体育大学	5★-						
4★无								
3★（3个），2★（2个），1★（1个）：名单略								

050101 汉语言文学（604）

排名	学校名称	星级	排名	学校名称	星级	排名	学校名称	星级
1	北京师范大学	5★+	21	西北大学	5★	41	兰州大学	5★-
2	南京大学	5★+	22	首都师范大学	5★	42	西北师范大学	5★-
3	华东师范大学	5★+	23	南开大学	5★	43	曲阜师范大学	5★-
4	北京大学	5★+	24	湖南师范大学	5★	44	哈尔滨师范大学	5★-
5	中山大学	5★+	25	上海师范大学	5★	45	华中科技大学	5★-
6	陕西师范大学	5★+	26	山东师范大学	5★	46	河南师范大学	5★-
7	复旦大学	5★	27	上海大学	5★	47	厦门大学	5★-
8	四川大学	5★	28	南京师范大学	5★	48	云南大学	5★-
9	中国人民大学	5★	29	华南师范大学	5★	49	辽宁大学	5★-
10	吉林大学	5★	30	河南大学	5★	50	广西师范大学	5★-
11	华中师范大学	5★	31	扬州大学	5★	51	黑龙江大学	5★-
12	北京语言大学	5★	32	苏州大学	5★	52	河北师范大学	5★-
13	山东大学	5★	33	江西师范大学	5★	53	上海交通大学	5★-
14	清华大学	5★	34	安徽师范大学	5★	54	新疆大学	5★-
15	武汉大学	5★	35	东北师范大学	5★	55	南昌大学	5★-
16	西南大学	5★	36	四川师范大学	5★	56	河北大学	5★-
17	浙江师范大学	5★	37	贵州师范大学	5★	57	江苏师范大学	5★-
18	暨南大学	5★	38	安徽大学	5★	58	内蒙古大学	5★-
19	福建师范大学	5★	39	天津师范大学	5★	59	中国传媒大学	5★-
20	浙江大学	5★	40	湖北大学	5★-	60	西南交通大学	5★-

4★（61个）：广州大学、中南民族大学、南通大学、中央民族大学、杭州师范大学、西南民族大学、海南师范大学、重庆师范大学、辽宁师范大学、山西大学、温州大学、青岛大学、深圳大学、鲁东大学、广西民族大学、沈阳师范大学、湘潭大学、天津外国语大学、东南大学、山西师范大学、郑州大学、聊城大学、宁夏大学、中南大学、北京外国语大学、贵州大学、湖南大学、吉林师范大学、浙江工业大学、延边大学、闽南师范大学、绍兴文理学院、内蒙古师范大学、西北民族大学、中国海洋大学、新疆师范大学、西华师范大学、济南大学、西藏民族大学、广东外语外贸大学、信阳师范学院、云南师范大学、延安大学、四川外国语大学、安庆师范大学、广西大学、华侨大学、淮北师范大学、三峡大学、海南大学、汕头大学、同济大学、烟台大学、湖南科技大学、宁波大学、云南民族大学、西安外国语大学、渤海大学、集美大学、青海师范大学、西安交通大学	
3★（181个），2★（242个），1★（60个）：名单略	

050102 汉语言（23）

排名	学校名称	星级	排名	学校名称	星级	排名	学校名称	星级
1	北京大学	5★	2	复旦大学	5★			

4★（3个）：华中师范大学、暨南大学、南京师范大学
3★（7个），2★（9个），1★（2个）：名单略

050103 汉语国际教育（332）

排名	学校名称	星级	排名	学校名称	星级	排名	学校名称	星级
1	北京语言大学	5★+	12	浙江大学	5★	23	河南师范大学	5★-
2	华东师范大学	5★+	13	安徽师范大学	5★	24	西南大学	5★-
3	南京大学	5★+	14	江苏师范大学	5★	25	黑龙江大学	5★-
4	山东大学	5★	15	首都师范大学	5★	26	上海大学	5★-
5	武汉大学	5★	16	暨南大学	5★	27	西北师范大学	5★-
6	浙江师范大学	5★	17	西北大学	5★	28	福建师范大学	5★-
7	上海外国语大学	5★	18	南开大学	5★-	29	安徽大学	5★-
8	四川大学	5★	19	苏州大学	5★-	30	南京师范大学	5★-
9	北京外国语大学	5★	20	郑州大学	5★-	31	南昌大学	5★-
10	上海师范大学	5★	21	扬州大学	5★-	32	杭州师范大学	5★-
11	华中师范大学	5★	22	河南大学	5★-	33	湖南师范大学	5★-

4★（33个）：江西师范大学、天津师范大学、中央民族大学、山东师范大学、西南民族大学、西南交通大学、河北大学、中国传媒大学、四川师范大学、哈尔滨师范大学、广西民族大学、湘潭大学、河北师范大学、华中科技大学、沈阳师范大学、重庆师范大学、广西师范大学、辽宁大学、曲阜师范大学、内蒙古师范大学、华侨大学、天津外国语大学、广东外语外贸大学、杭州电子科技大学、西安外国语大学、西华师范大学、济南大学、贵州师范大学、南通大学、辽宁师范大学、西南科技大学、吉林师范大学、中南民族大学
3★（100个），2★（133个），1★（33个）：名单略

050104 中国少数民族语言文学（33）

排名	学校名称	星级	排名	学校名称	星级	排名	学校名称	星级
1	西北民族大学	5★	2	中央民族大学	5★	3	内蒙古师范大学	5★-

4★（4个）：西藏大学、新疆大学、西南民族大学、贵州民族大学
3★（10个），2★（13个），1★（3个）：名单略

050105 古典文献学（7）

排名	学校名称	星级	排名	学校名称	星级	排名	学校名称	星级
1	陕西师范大学	5★-						

4★无
3★（3个），2★（2个），1★（1个）：名单略

050107T 秘书学（114）

排名	学校名称	星级	排名	学校名称	星级	排名	学校名称	星级
1	安徽师范大学	5★+	5	四川师范大学	5★	9	西北师范大学	5★-
2	首都师范大学	5★	6	南京师范大学	5★	10	山东师范大学	5★-
3	福建师范大学	5★	7	广西师范大学	5★-	11	云南民族大学	5★-
4	苏州大学	5★	8	扬州大学	5★-			

4★（12个）：江苏师范大学、西华师范大学、云南师范大学、信阳师范学院、聊城大学、安徽财经大学、延安大学、云南农业大学、哈尔滨师范大学、湖南工商大学、重庆师范大学、南通大学

3★（34个），2★（46个），1★（11个）：名单略

050201 英语（924）

排名	学校名称	星级	排名	学校名称	星级	排名	学校名称	星级
1	南京大学	5★+	32	北京航空航天大学	5★	63	宁夏大学	5★-
2	广东外语外贸大学	5★+	33	陕西师范大学	5★	64	天津师范大学	5★-
3	四川外国语大学	5★+	34	同济大学	5★	65	辽宁大学	5★-
4	北京外国语大学	5★+	35	福建师范大学	5★	66	沈阳师范大学	5★-
5	湖南师范大学	5★+	36	南开大学	5★	67	上海海事大学	5★-
6	上海交通大学	5★+	37	河南大学	5★	68	浙江工商大学	5★-
7	北京大学	5★+	38	华南师范大学	5★	69	暨南大学	5★-
8	西南大学	5★+	39	杭州师范大学	5★	70	吉林外国语大学	5★-
9	上海外国语大学	5★+	40	中南大学	5★	71	中国地质大学（北京）	5★-
10	清华大学	5★	41	宁波大学	5★	72	合肥工业大学	5★-
11	大连外国语大学	5★	42	云南师范大学	5★	73	云南大学	5★-
12	北京师范大学	5★	43	江西师范大学	5★	74	山东师范大学	5★-
13	四川大学	5★	44	武汉大学	5★	75	中国地质大学（武汉）	5★-
14	东北师范大学	5★	45	西安外国语大学	5★	76	海南大学	5★-
15	厦门大学	5★	46	上海师范大学	5★	77	浙江财经大学	5★-
16	山东大学	5★	47	杭州电子科技大学	5★-	78	浙江大学	5★-
17	黑龙江大学	5★	48	西南交通大学	5★-	79	浙江师范大学	5★-
18	延边大学	5★	49	对外经济贸易大学	5★-	80	安徽师范大学	5★-
19	南京师范大学	5★	50	西北师范大学	5★-	81	江南大学	5★-
20	华中师范大学	5★	51	重庆大学	5★-	82	中国政法大学	5★-
21	广西大学	5★	52	上海对外经贸大学	5★-	83	南昌大学	5★-
22	湖南大学	5★	53	西北工业大学	5★-	84	西南民族大学	5★-
23	华东师范大学	5★	54	南通大学	5★-	85	山西大同大学	5★-
24	哈尔滨师范大学	5★	55	重庆师范大学	5★-	86	中南民族大学	5★-
25	苏州大学	5★	56	四川师范大学	5★-	87	聊城大学	5★-
26	中山大学	5★	57	深圳大学	5★-	88	南京航空航天大学	5★-
27	复旦大学	5★	58	首都师范大学	5★-	89	上海大学	5★-
28	北京语言大学	5★	59	北京交通大学	5★-	90	三峡大学	5★-
29	北京科技大学	5★	60	上海理工大学	5★-	91	江苏师范大学	5★-
30	郑州大学	5★	61	广州大学	5★-	92	青岛大学	5★-
31	中国人民大学	5★	62	西安交通大学	5★-			

续表

4★（93个）：南京理工大学、贵州大学、南京农业大学、北京理工大学、北京邮电大学、河海大学、太原理工大学、电子科技大学、鲁东大学、河北大学、安徽大学、西北农林科技大学、曲阜师范大学、辽宁师范大学、中南财经政法大学、北京第二外国语学院、南京财经大学、河北师范大学、湖南科技大学、华北电力大学、华东理工大学、中北大学、武汉科技大学、牡丹江师范学院、天津外国语大学、河南科技大学、河南工业大学、燕山大学、内蒙古大学、温州大学、中国海洋大学、吉林大学、山西大学、韶关学院、青岛科技大学、中国矿业大学、长沙理工大学、湘潭大学、信阳师范学院、天津科技大学、山东科技大学、哈尔滨理工大学、中国矿业大学（北京）、中国传媒大学、西安电子科技大学、赣南师范大学、山东理工大学、盐城师范学院、中国石油大学（北京）、内蒙古工业大学、中国农业大学、福州大学、台州学院、山东财经大学、南昌航空大学、云南民族大学、广西民族大学、兰州大学、河南师范大学、贵州师范大学、西北大学、华侨大学、西南科技大学、河北科技大学、大连海事大学、湖南第一师范学院、集美大学、吉林师范大学、扬州大学、商丘师范学院、武汉理工大学、湖北大学、南华大学、沈阳大学、汕头大学、广西师范大学、北京工业大学、齐齐哈尔大学、东北大学、中国石油大学（华东）、佳木斯大学、新疆大学、北京林业大学、大连大学、烟台大学、外交学院、天津理工大学、信阳学院、湖北工业大学、国际关系学院、大连理工大学、中国药科大学、西华师范大学

3★（277个），2★（370个），1★（92个）：名单略

050202 俄语（155）

排名	学校名称	星级	排名	学校名称	星级	排名	学校名称	星级
1	大连外国语大学	5★+	7	首都师范大学	5★	13	四川外国语大学	5★-
2	上海外国语大学	5★+	8	广东外语外贸大学	5★	14	南京师范大学	5★-
3	北京大学	5★	9	湖南师范大学	5★-	15	北京师范大学	5★-
4	黑龙江大学	5★	10	复旦大学	5★-	16	哈尔滨师范大学	5★-
5	北京外国语大学	5★	11	天津外国语大学	5★-			
6	西安外国语大学	5★	12	浙江大学	5★-			

4★（15个）：延边大学、武汉大学、苏州大学、新疆大学、北京第二外国语学院、厦门大学、东北师范大学、山东大学、华中师范大学、吉林大学、华东师范大学、华南师范大学、陕西师范大学、南开大学、四川大学

3★（47个），2★（62个），1★（15个）：名单略

050203 德语（110）

排名	学校名称	星级	排名	学校名称	星级	排名	学校名称	星级
1	北京外国语大学	5★+	5	北京大学	5★	9	南京大学	5★-
2	上海外国语大学	5★	6	四川外国语大学	5★	10	北京航空航天大学	5★-
3	同济大学	5★	7	西安外国语大学	5★-	11	浙江大学	5★-
4	广东外语外贸大学	5★	8	大连外国语大学	5★-			

4★（11个）：中国人民大学、郑州大学、对外经济贸易大学、黑龙江大学、华东师范大学、华中科技大学、首都师范大学、复旦大学、天津外国语大学、武汉大学、青岛大学

3★（33个），2★（44个），1★（11个）：名单略

050204 法语（141）

排名	学校名称	星级	排名	学校名称	星级	排名	学校名称	星级
1	上海外国语大学	5★+	6	西安外国语大学	5★	11	华东师范大学	5★-
2	北京外国语大学	5★	7	武汉大学	5★	12	浙江大学	5★-
3	广东外语外贸大学	5★	8	北京语言大学	5★-	13	厦门大学	5★-
4	北京大学	5★	9	南京大学	5★-	14	华中师范大学	5★-
5	四川外国语大学	5★	10	大连外国语大学	5★-			

4★（14个）：中南大学、天津外国语大学、中国海洋大学、中国人民大学、黑龙江大学、首都师范大学、中山大学、南京师范大学、复旦大学、湖南师范大学、对外经济贸易大学、扬州大学、上海交通大学、山东大学

3★（43个），2★（56个），1★（14个）：名单略

050205 西班牙语（96）

排名	学校名称	星级	排名	学校名称	星级	排名	学校名称	星级
1	北京外国语大学	5★+	5	天津外国语大学	5★	9	吉林大学	5★-
2	上海外国语大学	5★	6	西安外国语大学	5★-	10	首都师范大学	5★-
3	广东外语外贸大学	5★	7	南京大学	5★-			
4	北京大学	5★	8	大连外国语大学	5★-			
4★（9个）：四川外国语大学、黑龙江大学、对外经济贸易大学、华东师范大学、北京语言大学、浙江大学、厦门大学、中国人民大学、山东大学								
3★（29个），2★（38个），1★（10个）：名单略								

050206 阿拉伯语（41）

排名	学校名称	星级	排名	学校名称	星级	排名	学校名称	星级
1	上海外国语大学	5★	3	北京外国语大学	5★-			
2	北京大学	5★	4	北京语言大学	5★-			
4★（4个）：对外经济贸易大学、北京第二外国语学院、四川外国语大学、天津外国语大学								
3★（13个），2★（16个），1★（4个）：名单略								

050207 日语（461）

排名	学校名称	星级	排名	学校名称	星级	排名	学校名称	星级
1	大连外国语大学	5★+	17	四川外国语大学	5★	33	东南大学	5★-
2	天津外国语大学	5★+	18	东北师范大学	5★	34	复旦大学	5★-
3	北京外国语大学	5★+	19	浙江大学	5★	35	南京师范大学	5★-
4	西安外国语大学	5★+	20	厦门大学	5★	36	武汉大学	5★-
5	广东外语外贸大学	5★+	21	浙江工商大学	5★	37	中国海洋大学	5★-
6	上海外国语大学	5★	22	山东大学	5★	38	对外经济贸易大学	5★-
7	清华大学	5★	23	中国人民大学	5★	39	哈尔滨师范大学	5★-
8	北京大学	5★	24	北京第二外国语学院	5★-	40	苏州大学	5★-
9	上海交通大学	5★	25	北京科技大学	5★-	41	大连大学	5★-
10	北京师范大学	5★	26	湖南师范大学	5★-	42	东北大学	5★-
11	延边大学	5★	27	首都师范大学	5★-	43	河南大学	5★-
12	吉林大学	5★	28	华东师范大学	5★-	44	南京航空航天大学	5★-
13	湖南大学	5★	29	华中科技大学	5★-	45	中山大学	5★-
14	同济大学	5★	30	华中师范大学	5★-	46	重庆大学	5★-
15	南开大学	5★	31	北京语言大学	5★-			
16	黑龙江大学	5★	32	西安交通大学	5★-			
4★（46个）：上海对外贸大学、上海师范大学、四川大学、内蒙古大学、上海海事大学、大连理工大学、福建师范大学、北京邮电大学、天津理工大学、哈尔滨理工大学、宁波大学、中南财经政法大学、华南师范大学、江西师范大学、杭州师范大学、扬州大学、南京农业大学、广西大学、北京理工大学、中南大学、燕山大学、暨南大学、西南大学、大连海事大学、西北大学、上海大学、河南科技大学、贵州大学、辽宁大学、天津科技大学、河南师范大学、山东财经大学、曲阜师范大学、山东师范大学、辽宁师范大学、西南交通大学、北方工业大学、青岛大学、重庆师范大学、深圳大学、郑州大学、山西大学、湘潭大学、云南师范大学、南通大学、云南大学								
3★（139个），2★（184个），1★（46个）：名单略								

050209 朝鲜语（101）

排名	学校名称	星级	排名	学校名称	星级	排名	学校名称	星级
1	北京外国语大学	5★+	5	广东外语外贸大学	5★	9	山东大学	5★-
2	延边大学	5★	6	上海外国语大学	5★-	10	黑龙江大学	5★-
3	大连外国语大学	5★	7	北京大学	5★-			
4	复旦大学	5★	8	天津外国语大学	5★-			
4★（10个）：湖南师范大学、吉林大学、北京语言大学、华中师范大学、对外经济贸易大学、中国海洋大学、四川外国语大学、中山大学、西安外国语大学、南京师范大学									
3★（31个），2★（40个），1★（10个）：名单略									

050212 印度尼西亚语（11）

排名	学校名称	星级	排名	学校名称	星级	排名	学校名称	星级
1	广东外语外贸大学	5★						
4★（1个）：北京大学									
3★（4个），2★（4个），1★（1个）：名单略									

050214 柬埔寨语（6）

排名	学校名称	星级	排名	学校名称	星级	排名	学校名称	星级
1	广东外语外贸大学	5★-						
4★无									
3★（2个），2★（2个），1★（1个）：名单略									

050215 老挝语（7）

排名	学校名称	星级	排名	学校名称	星级	排名	学校名称	星级
1	广东外语外贸大学	5★-						
4★无									
3★（3个），2★（2个），1★（1个）：名单略									

050216 缅甸语（13）

排名	学校名称	星级	排名	学校名称	星级	排名	学校名称	星级
1	云南民族大学	5★						
4★（2个）：云南师范大学、广东外语外贸大学									
3★（4个），2★（5个），1★（1个）：名单略									

050217 马来语（6）

排名	学校名称	星级	排名	学校名称	星级	排名	学校名称	星级
1	北京外国语大学	5★-						
4★无									
3★（2个），2★（2个），1★（1个）：名单略									

050220 泰语（42）

排名	学校名称	星级	排名	学校名称	星级	排名	学校名称	星级
1	广东外语外贸大学	5★	3	广西民族大学	5★-			
2	北京大学	5★	4	云南民族大学	5★-			
4★（4个）：四川外国语大学、大连外国语大学、天津外国语大学、南宁师范大学									
3★（13个），2★（17个），1★（4个）：名单略									

050221 乌尔都语（6）

排名	学校名称	星级	排名	学校名称	星级	排名	学校名称	星级
1	北京大学	5★-						
4★无									
3★（2个），2★（2个），1★（1个）：名单略									

050223 越南语（23）

排名	学校名称	星级	排名	学校名称	星级	排名	学校名称	星级
1	广西民族大学	5★	2	广东外语外贸大学	5★-			
4★（3个）：对外经济贸易大学、上海外国语大学、北京外国语大学									
3★（7个），2★（9个），1★（2个）：名单略									

050228 波兰语（7）

排名	学校名称	星级	排名	学校名称	星级	排名	学校名称	星级
1	北京外国语大学	5★-						
4★无									
3★（3个），2★（2个），1★（1个）：名单略									

050232 葡萄牙语（32）

排名	学校名称	星级	排名	学校名称	星级	排名	学校名称	星级
1	北京外国语大学	5★	2	北京大学	5★	3	上海外国语大学	5★-
4★（3个）：广东外语外贸大学、北京语言大学、西安外国语大学									
3★（10个），2★（13个），1★（3个）：名单略									

050235 土耳其语（6）

排名	学校名称	星级	排名	学校名称	星级	排名	学校名称	星级
1	北京外国语大学	5★-						
4★无									
3★（2个），2★（2个），1★（1个）：名单略									

050238 意大利语（21）

排名	学校名称	星级	排名	学校名称	星级	排名	学校名称	星级
1	北京外国语大学	5★	2	上海外国语大学	5★-			
4★（2个）：对外经济贸易大学、广东外语外贸大学									
3★（7个），2★（8个），1★（2个）：名单略									

050261 翻译（254）

排名	学校名称	星级	排名	学校名称	星级	排名	学校名称	星级
1	西安外国语大学	5★+	10	黑龙江大学	5★	19	重庆交通大学	5★-
2	广东外语外贸大学	5★+	11	华东师范大学	5★	20	扬州大学	5★-
3	复旦大学	5★+	12	北京语言大学	5★	21	重庆师范大学	5★-
4	上海外国语大学	5★	13	华中科技大学	5★	22	暨南大学	5★-
5	大连外国语大学	5★	14	华中师范大学	5★-	23	河北师范大学	5★-
6	北京航空航天大学	5★	15	华东政法大学	5★-	24	西北师范大学	5★-
7	浙江大学	5★	16	武汉大学	5★-	25	牡丹江师范学院	5★-
8	四川外国语大学	5★	17	天津外国语大学	5★-			
9	山东大学	5★	18	对外经济贸易大学	5★-			

4★（26个）：广西师范大学、西安翻译学院、西南交通大学、北京第二外国语学院、湖南师范大学、华南师范大学、河南大学、陕西师范大学、北京外国语大学、曲阜师范大学、苏州大学、浙江师范大学、广东工业大学、上海海事大学、江苏师范大学、电子科技大学、山西大学、南开大学、西安电子科技大学、辽宁大学、杭州师范大学、淮北师范大学、重庆邮电大学、浙江越秀外国语学院、长沙理工大学、四川文理学院

3★（76个），2★（102个），1★（25个）：名单略

050262 商务英语（365）

排名	学校名称	星级	排名	学校名称	星级	排名	学校名称	星级
1	广东外语外贸大学	5★+	14	广州航海学院	5★	27	北京第二外国语学院	5★-
2	黑龙江大学	5★+	15	天津外国语大学	5★	28	福建江夏学院	5★-
3	对外经济贸易大学	5★+	16	长江大学	5★	29	大连理工大学	5★-
4	四川外国语大学	5★+	17	东北师范大学	5★	30	安徽财经大学	5★-
5	上海外国语大学	5★	18	中南财经政法大学	5★	31	广州工商学院	5★-
6	华南理工大学	5★	19	暨南大学	5★-	32	山西财经大学	5★-
7	浙江工商大学	5★	20	四川旅游学院	5★-	33	广东培正学院	5★-
8	西安外国语大学	5★	21	西南财经大学	5★-	34	运城学院	5★-
9	江苏理工学院	5★	22	江西财经大学	5★-	35	浙江越秀外国语学院	5★-
10	大连外国语大学	5★	23	首都经济贸易大学	5★-	36	淮南师范学院	5★-
11	江西师范大学	5★	24	上海海事大学	5★-	37	广州商学院	5★-
12	华中农业大学	5★	25	北京林业大学	5★-			
13	广东工业大学	5★	26	河南科技大学	5★-			

4★（36个）：广东科技学院、浙江财经大学、广东理工学院、福建师范大学、贺州学院、韶关学院、曲阜师范大学、桂林航天工业学院、南京财经大学、哈尔滨商业大学、重庆文理学院、浙江万里学院、山东财经大学、黑龙江外国语学院、湖南涉外经济学院、河南财政金融学院、湖南工程学院、萍乡学院、江西应用科技学院、宁波工程学院、信阳农林学院、西安财经大学、武汉商学院、郑州商学院、西安翻译学院、上海立信会计金融学院、广东金融学院、浙江水利水电学院、台州学院、济宁学院、辽宁大学、天津财经大学、宿州学院、吉林外国语大学、淮北师范大学、南京工程学院

3★（110个），2★（146个），1★（36个）：名单略

050301 新闻学（314）

排名	学校名称	星级	排名	学校名称	星级	排名	学校名称	星级
1	清华大学	5★+	4	中国传媒大学	5★	7	华中科技大学	5★
2	暨南大学	5★+	5	复旦大学	5★	8	四川大学	5★
3	中国人民大学	5★+	6	山东大学	5★	9	武汉大学	5★

排名	学校名称	星级	排名	学校名称	星级	排名	学校名称	星级
10	华东师范大学	5★	18	天津师范大学	5★-	26	湖南大学	5★-
11	南京大学	5★	19	厦门大学	5★-	27	中国政法大学	5★-
12	河北大学	5★	20	上海大学	5★-	28	湖南师范大学	5★-
13	浙江大学	5★	21	中山大学	5★-	29	陕西师范大学	5★-
14	安徽大学	5★	22	北京外国语大学	5★-	30	重庆大学	5★-
15	北京大学	5★	23	南昌大学	5★-	31	西北大学	5★-
16	南京师范大学	5★	24	上海财经大学	5★-			
17	郑州大学	5★-	25	内蒙古大学	5★-			

4★（32个）：西南政法大学、西南大学、吉林大学、中央民族大学、云南大学、苏州大学、华中师范大学、广西大学、北京工商大学、安徽师范大学、黑龙江大学、兰州大学、深圳大学、渤海大学、新疆大学、湖北大学、东北师范大学、上海外国语大学、河北地贸大学、北京印刷学院、华南理工大学、华东政法大学、湘潭大学、河南大学、江西财经大学、汕头大学、上海体育学院、西北政法大学、辽宁大学、成都体育学院、新疆财经大学、贵州大学

3★（94个），2★（126个），1★（31个）：名单略

050302 广播电视学（166）

排名	学校名称	星级	排名	学校名称	星级	排名	学校名称	星级
1	中国传媒大学	5★+	7	武汉大学	5★	13	河北大学	5★-
2	复旦大学	5★+	8	暨南大学	5★	14	上海师范大学	5★-
3	北京大学	5★	9	福建师范大学	5★-	15	郑州大学	5★-
4	南京大学	5★	10	华中科技大学	5★-	16	浙江传媒学院	5★-
5	大连理工大学	5★	11	上海大学	5★-	17	安徽大学	5★-
6	中国人民大学	5★	12	南昌大学	5★-			

4★（16个）：厦门大学、中南大学、浙江大学、河海大学、广州大学、华中师范大学、云南大学、南开大学、中南财经政法大学、中国地质大学（武汉）、江苏师范大学、浙江工业大学、西南政法大学、兰州大学、山西传媒学院、成都理工大学

3★（50个），2★（66个），1★（17个）：名单略

050303 广告学（275）

排名	学校名称	星级	排名	学校名称	星级	排名	学校名称	星级
1	中国传媒大学	5★+	11	华中科技大学	5★	21	湖南师范大学	5★-
2	暨南大学	5★+	12	福建师范大学	5★	22	上海师范大学	5★-
3	复旦大学	5★+	13	湖南大学	5★	23	深圳大学	5★-
4	北京大学	5★	14	南昌大学	5★	24	河北大学	5★-
5	中国人民大学	5★	15	华中农业大学	5★	25	湘潭大学	5★-
6	南京大学	5★	16	上海大学	5★	26	吉林大学	5★-
7	广西艺术学院	5★	17	浙江大学	5★	27	华南理工大学	5★-
8	武汉大学	5★	18	南京师范大学	5★	28	郑州大学	5★-
9	四川大学	5★	19	厦门大学	5★			
10	山东理工大学	5★	20	山西大学	5★-			

4★（27个）：武汉理工大学、福建工程学院、山西传媒学院、四川农业大学、安徽师范大学、重庆工商大学、辽宁传媒学院、浙江工业大学、上海理工大学、黑龙江大学、河南大学、同济大学、北京工商大学、辽宁大学、北京印刷学院、闽江学院、中南民族大学、西北大学、东北师范大学、苏州大学、天津师范大学、中国计量大学、江西师范大学、喀什大学、南京林业大学、温州大学、成都理工大学

3★（83个），2★（110个），1★（27个）：名单略

050304 传播学（65）

排名	学校名称	星级	排名	学校名称	星级	排名	学校名称	星级
1	中国人民大学	5★+	4	复旦大学	5★-	7	厦门大学	5★-
2	中国传媒大学	5★	5	北京大学	5★-			
3	上海交通大学	5★	6	武汉大学	5★-			

4★（6个）：华中科技大学、北京师范大学、西南交通大学、西南政法大学、华南理工大学、中山大学

3★（20个），2★（26个），1★（6个）：名单略

050305 编辑出版学（42）

排名	学校名称	星级	排名	学校名称	星级	排名	学校名称	星级
1	武汉大学	5★	3	北京印刷学院	5★-			
2	中国传媒大学	5★	4	上海理工大学	5★-			

4★（4个）：南京大学、华东师范大学、安徽大学、北京大学

3★（13个），2★（17个），1★（4个）：名单略

050306T 网络与新媒体（250）

排名	学校名称	星级	排名	学校名称	星级	排名	学校名称	星级
1	西安交通大学	5★+	10	陕西师范大学	5★	19	中国政法大学	5★-
2	中国传媒大学	5★+	11	北京交通大学	5★	20	河南工业大学	5★-
3	暨南大学	5★+	12	华中师范大学	5★	21	北京联合大学	5★-
4	深圳大学	5★	13	北京印刷学院	5★	22	广东技术师范大学	5★-
5	南京师范大学	5★	14	湖南师范大学	5★-	23	辽宁传媒学院	5★-
6	上海外国语大学	5★	15	郑州大学	5★-	24	合肥师范学院	5★-
7	四川大学	5★	16	西北大学	5★-	25	南京财经大学	5★-
8	浙江传媒学院	5★	17	四川师范大学	5★-			
9	上海大学	5★	18	广东外语外贸大学	5★-			

4★（25个）：广州大学、西安外国语大学、苏州大学、中南财经政法大学、安徽大学、重庆第二师范学院、湖南理工学院、华南师范大学、广西师范大学、厦门理工学院、安徽师范大学、沈阳师范大学、浙江万里学院、四川外国语大学、湖南城市学院、内蒙古大学、昌吉学院、西安欧亚学院、山西传媒学院、北京语言大学、武昌首义学院、贵州民族大学、武汉工商学院、周口师范学院、湖北科技学院

3★（75个），2★（100个），1★（25个）：名单略

050307T 数字出版（14）

排名	学校名称	星级	排名	学校名称	星级	排名	学校名称	星级
1	北京印刷学院	5★						

4★（2个）：中南大学、金陵科技学院

3★（4个），2★（6个），1★（1个）：名单略

060101 历史学（244）

排名	学校名称	星级	排名	学校名称	星级	排名	学校名称	星级
1	北京师范大学	5★+	6	四川大学	5★	11	西北大学	5★
2	中国人民大学	5★+	7	东北师范大学	5★	12	南开大学	5★
3	复旦大学	5★	8	武汉大学	5★	13	兰州大学	5★
4	南京大学	5★	9	陕西师范大学	5★	14	华中师范大学	5★-
5	中山大学	5★	10	北京大学	5★	15	华东师范大学	5★-

续表

排名	学校名称	星级	排名	学校名称	星级	排名	学校名称	星级
16	厦门大学	5★-	19	上海师范大学	5★-	22	清华大学	5★-
17	首都师范大学	5★-	20	暨南大学	5★-	23	江西师范大学	5★-
18	吉林大学	5★-	21	浙江大学	5★-	24	云南大学	5★-

4★（25个）：安徽大学、湖南师范大学、河南大学、山东大学、中央民族大学、西北师范大学、河北大学、山西大学、西南大学、河北师范大学、南京师范大学、福建师范大学、华南师范大学、苏州大学、上海大学、安徽师范大学、郑州大学、四川师范大学、湖南大学、浙江师范大学、山东师范大学、湖北大学、扬州大学、曲阜师范大学、河南师范大学

3★（73个），2★（98个），1★（24个）：名单略

060102 世界史（17）

排名	学校名称	星级	排名	学校名称	星级	排名	学校名称	星级
1	北京大学	5★	2	首都师范大学	5★-			

4★（1个）：武汉大学

3★（6个），2★（6个），1★（2个）：名单略

060103 考古学（25）

排名	学校名称	星级	排名	学校名称	星级	排名	学校名称	星级
1	北京大学	5★	2	吉林大学	5★-	3	西北大学	5★-

4★（2个）：山东大学、郑州大学

3★（8个），2★（10个），1★（2个）：名单略

060104 文物与博物馆学（48）

排名	学校名称	星级	排名	学校名称	星级	排名	学校名称	星级
1	复旦大学	5★	3	陕西师范大学	5★-	5	浙江大学	5★-
2	四川大学	5★	4	吉林大学	5★-			

4★（5个）：河南大学、南京师范大学、山东大学、兰州大学、北京大学

3★（14个），2★（19个），1★（5个）：名单略

060105T 文物保护技术（8）

排名	学校名称	星级	排名	学校名称	星级	排名	学校名称	星级
1	北京大学	5★-						

4★（1个）：西北大学

3★（2个），2★（3个），1★（1个）：名单略

070101 数学与应用数学（502）

排名	学校名称	星级	排名	学校名称	星级	排名	学校名称	星级
1	山东大学	5★+	8	中国科学技术大学	5★	15	浙江大学	5★
2	清华大学	5★+	9	四川大学	5★	16	华南理工大学	5★
3	复旦大学	5★+	10	电子科技大学	5★	17	华东师范大学	5★
4	西安交通大学	5★+	11	中山大学	5★	18	大连理工大学	5★
5	北京师范大学	5★+	12	南开大学	5★	19	武汉大学	5★
6	北京大学	5★	13	厦门大学	5★	20	同济大学	5★
7	上海交通大学	5★	14	吉林大学	5★	21	首都师范大学	5★

续表

排名	学校名称	星级	排名	学校名称	星级	排名	学校名称	星级
22	北京航空航天大学	5★	32	中国人民大学	5★-	42	湖南大学	5★-
23	东北师范大学	5★	33	华中科技大学	5★-	43	西安电子科技大学	5★-
24	哈尔滨工业大学	5★	34	西北大学	5★-	44	华南师范大学	5★-
25	华中师范大学	5★	35	天津大学	5★-	45	西北师范大学	5★-
26	南京大学	5★-	36	上海大学	5★-	46	福建师范大学	5★-
27	重庆大学	5★-	37	西南大学	5★-	47	湖南师范大学	5★-
28	陕西师范大学	5★-	38	西北工业大学	5★-	48	北京理工大学	5★-
29	新疆大学	5★-	39	浙江师范大学	5★-	49	山东师范大学	5★-
30	中南大学	5★-	40	兰州大学	5★-	50	湘潭大学	5★-
31	苏州大学	5★-	41	广州大学	5★-			

4★（50个）：江西师范大学、西南交通大学、四川师范大学、河北师范大学、东南大学、宁波大学、郑州大学、安徽大学、中国矿业大学、曲阜师范大学、云南大学、上海师范大学、杭州师范大学、南京师范大学、扬州大学、重庆师范大学、山西大学、河南师范大学、湖北大学、汕头大学、南京信息工程大学、内蒙古大学、合肥工业大学、江苏大学、中国矿业大学（北京）、江苏师范大学、南昌大学、南京理工大学、贵州大学、福州大学、北京工业大学、云南师范大学、天津师范大学、贵州师范大学、河海大学、山东科技大学、杭州电子科技大学、中国海洋大学、吉林师范大学、华东理工大学、闽南师范大学、青岛大学、重庆邮电大学、安徽师范大学、东北大学、哈尔滨师范大学、广西大学、广西师范大学、成都理工大学、暨南大学

3★（151个），2★（201个），1★（50个）：名单略

070102 信息与计算科学（316）

排名	学校名称	星级	排名	学校名称	星级	排名	学校名称	星级
1	复旦大学	5★+	12	南京航空航天大学	5★	23	电子科技大学	5★-
2	北京交通大学	5★+	13	北京航空航天大学	5★	24	北京理工大学	5★-
3	西安交通大学	5★+	14	浙江大学	5★	25	厦门大学	5★-
4	南开大学	5★	15	大连理工大学	5★	26	北京大学	5★-
5	山东大学	5★	16	湘潭大学	5★	27	华东师范大学	5★-
6	中山大学	5★	17	西北工业大学	5★-	28	安徽大学	5★-
7	中国科学技术大学	5★	18	上海大学	5★-	29	华中科技大学	5★-
8	四川大学	5★	19	武汉大学	5★-	30	湖南大学	5★-
9	哈尔滨工业大学	5★	20	西安电子科技大学	5★-	31	苏州大学	5★-
10	中南大学	5★	21	重庆大学	5★-	32	新疆大学	5★-
11	吉林大学	5★	22	首都师范大学	5★-			

4★（31个）：兰州大学、武汉理工大学、东南大学、南京师范大学、北京工业大学、南京理工大学、郑州大学、华北电力大学、燕山大学、华东理工大学、桂林电子科技大学、福州大学、宁夏大学、陕西师范大学、广州大学、南京大学、曲阜师范大学、山东师范大学、中国海洋大学、云南大学、华南师范大学、上海师范大学、广东工业大学、杭州电子科技大学、南京信息工程大学、扬州大学、昆明理工大学、浙江师范大学、贵州师范大学、南京邮电大学、湖南师范大学

3★（95个），2★（126个），1★（32个）：名单略

070201 物理学（270）

排名	学校名称	星级	排名	学校名称	星级	排名	学校名称	星级
1	清华大学	5★+	6	上海交通大学	5★	11	北京师范大学	5★
2	北京大学	5★+	7	中山大学	5★	12	吉林大学	5★
3	复旦大学	5★+	8	南京大学	5★	13	山东大学	5★
4	中国科学技术大学	5★	9	西安交通大学	5★	14	兰州大学	5★
5	浙江大学	5★	10	武汉大学	5★	15	山西大学	5★-

续表

排名	学校名称	星级	排名	学校名称	星级	排名	学校名称	星级
16	华中科技大学	5★-	20	华中师范大学	5★-	24	南开大学	5★-
17	西北大学	5★-	21	厦门大学	5★-	25	华东师范大学	5★-
18	四川大学	5★-	22	陕西师范大学	5★-	26	郑州大学	5★-
19	苏州大学	5★-	23	华南师范大学	5★-	27	浙江师范大学	5★-

4★（27个）：山东师范大学、河南师范大学、曲阜师范大学、重庆大学、辽宁师范大学、东北师范大学、湖南师范大学、河北师范大学、福建师范大学、西北师范大学、哈尔滨师范大学、湘潭大学、安徽师范大学、东南大学、河南大学、首都师范大学、广西大学、四川师范大学、宁波大学、南京师范大学、云南师范大学、西南大学、中国人民大学、中国科学院大学、吉林师范大学、广西师范大学、北京航空航天大学

3★（81个），2★（108个），1★（27个）：名单略

070202 应用物理学（151）

排名	学校名称	星级	排名	学校名称	星级	排名	学校名称	星级
1	上海交通大学	5★+	6	中国科学技术大学	5★	11	北京理工大学	5★-
2	华南理工大学	5★+	7	西安交通大学	5★	12	山东大学	5★-
3	大连理工大学	5★	8	南京大学	5★	13	吉林大学	5★-
4	同济大学	5★	9	上海大学	5★-	14	中南大学	5★-
5	北京航空航天大学	5★	10	电子科技大学	5★-	15	华中科技大学	5★-

4★（15个）：西北大学、西北工业大学、北京科技大学、西南交通大学、福州大学、南京航空航天大学、东南大学、长春理工大学、郑州大学、北京工业大学、安徽大学、燕山大学、东北大学、天津大学、南开大学

3★（46个），2★（60个），1★（15个）：名单略

070301 化学（295）

排名	学校名称	星级	排名	学校名称	星级	排名	学校名称	星级
1	中国科学技术大学	5★+	11	湖南大学	5★	21	华东理工大学	5★-
2	北京大学	5★+	12	复旦大学	5★	22	陕西师范大学	5★-
3	浙江大学	5★+	13	武汉大学	5★	23	西北大学	5★-
4	厦门大学	5★	14	南开大学	5★	24	东北师范大学	5★-
5	清华大学	5★	15	华东师范大学	5★	25	中国农业大学	5★-
6	南京大学	5★	16	兰州大学	5★-	26	扬州大学	5★-
7	四川大学	5★	17	北京师范大学	5★-	27	华南师范大学	5★-
8	中山大学	5★	18	山东大学	5★-	28	河南师范大学	5★-
9	福州大学	5★	19	苏州大学	5★-	29	江西师范大学	5★-
10	吉林大学	5★	20	郑州大学	5★-	30	华中师范大学	5★-

4★（29个）：华中科技大学、北京化工大学、北京理工大学、山东师范大学、安徽师范大学、河南大学、安徽大学、西北师范大学、湘潭大学、山西师范大学、湖南师范大学、广西师范大学、福建师范大学、新疆大学、南京工业大学、西南大学、云南大学、中国科学院大学、海南师范大学、黑龙江大学、东南大学、浙江师范大学、山西大学、哈尔滨工业大学、河北师范大学、南昌大学、辽宁师范大学、上海交通大学、中国石油大学（华东）

3★（89个），2★（118个），1★（29个）：名单略

070302 应用化学（375）

排名	学校名称	星级	排名	学校名称	星级	排名	学校名称	星级
1	大连理工大学	5★+	4	上海交通大学	5★+	7	北京化工大学	5★
2	华南理工大学	5★+	5	华东理工大学	5★	8	西安交通大学	5★
3	北京大学	5★+	6	天津大学	5★	9	南京大学	5★

续表

排名	学校名称	星级	排名	学校名称	星级	排名	学校名称	星级
10	浙江工业大学	5★	20	山东大学	5★-	30	济南大学	5★-
11	武汉大学	5★	21	北京科技大学	5★-	31	南京理工大学	5★-
12	吉林大学	5★	22	重庆大学	5★-	32	青岛科技大学	5★-
13	中南大学	5★	23	郑州大学	5★-	33	南京工业大学	5★-
14	四川大学	5★	24	中国石油大学（北京）	5★-	34	苏州大学	5★-
15	湖南大学	5★	25	兰州大学	5★-	35	广东工业大学	5★-
16	东北大学	5★	26	江南大学	5★-	36	中国石油大学（华东）	5★-
17	同济大学	5★	27	哈尔滨工业大学	5★-	37	湘潭大学	5★-
18	东华大学	5★	28	北京理工大学	5★-	38	武汉工程大学	5★-
19	南开大学	5★	29	华中科技大学	5★-			

4★（37个）：西北大学、扬州大学、南昌大学、陕西师范大学、山西大学、燕山大学、江西师范大学、华侨大学、电子科技大学、华中师范大学、上海大学、武汉理工大学、安徽师范大学、华南农业大学、黑龙江大学、常州大学、暨南大学、北京工业大学、福建师范大学、中北大学、陕西科技大学、中国地质大学（武汉）、合肥工业大学、广西大学、西南石油大学、广西师范大学、武汉科技大学、南京师范大学、南京航空航天大学、东华理工大学、西北工业大学、河南大学、西南大学、内蒙古工业大学、中国矿业大学、沈阳药科大学、江苏科技大学

3★（113个），2★（150个），1★（37个）：名单略

070303T 化学生物学（18）

排名	学校名称	星级	排名	学校名称	星级
1	北京大学	5★	2	厦门大学	5★-

4★（2个）：清华大学、南开大学

3★（5个），2★（7个），1★（2个）：名单略

070401 天文学（12）

排名	学校名称	星级	排名	学校名称	星级
1	南京大学	5★			

4★（1个）：中国科学技术大学

3★（4个），2★（5个），1★（1个）：名单略

070501 地理科学（160）

排名	学校名称	星级	排名	学校名称	星级	排名	学校名称	星级
1	北京师范大学	5★+	7	陕西师范大学	5★	13	武汉大学	5★-
2	华东师范大学	5★+	8	华南师范大学	5★	14	安徽师范大学	5★-
3	北京大学	5★	9	山东师范大学	5★	15	贵州师范大学	5★-
4	福建师范大学	5★	10	南京师范大学	5★	16	云南师范大学	5★-
5	东北师范大学	5★	11	辽宁师范大学	5★-			
6	中山大学	5★	12	河南大学	5★-			

4★（16个）：湖南师范大学、哈尔滨师范大学、青海师范大学、江西师范大学、西北师范大学、华中师范大学、首都师范大学、浙江师范大学、中国地质大学（武汉）、天津师范大学、四川师范大学、云南大学、西南大学、河北师范大学、太原师范学院、鲁东大学

3★（48个），2★（64个），1★（16个）：名单略

070502 自然地理与资源环境（50）

排名	学校名称	星级	排名	学校名称	星级	排名	学校名称	星级
1	北京大学	5★+	3	北京师范大学	5★	5	中山大学	5★-
2	兰州大学	5★	4	南京大学	5★-			

4★（5个）：西北大学、河南大学、华南师范大学、福建师范大学、华中师范大学
3★（15个），2★（20个），1★（5个）：名单略

070503 人文地理与城乡规划（115）

排名	学校名称	星级	排名	学校名称	星级	排名	学校名称	星级
1	北京大学	5★+	5	北京师范大学	5★	9	中国科学院大学	5★-
2	中山大学	5★	6	广州大学	5★	10	南京师范大学	5★-
3	西北大学	5★	7	北京联合大学	5★-	11	河南大学	5★-
4	华东师范大学	5★	8	南京大学	5★-	12	兰州大学	5★-

4★（11个）：武汉大学、南京邮电大学、西南大学、湖南师范大学、福建师范大学、西北师范大学、浙江大学、河北师范大学、贵州师范大学、华南师范大学、云南师范大学
3★（35个），2★（46个），1★（11个）：名单略

070504 地理信息科学（166）

排名	学校名称	星级	排名	学校名称	星级	排名	学校名称	星级
1	南京师范大学	5★+	7	华东师范大学	5★	13	中国地质大学（北京）	5★-
2	武汉大学	5★+	8	中山大学	5★	14	陕西师范大学	5★-
3	南京大学	5★	9	云南师范大学	5★	15	中国地质大学（武汉）	5★-
4	首都师范大学	5★	10	山东师范大学	5★	16	兰州大学	5★-
5	北京大学	5★	11	东北师范大学	5★	17	西南交通大学	5★-
6	北京师范大学	5★	12	辽宁师范大学	5★			

4★（16个）：湖南师范大学、福建师范大学、中南大学、西北大学、河南大学、新疆大学、华中师范大学、云南大学、西北师范大学、贵州师范大学、青海师范大学、安徽师范大学、哈尔滨师范大学、华南师范大学、河北师范大学、内蒙古师范大学
3★（50个），2★（66个），1★（17个）：名单略

070601 大气科学（17）

排名	学校名称	星级	排名	学校名称	星级	排名	学校名称	星级
1	南京信息工程大学	5★	2	南京大学	5★-			

4★（1个）：兰州大学
3★（6个），2★（6个），1★（2个）：名单略

070602 应用气象学（12）

排名	学校名称	星级	排名	学校名称	星级	排名	学校名称	星级
1	南京信息工程大学	5★						

4★（1个）：兰州大学
3★（4个），2★（5个），1★（1个）：名单略

070701 海洋科学（30）

排名	学校名称	星级	排名	学校名称	星级	排名	学校名称	星级
1	中国海洋大学	5★	2	厦门大学	5★	3	中国地质大学(武汉)	5★-
4★（3个）：中山大学、浙江海洋大学、中国地质大学（北京）							
3★（9个），2★（12个），1★（3个）：名单略							

070702 海洋技术（23）

排名	学校名称	星级	排名	学校名称	星级	排名	学校名称	星级
1	中国海洋大学	5★	2	厦门大学	5★-			
4★（3个）：浙江海洋大学、同济大学、天津大学							
3★（7个），2★（9个），1★（2个）：名单略							

070703T 海洋资源与环境（15）

排名	学校名称	星级	排名	学校名称	星级	排名	学校名称	星级
1	中国海洋大学	5★	2	浙江海洋大学	5★-			
4★（1个）：上海海洋大学							
3★（5个），2★（6个），1★（1个）：名单略							

070801 地球物理学（21）

排名	学校名称	星级	排名	学校名称	星级	排名	学校名称	星级
1	中国科学技术大学	5★	2	武汉大学	5★-			
4★（2个）：中国地质大学（武汉）、中国石油大学（华东）							
3★（7个），2★（8个），1★（2个）：名单略							

070802 空间科学与技术（8）

排名	学校名称	星级	排名	学校名称	星级	排名	学校名称	星级
1	北京大学	5★-						
4★（1个）：西安电子科技大学							
3★（2个），2★（3个），1★（1个）：名单略							

070901 地质学（25）

排名	学校名称	星级	排名	学校名称	星级	排名	学校名称	星级
1	中国地质大学(武汉)	5★	2	中国地质大学(北京)	5★-	3	西北大学	5★-
4★（2个）：北京大学、南京大学							
3★（8个），2★（10个），1★（2个）：名单略							

070902 地球化学（9）

排名	学校名称	星级	排名	学校名称	星级	排名	学校名称	星级
1	中国地质大学（北京）	5★-						
4★（1个）：中国地质大学（武汉）							
3★（3个），2★（3个），1★（1个）：名单略							

070903T 地球信息科学与技术（11）

排名	学校名称	星级	排名	学校名称	星级	排名	学校名称	星级
1	中国地质大学（武汉）	5★						
4★（1个）：北京大学									
3★（4个），2★（4个），1★（1个）：名单略									

071001 生物科学（271）

排名	学校名称	星级	排名	学校名称	星级	排名	学校名称	星级
1	清华大学	5★+	10	厦门大学	5★	19	中南大学	5★-
2	北京大学	5★+	11	中国科学技术大学	5★	20	南京农业大学	5★-
3	复旦大学	5★+	12	中国农业大学	5★	21	东北林业大学	5★-
4	武汉大学	5★	13	华中农业大学	5★	22	河南大学	5★-
5	山东大学	5★	14	南京大学	5★	23	吉林大学	5★-
6	浙江大学	5★	15	上海交通大学	5★-	24	福建农林大学	5★-
7	中山大学	5★	16	北京林业大学	5★-	25	华中科技大学	5★-
8	北京师范大学	5★	17	西南大学	5★-	26	西北大学	5★-
9	四川大学	5★	18	湖南师范大学	5★-	27	南京师范大学	5★-
4★（27个）：云南大学、华南师范大学、南开大学、东北师范大学、暨南大学、内蒙古大学、华中师范大学、西北农林科技大学、华南农业大学、华东师范大学、兰州大学、山东师范大学、首都师范大学、中国海洋大学、河北师范大学、南昌大学、东北农业大学、安徽师范大学、湖北大学、陕西师范大学、中国医科大学、河南师范大学、上海海洋大学、河北大学、海南大学、山东农业大学、四川农业大学									
3★（82个），2★（108个），1★（27个）：名单略									

071002 生物技术（295）

排名	学校名称	星级	排名	学校名称	星级	排名	学校名称	星级
1	上海交通大学	5★+	11	兰州大学	5★	21	江南大学	5★-
2	北京大学	5★+	12	北京师范大学	5★	22	广西大学	5★-
3	复旦大学	5★+	13	山东大学	5★	23	南京农业大学	5★-
4	中山大学	5★	14	厦门大学	5★	24	西南大学	5★-
5	华中农业大学	5★	15	中国科学技术大学	5★	25	湖南师范大学	5★-
6	中国农业大学	5★	16	南方科技大学	5★-	26	中国海洋大学	5★-
7	华中科技大学	5★	17	西北农林科技大学	5★-	27	东北林业大学	5★-
8	同济大学	5★	18	内蒙古大学	5★-	28	海南大学	5★-
9	武汉大学	5★	19	南京大学	5★-	29	云南大学	5★-
10	浙江大学	5★	20	华南理工大学	5★-	30	汕头大学	5★-
4★（29个）：吉林大学、南开大学、西北大学、湖南大学、西安交通大学、中国药科大学、山东农业大学、福建农林大学、华东理工大学、中南大学、大连医科大学、东北农业大学、北京林业大学、东北师范大学、暨南大学、华东师范大学、吉林农业大学、首都师范大学、南京林业大学、四川农业大学、华南师范大学、河北师范大学、安徽农业大学、中国医科大学、安徽师范大学、陕西师范大学、湖北大学、北京理工大学、安徽医科大学									
3★（89个），2★（118个），1★（29个）：名单略									

071003 生物信息学（36）

排名	学校名称	星级	排名	学校名称	星级	排名	学校名称	星级
1	南方医科大学	5★	3	东南大学	5★-			
2	同济大学	5★	4	华中科技大学	5★-			
4★（3个）：华中农业大学、哈尔滨医科大学、中南大学									
3★（11个），2★（14个），1★（4个）：名单略									

071004 生态学（73）

排名	学校名称	星级	排名	学校名称	星级	排名	学校名称	星级
1	北京大学	5★+	4	兰州大学	5★	7	厦门大学	5★-
2	中山大学	5★	5	云南大学	5★-			
3	复旦大学	5★	6	中国农业大学	5★-			
4★（8个）：武汉大学、中南林业科技大学、华南农业大学、浙江大学、四川大学、福建农林大学、南京大学、南京林业大学									
3★（22个），2★（29个），1★（7个）：名单略									

071101 心理学（69）

排名	学校名称	星级	排名	学校名称	星级	排名	学校名称	星级
1	北京师范大学	5★+	4	西南大学	5★-	7	陕西师范大学	5★-
2	华南师范大学	5★	5	华东师范大学	5★-			
3	北京大学	5★	6	浙江大学	5★-			
4★（7个）：华中师范大学、辽宁师范大学、东北师范大学、深圳大学、湖南师范大学、江西师范大学、福建师范大学									
3★（21个），2★（27个），1★（7个）：名单略									

071102 应用心理学（244）

排名	学校名称	星级	排名	学校名称	星级	排名	学校名称	星级
1	天津师范大学	5★+	9	广州大学	5★	17	贵州师范大学	5★-
2	上海师范大学	5★+	10	华中师范大学	5★	18	辽宁师范大学	5★-
3	浙江师范大学	5★	11	华南师范大学	5★	19	陕西师范大学	5★-
4	北京大学	5★	12	华东师范大学	5★	20	北京林业大学	5★-
5	西南大学	5★	13	浙江大学	5★-	21	宁波大学	5★-
6	南京师范大学	5★	14	山东师范大学	5★-	22	江西师范大学	5★-
7	中国人民大学	5★	15	河南大学	5★-	23	杭州师范大学	5★-
8	西北师范大学	5★	16	西南交通大学	5★-	24	南开大学	5★-
4★（25个）：南方医科大学、北京体育大学、中国政法大学、郑州大学、聊城大学、苏州大学、中央财经大学、潍坊医学院、南京大学、重庆师范大学、上海体育学院、南昌大学、青岛大学、沈阳师范大学、新乡医学院、广州中医药大学、浙江理工大学、吉林大学、云南师范大学、大连医科大学、宁夏大学、山西大学、山东中医药大学、皖南医学院、武汉体育学院									
3★（73个），2★（98个），1★（24个）：名单略									

071201 统计学（194）

排名	学校名称	星级	排名	学校名称	星级	排名	学校名称	星级
1	中国科学技术大学	5★+	8	上海交通大学	5★	15	湖南大学	5★-
2	北京大学	5★+	9	西安交通大学	5★	16	云南财经大学	5★-
3	上海财经大学	5★	10	东北师范大学	5★	17	广州大学	5★-
4	西南财经大学	5★	11	山西财经大学	5★-	18	中国人民大学	5★-
5	华东师范大学	5★	12	曲阜师范大学	5★-	19	华中科技大学	5★-
6	南开大学	5★	13	首都经济贸易大学	5★-			
7	厦门大学	5★	14	山东大学	5★-			
4★（20个）：中南大学、云南大学、北京师范大学、山东科技大学、西南大学、重庆大学、武汉大学、北京交通大学、安徽大学、东南大学、吉林大学、福建师范大学、苏州大学、杭州电子科技大学、复旦大学、湖南师范大学、西安财经大学、四川大学、首都师范大学、重庆工商大学									
3★（58个），2★（78个），1★（19个）：名单略									

071202 应用统计学（172）

排名	学校名称	星级	排名	学校名称	星级	排名	学校名称	星级
1	浙江工商大学	5★+	7	南京医科大学	5★	13	中南民族大学	5★-
2	南京邮电大学	5★+	8	华北水利水电大学	5★	14	重庆理工大学	5★-
3	江西财经大学	5★	9	东北财经大学	5★	15	南方医科大学	5★-
4	中国人民大学	5★	10	嘉兴学院	5★-	16	重庆医科大学	5★-
5	景德镇陶瓷大学	5★	11	天津财经大学	5★-	17	齐鲁工业大学	5★-
6	桂林理工大学	5★	12	云南财经大学	5★-			

4★（17个）：长沙理工大学、哈尔滨理工大学、内蒙古农业大学、青岛科技大学、北京工商大学、上海对外经贸大学、甘肃农业大学、浙江财经大学、广东工业大学、山东工商学院、南京信息工程大学、西安财经大学、内蒙古财经大学、太原科技大学、广西科技大学、西安理工大学、天津工业大学

3★（52个），2★（69个），1★（17个）：名单略

080101 理论与应用力学（11）

排名	学校名称	星级	排名	学校名称	星级	排名	学校名称	星级
1	北京大学	5★						

4★（1个）：中国科学技术大学

3★（4个），2★（4个），1★（1个）：名单略

080102 工程力学（78）

排名	学校名称	星级	排名	学校名称	星级	排名	学校名称	星级
1	清华大学	5★+	4	哈尔滨工业大学	5★	7	西南交通大学	5★-
2	南京航空航天大学	5★	5	大连理工大学	5★-	8	浙江大学	5★-
3	西安交通大学	5★	6	北京航空航天大学	5★-			

4★（8个）：北京大学、天津大学、北京理工大学、西北工业大学、河海大学、上海交通大学、宁波大学、同济大学

3★（23个），2★（31个），1★（8个）：名单略

080201 机械工程（124）

排名	学校名称	星级	排名	学校名称	星级	排名	学校名称	星级
1	清华大学	5★+	5	浙江大学	5★	9	吉林大学	5★-
2	上海交通大学	5★	6	南京航空航天大学	5★	10	浙江工业大学	5★-
3	西安交通大学	5★	7	南京理工大学	5★-	11	北京航空航天大学	5★-
4	东南大学	5★	8	东北大学	5★-	12	北京理工大学	5★-

4★（13个）：武汉科技大学、北京工业大学、华南理工大学、北京科技大学、中国矿业大学、上海大学、东华大学、新疆大学、青岛科技大学、北京邮电大学、江南大学、广西科技大学、北京交通大学

3★（37个），2★（50个），1★（12个）：名单略

080202 机械设计制造及其自动化（521）

排名	学校名称	星级	排名	学校名称	星级	排名	学校名称	星级
1	华中科技大学	5★+	6	重庆大学	5★	11	广东工业大学	5★
2	哈尔滨工业大学	5★+	7	西南交通大学	5★	12	合肥工业大学	5★
3	大连理工大学	5★+	8	山东大学	5★	13	浙江大学	5★
4	天津大学	5★+	9	中南大学	5★	14	上海理工大学	5★
5	西北工业大学	5★+	10	燕山大学	5★	15	湖南大学	5★

续表

排名	学校名称	星级	排名	学校名称	星级	排名	学校名称	星级
16	哈尔滨理工大学	5★	29	贵州大学	5★-	42	石家庄铁道大学	5★-
17	四川大学	5★	30	福州大学	5★-	43	长春理工大学	5★-
18	浙江理工大学	5★	31	西安工业大学	5★-	44	太原科技大学	5★-
19	太原理工大学	5★	32	山东科技大学	5★-	45	南京林业大学	5★-
20	同济大学	5★	33	西安电子科技大学	5★-	46	上海大学	5★-
21	电子科技大学	5★	34	南昌大学	5★-	47	武汉大学	5★-
22	沈阳工业大学	5★	35	中国石油大学（北京）	5★-	48	中国石油大学（华东）	5★-
23	西安理工大学	5★	36	湖南科技大学	5★-	49	安徽理工大学	5★-
24	长安大学	5★	37	青岛理工大学	5★-	50	沈阳建筑大学	5★-
25	杭州电子科技大学	5★	38	厦门大学	5★-	51	武汉理工大学	5★-
26	河南科技大学	5★	39	山东理工大学	5★-	52	桂林电子科技大学	5★-
27	江苏大学	5★-	40	西安科技大学	5★-			
28	兰州理工大学	5★-	41	河北工业大学	5★-			

4★（52个）：湖北工业大学、华东理工大学、西安建筑科技大学、汕头大学、中国农业大学、西南科技大学、西南石油大学、宁波大学、三峡大学、中北大学、长江大学、河南理工大学、景德镇陶瓷大学、广州大学、北京化工大学、扬州大学、内蒙古科技大学、华南农业大学、长沙理工大学、江苏科技大学、中国地质大学（武汉）、湘潭大学、北京林业大学、重庆交通大学、华北水利水电大学、沈阳航空航天大学、东北林业大学、中国科学技术大学、西华大学、兰州交通大学、石河子大学、东北石油大学、北方工业大学、河南工业大学、中国计量大学、沈阳理工大学、辽宁工程技术大学、北京信息科技大学、江苏海洋大学、大连大学、广西大学、哈尔滨商业大学、辽宁工业大学、天津职业技术师范大学、河北农业大学、安徽工程大学、西安石油大学、南华大学、华东交通大学、郑州轻工业大学、厦门理工学院、上海应用技术大学

3★（157个），2★（208个），1★（52个）：名单略

080203 材料成型及控制工程（228）

排名	学校名称	星级	排名	学校名称	星级	排名	学校名称	星级
1	华中科技大学	5★+	9	天津大学	5★	17	沈阳工业大学	5★-
2	哈尔滨工业大学	5★+	10	西安建筑科技大学	5★	18	吉林大学	5★-
3	东北大学	5★	11	武汉理工大学	5★	19	华南理工大学	5★-
4	河南科技大学	5★	12	湖南大学	5★-	20	兰州理工大学	5★-
5	太原理工大学	5★	13	山东大学	5★-	21	北京航空航天大学	5★-
6	燕山大学	5★	14	合肥工业大学	5★-	22	南昌大学	5★-
7	大连理工大学	5★	15	中北大学	5★-	23	安徽工业大学	5★-
8	重庆大学	5★	16	中国石油大学（华东）	5★-			

4★（23个）：广东工业大学、西南交通大学、四川大学、北京理工大学、长春工业大学、昆明理工大学、南京理工大学、西北工业大学、内蒙古工业大学、太原科技大学、江苏大学、华东理工大学、哈尔滨理工大学、西安理工大学、武汉科技大学、大连交通大学、河北工业大学、河南理工大学、青岛科技大学、贵州大学、福州大学、江苏科技大学、武汉大学

3★（68个），2★（91个），1★（23个）：名单略

080204 机械电子工程（300）

排名	学校名称	星级	排名	学校名称	星级	排名	学校名称	星级
1	哈尔滨工业大学	5★+	6	浙江理工大学	5★	11	同济大学	5★
2	西北工业大学	5★+	7	兰州理工大学	5★	12	北京理工大学	5★
3	浙江大学	5★+	8	重庆大学	5★	13	南京林业大学	5★
4	河南科技大学	5★	9	华南理工大学	5★	14	广东工业大学	5★
5	长春理工大学	5★	10	江苏大学	5★	15	北京交通大学	5★

排名	学校名称	星级	排名	学校名称	星级	排名	学校名称	星级
16	河北工业大学	5★-	21	中国农业大学	5★-	26	西南石油大学	5★-
17	武汉科技大学	5★-	22	山东理工大学	5★-	27	长安大学	5★-
18	山东科技大学	5★-	23	长春工业大学	5★-	28	上海大学	5★-
19	哈尔滨理工大学	5★-	24	东北林业大学	5★-	29	太原科技大学	5★-
20	太原理工大学	5★-	25	西安工业大学	5★-	30	西安科技大学	5★-

4★（30个）：湖南科技大学、沈阳建筑大学、安徽理工大学、广西大学、桂林电子科技大学、兰州交通大学、天津工业大学、河南理工大学、中北大学、成都工业学院、天津科技大学、西安建筑科技大学、江苏科技大学、辽宁工程技术大学、重庆理工大学、重庆交通大学、中国民航大学、北京石油化工学院、苏州大学、天津理工大学、中国计量大学、江南大学、重庆邮电大学、上海海事大学、西安航空学院、上海工程技术大学、陕西科技大学、内蒙古科技大学、华东交通大学、山东农业大学

3★（90个），2★（120个），1★（30个）：名单略

080205 工业设计（226）

排名	学校名称	星级	排名	学校名称	星级	排名	学校名称	星级
1	上海交通大学	5★+	9	北京科技大学	5★	17	江南大学	5★-
2	西安交通大学	5★+	10	浙江大学	5★	18	广东工业大学	5★-
3	湖南大学	5★	11	浙江理工大学	5★	19	北京工业大学	5★-
4	西北工业大学	5★	12	北京航空航天大学	5★-	20	南京理工大学	5★-
5	同济大学	5★	13	华南理工大学	5★-	21	东北大学	5★-
6	哈尔滨工业大学	5★	14	吉林大学	5★-	22	北京理工大学	5★-
7	天津大学	5★	15	大连理工大学	5★-	23	上海大学	5★-
8	南京航空航天大学	5★	16	东华大学	5★-			

4★（22个）：重庆大学、福州大学、浙江工业大学、西安电子科技大学、中国矿业大学、江苏大学、燕山大学、中国石油大学（华东）、杭州电子科技大学、北京邮电大学、浙江科技学院、天津工业大学、上海理工大学、华东理工大学、太原理工大学、南京林业大学、武汉理工大学、合肥工业大学、武汉科技大学、贵州大学、中国农业大学、郑州大学

3★（68个），2★（90个），1★（23个）：名单略

080206 过程装备与控制工程（96）

排名	学校名称	星级	排名	学校名称	星级	排名	学校名称	星级
1	西安交通大学	5★+	5	北京化工大学	5★	9	天津大学	5★-
2	大连理工大学	5★	6	南京工业大学	5★-	10	东北大学	5★-
3	华东理工大学	5★	7	中国石油大学（北京）	5★-			
4	中国石油大学（华东）	5★	8	浙江大学	5★-			

4★（9个）：浙江工业大学、东北石油大学、沈阳工业大学、武汉理工大学、兰州理工大学、南昌大学、燕山大学、沈阳化工大学、青岛科技大学

3★（29个），2★（38个），1★（10个）：名单略

080207 车辆工程（275）

排名	学校名称	星级	排名	学校名称	星级	排名	学校名称	星级
1	清华大学	5★+	6	武汉理工大学	5★	11	北京交通大学	5★
2	吉林大学	5★+	7	西安交通大学	5★	12	哈尔滨工业大学	5★
3	北京理工大学	5★+	8	大连交通大学	5★	13	同济大学	5★
4	西南交通大学	5★	9	江苏大学	5★	14	中南大学	5★-
5	湖南大学	5★	10	重庆大学	5★	15	长安大学	5★-

续表

排名	学校名称	星级	排名	学校名称	星级	排名	学校名称	星级
16	燕山大学	5★-	20	福州大学	5★-	24	兰州交通大学	5★-
17	河北工业大学	5★-	21	北京科技大学	5★-	25	南京航空航天大学	5★-
18	河南科技大学	5★-	22	东北大学	5★-	26	合肥工业大学	5★-
19	北京航空航天大学	5★-	23	浙江工业大学	5★-			
4★（26个）：华南理工大学、南京理工大学、大连理工大学、南昌大学、厦门理工学院、上海理工大学、青岛理工大学、华东交通大学、浙江大学、广东工业大学、武汉科技大学、山东理工大学、中国农业大学、杭州电子科技大学、湖北汽车工业学院、北京林业大学、西安理工大学、太原理工大学、沈阳工业大学、石家庄铁道大学、太原科技大学、西安科技大学、华侨大学、中国石油大学（华东）、天津科技大学、长春工业大学									
3★（78个），2★（104个），1★（26个）：名单略									

080208 汽车服务工程（146）

排名	学校名称	星级	排名	学校名称	星级	排名	学校名称	星级
1	武汉理工大学	5★+	6	长沙理工大学	5★	11	成都师范学院	5★-
2	吉林大学	5★	7	重庆交通大学	5★	12	广东理工学院	5★-
3	同济大学	5★	8	江西科技学院	5★-	13	西安航空学院	5★-
4	江苏理工学院	5★	9	天津职业技术师范大学	5★-	14	宁波工程学院	5★-
5	广西科技大学	5★	10	西华大学	5★-	15	成都工业学院	5★-
4★（14个）：重庆工商大学、桂林航天工业学院、武汉商学院、厦门理工学院、长安大学、上海电机学院、东北林业大学、上海工程技术大学、重庆理工大学、南通理工学院、太原学院、四川工业科技学院、上海师范大学、河南农业大学									
3★（44个），2★（58个），1★（15个）：名单略									

080209T 机械工艺技术（6）

排名	学校名称	星级	排名	学校名称	星级	排名	学校名称	星级
1	黑龙江科技大学	5★-						
4★无									
3★（2个），2★（2个），1★（1个）：名单略									

080213T 智能制造工程（117）

排名	学校名称	星级	排名	学校名称	星级	排名	学校名称	星级
1	北京航空航天大学	5★+	5	同济大学	5★	9	北京理工大学	5★-
2	天津大学	5★	6	合肥工业大学	5★	10	华南理工大学	5★-
3	山东大学	5★	7	江苏大学	5★	11	中国矿业大学	5★-
4	吉林大学	5★	8	北京工业大学	5★-	12	东北大学	5★-
4★（11个）：南京理工大学、武汉科技大学、上海大学、浙江理工大学、西安工业大学、河北工业大学、山东理工大学、武汉理工大学、中国石油大学（华东）、兰州理工大学、杭州电子科技大学									
3★（36个），2★（46个），1★（12个）：名单略									

080301 测控技术与仪器（202）

排名	学校名称	星级	排名	学校名称	星级	排名	学校名称	星级
1	天津大学	5★+	4	北京航空航天大学	5★	7	清华大学	5★
2	东南大学	5★+	5	电子科技大学	5★	8	长春理工大学	5★
3	哈尔滨工业大学	5★	6	北京理工大学	5★	9	重庆大学	5★

排名	学校名称	星级	排名	学校名称	星级	排名	学校名称	星级
10	西安交通大学	5★	14	中国计量大学	5★-	18	上海交通大学	5★-
11	西安电子科技大学	5★-	15	中北大学	5★-	19	大连理工大学	5★-
12	吉林大学	5★-	16	西安工业大学	5★-	20	中国科学技术大学	5★-
13	燕山大学	5★-	17	合肥工业大学	5★-			

4★（20个）：桂林电子科技大学、上海理工大学、河北大学、西安理工大学、南京航空航天大学、厦门大学、杭州电子科技大学、四川大学、哈尔滨理工大学、江苏大学、南京理工大学、浙江大学、北京工业大学、北京信息科技大学、湖北工业大学、苏州大学、沈阳工业大学、武汉理工大学、南昌航空大学、西安石油大学

3★（61个），2★（81个），1★（20个）：名单略

080401 材料科学与工程（216）

排名	学校名称	星级	排名	学校名称	星级	排名	学校名称	星级
1	上海交通大学	5★+	9	武汉理工大学	5★	17	华中科技大学	5★-
2	西安交通大学	5★+	10	华南理工大学	5★	18	北京工业大学	5★-
3	北京航空航天大学	5★	11	北京理工大学	5★	19	中南大学	5★-
4	天津大学	5★	12	西北工业大学	5★-	20	郑州大学	5★-
5	北京科技大学	5★	13	浙江大学	5★-	21	东南大学	5★-
6	哈尔滨工业大学	5★	14	南京航空航天大学	5★-	22	吉林大学	5★-
7	清华大学	5★	15	四川大学	5★-			
8	重庆大学	5★	16	南京理工大学	5★-			

4★（21个）：昆明理工大学、厦门大学、北京化工大学、苏州大学、西安理工大学、同济大学、西南交通大学、天津工业大学、南昌大学、哈尔滨工程大学、济南大学、东北大学、电子科技大学、西安建筑科技大学、湖南大学、西南大学、中国石油大学（华东）、南京工业大学、中国科学院大学、桂林电子科技大学、浙江理工大学

3★（65个），2★（86个），1★（22个）：名单略

080402 材料物理（73）

排名	学校名称	星级	排名	学校名称	星级	排名	学校名称	星级
1	西安交通大学	5★+	4	哈尔滨工业大学	5★	7	燕山大学	5★-
2	吉林大学	5★	5	复旦大学	5★-			
3	中国科学技术大学	5★	6	西北工业大学	5★-			

4★（8个）：南开大学、中山大学、武汉理工大学、安徽大学、哈尔滨工程大学、武汉大学、南京理工大学、南京大学

3★（22个），2★（29个），1★（7个）：名单略

080403 材料化学（137）

排名	学校名称	星级	排名	学校名称	星级	排名	学校名称	星级
1	西安交通大学	5★+	6	武汉理工大学	5★	11	南京大学	5★-
2	中国科学技术大学	5★	7	哈尔滨工业大学	5★	12	南开大学	5★-
3	北京大学	5★	8	北京理工大学	5★-	13	西北大学	5★-
4	复旦大学	5★	9	中山大学	5★-	14	华东理工大学	5★-
5	吉林大学	5★	10	南京理工大学	5★-			

4★（13个）：黑龙江大学、重庆大学、河北大学、兰州大学、郑州大学、中南大学、山东大学、武汉科技大学、陕西师范大学、北京交通大学、华南师范大学、东北林业大学、浙江理工大学

3★（42个），2★（54个），1★（14个）：名单略

080404 冶金工程（37）

排名	学校名称	星级	排名	学校名称	星级	排名	学校名称	星级
1	北京科技大学	5★	3	东北大学	5★-			
2	重庆大学	5★	4	中南大学	5★-			
4★（3个）：昆明理工大学、华北理工大学、江西理工大学							
3★（12个），2★（14个），1★（4个）：名单略							

080405 金属材料工程（79）

排名	学校名称	星级	排名	学校名称	星级	排名	学校名称	星级
1	合肥工业大学	5★+	4	西安工业大学	5★	7	河南科技大学	5★-
2	燕山大学	5★	5	大连理工大学	5★-	8	河北工业大学	5★-
3	南昌航空大学	5★	6	上海大学	5★-			
4★（8个）：江苏大学、武汉大学、苏州大学、广东工业大学、中北大学、武汉科技大学、江西理工大学、西安建筑科技大学							
3★（24个），2★（31个），1★（8个）：名单略							

080406 无机非金属材料工程（77）

排名	学校名称	星级	排名	学校名称	星级	排名	学校名称	星级
1	武汉理工大学	5★+	4	燕山大学	5★	7	陕西科技大学	5★-
2	武汉科技大学	5★	5	吉林大学	5★-	8	桂林理工大学	5★-
3	长春理工大学	5★	6	南京工业大学	5★-			
4★（7个）：景德镇陶瓷大学、上海大学、沈阳建筑大学、华东理工大学、合肥工业大学、安徽建筑大学、齐鲁工业大学							
3★（24个），2★（30个），1★（8个）：名单略							

080407 高分子材料与工程（182）

排名	学校名称	星级	排名	学校名称	星级	排名	学校名称	星级
1	四川大学	5★+	7	中国科学技术大学	5★	13	北京理工大学	5★-
2	清华大学	5★+	8	青岛科技大学	5★	14	华东理工大学	5★-
3	吉林大学	5★	9	武汉理工大学	5★	15	大连理工大学	5★-
4	东华大学	5★	10	浙江大学	5★-	16	南京理工大学	5★-
5	复旦大学	5★	11	北京化工大学	5★-	17	合肥工业大学	5★-
6	华南理工大学	5★	12	中山大学	5★-	18	哈尔滨工业大学	5★-
4★（18个）：沈阳化工大学、西北工业大学、苏州大学、燕山大学、常州大学、南昌大学、安徽大学、北京石油化工学院、扬州大学、哈尔滨理工大学、河北工业大学、浙江理工大学、河北大学、中国海洋大学、中北大学、江南大学、青岛大学、武汉工程大学							
3★（55个），2★（73个），1★（18个）：名单略							

080408 复合材料与工程（44）

排名	学校名称	星级	排名	学校名称	星级	排名	学校名称	星级
1	哈尔滨工业大学	5★	3	东华大学	5★-			
2	武汉理工大学	5★	4	中北大学	5★-			
4★（5个）：华东理工大学、江苏大学、天津工业大学、西北工业大学、南昌航空大学							
3★（13个），2★（18个），1★（4个）：名单略							

080409T 粉体材料科学与工程（7）

排名	学校名称	星级	排名	学校名称	星级	排名	学校名称	星级
1	合肥工业大学	5★-						
4★无								
3★（3个），2★（2个），1★（1个）：名单略								

080410T 宝石及材料工艺学（21）

排名	学校名称	星级	排名	学校名称	星级	排名	学校名称	星级
1	中国地质大学(武汉)	5★	2	昆明理工大学	5★-			
4★（2个）：桂林理工大学、中国地质大学（北京）								
3★（7个），2★（8个），1★（2个）：名单略								

080411T 焊接技术与工程（40）

排名	学校名称	星级	排名	学校名称	星级	排名	学校名称	星级
1	哈尔滨工业大学	5★	3	江苏科技大学	5★-			
2	南昌航空大学	5★	4	西安石油大学	5★-			
4★（4个）：沈阳工业大学、沈阳大学、重庆理工大学、西南石油大学								
3★（12个），2★（16个），1★（4个）：名单略								

080412T 功能材料（44）

排名	学校名称	星级	排名	学校名称	星级	排名	学校名称	星级
1	天津大学	5★	3	沈阳工业大学	5★-			
2	大连理工大学	5★	4	长春理工大学	5★-			
4★（5个）：北京化工大学、苏州大学、东北大学、东华大学、河北工业大学								
3★（13个），2★（18个），1★（4个）：名单略								

080413T 纳米材料与技术（10）

排名	学校名称	星级	排名	学校名称	星级	排名	学校名称	星级
1	北京航空航天大学	5★						
4★（1个）：苏州大学								
3★（3个），2★（4个），1★（1个）：名单略								

080414T 新能源材料与器件（91）

排名	学校名称	星级	排名	学校名称	星级	排名	学校名称	星级
1	武汉理工大学	5★+	4	北京理工大学	5★	7	中北大学	5★-
2	电子科技大学	5★	5	南昌大学	5★	8	南京航空航天大学	5★-
3	四川大学	5★	6	合肥工业大学	5★-	9	苏州大学	5★-
4★（9个）：河北大学、中南大学、桂林电子科技大学、华北电力大学、华东理工大学、浙江理工大学、安徽大学、广东工业大学、昆明理工大学								
3★（28个），2★（36个），1★（9个）：名单略								

080501 能源与动力工程（196）

排名	学校名称	星级	排名	学校名称	星级	排名	学校名称	星级
1	清华大学	5★+	8	北京科技大学	5★	15	华北电力大学	5★-
2	西安交通大学	5★+	9	江苏大学	5★	16	重庆大学	5★-
3	天津大学	5★	10	上海交通大学	5★	17	山东大学	5★-
4	东南大学	5★	11	大连理工大学	5★-	18	南京航空航天大学	5★-
5	华中科技大学	5★	12	武汉理工大学	5★-	19	西北工业大学	5★-
6	哈尔滨工业大学	5★	13	中国科学技术大学	5★-	20	兰州理工大学	5★-
7	哈尔滨工程大学	5★	14	华东理工大学	5★-			

4★（19个）：青岛科技大学、东北大学、四川大学、昆明理工大学、河南科技大学、北京理工大学、内蒙古工业大学、华南理工大学、武汉大学、北京航空航天大学、安徽工业大学、吉林大学、同济大学、上海理工大学、北京工业大学、南京理工大学、西安理工大学、中南大学、郑州大学

3★（59个），2★（78个），1★（20个）：名单略

080502T 能源与环境系统工程（16）

排名	学校名称	星级	排名	学校名称	星级	排名	学校名称	星级
1	浙江大学	5★	2	东华大学	5★-			

4★（1个）：北京大学

3★（5个），2★（6个），1★（2个）：名单略

080503T 新能源科学与工程（109）

排名	学校名称	星级	排名	学校名称	星级	排名	学校名称	星级
1	西安交通大学	5★+	5	南京理工大学	5★	9	南京大学	5★-
2	上海交通大学	5★	6	重庆大学	5★-	10	华北电力大学	5★-
3	浙江大学	5★	7	北京工业大学	5★-	11	厦门大学	5★-
4	华中科技大学	5★	8	南京工业大学	5★-			

4★（11个）：中南大学、兰州理工大学、江苏大学、福建师范大学、哈尔滨工业大学、北京科技大学、山东大学、济南大学、中北大学、青岛大学、广东工业大学

3★（33个），2★（43个），1★（11个）：名单略

080601 电气工程及其自动化（567）

排名	学校名称	星级	排名	学校名称	星级	排名	学校名称	星级
1	重庆大学	5★+	13	华南理工大学	5★	25	昆明理工大学	5★
2	华中科技大学	5★+	14	山东大学	5★	26	三峡大学	5★
3	西安交通大学	5★+	15	河北工业大学	5★	27	中国矿业大学	5★
4	华北电力大学	5★+	16	江苏大学	5★	28	中南大学	5★
5	清华大学	5★+	17	四川大学	5★	29	太原理工大学	5★
6	西南交通大学	5★+	18	沈阳工业大学	5★	30	东北电力大学	5★-
7	哈尔滨工业大学	5★	19	长沙理工大学	5★	31	北京交通大学	5★-
8	浙江大学	5★	20	天津大学	5★	32	广西大学	5★-
9	湖南大学	5★	21	哈尔滨理工大学	5★	33	东北大学	5★-
10	上海交通大学	5★	22	福州大学	5★	34	兰州交通大学	5★-
11	武汉大学	5★	23	西北工业大学	5★	35	南京航空航天大学	5★-
12	东南大学	5★	24	大连理工大学	5★	36	贵州大学	5★-

续表

排名	学校名称	星级	排名	学校名称	星级	排名	学校名称	星级
37	湖北工业大学	5★-	44	南京师范大学	5★-	51	南京理工大学	5★-
38	北京航空航天大学	5★-	45	西安理工大学	5★-	52	新疆大学	5★-
39	青岛大学	5★-	46	武汉理工大学	5★-	53	同济大学	5★-
40	合肥工业大学	5★-	47	广东工业大学	5★-	54	石家庄铁道大学	5★-
41	河海大学	5★-	48	华东交通大学	5★-	55	西华大学	5★-
42	上海大学	5★-	49	中国矿业大学（北京）	5★-	56	东北石油大学	5★-
43	电子科技大学	5★-	50	燕山大学	5★-	57	郑州轻工业大学	5★-

4★（56个）：山东科技大学、安徽工业大学、中国石油大学（华东）、北方工业大学、北华大学、西安电子科技大学、兰州理工大学、河南理工大学、内蒙古工业大学、北京理工大学、天津理工大学、安徽理工大学、中国科学院大学、山东理工大学、江西理工大学、中国农业大学、苏州大学、南昌大学、大连交通大学、郑州大学、南京工业大学、大连海事大学、上海海事大学、杭州电子科技大学、江南大学、南通大学、南京工程学院、湖南工业大学、江苏科技大学、西安科技大学、西安工程大学、长春工业大学、湖南工程学院、陕西科技大学、太原科技大学、温州大学、吉林大学、河南科技大学、上海应用技术大学、辽宁工程技术大学、河北科技大学、广东石油化工学院、黑龙江科技大学、西安建筑科技大学、扬州大学、天津工业大学、湖南科技大学、厦门理工学院、哈尔滨工程大学、重庆邮电大学、山西大学、福建工程学院、宁波大学、上海理工大学、武汉科技大学、浙江工业大学

3★（171个），2★（226个），1★（57个）：名单略

080602T 智能电网信息工程（29）

排名	学校名称	星级	排名	学校名称	星级	排名	学校名称	星级
1	华北电力大学	5★	2	电子科技大学	5★-	3	南京理工大学	5★-

4★（3个）：天津大学、东北电力大学、三峡大学

3★（9个），2★（11个），1★（3个）：名单略

080603T 光源与照明（12）

排名	学校名称	星级	排名	学校名称	星级	排名	学校名称	星级
1	安徽工业大学	5★-						

4★无

3★（2个），2★（2个），1★（1个）：名单略

080604T 电气工程与智能控制（29）

排名	学校名称	星级	排名	学校名称	星级	排名	学校名称	星级
1	苏州大学	5★	2	西南交通大学	5★	3	中北大学	5★-

4★（3个）：山东科技大学、西安理工大学、南京工程学院

3★（9个），2★（11个），1★（3个）：名单略

080701 电子信息工程（645）

排名	学校名称	星级	排名	学校名称	星级	排名	学校名称	星级
1	华中科技大学	5★+	8	大连理工大学	5★	15	重庆大学	5★
2	北京理工大学	5★+	9	南京邮电大学	5★	16	北京邮电大学	5★
3	北京航空航天大学	5★+	10	四川大学	5★	17	合肥工业大学	5★
4	哈尔滨工业大学	5★+	11	武汉大学	5★	18	浙江大学	5★
5	电子科技大学	5★+	12	南京理工大学	5★	19	天津大学	5★
6	哈尔滨工程大学	5★+	13	西北工业大学	5★	20	东北大学	5★
7	西安电子科技大学	5★	14	中国科学技术大学	5★	21	北京工业大学	5★

续表

排名	学校名称	星级	排名	学校名称	星级	排名	学校名称	星级
22	西南交通大学	5★	37	同济大学	5★-	52	福州大学	5★-
23	山东大学	5★	38	深圳大学	5★-	53	太原理工大学	5★-
24	上海大学	5★	39	重庆邮电大学	5★-	54	东北石油大学	5★-
25	中国矿业大学	5★	40	吉林大学	5★-	55	安徽大学	5★-
26	杭州电子科技大学	5★	41	郑州大学	5★-	56	南通大学	5★-
27	厦门大学	5★	42	天津理工大学	5★-	57	中国海洋大学	5★-
28	中北大学	5★	43	云南大学	5★-	58	山东师范大学	5★-
29	中国民航大学	5★	44	河海大学	5★-	59	天津工业大学	5★-
30	长春理工大学	5★	45	中南大学	5★-	60	湖南大学	5★-
31	大连海事大学	5★	46	中国传媒大学	5★-	61	汕头大学	5★-
32	燕山大学	5★	47	浙江工业大学	5★-	62	中国计量大学	5★-
33	桂林电子科技大学	5★-	48	东华大学	5★-	63	南京信息工程大学	5★-
34	成都信息工程大学	5★-	49	中国科学院大学	5★-	64	国防科技大学	5★-
35	武汉理工大学	5★-	50	长江大学	5★-	65	华中师范大学	5★-
36	苏州大学	5★-	51	哈尔滨理工大学	5★-			

4★（64个）：西安科技大学、北方工业大学、华北电力大学、重庆理工大学、青岛大学、山东科技大学、北京信息科技大学、海南大学、江苏大学、五邑大学、中国地质大学（武汉）、上海海事大学、南昌航空大学、浙江理工大学、新疆大学、长春工业大学、西安工程大学、暨南大学、西北大学、南昌大学、华东交通大学、西南科技大学、北京大学、河南工业大学、沈阳航空航天大学、浙江工商大学、河北工业大学、辽宁工程技术大学、上海理工大学、黑龙江大学、东北电力大学、河北科技大学、河南科技大学、西安邮电大学、兰州交通大学、长安大学、山西大学、聊城大学、华侨大学、湘潭大学、中南民族大学、昆明理工大学、华北理工大学、武汉科技大学、中国石油大学（北京）、沈阳理工大学、河南理工大学、首都师范大学、中国石油大学（华东）、延安大学、南京工业大学、天津职业技术师范大学、中国农业大学、沈阳工业大学、西南大学、广东工业大学、长沙理工大学、上海师范大学、成都大学、中国地质大学（北京）、西安工程大学、青岛理工大学、辽宁工业大学、哈尔滨商业大学

3★（194个），2★（258个），1★（64个）：名单略

080702 电子科学与技术（161）

排名	学校名称	星级	排名	学校名称	星级	排名	学校名称	星级
1	东南大学	5★+	7	电子科技大学	5★	13	河北工业大学	5★-
2	西安交通大学	5★+	8	华南理工大学	5★	14	北京工业大学	5★-
3	上海交通大学	5★	9	华中科技大学	5★	15	南京理工大学	5★-
4	浙江大学	5★	10	南京邮电大学	5★	16	重庆大学	5★-
5	天津大学	5★	11	吉林大学	5★			
6	哈尔滨工业大学	5★	12	西安电子科技大学	5★			

4★（16个）：北京邮电大学、西北工业大学、北京理工大学、北京交通大学、北京航空航天大学、东北大学、燕山大学、大连理工大学、中国科学技术大学、杭州电子科技大学、湖南大学、西安理工大学、华北电力大学、长春理工大学、武汉理工大学、太原理工大学

3★（49个），2★（64个），1★（16个）：名单略

080703 通信工程（511）

排名	学校名称	星级	排名	学校名称	星级	排名	学校名称	星级
1	哈尔滨工业大学	5★+	6	电子科技大学	5★	11	重庆邮电大学	5★
2	北京邮电大学	5★+	7	北京科技大学	5★	12	武汉理工大学	5★
3	南京邮电大学	5★+	8	西北工业大学	5★	13	北京理工大学	5★
4	西安电子科技大学	5★+	9	北京交通大学	5★	14	哈尔滨工程大学	5★
5	西南交通大学	5★+	10	四川大学	5★	15	天津大学	5★

续表

排名	学校名称	星级	排名	学校名称	星级	排名	学校名称	星级
16	北京航空航天大学	5★	28	武汉大学	5★	40	北京大学	5★-
17	中山大学	5★	29	桂林电子科技大学	5★-	41	北京工业大学	5★-
18	中国科学技术大学	5★	30	宁波大学	5★-	42	厦门大学	5★-
19	河海大学	5★	31	合肥工业大学	5★-	43	昆明理工大学	5★-
20	吉林大学	5★	32	中北大学	5★-	44	深圳大学	5★-
21	华中科技大学	5★	33	重庆大学	5★-	45	南昌大学	5★-
22	同济大学	5★	34	郑州大学	5★-	46	华东交通大学	5★-
23	上海大学	5★	35	中南大学	5★-	47	华北电力大学	5★-
24	杭州电子科技大学	5★	36	东北大学	5★-	48	大连海事大学	5★-
25	山东大学	5★	37	成都信息工程大学	5★-	49	中国传媒大学	5★-
26	南京理工大学	5★	38	复旦大学	5★-	50	长春理工大学	5★-
27	华东师范大学	5★-	39	南京大学	5★-	51	浙江工业大学	5★-

4★（51个）：云南大学、南通大学、兰州理工大学、海南大学、湖南大学、广东工业大学、天津工业大学、兰州大学、河北工业大学、苏州大学、兰州交通大学、江苏大学、辽宁工程技术大学、北京信息科技大学、山东科技大学、安徽大学、西安邮电大学、东华大学、南开大学、河南理工大学、华中师范大学、太原理工大学、天津理工大学、中国民航大学、长安大学、山东师范大学、哈尔滨理工大学、五邑大学、上海师范大学、西北大学、长沙理工大学、上海海事大学、西安理工大学、汕头大学、新疆大学、浙江工商大学、聊城大学、中国石油大学（华东）、东北电力大学、沈阳航空航天大学、福建工程学院、黑龙江大学、南京信息工程大学、东莞理工学院、辽宁工业大学、国防科技大学、中南民族大学、沈阳理工大学、内蒙古工业大学、曲阜师范大学、西安工业大学

3★（154个），2★（204个），1★（51个）：名单略

080704 微电子科学与工程（92）

排名	学校名称	星级	排名	学校名称	星级	排名	学校名称	星级
1	清华大学	5★+	4	北京大学	5★	7	西北工业大学	5★-
2	西安交通大学	5★	5	西安电子科技大学	5★	8	华中科技大学	5★-
3	上海交通大学	5★	6	南京邮电大学	5★-	9	复旦大学	5★-

4★（9个）：哈尔滨工业大学、武汉大学、华东师范大学、南京理工大学、吉林大学、电子科技大学、南京大学、北京航空航天大学、浙江大学

3★（28个），2★（37个），1★（9个）：名单略

080705 光电信息科学与工程（217）

排名	学校名称	星级	排名	学校名称	星级	排名	学校名称	星级
1	华中科技大学	5★+	9	电子科技大学	5★	17	山东大学	5★-
2	上海理工大学	5★+	10	中山大学	5★	18	西北工业大学	5★-
3	浙江大学	5★	11	天津大学	5★	19	重庆大学	5★-
4	南京理工大学	5★	12	中国科学技术大学	5★-	20	深圳大学	5★-
5	北京理工大学	5★	13	北京交通大学	5★-	21	四川大学	5★-
6	哈尔滨工业大学	5★	14	复旦大学	5★-	22	北京邮电大学	5★-
7	哈尔滨工程大学	5★	15	南京航空航天大学	5★-			
8	南京邮电大学	5★	16	南京大学	5★-			

4★（21个）：长春理工大学、山西大学、北京航空航天大学、大连理工大学、西安电子科技大学、武汉大学、中国计量大学、华南理工大学、华南师范大学、西安交通大学、西安工业大学、合肥工业大学、福建师范大学、南开大学、武汉理工大学、浙江工业大学、苏州大学、中北大学、江苏大学、暨南大学、吉林大学

3★（66个），2★（86个），1★（22个）：名单略

080706 信息工程（64）

排名	学校名称	星级	排名	学校名称	星级	排名	学校名称	星级
1	东南大学	5★+	3	南京航空航天大学	5★	5	华南理工大学	5★-
2	西安交通大学	5★	4	上海交通大学	5★-	6	浙江大学	5★-
4★（7个）：广东工业大学、北京邮电大学、西北工业大学、武汉理工大学、华东理工大学、青岛科技大学、西安电子科技大学									
3★（19个），2★（26个），1★（6个）：名单略									

080707T 广播电视工程（12）

排名	学校名称	星级	排名	学校名称	星级	排名	学校名称	星级
1	南京邮电大学	5★						
4★（1个）：中国传媒大学									
3★（4个），2★（5个），1★（1个）：名单略									

080709T 电子封装技术（8）

排名	学校名称	星级	排名	学校名称	星级	排名	学校名称	星级
1	北京理工大学	5★-						
4★（1个）：哈尔滨工业大学									
3★（2个），2★（3个），1★（1个）：名单略									

080710T 集成电路设计与集成系统（34）

排名	学校名称	星级	排名	学校名称	星级	排名	学校名称	星级
1	华中科技大学	5★	2	山东大学	5★	3	电子科技大学	5★-
4★（4个）：西安电子科技大学、天津大学、大连理工大学、北京航空航天大学									
3★（10个），2★（14个），1★（3个）：名单略									

080711T 医学信息工程（47）

排名	学校名称	星级	排名	学校名称	星级	排名	学校名称	星级
1	安徽医科大学	5★	3	浙江中医药大学	5★-	5	杭州电子科技大学	5★-
2	重庆医科大学	5★	4	成都中医药大学	5★-			
4★（4个）：西华大学、广西医科大学、广州中医药大学、江西中医药大学									
3★（15个），2★（18个），1★（5个）：名单略									

080712T 电磁场与无线技术（12）

排名	学校名称	星级	排名	学校名称	星级	排名	学校名称	星级
1	南京邮电大学	5★						
4★（1个）：电子科技大学									
3★（4个），2★（5个），1★（1个）：名单略									

080714T 电子信息科学与技术（191）

排名	学校名称	星级	排名	学校名称	星级	排名	学校名称	星级
1	清华大学	5★+	5	中山大学	5★	9	兰州理工大学	5★
2	上海交通大学	5★+	6	西安电子科技大学	5★	10	厦门大学	5★
3	北京大学	5★	7	复旦大学	5★	11	南开大学	5★-
4	南京大学	5★	8	吉林大学	5★	12	电子科技大学	5★-

续表

排名	学校名称	星级	排名	学校名称	星级	排名	学校名称	星级
13	北京邮电大学	5★-	16	昆明理工大学	5★-	19	兰州大学	5★-
14	武汉大学	5★-	17	中国矿业大学	5★-			
15	杭州电子科技大学	5★-	18	上海大学	5★-			

4★（19个）：郑州大学、西北大学、华东师范大学、重庆理工大学、武汉理工大学、西南交通大学、烟台大学、哈尔滨理工大学、重庆大学、陕西师范大学、华中师范大学、中南大学、宁波大学、上海理工大学、温州大学、山东科技大学、南京农业大学、长春理工大学、山西大学

3★（58个），2★（76个），1★（19个）：名单略

080715T 电信工程及管理（6）

排名	学校名称	星级	排名	学校名称	星级	排名	学校名称	星级
1	北京邮电大学	5★-						

4★无

3★（2个），2★（2个），1★（1个）：名单略

080716T 应用电子技术教育（8）

排名	学校名称	星级	排名	学校名称	星级	排名	学校名称	星级
1	湖南师范大学	5★-						

4★（1个）：南宁师范大学

3★（2个），2★（3个），1★（1个）：名单略

080717T 人工智能（176）

排名	学校名称	星级	排名	学校名称	星级	排名	学校名称	星级
1	北京理工大学	5★+	7	天津大学	5★	13	北京科技大学	5★-
2	东南大学	5★+	8	西安电子科技大学	5★	14	四川大学	5★-
3	西安交通大学	5★	9	山东大学	5★	15	武汉大学	5★-
4	上海交通大学	5★	10	东北大学	5★	16	浙江大学	5★-
5	南京大学	5★	11	华中科技大学	5★	17	哈尔滨工业大学	5★-
6	北京航空航天大学	5★	12	同济大学	5★	18	西北工业大学	5★-

4★（17个）：大连理工大学、北京化工大学、武汉理工大学、南京航空航天大学、河北工业大学、重庆大学、上海理工大学、南京工业大学、青岛科技大学、厦门大学、中国矿业大学、北京交通大学、广东工业大学、中北大学、华南师范大学、长安大学、南京农业大学

3★（53个），2★（70个），1★（18个）：名单略

080801 自动化（453）

排名	学校名称	星级	排名	学校名称	星级	排名	学校名称	星级
1	清华大学	5★+	10	山东大学	5★	19	电子科技大学	5★
2	上海交通大学	5★+	11	东南大学	5★	20	广东工业大学	5★
3	浙江大学	5★+	12	东北大学	5★	21	北京科技大学	5★
4	哈尔滨工业大学	5★+	13	燕山大学	5★	22	杭州电子科技大学	5★
5	南京航空航天大学	5★+	14	西北工业大学	5★	23	南京理工大学	5★
6	西安交通大学	5★	15	西安理工大学	5★	24	中南大学	5★-
7	北京航空航天大学	5★	16	重庆大学	5★	25	江南大学	5★-
8	华中科技大学	5★	17	湖南大学	5★	26	华东理工大学	5★-
9	北京理工大学	5★	18	哈尔滨工程大学	5★	27	武汉科技大学	5★-

排名	学校名称	星级	排名	学校名称	星级	排名	学校名称	星级
28	华南理工大学	5★-	34	兰州理工大学	5★-	40	北京化工大学	5★-
29	同济大学	5★-	35	上海大学	5★-	41	大连理工大学	5★-
30	北京交通大学	5★-	36	西南交通大学	5★-	42	河北工业大学	5★-
31	中国科学技术大学	5★-	37	重庆邮电大学	5★-	43	山东科技大学	5★-
32	华北电力大学	5★-	38	天津大学	5★-	44	浙江工业大学	5★-
33	东华大学	5★-	39	郑州大学	5★-	45	哈尔滨理工大学	5★-

4★（46个）：北京工业大学、长安大学、青岛大学、中国计量大学、中国矿业大学、厦门大学、四川大学、南开大学、河南科技大学、武汉理工大学、西安电子科技大学、东北电力大学、华东交通大学、中国石油大学（华东）、武汉大学、河海大学、天津工业大学、江苏大学、广西大学、北京邮电大学、长春工业大学、辽宁石油化工大学、西安工业大学、合肥工业大学、北京信息科技大学、吉林大学、中国地质大学（武汉）、西南科技大学、河南理工大学、天津理工大学、北方工业大学、太原科技大学、大连海事大学、中国石油大学（北京）、湖南工业大学、江西理工大学、东北石油大学、南京邮电大学、安徽工业大学、上海理工大学、兰州交通大学、国防科技大学、安徽大学、昆明理工大学、西安建筑科技大学、扬州大学

3★（136个），2★（181个），1★（45个）：名单略

080802T 轨道交通信号与控制（60）

排名	学校名称	星级	排名	学校名称	星级	排名	学校名称	星级
1	北京交通大学	5★+	3	兰州交通大学	5★	5	长沙理工大学	5★-
2	西南交通大学	5★	4	郑州大学	5★-	6	南京理工大学	5★-

4★（6个）：中南大学、河南理工大学、华东交通大学、江苏师范大学、上海工程技术大学、苏州大学

3★（18个），2★（24个），1★（6个）：名单略

080803T 机器人工程（223）

排名	学校名称	星级	排名	学校名称	星级	排名	学校名称	星级
1	东南大学	5★+	9	北京工业大学	5★	17	湖南大学	5★-
2	东北大学	5★+	10	浙江大学	5★	18	重庆大学	5★-
3	河海大学	5★	11	华南理工大学	5★	19	南京航空航天大学	5★-
4	北京大学	5★	12	燕山大学	5★-	20	东北电力大学	5★-
5	北京航空航天大学	5★	13	广西科技大学	5★-	21	安徽工程大学	5★-
6	合肥工业大学	5★	14	华北电力大学	5★-	22	太原理工大学	5★-
7	中国矿业大学	5★	15	成都信息工程大学	5★-			
8	中国矿业大学（北京）	5★	16	哈尔滨工业大学	5★-			

4★（23个）：石家庄学院、福州大学、河南工学院、西安理工大学、国防科技大学、新疆大学、西北工业大学、广州大学、电子科技大学、浙江师范大学、重庆邮电大学、哈尔滨工程大学、上海理工大学、北京化工大学、广东技术师范大学、南京信息工程大学、广东工业大学、长安大学、浙江理工大学、西安电子科技大学、西安工业大学、南京理工大学、江西科技学院

3★（67个），2★（89个），1★（22个）：名单略

080901 计算机科学与技术（911）

排名	学校名称	星级	排名	学校名称	星级	排名	学校名称	星级
1	北京大学	5★+	6	电子科技大学	5★+	11	大连理工大学	5★
2	清华大学	5★+	7	北京理工大学	5★+	12	南京大学	5★
3	哈尔滨工业大学	5★+	8	东南大学	5★+	13	西安电子科技大学	5★
4	浙江大学	5★+	9	华中科技大学	5★+	14	西安交通大学	5★
5	北京航空航天大学	5★+	10	上海交通大学	5★	15	西北工业大学	5★

续表

排名	学校名称	星级	排名	学校名称	星级	排名	学校名称	星级
16	合肥工业大学	5★	42	四川大学	5★	68	山东科技大学	5★-
17	华南理工大学	5★	43	西安理工大学	5★	69	中国人民大学	5★-
18	北京交通大学	5★	44	西南交通大学	5★	70	济南大学	5★-
19	东北大学	5★	45	太原理工大学	5★	71	兰州大学	5★-
20	山东大学	5★	46	新疆大学	5★	72	深圳大学	5★-
21	北京邮电大学	5★	47	中山大学	5★-	73	中国矿业大学（北京）	5★-
22	武汉大学	5★	48	北京科技大学	5★-	74	中国科学院大学	5★-
23	同济大学	5★	49	武汉理工大学	5★-	75	长安大学	5★-
24	中国科学技术大学	5★	50	北京师范大学	5★-	76	国防科技大学	5★-
25	南京理工大学	5★	51	南开大学	5★-	77	贵州大学	5★-
26	中南大学	5★	52	上海大学	5★-	78	西安工业大学	5★-
27	重庆大学	5★	53	华东师范大学	5★-	79	上海海事大学	5★-
28	天津大学	5★	54	桂林电子科技大学	5★-	80	天津理工大学	5★-
29	厦门大学	5★	55	长春理工大学	5★-	81	南昌大学	5★-
30	吉林大学	5★	56	中国海洋大学	5★-	82	广西大学	5★-
31	杭州电子科技大学	5★	57	苏州大学	5★-	83	昆明理工大学	5★-
32	南京邮电大学	5★	58	浙江工业大学	5★-	84	内蒙古大学	5★-
33	北京工业大学	5★	59	西北大学	5★-	85	云南大学	5★-
34	安徽大学	5★	60	哈尔滨工程大学	5★-	86	江南大学	5★-
35	复旦大学	5★	61	广东工业大学	5★-	87	湘潭大学	5★-
36	重庆邮电大学	5★	62	哈尔滨理工大学	5★-	88	陕西师范大学	5★-
37	湖南大学	5★	63	郑州大学	5★-	89	成都信息工程大学	5★-
38	河海大学	5★	64	武汉科技大学	5★-	90	三峡大学	5★-
39	燕山大学	5★	65	山西大学	5★-	91	中国矿业大学	5★-
40	南京航空航天大学	5★	66	长沙理工大学	5★-			
41	福州大学	5★	67	江苏大学	5★-			

4★（91个）：华东理工大学、河南工业大学、沈阳工业大学、大连海事大学、华北电力大学、东北电力大学、暨南大学、扬州大学、华中师范大学、兰州理工大学、北京信息科技大学、河南大学、重庆理工大学、山东大学、东华大学、常州大学、南京信息工程大学、华南师范大学、东北石油大学、北京化工大学、中北大学、青岛大学、西安石油大学、中国农业大学、黑龙江大学、郑州轻工业大学、首都师范大学、长春工业大学、青岛理工大学、东北师范大学、河南科技大学、沈阳航空航天大学、西南大学、辽宁师范大学、浙江工商大学、兰州交通大学、重庆交通大学、西安工程大学、河南理工大学、中国地质大学（武汉）、温州大学、安徽师范大学、青海师范大学、江西师范大学、江西财经大学、西安邮电大学、沈阳工程大学、西藏大学、湖北工业大学、西华大学、华南农业大学、北京联合大学、华侨大学、山东理工大学、宁波大学、烟台大学、广西师范大学、东北林业大学、南京师范大学、南京工业大学、辽宁工程技术大学、北方工业大学、渤海大学、辽宁大学、福建师范大学、河北大学、天津工业大学、浙江师范大学、上海师范大学、辽宁石油化工大学、河南师范大学、西北农林科技大学、内蒙古工业大学、中国石油大学（华东）、湖南科技大学、沈阳建筑大学、中国计量大学、大连大学、汕头大学、西南石油大学、中央民族大学、江苏海洋大学、西南财经大学、杭州师范大学、湖南师范大学、上海理工大学、浙江理工大学、西安科技大学、上海海洋大学、中国民航大学、东华理工大学

3★（274个），2★（364个），1★（91个）：名单略

080902 软件工程（590）

排名	学校名称	星级	排名	学校名称	星级	排名	学校名称	星级
1	清华大学	5★+	5	西安电子科技大学	5★+	9	西北工业大学	5★
2	电子科技大学	5★+	6	上海交通大学	5★+	10	同济大学	5★
3	南京大学	5★+	7	浙江大学	5★	11	大连理工大学	5★
4	北京航空航天大学	5★+	8	北京交通大学	5★	12	华南理工大学	5★

续表

排名	学校名称	星级	排名	学校名称	星级	排名	学校名称	星级
13	北京理工大学	5★	29	武汉大学	5★	45	哈尔滨理工大学	5★-
14	东北大学	5★	30	重庆邮电大学	5★	46	新疆大学	5★-
15	哈尔滨工业大学	5★	31	湖南大学	5★-	47	云南大学	5★-
16	华东师范大学	5★	32	中南大学	5★	48	南华大学	5★-
17	天津大学	5★	33	东南大学	5★	49	合肥工业大学	5★-
18	华中科技大学	5★	34	中山大学	5★	50	中国人民大学	5★-
19	北京工业大学	5★	35	郑州大学	5★	51	北京大学	5★-
20	杭州电子科技大学	5★	36	苏州大学	5★	52	山西大学	5★-
21	重庆大学	5★	37	太原理工大学	5★	53	南开大学	5★-
22	西安交通大学	5★	38	西北大学	5★	54	哈尔滨工程大学	5★-
23	南京理工大学	5★	39	武汉理工大学	5★	55	浙江工业大学	5★-
24	复旦大学	5★	40	西南交通大学	5★	56	四川大学	5★-
25	厦门大学	5★	41	南京航空航天大学	5★	57	广东工业大学	5★-
26	北京邮电大学	5★	42	青岛大学	5★	58	东华理工大学	5★-
27	吉林大学	5★	43	燕山大学	5★	59	成都信息工程大学	5★-
28	山东大学	5★	44	天津工业大学	5★-			

4★（59个）：南京邮电大学、江西财经大学、长春理工大学、东华大学、中国地质大学（武汉）、中国科学技术大学、郑州轻工业大学、浙江师范大学、陕西师范大学、南昌大学、河南大学、贵州大学、河南科技大学、天津理工大学、西南交通大学、华南师范大学、中北大学、辽宁工程技术大学、福州大学、江苏科技大学、山东科技大学、黑龙江大学、南京航空大学、华北电力大学、大连交通大学、江西师范大学、湘潭大学、中国石油大学（华东）、深圳大学、中原工学院、桂林电子科技大学、西安工业大学、武汉科技大学、武汉工程大学、南阳理工学院、华东交通大学、沈阳工业大学、太原科技大学、江苏大学、西安科技大学、大连海事大学、江西理工大学、华中师范大学、南京信息工程大学、内蒙古大学、中国地质大学（北京）、西安理工大学、福建师范大学、西安石油大学、暨南大学、国防科技大学、长沙理工大学、长春工业大学、中南民族大学、华侨大学、河北师范大学、宁夏大学、北京联合大学、西北农林科技大学

3★（177个），2★（236个），1★（59个）：名单略

080903 网络工程（315）

排名	学校名称	星级	排名	学校名称	星级	排名	学校名称	星级
1	西安电子科技大学	5★+	12	福建师范大学	5★	23	河南师范大学	5★-
2	南京邮电大学	5★+	13	济南大学	5★	24	黑龙江大学	5★-
3	电子科技大学	5★+	14	浙江工业大学	5★	25	天津工业大学	5★-
4	北京邮电大学	5★	15	南京信息工程大学	5★	26	暨南大学	5★-
5	东华大学	5★	16	河南大学	5★	27	郑州轻工业大学	5★-
6	杭州电子科技大学	5★	17	山东科技大学	5★-	28	温州大学	5★-
7	北京信息科技大学	5★	18	重庆邮电大学	5★-	29	长沙理工大学	5★-
8	华南理工大学	5★	19	广东工业大学	5★-	30	中国地质大学（武汉）	5★-
9	成都信息工程大学	5★	20	湘潭大学	5★-	31	安徽大学	5★-
10	大连理工大学	5★	21	哈尔滨理工大学	5★-	32	成都工业学院	5★-
11	福州大学	5★	22	大连海事大学	5★-			

4★（31个）：华南师范大学、太原学院、长春理工大学、西安理工大学、武汉科技大学、广东技术师范大学、桂林电子科技大学、广州工商学院、湖南信息学院、海南大学、集美大学、南昌航空大学、西南大学、上海海事大学、北京林业大学、贵州理工学院、西南石油大学、南昌大学、国防科技大学、四川师范大学、辽宁工程技术大学、重庆理工大学、河北经贸大学、南京工程学院、浙江传媒学院、枣庄学院、西安工程大学、西安科技大学、四川轻化工大学、广西大学、西安邮电大学

3★（95个），2★（126个），1★（31个）：名单略

080904K 信息安全（116）

排名	学校名称	星级	排名	学校名称	星级	排名	学校名称	星级
1	上海交通大学	5★+	5	中国科学技术大学	5★	9	山东大学	5★-
2	北京邮电大学	5★	6	西安电子科技大学	5★	10	北京工业大学	5★-
3	杭州电子科技大学	5★	7	武汉大学	5★	11	天津理工大学	5★-
4	北京航空航天大学	5★	8	华中科技大学	5★-	12	同济大学	5★-

4★（11个）：西北工业大学、重庆邮电大学、复旦大学、浙江大学、哈尔滨工业大学、南京邮电大学、北京交通大学、安徽大学、湖南大学、华南理工大学、重庆大学

3★（35个），2★（46个），1★（12个）：名单略

080905 物联网工程（498）

排名	学校名称	星级	排名	学校名称	星级	排名	学校名称	星级
1	西安交通大学	5★+	18	东北大学	5★	35	南京信息工程大学	5★-
2	电子科技大学	5★+	19	南京邮电大学	5★	36	河北工业大学	5★-
3	北京理工大学	5★+	20	西北大学	5★	37	江苏大学	5★-
4	北京邮电大学	5★+	21	武汉理工大学	5★	38	大连海事大学	5★-
5	江南大学	5★+	22	北京工业大学	5★	39	中南大学	5★-
6	吉林大学	5★	23	北京科技大学	5★	40	重庆邮电大学	5★-
7	东南大学	5★	24	福州大学	5★	41	中北大学	5★-
8	南京航空航天大学	5★	25	四川大学	5★	42	杭州师范大学	5★-
9	哈尔滨工业大学	5★	26	西安理工大学	5★-	43	江西财经大学	5★-
10	华中科技大学	5★	27	中国传媒大学	5★-	44	桂林电子科技大学	5★-
11	广东工业大学	5★	28	浙江工业大学	5★-	45	河南科技大学	5★-
12	北京交通大学	5★	29	南昌航空大学	5★-	46	四川农业大学	5★-
13	天津大学	5★	30	华中师范大学	5★-	47	烟台大学	5★-
14	西安电子科技大学	5★	31	黑龙江大学	5★-	48	南华大学	5★-
15	重庆大学	5★	32	太原理工大学	5★-	49	成都理工大学	5★-
16	河海大学	5★	33	南开大学	5★-	50	山东科技大学	5★-
17	山东大学	5★	34	合肥工业大学	5★-			

4★（50个）：西北师范大学、重庆工程学院、东北农业大学、三峡大学、西南石油大学、安徽理工大学、哈尔滨工业大学、安徽师范大学、重庆三峡学院、海南大学、南阳理工学院、天津科技大学、郑州工程技术学院、南京财经大学、桂林理工大学、桂林航天工业学院、西北工业大学、哈尔滨师范大学、山东师范大学、福建工程学院、河南师范大学、暨南大学、北京林业大学、成都东软学院、天津工业大学、昆明理工大学、贵州商学院、河南理工大学、湖北大学、滁州学院、广东技术师范大学、成都信息工程大学、平顶山学院、华东交通大学、天津师范大学、青岛大学、湖南工商大学、南宁学院、新疆工程学院、潍坊科技学院、郑州科技学院、长安大学、福州理工学院、山东农业工程学院、华北电力大学、山西工商学院、国防科技大学、西安文理学院、商丘学院、曲阜师范大学

3★（149个），2★（199个），1★（50个）：名单略

080906 数字媒体技术（224）

排名	学校名称	星级	排名	学校名称	星级	排名	学校名称	星级
1	哈尔滨工业大学	5★+	7	电子科技大学	5★	13	大连理工大学	5★-
2	北京邮电大学	5★+	8	南京邮电大学	5★	14	东北大学	5★-
3	北京工业大学	5★	9	厦门大学	5★	15	山东大学	5★-
4	上海大学	5★	10	青岛大学	5★	16	杭州电子科技大学	5★-
5	江南大学	5★	11	中国传媒大学	5★	17	东北师范大学	5★-
6	浙江大学	5★	12	福州大学	5★-	18	浙江传媒学院	5★-

排名	学校名称	星级	排名	学校名称	星级	排名	学校名称	星级
19	浙江理工大学	5★-	21	大连东软信息学院	5★-			
20	华中师范大学	5★-	22	浙江工业大学	5★-			

4★（23个）：福建师范大学、重庆邮电大学、西安电子科技大学、北京林业大学、山东财经大学、安徽大学、西安理工大学、兰州大学、云南大学、广东工业大学、广州工商学院、成都信息工程大学、北方工业大学、哈尔滨师范大学、三峡大学、长春工业大学、西南石油大学、运城学院、上海理工大学、四川旅游学院、许昌学院、渭南师范学院、兰州文理学院

3★（67个），2★（90个），1★（22个）：名单略

080907T 智能科学与技术（159）

排名	学校名称	星级	排名	学校名称	星级	排名	学校名称	星级
1	北京大学	5★+	7	杭州电子科技大学	5★	13	中南大学	5★-
2	中山大学	5★+	8	上海大学	5★	14	合肥工业大学	5★-
3	西安电子科技大学	5★	9	北京邮电大学	5★-	15	桂林电子科技大学	5★-
4	南开大学	5★	10	复旦大学	5★-	16	华北电力大学	5★-
5	重庆邮电大学	5★	11	华南理工大学	5★-			
6	南京理工大学	5★	12	燕山大学	5★-			

4★（16个）：河海大学、西北大学、北京信息科技大学、安徽大学、浙江工业大学、西安邮电大学、南昌工学院、大连海事大学、渤海大学、江苏大学、山东科技大学、长春理工大学、华东理工大学、中国地质大学（武汉）、西安科技大学、中国海洋大学

3★（48个），2★（63个），1★（16个）：名单略

080908T 空间信息与数字技术（13）

排名	学校名称	星级	排名	学校名称	星级	排名	学校名称	星级
1	电子科技大学	5★						

4★（2个）：西安电子科技大学、吉林大学

3★（4个），2★（5个），1★（1个）：名单略

080909T 电子与计算机工程（7）

排名	学校名称	星级	排名	学校名称	星级	排名	学校名称	星级
1	上海交通大学	5★-						

4★无

3★（3个），2★（2个），1★（1个）：名单略

080910T 数据科学与大数据技术（544）

排名	学校名称	星级	排名	学校名称	星级	排名	学校名称	星级
1	北京大学	5★+	10	北京邮电大学	5★	19	上海大学	5★
2	复旦大学	5★+	11	中国农业大学	5★	20	上海对外经贸大学	5★
3	电子科技大学	5★+	12	贵州大学	5★	21	华东师范大学	5★
4	哈尔滨工业大学	5★+	13	华中师范大学	5★	22	南京邮电大学	5★
5	北京理工大学	5★+	14	上海财经大学	5★	23	同济大学	5★
6	山东大学	5★	15	中北大学	5★	24	江西财经大学	5★
7	东北大学	5★	16	中国人民大学	5★	25	太原理工大学	5★
8	中南大学	5★	17	北京化工大学	5★	26	长春理工大学	5★
9	中国矿业大学	5★	18	武汉大学	5★	27	上海工程技术大学	5★

续表

排名	学校名称	星级	排名	学校名称	星级	排名	学校名称	星级
28	西安电子科技大学	5★-	37	兰州大学	5★-	46	中央财经大学	5★-
29	重庆理工大学	5★-	38	湘潭大学	5★-	47	中国石油大学(华东)	5★-
30	天津大学	5★-	39	西北工业大学	5★-	48	海南大学	5★-
31	西安理工大学	5★-	40	南京信息工程大学	5★-	49	中南财经政法大学	5★-
32	南开大学	5★-	41	河南大学	5★-	50	洛阳理工学院	5★-
33	重庆大学	5★-	42	郑州轻工业大学	5★-	51	郑州财经学院	5★-
34	贵州师范大学	5★-	43	北京林业大学	5★-	52	广州商学院	5★-
35	华中农业大学	5★-	44	山东师范大学	5★-	53	华北电力大学	5★-
36	武汉理工大学	5★-	45	浙江工业大学	5★-	54	曲阜师范大学	5★-

4★（55个）：山东科技大学、安阳师范学院、浙江财经大学、南宁学院、对外经济贸易大学、中国计量大学、西南财经大学、河北大学、重庆文理学院、广西科技大学、浙江工商大学、河南城建学院、成都信息工程大学、湖南师范大学、安顺学院、天津工业大学、广州大学、许昌学院、广东科技学院、郑州科技学院、广东工业大学、南京审计大学、西北师范大学、上海体育学院、浙江海洋大学、兰州理工大学、德州学院、福州大学、湖北大学、吉林师范大学、陕西科技大学、湖北经济学院、池州学院、杭州师范大学、厦门大学、贵州理工学院、山东财经大学、华南农业大学、兰州城市学院、山西大学、云南财经大学、广西师范大学、佛山科学技术学院、广东金融学院、长沙理工大学、山东中医药大学、上海健康医学院、温州大学、太原师范学院、常州大学、南通大学、河南科技大学、内蒙古大学、湖州师范学院、西南交通大学

3★（163个），2★（218个），1★（54个）：名单略

080911TK 网络空间安全（64）

排名	学校名称	星级	排名	学校名称	星级	排名	学校名称	星级
1	东南大学	5★+	3	电子科技大学	5★	5	天津大学	5★-
2	中国科学院大学	5★	4	杭州电子科技大学	5★-	6	武汉大学	5★-

4★（7个）：厦门大学、四川大学、北京邮电大学、华中科技大学、西安电子科技大学、中山大学、西北工业大学

3★（19个），2★（26个），1★（6个）：名单略

081001 土木工程（528）

排名	学校名称	星级	排名	学校名称	星级	排名	学校名称	星级
1	同济大学	5★+	19	天津大学	5★	37	四川大学	5★-
2	清华大学	5★+	20	合肥工业大学	5★	38	广州大学	5★-
3	浙江大学	5★+	21	山东大学	5★	39	重庆交通大学	5★-
4	东南大学	5★+	22	西安建筑科技大学	5★	40	太原理工大学	5★-
5	河海大学	5★+	23	中国矿业大学(北京)	5★	41	石家庄铁道大学	5★-
6	哈尔滨工业大学	5★	24	广西大学	5★	42	深圳大学	5★-
7	重庆大学	5★	25	武汉理工大学	5★	43	浙江工业大学	5★-
8	西南交通大学	5★	26	中国矿业大学	5★	44	北京建筑大学	5★-
9	上海交通大学	5★	27	长沙理工大学	5★	45	中国地质大学(武汉)	5★-
10	华中科技大学	5★	28	青岛理工大学	5★	46	西安科技大学	5★-
11	华南理工大学	5★	29	沈阳建筑大学	5★	47	上海大学	5★-
12	武汉大学	5★	30	南京工业大学	5★	48	西安理工大学	5★-
13	大连理工大学	5★	31	三峡大学	5★	49	南昌大学	5★-
14	北京工业大学	5★	32	长安大学	5★	50	华侨大学	5★-
15	北京交通大学	5★	33	兰州理工大学	5★	51	北京科技大学	5★-
16	福州大学	5★	34	郑州大学	5★	52	成都理工大学	5★-
17	湖南大学	5★	35	河北工业大学	5★	53	东北大学	5★-
18	中南大学	5★	36	兰州交通大学	5★			

4★（53个）：山东建筑大学、安徽理工大学、昆明理工大学、广东工业大学、华东交通大学、山东科技大学、河南理工大学、安徽建筑大学、兰州大学、苏州科技大学、吉林大学、新疆大学、厦门大学、辽宁工程技术大学、桂林理工大学、汕头大学、湖北工业大学、中国地质大学（北京）、天津城建大学、宁波大学、西北工业大学、扬州大学、东北林业大学、南京林业大学、北京航空航天大学、河南工业大学、西安工业大学、西南科技大学、吉林建筑大学、武汉科技大学、湖南工业大学、东北电力大学、浙江科技学院、云南大学、内蒙古科技大学、中国石油大学（华东）、华北水利水电大学、大连海事大学、大连大学、南京航空航天大学、江苏科技大学、贵州大学、西华大学、长江大学、河北工程大学、燕山大学、中南林业科技大学、海南大学、湘潭大学、中国海洋大学、江苏大学、福建工程学院、上海理工大学
3★（158个），2★（211个），1★（53个）：名单略

081002 建筑环境与能源应用工程（178）

排名	学校名称	星级	排名	学校名称	星级	排名	学校名称	星级
1	清华大学	5★+	7	广州大学	5★	13	北京工业大学	5★-
2	重庆大学	5★+	8	东南大学	5★	14	西南交通大学	5★-
3	哈尔滨工业大学	5★	9	大连理工大学	5★	15	兰州交通大学	5★-
4	湖南大学	5★	10	天津大学	5★-	16	中国矿业大学	5★-
5	西安建筑科技大学	5★	11	华中科技大学	5★-	17	沈阳建筑大学	5★-
6	同济大学	5★	12	武汉理工大学	5★-	18	青岛理工大学	5★-
4★（18个）：郑州大学、北京科技大学、合肥工业大学、中南大学、广东工业大学、南京工业大学、北京建筑大学、东华大学、长安大学、吉林建筑大学、河北工业大学、山东建筑大学、南华大学、长沙理工大学、安徽建筑大学、西安科技大学、南京理工大学、扬州大学							
3★（53个），2★（71个），1★（18个）：名单略							

081003 给排水科学与工程（162）

排名	学校名称	星级	排名	学校名称	星级	排名	学校名称	星级
1	重庆大学	5★+	7	青岛理工大学	5★	13	北京工业大学	5★-
2	哈尔滨工业大学	5★+	8	西安建筑科技大学	5★	14	华侨大学	5★-
3	华中科技大学	5★	9	华东交通大学	5★-	15	湖南大学	5★-
4	同济大学	5★	10	北京建筑大学	5★-	16	武汉理工大学	5★-
5	河海大学	5★	11	东南大学	5★-			
6	兰州交通大学	5★	12	武汉大学	5★-			
4★（16个）：沈阳建筑大学、郑州大学、桂林理工大学、广州大学、太原理工大学、南京信息工程大学、南华大学、合肥工业大学、山东建筑大学、广东工业大学、福州大学、苏州科技大学、浙江工业大学、长安大学、天津城建大学、安徽建筑大学							
3★（49个），2★（65个），1★（16个）：名单略							

081004 建筑电气与智能化（72）

排名	学校名称	星级	排名	学校名称	星级	排名	学校名称	星级
1	哈尔滨工业大学	5★+	4	安徽建筑大学	5★	7	北京建筑大学	5★-
2	西安建筑科技大学	5★	5	福州大学	5★-			
3	同济大学	5★	6	南通大学	5★-			
4★（7个）：青岛理工大学、华东交通大学、郑州轻工业大学、南华大学、山西大学、桂林电子科技大学、河北建筑工程学院							
3★（22个），2★（29个），1★（7个）：名单略							

081005T 城市地下空间工程（71）

排名	学校名称	星级	排名	学校名称	星级	排名	学校名称	星级
1	哈尔滨工业大学	5★+	4	重庆大学	5★	7	西南交通大学	5★-
2	山东大学	5★	5	西安建筑科技大学	5★-			
3	东南大学	5★	6	合肥工业大学	5★-			
4★（7个）：郑州大学、四川大学、中北大学、广东工业大学、中南大学、太原理工大学、山东建筑大学							
3★（22个），2★（28个），1★（7个）：名单略							

081006T 道路桥梁与渡河工程（73）

排名	学校名称	星级	排名	学校名称	星级	排名	学校名称	星级
1	东南大学	5★+	4	西南交通大学	5★	7	广东工业大学	5★-
2	哈尔滨工业大学	5★	5	吉林大学	5★-			
3	长安大学	5★	6	郑州大学	5★-			

4★（8个）：吉林建筑大学、天津城建大学、山东建筑大学、武汉理工大学、长沙理工大学、重庆交通大学、兰州理工大学、河北工业大学

3★（22个），2★（29个），1★（7个）：名单略

081007T 铁道工程（11）

排名	学校名称	星级	排名	学校名称	星级	排名	学校名称	星级
1	西南交通大学	5★						

4★（1个）：华东交通大学

3★（4个），2★（4个），1★（1个）：名单略

081008T 智能建造（19）

排名	学校名称	星级	排名	学校名称	星级	排名	学校名称	星级
1	同济大学	5★	2	华中科技大学	5★-			

4★（2个）：东南大学、福州大学

3★（6个），2★（7个），1★（2个）：名单略

081101 水利水电工程（84）

排名	学校名称	星级	排名	学校名称	星级	排名	学校名称	星级
1	武汉大学	5★+	4	郑州大学	5★	7	华中科技大学	5★-
2	天津大学	5★	5	河海大学	5★	8	华北水利水电大学	5★-
3	西安理工大学	5★	6	大连理工大学	5★-			

4★（9个）：三峡大学、华北电力大学、河北工程大学、广西大学、合肥工业大学、新疆农业大学、兰州理工大学、宁夏大学、扬州大学

3★（25个），2★（34个），1★（8个）：名单略

081102 水文与水资源工程（52）

排名	学校名称	星级	排名	学校名称	星级	排名	学校名称	星级
1	河海大学	5★+	3	吉林大学	5★	5	中国地质大学（北京）	5★-
2	中国地质大学（武汉）	5★	4	长安大学	5★-			

4★（5个）：武汉大学、西安理工大学、郑州大学、太原理工大学、华北电力大学

3★（16个），2★（21个），1★（5个）：名单略

081103 港口航道与海岸工程（33）

排名	学校名称	星级	排名	学校名称	星级	排名	学校名称	星级
1	大连理工大学	5★	2	河海大学	5★	3	天津大学	5★-

4★（4个）：中国海洋大学、武汉大学、重庆交通大学、同济大学

3★（10个），2★（13个），1★（3个）：名单略

081104T 水务工程（7）

排名	学校名称	星级	排名	学校名称	星级	排名	学校名称	星级
1	河海大学	5★-						
4★无								
3★（3个），2★（2个），1★（1个）：名单略								

081201 测绘工程（144）

排名	学校名称	星级	排名	学校名称	星级	排名	学校名称	星级
1	武汉大学	5★+	6	山东科技大学	5★	11	西安科技大学	5★-
2	同济大学	5★	7	西南交通大学	5★	12	长安大学	5★-
3	中南大学	5★	8	中国矿业大学（北京）	5★-	13	东华理工大学	5★-
4	中国矿业大学	5★	9	河南理工大学	5★-	14	江西理工大学	5★-
5	河海大学	5★	10	辽宁工程技术大学	5★-			
4★（15个）：中国地质大学（北京）、中国地质大学（武汉）、长沙理工大学、昆明理工大学、重庆大学、吉林大学、东南大学、东北大学、北京建筑大学、南京工业大学、合肥工业大学、安徽大学、桂林理工大学、江苏海洋大学、重庆交通大学								
3★（43个），2★（58个），1★（14个）：名单略								

081202 遥感科学与技术（41）

排名	学校名称	星级	排名	学校名称	星级	排名	学校名称	星级
1	武汉大学	5★	3	北京航空航天大学	5★-			
2	哈尔滨工业大学	5★	4	长安大学	5★-			
4★（4个）：西安电子科技大学、山东师范大学、中山大学、河海大学								
3★（13个），2★（16个），1★（4个）：名单略								

081203T 导航工程（9）

排名	学校名称	星级	排名	学校名称	星级	排名	学校名称	星级
1	武汉大学	5★-						
4★（1个）：武汉理工大学								
3★（3个），2★（3个），1★（1个）：名单略								

081205T 地理空间信息工程（9）

排名	学校名称	星级	排名	学校名称	星级	排名	学校名称	星级
1	深圳大学	5★-						
4★（1个）：南京信息工程大学								
3★（3个），2★（3个），1★（1个）：名单略								

081301 化学工程与工艺（326）

排名	学校名称	星级	排名	学校名称	星级	排名	学校名称	星级
1	天津大学	5★+	5	哈尔滨工业大学	5★	9	湖南大学	5★
2	浙江大学	5★+	6	华东理工大学	5★	10	厦门大学	5★
3	大连理工大学	5★+	7	北京化工大学	5★	11	南京工业大学	5★
4	华南理工大学	5★	8	上海交通大学	5★	12	太原理工大学	5★

续表

排名	学校名称	星级	排名	学校名称	星级	排名	学校名称	星级
13	中国石油大学(北京)	5★	20	青岛科技大学	5★-	27	南京理工大学	5★-
14	浙江工业大学	5★	21	北京理工大学	5★-	28	河北工业大学	5★-
15	四川大学	5★	22	广西大学	5★-	29	东南大学	5★-
16	福州大学	5★	23	新疆大学	5★-	30	江南大学	5★-
17	中南大学	5★-	24	西安交通大学	5★-	31	武汉工程大学	5★-
18	中国石油大学(华东)	5★-	25	重庆大学	5★-	32	内蒙古工业大学	5★-
19	广东工业大学	5★-	26	郑州大学	5★-	33	兰州理工大学	5★-

4★（32个）：武汉科技大学、合肥工业大学、济南大学、石河子大学、陕西科技大学、辽宁石化工大学、海南大学、常州大学、河北科技大学、中国矿业大学、昆明理工大学、西北大学、桂林理工大学、华侨大学、沈阳化工大学、湘潭大学、长春工业大学、东北石油大学、燕山大学、西南石油大学、安徽工业大学、中北大学、广州大学、沈阳工业大学、天津科技大学、成都理工大学、西安科技大学、中山大学、宁夏大学、中国矿业大学（北京）、武汉理工大学、山东理工大学

3★（98个），2★（130个），1★（33个）：名单略

081302 制药工程（251）

排名	学校名称	星级	排名	学校名称	星级	排名	学校名称	星级
1	天津大学	5★+	10	四川大学	5★	19	重庆大学	5★-
2	华东理工大学	5★+	11	武汉工程大学	5★	20	郑州大学	5★-
3	北京化工大学	5★+	12	沈阳药科大学	5★	21	武汉理工大学	5★-
4	南京工业大学	5★	13	河北科技大学	5★	22	成都中医药大学	5★-
5	浙江大学	5★	14	昆明理工大学	5★-	23	贵州大学	5★-
6	西安交通大学	5★	15	中南大学	5★-	24	合肥工业大学	5★-
7	中国药科大学	5★	16	西南交通大学	5★-	25	福州大学	5★-
8	浙江工业大学	5★	17	天津中医药大学	5★-			
9	江南大学	5★	18	大连理工大学	5★-			

4★（25个）：青岛科技大学、广州中医药大学、天津科技大学、北京理工大学、山东中医药大学、广东药科大学、南昌大学、华南理工大学、烟台大学、河南工业大学、云南大学、黑龙江中医药大学、河南中医药大学、常州大学、河南师范大学、东南大学、太原理工大学、天津理工大学、济南大学、湖南中医药大学、哈尔滨商业大学、佳木斯大学、南京理工大学、西南大学、长春中医药大学

3★（76个），2★（100个），1★（25个）：名单略

081303T 资源循环科学与工程（34）

排名	学校名称	星级	排名	学校名称	星级	排名	学校名称	星级
1	华东理工大学	5★	2	大连理工大学	5★	3	浙江大学	5★-

4★（4个）：西安建筑科技大学、昆明理工大学、北京工业大学、东北大学

3★（10个），2★（14个），1★（3个）：名单略

081304T 能源化学工程（59）

排名	学校名称	星级	排名	学校名称	星级	排名	学校名称	星级
1	武汉大学	5★+	3	北京化工大学	5★	5	哈尔滨工业大学	5★-
2	华南理工大学	5★	4	中国石油大学(北京)	5★-	6	大连理工大学	5★-

4★（6个）：北京理工大学、浙江工业大学、华北电力大学、广东工业大学、昆明理工大学、西北大学

3★（18个），2★（23个），1★（6个）：名单略

081305T 化学工程与工业生物工程（8）

排名	学校名称	星级	排名	学校名称	星级	排名	学校名称	星级
1	清华大学	5★-						
4★（1个）：大连理工大学								
3★（2个），2★（3个），1★（1个）：名单略								

081401 地质工程（56）

排名	学校名称	星级	排名	学校名称	星级	排名	学校名称	星级
1	长安大学	5★+	3	中国地质大学(武汉)	5★	5	西南交通大学	5★-
2	同济大学	5★	4	中国矿业大学（北京）	5★-	6	中国地质大学（北京）	5★-
4★（5个）：成都理工大学、中国矿业大学、山东科技大学、西安科技大学、河海大学								
3★（17个），2★（22个），1★（6个）：名单略								

081402 勘查技术与工程（35）

排名	学校名称	星级	排名	学校名称	星级	排名	学校名称	星级
1	中国地质大学(武汉)	5★	3	成都理工大学	5★-			
2	吉林大学	5★	4	中国地质大学（北京）	5★-			
4★（3个）：中国石油大学（华东）、中国石油大学（北京）、长安大学								
3★（11个），2★（14个），1★（3个）：名单略								

081403 资源勘查工程（49）

排名	学校名称	星级	排名	学校名称	星级	排名	学校名称	星级
1	中国地质大学(武汉)	5★	3	长安大学	5★-	5	长江大学	5★-
2	中国地质大学（北京）	5★	4	成都理工大学	5★-			
4★（5个）：昆明理工大学、东华理工大学、西北大学、中国石油大学（华东）、桂林理工大学								
3★（15个），2★（19个），1★（5个）：名单略								

081404T 地下水科学与工程（15）

排名	学校名称	星级	排名	学校名称	星级	排名	学校名称	星级
1	长安大学	5★	2	中国地质大学（北京）	5★-			
4★（1个）：吉林大学								
3★（5个），2★（6个），1★（1个）：名单略								

081501 采矿工程（50）

排名	学校名称	星级	排名	学校名称	星级	排名	学校名称	星级
1	中国矿业大学	5★+	3	东北大学	5★	5	河南理工大学	5★-
2	中国矿业大学（北京）	5★	4	太原理工大学	5★-			
4★（5个）：山东科技大学、辽宁工程技术大学、中南大学、北京科技大学、西安科技大学								
3★（15个），2★（20个），1★（5个）：名单略								

081502 石油工程（23）

排名	学校名称	星级	排名	学校名称	星级	排名	学校名称	星级
1	中国石油大学（北京）	5★	2	中国石油大学（北京）	5★-			
4★（3个）：中国石油大学（华东）、西南石油大学、中国地质大学（武汉）									
3★（7个），2★（9个），1★（2个）：名单略									

081503 矿物加工工程（38）

排名	学校名称	星级	排名	学校名称	星级	排名	学校名称	星级
1	中国矿业大学	5★	3	中南大学	5★-			
2	中国矿业大学（北京）	5★	4	昆明理工大学	5★-			
4★（4个）：东北大学、北京科技大学、太原理工大学、武汉科技大学									
3★（11个），2★（15个），1★（4个）：名单略									

081504 油气储运工程（34）

排名	学校名称	星级	排名	学校名称	星级	排名	学校名称	星级
1	辽宁石油化工大学	5★	2	中国石油大学（华东）	5★	3	中国石油大学（北京）	5★-
4★（4个）：西南石油大学、长江大学、常州大学、东北石油大学									
3★（10个），2★（14个），1★（3个）：名单略									

081506T 海洋油气工程（9）

排名	学校名称	星级	排名	学校名称	星级	排名	学校名称	星级
1	中国石油大学（华东）	5★-						
4★（1个）：中国石油大学（北京）									
3★（3个），2★（3个），1★（1个）：名单略									

081601 纺织工程（41）

排名	学校名称	星级	排名	学校名称	星级	排名	学校名称	星级
1	东华大学	5★	3	江南大学	5★-			
2	天津工业大学	5★	4	浙江理工大学	5★-			
4★（4个）：苏州大学、西安工程大学、武汉纺织大学、青岛大学									
3★（13个），2★（16个），1★（4个）：名单略									

081602 服装设计与工程（61）

排名	学校名称	星级	排名	学校名称	星级	排名	学校名称	星级
1	东华大学	5★+	3	上海工程技术大学	5★	5	北京服装学院	5★-
2	浙江理工大学	5★	4	西安工程大学	5★-	6	江南大学	5★-
4★（6个）：天津工业大学、武汉纺织大学、苏州大学、青岛大学、中原工学院、南通大学									
3★（19个），2★（24个），1★（6个）：名单略									

081603T 非织造材料与工程（11）

排名	学校名称	星级	排名	学校名称	星级	排名	学校名称	星级
1	天津工业大学	5★						
4★（1个）：南通大学									
3★（4个），2★（4个），1★（1个）：名单略									

081701 轻化工程（39）

排名	学校名称	星级	排名	学校名称	星级	排名	学校名称	星级
1	四川大学	5★	3	陕西科技大学	5★-			
2	华南理工大学	5★	4	广西大学	5★-			
4★（4个）：天津科技大学、东华大学、江南大学、南京工业大学									
3★（12个），2★（15个），1★（4个）：名单略									

081702 包装工程（41）

排名	学校名称	星级	排名	学校名称	星级	排名	学校名称	星级
1	江南大学	5★	3	陕西科技大学	5★-			
2	天津科技大学	5★	4	广西大学	5★-			
4★（4个）：大连工业大学、青岛科技大学、暨南大学、西安理工大学									
3★（13个），2★（16个），1★（4个）：名单略									

081703 印刷工程（12）

排名	学校名称	星级	排名	学校名称	星级	排名	学校名称	星级
1	武汉大学	5★						
4★（1个）：西安理工大学									
3★（4个），2★（5个），1★（1个）：名单略									

081705T 化妆品技术与工程（7）

排名	学校名称	星级	排名	学校名称	星级	排名	学校名称	星级
1	北京工商大学	5★						
4★无									
3★（3个），2★（2个），1★（1个）：名单略									

081801 交通运输（117）

排名	学校名称	星级	排名	学校名称	星级	排名	学校名称	星级
1	西南交通大学	5★+	5	北京交通大学	5★	9	石家庄铁道大学	5★-
2	长安大学	5★	6	南京航空航天大学	5★	10	中国民航大学	5★-
3	中南大学	5★	7	吉林大学	5★-	11	大连海事大学	5★-
4	同济大学	5★	8	重庆交通大学	5★-	12	兰州交通大学	5★-
4★（11个）：北京航空航天大学、上海海事大学、武汉理工大学、长沙理工大学、中国矿业大学、大连交通大学、上海工程技术大学、华东交通大学、东南大学、昆明理工大学、合肥工业大学									
3★（36个），2★（46个），1★（12个）：名单略									

081802 交通工程（107）

排名	学校名称	星级	排名	学校名称	星级	排名	学校名称	星级
1	西南交通大学	5★+	5	东南大学	5★	9	北京工业大学	5★-
2	同济大学	5★	6	哈尔滨工业大学	5★-	10	河海大学	5★-
3	长安大学	5★	7	昆明理工大学	5★-	11	重庆交通大学	5★-
4	北京交通大学	5★	8	吉林大学	5★-			
4★（10个）：东北林业大学、山东科技大学、长沙理工大学、武汉理工大学、南京林业大学、石家庄铁道大学、合肥工业大学、兰州交通大学、大连理工大学、华南理工大学									
3★（33个），2★（42个），1★（11个）：名单略									

081803K 航海技术（17）

排名	学校名称	星级	排名	学校名称	星级	排名	学校名称	星级
1	大连海事大学	5★	2	上海海事大学	5★-			
4★（21个）：武汉理工大学									
3★（6个），2★（6个），1★（2个）：名单略									

081804K 轮机工程（19）

排名	学校名称	星级	排名	学校名称	星级	排名	学校名称	星级
1	大连海事大学	5★	2	武汉理工大学	5★-			
4★（2个）：上海海事大学、哈尔滨工程大学									
3★（6个），2★（7个），1★（2个）：名单略									

081805K 飞行技术（19）

排名	学校名称	星级	排名	学校名称	星级	排名	学校名称	星级
1	中国民用航空飞行学院	5★	2	南京航空航天大学	5★-			
4★（2个）：昆明理工大学、中国民航大学									
3★（6个），2★（7个），1★（2个）：名单略									

081806T 交通设备与控制工程（18）

排名	学校名称	星级	排名	学校名称	星级	排名	学校名称	星级
1	中南大学	5★	2	西南交通大学	5★-			
4★（2个）：北京工业大学、合肥工业大学									
3★（5个），2★（7个），1★（2个）：名单略									

081808TK 船舶电子电气工程（11）

排名	学校名称	星级	排名	学校名称	星级	排名	学校名称	星级
1	大连海事大学	5★						
4★（1个）：上海海事大学									
3★（4个），2★（4个），1★（1个）：名单略									

081901 船舶与海洋工程（34）

排名	学校名称	星级	排名	学校名称	星级	排名	学校名称	星级
1	武汉理工大学	5★	2	上海交通大学	5★	3	哈尔滨工程大学	5★-
4★（4个）：天津大学、华中科技大学、江苏科技大学、山东科技大学									
3★（10个），2★（14个），1★（3个）：名单略									

081902T 海洋工程与技术（6）

排名	学校名称	星级	排名	学校名称	星级	排名	学校名称	星级
1	浙江大学	5★-						
4★无									
3★（2个），2★（2个），1★（1个）：名单略									

081903T 海洋资源开发技术（10）

排名	学校名称	星级	排名	学校名称	星级	排名	学校名称	星级
1	中国海洋大学	5★						
4★（1个）：大连工业大学									
3★（3个），2★（4个），1★（1个）：名单略									

082001 航空航天工程（16）

排名	学校名称	星级	排名	学校名称	星级	排名	学校名称	星级
1	清华大学	5★	2	南京航空航天大学	5★-			
4★（1个）：西北工业大学									
3★（5个），2★（6个），1★（2个）：名单略									

082002 飞行器设计与工程（29）

排名	学校名称	星级	排名	学校名称	星级	排名	学校名称	星级
1	西北工业大学	5★	2	北京航空航天大学	5★-	3	南京航空航天大学	5★-
4★（3个）：北京理工大学、哈尔滨工业大学、复旦大学									
3★（9个），2★（11个），1★（3个）：名单略									

082003 飞行器制造工程（33）

排名	学校名称	星级	排名	学校名称	星级	排名	学校名称	星级
1	西北工业大学	5★	2	哈尔滨工业大学	5★	3	南京航空航天大学	5★-
4★（4个）：沈阳航空航天大学、中北大学、中国民航大学、北京航空航天大学									
3★（10个），2★（13个），1★（3个）：名单略									

082004 飞行器动力工程（24）

排名	学校名称	星级	排名	学校名称	星级	排名	学校名称	星级
1	北京航空航天大学	5★	2	西北工业大学	5★-			
4★（3个）：南京航空航天大学、沈阳航空航天大学、中国民航大学									
3★（7个），2★（10个），1★（2个）：名单略									

082007T 飞行器适航技术（7）

排名	学校名称	星级	排名	学校名称	星级	排名	学校名称	星级
1	南京航空航天大学	5★-						
4★无									
3★（3个），2★（2个），1★（1个）：名单略									

082008T 飞行器控制与信息工程（10）

排名	学校名称	星级	排名	学校名称	星级	排名	学校名称	星级
1	北京航空航天大学	5★-						
4★（1个）：四川大学									
3★（3个），2★（4个），1★（1个）：名单略									

082009T 无人驾驶航空器系统工程（13）

排名	学校名称	星级	排名	学校名称	星级	排名	学校名称	星级
1	北京航空航天大学	5★						
4★（2个）：中国民航大学、电子科技大学									
3★（4个），2★（5个），1★（1个）：名单略									

082103 探测制导与控制技术（15）

排名	学校名称	星级	排名	学校名称	星级	排名	学校名称	星级
1	西北工业大学	5★	2	西安电子科技大学	5★-			
4★（1个）：沈阳理工大学									
3★（5个），2★（6个），1★（1个）：名单略									

082104 弹药工程与爆炸技术（6）

排名	学校名称	星级	排名	学校名称	星级	排名	学校名称	星级
1	北京理工大学	5★-						
4★无									
3★（2个），2★（2个），1★（1个）：名单略									

082105 特种能源技术与工程（7）

排名	学校名称	星级	排名	学校名称	星级	排名	学校名称	星级
1	北京理工大学	5★-						
4★无									
3★（3个），2★（2个），1★（1个）：名单略									

082107 信息对抗技术（13）

排名	学校名称	星级	排名	学校名称	星级	排名	学校名称	星级
1	北京理工大学	5★						
4★（2个）：北京航空航天大学、西南科技大学									
3★（4个），2★（5个），1★（1个）：名单略									

082201 核工程与核技术（29）

排名	学校名称	星级	排名	学校名称	星级	排名	学校名称	星级
1	西安交通大学	5★	2	清华大学	5★-	3	四川大学	5★-
4★（3个）：哈尔滨工程大学、华南理工大学、南华大学									
3★（9个），2★（11个），1★（3个）：名单略									

082202 辐射防护与核安全（8）

排名	学校名称	星级	排名	学校名称	星级	排名	学校名称	星级
1	兰州大学	5★-						
4★（1个）：华北电力大学									
3★（2个），2★（3个），1★（1个）：名单略									

082204 核化工与核燃料工程（6）

排名	学校名称	星级	排名	学校名称	星级	排名	学校名称	星级
1	哈尔滨工程大学	5★-						
4★无									
3★（2个），2★（2个），1★（1个）：名单略									

082302 农业机械化及其自动化（39）

排名	学校名称	星级	排名	学校名称	星级	排名	学校名称	星级
1	吉林大学	5★	3	东北农业大学	5★-			
2	华南农业大学	5★	4	华中农业大学	5★-			
4★（4个）：内蒙古农业大学、中国农业大学、山东农业大学、河南科技大学									
3★（12个），2★（15个），1★（4个）：名单略									

082303 农业电气化（12）

排名	学校名称	星级	排名	学校名称	星级	排名	学校名称	星级
1	江苏大学	5★						
4★（1个）：昆明理工大学									
3★（4个），2★（5个），1★（1个）：名单略									

082304 农业建筑环境与能源工程（8）

排名	学校名称	星级	排名	学校名称	星级	排名	学校名称	星级
1	中国农业大学	5★-						
4★（1个）：西南大学									
3★（2个），2★（3个），1★（1个）：名单略									

082305 农业水利工程（32）

排名	学校名称	星级	排名	学校名称	星级	排名	学校名称	星级
1	中国农业大学	5★	2	河海大学	5★-	3	西北农林科技大学	5★-
4★（3个）：昆明理工大学、扬州大学、云南农业大学									
3★（10个），2★（13个），1★（3个）：名单略									

082306T 土地整治工程（13）

排名	学校名称	星级	排名	学校名称	星级	排名	学校名称	星级
1	长安大学	5★						
4★（2个）：河海大学、中国地质大学（北京）									
3★（4个），2★（5个），1★（1个）：名单略									

082401 森林工程（6）

排名	学校名称	星级	排名	学校名称	星级	排名	学校名称	星级
1	东北林业大学	5★-						
4★无									
3★（2个），2★（2个），1★（1个）：名单略									

082402 木材科学与工程（16）

排名	学校名称	星级	排名	学校名称	星级	排名	学校名称	星级
1	南京林业大学	5★	2	东北林业大学	5★-			

4★（1个）：浙江林业大学

3★（5个），2★（6个），1★（2个）：名单略

082403 林产化工（9）

排名	学校名称	星级	排名	学校名称	星级	排名	学校名称	星级
1	东北林业大学	5★-						

4★（1个）：南京林业大学

3★（3个），2★（3个），1★（1个）：名单略

082501 环境科学与工程（40）

排名	学校名称	星级	排名	学校名称	星级	排名	学校名称	星级
1	上海交通大学	5★	3	西南大学	5★-			
2	北京大学	5★	4	南方科技大学	5★-			

4★（4个）：华南理工大学、陕西科技大学、浙江师范大学、成都理工大学

3★（12个），2★（16个），1★（4个）：名单略

082502 环境工程（361）

排名	学校名称	星级	排名	学校名称	星级	排名	学校名称	星级
1	清华大学	5★+	13	河海大学	5★	25	山东大学	5★-
2	哈尔滨工业大学	5★+	14	天津大学	5★	26	华南理工大学	5★-
3	同济大学	5★+	15	天津工业大学	5★	27	北京科技大学	5★-
4	大连理工大学	5★+	16	东华大学	5★	28	中国地质大学（武汉）	5★-
5	西安建筑科技大学	5★	17	桂林理工大学	5★	29	西南科技大学	5★-
6	浙江大学	5★	18	北京工业大学	5★	30	湖南大学	5★-
7	南京大学	5★	19	重庆大学	5★-	31	北京航空航天大学	5★-
8	华东理工大学	5★	20	武汉大学	5★-	32	中国农业大学	5★-
9	北京师范大学	5★	21	江南大学	5★-	33	中南大学	5★-
10	南京理工大学	5★	22	昆明理工大学	5★-	34	南开大学	5★-
11	北京化工大学	5★	23	东南大学	5★-	35	上海大学	5★-
12	北京大学	5★	24	四川大学	5★-	36	长安大学	5★-

4★（36个）：广东工业大学、浙江工业大学、西北农林科技大学、南昌大学、中国矿业大学、华中科技大学、安徽理工大学、武汉理工大学、河北科技大学、江苏大学、西安理工大学、太原理工大学、华北电力大学、南昌航空大学、中山大学、广西大学、上海理工大学、中国石油大学（北京）、兰州交通大学、常州大学、中国矿业大学（北京）、西安交通大学、中国地质大学（北京）、大连海事大学、苏州科技大学、兰州大学、河南师范大学、福州大学、中国海洋大学、吉林大学、西南交通大学、辽宁工程技术大学、沈阳工业大学、浙江工商大学、东北师范大学、重庆工商大学

3★（109个），2★（144个），1★（36个）：名单略

082503 环境科学（181）

排名	学校名称	星级	排名	学校名称	星级	排名	学校名称	星级
1	浙江大学	5★+	4	复旦大学	5★	7	南开大学	5★
2	哈尔滨工业大学	5★+	5	北京大学	5★	8	中国海洋大学	5★
3	北京师范大学	5★	6	南京大学	5★	9	中山大学	5★

续表

排名	学校名称	星级	排名	学校名称	星级	排名	学校名称	星级
10	华东师范大学	5★-	13	北京工业大学	5★-	16	大连理工大学	5★-
11	中国科学院大学	5★-	14	河海大学	5★-	17	厦门大学	5★-
12	同济大学	5★-	15	重庆大学	5★-	18	山东大学	5★-
4★（18个）：兰州大学、中国科学技术大学、西北农林科技大学、天津大学、东北师范大学、湖南大学、西安建筑科技大学、南京信息工程大学、华北电力大学、武汉大学、昆明理工大学、南京农业大学、东华大学、山西大学、中南林业科技大学、北京林业大学、华中农业大学、长安大学									
3★（55个），2★（72个），1★（18个）：名单略									

082504 环境生态工程（63）

排名	学校名称	星级	排名	学校名称	星级	排名	学校名称	星级
1	哈尔滨工业大学	5★+	3	北京师范大学	5★	5	大连理工大学	5★-
2	厦门大学	5★	4	重庆大学	5★-	6	青海大学	5★-
4★（7个）：华东师范大学、河海大学、广东工业大学、河北环境工程学院、沈阳大学、合肥工业大学、沈阳师范大学									
3★（19个），2★（25个），1★（6个）：名单略									

082505T 环保设备工程（15）

排名	学校名称	星级	排名	学校名称	星级	排名	学校名称	星级
1	中国石油大学（华东）	5★	2	江苏大学	5★-			
4★（1个）：安徽工业大学									
3★（5个），2★（6个），1★（1个）：名单略									

082506T 资源环境科学（16）

排名	学校名称	星级	排名	学校名称	星级	排名	学校名称	星级
1	上海交通大学	5★	2	中国农业大学	5★-			
4★（1个）：浙江大学									
3★（5个），2★（6个），1★（2个）：名单略									

082507T 水质科学与技术（6）

排名	学校名称	星级	排名	学校名称	星级	排名	学校名称	星级
1	南阳师范学院	5★-						
4★无									
3★（2个），2★（2个），1★（1个）：名单略									

082601 生物医学工程（115）

排名	学校名称	星级	排名	学校名称	星级	排名	学校名称	星级
1	上海交通大学	5★+	5	四川大学	5★	9	北京航空航天大学	5★-
2	复旦大学	5★	6	华中科技大学	5★	10	电子科技大学	5★-
3	清华大学	5★	7	西安交通大学	5★-	11	北京大学	5★-
4	浙江大学	5★	8	东南大学	5★-	12	北京理工大学	5★-
4★（11个）：南方医科大学、天津大学、重庆医科大学、南京医科大学、东北大学、深圳大学、贵州医科大学、桂林电子科技大学、上海理工大学、河北工业大学、中山大学									
3★（35个），2★（46个），1★（11个）：名单略									

082602T 假肢矫形工程（7）

排名	学校名称	星级	排名	学校名称	星级	排名	学校名称	星级
1	首都医科大学	5★-						
4★无								
3★（3个），2★（2个），1★（1个）：名单略								

082701 食品科学与工程（278）

排名	学校名称	星级	排名	学校名称	星级	排名	学校名称	星级
1	江南大学	5★+	11	浙江大学	5★	21	中南林业科技大学	5★-
2	南昌大学	5★+	12	天津科技大学	5★	22	浙江工商大学	5★-
3	中国农业大学	5★+	13	中国海洋大学	5★	23	河北农业大学	5★-
4	东北农业大学	5★	14	吉林农业大学	5★	24	福建农林大学	5★-
5	华中农业大学	5★	15	西北农林科技大学	5★-	25	山东农业大学	5★-
6	南京农业大学	5★	16	内蒙古农业大学	5★	26	上海交通大学	5★-
7	河南工业大学	5★	17	江苏大学	5★	27	上海海洋大学	5★-
8	北京工商大学	5★	18	吉林大学	5★	28	广东海洋大学	5★-
9	大连工业大学	5★	19	合肥工业大学	5★			
10	华南理工大学	5★	20	西南大学	5★			
4★（28个）：沈阳农业大学、华南农业大学、湖南农业大学、南京财经大学、海南大学、四川农业大学、武汉轻工大学、青岛农业大学、安徽农业大学、四川大学、宁夏大学、郑州轻工业大学、河南科技大学、扬州大学、陕西科技大学、哈尔滨商业大学、宁波大学、广西大学、福州大学、北京林业大学、集美大学、渤海大学、甘肃农业大学、齐鲁工业大学、河南农业大学、陕西师范大学、西华大学、河南科技学院								
3★（83个），2★（111个），1★（28个）：名单略								

082702 食品质量与安全（230）

排名	学校名称	星级	排名	学校名称	星级	排名	学校名称	星级
1	江南大学	5★+	9	扬州大学	5★	17	山东农业大学	5★-
2	浙江工商大学	5★+	10	重庆师范大学	5★	18	陕西师范大学	5★-
3	大连工业大学	5★	11	中国农业大学	5★	19	西北农林科技大学	5★-
4	华南农业大学	5★	12	南京农业大学	5★	20	四川农业大学	5★-
5	南昌大学	5★	13	江苏大学	5★-	21	中国计量大学	5★-
6	华中农业大学	5★	14	广东海洋大学	5★-	22	吉林大学	5★-
7	石河子大学	5★	15	华南理工大学	5★-	23	成都中医药大学	5★-
8	北京工商大学	5★	16	中国药科大学	5★-			
4★（23个）：东北农业大学、合肥工业大学、西南大学、福建农林大学、南京中医药大学、内蒙古农业大学、广州工商学院、湖南农业大学、天津科技大学、黑龙江八一农垦大学、海南大学、天津商业大学、华东理工大学、山西工商学院、吉林农业大学、苏州大学、四川旅游学院、山东农业工程学院、红河学院、闽南师范大学、新疆农业大学、河北农业大学、武汉轻工大学								
3★（69个），2★（92个），1★（23个）：名单略								

082703 粮食工程（15）

排名	学校名称	星级	排名	学校名称	星级	排名	学校名称	星级
1	河南工业大学	5★	2	东北农业大学	5★-			
4★（1个）：南京财经大学								
3★（5个），2★（6个），1★（1个）：名单略								

082704 乳品工程（6）

排名	学校名称	星级	排名	学校名称	星级	排名	学校名称	星级
1	东北农业大学	5★-						
4★无									
3★（2个），2★（2个），1★（1个）：名单略									

082705 酿酒工程（19）

排名	学校名称	星级	排名	学校名称	星级	排名	学校名称	星级
1	贵州大学	5★	2	江南大学	5★-			
4★（2个）：齐鲁工业大学、河北科技师范学院									
3★（6个），2★（7个），1★（2个）：名单略									

082706T 葡萄与葡萄酒工程（17）

排名	学校名称	星级	排名	学校名称	星级	排名	学校名称	星级
1	西北农林科技大学	5★	2	中国农业大学	5★-			
4★（1个）：宁夏大学									
3★（6个），2★（6个），1★（2个）：名单略									

082707T 食品营养与检验教育（9）

排名	学校名称	星级	排名	学校名称	星级	排名	学校名称	星级
1	河南农业大学	5★-						
4★（1个）：黑龙江八一农垦大学									
3★（3个），2★（3个），1★（1个）：名单略									

082708T 烹饪与营养教育（20）

排名	学校名称	星级	排名	学校名称	星级	排名	学校名称	星级
1	扬州大学	5★	2	四川旅游学院	5★-			
4★（2个）：哈尔滨商业大学、普洱学院									
3★（6个），2★（8个），1★（2个）：名单略									

082801 建筑学（286）

排名	学校名称	星级	排名	学校名称	星级	排名	学校名称	星级
1	同济大学	5★+	11	西南交通大学	5★	21	昆明理工大学	5★-
2	浙江大学	5★+	12	大连理工大学	5★	22	深圳大学	5★-
3	清华大学	5★+	13	沈阳建筑大学	5★	23	内蒙古工业大学	5★-
4	东南大学	5★	14	北京建筑大学	5★	24	南京工业大学	5★-
5	西安建筑科技大学	5★	15	武汉大学	5★-	25	山东建筑大学	5★-
6	北京工业大学	5★	16	湖南大学	5★-	26	华侨大学	5★-
7	华南理工大学	5★	17	青岛理工大学	5★-	27	合肥工业大学	5★-
8	重庆大学	5★	18	河北工业大学	5★-	28	南京大学	5★-
9	天津大学	5★	19	苏州科技大学	5★-	29	中南大学	5★-
10	哈尔滨工业大学	5★	20	华中科技大学	5★-			
4★（28个）：厦门大学、福州大学、吉林建筑大学、北京交通大学、长安大学、中央美术学院、河北工程大学、广西大学、四川大学、郑州大学、上海交通大学、西安交通大学、中国美术学院、广州大学、东北大学、上海大学、广东工业大学、武汉理工大学、华北水利水电大学、山东大学、西北工业大学、浙江工业大学、太原理工大学、中国矿业大学、安徽建筑大学、南昌大学、河南工业大学、天津城建大学									
3★（86个），2★（114个），1★（29个）：名单略									

082802 城乡规划（207）

排名	学校名称	星级	排名	学校名称	星级	排名	学校名称	星级
1	同济大学	5★+	8	重庆大学	5★	15	沈阳建筑大学	5★-
2	清华大学	5★+	9	华中科技大学	5★	16	昆明理工大学	5★-
3	东南大学	5★	10	苏州科技大学	5★	17	武汉大学	5★-
4	华南理工大学	5★	11	浙江大学	5★-	18	湖南大学	5★-
5	天津大学	5★	12	山东建筑大学	5★-	19	浙江工业大学	5★-
6	哈尔滨工业大学	5★	13	北京工业大学	5★-	20	北京交通大学	5★-
7	西安建筑科技大学	5★	14	大连理工大学	5★-	21	山东农业大学	5★-

4★（20个）：南京大学、长安大学、南京工业大学、安徽建筑大学、河北农业大学、深圳大学、北京大学、西北大学、山东理工大学、南京林业大学、北京林业大学、西南科技大学、西北农林科技大学、浙江农林大学、中山大学、东北林业大学、福建农林大学、福州大学、四川农业大学、河北工业大学

3★（63个），2★（82个），1★（21个）：名单略

082803 风景园林（181）

排名	学校名称	星级	排名	学校名称	星级	排名	学校名称	星级
1	华中农业大学	5★+	7	北京林业大学	5★	13	浙江农林大学	5★-
2	西北农林科技大学	5★+	8	华南理工大学	5★	14	南京农业大学	5★-
3	同济大学	5★	9	南京林业大学	5★	15	华南农业大学	5★-
4	福建农林大学	5★	10	东南大学	5★-	16	东北农业大学	5★-
5	清华大学	5★	11	河南农业大学	5★-	17	昆明理工大学	5★-
6	西安建筑科技大学	5★	12	哈尔滨工业大学	5★-	18	四川农业大学	5★-

4★（18个）：河北农业大学、中南林业科技大学、重庆大学、天津大学、沈阳农业大学、山东农业大学、东北林业大学、沈阳建筑大学、内蒙古农业大学、山西农业大学、湖南农业大学、西南林业大学、青岛农业大学、西南大学、海南大学、长江大学、上海交通大学、苏州科技大学

3★（55个），2★（72个），1★（18个）：名单略

082804T 历史建筑保护工程（8）

排名	学校名称	星级						
1	同济大学	5★-						

4★（1个）：西安建筑科技大学

3★（2个），2★（3个），1★（1个）：名单略

082901 安全工程（149）

排名	学校名称	星级	排名	学校名称	星级	排名	学校名称	星级
1	河南理工大学	5★+	6	西安科技大学	5★	11	北京科技大学	5★-
2	山东科技大学	5★	7	中国矿业大学	5★	12	中国石油大学（北京）	5★-
3	安徽理工大学	5★	8	中国科学技术大学	5★	13	湖南科技大学	5★-
4	南京工业大学	5★	9	中国矿业大学（北京）	5★	14	辽宁工程技术大学	5★-
5	太原理工大学	5★	10	中南大学	5★-	15	武汉理工大学	

4★（15个）：北京理工大学、中国石油大学（华东）、常州大学、南华大学、东北大学、华北科技学院、重庆大学、西南交通大学、中国地质大学（北京）、中国地质大学（武汉）、北京化工大学、黑龙江科技大学、南京理工大学、武汉科技大学、内蒙古科技大学

3★（45个），2★（59个），1★（15个）：名单略

083001 生物工程（243）

排名	学校名称	星级	排名	学校名称	星级	排名	学校名称	星级
1	华东理工大学	5★+	9	大连工业大学	5★	17	齐鲁工业大学	5★-
2	江南大学	5★+	10	四川大学	5★	18	河南农业大学	5★-
3	上海交通大学	5★	11	浙江大学	5★	19	上海大学	5★-
4	北京化工大学	5★	12	南昌大学	5★	20	西北农林科技大学	5★-
5	天津大学	5★	13	南京工业大学	5★-	21	哈尔滨工业大学	5★-
6	浙江工业大学	5★	14	华中农业大学	5★-	22	山东大学	5★-
7	华南理工大学	5★	15	东南大学	5★-	23	中国农业大学	5★-
8	天津科技大学	5★	16	重庆大学	5★-	24	东华大学	5★-

4★（25个）：大连理工大学、三峡大学、西南交通大学、南京师范大学、沈阳药科大学、聊城大学、合肥工业大学、南京理工大学、南阳理工学院、桂林理工大学、遵义医科大学、新乡医学院、新疆大学、合肥学院、燕山大学、西南科技大学、中国矿业大学、华南师范大学、黑龙江大学、河南中医药大学、江西农业大学、河南大学、南京农业大学、东北大学、山东农业大学

3★（73个），2★（97个），1★（24个）：名单略

083002T 生物制药（101）

排名	学校名称	星级	排名	学校名称	星级	排名	学校名称	星级
1	中国药科大学	5★+	5	华南理工大学	5★	9	武汉理工大学	5★-
2	华中科技大学	5★	6	浙江工业大学	5★-	10	山西医科大学	5★-
3	武汉大学	5★	7	暨南大学	5★-			
4	浙江理工大学	5★	8	吉林大学	5★-			

4★（10个）：上海大学、黑龙江大学、温州医科大学、南京中医药大学、沈阳药科大学、安徽师范大学、安徽农业大学、上海海洋大学、安徽工程大学、吉林农业大学

3★（31个），2★（40个），1★（10个）：名单略

083101K 刑事科学技术（27）

排名	学校名称	星级	排名	学校名称	星级	排名	学校名称	星级
1	中国刑事警察学院	5★	2	中国人民公安大学	5★-	3	江苏警官学院	5★-

4★（2个）：铁道警察学院、广东警官学院

3★（9个），2★（10个），1★（3个）：名单略

083102K 消防工程（18）

排名	学校名称	星级	排名	学校名称	星级	排名	学校名称	星级
1	中国人民警察大学	5★	2	中国矿业大学	5★-			

4★（2个）：西南交通大学、中国矿业大学（北京）

3★（5个），2★（7个），1★（2个）：名单略

083103TK 交通管理工程（19）

排名	学校名称	星级	排名	学校名称	星级	排名	学校名称	星级
1	中国人民公安大学	5★	2	湖南警察学院	5★-			

4★（2个）：浙江警察学院、重庆警察学院

3★（6个），2★（7个），1★（2个）：名单略

083105TK 公安视听技术（6）

排名	学校名称	星级	排名	学校名称	星级	排名	学校名称	星级
1	中国刑事警察学院	5★-						
4★无									
3★（2个），2★（2个），1★（1个）：名单略									

083108TK 网络安全与执法（26）

排名	学校名称	星级	排名	学校名称	星级	排名	学校名称	星级
1	中国人民公安大学	5★	2	辽宁警察学院	5★-	3	中国刑事警察学院	5★-
4★（2个）：浙江警察学院、南京森林警察学院									
3★（8个），2★（10个），1★（3个）：名单略									

090101 农学（76）

排名	学校名称	星级	排名	学校名称	星级	排名	学校名称	星级
1	南京农业大学	5★+	4	华南农业大学	5★	7	西南大学	5★-
2	西北农林科技大学	5★	5	四川农业大学	5★-	8	福建农林大学	5★-
3	中国农业大学	5★	6	东北农业大学	5★-			
4★（7个）：华中农业大学、内蒙古农业大学、海南大学、山东农业大学、甘肃农业大学、扬州大学、沈阳农业大学									
3★（23个），2★（30个），1★（8个）：名单略									

090102 园艺（107）

排名	学校名称	星级	排名	学校名称	星级	排名	学校名称	星级
1	华中农业大学	5★+	5	沈阳农业大学	5★	9	西南大学	5★-
2	南京农业大学	5★	6	河南农业大学	5★-	10	海南大学	5★-
3	华南农业大学	5★	7	西北农林科技大学	5★-	11	东北农业大学	5★-
4	中国农业大学	5★	8	浙江大学	5★-			
4★（10个）：河北农业大学、山东农业大学、湖南农业大学、北京林业大学、扬州大学、四川农业大学、福建农林大学、山西农业大学、塔里木大学、云南农业大学									
3★（33个），2★（42个），1★（11个）：名单略									

090103 植物保护（56）

排名	学校名称	星级	排名	学校名称	星级	排名	学校名称	星级
1	南京农业大学	5★+	3	中国农业大学	5★	5	华南农业大学	5★-
2	西北农林科技大学	5★	4	福建农林大学	5★-	6	贵州大学	5★-
4★（5个）：西南大学、浙江大学、吉林农业大学、云南农业大学、山东农业大学									
3★（17个），2★（22个），1★（6个）：名单略									

090104 植物科学与技术（21）

排名	学校名称	星级	排名	学校名称	星级	排名	学校名称	星级
1	华中农业大学	5★	2	上海交通大学	5★-			
4★（2个）：内蒙古农业大学、东北农业大学									
3★（7个），2★（8个），1★（2个）：名单略									

090105 种子科学与工程（38）

排名	学校名称	星级	排名	学校名称	星级	排名	学校名称	星级
1	南京农业大学	5★	3	甘肃农业大学	5★-			
2	河南农业大学	5★	4	华中农业大学	5★-			
4★（4个）：四川农业大学、吉林农业大学、扬州大学、石河子大学								
3★（11个），2★（15个），1★（4个）：名单略								

090106 设施农业科学与工程（39）

排名	学校名称	星级	排名	学校名称	星级	排名	学校名称	星级
1	西北农林科技大学	5★	3	南京农业大学	5★-			
2	中国农业大学	5★	4	华中农业大学	5★-			
4★（4个）：四川农业大学、河南农业大学、甘肃农业大学、海南大学								
3★（12个），2★（15个），1★（4个）：名单略								

090107T 茶学（29）

排名	学校名称	星级	排名	学校名称	星级	排名	学校名称	星级
1	安徽农业大学	5★	2	福建农林大学	5★-	3	华南农业大学	5★-
4★（3个）：云南农业大学、四川农业大学、湖南农业大学								
3★（9个），2★（11个），1★（3个）：名单略								

090108T 烟草（9）

排名	学校名称	星级	排名	学校名称	星级	排名	学校名称	星级
1	河南农业大学	5★-						
4★（1个）：云南农业大学								
3★（3个），2★（3个），1★（1个）：名单略								

090109T 应用生物科学（12）

排名	学校名称	星级	排名	学校名称	星级	排名	学校名称	星级
1	安徽农业大学	5★						
4★（1个）：浙江大学								
3★（4个），2★（5个），1★（1个）：名单略								

090201 农业资源与环境（49）

排名	学校名称	星级	排名	学校名称	星级	排名	学校名称	星级
1	南京农业大学	5★	3	华中农业大学	5★-	5	山东农业大学	5★-
2	浙江大学	5★	4	西南大学	5★-			
4★（5个）：浙江农林大学、沈阳农业大学、四川农业大学、山西农业大学、吉林农业大学								
3★（15个），2★（19个），1★（5个）：名单略								

090202 野生动物与自然保护区管理（6）

排名	学校名称	星级	排名	学校名称	星级	排名	学校名称	星级
1	东北林业大学	5★						
4★无								
3★（2个），2★（2个），1★（1个）：名单略								

090203 水土保持与荒漠化防治（19）

排名	学校名称	星级	排名	学校名称	星级	排名	学校名称	星级
1	西北农林科技大学	5★	2	内蒙古农业大学	5★-			
4★（2个）：北京林业大学、甘肃农业大学									
3★（6个），2★（7个），1★（2个）：名单略								

090301 动物科学（84）

排名	学校名称	星级	排名	学校名称	星级	排名	学校名称	星级
1	中国农业大学	5★+	4	南京农业大学	5★	7	东北农业大学	5★-
2	华中农业大学	5★	5	西北农林科技大学	5★-	8	浙江大学	5★-
3	华南农业大学	5★	6	四川农业大学	5★-			
4★（9个）：山东农业大学、内蒙古农业大学、扬州大学、西南大学、江西农业大学、湖南农业大学、云南农业大学、吉林农业大学、广西大学								
3★（25个），2★（34个），1★（8个）：名单略								

090401 动物医学（75）

排名	学校名称	星级	排名	学校名称	星级	排名	学校名称	星级
1	中国农业大学	5★+	4	华南农业大学	5★	7	四川农业大学	5★-
2	扬州大学	5★	5	西北农林科技大学	5★-	8	山西农业大学	5★-
3	华中农业大学	5★	6	南京农业大学	5★-			
4★（7个）：吉林农业大学、西南大学、浙江大学、吉林大学、广西大学、江西农业大学、甘肃农业大学								
3★（23个），2★（30个），1★（7个）：名单略								

090402 动物药学（23）

排名	学校名称	星级	排名	学校名称	星级	排名	学校名称	星级
1	南京农业大学	5★	2	华南农业大学	5★-			
4★（3个）：江西农业大学、武汉轻工大学、西北农林科技大学								
3★（7个），2★（9个），1★（2个）：名单略								

090403T 动植物检疫（24）

排名	学校名称	星级	排名	学校名称	星级	排名	学校名称	星级
1	云南农业大学	5★	2	中国计量大学	5★-			
4★（3个）：扬州大学、山西农业大学、河北农业大学								
3★（7个），2★（10个），1★（2个）：名单略								

090501 林学（46）

排名	学校名称	星级	排名	学校名称	星级	排名	学校名称	星级
1	东北林业大学	5★	3	西北农林科技大学	5★-	5	北京林业大学	5★-
2	华南农业大学	5★	4	四川农业大学	5★-			
4★（4个）：南京林业大学、江西农业大学、内蒙古农业大学、河北农业大学								
3★（14个），2★（18个），1★（5个）：名单略								

090502 园林（138）

排名	学校名称	星级	排名	学校名称	星级	排名	学校名称	星级
1	河南农业大学	5★+	6	江西农业大学	5★	11	河北农业大学	5★-
2	东北林业大学	5★	7	中国农业大学	5★	12	吉林农业大学	5★-
3	华中农业大学	5★	8	西北农林科技大学	5★-	13	云南农业大学	5★-
4	北京林业大学	5★	9	安徽农业大学	5★-	14	内蒙古农业大学	5★-
5	四川农业大学	5★	10	南京林业大学	5★-			
4★（14个）：南京农业大学、福建农林大学、仲恺农业工程学院、中南林业科技大学、浙江大学、西南林业大学、东北农业大学、甘肃农业大学、山东农业大学、华南农业大学、上海交通大学、河北科技师范学院、北华大学、长江大学									
3★（41个），2★（55个），1★（14个）：名单略									

090503 森林保护（19）

排名	学校名称	星级	排名	学校名称	星级	排名	学校名称	星级
1	东北林业大学	5★	2	北京林业大学	5★-			
4★（2个）：南京林业大学、河北农业大学									
3★（6个），2★（7个），1★（2个）：名单略									

090601 水产养殖学（49）

排名	学校名称	星级	排名	学校名称	星级	排名	学校名称	星级
1	华中农业大学	5★	3	上海海洋大学	5★-	5	宁波大学	5★-
2	中国海洋大学	5★	4	西南大学	5★-			
4★（5个）：集美大学、大连海洋大学、广东海洋大学、华南农业大学、海南大学									
3★（15个），2★（19个），1★（5个）：名单略									

090602 海洋渔业科学与技术（8）

排名	学校名称	星级	排名	学校名称	星级	排名	学校名称	星级
1	中国海洋大学	5★-						
4★（1个）：上海海洋大学									
3★（2个），2★（3个），1★（1个）：名单略									

090603T 水族科学与技术（11）

排名	学校名称	星级	排名	学校名称	星级	排名	学校名称	星级
1	西南大学	5★						
4★（1个）：华中农业大学									
3★（4个），2★（4个），1★（1个）：名单略									

090701 草业科学（30）

排名	学校名称	星级	排名	学校名称	星级	排名	学校名称	星级
1	兰州大学	5★	2	内蒙古农业大学	5★	3	北京林业大学	5★-
4★（3个）：西北农林科技大学、四川农业大学、新疆农业大学									
3★（9个），2★（12个），1★（3个）：名单略									

100101K 基础医学（30）

排名	学校名称	星级	排名	学校名称	星级	排名	学校名称	星级
1	北京大学	5★	2	复旦大学	5★	3	哈尔滨医科大学	5★-
4★（3个）：南方医科大学、四川大学、中山大学							
3★（9个），2★（12个），1★（3个）：名单略							

100201K 临床医学（186）

排名	学校名称	星级	排名	学校名称	星级	排名	学校名称	星级
1	上海交通大学	5★+	8	首都医科大学	5★	15	武汉大学	5★-
2	北京大学	5★+	9	山东大学	5★	16	重庆医科大学	5★-
3	中山大学	5★	10	南方医科大学	5★-	17	温州医科大学	5★-
4	浙江大学	5★	11	中南大学	5★-	18	中国医科大学	5★-
5	复旦大学	5★	12	南京医科大学	5★-	19	安徽医科大学	5★-
6	四川大学	5★	13	北京协和医学院	5★-			
7	华中科技大学	5★	14	同济大学	5★-			
4★（18个）：哈尔滨医科大学、天津医科大学、吉林大学、新疆医科大学、广西医科大学、山西医科大学、大连医科大学、郑州大学、苏州大学、昆明医科大学、河北医科大学、广州医科大学、福建医科大学、西安交通大学、南通大学、徐州医科大学、暨南大学、青岛大学							
3★（56个），2★（74个），1★（19个）：名单略							

100202TK 麻醉学（58）

排名	学校名称	星级	排名	学校名称	星级	排名	学校名称	星级
1	徐州医科大学	5★+	3	重庆医科大学	5★	5	天津医科大学	5★-
2	中南大学	5★	4	中国医科大学	5★-	6	哈尔滨医科大学	5★-
4★（6个）：安徽医科大学、郑州大学、昆明医科大学、山西医科大学、河北医科大学、广东医科大学							
3★（17个），2★（23个），1★（6个）：名单略							

100203TK 医学影像学（76）

排名	学校名称	星级	排名	学校名称	星级	排名	学校名称	星级
1	东南大学	5★+	4	南方医科大学	5★	7	哈尔滨医科大学	5★-
2	中国医科大学	5★	5	华中科技大学	5★-	8	南通大学	5★-
3	山西医科大学	5★	6	天津医科大学	5★-			
4★（7个）：重庆医科大学、苏州大学、徐州医科大学、南京医科大学、南昌大学、广东医科大学、郑州大学							
3★（23个），2★（30个），1★（8个）：名单略							

100204TK 眼视光医学（19）

排名	学校名称	星级	排名	学校名称	星级	排名	学校名称	星级
1	温州医科大学	5★	2	天津医科大学	5★-			
4★（2个）：首都医科大学、中国医科大学							
3★（6个），2★（7个），1★（2个）：名单略							

100205TK 精神医学（31）

排名	学校名称	星级	排名	学校名称	星级	排名	学校名称	星级
1	中南大学	5★	2	首都医科大学	5★	3	中国医科大学	5★-
4★（3个）：广州医科大学、重庆医科大学、山西医科大学							
3★（10个），2★（12个），1★（3个）：名单略							

100207TK 儿科学（42）

排名	学校名称	星级	排名	学校名称	星级	排名	学校名称	星级
1	重庆医科大学	5★	3	上海交通大学	5★-			
2	南京医科大学	5★	4	山西医科大学	5★-			
4★（4个）：郑州大学、哈尔滨医科大学、中国医科大学、温州医科大学									
3★（13个），2★（17个），1★（4个）：名单略									

100301K 口腔医学（110）

排名	学校名称	星级	排名	学校名称	星级	排名	学校名称	星级
1	四川大学	5★+	5	南京医科大学	5★	9	中国医科大学	5★-
2	上海交通大学	5★	6	武汉大学	5★	10	重庆医科大学	5★-
3	北京大学	5★	7	首都医科大学	5★-	11	福建医科大学	5★-
4	中山大学	5★	8	山东大学	5★-			
4★（11个）：广西医科大学、天津医科大学、哈尔滨医科大学、同济大学、浙江大学、吉林大学、兰州大学、青岛大学、大连医科大学、第四军医大学、西安交通大学									
3★（33个），2★（44个），1★（11个）：名单略									

100401K 预防医学（108）

排名	学校名称	星级	排名	学校名称	星级	排名	学校名称	星级
1	中山大学	5★+	5	南方医科大学	5★	9	四川大学	5★-
2	北京大学	5★	6	上海交通大学	5★-	10	浙江大学	5★-
3	华中科技大学	5★	7	复旦大学	5★-	11	天津医科大学	5★-
4	南京医科大学	5★	8	首都医科大学	5★-			
4★（11个）：哈尔滨医科大学、山东大学、中国医科大学、广西医科大学、河北医科大学、山西医科大学、郑州大学、吉林大学、安徽医科大学、重庆医科大学、新疆医科大学									
3★（32个），2★（43个），1★（11个）：名单略									

100402 食品卫生与营养学（28）

排名	学校名称	星级	排名	学校名称	星级	排名	学校名称	星级
1	上海交通大学	5★	2	四川大学	5★	3	重庆医科大学	5★-
4★（3个）：安徽医科大学、贵州医科大学、河北医科大学									
3★（8个），2★（11个），1★（3个）：名单略									

100501K 中医学（64）

排名	学校名称	星级	排名	学校名称	星级	排名	学校名称	星级
1	北京中医药大学	5★+	3	广州中医药大学	5★	5	南京中医药大学	5★-
2	上海中医药大学	5★	4	天津中医药大学	5★-	6	黑龙江中医药大学	5★-
4★（7个）：浙江中医药大学、河南中医药大学、山东中医药大学、安徽中医药大学、成都中医药大学、辽宁中医药大学、长春中医药大学									
3★（19个），2★（26个），1★（6个）：名单略									

100502K 针灸推拿学（49）

排名	学校名称	星级	排名	学校名称	星级	排名	学校名称	星级
1	上海中医药大学	5★	3	天津中医药大学	5★-	5	广州中医药大学	5★-
2	北京中医药大学	5★	4	成都中医药大学	5★-			

4★（5个）：湖北中医药大学、湖南中医药大学、黑龙江中医药大学、安徽中医药大学、浙江中医药大学

3★（15个），2★（19个），1★（5个）：名单略

100510TK 中医康复学（13）

排名	学校名称	星级	排名	学校名称	星级	排名	学校名称	星级
1	南京中医药大学	5★-						

4★（2个）：浙江中医药大学、黑龙江中医药大学

3★（4个），2★（5个），1★（1个）：名单略

100511TK 中医养生学（13）

排名	学校名称	星级	排名	学校名称	星级	排名	学校名称	星级
1	河南中医药大学	5★						

4★（2个）：广州中医药大学、江西中医药大学

3★（4个），2★（5个），1★（1个）：名单略

100601K 中西医临床医学（50）

排名	学校名称	星级	排名	学校名称	星级	排名	学校名称	星级
1	上海中医药大学	5★+	3	成都中医药大学	5★	5	南京中医药大学	5★-
2	湖南中医药大学	5★	4	辽宁中医药大学	5★-			

4★（5个）：河北医科大学、南方医科大学、天津中医药大学、华中科技大学、黑龙江中医药大学

3★（15个），2★（20个），1★（5个）：名单略

100701 药学（231）

排名	学校名称	星级	排名	学校名称	星级	排名	学校名称	星级
1	中国药科大学	5★+	9	上海交通大学	5★	17	华东理工大学	5★-
2	北京大学	5★+	10	暨南大学	5★	18	苏州大学	5★-
3	浙江大学	5★	11	山东大学	5★	19	新疆医科大学	5★-
4	沈阳药科大学	5★	12	中国海洋大学	5★	20	南方医科大学	5★-
5	华中科技大学	5★	13	中南大学	5★-	21	天津医科大学	5★-
6	复旦大学	5★	14	西安交通大学	5★-	22	温州医科大学	5★-
7	中山大学	5★	15	南京医科大学	5★-	23	福建医科大学	5★-
8	四川大学	5★	16	安徽医科大学	5★-			

4★（23个）：南京中医药大学、广西医科大学、河北医科大学、武汉大学、首都医科大学、西南大学、重庆医科大学、黑龙江中医药大学、烟台大学、延边大学、南昌大学、江西中医药大学、吉林大学、郑州大学、浙江工业大学、哈尔滨医科大学、北京中医药大学、青岛大学、天津中医药大学、天津大学、山西医科大学、成都中医药大学、厦门大学

3★（70个），2★（92个），1★（23个）：名单略

100702 药物制剂（86）

排名	学校名称	星级	排名	学校名称	星级	排名	学校名称	星级
1	中国药科大学	5★+	4	华东理工大学	5★	7	天津医科大学	5★-
2	浙江大学	5★	5	郑州大学	5★-	8	河北医科大学	5★-
3	沈阳药科大学	5★	6	吉林大学	5★-	9	浙江工业大学	5★-
4★（8个）：黑龙江中医药大学、中国医科大学、延边大学、昆明医科大学、天津中医药大学、福建医科大学、安徽中医药大学、广东药科大学									
3★（26个），2★（34个），1★（9个）：名单略									

100703TK 临床药学（48）

排名	学校名称	星级	排名	学校名称	星级	排名	学校名称	星级
1	中国药科大学	5★	3	中国医科大学	5★-	5	哈尔滨医科大学	5★-
2	首都医科大学	5★	4	沈阳药科大学	5★-			
4★（5个）：安徽医科大学、四川大学、南方医科大学、温州医科大学、徐州医科大学									
3★（14个），2★（19个），1★（5个）：名单略									

100704T 药事管理（11）

排名	学校名称	星级	排名	学校名称	星级	排名	学校名称	星级
1	中国药科大学	5★						
4★（1个）：河北医科大学									
3★（6个），2★（6个），1★（2个）：名单略									

100705T 药物分析（17）

排名	学校名称	星级	排名	学校名称	星级	排名	学校名称	星级
1	中国药科大学	5★						
4★（1个）：河北医科大学									
3★（6个），2★（6个），1★（2个）：名单略									

100706T 药物化学（8）

排名	学校名称	星级	排名	学校名称	星级	排名	学校名称	星级
1	中国药科大学	5★-						
4★（1个）：沈阳药科大学									
3★（2个），2★（3个），1★（1个）：名单略									

100801 中药学（109）

排名	学校名称	星级	排名	学校名称	星级	排名	学校名称	星级
1	中国药科大学	5★+	5	广州中医药大学	5★	9	安徽中医药大学	5★-
2	上海中医药大学	5★	6	北京中医药大学	5★-	10	山东中医药大学	5★-
3	成都中医药大学	5★	7	天津中医药大学	5★-	11	黑龙江中医药大学	5★-
4	南京中医药大学	5★	8	浙江中医药大学	5★-			
4★（11个）：沈阳药科大学、河南中医药大学、南方医科大学、江西中医药大学、西北大学、辽宁中医药大学、湖南中医药大学、湖北中医药大学、哈尔滨商业大学、长春中医药大学、甘肃中医药大学									
3★（33个），2★（43个），1★（11个）：名单略									

100802 中药资源与开发（37）

排名	学校名称	星级	排名	学校名称	星级	排名	学校名称	星级
1	中国药科大学	5★	3	成都中医药大学	5★-			
2	天津中医药大学	5★	4	南京中医药大学	5★-			

4★（3个）：广州中医药大学、山东中医药大学、吉林农业大学

3★（12个），2★（14个），1★（4个）：名单略

100805T 中药制药（20）

排名	学校名称	星级	排名	学校名称	星级	排名	学校名称	星级
1	北京中医药大学	5★	2	中国药科大学	5★-			

4★（2个）：天津中医药大学、南京中医药大学

3★（6个），2★（8个），1★（2个）：名单略

100806T 中草药栽培与鉴定（15）

排名	学校名称	星级	排名	学校名称	星级	排名	学校名称	星级
1	浙江中医药大学	5★	2	辽宁中医药大学	5★-			

4★（1个）：山东中医药大学

3★（5个），2★（6个），1★（1个）：名单略

100901K 法医学（30）

排名	学校名称	星级	排名	学校名称	星级	排名	学校名称	星级
1	四川大学	5★	2	山西医科大学	5★	3	中国医科大学	5★-

4★（3个）：中山大学、西安交通大学、河北医科大学

3★（9个），2★（12个），1★（3个）：名单略

101001 医学检验技术（151）

排名	学校名称	星级	排名	学校名称	星级	排名	学校名称	星级
1	北京大学	5★+	6	江苏大学	5★	11	华中科技大学	5★-
2	重庆医科大学	5★+	7	四川大学	5★	12	天津医科大学	5★-
3	温州医科大学	5★	8	中南大学	5★	13	广西医科大学	5★-
4	南方医科大学	5★	9	南京医科大学	5★-	14	郑州大学	5★-
5	上海交通大学	5★	10	广州医科大学	5★-	15	首都医科大学	5★-

4★（15个）：宁夏医科大学、贵州医科大学、大连医科大学、东南大学、广东医科大学、武汉大学、新乡医学院、中国医科大学、浙江中医药大学、安徽医科大学、福建医科大学、昆明医科大学、蚌埠医学院、北华大学、南通大学

3★（46个），2★（60个），1★（15个）：名单略

101002 医学实验技术（18）

排名	学校名称	星级	排名	学校名称	星级	排名	学校名称	星级
1	北京大学	5★	2	南方医科大学	5★-			

4★（2个）：黑龙江中医药大学、浙江中医药大学

3★（5个），2★（7个），1★（2个）：名单略

101003 医学影像技术（88）

排名	学校名称	星级	排名	学校名称	星级	排名	学校名称	星级
1	天津医科大学	5★+	4	福建医科大学	5★	7	上海健康医学院	5★-
2	四川大学	5★	5	昆明医科大学	5★-	8	川北医学院	5★-
3	重庆医科大学	5★	6	河北医科大学	5★-	9	中国医科大学	5★-

4★（9个）：南京医科大学、郑州大学、首都医科大学、河南中医药大学、徐州医科大学、滨州医学院、山西医科大学、浙江中医药大学、新乡医学院

3★（26个），2★（35个），1★（9个）：名单略

101004 眼视光学（27）

排名	学校名称	星级	排名	学校名称	星级	排名	学校名称	星级
1	南京医科大学	5★	2	四川大学	5★-	3	天津医科大学	5★-

4★（2个）：川北医学院、滨州医学院

3★（9个），2★（10个），1★（3个）：名单略

101005 康复治疗学（161）

排名	学校名称	星级	排名	学校名称	星级	排名	学校名称	星级
1	四川大学	5★+	7	黑龙江中医药大学	5★	13	福建医科大学	5★-
2	南方医科大学	5★+	8	首都医科大学	5★	14	河北医科大学	5★-
3	南京医科大学	5★	9	重庆医科大学	5★-	15	中国医科大学	5★-
4	天津医科大学	5★	10	同济大学	5★-	16	安徽医科大学	5★-
5	福建中医药大学	5★	11	河南中医药大学	5★-			
6	温州医科大学	5★	12	滨州医学院	5★-			

4★（16个）：新乡医学院、南通大学、浙江中医药大学、南昌大学、广州中医药大学、成都中医药大学、吉林大学、承德医学院、南京中医药大学、上海中医药大学、上海体育学院、山西医科大学、徐州医科大学、山东中医药大学、湖北医药学院、郑州大学

3★（49个），2★（64个），1★（16个）：名单略

101006 口腔医学技术（26）

排名	学校名称	星级	排名	学校名称	星级	排名	学校名称	星级
1	北京大学	5★	2	四川大学	5★-	3	重庆医科大学	5★-

4★（2个）：湖北医药学院、广东医科大学

3★（8个），2★（10个），1★（3个）：名单略

101007 卫生检验与检疫（47）

排名	学校名称	星级	排名	学校名称	星级	排名	学校名称	星级
1	四川大学	5★+	3	温州医科大学	5★	5	河北医科大学	5★-
2	南京医科大学	5★	4	重庆医科大学	5★-			

4★（4个）：安徽医科大学、昆明医科大学、浙江中医药大学、成都医学院

3★（15个），2★（18个），1★（5个）：名单略

101008T 听力与言语康复学（10）

排名	学校名称	星级	排名	学校名称	星级	排名	学校名称	星级
1	上海中医药大学	5★						

4★（1个）：浙江中医药大学

3★（3个），2★（4个），1★（1个）：名单略

101009T 康复物理治疗（8）

排名	学校名称	星级	排名	学校名称	星级	排名	学校名称	星级
1	上海中医药大学	5★-						

4★（1个）：福建中医药大学

3★（2个），2★（3个），1★（1个）：名单略

101011T 智能医学工程（20）

排名	学校名称	星级	排名	学校名称	星级	排名	学校名称	星级
1	南京医科大学	5★	2	天津医科大学	5★-			

4★（2个）：天津大学、川北医学院

3★（6个），2★（8个），1★（2个）：名单略

101101 护理学（278）

排名	学校名称	星级	排名	学校名称	星级	排名	学校名称	星级
1	山西医科大学	5★+	11	南京中医药大学	5★	21	安徽医科大学	5★-
2	复旦大学	5★+	12	哈尔滨医科大学	5★	22	温州医科大学	5★-
3	北京大学	5★+	13	华中科技大学	5★	23	浙江中医药大学	5★-
4	重庆医科大学	5★	14	南方医科大学	5★	24	苏州大学	5★-
5	中山大学	5★	15	吉林大学	5★-	25	郑州大学	5★-
6	上海交通大学	5★	16	北京协和医学院	5★-	26	广西医科大学	5★-
7	福建医科大学	5★	17	南京医科大学	5★-	27	成都中医药大学	5★-
8	四川大学	5★	18	天津医科大学	5★-	28	河北医科大学	5★-
9	中南大学	5★	19	西安交通大学	5★-			
10	山东大学	5★	20	首都医科大学	5★-			

4★（28个）：大连大学、武汉大学、广州医科大学、湖北中医药大学、天津中医药大学、黑龙江中医药大学、华北理工大学、广西中医药大学、锦州医科大学、第四军医大学、广州中医药大学、滨州学院、潍坊医学院、北京中医药大学、遵义医科大学、贵州医科大学、山东中医药大学、第二军医大学、南昌大学、新乡医学院、福建中医药大学、杭州师范大学、昆明医科大学、延边大学、中国医科大学、新疆医科大学、河北大学、大连医科大学

3★（83个），2★（111个），1★（28个）：名单略

101102T 助产学（55）

排名	学校名称	星级	排名	学校名称	星级	排名	学校名称	星级
1	首都医科大学	5★+	3	贵州医科大学	5★	5	山西医科大学	5★-
2	福建医科大学	5★	4	浙江中医药大学	5★-	6	湖北中医药大学	5★-

4★（5个）：广西医科大学、黑龙江中医药大学、川北医学院、温州医科大学、赣南医学院

3★（17个），2★（22个），1★（5个）：名单略

120101 管理科学（34）

排名	学校名称	星级	排名	学校名称	星级	排名	学校名称	星级
1	复旦大学	5★	2	四川大学	5★	3	中国科学技术大学	5★-

4★（4个）：上海大学、厦门大学、南昌大学、东北财经大学

3★（10个），2★（14个），1★（3个）：名单略

120102 信息管理与信息系统（391）

排名	学校名称	星级	排名	学校名称	星级	排名	学校名称	星级
1	南京大学	5★+	14	大连理工大学	5★	27	华中科技大学	5★-
2	清华大学	5★+	15	北京师范大学	5★	28	西南大学	5★-
3	合肥工业大学	5★+	16	北京理工大学	5★	29	上海大学	5★-
4	武汉大学	5★+	17	南开大学	5★	30	山西大学	5★-
5	北京交通大学	5★	18	西安电子科技大学	5★	31	郑州大学	5★-
6	南京理工大学	5★	19	华中师范大学	5★	32	复旦大学	5★-
7	北京航空航天大学	5★	20	华东理工大学	5★	33	江苏大学	5★-
8	天津大学	5★	21	东南大学	5★-	34	浙江大学	5★-
9	吉林大学	5★	22	中南大学	5★-	35	杭州电子科技大学	5★-
10	北京大学	5★	23	河海大学	5★-	36	天津师范大学	5★-
11	中山大学	5★	24	哈尔滨工业大学	5★-	37	黑龙江大学	5★-
12	南京航空航天大学	5★	25	重庆大学	5★-	38	福州大学	5★-
13	中国人民大学	5★	26	同济大学	5★-	39	河北大学	5★-

4★（39个）：华东师范大学、东北大学、南京农业大学、电子科技大学、山东理工大学、湘潭大学、华南理工大学、山西财经大学、南昌大学、安徽大学、西南交通大学、西北工业大学、武汉理工大学、东华大学、北京工业大学、上海交通大学、山东财经大学、新乡医学院、江西财经大学、华南师范大学、大连外国语大学、上海财经大学、中国地质大学（武汉）、福建师范大学、济南大学、西安建筑科技大学、中国医科大学、南京信息工程大学、天津工业大学、东北财经大学、郑州航空工业管理学院、青岛大学、北京科技大学、大连海事大学、中国石油大学（北京）、深圳大学、西南财经大学、对外经济贸易大学、北京邮电大学

3★（118个），2★（156个），1★（39个）：名单略

120103 工程管理（396）

排名	学校名称	星级	排名	学校名称	星级	排名	学校名称	星级
1	天津大学	5★+	15	东北财经大学	5★	29	浙江工商大学	5★-
2	同济大学	5★+	16	华南理工大学	5★	30	中国地质大学（武汉）	5★-
3	重庆大学	5★+	17	北京科技大学	5★	31	浙江工业大学	5★-
4	中国矿业大学	5★+	18	武汉大学	5★	32	西安理工大学	5★-
5	东南大学	5★	19	西南交通大学	5★	33	福建工程学院	5★-
6	中南大学	5★	20	长沙理工大学	5★	34	福州大学	5★-
7	大连理工大学	5★	21	吉林大学	5★-	35	河南理工大学	5★-
8	西安建筑科技大学	5★	22	长安大学	5★-	36	华北电力大学	5★-
9	北京交通大学	5★	23	三峡大学	5★-	37	南京农业大学	5★-
10	河海大学	5★	24	深圳大学	5★-	38	集美大学	5★-
11	西北工业大学	5★	25	武汉理工大学	5★-	39	辽宁工程技术大学	5★-
12	哈尔滨工业大学	5★	26	北京建筑大学	5★-	40	沈阳建筑大学	5★-
13	华中科技大学	5★	27	江苏大学	5★-			
14	华东理工大学	5★	28	太原理工大学	5★-			

4★（39个）：天津理工大学、昆明理工大学、贵州理工学院、兰州交通大学、江苏科技大学、河南工业大学、华北水利水电大学、云南财经大学、郑州大学、清华大学、山西应用科技学院、重庆交通大学、潍坊学院、江西财经大学、兰州理工大学、华侨大学、河北科技师范学院、广州大学、辽宁石油化工大学、山西工程技术学院、东北农业大学、山东建筑大学、山西财经大学、南通大学、南京工业大学、重庆工商大学、徐州工程学院、西京学院、中南财经政法大学、河北工程大学、洛阳理工学院、青岛理工大学、辽东学院、山西工商学院、河北工程技术学院、广东工业大学、江苏海洋大学、湖南工商大学、北方工业大学

3★（119个），2★（158个），1★（40个）：名单略

120104 房地产开发与管理（55）

排名	学校名称	星级	排名	学校名称	星级	排名	学校名称	星级
1	重庆大学	5★+	3	华中师范大学	5★	5	广东工业大学	5★-
2	江西财经大学	5★	4	东北财经大学	5★-	6	中央财经大学	5★-

4★（5个）：山东建筑大学、江西师范大学、南京财经大学、中南财经政法大学、南京工业大学

3★（17个），2★（22个），1★（5个）：名单略

120105 工程造价（257）

排名	学校名称	星级	排名	学校名称	星级	排名	学校名称	星级
1	天津理工大学	5★+	10	武汉纺织大学	5★	19	西安欧亚学院	5★-
2	山西大学	5★+	11	兰州理工大学	5★	20	西南交通大学	5★-
3	青岛理工大学	5★+	12	山东建筑大学	5★	21	长安大学	5★-
4	重庆大学	5★	13	河南财政金融学院	5★	22	云南农业大学	5★-
5	重庆交通大学	5★	14	黄河科技学院	5★-	23	福州外语外贸学院	5★-
6	华北电力大学	5★	15	重庆工程学院	5★-	24	南昌理工学院	5★-
7	四川师范大学	5★	16	河北建筑工程学院	5★-	25	北京建筑大学	5★-
8	西华大学	5★	17	成都师范学院	5★-	26	九江学院	5★-
9	四川轻化工大学	5★	18	福建工程学院	5★-			

4★（25个）：云南经济管理学院、安徽财经大学、西京学院、山西应用科技学院、中南财经政法大学、昆明理工大学、华北水利水电大学、江西理工大学、长春建筑学院、河北工程技术学院、山东英才学院、西安翻译学院、西安思源学院、青岛黄海学院、南昌工程学院、山东协和学院、黄河交通学院、郑州财经学院、安徽理工大学、辽宁工业大学、山西工商学院、西南石油大学、山东农业工程学院、新疆财经大学、西南科技大学

3★（78个），2★（102个），1★（26个）：名单略

120106TK 保密管理（6）

排名	学校名称	星级	排名	学校名称	星级	排名	学校名称	星级
1	北京交通大学	5★-						

4★无

3★（2个），2★（2个），1★（1个）：名单略

120108T 大数据管理与应用（69）

排名	学校名称	星级	排名	学校名称	星级	排名	学校名称	星级
1	西安交通大学	5★+	4	吉林大学	5★-	7	河海大学	5★-
2	合肥工业大学	5★	5	山东财经大学	5★-			
3	哈尔滨工业大学	5★	6	中国矿业大学	5★-			

4★（7个）：天津理工大学、成都理工大学、广东工业大学、大连海事大学、东北财经大学、江苏科技大学、华中师范大学

3★（21个），2★（27个），1★（7个）：名单略

120201K 工商管理（547）

排名	学校名称	星级	排名	学校名称	星级	排名	学校名称	星级
1	湖南大学	5★+	5	中国人民大学	5★+	9	西安交通大学	5★
2	华南理工大学	5★+	6	大连理工大学	5★	10	上海交通大学	5★
3	东北财经大学	5★+	7	中山大学	5★	11	吉林大学	5★
4	南京大学	5★+	8	上海财经大学	5★	12	厦门大学	5★

续表

排名	学校名称	星级	排名	学校名称	星级	排名	学校名称	星级
13	山东大学	5★	28	首都经济贸易大学	5★-	43	北京科技大学	5★-
14	浙江工商大学	5★	29	重庆大学	5★-	44	西北大学	5★-
15	复旦大学	5★	30	对外经济贸易大学	5★-	45	浙江财经大学	5★-
16	西南财经大学	5★	31	武汉理工大学	5★-	46	西南交通大学	5★-
17	东北大学	5★	32	中南财经政法大学	5★-	47	华东师范大学	5★-
18	南开大学	5★	33	江西财经大学	5★-	48	福州大学	5★-
19	浙江工业大学	5★	34	中央财经大学	5★-	49	华中科技大学	5★-
20	中南大学	5★	35	天津大学	5★-	50	云南大学	5★-
21	暨南大学	5★	36	辽宁大学	5★-	51	北京理工大学	5★-
22	天津财经大学	5★	37	合肥工业大学	5★-	52	河海大学	5★-
23	电子科技大学	5★	38	北京交通大学	5★-	53	上海理工大学	5★-
24	浙江大学	5★	39	广州大学	5★-	54	山西财经大学	5★-
25	西安理工大学	5★	40	武汉大学	5★-	55	哈尔滨理工大学	5★-
26	清华大学	5★	41	东华大学	5★-			
27	哈尔滨工业大学	5★	42	中国海洋大学	5★-			

4★（54个）：东南大学、华侨大学、郑州大学、深圳大学、华北电力大学、广西大学、安徽财经大学、苏州大学、燕山大学、华南农业大学、湖南工商大学、河南大学、汕头大学、南昌大学、江苏大学、云南财经大学、山东财经大学、中国矿业大学（北京）、河北经贸大学、华中师范大学、哈尔滨工程大学、中国科学技术大学、重庆工商大学、华中农业大学、中国地质大学（北京）、山西大学、华东理工大学、吉林财经大学、河北工业大学、中国政法大学、上海商学院、湘潭大学、武汉理工大学、江南大学、上海大学、河南理工大学、安徽大学、北京航空航天大学、上海外国语大学、广东外语外贸大学、吉首大学、江苏科技大学、江西师范大学、南京财经大学、天津工业大学、南京农业大学、西北工业大学、天津理工大学、黑龙江科技大学、北京师范大学、浙江师范大学、西南大学、海南大学

3★（165个），2★（218个），1★（55个）：名单略

120202 市场营销（646）

排名	学校名称	星级	排名	学校名称	星级	排名	学校名称	星级
1	北京大学	5★+	19	哈尔滨工业大学	5★	37	东北大学	5★-
2	西南财经大学	5★+	20	云南财经大学	5★	38	江苏大学	5★-
3	中南财经政法大学	5★+	21	北京理工大学	5★	39	福州大学	5★-
4	复旦大学	5★+	22	同济大学	5★	40	广东工业大学	5★-
5	浙江大学	5★+	23	武汉大学	5★	41	武汉理工大学	5★-
6	华中科技大学	5★+	24	山西财经大学	5★	42	北京交通大学	5★-
7	上海财经大学	5★	25	暨南大学	5★	43	浙江财经大学	5★-
8	中国人民大学	5★	26	吉林大学	5★	44	首都经济贸易大学	5★-
9	重庆大学	5★	27	南开大学	5★	45	华中农业大学	5★-
10	南京大学	5★	28	广东财经大学	5★	46	中南林业科技大学	5★-
11	对外经济贸易大学	5★	29	西南政法大学	5★	47	河南财经政法大学	5★-
12	中央财经大学	5★	30	浙江工商大学	5★	48	郑州大学	5★-
13	东北财经大学	5★	31	天津财经大学	5★	49	南京财经大学	5★-
14	华南理工大学	5★	32	四川大学	5★	50	东华大学	5★-
15	重庆工商大学	5★	33	中国农业大学	5★-	51	北京工商大学	5★-
16	江西财经大学	5★	34	广东外语外贸大学	5★-	52	深圳大学	5★-
17	西南大学	5★	35	哈尔滨商业大学	5★-	53	中原工学院	5★-
18	山东大学	5★	36	河北经贸大学	5★-	54	中国地质大学（武汉）	5★-

排名	学校名称	星级	排名	学校名称	星级	排名	学校名称	星级
55	哈尔滨理工大学	5★-	59	沈阳师范大学	5★-	63	重庆工程学院	5★-
56	西安理工大学	5★-	60	上海工程技术大学	5★-	64	中国矿业大学	5★-
57	中国石油大学（华东）	5★-	61	辽宁大学	5★-	65	华北电力大学	5★-
58	渤海大学	5★-	62	吉利学院	5★-			

4★（64个）：兰州财经大学、安徽财经大学、华东理工大学、西南民族大学、沈阳药科大学、山东管理学院、齐鲁工业大学、四川师范大学、贵州商学院、陕西科技大学、湖南工商大学、厦门大学、西华大学、湖南农业大学、青岛科技大学、青岛大学、兰州理工大学、东华理工大学、湖南工业大学、贵州大学、大庆师范学院、湖北工业大学、辽宁工业大学、兰州大学、西南科技大学、石河子大学、中北大学、河南牧业经济学院、西北农林科技大学、长沙理工大学、成都理工大学、北京第二外国语学院、辽宁科技大学、华东交通大学、大连大学、北京印刷学院、西北工业大学、黑龙江八一农垦大学、山东财经大学、西安电子科技大学、集美大学、河南大学、桂林理工大学、武汉科技大学、新疆财经大学、兰州交通大学、西安工业大学、辽宁石油化工大学、华南农业大学、三峡大学、江西师范大学、河南理工大学、山东现代学院、广州工商学院、景德镇陶瓷大学、太原科技大学、南京邮电大学、贵州财经大学、东北农业大学、青岛理工大学、上海对外经贸大学、湖北中医药大学、河海大学、天津商业大学

3★（194个），2★（258个），1★（65个）：名单略

120203K 会计学（652）

排名	学校名称	星级	排名	学校名称	星级	排名	学校名称	星级
1	上海财经大学	5★+	23	湖南大学	5★	45	四川大学	5★-
2	东北财经大学	5★+	24	中国海洋大学	5★	46	山东大学	5★-
3	江西财经大学	5★+	25	南开大学	5★	47	广东外语外贸大学	5★-
4	厦门大学	5★+	26	南京大学	5★	48	中南大学	5★-
5	对外经济贸易大学	5★+	27	浙江工商大学	5★	49	吉林财经大学	5★-
6	北京大学	5★+	28	长沙理工大学	5★	50	重庆工商大学	5★-
7	西安交通大学	5★+	29	浙江大学	5★	51	北京科技大学	5★-
8	清华大学	5★	30	北京理工大学	5★	52	中国矿业大学（北京）	5★-
9	中国人民大学	5★	31	哈尔滨商业大学	5★	53	河海大学	5★-
10	中央财经大学	5★	32	上海交通大学	5★	54	河南财政政法大学	5★-
11	中山大学	5★	33	西南交通大学	5★	55	华南理工大学	5★-
12	暨南大学	5★	34	复旦大学	5★-	56	华北电力大学	5★-
13	山西财经大学	5★	35	华中科技大学	5★-	57	海南大学	5★-
14	云南财经大学	5★	36	同济大学	5★-	58	上海理工大学	5★-
15	重庆大学	5★	37	福州大学	5★-	59	辽宁大学	5★-
16	西南财经大学	5★	38	东北大学	5★-	60	河北经贸大学	5★-
17	天津财经大学	5★	39	重庆工商大学	5★-	61	西安理工大学	5★-
18	中南财经政法大学	5★	40	吉林大学	5★-	62	中国矿业大学	5★-
19	哈尔滨工业大学	5★	41	安徽财经大学	5★-	63	杭州电子科技大学	5★-
20	武汉大学	5★	42	浙江财经大学	5★-	64	云南大学	5★-
21	北京交通大学	5★	43	合肥工业大学	5★-	65	河南大学	5★-
22	首都经济贸易大学	5★	44	南京财经大学	5★-			

4★（65个）：广东工业大学、华东交通大学、新疆财经大学、深圳大学、北方工业大学、北京师范大学、燕山大学、北京工商大学、江苏大学、贵州财经大学、哈尔滨理工大学、广东财经大学、南华大学、上海对外经贸大学、内蒙古农业大学、南昌大学、渤海大学、安徽工业大学、东南大学、西安财经大学、兰州财经大学、大连大学、东华大学、北京联合大学、山东财经大学、东北师范大学、西北大学、西南大学、广州大学、苏州大学、西北工业大学、郑州大学、华南师范大学、山西大学、扬州大学、昆明理工大学、内蒙古财经大学、河南牧业经济学院、武汉理工大学、湖南工商大学、云南民族大学、郑州航空工业管理学院、华东理工大学、青海大学、青岛理工大学、大连交通大学、山东科技大学、山东农业大学、沈阳大学、武汉纺织大学、石河子大学、景德镇陶瓷大学、中南林业科技大学、上海海事大学、青岛大学、湘潭大学、中国地质大学（武汉）、广西大学、湖南工业大学、中国农业大学、太原理工大学、黑龙江八一农垦大学、兰州理工大学、南京理工大学、宁波大学

3★（196个），2★（261个），1★（65个）：名单略

120204 财务管理（699）

排名	学校名称	星级	排名	学校名称	星级	排名	学校名称	星级
1	云南财经大学	5★+	25	重庆大学	5★	49	福建江夏学院	5★-
2	东北财经大学	5★+	26	浙江工业大学	5★	50	天津财经大学	5★-
3	西南财经大学	5★+	27	吉林大学	5★	51	哈尔滨理工大学	5★-
4	中国人民大学	5★+	28	华中科技大学	5★	52	西安财经大学	5★-
5	上海财经大学	5★+	29	南开大学	5★	53	河海大学	5★-
6	厦门大学	5★+	30	福州大学	5★	54	大连海事大学	5★-
7	复旦大学	5★+	31	广东财经大学	5★	55	华北电力大学	5★-
8	对外经济贸易大学	5★	32	武汉理工大学	5★	56	福建师范大学	5★-
9	暨南大学	5★	33	兰州财经大学	5★	57	四川师范大学	5★-
10	中南财经政法大学	5★	34	武汉大学	5★	58	张家口学院	5★-
11	哈尔滨工业大学	5★	35	长沙理工大学	5★	59	华侨大学	5★-
12	中央财经大学	5★	36	浙江工商大学	5★-	60	山东管理学院	5★-
13	江西财经大学	5★	37	南京财经大学	5★-	61	东华大学	5★-
14	天津科技大学	5★	38	北京联合大学	5★-	62	上海立信会计金融学院	5★-
15	山西财经大学	5★	39	广西大学	5★-	63	云南大学	5★-
16	天津商业大学	5★	40	江苏大学	5★-	64	上海海事大学	5★-
17	浙江财经大学	5★	41	北京交通大学	5★-	65	青岛科技大学	5★-
18	天津大学	5★	42	首都经济贸易大学	5★-	66	中国海洋大学	5★-
19	海南大学	5★	43	河北经贸大学	5★-	67	大连财经学院	5★-
20	南京大学	5★	44	四川大学	5★-	68	中国石油大学（北京）	5★-
21	安徽财经大学	5★	45	上海对外经贸大学	5★-	69	武汉科技大学	5★-
22	北京工商大学	5★	46	华南理工大学	5★-	70	山西师范大学	5★-
23	广东外语外贸大学	5★	47	新疆财经大学	5★-			
24	浙江大学	5★	48	哈尔滨商业大学	5★-			

4★（70个）：郑州大学、华东理工大学、重庆理工大学、河南理工大学、河南大学、三峡大学、湖南工商大学、沈阳大学、内蒙古工业大学、西南民族大学、中南民族大学、兰州理工大学、湖南工业大学、山东建筑大学、河北地质大学、杭州电子科技大学、山东财经大学、潍坊科技学院、石河子大学、北京化工大学、景德镇陶瓷大学、甘肃政法大学、西安思源学院、商丘学院、北京语言大学、四川农业大学、南通理工学院、广州工商学院、安徽新华学院、青岛理工大学、西京学院、西安外事学院、河南财经政法大学、宁波财经学院、广东科技学院、北京信息科技大学、哈尔滨广厦学院、华南师范大学、湖南信息学院、山西工商学院、云南民族大学、河南牧业经济学院、上海大学、广东金融学院、厦门理工学院、东北石油大学、福建农林大学、桂林旅游学院、青岛大学、洛阳理工学院、成都理工大学、江苏科技大学、浙江万里学院、兰州文理学院、武汉商学院、太原师范学院、安徽文达信息工程学院、黑龙江外国语学院、山东师范大学、昆明学院、阜阳师范大学、上海电机学院、西南石油大学、四川工商学院、长沙医学院、云南经济管理学院、重庆工商大学、西藏大学、北京物资学院、山东英才学院

3★（210个），2★（279个），1★（70个）：名单略

120205 国际商务（130）

排名	学校名称	星级	排名	学校名称	星级	排名	学校名称	星级
1	中山大学	5★+	6	山东大学	5★	11	广东外语外贸大学	5★-
2	上海财经大学	5★	7	厦门大学	5★	12	贵州财经大学	5★-
3	西南财经大学	5★	8	暨南大学	5★-	13	浙江工商大学	5★-
4	山东财经大学	5★	9	华中科技大学	5★-			
5	中南财经政法大学	5★	10	中央财经大学	5★-			

4★（13个）：江西财经大学、对外经济贸易大学、上海第二工业大学、杭州师范大学、辽宁大学、天津财经大学、华侨大学、云南财经大学、辽宁师范大学、山西财经大学、新疆财经大学、上海对外经贸大学、广东财经大学

3★（39个），2★（52个），1★（13个）：名单略

120206 人力资源管理（428）

排名	学校名称	星级	排名	学校名称	星级	排名	学校名称	星级
1	北京大学	5★+	16	对外经济贸易大学	5★	31	暨南大学	5★-
2	东北财经大学	5★+	17	江苏大学	5★	32	山西财经大学	5★-
3	西南财经大学	5★+	18	大连理工大学	5★	33	华东理工大学	5★-
4	中国人民大学	5★+	19	华东师范大学	5★	34	河北经贸大学	5★-
5	浙江大学	5★	20	山东大学	5★	35	内蒙古财经大学	5★-
6	北京师范大学	5★	21	吉林大学	5★	36	云南财经大学	5★-
7	华南理工大学	5★	22	郑州大学	5★-	37	河南大学	5★-
8	南开大学	5★	23	山东财经大学	5★-	38	浙江财经大学	5★-
9	江西财经大学	5★	24	天津财经大学	5★-	39	华中农业大学	5★-
10	中央财经大学	5★	25	陕西师范大学	5★-	40	西北大学	5★-
11	厦门大学	5★	26	上海师范大学	5★-	41	中国矿业大学	5★-
12	中南财经政法大学	5★	27	浙江工商大学	5★-	42	浙江水利水电学院	5★-
13	兰州大学	5★	28	河海大学	5★-	43	福建江夏学院	5★-
14	武汉大学	5★	29	西南民族大学	5★-			
15	四川大学	5★	30	首都经济贸易大学	5★-			

4★（43个）：武汉理工大学、华南师范大学、安徽大学、南京师范大学、华北电力大学、深圳大学、华中师范大学、上海大学、华东交通大学、西南大学、上海交通大学、安徽财经大学、湘潭大学、北京联合大学、南京农业大学、云南民族大学、重庆工商大学、广东财经大学、华南农业大学、广东工业大学、广东外语外贸大学、南京理工大学、南京财经大学、新乡学院、杭州电子科技大学、天津商业大学、广西师范大学、北京工商大学、长沙理工大学、岭南师范学院、武汉纺织大学、青海大学、西安思源学院、陕西国际商贸学院、青岛大学、广州工商学院、河北大学、乐山师范学院、上海立信会计金融学院、华侨大学、辽宁大学、江西科技学院、电子科技大学中山学院

3★（128个），2★（171个），1★（43个）：名单略

120207 审计学（192）

排名	学校名称	星级	排名	学校名称	星级	排名	学校名称	星级
1	南京审计大学	5★+	8	上海立信会计金融学院	5★	15	西南政法大学	5★-
2	广东财经大学	5★+	9	石河子大学	5★	16	上海对外经贸大学	5★-
3	山东财经大学	5★	10	贵州财经大学	5★	17	郑州航空工业管理学院	5★-
4	西南财经大学	5★	11	广东外语外贸大学	5★-	18	河北经贸大学	5★-
5	浙江工商大学	5★	12	哈尔滨商业大学	5★-	19	杭州电子科技大学	5★-
6	天津财经大学	5★	13	四川师范大学	5★-			
7	浙江财经大学	5★	14	南京财经大学	5★-			

4★（19个）：山西财经大学、兰州财经大学、郑州商学院、山东管理学院、重庆工商大学、安徽财经大学、海南大学、湖南工商大学、太原学院、云南财经大学、山西应用科技大学、黑龙江财经学院、吉林财经大学、长春财经学院、广州商学院、福州外语外贸学院、福建江夏学院、滁州学院、山东工商学院

3★（58个），2★（77个），1★（19个）：名单略

120208 资产评估（76）

排名	学校名称	星级	排名	学校名称	星级	排名	学校名称	星级
1	首都经济贸易大学	5★+	4	中央财经大学	5★	7	广东财经大学	5★-
2	东北财经大学	5★	5	山西财经大学	5★-	8	上海对外经贸大学	5★-
3	山东财经大学	5★	6	南京财经大学	5★-			

4★（7个）：云南财经大学、浙江财经大学、山东农业大学、内蒙古财经大学、山东工商学院、四川农业大学、河北经贸大学

3★（23个），2★（30个），1★（8个）：名单略

120209 物业管理（24）

排名	学校名称	星级	排名	学校名称	星级	排名	学校名称	星级
1	内蒙古财经大学	5★	2	北京林业大学	5★-			
4★（3个）：长沙学院、河南牧业经济学院、武汉科技大学								
3★（7个），2★（10个），1★（2个）：名单略								

120210 文化产业管理（149）

排名	学校名称	星级	排名	学校名称	星级	排名	学校名称	星级
1	北京大学	5★+	6	同济大学	5★	11	中国海洋大学	5★-
2	上海交通大学	5★	7	河南大学	5★	12	广西师范大学	5★-
3	山东大学	5★	8	中国传媒大学	5★-	13	华南师范大学	5★-
4	西安建筑科技大学	5★	9	中央财经大学	5★-	14	西南大学	5★-
5	山东财经大学	5★	10	济南大学	5★-	15	厦门理工学院	5★-
4★（15个）：暨南大学、广东财经大学、浙江传媒学院、华东政法大学、浙江工商大学、湖南师范大学、湘潭大学、西南民族大学、山东农业大学、浙江师范大学、辽宁传媒学院、信阳师范学院、山西传媒学院、江苏师范大学、广西艺术学院								
3★（45个），2★（59个），1★（15个）：名单略								

120211T 劳动关系（8）

排名	学校名称	星级	排名	学校名称	星级	排名	学校名称	星级
1	首都经济贸易大学	5★-						
4★（1个）：中国劳动关系学院								
3★（2个），2★（3个），1★（1个）：名单略								

120212T 体育经济与管理（24）

排名	学校名称	星级	排名	学校名称	星级	排名	学校名称	星级
1	中央财经大学	5★	2	上海体育学院	5★-			
4★（3个）：北京体育大学、山西财经大学、哈尔滨商业大学								
3★（7个），2★（10个），1★（2个）：名单略								

120213T 财务会计教育（11）

排名	学校名称	星级	排名	学校名称	星级	排名	学校名称	星级
1	华中师范大学	5★						
4★（1个）：云南民族大学								
3★（4个），2★（4个），1★（1个）：名单略								

120301 农林经济管理（63）

排名	学校名称	星级	排名	学校名称	星级	排名	学校名称	星级
1	南京农业大学	5★+	3	中国农业大学	5★	5	华南农业大学	5★-
2	西北农林科技大学	5★	4	华中农业大学	5★	6	浙江大学	5★-
4★（7个）：中国人民大学、北京林业大学、东北林业大学、西南大学、山东农业大学、吉林农业大学、河北农业大学								
3★（19个），2★（25个），1★（6个）：名单略								

120302 农村区域发展（23）

排名	学校名称	星级	排名	学校名称	星级	排名	学校名称	星级
1	中国人民大学	5★	2	中国农业大学	5★-			
4★（3个）：南京农业大学、西南大学、扬州大学							
3★（7个），2★（9个），1★（2个）：名单略							

120401 公共事业管理（293）

排名	学校名称	星级	排名	学校名称	星级	排名	学校名称	星级
1	华中科技大学	5★+	11	云南大学	5★	21	中南财经政法大学	5★-
2	东北大学	5★+	12	华南师范大学	5★	22	郑州大学	5★-
3	复旦大学	5★+	13	安徽医科大学	5★	23	江苏大学	5★-
4	中国人民大学	5★	14	华东师范大学	5★	24	重庆医科大学	5★-
5	浙江大学	5★	15	杭州师范大学	5★	25	南方医科大学	5★-
6	武汉大学	5★	16	西北大学	5★-	26	中国地质大学（武汉）	5★-
7	山东大学	5★	17	湘潭大学	5★-	27	哈尔滨医科大学	5★-
8	北京师范大学	5★	18	南京农业大学	5★-	28	兰州大学	5★-
9	西南交通大学	5★	19	首都医科大学	5★-	29	广西医科大学	5★-
10	大连理工大学	5★	20	南京医科大学	5★-			
4★（30个）：北京中医药大学、福建医科大学、广州中医药大学、南京中医药大学、中央财经大学、广州医科大学、上海理工大学、中央民族大学、武汉理工大学、河南理工大学、潍坊医学院、东北财经大学、河南大学、中国农业大学、福州大学、新乡医学院、哈尔滨工程大学、中国医科大学、成都中医药大学、湖北中医药大学、暨南大学、宁夏医科大学、华南农业大学、广西大学、山西农业大学、南京航空航天大学、华东理工大学、江西中医药大学、天津工业大学、第四军医大学							
3★（88个），2★（117个），1★（29个）：名单略							

120402 行政管理（303）

排名	学校名称	星级	排名	学校名称	星级	排名	学校名称	星级
1	中山大学	5★+	11	兰州大学	5★	21	中南大学	5★-
2	上海交通大学	5★+	12	郑州大学	5★	22	湘潭大学	5★-
3	北京大学	5★+	13	南京大学	5★	23	中国政法大学	5★-
4	厦门大学	5★	14	北京航空航天大学	5★	24	中国矿业大学（北京）	5★-
5	中国人民大学	5★	15	华中师范大学	5★	25	华东师范大学	5★-
6	西安交通大学	5★	16	南开大学	5★	26	浙江大学	5★-
7	东北大学	5★	17	武汉大学	5★	27	中国矿业大学	5★-
8	华南理工大学	5★	18	西北大学	5★	28	黑龙江大学	5★-
9	复旦大学	5★	19	电子科技大学	5★	29	吉林大学	5★-
10	四川大学	5★	20	山东大学	5★-	30	东北财经大学	5★-
4★（31个）：中南财经政法大学、南京农业大学、燕山大学、云南大学、上海财经大学、武汉科技大学、内蒙古大学、华南农业大学、重庆大学、南昌大学、河南大学、中国地质大学（武汉）、华东政法大学、华中科技大学、华中农业大学、苏州大学、杭州师范大学、山东财经大学、湖南大学、暨南大学、湖南农业大学、西南财经大学、广州大学、同济大学、西南政法大学、哈尔滨商业大学、天津师范大学、中央财经大学、陕西师范大学、对外经济贸易大学、深圳大学							
3★（91个），2★（121个），1★（30个）：名单略							

120403 劳动与社会保障（135）

排名	学校名称	星级	排名	学校名称	星级	排名	学校名称	星级
1	西安交通大学	5★+	6	中南大学	5★	11	浙江大学	5★-
2	上海财经大学	5★	7	中国人民大学	5★	12	西北大学	5★-
3	武汉大学	5★	8	南京大学	5★-	13	吉林大学	5★-
4	中南财经政法大学	5★	9	四川大学	5★-	14	华中师范大学	5★-
5	东北财经大学	5★	10	南京农业大学	5★-			

4★（13个）：华东政法大学、首都经济贸易大学、东南大学、哈尔滨师范大学、西南财经大学、辽宁大学、华南农业大学、湖南农业大学、河海大学、中南民族大学、华东理工大学、河南大学、内蒙古大学

3★（41个），2★（54个），1★（13个）：名单略

120404 土地资源管理（93）

排名	学校名称	星级	排名	学校名称	星级	排名	学校名称	星级
1	中国地质大学（北京）	5★+	4	华中农业大学	5★	7	中国地质大学（武汉）	5★-
2	南京农业大学	5★	5	中国农业大学	5★	8	中国矿业大学	5★-
3	武汉大学	5★	6	中国人民大学	5★-	9	浙江大学	5★-

4★（10个）：四川大学、吉林大学、东北农业大学、华中师范大学、东北大学、江西农业大学、西南大学、甘肃农业大学、华南农业大学、沈阳农业大学

3★（28个），2★（37个），1★（9个）：名单略

120405 城市管理（52）

排名	学校名称	星级	排名	学校名称	星级	排名	学校名称	星级
1	北京大学	5★+	3	中国人民大学	5★	5	苏州大学	5★-
2	重庆大学	5★	4	中南财经政法大学	5★-			

4★（5个）：南开大学、首都经济贸易大学、浙江财经大学、福建师范大学、电子科技大学

3★（16个），2★（21个），1★（5个）：名单略

120407T 交通管理（11）

排名	学校名称	星级	排名	学校名称	星级	排名	学校名称	星级
1	大连海事大学	5★						

4★（1个）：上海海事大学

3★（4个），2★（4个），1★（1个）：名单略

120409T 公共关系学（14）

排名	学校名称	星级	排名	学校名称	星级	排名	学校名称	星级
1	海南大学	5★						

4★（2个）：南昌大学、东华大学

3★（4个），2★（6个），1★（1个）：名单略

120410T 健康服务与管理（95）

排名	学校名称	星级	排名	学校名称	星级	排名	学校名称	星级
1	广西师范大学	5★+	3	东北大学	5★	5	杭州师范大学	5★
2	安徽医科大学	5★	4	新疆医科大学	5★	6	广州中医药大学	5★-

续表

排名	学校名称	星级	排名	学校名称	星级	排名	学校名称	星级
7	浙江中医药大学	5★-	9	成都医学院	5★-			
8	贵州医科大学	5★-	10	湖北中医药大学	5★-			
4★（9个）：天津中医药大学、广西医科大学、上海健康医学院、南京中医药大学、成都中医药大学、海南医学院、右江民族医学院、蚌埠医学院、广东药科大学									
3★（29个），2★（38个），1★（9个）：名单略									

120501 图书馆学（19）

排名	学校名称	星级	排名	学校名称	星级	排名	学校名称	星级
1	武汉大学	5★	2	南京大学	5★-			
4★（2个）：北京大学、中山大学									
3★（6个），2★（7个），1★（2个）：名单略									

120502 档案学（33）

排名	学校名称	星级	排名	学校名称	星级	排名	学校名称	星级
1	中国人民大学	5★	2	湘潭大学	5★	3	武汉大学	5★-
4★（4个）：南京大学、上海大学、吉林大学、云南大学									
3★（10个），2★（13个），1★（3个）：名单略									

120503 信息资源管理（16）

排名	学校名称	星级	排名	学校名称	星级	排名	学校名称	星级
1	中国人民大学	5★	2	华中师范大学	5★-			
4★（1个）：上海大学									
3★（5个），2★（6个），1★（2个）：名单略									

120601 物流管理（455）

排名	学校名称	星级	排名	学校名称	星级	排名	学校名称	星级
1	东南大学	5★+	17	浙江大学	5★	33	浙江万里学院	5★-
2	浙江工商大学	5★+	18	西南交通大学	5★	34	天津财经大学	5★-
3	北京交通大学	5★+	19	南开大学	5★	35	同济大学	5★-
4	武汉理工大学	5★+	20	对外经济贸易大学	5★	36	中南财经政法大学	5★-
5	上海海事大学	5★+	21	云南财经大学	5★	37	武汉大学	5★-
6	重庆大学	5★	22	西南财经大学	5★	38	吉林大学	5★-
7	重庆工商大学	5★	23	广州工商学院	5★	39	福州大学	5★-
8	北京物资学院	5★	24	深圳大学	5★-	40	渤海大学	5★-
9	湖南工商大学	5★	25	重庆交通大学	5★-	41	华侨大学	5★-
10	东北财经大学	5★	26	大连海事大学	5★-	42	北京化工大学	5★-
11	河南工业大学	5★	27	哈尔滨商业大学	5★-	43	华南师范大学	5★-
12	华中科技大学	5★	28	苏州大学	5★-	44	武汉纺织大学	5★-
13	南京财经大学	5★	29	山西财经大学	5★-	45	东华大学	5★-
14	大连理工大学	5★	30	上海对外经贸大学	5★-	46	重庆第二师范学院	5★-
15	北京工商大学	5★	31	中南林业科技大学	5★-			
16	江西财经大学	5★	32	江苏大学	5★-			

4★（45个）：长安大学、广州大学、武汉商学院、广州商学院、四川工业科技学院、广东理工学院、内蒙古工业大学、广西科技师范学院、广东财经大学、河南财政金融学院、首都经济贸易大学、沈阳师范大学、合肥工业大学、郑州财经学院、华东理工大学、湖南应用技术学院、武夷学院、武汉轻工大学、中国民航大学、天津科技大学、太原理工大学、信阳农林学院、青岛科技大学、郑州科技学院、贵州商学院、上海工程技术大学、郑州大学、黄河交通学院、青岛大学、福建江夏学院、大连工业大学、桂林电子科技大学、四川工商学院、福州外语外贸学院、浙江海洋大学、广东科技学院、商丘师范学院、安徽大学、沈阳工程学院、江西应用科技学院、南京邮电大学、陕西服装工程学院、吉利学院、成都工业学院、青岛黄海学院
3★（137个），2★（182个），1★（45个）：名单略

120602 物流工程（111）

排名	学校名称	星级	排名	学校名称	星级	排名	学校名称	星级
1	武汉理工大学	5★+	5	北京科技大学	5★	9	华南理工大学	5★-
2	西南交通大学	5★	6	大连海事大学	5★	10	重庆大学	5★-
3	上海海事大学	5★	7	北京交通大学	5★-	11	中南大学	5★-
4	中南林业科技大学	5★	8	天津大学	5★-			

4★（11个）：太原学院、安徽工业大学、鲁东大学、哈尔滨商业大学、山东交通学院、桂林航天工业学院、长沙理工大学、浙江工业大学、吉林大学、北京物资学院、厦门华厦学院

120604T 供应链管理（23）

排名	学校名称	星级	排名	学校名称	星级	排名	学校名称	星级
1	中央财经大学	5★	2	重庆信息学院	5★-			

4★（3个）：广州城市理工学院、合肥学院、北京物资学院
3★（7个），2★（9个），1★（2个）：名单略

120701 工业工程（150）

排名	学校名称	星级	排名	学校名称	星级	排名	学校名称	星级
1	清华大学	5★+	6	南京航空航天大学	5★	11	西北工业大学	5★-
2	上海交通大学	5★+	7	东北大学	5★	12	郑州大学	5★-
3	华中科技大学	5★	8	电子科技大学	5★	13	北京理工大学	5★-
4	重庆大学	5★	9	江南大学	5★-	14	天津理工大学	5★-
5	浙江工业大学	5★	10	天津大学	5★-	15	四川大学	5★-

4★（15个）：西南交通大学、同济大学、南京大学、吉林大学、浙江大学、西安交通大学、广东理工学院、温州大学、燕山大学、南京农业大学、中国矿业大学、河北工业大学、西安理工大学、哈尔滨工业大学、天津工业大学
3★（45个），2★（60个），1★（15个）：名单略

120702T 标准化工程（6）

排名	学校名称	星级	排名	学校名称	星级	排名	学校名称	星级
1	中国计量大学	5★-						

4★无
3★（2个），2★（2个），1★（1个）：名单略

120703T 质量管理工程（20）

排名	学校名称	星级	排名	学校名称	星级	排名	学校名称	星级
1	中国计量大学	5★	2	昆明理工大学	5★-			

4★（2个）：南宁学院、南京财经大学
3★（6个），2★（8个），1★（2个）：名单略

120801 电子商务（476）

排名	学校名称	星级	排名	学校名称	星级	排名	学校名称	星级
1	浙江工商大学	5★+	17	河南工业大学	5★	33	南京大学	5★-
2	对外经济贸易大学	5★+	18	厦门大学	5★	34	天津大学	5★-
3	山东财经大学	5★+	19	西南财经大学	5★	35	深圳大学	5★-
4	湖南大学	5★+	20	暨南大学	5★	36	泉州信息工程学院	5★-
5	杭州师范大学	5★+	21	华南理工大学	5★	37	武汉商学院	5★-
6	西安交通大学	5★	22	西安财经大学	5★	38	成都东软学院	5★-
7	云南财经大学	5★	23	大连理工大学	5★	39	华南师范大学	5★-
8	东北财经大学	5★	24	首都经济贸易大学	5★	40	郑州财经学院	5★-
9	中央财经大学	5★	25	南京财经大学	5★-	41	广东工业大学	5★-
10	北京交通大学	5★	26	哈尔滨工业大学	5★-	42	河南大学	5★-
11	广东财经大学	5★	27	燕山大学	5★-	43	广东外语外贸大学	5★-
12	北京邮电大学	5★	28	东南大学	5★-	44	西安邮电大学	5★-
13	哈尔滨工程大学	5★	29	山西大学	5★-	45	中南财经政法大学	5★-
14	湖南信息学院	5★	30	江西财经大学	5★-	46	广东金融学院	5★-
15	上海财经大学	5★	31	江西工程学院	5★-	47	上海师范大学	5★-
16	合肥工业大学	5★	32	武汉大学	5★-	48	华侨大学	5★-

4★（47个）：南开大学、沈阳理工大学、东华大学、重庆工程学院、武汉理工大学、广州商学院、广东东软学院、天津财经大学、广州航海学院、大连东软信息学院、山西财经大学、南京审计大学、电子科技大学、贵州商学院、郑州大学、北京林业大学、上海海事大学、武汉工商学院、闽江学院、浙江财经大学、河南财经政法大学、河北工程技术学院、东北大学、哈尔滨商业大学、西京学院、黑龙江大学、重庆师范大学、浙江师范大学、南通理工学院、南昌理工学院、中国矿业大学、湖南财政经济学院、贵州师范大学、湘潭大学、青岛黄海学院、华中师范大学、郑州科技学院、湖南涉外经济学院、西安石油大学、湖北商贸学院、天津商业大学、西安培华学院、商丘师范学院、吉首大学、南昌大学、河北经贸大学、阜阳师范大学

3★（143个），2★（190个），1★（48个）：名单略

120802T 电子商务及法律（14）

排名	学校名称	星级	排名	学校名称	星级	排名	学校名称	星级
1	北京邮电大学	5★						

4★（2个）：重庆理工大学、浙江万里学院

3★（4个），2★（6个），1★（1个）：名单略

120901K 旅游管理（455）

排名	学校名称	星级	排名	学校名称	星级	排名	学校名称	星级
1	中山大学	5★+	12	中南财经政法大学	5★	23	云南财经大学	5★
2	南开大学	5★+	13	中国海洋大学	5★	24	北京第二外国语学院	5★-
3	暨南大学	5★+	14	湖北大学	5★	25	上海师范大学	5★-
4	西南财经大学	5★+	15	浙江大学	5★	26	安徽师范大学	5★-
5	云南大学	5★+	16	西南民族大学	5★	27	广州大学	5★-
6	陕西师范大学	5★	17	厦门大学	5★	28	江西财经大学	5★-
7	华南理工大学	5★	18	东北财经大学	5★	29	北京交通大学	5★-
8	海南大学	5★	19	复旦大学	5★	30	西北大学	5★-
9	华侨大学	5★	20	浙江工商大学	5★	31	郑州大学	5★-
10	燕山大学	5★	21	桂林理工大学	5★	32	宁波大学	5★-
11	四川大学	5★	22	山西财经大学	5★	33	西北师范大学	5★-

续表

排名	学校名称	星级	排名	学校名称	星级	排名	学校名称	星级
34	北京联合大学	5★-	39	湖南师范大学	5★-	44	四川师范大学	5★-
35	华东师范大学	5★-	40	云南师范大学	5★-	45	广西师范大学	5★-
36	福建师范大学	5★-	41	中南林业科技大学	5★-	46	青岛大学	5★-
37	西安外国语大学	5★-	42	南昌大学	5★-			
38	湘潭大学	5★-	43	新疆大学	5★-			

4★（45个）：河南大学、内蒙古大学、扬州大学、新疆师范大学、新疆财经大学、华南师范大学、东南大学、成都理工大学、首都师范大学、中国地质大学（武汉）、南京师范大学、青海民族大学、天津商业大学、吉首大学、哈尔滨商业大学、河北经贸大学、重庆交通大学、沈阳师范大学、北京林业大学、中南民族大学、河南师范大学、西南大学、湖南工商大学、南京农业大学、河南理工大学、黑龙江大学、江西师范大学、重庆工商大学、山西大学、上海对外经贸大学、江西科技师范大学、河南科技大学、北京工商大学、南京财经大学、辽宁师范大学、贵州师范大学、贵州财经大学、广西大学、青海大学、渤海大学、大连海事大学、首都经济贸易大学、山东师范大学、上海工程技术大学、内蒙古财经大学

3★（137个），2★（182个），1★（45个）：名单略

120902 酒店管理（196）

排名	学校名称	星级	排名	学校名称	星级	排名	学校名称	星级
1	桂林旅游学院	5★+	8	江西科技师范大学	5★	15	浙江越秀外国语学院	5★-
2	北京第二外国语学院	5★+	9	四川旅游学院	5★	16	太原学院	5★-
3	天津商业大学	5★	10	黄山学院	5★	17	郑州大学	5★-
4	哈尔滨商业大学	5★	11	厦门大学	5★	18	广东财经大学	5★-
5	湖南师范大学	5★	12	桂林理工大学	5★	19	华南师范大学	5★-
6	云南财经大学	5★	13	武汉商学院	5★	20	沈阳师范大学	5★-
7	华侨大学	5★	14	福建师范大学	5★			

4★（19个）：洛阳理工学院、北京联合大学、上海师范大学、海南大学、上海杉达学院、新疆大学、重庆科技学院、乐山师范学院、桂林航天工业学院、海南师范大学、河北经贸大学、三亚学院、巢湖学院、贵州商学院、四川工业科技学院、武夷学院、宁德师范学院、广东金融学院、肇庆学院

3★（59个），2★（78个），1★（20个）：名单略

120903 会展经济与管理（104）

排名	学校名称	星级	排名	学校名称	星级	排名	学校名称	星级
1	浙江万里学院	5★+	5	华南师范大学	5★	9	华南理工大学	5★-
2	中山大学	5★	6	上海理工大学	5★-	10	南开大学	5★-
3	四川旅游学院	5★	7	四川大学	5★-			
4	桂林旅游学院	5★	8	北京第二外国语学院	5★-			

4★（11个）：贵州商学院、广东财经大学、浙江传媒学院、重庆文理学院、河北经贸大学、云南财经大学、上海对外经贸大学、湖南师范大学、上海师范大学、南昌大学、海南大学

3★（31个），2★（42个），1★（10个）：名单略

120904T 旅游管理与服务教育（20）

排名	学校名称	星级	排名	学校名称	星级	排名	学校名称	星级
1	河北师范大学	5★	2	宁德师范学院	5★-			

4★（2个）：湖北师范大学、西北师范大学

3★（6个），2★（8个），1★（2个）：名单略

130101 艺术史论（16）

排名	学校名称	星级	排名	学校名称	星级	排名	学校名称	星级
1	清华大学	5★	2	中国美术学院	5★-			

4★（1个）：北京大学

3★（5个），2★（6个），1★（2个）：名单略

130102T 艺术管理（16）

排名	学校名称	星级	排名	学校名称	星级	排名	学校名称	星级
1	上海戏剧学院	5★	2	南京艺术学院	5★-			

4★（1个）：中央美术学院

3★（5个），2★（6个），1★（2个）：名单略

130201 音乐表演（248）

排名	学校名称	星级	排名	学校名称	星级	排名	学校名称	星级
1	上海音乐学院	5★+	10	湖南师范大学	5★	19	山东艺术学院	5★-
2	中央音乐学院	5★+	11	山西大学	5★	20	贵州民族大学	5★-
3	中国音乐学院	5★	12	武汉音乐学院	5★	21	首都师范大学	5★-
4	四川音乐学院	5★	13	天津音乐学院	5★-	22	郑州大学	5★-
5	沈阳音乐学院	5★	14	上海师范大学	5★-	23	河南大学	5★-
6	星海音乐学院	5★	15	西北师范大学	5★-	24	西北民族大学	5★-
7	南京艺术学院	5★	16	吉林艺术学院	5★-	25	沈阳师范大学	5★-
8	西安音乐学院	5★	17	华南师范大学	5★-			
9	广西艺术学院	5★	18	四川师范大学	5★-			

4★（25个）：大连大学、河南师范大学、内蒙古师范大学、山东师范大学、哈尔滨师范大学、齐齐哈尔大学、浙江音乐学院、贵州大学、深圳大学、西南大学、江西师范大学、安徽师范大学、佳木斯大学、西南民族大学、重庆师范大学、河北师范大学、华中师范大学、延边大学、新疆艺术学院、苏州大学、华东师范大学、云南师范大学、云南艺术学院、中国戏曲学院、燕山大学

3★（74个），2★（99个），1★（25个）：名单略

130202 音乐学（387）

排名	学校名称	星级	排名	学校名称	星级	排名	学校名称	星级
1	上海音乐学院	5★+	14	沈阳音乐学院	5★	27	吉林艺术学院	5★-
2	南京艺术学院	5★+	15	陕西师范大学	5★	28	首都师范大学	5★-
3	南京师范大学	5★+	16	西安音乐学院	5★	29	北京师范大学	5★-
4	中央音乐学院	5★+	17	哈尔滨师范大学	5★	30	济南大学	5★-
5	天津音乐学院	5★	18	四川音乐学院	5★	31	华东师范大学	5★-
6	中国音乐学院	5★	19	东北师范大学	5★	32	华中师范大学	5★-
7	星海音乐学院	5★	20	湖南师范大学	5★-	33	山东大学	5★-
8	福建师范大学	5★	21	中国传媒大学	5★-	34	延边大学	5★-
9	上海师范大学	5★	22	广西艺术学院	5★-	35	肇庆学院	5★-
10	武汉音乐学院	5★	23	西藏大学	5★-	36	兰州城市学院	5★-
11	浙江师范大学	5★	24	新疆师范大学	5★-	37	山东艺术学院	5★-
12	安徽师范大学	5★	25	山东师范大学	5★-	38	江南大学	5★-
13	西南大学	5★	26	华南师范大学	5★-	39	南昌大学	5★-

续表

4★（38个）：聊城大学、长沙师范学院、四川师范大学、扬州大学、内蒙古师范大学、湖南科技大学、江苏师范大学、云南师范大学、临沂大学、山西师范大学、天津师范大学、河北大学、上海大学、云南艺术学院、广州大学、厦门大学、泉州师范学院、湖南涉外经济学院、渭南师范学院、郑州大学、浙江音乐学院、江西师范大学、衡阳师范学院、河南师范大学、邵阳学院、黄冈师范学院、赣南师范大学、南通大学、湖南文理学院、湖南人文科技学院、唐山师范学院、怀化学院、湖北科技学院、河北师范大学、湖州师范学院、湖南城市学院、嘉应学院、牡丹江师范学院
3★（117个），2★（154个），1★（39个）：名单略

130203 作曲与作曲技术理论（36）

排名	学校名称	星级	排名	学校名称	星级	排名	学校名称	星级
1	中央音乐学院	5★	3	四川音乐学院	5★-			
2	上海音乐学院	5★	4	沈阳音乐学院	5★-			

4★（3个）：南京艺术学院、星海音乐学院、中国传媒大学
3★（11个），2★（14个），1★（4个）：名单略

130204 舞蹈表演（139）

排名	学校名称	星级	排名	学校名称	星级	排名	学校名称	星级
1	南京艺术学院	5★+	6	内蒙古艺术学院	5★	11	上海戏剧学院	5★-
2	北京舞蹈学院	5★	7	哈尔滨体育学院	5★	12	云南师范大学	5★-
3	武汉体育学院	5★	8	沈阳音乐学院	5★	13	四川大学	5★-
4	中央民族大学	5★	9	广西艺术学院	5★	14	武汉音乐学院	5★-
5	西安音乐学院	5★	10	四川师范大学	5★			

4★（14个）：四川音乐学院、星海音乐学院、天津音乐学院、临沂大学、北京体育大学、四川工商学院、山东体育学院、西安体育学院、湖南科技大学、山东艺术学院、河北师范大学、沈阳体育学院、新疆艺术学院、贵州工程应用技术学院
3★（42个），2★（55个），1★（14个）：名单略

130205 舞蹈学（201）

排名	学校名称	星级	排名	学校名称	星级	排名	学校名称	星级
1	首都师范大学	5★+	8	华南师范大学	5★	15	四川音乐学院	5★-
2	西安体育学院	5★+	9	云南艺术学院	5★	16	四川师范大学	5★-
3	北京舞蹈学院	5★	10	沈阳音乐学院	5★	17	上饶师范学院	5★-
4	湖南师范大学	5★	11	天津体育学院	5★-	18	潍坊学院	5★-
5	山东师范大学	5★	12	星海音乐学院	5★-	19	曲阜师范大学	5★-
6	北京师范大学	5★	13	西南大学	5★-	20	上海师范大学	5★-
7	华中师范大学	5★	14	陕西师范大学	5★-			

4★（20个）：福建师范大学、新疆师范大学、中央民族大学、南京艺术学院、云南民族大学、聊城大学、浙江音乐学院、西安音乐学院、南京师范大学、滨州学院、天津师范大学、广西师范大学、海口经济学院、洛阳师范学院、江西师范大学、济南大学、浙江师范大学、河北民族师范学院、武汉体育学院、廊坊师范学院
3★（61个），2★（80个），1★（20个）：名单略

130206 舞蹈编导（69）

排名	学校名称	星级	排名	学校名称	星级	排名	学校名称	星级
1	北京舞蹈学院	5★+	4	西安音乐学院	5★-	7	齐齐哈尔大学	5★-
2	山西大学	5★	5	南京艺术学院	5★-			
3	东北师范大学	5★	6	深圳大学	5★-			

4★（7个）：西南民族大学、浙江传媒学院、广东海洋大学、湖南文理学院、东北石油大学、哈尔滨师范大学、广州大学
3★（21个），2★（27个），1★（7个）：名单略

130208TK 航空服务艺术与管理（21）

排名	学校名称	星级	排名	学校名称	星级	排名	学校名称	星级
1	云南师范大学	5★	2	山西师范大学	5★-			
4★（2个）：西北民族大学、河北师范大学								
3★（7个），2★（8个），1★（2个）：名单略								

130301 表演（139）

排名	学校名称	星级	排名	学校名称	星级	排名	学校名称	星级
1	上海戏剧学院	5★+	6	中国传媒大学	5★	11	吉林体育学院	5★-
2	中央戏剧学院	5★	7	深圳大学	5★	12	武汉大学	5★-
3	南京艺术学院	5★	8	天津音乐学院	5★-	13	吉林艺术学院	5★-
4	中国戏曲学院	5★	9	云南艺术学院	5★-	14	四川师范大学	5★-
5	北京电影学院	5★	10	广西艺术学院	5★-			
4★（14个）：南昌理工学院、长春师范大学、四川音乐学院、河北传媒学院、天津师范大学、上海师范大学、安庆师范大学、北京联合大学、重庆大学、内蒙古艺术学院、北京城市学院、江西师范大学、大连艺术学院、山西师范大学								
3★（42个），2★（55个），1★（14个）：名单略								

130303 电影学（7）

排名	学校名称	星级	排名	学校名称	星级	排名	学校名称	星级
1	北京电影学院	5★-						
4★无								
3★（3个），2★（2个），1★（1个）：名单略								

130304 戏剧影视文学（88）

排名	学校名称	星级	排名	学校名称	星级	排名	学校名称	星级
1	北京师范大学	5★+	4	厦门大学	5★	7	北京电影学院	5★-
2	上海戏剧学院	5★	5	中央戏剧学院	5★	8	山西师范大学	5★-
3	中国传媒大学	5★	6	北京大学	5★	9	上海大学	5★-
4★（9个）：中国戏曲学院、武汉大学、曲阜师范大学、浙江传媒学院、天津师范大学、浙江师范大学、西南大学、河南大学、河北大学								
3★（26个），2★（35个），1★（9个）：名单略								

130305 广播电视编导（239）

排名	学校名称	星级	排名	学校名称	星级	排名	学校名称	星级
1	中国传媒大学	5★+	9	重庆邮电大学	5★	17	临沂大学	5★-
2	上海大学	5★+	10	湖北文理学院	5★	18	湖北民族大学	5★-
3	福建师范大学	5★	11	黄冈师范学院	5★	19	内蒙古民族大学	5★-
4	河北传媒学院	5★	12	东北师范大学	5★	20	南昌理工学院	5★-
5	华东师范大学	5★	13	四川音乐学院	5★-	21	陕西科技大学	5★-
6	浙江传媒学院	5★	14	西南大学	5★-	22	上海戏剧学院	5★-
7	陕西师范大学	5★	15	荆楚理工学院	5★-	23	成都大学	5★-
8	山西传媒学院	5★	16	成都文理学院	5★-	24	重庆师范大学	5★-
4★（24个）：武夷学院、山东师范大学、黄淮学院、九江学院、南京艺术学院、四川师范大学、西北师范大学、上海师范大学、南京大学、聊城大学、贵州民族大学、渭南师范学院、河北美术学院、江西科技学院、新乡学院、汉口学院、四川传媒学院、江西师范大学、武汉传媒学院、四川大学、商丘学院、上海交通大学、湖南大学、同济大学								
3★（72个），2★（95个），1★（24个）：名单略								

130306 戏剧影视导演（31）

排名	学校名称	星级	排名	学校名称	星级	排名	学校名称	星级
1	中央戏剧学院	5★	2	北京电影学院	5★	3	中国传媒大学	5★-
4★（3个）：上海戏剧学院、上海大学、南京艺术学院							
3★（10个），2★（12个），1★（3个）：名单略							

130307 戏剧影视美术设计（47）

排名	学校名称	星级	排名	学校名称	星级	排名	学校名称	星级
1	上海戏剧学院	5★	3	北京电影学院	5★-	5	四川美术学院	5★-
2	中央戏剧学院	5★	4	中国传媒大学	5★-			
4★（4个）：上海大学、南京艺术学院、中国戏曲学院、天津音乐学院							
3★（15个），2★（18个），1★（5个）：名单略							

130308 录音艺术（34）

排名	学校名称	星级	排名	学校名称	星级	排名	学校名称	星级
1	中国传媒大学	5★	2	北京电影学院	5★	3	上海音乐学院	5★-
4★（4个）：星海音乐学院、武汉音乐学院、中国美术学院、南京艺术学院							
3★（10个），2★（14个），1★（3个）：名单略							

130309 播音与主持艺术（238）

排名	学校名称	星级	排名	学校名称	星级	排名	学校名称	星级
1	中国传媒大学	5★+	9	陕西师范大学	5★	17	上饶师范学院	5★-
2	山西师范大学	5★+	10	安徽师范大学	5★	18	福建师范大学	5★-
3	西安体育学院	5★	11	郑州航空工业管理学院	5★	19	河北传媒学院	5★-
4	南京师范大学	5★	12	中央戏剧学院	5★	20	南宁师范大学	5★-
5	浙江传媒学院	5★	13	辽宁师范大学	5★-	21	内蒙古大学	5★-
6	武汉体育学院	5★	14	山西传媒学院	5★-	22	沈阳音乐学院	5★-
7	西南大学	5★	15	四川音乐学院	5★-	23	乐山师范学院	5★-
8	天津师范大学	5★	16	四川师范大学	5★-	24	许昌学院	5★-
4★（24个）：海口经济学院、成都理工大学、华东师范大学、广州大学、武汉传媒学院、上海戏剧学院、河南大学、西安培华学院、山东青年政治学院、武汉大学、广西外国语学院、宝鸡文理学院、东北师范大学、黄淮学院、邯郸学院、潍坊学院、汉口学院、九江学院、四川文化艺术学院、西安翻译学院、大连艺术学院、郑州科技学院、吉林艺术学院、四川传媒学院							
3★（71个），2★（95个），1★（24个）：名单略							

130310 动画（278）

排名	学校名称	星级	排名	学校名称	星级	排名	学校名称	星级
1	中国传媒大学	5★+	8	中国美术学院	5★	15	西安工程大学	5★-
2	北京电影学院	5★+	9	南京艺术学院	5★	16	江西科技师范大学	5★-
3	武汉理工大学	5★+	10	浙江传媒学院	5★	17	山西传媒学院	5★-
4	东南大学	5★	11	天津工业大学	5★	18	广州美术学院	5★-
5	鲁迅美术学院	5★	12	辽宁师范大学	5★	19	杭州师范大学	5★-
6	成都大学	5★	13	湖北美术学院	5★	20	四川音乐学院	5★-
7	四川美术学院	5★	14	吉林动画学院	5★	21	哈尔滨师范大学	5★-

排名	学校名称	星级	排名	学校名称	星级	排名	学校名称	星级
22	浙江师范大学	5★-	25	广东工业大学	5★-	28	成都东软学院	5★-
23	黄淮学院	5★-	26	福州外语外贸学院	5★-			
24	黄冈师范学院	5★-	27	辽宁传媒学院	5★-			

4★（28个）：吉林艺术学院、重庆邮电大学、长沙师范学院、临沂大学、北海艺术设计学院、河北美术学院、南京邮电大学、南京工程学院、陕西科技大学、吉林工商学院、南阳师范学院、内蒙古师范大学、长春师范大学、天津美术学院、云南师范大学、安徽新华学院、金陵科技学院、辽宁科技大学、吉林工程技术师范学院、新乡学院、广西艺术学院、武汉商学院、华南农业大学、南京信息工程大学、陕西国际商贸学院、天津大学、武夷学院、南昌航空大学

3★（83个），2★（111个），1★（28个）：名单略

130311T 影视摄影与制作（59）

排名	学校名称	星级	排名	学校名称	星级	排名	学校名称	星级
1	北京电影学院	5★+	3	中国传媒大学	5★	5	上海戏剧学院	5★-
2	南京艺术学院	5★	4	浙江传媒学院	5★-	6	山西传媒学院	5★-

4★（6个）：上海大学、中国美术学院、重庆大学、云南艺术学院、南京传媒学院、四川美术学院

3★（18个），2★（23个），1★（6个）：名单略

130401 美术学（337）

排名	学校名称	星级	排名	学校名称	星级	排名	学校名称	星级
1	南京艺术学院	5★+	13	华东师范大学	5★	25	华南师范大学	5★-
2	首都师范大学	5★+	14	东南大学	5★	26	深圳大学	5★-
3	东北师范大学	5★+	15	山东师范大学	5★	27	杭州师范大学	5★-
4	中央美术学院	5★	16	西北师范大学	5★	28	山东大学	5★-
5	福建师范大学	5★	17	广西艺术学院	5★	29	江西师范大学	5★-
6	上海大学	5★	18	广州美术学院	5★-	30	内蒙古师范大学	5★-
7	中国美术学院	5★	19	华中师范大学	5★-	31	浙江师范大学	5★-
8	湖南师范大学	5★	20	湖北美术学院	5★-	32	湖南科技大学	5★-
9	哈尔滨师范大学	5★	21	西南大学	5★-	33	鲁迅美术学院	5★-
10	四川大学	5★	22	江苏师范大学	5★-	34	新疆师范大学	5★-
11	南京师范大学	5★	23	北京师范大学	5★-			
12	西安美术学院	5★	24	聊城大学	5★-			

4★（33个）：浙江大学、中国人民大学、苏州大学、陕西师范大学、景德镇陶瓷大学、山东艺术学院、曲阜师范大学、河南师范大学、广西师范大学、安徽师范大学、扬州大学、南通大学、北华大学、长沙师范学院、云南大学、淮北师范大学、浙江理工大学、上海师范大学、山东工艺美术学院、云南师范大学、鲁东大学、四川美术学院、沈阳师范大学、河北师范大学、渤海大学、江苏大学、河南大学、四川师范大学、云南艺术学院、吉林艺术学院、西南民族大学、西藏大学、山东建筑大学

3★（102个），2★（134个），1★（34个）：名单略

130402 绘画（174）

排名	学校名称	星级	排名	学校名称	星级	排名	学校名称	星级
1	中央美术学院	5★+	7	湖北美术学院	5★	13	吉林大学	5★-
2	清华大学	5★+	8	四川美术学院	5★	14	四川大学	5★-
3	中国美术学院	5★	9	广州美术学院	5★	15	山东艺术学院	5★-
4	西安美术学院	5★	10	山东工艺美术学院	5★-	16	中国人民大学	5★-
5	南京艺术学院	5★	11	上海大学	5★-	17	天津美术学院	5★-
6	广西艺术学院	5★	12	首都师范大学	5★-			

续表

4★（18个）：鲁迅美术学院、南京师范大学、吉林艺术学院、云南艺术学院、哈尔滨师范大学、湖南师范大学、郑州大学、陕西师范大学、西南大学、华东师范大学、云南大学、杭州师范大学、四川师范大学、沈阳师范大学、四川音乐学院、厦门大学、渤海大学、华北水利水电大学
3★（52个），2★（70个），1★（17个）：名单略

130403 雕塑（57）

排名	学校名称	星级	排名	学校名称	星级	排名	学校名称	星级
1	清华大学	5★+	3	西安美术学院	5★	5	广州美术学院	5★-
2	中国美术学院	5★	4	南京艺术学院	5★-	6	中央美术学院	5★-
4★（5个）：湖北美术学院、鲁迅美术学院、四川美术学院、华东师范大学、东北师范大学									
3★（18个），2★（22个），1★（6个）：名单略									

130404 摄影（78）

排名	学校名称	星级	排名	学校名称	星级	排名	学校名称	星级
1	清华大学	5★+	4	北京电影学院	5★	7	天津美术学院	5★-
2	中国美术学院	5★	5	南京艺术学院	5★-	8	浙江传媒学院	5★-
3	哈尔滨师范大学	5★	6	中国传媒大学	5★-			
4★（8个）：北京服装学院、上海工程技术大学、丽水学院、四川美术学院、山东工艺美术学院、西安美术学院、广州美术学院、天津师范大学								
3★（23个），2★（31个），1★（8个）：名单略								

130405T 书法学（111）

排名	学校名称	星级	排名	学校名称	星级	排名	学校名称	星级
1	南京艺术学院	5★+	5	西安美术学院	5★	9	曲阜师范大学	5★-
2	中国美术学院	5★	6	哈尔滨师范大学	5★	10	广西艺术学院	5★-
3	中央美术学院	5★	7	西北师范大学	5★-	11	北京师范大学	5★-
4	西安交通大学	5★	8	四川大学	5★-			
4★（11个）：浙江大学、河北美术学院、广州美术学院、湖北美术学院、临沂大学、郑州大学、山西师范大学、杭州师范大学、鲁迅美术学院、淮北师范大学、绍兴文理学院								
3★（34个），2★（44个），1★（11个）：名单略								

130406T 中国画（29）

排名	学校名称	星级	排名	学校名称	星级	排名	学校名称	星级
1	中国美术学院	5★	2	中央美术学院	5★-	3	清华大学	5★-
4★（3个）：西安美术学院、广西艺术学院、南京艺术学院								
3★（9个），2★（11个），1★（3个）：名单略								

130410T 漫画（7）

排名	学校名称	星级	排名	学校名称	星级	排名	学校名称	星级
1	北京电影学院	5★-						
4★无								
3★（3个），2★（2个），1★（1个）：名单略								

130501 艺术设计学（50）

排名	学校名称	星级	排名	学校名称	星级	排名	学校名称	星级
1	清华大学	5★+	3	山东工艺美术学院	5★	5	中国美术学院	5★-
2	南京艺术学院	5★	4	武汉理工大学	5★-			

4★（5个）：西安美术学院、苏州大学、湖南师范大学、北京师范大学、成都师范学院

3★（15个），2★（20个），1★（5个）：名单略

130502 视觉传达设计（743）

排名	学校名称	星级	排名	学校名称	星级	排名	学校名称	星级
1	清华大学	5★+	26	徐州工程学院	5★	51	中南财经政法大学	5★-
2	中央美术学院	5★+	27	安徽大学	5★	52	广东工业大学	5★-
3	中国美术学院	5★+	28	广西师范大学	5★	53	中南林业科技大学	5★-
4	西安美术学院	5★+	29	江西科技师范大学	5★	54	上海建桥学院	5★-
5	上海交通大学	5★+	30	浙江科技学院	5★	55	中国地质大学（武汉）	5★-
6	深圳大学	5★+	31	中原工学院	5★	56	黄淮学院	5★-
7	浙江理工大学	5★+	32	宜春学院	5★	57	广东财经大学	5★-
8	山东工艺美术学院	5★	33	南京艺术学院	5★	58	山东女子学院	5★-
9	鲁迅美术学院	5★	34	湖南工商大学	5★	59	成都大学	5★-
10	湖北美术学院	5★	35	四川师范大学	5★	60	哈尔滨理工大学	5★-
11	广西艺术学院	5★	36	福州大学	5★	61	兰州工业学院	5★-
12	大连工业大学	5★	37	嘉兴学院	5★	62	淮阴师范学院	5★-
13	武汉理工大学	5★	38	北京城市学院	5★-	63	临沂大学	5★-
14	云南艺术学院	5★	39	郑州大学	5★-	64	西南科技大学	5★-
15	吉林艺术学院	5★	40	青岛大学	5★-	65	武汉纺织大学	5★-
16	齐鲁工业大学	5★	41	湖北科技学院	5★-	66	大连艺术学院	5★-
17	西安工程大学	5★	42	天津美术学院	5★-	67	西安工业大学	5★-
18	昆明学院	5★	43	内蒙古师范大学	5★-	68	安康学院	5★-
19	商丘师范学院	5★	44	许昌学院	5★-	69	华南农业大学	5★-
20	新余学院	5★	45	湖北理工学院	5★-	70	天津师范大学	5★-
21	江南大学	5★	46	浙江工业大学	5★-	71	辽东学院	5★-
22	郑州轻工业大学	5★	47	天津理工大学	5★-	72	东北师范大学	5★-
23	渭南师范学院	5★	48	青岛农业大学	5★-	73	燕京理工学院	5★-
24	郑州科技学院	5★	49	山东艺术学院	5★-	74	河北美术学院	5★-
25	云南大学	5★	50	上海视觉艺术学院	5★-			

4★（75个）：咸阳师范学院、湖南工程学院、北京科技大学、闽南理工学院、河北民族师范学院、西安文理学院、同济大学、青岛科技大学、新乡学院、九江学院、北京工商大学、上海理工大学、云南财经大学、河北工业大学、邢台学院、安徽建筑大学、北京工业大学、湖北工程学院、吉首大学、闽江学院、广州美术学院、湖北第二师范学院、赤峰学院、西安欧亚学院、武汉轻工大学、池州学院、北海艺术设计学院、武汉东湖学院、河北北方学院、北京理工大学、贵州工程应用技术学院、浙江大学、山东农业工程学院、武夷学院、郑州商学院、山东师范大学、东北大学、西华师范大学、四川大学、湘南学院、福建工程学院、浙江传媒学院、山东大学、宁波大学、湖南女子学院、南京林业大学、内蒙古大学、陕西服装工程学院、德州学院、海南大学、济宁学院、长沙理工大学、哈尔滨广厦学院、湖北经济学院、山西应用科技学院、白城师范学院、乐山师范学院、贵州商学院、浙江农林大学、安徽文达信息工程学院、四川农业大学、西京学院、湖北大学、贵州大学、安徽工程大学、吉林工程技术师范学院、衢州学院、浙江财经大学、重庆师范大学、河北环境工程学院、安徽工业大学、浙江财经大学东方学院、重庆第二师范学院、广西科技大学、云南民族大学

3★（223个），2★（297个），1★（74个）：名单略

130503 环境设计（718）

排名	学校名称	星级	排名	学校名称	星级	排名	学校名称	星级
1	西安美术学院	5★+	25	中原工学院	5★	49	河北美术学院	5★-
2	清华大学	5★+	26	安徽建筑大学	5★	50	湖北科技学院	5★-
3	西安建筑科技大学	5★+	27	湖南工商大学	5★	51	北海艺术设计学院	5★-
4	天津大学	5★+	28	东北师范大学	5★	52	云南大学	5★-
5	大连工业大学	5★+	29	华东师范大学	5★	53	湖北美术学院	5★-
6	南京林业大学	5★+	30	扬州大学	5★	54	佳木斯大学	5★-
7	吉林建筑大学	5★+	31	四川美术学院	5★	55	九江学院	5★-
8	武汉理工大学	5★	32	长春建筑学院	5★	56	湘南学院	5★-
9	郑州轻工业大学	5★	33	齐鲁工业大学	5★	57	大连理工大学	5★-
10	德州学院	5★	34	湖南理工学院	5★	58	桂林理工大学	5★-
11	浙江理工大学	5★	35	湖南工程学院	5★	59	辽东学院	5★-
12	西安工程大学	5★	36	黄淮学院	5★	60	中国矿业大学	5★-
13	西南林业大学	5★	37	商丘师范学院	5★-	61	山东农业大学	5★-
14	广西艺术学院	5★	38	菏泽学院	5★-	62	南京艺术学院	5★-
15	武汉大学	5★	39	江西财经大学	5★-	63	北京城市学院	5★-
16	广西师范大学	5★	40	中国地质大学（武汉）	5★-	64	沈阳建筑大学	5★-
17	长沙理工大学	5★	41	广西科技大学	5★-	65	荆楚理工学院	5★-
18	温州大学	5★	42	西安工业大学	5★-	66	南阳理工学院	5★-
19	内蒙古师范大学	5★	43	大连艺术学院	5★-	67	北京农学院	5★-
20	鲁迅美术学院	5★	44	商丘工学院	5★-	68	昆明理工大学	5★-
21	四川师范大学	5★	45	新余学院	5★-	69	苏州大学	5★-
22	西北农林科技大学	5★	46	哈尔滨理工大学	5★-	70	兰州文理学院	5★-
23	中南林业科技大学	5★	47	宜春学院	5★-	71	江西科技学院	5★-
24	渭南师范学院	5★	48	华中科技大学	5★-	72	江南大学	5★-

4★（72个）：燕山大学、西安石油大学、天津师范大学、新乡学院、上海理工大学、天津理工大学、西安交通大学、郑州科技学院、山西大学、牡丹江师范学院、杭州师范大学、嘉兴学院、上海应用技术大学、天津美术学院、烟台南山学院、上海大学、乐山师范学院、鞍山师范学院、邢台学院、北京工业大学、西京学院、北京联合大学、武汉生物工程学院、湖北工程学院、河北建筑工程学院、安徽师范大学、哈尔滨工业大学、池州学院、哈尔滨商业大学、中国美术学院、陕西服装工程学院、内蒙古工业大学、武汉东湖学院、燕京理工学院、闽南理工学院、四川大学、黑龙江大学、南开大学、华南理工大学、北京理工大学、上海视觉艺术学院、武汉设计工程学院、河南工程学院、哈尔滨广厦学院、华东理工大学、沈阳师范大学、西安欧亚学院、四川工商学院、中南民族大学、上饶师范学院、福州大学、黑龙江外国语学院、广州美术学院、河北科技学院、四川传媒学院、浙江大学、商丘学院、同济大学、武汉城市学院、齐齐哈尔大学、西南交通大学、四川农业大学、湖南城市学院、厦门大学嘉庚学院、南京航空航天大学、许昌学院、江苏理工学院、东北石油大学、湖南工业大学、河南农业大学、亳州学院、湖北经济学院

3★（215个），2★（287个），1★（72个）：名单略

130504 产品设计（413）

排名	学校名称	星级	排名	学校名称	星级	排名	学校名称	星级
1	清华大学	5★+	8	中央美术学院	5★	15	齐鲁工业大学	5★
2	江南大学	5★+	9	郑州轻工业大学	5★	16	华南理工大学	5★
3	武汉理工大学	5★+	10	东南大学	5★	17	浙江理工大学	5★
4	广州美术学院	5★+	11	北京工业大学	5★	18	燕山大学	5★
5	湖北美术学院	5★	12	四川农业大学	5★	19	西安工程大学	5★
6	同济大学	5★	13	天津理工大学	5★	20	湖北工业大学	5★
7	鲁迅美术学院	5★	14	大连工业大学	5★	21	中国美术学院	5★

续表

排名	学校名称	星级	排名	学校名称	星级	排名	学校名称	星级
22	中南林业科技大学	5★-	29	南京师范大学	5★-	36	武汉大学	5★-
23	华中科技大学	5★-	30	浙江大学	5★-	37	西华大学	5★-
24	福州大学	5★-	31	华东师范大学	5★-	38	成都大学	5★-
25	山东工艺美术学院	5★-	32	中国地质大学(武汉)	5★-	39	桂林电子科技大学	5★-
26	山东大学	5★-	33	北京理工大学	5★-	40	沈阳航空航天大学	5★-
27	南京林业大学	5★-	34	山东科技大学	5★-	41	南昌大学	5★-
28	中国地质大学(北京)	5★-	35	湖南工业大学	5★-			

4★(42个)：江汉大学、广西艺术学院、北京服装学院、西安美术学院、西安工业大学、四川美术学院、重庆大学、天津美术学院、西北工业大学、武汉工程科技学院、南京艺术学院、武汉纺织大学、汕头大学、东北林业大学、湖北工程学院、北京林业大学、辽宁石油化工大学、许昌学院、武汉科技大学、长春理工大学、北京城市学院、西南交通大学、九江学院、安徽工程大学、北京化工大学、广东工业大学、北京工商大学、陕西科技大学、天津科技大学、景德镇陶瓷大学、湖南涉外经济学院、华南农业大学、内蒙古师范大学、闽南理工学院、北海艺术设计学院、哈尔滨商业大学、河南理工大学、福建农林大学、重庆师范大学、厦门大学嘉庚学院、深圳大学、杭州电子科技大学

3★(124个)，2★(165个)，1★(41个)：名单略

130505 服装与服饰设计（234）

排名	学校名称	星级	排名	学校名称	星级	排名	学校名称	星级
1	北京服装学院	5★+	9	鲁迅美术学院	5★	17	中原工学院	5★-
2	清华大学	5★+	10	江南大学	5★	18	西南大学	5★-
3	大连工业大学	5★	11	河北科技大学	5★	19	厦门理工学院	5★-
4	武汉纺织大学	5★	12	四川大学	5★	20	太原理工大学	5★-
5	浙江理工大学	5★	13	温州大学	5★-	21	山东工艺美术学院	5★-
6	湖北美术学院	5★	14	苏州大学	5★-	22	湖南女子学院	5★-
7	西安工程大学	5★	15	上海工程技术大学	5★-	23	中国美术学院	5★-
8	中央美术学院	5★	16	华南理工大学	5★-			

4★(24个)：闽江学院、四川师范大学、德州学院、东华大学、北京联合大学、福州大学、西安美术学院、华南农业大学、天津师范大学、吉林工程技术师范学院、郑州轻工业大学、广州美术学院、辽东学院、广东工业大学、湖南师范大学、浙江科技学院、北京工业大学、陕西科技大学、徐州工程学院、江西科技学院、嘉兴学院、桂林电子科技大学、大连艺术学院、齐鲁工业大学

3★(70个)，2★(94个)，1★(23个)：名单略

130506 公共艺术（58）

排名	学校名称	星级	排名	学校名称	星级	排名	学校名称	星级
1	南京艺术学院	5★+	3	中国美术学院	5★	5	汕头大学	5★-
2	华东师范大学	5★	4	江南大学	5★-	6	扬州大学	5★-

4★(6个)：北京服装学院、西安美术学院、四川美术学院、山东工艺美术学院、浙江工业大学、湖北工业大学

3★(17个)，2★(23个)，1★(6个)：名单略

130507 工艺美术（85）

排名	学校名称	星级	排名	学校名称	星级	排名	学校名称	星级
1	清华大学	5★+	4	南京艺术学院	5★	7	郑州轻工业大学	5★-
2	山东工艺美术学院	5★	5	景德镇陶瓷大学	5★-	8	鲁迅美术学院	5★-
3	中国美术学院	5★	6	太原理工大学	5★-	9	景德镇学院	5★-

4★(8个)：西安美术学院、福州大学、桂林旅游学院、四川美术学院、湖南师范大学、广东技术师范大学、南宁学院、桂林电子科技大学

3★(26个)，2★(34个)，1★(8个)：名单略

130508 数字媒体艺术（302）

排名	学校名称	星级	排名	学校名称	星级	排名	学校名称	星级
1	中国传媒大学	5★+	11	天津师范大学	5★	21	首都师范大学	5★-
2	吉林艺术学院	5★+	12	华东理工大学	5★	22	湖南工业大学	5★-
3	长沙理工大学	5★+	13	鲁迅美术学院	5★	23	重庆工程学院	5★-
4	中央美术学院	5★	14	上海工程技术大学	5★	24	武汉纺织大学	5★-
5	东华大学	5★	15	郑州轻工业大学	5★	25	四川师范大学	5★-
6	江南大学	5★	16	浙江理工大学	5★-	26	山西传媒学院	5★-
7	北京联合大学	5★	17	广州航海学院	5★-	27	四川美术学院	5★-
8	上海大学	5★	18	东北师范大学	5★-	28	山西农业大学	5★-
9	北京工商大学	5★	19	北京林业大学	5★-	29	天津美术学院	5★-
10	南京信息工程大学	5★	20	北京印刷学院	5★-	30	南华大学	5★-

4★（30个）：重庆邮电大学、汕头大学、北京师范大学、哈尔滨工业大学、浙江师范大学、北京服装学院、山东师范大学、北京邮电大学、广东工业大学、山西工商学院、福州大学、金陵科技学院、苏州大学、北海艺术设计学院、湖南师范大学、贺州学院、浙江越秀外国语学院、南京邮电大学、北京交通大学、临沂大学、山东工艺美术学院、吉林动画学院、齐鲁工业大学、桂林电子科技大学、常州大学、广州大学、江西理工大学、邯郸学院、广州美术学院、泉州信息工程学院

3★（91个），2★（121个），1★（30个）：名单略

130509T 艺术与科技（57）

排名	学校名称	星级	排名	学校名称	星级	排名	学校名称	星级
1	清华大学	5★+	3	东华大学	5★	5	北京服装学院	5★-
2	山东工艺美术学院	5★	4	中国传媒大学	5★-	6	四川美术学院	5★-

4★（5个）：上海音乐学院、上海大学、中国美术学院、大连工业大学、广西艺术学院

3★（18个），2★（22个），1★（6个）：名单略

1305Z6 陶瓷艺术设计（8）

排名	学校名称	星级	排名	学校名称	星级	排名	学校名称	星级
1	中国美术学院	5★-						

4★无

3★（1个），2★（3个），1★（3个）：名单略

第三部分

中国本科院校各类排名结果、专业等级分布、优势专业及联系方式

北 京 市

一流大学

10003　清华大学

在中国本科院校竞争力排行榜中的名次1，北京市内排名1/59，理工类排名1/309。

共60个专业参评，其中5★+专业33个，5★专业16个，5★-专业4个，4★专业3个，3★专业4个，2★专业0个。

5★+专业：经济与金融 1/69、新闻学 1/314、数学与应用数学 2/502、物理学 1/270、生物科学 1/271、工程力学 1/78、机械工程 1/124、车辆工程 1/260、高分子材料与工程 2/182、能源与动力工程 1/196、电气工程及其自动化 5/567、微电子科学与工程 1/92、电子信息科学与技术 1/191、自动化 1/453、计算机科学与技术 2/911、软件工程 1/590、土木工程 2/528、建筑环境与能源应用工程 1/178、环境工程 1/361、建筑学 3/286、城乡规划 2/207、信息管理与信息系统 2/391、工业工程 1/150、绘画 2/174、雕塑 1/57、摄影 1/78、艺术设计学 1/50、视觉传达设计 1/743、环境设计 2/718、产品设计 1/413、服装与服饰设计 2/234、工艺美术 1/85、艺术与科技 1/57。

5★专业：经济学 6/345、法学 8/584、国际政治 1/35、社会学 4/84、汉语言文学 14/604、英语 10/924、日语 7/461、化学 5/295、测控技术与仪器 7/202、材料科学与工程 7/216、航空航天工程 1/16、生物医学工程 3/115、风景园林 5/181、工商管理 26/547、会计学 8/652、艺术史论 1/16。

5★-专业：历史学 22/244、化学工程与工业生物工程 1/8、核工程与核技术 2/29、中国画 3/29。

4★专业：哲学 13/70、化学生物学 3/18、工程管理 50/396。

通信地址：北京市海淀区清华园1号
邮政编码：100084
电话号码：010-62770334/62782051
学校网址：www.join-tsinghua.edu.cn

10001　北京大学

在中国本科院校竞争力排行榜中的名次2，北京市内排名2/59，综合类排名1/217。

共103个专业参评，其中5★+专业29个，5★专业42个，5★-专业11个，4★专业12个，3★专业9个，2★专业0个。

5★+专业：经济学 3/345、保险学 1/109、金融数学 1/72、法学 5/584、社会工作 1/261、汉语言文学 4/604、英语 7/924、物理学 2/270、化学 2/295、应用化学 3/375、自然地理与资源环境 1/50、人文地理与城乡规划 1/115、生物科学 2/271、生物技术 2/295、生态学 1/73、统计学 2/194、计算机科学与技术 1/911、智能科学与技术 1/159、数据科学与大数据技术 1/544、临床医学 2/186、药学 2/231、医学检验技术 1/151、护理学 3/278、市场营销 1/646、会计学 6/652、人力资源管理 1/428、文化产业管理 1/149、行政管理 3/303、城市管理 1/52。

5★专业：哲学 3/70、资源与环境经济学 1/12、金融学 5/385、国际经济与贸易 18/688、政治学与行政学 3/83、国际政治 2/35、社会学 3/84、汉语言 1/23、俄语 3/155、德语 5/110、法语 4/141、西班牙语 4/96、阿拉伯语 2/41、日语 8/461、泰语 2/42、葡萄牙语 2/32、新闻学 15/314、广播电视学 3/166、广告学 4/275、历史学 10/244、世界史 1/17、考古学 1/25、数学与应用数学 6/502、化学生物学 1/18、地理科学 3/160、地理信息科学 5/166、心理学 3/69、应用心理学 4/244、理论与应用力学 1/11、材料化学 3/137、微电子科学与工程 4/92、电子信息科学与技术 3/191、机器人工程 4/223、环境科学与工程 2/40、环境工程 12/361、环境科学 5/181、基础医学 1/30、口腔医学 3/110、预防医学 2/108、医学实验技术 1/18、口腔医学技术 1/26、信息管理与信息系统 10/391。

5★-专业：财政学 7/83、朝鲜语 7/101、乌尔都语 1/6、传播学 5/65、文物保护技术 1/8、信息与计算科学 26/316、空间科学与技术 1/8、通信工程 40/511、软件工程 51/590、生物医学工程 11/115、戏剧影视文学 6/88。

4★专业：外交学 2/13、印度尼西亚语 2/11、编辑出版学 8/42、文物与博物馆学 10/48、地质学 4/25、地球信息科学与技术 2/11、工程力学 9/78、能源与环境系统工程 3/16、电子信息工程 88/645、城乡规划 28/207、图书馆学 3/19、艺术史论 3/16。

通信地址：北京市海淀区颐和园路5号
邮政编码：100871
电话号码：010-62751407
学校网址：https://www.pku.edu.cn

10002　中国人民大学

在中国本科院校竞争力排行榜中的名次 15，北京市内排名 3/59，文法类排名 1/64。

共71个专业参评，其中5★+专业12个，5★专业26个，5★-专业11个，4★专业8个，3★专业13个，2★专业1个。

5★+专业：财政学1/83、金融学1/385、国际经济与贸易4/688、法学3/584、政治学与行政学1/83、社会学1/84、新闻学3/314、传播学1/65、历史学2/244、工商管理5/547、财务管理4/699、人力资源管理4/428。

5★专业：哲学2/70、经济学8/345、经济统计学5/135、能源经济1/15、税收学4/89、金融工程11/259、社会工作4/261、马克思主义理论1/16、汉语言文学9/604、英语31/924、日语23/461、广播电视学6/166、广告学5/275、应用心理学7/244、应用统计学4/172、数据科学与大数据技术16/544、信息管理与信息系统13/391、市场营销8/646、会计学9/652、农村区域发展1/23、公共事业管理4/293、行政管理5/303、劳动与社会保障7/135、城市管理3/52、档案学1/33、信息资源管理1/16。

5★-专业：国民经济管理1/8、保险学10/109、信用管理2/23、贸易经济4/42、中国共产党历史1/7、数学与应用数学32/502、统计学18/194、计算机科学与技术69/911、软件工程50/590、土地资源管理6/93、绘画16/174。

4★专业：资源与环境经济学2/12、国际政治5/35、德语12/110、法语18/141、西班牙语18/96、物理学50/270、农林经济管理7/63、美术学36/337。

通信地址：北京市海淀区中关村大街59号
邮政编码：100872
电话号码：400-0123-517
学校网址：http://rdzs.ruc.edu.cn

14430　中国科学院大学

在中国本科院校竞争力排行榜中的名次 17，北京市内排名 4/59，综合类排名 9/217。

共13个专业参评，其中5★+专业0个，5★专业1个，5★-专业4个，4★专业4个，3★专业2个，2★专业2个。

5★专业：网络空间安全2/64。

5★-专业：人文地理与城乡规划9/115、电子信息工程49/645、计算机科学与技术74/911、环境科学11/181。

4★专业：物理学51/270、化学48/295、材料科学与工程41/216、电气工程及其自动化70/567。

通信地址：北京市石景山区玉泉路19号甲
邮政编码：100049
电话号码：010-88256215
学校网址：http://admission.ucas.edu.cn

10027　北京师范大学

在中国本科院校竞争力排行榜中的名次 22，北京市内排名 5/59，师范类排名 1/160。

共50个专业参评，其中5★+专业10个，5★专业19个，5★-专业6个，4★专业10个，3★专业5个，2★专业0个。

5★+专业：思想政治教育1/264、教育学1/84、学前教育4/395、体育教育1/319、汉语言文学1/604、历史学1/244、数学与应用数学5/502、地理科学1/160、心理学1/69、戏剧影视文学1/88。

5★专业：经济学5/345、国际经济与贸易20/688、法学18/584、特殊教育2/59、英语12/924、日语10/461、物理学11/270、自然地理与资源环境3/50、人文地理与城乡规划5/115、地理信息科学6/166、生物科学8/271、生物技术12/295、环境工程9/361、环境科学3/181、环境生态工程3/63、信息管理与信息系统15/391、人力资源管理6/428、公共事业管理8/293、舞蹈学6/201。

5★-专业：俄语15/155、化学17/295、计算机科学与技术50/911、音乐学29/387、美术学23/337、书法学11/111。

4★专业：哲学8/70、金融学42/385、社会学14/84、教育技术学25/127、传播学9/65、统计学22/194、工商管理106/547、会计学71/652、艺术设计学9/50、数字媒体艺术33/302。

通信地址：北京市新街口外大街19号
邮政编码：100875
电话号码：010-8807962
学校网址：https://admission.bnu.edu.cn

10006　北京航空航天大学

在中国本科院校竞争力排行榜中的名次 24，北京市内排名 6/59，理工类排名 12/309。

共65个专业参评，其中5★+专业4个，5★专业19个，5★-专业11个，4★专业11个，3★专业20个，2★专业0个。

5★+专业：智能制造工程1/117、电子信息工程3/645、计算机科学与技术5/911、软件工程4/590。

5★专业：法学 28/584、英语 32/924、翻译 6/254、数学与应用数学 22/502、信息与计算科学 13/316、应用物理学 5/151、测控技术与仪器 4/202、材料科学与工程 3/216、纳米材料与技术 1/10、通信工程 16/511、人工智能 6/176、自动化 7/453、机器人工程 5/223、信息安全 4/116、飞行器动力工程 1/24、飞行器控制与信息工程 1/10、无人驾驶航空器系统工程 1/13、信息管理与信息系统 7/391、行政管理 14/303。

5★-专业：德语 10/110、工程力学 6/78、机械工程 11/124、材料成型及控制工程 21/228、工业设计 12/226、车辆工程 19/260、电气工程及其自动化 38/567、遥感科学与技术 3/41、飞行器设计与工程 2/29、环境工程 31/361、生物医学工程 9/115。

4★专业：物理学 54/270、能源与动力工程 30/196、电子科学与技术 21/161、微电子科学与工程 17/92、光电信息科学与工程 25/217、集成电路设计与集成系统 7/34、土木工程 78/528、交通运输 13/117、飞行器制造工程 7/33、信息对抗技术 2/13、工商管理 94/547。

通信地址：北京市海淀区学院路 37 号
邮政编码：100083
电话号码：010-82317695/82338793/82338240
学校网址：https://www.buaa.edu.cn

10007　北京理工大学

在中国本科院校竞争力排行榜中的名次 27，北京市内排名 7/59，理工类排名 14/309。

共 61 个专业参评，其中 5★+专业 6 个，5★专业 12 个，5★-专业 19 个，4★专业 16 个，3★专业 7 个，2★专业 1 个。

5★+专业：车辆工程 3/260、电子信息工程 2/645、人工智能 1/176、计算机科学与技术 7/911、物联网工程 3/498、数据科学与大数据技术 5/544。

5★专业：机械电子工程 12/300、测控技术与仪器 6/202、材料科学与工程 11/216、新能源材料与器件 4/91、通信工程 13/511、光电信息科学与工程 5/217、自动化 9/453、软件工程 13/590、信息对抗技术 1/13、信息管理与信息系统 16/391、市场营销 21/646、会计学 30/652。

5★-专业：国际经济与贸易 38/688、法学 53/584、数学与应用数学 48/502、信息与计算科学 24/316、应用物理学 11/151、应用化学 28/375、机械工程 12/124、工业设计 22/226、智能制造工程 9/117、材料化学 8/137、高分子材料与工程 13/182、电子封装技术 1/8、化学工程与工艺 21/326、弹药工程与爆炸技术 1/6、特种能源技术与工程 1/7、生物医学工程 12/115、工商管理 51/547、工业工程 13/150、产品设计 33/413。

4★专业：经济学 37/345、英语 96/924、日语 65/461、化学 33/295、生物技术 58/295、工程力学 11/78、材料成型及控制工程 27/228、能源与动力工程 26/196、电气工程及其自动化 67/567、电子科学与技术 19/161、制药工程 29/251、能源化学工程 7/59、飞行器设计与工程 4/29、安全工程 16/149、视觉传达设计 104/743、环境设计 112/718。

通信地址：北京市海淀区中关村南大街 5 号
邮政编码：100081
电话号码：010-68913345/010-68949926
学校网址：http://admission.bit.edu.cn

10019　中国农业大学

在中国本科院校竞争力排行榜中的名次 33，北京市内排名 8/59，农林类排名 1/43。

共 55 个专业参评，其中 5★+专业 3 个，5★专业 13 个，5★-专业 11 个，4★专业 11 个，3★专业 15 个，2★专业 2 个。

5★+专业：食品科学与工程 3/278、动物科学 1/84、动物医学 1/75。

5★专业：国际经济与贸易 15/688、生物科学 12/271、生物技术 6/295、数据科学与大数据技术 11/544、农业水利工程 1/32、食品质量与安全 11/230、农学 3/76、园艺 4/107、植物保护 3/56、设施农业科学与工程 2/39、园林 7/138、农林经济管理 3/63、土地资源管理 5/93。

5★-专业：金融学 26/385、化学 25/295、生态学 6/73、机械电子工程 21/300、农业建筑环境与能源工程 1/8、环境工程 32/361、资源环境科学 2/16、葡萄与葡萄酒工程 2/17、生物工程 23/243、市场营销 33/646、农村区域发展 2/23。

4★专业：社会学 17/84、英语 143/924、机械设计制造及其自动化 57/521、工业设计 44/226、车辆工程 39/260、电气工程及其自动化 73/567、电子信息工程 118/645、计算机科学与技术 115/911、农业机械化及其自动化 6/39、会计学 125/652、公共事业管理 43/293。

通信地址：北京市海淀区清华东路 17 号（东校区）/
　　　　　北京市海淀区圆明园西路 2 号（西校区）
邮政编码：100083/100193
电话号码：010-62737682
学校网址：http://jwzs.cau.edu.cn

10008　北京科技大学

在中国本科院校竞争力排行榜中的名次 46，北京市内排名 9/59，理工类排名 26/309。

共42个专业参评，其中5★+专业1个，5★专业10个，5★-专业12个，4★专业8个，3★专业11个，2★专业0个。

5★+专业：金融工程3/259。

5★专业：英语29/924、工业设计9/226、材料科学与工程5/216、冶金工程1/37、能源与动力工程8/196、通信工程7/511、自动化21/453、物联网工程23/498、工程管理17/396、物流工程5/111。

5★-专业：国际经济与贸易57/688、社会工作19/261、日语25/461、应用化学21/375、车辆工程21/260、人工智能13/176、计算机科学与技术48/911、土木工程51/528、环境工程27/361、安全工程11/149、工商管理43/547、会计学51/652。

4★专业：应用物理学18/151、机械工程16/124、新能源科学与工程17/109、建筑环境与能源应用工程20/178、采矿工程9/50、矿物加工工程6/38、信息管理与信息系统72/391、视觉传达设计77/743。

通信地址：北京市海淀区学院路30号
邮政编码：100083
电话号码：010-62325294/62332893
学校网址：http://www.ustb.edu.cn

10004　北京交通大学

在中国本科院校竞争力排行榜中的名次47，北京市内排名10/59，理工类排名27/309。

共52个专业参评，其中5★+专业3个，5★专业14个，5★-专业13个，4★专业9个，3★专业12个，2★专业1个。

5★+专业：信息与计算科学2/316、轨道交通信号与控制1/60、物流管理3/455。

5★专业：网络与新媒体11/250、机械电子工程15/300、车辆工程11/260、通信工程9/511、计算机科学与技术18/911、软件工程8/590、物联网工程12/498、土木工程15/528、交通运输5/117、交通工程4/107、信息管理与信息系统5/391、工程管理9/396、会计学21/652、电子商务10/476。

5★-专业：经济学33/345、金融学34/385、英语59/924、电气工程及其自动化31/567、光电信息科学与工程13/217、自动化30/453、城乡规划20/207、保密管理1/6、工商管理38/547、市场营销42/646、财务管理41/699、物流工程7/111、旅游管理29/455。

4★专业：法学97/584、统计学27/194、机械工程25/124、材料化学24/137、电子科学与技术20/161、人工智能30/176、信息安全19/116、建筑学33/286、数字媒体艺术49/302。

通信地址：北京市西直门外上园村3号
邮政编码：100044
电话号码：010-51688441
学校网址：http://zsw.bjtu.edu.cn

10005　北京工业大学

在中国本科院校竞争力排行榜中的名次58，北京市内排名11/59，理工类排名31/309。

共55个专业参评，其中5★+专业0个，5★专业10个，5★-专业15个，4★专业16个，3★专业11个，2★专业3个。

5★专业：电子信息工程21/645、机器人工程9/223、计算机科学与技术33/911、软件工程19/590、物联网工程22/498、数字媒体技术3/224、土木工程14/528、环境工程18/361、建筑学6/286、产品设计11/413。

5★-专业：经济统计学12/135、金融学36/385、国际经济与贸易41/688、工业设计19/226、智能制造工程8/117、材料科学与工程18/216、新能源科学与工程7/109、电子科学与技术14/161、通信工程41/511、信息安全10/116、建筑环境与能源应用工程13/178、给排水科学与工程13/162、交通工程9/107、环境科学13/181、城乡规划13/207。

4★专业：社会工作30/261、英语169/924、数学与应用数学81/502、信息与计算科学37/316、应用物理学25/151、应用化学56/375、机械工程14/124、测控技术与仪器33/202、能源与动力工程35/196、自动化46/453、资源循环科学与工程6/34、交通设备与控制工程3/18、信息管理与信息系统54/391、视觉传达设计91/743、环境设计92/718、服装与服饰设计40/234。

通信地址：北京市朝阳区平乐园100号
邮政编码：100124
电话号码：010-67391609
学校网址：http://www.bjut.edu.cn

10054　华北电力大学

在中国本科院校竞争力排行榜中的名次69，北京市内排名12/59，理工类排名37/309。

共50个专业参评，其中5★+专业1个，5★专业3个，5★-专业11个，4★专业17个，3★专业15个，2★专业3个。

5★+专业：电气工程及其自动化4/567。

5★专业：社会工作12/261、智能电网信息工程1/29、工程造价6/257。

5★-专业：能源与动力工程 15/196、新能源科学与工程 10/109、通信工程 47/511、自动化 32/453、机器人工程 14/223、智能科学与技术 16/159、数据科学与大数据技术 53/544、工程管理 36/396、市场营销 65/646、会计学 56/652、财务管理 55/699。

4★专业：法学 96/584、英语 112/924、信息与计算科学 40/316、新能源材料与器件 13/91、电子信息工程 68/645、电子科学与技术 29/161、计算机科学与技术 96/911、软件工程 83/590、物联网工程 95/498、水利水电工程 10/84、水文与水资源工程 10/52、能源化学工程 9/59、辐射防护与核安全 2/8、环境工程 49/361、环境科学 27/181、工商管理 60/547、人力资源管理 48/428。

通信地址：北京市昌平区回龙观北农路 2 号(本部)/河北省保定市华电路 689 号（保定）

邮政编码：本部102206/保定校区071003

电话号码：010-61773377/0312-7523164

学校网址：http://goto.ncepu.edu.cn

10013 北京邮电大学

在中国本科院校竞争力排行榜中的名次 73，北京市内排名 13/59，理工类排名 39/309。

共 36 个专业参评，其中 5★+专业 3 个，5★专业 8 个，5★-专业 4 个，4★专业 10 个，3★专业 10 个，2★专业 1 个。

5★+专业：通信工程 2/511、物联网工程 4/498、数字媒体技术 2/224。

5★专业：电子信息工程 16/645、计算机科学与技术 21/911、软件工程 26/590、网络工程 4/315、信息安全 2/116、数据科学与大数据技术 10/544、电子商务 12/476、电子商务及法律 1/14。

5★-专业：光电信息科学与工程 22/217、电子信息科学与技术 13/191、电信工程及管理 1/6、智能科学与技术 9/159。

4★专业：英语 97/924、日语 54/461、机械工程 22/124、工业设计 33/226、电子科学与技术 17/161、信息工程 8/64、自动化 65/453、网络空间安全 9/64、信息管理与信息系统 78/391、数字媒体艺术 38/302。

通信地址：北京市西土城路 10 号

邮政编码：100876

电话号码：010-62282045

学校网址：zsb.bupt.edu.cn

10034 中央财经大学

在中国本科院校竞争力排行榜中的名次 77，北京市内排名 14/59，财经类排名 1/82。

共 51 个专业参评，其中 5★+专业 1 个，5★专业 13 个，5★-专业 9 个，4★专业 6 个，3★专业 18 个，2★专业 4 个。

5★+专业：金融学 2/385。

5★专业：经济学 17/345、金融工程 5/259、保险学 3/109、投资学 7/135、国际经济与贸易 9/688、市场营销 12/646、会计学 10/652、财务管理 12/699、人力资源管理 10/428、资产评估 4/76、体育经济与管理 1/24、供应链管理 1/23、电子商务 9/476。

5★-专业：财政学 5/83、税收学 6/89、金融科技 2/18、法学 46/584、数据科学与大数据技术 46/544、房地产开发与管理 6/55、工商管理 34/547、国际商务 10/130、文化产业管理 9/149。

4★专业：经济统计学 15/135、精算学 2/12、贸易经济 6/42、应用心理学 31/244、公共事业管理 34/293、行政管理 58/303。

通信地址：北京市海淀区学院南路 39 号

邮政编码：100081

电话号码：010-62288332

学校网址：http://zs.cufe.edu.cn

10010 北京化工大学

在中国本科院校竞争力排行榜中的名次 80，北京市内排名 15/59，理工类排名 40/309。

共 40 个专业参评，其中 5★+专业 1 个，5★专业 7 个，5★-专业 4 个，4★专业 11 个，3★专业 15 个，2★专业 2 个。

5★+专业：制药工程 3/251。

5★专业：应用化学 7/375、过程装备与控制工程 5/96、数据科学与大数据技术 17/544、化学工程与工艺 7/326、能源化学工程 3/59、环境工程 11/361、生物工程 4/243。

5★-专业：金融数学 7/72、高分子材料与工程 11/182、自动化 40/453、物流管理 42/455。

4★专业：法学 89/584、化学 32/295、机械设计制造及其自动化 67/521、材料科学与工程 25/216、功能材料 5/44、人工智能 20/176、机器人工程 36/223、计算机科学与技术 111/911、安全工程 26/149、财务管理 90/699、产品设计 66/413。

通信地址：北京市朝阳区北三环东路 15 号

邮政编码：100029

电话号码：010-64435706

学校网址：http://www.goto.buct.edu.cn

10023　北京协和医学院

在中国本科院校竞争力排行榜中的名次 91，北京市内排名 17/59，医药类排名 2/90。

共 2 个专业参评，其中 5★+专业 0 个，5★专业 0 个，5★-专业 2 个，4★专业 0 个，3★专业 0 个，2★专业 0 个。

5★-专业：临床医学 13/186、护理学 16/278。

通信地址：北京市东城区东单三条 9 号
邮政编码：100730
电话号码：010-69155964
学校网址：http://gkxc.pumc.edu.cn

10053　中国政法大学

在中国本科院校竞争力排行榜中的名次 96，北京市内排名 18/59，文法类排名 2/64。

共 22 个专业参评，其中 5★+专业 1 个，5★专业 0 个，5★-专业 5 个，4★专业 5 个，3★专业 9 个，2★专业 2 个。

5★+专业：法学 2/584。

5★-专业：政治学与行政学 7/83、英语 82/924、新闻学 27/314、网络与新媒体 19/250、行政管理 23/303。

4★专业：经济学 45/345、金融工程 31/259、思想政治教育 33/264、应用心理学 27/244、工商管理 86/547。

通信地址：北京市昌平区府学路 27 号
邮政编码：102249
电话号码：010-58909122
学校网址：http://web.cupl.edu.cn

10028　首都师范大学

在中国本科院校竞争力排行榜中的名次 99，北京市内排名 19/59，师范类排名 12/160。

共 54 个专业参评，其中 5★+专业 3 个，5★专业 7 个，5★-专业 13 个，4★专业 11 个，3★专业 18 个，2★专业 2 个。

5★+专业：小学教育 2/256、舞蹈学 1/201、美术学 2/337。

5★专业：学前教育 15/395、汉语言文学 22/604、汉语国际教育 15/332、秘书学 2/114、俄语 7/155、数学与应用数学 21/502、地理信息科学 4/166。

5★-专业：社会工作 26/261、思想政治教育 25/264、教育学 6/84、英语 58/924、西班牙语 10/96、日语 27/461、历史学 17/244、世界史 2/17、信息与计算科学 22/316、音乐表演 21/248、音乐学 28/387、绘画 12/174、数字媒体艺术 21/302。

4★专业：教育技术学 15/127、德语 18/110、法语 20/141、物理学 43/270、地理科学 23/160、生物科学 40/271、生物技术 48/295、统计学 38/194、电子信息工程 113/645、计算机科学与技术 118/911、旅游管理 55/455。

通信地址：北京市西三环北路 105 号
邮政编码：100048
电话号码：010-68902995
学校网址：http://bkzs.cnu.edu.cn

10022　北京林业大学

在中国本科院校竞争力排行榜中的名次 102，北京市内排名 20/59，农林类排名 6/43。

共 53 个专业参评，其中 5★+专业 0 个，5★专业 2 个，5★-专业 9 个，4★专业 17 个，3★专业 24 个，2★专业 1 个。

5★专业：风景园林 7/181、园林 4/138。

5★-专业：商务英语 25/365、生物科学 16/271、应用心理学 20/244、数据科学与大数据技术 43/544、林学 5/46、森林保护 2/19、草业科学 3/30、物业管理 2/24、数字媒体艺术 19/302。

4★专业：国际经济与贸易 100/688、英语 175/924、生物技术 43/295、机械设计制造及其自动化 75/521、车辆工程 42/260、网络工程 47/315、物联网工程 73/498、数字媒体技术 26/224、环境科学 34/181、食品科学与工程 48/278、城乡规划 32/207、园艺 15/107、水土保持与荒漠化防治 3/19、农林经济管理 8/63、电子商务 64/476、旅游管理 65/455、产品设计 57/413。

通信地址：北京市海淀区清华东路 35 号
邮政编码：100083
电话号码：010-62338216
学校网址：http://zsb.bjfu.edu.cn

10033　中国传媒大学

在中国本科院校竞争力排行榜中的名次 110，北京市内排名 21/59，文法类排名 3/64。

共 55 个专业参评，其中 5★+专业 7 个，5★专业 8 个，5★-专业 10 个，4★专业 4 个，3★专业 13 个，2★专业 12 个。

5★+专业：广播电视学 1/166、广告学 1/275、网络与新媒体 2/250、广播电视编导 1/239、播音与主持艺术 1/238、动画 1/278、数字媒体艺术 1/302。

5★专业：新闻学 4/314、传播学 2/65、编辑出版学 2/42、数字媒体技术 11/224、表演 6/139、戏剧影视文学

3/88、录音艺术 1/34、影视摄影与制作 3/59。

5★-专业：汉语言文学 59/604、电子信息工程 46/645、通信工程 49/511、物联网工程 27/498、文化产业管理 8/149、音乐学 21/387、戏剧影视导演 3/31、戏剧影视美术设计 4/47、摄影 6/78、艺术与科技 4/57。

4★专业：汉语国际教育 41/332、英语 136/924、广播电视工程 2/12、作曲与作曲技术理论 7/36。

通信地址：北京市朝阳区定福庄东街一号
邮政编码：100024
电话号码：010-65779370/65779256
学校网址：http://zhaosheng.cuc.edu.cn

10036　对外经济贸易大学

在中国本科院校竞争力排行榜中的名次113，北京市内排名 22/59，财经类排名 3/82。

共 42 个专业参评，其中 5★+专业 6 个，5★专业 8 个，5★-专业 8 个，4★专业 13 个，3★专业 7 个，2★专业 0 个。

5★+专业：金融学 3/385、金融工程 1/259、国际经济与贸易 1/688、商务英语 3/365、会计学 5/652、电子商务 2/476。

5★专业：经济统计学 3/135、金融数学 3/72、精算学 1/12、法学 22/584、市场营销 11/646、财务管理 8/699、人力资源管理 16/428、物流管理 20/455。

5★-专业：税收学 7/89、保险学 6/109、投资学 10/135、经济与金融 6/69、英语 49/924、日语 38/461、翻译 18/254、工商管理 30/547。

4★专业：财政学 9/83、政治学与行政学 17/83、德语 14/110、法语 25/141、西班牙语 13/96、阿拉伯语 5/41、朝鲜语 15/101、越南语 3/23、意大利语 3/21、数据科学与大数据技术 59/544、信息管理与信息系统 77/391、国际商务 15/130、行政管理 60/303。

通信地址：北京市朝阳区惠新东街 10 号
邮政编码：100029
电话号码：010-64492178
学校网址：zhaosheng.uibe.edu.cn

11414　中国石油大学（北京）

在中国本科院校竞争力排行榜中的名次116，北京市内排名 23/59，理工类排名 52/309。

共 32 个专业参评，其中 5★+专业 0 个，5★专业 1 个，5★-专业 8 个，4★专业 8 个，3★专业 14 个，2★专业 1 个。

5★专业：化学工程与工艺 13/326。

5★-专业：应用化学 24/375、机械设计制造及其自动化 35/521、过程装备与控制工程 7/96、能源化学工程 4/59、石油工程 2/23、油气储运工程 3/34、安全工程 12/149、财务管理 68/699。

4★专业：能源经济 3/15、英语 141/924、电子信息工程 110/645、自动化 79/453、勘查技术与工程 6/35、海洋油气工程 2/9、环境工程 54/361、信息管理与信息系统 74/391。

通信地址：北京市昌平区府学路 18 号
邮政编码：102249
电话号码：010-89733245
学校网址：http://www.cup.edu.cn

10045　中央音乐学院

在中国本科院校竞争力排行榜中的名次118，北京市内排名 24/59，艺术类排名 1/44。

共 3 个专业参评，其中 5★+专业 2 个，5★专业 1 个，5★-专业 0 个，4★专业 0 个，3★专业 0 个，2★专业 0 个。

5★+专业：音乐表演 2/248、音乐学 4/387。

5★专业：作曲与作曲技术理论 1/36。

通信地址：北京市西城区鲍家街 43 号
邮政编码：100031
电话号码：010-66425504
学校网址：http://zhaoban.ccom.edu.cn

10047　中央美术学院

在中国本科院校竞争力排行榜中的名次119，北京市内排名 25/59，艺术类排名 2/44。

共 14 个专业参评，其中 5★+专业 2 个，5★专业 5 个，5★-专业 2 个，4★专业 2 个，3★专业 1 个，2★专业 2 个。

5★+专业：绘画 1/174、视觉传达设计 2/743。

5★专业：美术学 4/337、书法学 3/111、产品设计 8/413、服装与服饰设计 8/234、数字媒体艺术 4/302。

5★-专业：雕塑 6/57、中国画 2/29。

4★专业：建筑学 35/286、艺术管理 3/16。

通信地址：北京市朝阳区花家地南街 8 号
邮政编码：100102
电话号码：010-64771056
学校网址：http://www.cafa.edu.cn

10052　中央民族大学

在中国本科院校竞争力排行榜中的名次125，北京市内排名 26/59，民族类排名 1/16。

共58个专业参评，其中5★+专业0个，5★专业3个，5★-专业2个，4★专业10个，3★专业26个，2★专业17个。

5★专业：民族学1/27、中国少数民族语言文学2/33、舞蹈表演4/139。

5★-专业：法学54/584、社会工作22/261。

4★专业：经济学68/345、国际经济与贸易133/688、社会学11/84、汉语言文学64/604、汉语国际教育36/332、新闻学35/314、历史学29/244、计算机科学与技术172/911、公共事业管理37/293、舞蹈学23/201。

通信地址：北京市海淀区中关村南大街27号
邮政编码：100081
电话号码：010-68932902
学校网址：http://zb.muc.edu.cncontent

11413　中国矿业大学（北京）

在中国本科院校竞争力排行榜中的名次134，北京市内排名28/59，理工类排名56/309。

共32个专业参评，其中5★+专业0个，5★专业4个，5★-专业7个，4★专业6个，3★专业12个，2★专业3个。

5★专业：机器人工程8/223、土木工程23/528、采矿工程2/50、矿物加工工程2/38。

5★-专业：电气工程及其自动化49/567、计算机科学与技术73/911、测绘工程8/144、地质工程4/56、安全工程9/149、会计学52/652、行政管理24/303。

4★专业：英语135/924、数学与应用数学75/502、化学工程与工艺63/326、环境工程57/361、消防工程4/18、工商管理73/547。

通信地址：北京市海淀区学院路丁11号
邮政编码：100083
电话号码：010-62331534
学校网址：http://zb.cumtb.edu.cn

11415　中国地质大学（北京）

在中国本科院校竞争力排行榜中的名次135，北京市内排名29/59，理工类排名57/309。

共36个专业参评，其中5★+专业1个，5★专业2个，5★-专业9个，4★专业11个，3★专业11个，2★专业2个。

5★+专业：土地资源管理1/93。

5★专业：资源勘查工程2/49、石油工程1/23。

5★-专业：英语71/924、地理信息科学13/166、地质学2/25、地球化学1/9、水文与水资源工程5/52、地质工程6/56、勘查技术与工程4/35、地下水科学与工程2/15、产品设计28/413。

4★专业：经济学66/345、海洋科学6/30、宝石及材料工艺学4/21、电子信息工程125/645、软件工程105/590、土木工程71/528、测绘工程15/144、土地整治工程3/13、环境工程59/361、安全工程24/149、工商管理80/547。

通信地址：北京市海淀区学院路29号
邮政编码：100083
电话号码：010-82323688/82323788
学校网址：http://zhsh.cugb.edu.cn

10046　中国音乐学院

在中国本科院校竞争力排行榜中的名次149，北京市内排名30/59，艺术类排名4/44。

共2个专业参评，其中5★+专业0个，5★专业2个，5★-专业0个，4★专业0个，3★专业0个，2★专业0个。

5★专业：音乐表演3/248、音乐学6/387。

通信地址：北京市朝阳区安翔路1号
邮政编码：100101
电话号码：010-64887367
学校网址：http://web.cupl.edu.cn

10026　北京中医药大学

在中国本科院校竞争力排行榜中的名次171，北京市内排名31/59，医药类排名13/90。

共15个专业参评，其中5★+专业1个，5★专业2个，5★-专业1个，4★专业3个，3★专业3个，2★专业4个。

5★+专业：中医学1/64。

5★专业：针灸推拿学2/49、中药制药1/20。

5★-专业：中药学6/109。

4★专业：药学40/231、护理学42/278、公共事业管理30/293。

通信地址：北京市朝阳区北三环东路11号
邮政编码：100029
电话号码：010-64286231
学校网址：www.bucm.edu.cn

10043　北京体育大学

在中国本科院校竞争力排行榜中的名次180，北京市内排名32/59，体育类排名1/15。

共30个专业参评，其中5★+专业0个，5★专业7个，5★-专业1个，4★专业3个，3★专业6

个，2★专业8个。

5★专业：体育教育5/319、运动训练2/52、社会体育指导与管理5/235、武术与民族传统体育2/32、运动人体科学1/17、运动康复2/65、休闲体育4/81。

5★-专业：冰雪运动1/7。

4★专业：应用心理学26/244、体育经济与管理3/24、舞蹈表演19/139。

通信地址：北京市海淀区信息路48号
邮政编码：100084
电话号码：010-62989047
学校网址：http://zs.bsu.edu.cn

10030 北京外国语大学

在中国本科院校竞争力排行榜中的名次186，北京市内排名33/59，文法类排名7/64。

共31个专业参评，其中5★+专业5个，5★专业5个，5★-专业5个，4★专业4个，3★专业5个，2★专业6个。

5★+专业：英语4/924、德语1/110、西班牙语1/96、日语3/461、朝鲜语1/101。

5★专业：汉语国际教育9/332、俄语5/155、法语2/141、葡萄牙语1/32、意大利语1/21。

5★-专业：阿拉伯语3/41、马来语1/6、波兰语1/7、土耳其语1/6、新闻学22/314。

4★专业：法学84/584、汉语言文学85/604、越南语5/23、翻译34/254。

通信地址：北京市海淀区西三环北路2号
邮政编码：100089
电话号码：010-88816481
学校网址：http://joinus.bfsu.edu.cn

10040 外交学院

在中国本科院校竞争力排行榜中的名次238，北京市内排名34/59，文法类排名10/64。

共9个专业参评，其中5★+专业0个，5★专业1个，5★-专业0个，4★专业1个，3★专业5个，2★专业2个。

5★专业：外交学1/13。

4★专业：英语178/924。

通信地址：北京市西城区展览馆路24号
邮政编码：100037
电话号码：010-68354353/89146832
学校网址：http://zs.cfau.edu.cn

10048 中央戏剧学院

在中国本科院校竞争力排行榜中的名次265，北京市内排名38/59，艺术类排名8/44。

共6个专业参评，其中5★+专业0个，5★专业4个，5★-专业1个，4★专业0个，3★专业1个，2★专业0个。

5★专业：表演2/139、戏剧影视导演1/31、戏剧影视美术设计2/47、播音与主持艺术12/238。

5★-专业：戏剧影视文学5/88。

通信地址：北京市东城区东棉花胡同39号
邮政编码：100710
电话号码：010-64040702
学校网址：http://zhaosheng.zhongxi.cn

10041 中国人民公安大学

在中国本科院校竞争力排行榜中的名次304，北京市内排名42/59，文法类排名11/64。

共10个专业参评，其中5★+专业0个，5★专业6个，5★-专业3个，4★专业0个，3★专业1个，2★专业0个。

5★专业：治安学1/27、侦查学1/31、公安管理学1/11、警务指挥与战术1/18、交通管理工程1/19、网络安全与执法1/26。

5★-专业：公安情报学1/7、涉外警务1/7、刑事科学技术2/27。

通信地址：北京市西城区木樨地南里1号（木樨地校区）/北京市大兴区团河路中国人民公安大学（团河校区）
邮政编码：100038
电话号码：010-83903097
学校网址：http://zsjy.ppsuc.edu.cn

一 般 大 学

10025 首都医科大学

在中国本科院校竞争力排行榜中的名次85，北京市内排名16/59，医药类排名1/90。

共21个专业参评，其中5★+专业1个，5★专业4个，5★-专业6个，4★专业3个，3★专业5个，2★专业2个。

5★+专业：助产学1/55。

5★专业：临床医学8/186、精神医学2/31、临床药学2/48、康复治疗学8/161。

5★-专业：假肢矫形工程 1/7、口腔医学 7/110、预防医学 8/108、医学检验技术 15/151、护理学 20/278、公共事业管理 19/293。

4★专业：眼视光医学 3/19、药学 28/231、医学影像技术 12/88。

通信地址：北京市丰台区右安门外西头条 10 号
邮政编码：100069
电话号码：010-83911084
学校网址：www.ccmu.edu.cn

10032　北京语言大学

在中国本科院校竞争力排行榜中的名次 129，北京市内排名 27/59，文法类排名 4/64。

共 30 个专业参评，其中 5★+专业 1 个，5★专业 3 个，5★-专业 3 个，4★专业 5 个，3★专业 14 个，2★专业 4 个。

5★+专业：汉语国际教育 1/332。

5★专业：汉语言文学 12/604、英语 28/924、翻译 12/254。

5★-专业：法语 8/141、阿拉伯语 4/41、日语 31/461。

4★专业：西班牙语 15/96、朝鲜语 13/101、葡萄牙语 5/32、网络与新媒体 45/250、财务管理 95/699。

通信地址：北京市海淀区学院路 15 号
邮政编码：100083
电话号码：010-82303943
学校网址：zsb.blcu.edu.cn

10038　首都经济贸易大学

在中国本科院校竞争力排行榜中的名次 245，北京市内排名 35/59，财经类排名 12/82。

共 38 个专业参评，其中 5★+专业 1 个，5★专业 3 个，5★-专业 9 个，4★专业 10 个，3★专业 14 个，2★专业 1 个。

5★+专业：资产评估 1/76。

5★专业：国际经济与贸易 23/688、会计学 22/652、电子商务 24/476。

5★-专业：经济学 32/345、金融学 27/385、商务英语 23/365、统计学 13/194、工商管理 28/547、市场营销 44/646、财务管理 42/699、人力资源管理 30/428、劳动关系 1/8。

4★专业：经济统计学 23/135、税收学 11/89、金融工程 49/259、贸易经济 5/42、法学 94/584、社会工作 44/261、劳动与社会保障 16/135、城市管理 7/52、物流管理 57/455、旅游管理 88/455。

通信地址：北京市丰台区张家路口 121 号
邮政编码：100070
电话号码：010-83952090
学校网址：http://zs.cueb.edu.cn

11417　北京联合大学

在中国本科院校竞争力排行榜中的名次 249，北京市内排名 36/59，综合类排名 55/217。

共 61 个专业参评，其中 5★+专业 0 个，5★专业 1 个，5★-专业 4 个，4★专业 9 个，3★专业 32 个，2★专业 12 个。

5★专业：数字媒体艺术 7/302。

5★-专业：网络与新媒体 21/250、人文地理与城乡规划 7/115、财务管理 38/699、旅游管理 34/455。

4★专业：国际经济与贸易 101/688、计算机科学与技术 143/911、软件工程 117/590、会计学 89/652、人力资源管理 57/428、酒店管理 22/196、表演 22/139、环境设计 94/718、服装与服饰设计 28/234。

通信地址：北京市朝阳区北四环东路 97 号
邮政编码：100101
电话号码：010-64900013
学校网址：https://zsxx.buu.edu.cn

10049　中国戏曲学院

在中国本科院校竞争力排行榜中的名次 257，北京市内排名 37/59，艺术类排名 7/44。

共 13 个专业参评，其中 5★+专业 0 个，5★专业 1 个，5★-专业 0 个，4★专业 3 个，3★专业 6 个，2★专业 1 个。

5★专业：表演 4/139。

4★专业：音乐表演 49/248、戏剧影视文学 10/88、戏剧影视美术设计 8/47。

通信地址：北京市丰台区万泉寺 400 号
邮政编码：100073
电话号码：010-63339858
学校网址：http://zs.nacta.edu.cn

10011　北京工商大学

在中国本科院校竞争力排行榜中的名次 270，北京市内排名 39/59，财经类排名 16/82。

共 49 个专业参评，其中 5★+专业 0 个，5★专业 5 个，5★-专业 3 个，4★专业 10 个，3★专业 19 个，2★专业 11 个。

5★专业：食品科学与工程 8/278、食品质量与安全

8/230、财务管理 22/699、物流管理 15/455、数字媒体艺术 9/302。

5★-专业：贸易经济 3/42、化妆品技术与工程 1/7、市场营销 51/646。

4★专业：金融工程 44/259、国际经济与贸易 117/688、新闻学 40/314、广告学 41/275、应用统计学 22/172、会计学 73/652、人力资源管理 71/428、旅游管理 79/455、视觉传达设计 85/743、产品设计 68/413。

通信地址：北京市海淀区阜成路 33 号
邮政编码：100048
电话号码：010-68984711/68983272/68984682/81353997
学校网址：http://zsb.btbu.edu.cn

10016　北京建筑大学

在中国本科院校竞争力排行榜中的名次 282，北京市内排名 40/59，理工类排名 111/309。

共 33 个专业参评，其中 5★+专业 0 个，5★专业 1 个，5★-专业 5 个，4★专业 2 个，3★专业 19 个，2★专业 3 个。

5★专业：建筑学 14/286。

5★-专业：土木工程 44/528、给排水科学与工程 10/162、建筑电气与智能化 7/72、工程管理 26/396、工程造价 25/257。

4★专业：建筑环境与能源应用工程 25/178、测绘工程 23/144。

通信地址：北京市西城区展览馆路 1 号
邮政编码：100044
电话号码：010-68322507
学校网址：http://zsb.bucea.edu.cn

10050　北京电影学院

在中国本科院校竞争力排行榜中的名次 295，北京市内排名 41/59，艺术类排名 9/44。

共 15 个专业参评，其中 5★+专业 2 个，5★专业 4 个，5★-专业 4 个，4★专业 0 个，3★专业 2 个，2★专业 1 个。

5★+专业：动画 2/278、影视摄影与制作 1/59。

5★专业：表演 5/139、戏剧影视导演 2/31、录音艺术 2/34、摄影 4/78。

5★-专业：电影学 1/7、戏剧影视文学 7/88、戏剧影视美术设计 3/47、漫画 1/7。

通信地址：北京市海淀区西土城路 4 号
邮政编码：100088
电话号码：010-82048291
学校网址：http://www.bfa.edu.cn

10009　北方工业大学

在中国本科院校竞争力排行榜中的名次 309，北京市内排名 43/59，理工类排名 121/309。

共 37 个专业参评，其中 5★+专业 0 个，5★专业 0 个，5★-专业 0 个，4★专业 9 个，3★专业 24 个，2★专业 4 个。

4★专业：日语 83/461、机械设计制造及其自动化 85/521、电气工程及其自动化 61/567、电子信息工程 67/645、自动化 76/453、计算机科学与技术 153/911、数字媒体技术 35/224、工程管理 79/396、会计学 70/652。

通信地址：北京市石景山区晋元庄路 5 号
邮政编码：100144
电话号码：010-88802786
学校网址：http://bkzs.ncut.edu.cn

11232　北京信息科技大学

在中国本科院校竞争力排行榜中的名次 341，北京市内排名 44/59，理工类排名 133/309。

共 42 个专业参评，其中 5★+专业 0 个，5★专业 1 个，5★-专业 0 个，4★专业 8 个，3★专业 24 个，2★专业 8 个。

5★专业：网络工程 7/315。

4★专业：机械设计制造及其自动化 90/521、测控技术与仪器 34/202、电子信息工程 72/645、通信工程 65/511、自动化 70/453、计算机科学与技术 102/911、智能科学与技术 19/159、财务管理 106/699。

通信地址：北京市海淀区清河小营东路 12 号
邮政编码：100192
电话号码：010-82426126
学校网址：www.bistu.edu.cnjy/bks

10031　北京第二外国语学院

在中国本科院校竞争力排行榜中的名次 374，北京市内排名 45/59，文法类排名 15/64。

共 26 个专业参评，其中 5★+专业 1 个，5★专业 0 个，5★-专业 4 个，4★专业 5 个，3★专业 13 个，2★专业 3 个。

5★+专业：酒店管理 2/196。

5★-专业：日语 24/461、商务英语 27/365、旅游管理 24/455、会展经济与管理 8/104。

4★专业：英语 108/924、俄语 21/155、阿拉伯语 6/41、翻译 29/254、市场营销 97/646。

通信地址：北京市朝阳区定福庄南里1号
邮政编码：100024
电话号码：010-65778007
学校网址：http://zs.bisu.edu.cn

通信地址：北京市大兴区黄村镇清源北路19号
邮政编码：102617
电话号码：010-81292235
学校网址：http://zhaosheng.bipt.edu.cn

10015　北京印刷学院

在中国本科院校竞争力排行榜中的名次376，北京市内排名46/59，理工类排名143/309。

共25个专业参评，其中5★+专业0个，5★专业2个，5★-专业2个，4★专业3个，3★专业8个，2★专业8个。

5★专业：网络与新媒体13/250、数字出版1/14。

5★-专业：编辑出版学3/42、数字媒体艺术20/302。

4★专业：新闻学51/314、广告学43/275、市场营销101/646。

通信地址：北京市大兴区兴华大街（二段）1号
邮政编码：102600
电话号码：010-60227871
学校网址：zhaosheng.bigc.edu.cn

10029　首都体育学院

在中国本科院校竞争力排行榜中的名次383，北京市内排名47/59，体育类排名6/15。

共12个专业参评，其中5★+专业0个，5★专业1个，5★-专业3个，4★专业2个，3★专业3个，2★专业3个。

5★专业：体育教育14/319。

5★-专业：社会体育指导与管理 23/235、运动康复5/65、休闲体育6/81。

4★专业：运动训练 8/52、武术与民族传统体育4/32。

通信地址：北京市海淀区北三环西路11号
邮政编码：100191
电话号码：010-82090776/82099026
学校网址：http://aeo.cupes.edu.cn

10017　北京石油化工学院

在中国本科院校竞争力排行榜中的名次394，北京市内排名48/59，理工类排名149/309。

共27个专业参评，其中5★+专业0个，5★专业0个，5★-专业0个，4★专业2个，3★专业15个，2★专业10个。

4★专业：机械电子工程 48/300、高分子材料与工程26/182。

10012　北京服装学院

在中国本科院校竞争力排行榜中的名次455，北京市内排名49/59，理工类排名163/309。

共25个专业参评，其中5★+专业1个，5★专业0个，5★-专业2个，4★专业4个，3★专业9个，2★专业9个。

5★+专业：服装与服饰设计1/234。

5★-专业：服装设计与工程5/61、艺术与科技5/57。

4★专业：摄影9/78、产品设计44/413、公共艺术7/58、数字媒体艺术36/302。

通信地址：北京市朝阳区樱花东街甲2号
邮政编码：100029
电话号码：010-64288364
学校网址：http://bkzs.bift.edu.cn

10051　北京舞蹈学院

在中国本科院校竞争力排行榜中的名次468，北京市内排名50/59，艺术类排名22/44。

共5个专业参评，其中5★+专业1个，5★专业2个，5★-专业0个，4★专业0个，3★专业0个，2★专业2个。

5★+专业：舞蹈编导1/69。

5★专业：舞蹈表演2/139、舞蹈学3/201。

通信地址：北京市海淀区万寿寺路1号
邮政编码：100081
电话号码：010-68935788
学校网址：http://www.bda.edu.cn

10020　北京农学院

在中国本科院校竞争力排行榜中的名次487，北京市内排名51/59，农林类排名35/43。

共28个专业参评，其中5★+专业0个，5★专业0个，5★-专业1个，4★专业0个，3★专业12个，2★专业15个。

5★-专业：环境设计67/718。

通信地址：北京市昌平区回龙观镇北农路7号
邮政编码：102206
电话号码：010-80799334
学校网址：http://www.bac.edu.cn

10018　北京电子科技学院

在中国本科院校竞争力排行榜中的名次521，北京市内排名52/59，理工类排名179/309。

共9个专业参评，其中5★+专业0个，5★专业0个，5★-专业0个，4★专业0个，3★专业4个，2★专业4个。

通信地址：北京市丰台区富丰路7号
邮政编码：100070
电话号码：010-83635284
学校网址：http://www.bfa.edu.cn

10042　国际关系学院

在中国本科院校竞争力排行榜中的名次526，北京市内排名53/59，文法类排名20/64。

共10个专业参评，其中5★+专业0个，5★专业0个，5★-专业0个，4★专业1个，3★专业5个，2★专业4个。

4★专业：英语182/924。

通信地址：北京市海淀区坡上村12号
邮政编码：100091
电话号码：010-62861579
学校网址：http://www.uir.edu.cn

12453　中国劳动关系学院

在中国本科院校竞争力排行榜中的名次545，北京市内排名54/59，文法类排名22/64。

共16个专业参评，其中5★+专业0个，5★专业0个，5★-专业0个，4★专业1个，3★专业6个，2★专业9个。

4★专业：劳动关系2/8。

通信地址：北京市海淀区增光路45号
邮政编码：100048
电话号码：010-68416757/68411395
学校网址：http://news.culr.edu.cn

10037　北京物资学院

在中国本科院校竞争力排行榜中的名次560，北京市内排名55/59，财经类排名39/82。

共21个专业参评，其中5★+专业0个，5★专业1个，5★-专业0个，4★专业3个，3★专业13个，2★专业4个。

5★专业：物流管理8/455。

4★专业：财务管理139/699、物流工程21/111、供应链管理5/23。

通信地址：北京市通州区富河大街321号
邮政编码：101149
电话号码：010-89534409
学校网址：http://zs.bwu.edu.cn

11149　中华女子学院

在中国本科院校竞争力排行榜中的名次628，北京市内排名57/59，综合类排名112/217。

共15个专业参评，其中5★+专业0个，5★专业0个，5★-专业1个，4★专业0个，3★专业4个，2★专业8个。

5★-专业：学前教育34/395。

通信地址：北京市朝阳区育慧东路1号
邮政编码：100101
电话号码：010-84659299/84659611
学校网址：http://zhaosheng.cwu.edu.cn

14019　北京警察学院

在中国本科院校竞争力排行榜中的名次839，北京市内排名58/59，文法类排名51/64。

共7个专业参评，其中5★+专业0个，5★专业0个，5★-专业0个，4★专业0个，3★专业1个，2★专业3个。

通信地址：北京市昌平区南口镇南涧路11号
邮政编码：102202
电话号码：010-89767080
学校网址：http://www.bjpc.edu.cn

民办院校

11418　北京城市学院

在中国民办院校竞争力排行榜中的名次6，北京市内排名56/59，综合类排名103/217。

共58个专业参评，其中5★+专业0个，5★专业0个，5★-专业2个，4★专业2个，3★专业12个，2★专业36个。

5★-专业：视觉传达设计38/743、环境设计63/718。

4★专业：表演25/139、产品设计62/413。

通信地址：北京市海淀区北四环中路269号
邮政编码：100083
电话号码：010-62321818
学校网址：http://zs.bcu.edu.cn

12802 吉利学院

在中国民办院校竞争力排行榜中的名次106，北京市内排名59/59，理工类排名263/309。

共26个专业参评，其中5★+专业0个，5★专业0个，5★-专业1个，4★专业1个，3★专业5个，2★专业15个。

5★-专业：市场营销62/646。

4★专业：物流管理89/455。

通信地址：北京市昌平区马池口
邮政编码：102202
电话号码：010-60751995
学校网址：http://www.bgu.edu.cn

江苏省

一流大学

10284 南京大学

在中国本科院校竞争力排行榜中的名次 7，江苏省内排名 1/52，综合类排名 5/217。

共 74 个专业参评，其中 5★+专业 8 个，5★专业 22 个，5★-专业 16 个，4★专业 13 个，3★专业 12 个，2★专业 3 个。

5★+专业：经济学 1/345、社会工作 3/261、汉语言文学 2/604、汉语国际教育 3/332、英语 1/924、软件工程 3/590、信息管理与信息系统 1/391、工商管理 4/547。

5★专业：哲学 4/70、金融工程 4/259、新闻学 11/314、广播电视学 4/166、广告学 6/275、历史学 4/244、物理学 8/270、应用物理学 8/151、化学 6/295、应用化学 9/375、天文学 1/12、地理信息科学 3/166、生物科学 14/271、电子信息科学与技术 4/191、人工智能 5/176、计算机科学与技术 12/911、环境工程 7/361、环境科学 6/181、市场营销 10/646、会计学 26/652、财务管理 20/699、行政管理 13/303。

5★-专业：德语 9/110、法语 9/141、西班牙语 7/96、数学与应用数学 26/502、自然地理与资源环境 4/50、人文地理与城乡规划 8/115、大气科学 2/17、生物技术 19/295、材料化学 11/137、新能源科学与工程 9/109、通信工程 39/511、光电信息科学与工程 16/217、建筑学 28/286、劳动与社会保障 8/135、图书馆学 2/19、电子商务 33/476。

4★专业：保险学 15/109、政治学与行政学 11/83、国际政治 7/35、编辑出版学 5/42、信息与计算科学 48/316、地质学 5/25、生态学 14/73、应用心理学 33/244、材料物理 15/73、微电子科学与工程 16/92、城乡规划 22/207、档案学 4/33、工业工程 18/150。

通信地址：江苏省南京市汉口路 22 号
邮政编码：210093
电话号码：400-1859680
学校网址：http://www.nju.edu.cn

10286 东南大学

在中国本科院校竞争力排行榜中的名次 14，江苏省内排名 2/52，理工类排名 6/309。

共 66 个专业参评，其中 5★+专业 11 个，5★专业 16 个，5★-专业 12 个，4★专业 17 个，3★专业 9 个，2★专业 1 个。

5★+专业：测控技术与仪器 2/202、电子科学与技术 1/161、信息工程 1/64、人工智能 2/176、机器人工程 1/223、计算机科学与技术 8/911、网络空间安全 1/64、土木工程 4/528、道路桥梁与渡河工程 1/73、医学影像学 1/76、物流管理 1/455。

5★专业：金融工程 12/259、法学 15/584、机械工程 4/124、能源与动力工程 4/196、电气工程及其自动化 12/567、自动化 11/453、物联网工程 7/498、建筑环境与能源应用工程 8/178、城市地下空间工程 3/71、交通工程 5/107、建筑学 4/286、城乡规划 3/207、工程管理 5/396、动画 4/278、美术学 14/337、产品设计 10/413。

5★-专业：日语 33/461、生物信息学 3/36、材料科学与工程 21/216、软件工程 33/590、给排水科学与工程 11/162、化学工程与工艺 29/326、环境工程 23/361、生物医学工程 8/115、风景园林 10/181、生物工程 15/243、信息管理与信息系统 21/391、电子商务 28/476。

4★专业：经济学 56/345、汉语言文学 79/604、数学与应用数学 55/502、信息与计算科学 35/316、物理学 41/270、应用物理学 22/151、化学 51/295、统计学 29/194、智能建造 3/19、测绘工程 21/144、制药工程 41/251、交通运输 21/117、医学检验技术 19/151、工商管理 56/547、会计学 84/652、劳动与社会保障 17/135、旅游管理 53/455。

通信地址：江苏省南京市江宁区东南大学路 2 号
邮政编码：211189
电话号码：400-6910286
学校网址：http://www.seu.edu.cn

10285 苏州大学

在中国本科院校竞争力排行榜中的名次 35，江苏省内排名 3/52，综合类排名 13/217。

共 110 个专业参评，其中 5★+专业 0 个，5★专业 4 个，5★-专业 21 个，4★专业 33 个，3★专业 46 个，2★专业 6 个。

5★专业：知识产权 4/79、秘书学 4/114、英语 25/924、电气工程与智能控制 1/29。

5★-专业：法学 34/584、体育教育 17/319、运动康复

4/65、汉语言文学 32/604、汉语国际教育 19/332、日语 40/461、数学与应用数学 31/502、信息与计算科学 31/316、物理学 19/270、化学 19/295、应用化学 34/375、新能源材料与器件 9/91、电子信息工程 36/645、计算机科学与技术 57/911、软件工程 36/590、药学 18/231、护理学 24/278、城市管理 5/52、物流管理 28/455、环境设计 69/718、服装与服饰设计 14/234。

4★专业：金融学 59/385、思想政治教育 32/264、俄语 19/155、翻译 36/254、新闻学 37/314、广告学 48/275、网络与新媒体 28/250、历史学 38/244、应用心理学 30/244、统计学 32/194、机械电子工程 49/300、测控技术与仪器 36/202、材料科学与工程 26/216、金属材料工程 11/79、高分子材料与工程 21/182、功能材料 6/44、纳米材料与技术 2/10、电气工程及其自动化 74/567、通信工程 61/511、光电信息科学与工程 39/217、轨道交通信号与控制 12/60、纺织工程 5/41、服装设计与工程 9/61、食品质量与安全 39/230、临床医学 28/186、医学影像学 10/76、工商管理 63/547、会计学 95/652、行政管理 46/303、音乐表演 45/248、美术学 37/337、艺术设计学 7/50、数字媒体艺术 43/302。

通信地址：江苏省苏州市十梓街1号
邮政编码：215021
电话号码：0512-67507943/67507941
学校网址：http://zsb.suda.edu.cn

10287　南京航空航天大学

在中国本科院校竞争力排行榜中的名次 37，江苏省内排名 4/52，理工类排名 20/309。

共 50 个专业参评，其中 5★+专业 1 个，5★专业 10 个，5★-专业 16 个，4★专业 10 个，3★专业 12 个，2★专业 1 个。

5★+专业：自动化 5/453。

5★专业：信息与计算科学 12/316、工程力学 2/78、机械工程 6/124、工业设计 8/226、信息工程 3/64、计算机科学与技术 40/911、物联网工程 8/498、交通运输 6/150、信息管理与信息系统 12/391、工业工程 6/150。

5★-专业：国际经济与贸易 54/688、英语 88/924、日语 44/461、车辆工程 25/260、材料科学与工程 14/216、新能源材料与器件 8/91、能源与动力工程 18/196、电气工程及其自动化 35/567、光电信息科学与工程 15/217、机器人工程 19/223、软件工程 41/590、飞行技术 2/19、航空航天工程 2/16、飞行器设计与工程 3/29、飞行器制造工程 3/33、飞行器适航技术 1/7。

4★专业：金融学 69/385、法学 87/584、应用物理学 21/151、应用化学 67/375、测控技术与仪器 25/202、人工智能 22/176、土木工程 93/528、飞行器动力工程 3/24、公共事业管理 55/293、环境设计 137/718。

通信地址：江苏省南京市御道街29号
邮政编码：210016
电话号码：025-84892899
学校网址：www.nuaa.edu.cn

10288　南京理工大学

在中国本科院校竞争力排行榜中的名次 41，江苏省内排名 5/52，理工类排名 22/309。

共 58 个专业参评，其中 5★+专业 0 个，5★专业 10 个，5★-专业 12 个，4★专业 18 个，3★专业 16 个，2★专业 2 个。

5★专业：新能源科学与工程 5/109、电子信息工程 12/645、通信工程 26/511、光电信息科学与工程 4/217、自动化 23/453、计算机科学与技术 25/911、软件工程 23/590、智能科学与技术 6/159、环境工程 10/361、信息管理与信息系统 6/391。

5★-专业：社会工作 24/261、应用化学 31/375、机械工程 7/124、工业设计 20/226、材料科学与工程 16/216、材料化学 10/137、高分子材料与工程 16/182、电气工程及其自动化 51/567、智能电网信息工程 3/29、电子科学与技术 15/161、轨道交通信号与控制 6/60、化学工程与工艺 27/326。

4★专业：国际经济与贸易 129/688、英语 93/924、数学与应用数学 78/502、信息与计算科学 38/316、材料成型及控制工程 30/228、车辆工程 28/260、智能制造工程 13/117、测控技术与仪器 31/202、材料物理 14/73、能源与动力工程 36/196、微电子科学与工程 13/92、机器人工程 44/223、建筑环境与能源应用工程 35/178、制药工程 48/251、安全工程 28/149、生物工程 32/243、会计学 129/652、人力资源管理 65/428。

通信地址：江苏省南京市孝陵卫200号
邮政编码：210094
电话号码：025-84432546
学校网址：http://zsb.njust.edu.cn

10294　河海大学

在中国本科院校竞争力排行榜中的名次 51，江苏省内排名 6/52，理工类排名 29/309。

共 57 个专业参评，其中 5★+专业 2 个，5★专业 12 个，5★-专业 12 个，4★专业 14 个，3★专业 17 个，2★专业 0 个。

5★+专业：土木工程5/528、水文与水资源工程1/52。

5★专业：国际经济与贸易33/688、思想政治教育9/264、通信工程19/511、机器人工程3/223、计算机科学与技术38/911、物联网工程16/498、给排水科学与工程5/162、港口航道与海岸工程2/33、测绘工程5/144、农业水利工程2/32、环境工程13/361、工程管理10/396。

5★-专业：电气工程及其自动化41/567、电子信息工程44/645、水利水电工程5/84、水务工程1/7、交通工程10/107、环境科学14/181、信息管理与信息系统23/391、大数据管理与应用7/69、工商管理52/547、会计学53/652、财务管理53/699、人力资源管理28/428。

4★专业：金融工程52/259、法学91/584、英语98/924、广播电视学21/166、数学与应用数学85/502、工程力学13/78、自动化61/453、智能科学与技术17/159、遥感科学与技术8/41、地质工程11/56、土地整治工程2/13、环境生态工程8/63、市场营销128/646、劳动与社会保障23/135。

通信地址：江苏省南京市西康路1号
邮政编码：210098
电话号码：025-58099483
学校网址：sea.hhu.edu.cn

10319　南京师范大学

在中国本科院校竞争力排行榜中的名次52，江苏省内排名7/52，师范类排名3/160。

共74个专业参评，其中5★+专业4个，5★专业12个，5★-专业10个，4★专业20个，3★专业24个，2★专业4个。

5★+专业：学前教育1/395、小学教育3/256、地理信息科学1/166、音乐学3/387。

5★专业：法学17/584、思想政治教育5/264、体育教育8/319、社会体育指导与管理4/235、汉语言文学28/604、秘书学6/114、英语19/924、新闻学16/314、网络与新媒体5/250、应用心理学6/244、播音与主持艺术4/238、美术学11/337。

5★-专业：教育技术学11/127、汉语国际教育30/332、俄语14/155、日语35/461、广告学18/275、地理科学10/160、人文地理与城乡规划10/115、生物科学27/271、电气工程及其自动化44/567、产品设计29/413。

4★专业：哲学12/70、金融学72/385、国际经济与贸易90/688、教育学15/84、汉语言5/23、法语22/141、朝鲜语20/101、历史学35/244、文物与博物馆学7/48、数学与应用数学64/502、信息与计算科学36/316、物理学47/270、应用化学66/375、计算机科学与技术150/911、生物工程28/243、人力资源管理47/428、旅游管理57/455、舞蹈学29/201、广播电视编导33/239、绘画19/174。

通信地址：江苏省南京市宁海路122号
邮政编码：210097
电话号码：025-83720759
学校网址：bkzs.njnu.edu.cn

10295　江南大学

在中国本科院校竞争力排行榜中的名次56，江苏省内排名8/52，综合类排名20/217。

共51个专业参评，其中5★+专业5个，5★专业6个，5★-专业16个，4★专业10个，3★专业12个，2★专业2个。

5★+专业：物联网工程5/498、食品科学与工程1/278、食品质量与安全1/230、生物工程2/243、产品设计2/413。

5★专业：数字媒体技术5/224、制药工程9/251、包装工程1/41、视觉传达设计21/743、服装与服饰设计10/234、数字媒体艺术6/302。

5★-专业：国际经济与贸易49/688、英语81/924、应用化学26/375、生物技术21/295、工业设计17/226、自动化25/453、计算机科学与技术86/911、化学工程与工艺30/326、纺织工程3/41、服装设计与工程6/61、环境工程21/361、酿酒工程2/19、工业工程9/150、音乐学38/387、环境设计72/718、公共艺术4/58。

4★专业：法学115/584、社会工作36/261、教育技术学14/127、小学教育30/256、机械工程23/124、机械电子工程52/300、高分子材料与工程34/182、电气工程及其自动化82/567、轻化工程7/39、工商管理90/547。

通信地址：江苏省无锡市蠡湖大道1800号
邮政编码：214122
电话号码：0510-85915666
学校网址：http://admission.jiangnan.edu.cn

10307　南京农业大学

在中国本科院校竞争力排行榜中的名次60，江苏省内排名9/52，农林类排名3/43。

共62个专业参评，其中5★+专业3个，5★专业11个，5★-专业8个，4★专业14个，3★专业22个，2★专业4个。

5★+专业：农学1/76、植物保护1/56、农林经济管理1/63。

5★专业：金融学17/385、投资学5/135、国际经济与贸易31/688、食品科学与工程6/278、食品质量与安全

12/230、园艺 2/107、种子科学与工程 1/38、农业资源与环境 1/49、动物科学 4/84、动物药学 1/23、土地资源管理 2/93。

5★-专业：生物科学 20/271、生物技术 23/295、风景园林 14/181、设施农业科学与工程 3/39、动物医学 6/75、工程管理 37/396、公共事业管理 18/293、劳动与社会保障 10/135。

4★专业：英语 95/924、日语 63/461、电子信息科学与技术 36/191、人工智能 35/176、环境科学 30/181、生物工程 47/243、园林 15/138、信息管理与信息系统 42/391、工商管理 102/547、人力资源管理 58/428、农村区域发展 3/23、行政管理 32/303、工业工程 25/150、旅游管理 70/455。

通信地址：江苏省南京市玄武区卫岗1号
邮政编码：210095
电话号码：025-84395708
学校网址：www.njau.edu.cn

10290　中国矿业大学

在中国本科院校竞争力排行榜中的名次 64，江苏省内排名 10/52，理工类排名 35/309。

共59个专业参评，其中5★+专业2个，5★专业8个，5★-专业14个，4★专业15个，3★专业18个，2★专业1个。

5★+专业：采矿工程 1/50、工程管理 4/396。

5★专业：电气工程及其自动化 27/567、电子信息工程 25/645、机器人工程 7/223、数据科学与大数据技术 9/544、土木工程 26/528、测绘工程 4/144、矿物加工工程 1/38、安全工程 7/149。

5★-专业：国际经济与贸易 44/688、社会体育指导与管理 18/235、智能制造工程 11/117、电子信息科学与技术 17/191、计算机科学与技术 91/911、建筑环境与能源应用工程 16/178、消防工程 2/18、大数据管理与应用 6/69、市场营销 64/646、会计学 62/652、人力资源管理 41/428、行政管理 27/303、土地资源管理 8/93、环境设计 60/718。

4★专业：英语 128/924、数学与应用数学 59/502、应用化学 73/375、机械工程 17/124、工业设计 28/226、人工智能 29/176、自动化 50/453、化学工程与工艺 43/326、地质工程 8/56、交通运输 17/117、环境工程 41/361、建筑学 53/286、生物工程 41/243、工业工程 26/150、电子商务 79/476。

通信地址：江苏省徐州市大学路1号
邮政编码：221116
电话号码：0516-83591555/83591666
学校网址：http://zs.cumt.edu.cn

10293　南京邮电大学

在中国本科院校竞争力排行榜中的名次 106，江苏省内排名 14/52，理工类排名 50/309。

共46个专业参评，其中5★+专业3个，5★专业8个，5★-专业2个，4★专业9个，3★专业20个，2★专业4个。

5★+专业：应用统计学 2/172、通信工程 3/511、网络工程 2/315。

5★专业：电子信息工程 9/645、光电信息科学与工程 8/217、广播电视工程 1/12、电磁场与无线技术 1/12、计算机科学与技术 32/911、物联网工程 19/498、数字媒体技术 8/224、数据科学与大数据技术 22/544。

5★-专业：电子科学与技术 10/161、微电子科学与工程 6/92。

4★专业：信息与计算科学 62/316、人文地理与城乡规划 14/115、自动化 83/453、软件工程 60/590、信息安全 18/116、市场营销 122/646、物流管理 87/455、动画 35/278、数字媒体艺术 48/302。

通信地址：江苏省南京市亚东新城区文苑路9号
邮政编码：210023
电话号码：025-85866669/85866668
学校网址：http://zs.njupt.edu.cn

10300　南京信息工程大学

在中国本科院校竞争力排行榜中的名次 128，江苏省内排名 16/52，理工类排名 54/309。

共65个专业参评，其中5★+专业0个，5★专业5个，5★-专业4个，4★专业12个，3★专业35个，2★专业9个。

5★专业：金融工程 13/259、大气科学 1/17、应用气象学 1/12、网络工程 15/315、数字媒体艺术 10/302。

5★-专业：国际经济与贸易 58/688、电子信息工程 63/645、物联网工程 35/498、数据科学与大数据技术 40/544。

4★专业：数学与应用数学 71/502、信息与计算科学 57/316、应用统计学 28/172、通信工程 94/511、机器人工程 38/223、计算机科学与技术 108/911、软件工程 103/590、给排水科学与工程 22/162、地理空间信息工程 2/9、环境科学 26/181、信息管理与信息系统 67/391、动画 52/278。

通信地址：江苏省南京市宁六路219号
邮政编码：210044
电话号码：025-58731378
学校网址：http://zs.nuist.edu.cn

10316 中国药科大学

在中国本科院校竞争力排行榜中的名次160，江苏省内排名17/52，医药类排名12/90。

共21个专业参评，其中5★+专业4个，5★专业5个，5★-专业3个，4★专业2个，3★专业5个，2★专业2个。

5★+专业：生物制药 1/101、药学 1/231、药物制剂 1/86、中药学 1/109。

5★专业：制药工程 7/251、临床药学 1/48、药事管理 1/11、药物分析 1/17、中药资源与开发 1/37。

5★-专业：食品质量与安全 16/230、药物化学 1/8、中药制药 2/20。

4★专业：英语 184/924、生物技术 36/295。

通信地址：江苏省南京市鼓楼区中央路童家巷24号
邮政编码：210009
电话号码：025-83271319/83271422
学校网址：http://zb.cpu.edu.cn

10298 南京林业大学

在中国本科院校竞争力排行榜中的名次169，江苏省内排名18/52，农林类排名10/43。

共66个专业参评，其中5★+专业1个，5★专业3个，5★-专业3个，4★专业12个，3★专业37个，2★专业10个。

5★+专业：环境设计 6/718。

5★专业：机械电子工程 13/300、木材科学与工程 1/16、风景园林 9/181。

5★-专业：机械设计制造及其自动化 45/521、园林 10/138、产品设计 27/413。

4★专业：金融工程 38/259、广告学 53/275、生物技术 49/295、生态学 15/73、工业设计 39/226、土木工程 77/528、交通工程 16/107、林产化工 2/9、城乡规划 31/207、林学 6/46、森林保护 3/19、视觉传达设计 120/743。

通信地址：江苏省南京市龙蟠路159号
邮政编码：210037
电话号码：025-85438141
学校网址：http://zsb.njfu.edu.cn

10315 南京中医药大学

在中国本科院校竞争力排行榜中的名次172，江苏省内排名19/52，医药类排名14/90。

共31个专业参评，其中5★+专业0个，5★专业3个，5★-专业3个，4★专业7个，3★专业10个，2★专业6个。

5★专业：中医康复学 1/13、中药学 4/109、护理学 11/278。

5★-专业：中医学 5/64、中西医临床医学 5/50、中药资源与开发 4/37。

4★专业：食品质量与安全 28/230、生物制药 14/101、药学 24/231、中药制药 4/20、康复治疗学 25/161、公共事业管理 33/293、健康服务与管理 14/95。

通信地址：江苏省南京市仙林大学城仙林大道138号
邮政编码：210023
电话号码：025-85811852
学校网址：http://zs.njucm.edu.cn

一般大学

11117 扬州大学

在中国本科院校竞争力排行榜中的名次 68，江苏省内排名11/52，综合类排名21/217。

共104个专业参评，其中5★+专业0个，5★专业4个，5★-专业7个，4★专业32个，3★专业45个，2★专业16个。

5★专业：食品质量与安全 9/230、烹饪与营养教育 1/20、动物医学 2/75、环境设计 30/718。

5★-专业：社会体育指导与管理 22/235、汉语言文学 31/604、汉语国际教育 21/332、秘书学 8/114、翻译 20/254、化学 26/295、公共艺术 6/58。

4★专业：法学 64/584、社会工作 50/261、思想政治教育 40/264、小学教育 36/256、体育教育 49/319、英语 161/924、法语 26/141、日语 62/461、历史学 47/244、数学与应用数学 65/502、信息与计算科学 58/316、应用化学 40/375、机械设计制造及其自动化 68/521、高分子材料与工程 27/182、电气工程及其自动化 102/567、自动化 91/453、计算机科学与技术 99/911、土木工程 75/528、建筑环境与能源应用工程 36/178、水利水电工程 17/84、农业水利工程 5/32、食品科学与工程 42/278、农学 14/76、园艺 16/107、种子科学与工程 7/38、动物科学 11/84、动植物检疫 3/24、会计学 100/652、农村区域发展 5/23、旅游管理 49/455、音乐学 43/387、美术学 45/337。

通信地址：江苏省扬州市大学南路88号
邮政编码：225009
电话号码：86-0514-87971858
学校网址：http://www.yzu.edu.cn

10299　江苏大学

在中国本科院校竞争力排行榜中的名次 82，江苏省内排名 12/52，综合类排名 25/217。

共80个专业参评，其中5★+专业0个，5★专业7个，5★-专业13个，4★专业19个，3★专业34个，2★专业7个。

5★专业：机械电子工程 10/300、车辆工程 9/260、能源与动力工程 9/196、电气工程及其自动化 16/567、农业电气化 1/12、医学检验技术 6/151、人力资源管理 17/428。

5★-专业：机械设计制造及其自动化 27/521、智能制造工程 7/117、计算机科学与技术 67/911、物联网工程 37/498、环保设备工程 2/15、食品科学与工程 17/278、食品质量与安全 13/230、信息管理与信息系统 33/391、工程管理 27/396、市场营销 38/646、财务管理 40/699、公共事业管理 23/293、物流管理 32/455。

4★专业：国际经济与贸易 131/688、数学与应用数学 74/502、材料成型及控制工程 34/228、工业设计 29/226、测控技术与仪器 30/202、金属材料工程 9/79、复合材料与工程 6/44、新能源科学与工程 14/109、电子信息工程 74/645、通信工程 63/511、光电信息科学与工程 41/217、自动化 63/453、软件工程 98/590、智能科学与技术 26/159、土木工程 104/528、环境工程 46/361、工商管理 70/547、会计学 74/652、美术学 60/337。

通信地址：江苏省镇江市学府路301号
邮政编码：212013
电话号码：0511-88780048
学校网址：zb.ujs.edu.cn

10291　南京工业大学

在中国本科院校竞争力排行榜中的名次 105，江苏省内排名 13/52，理工类排名 49/309。

共83个专业参评，其中5★+专业0个，5★专业3个，5★-专业7个，4★专业13个，3★专业49个，2★专业11个。

5★专业：化学工程与工艺 11/326、制药工程 4/251、安全工程 4/149。

5★-专业：应用化学 33/375、过程装备与控制工程 6/96、无机非金属材料工程 6/77、新能源科学与工程 8/109、土木工程 30/528、建筑学 24/286、生物工程 13/243。

4★专业：法学 88/584、化学 45/295、材料科学与工程 40/216、电气工程及其自动化 78/567、电子信息工程 116/645、人工智能 26/176、计算机科学与技术 151/911、建筑环境与能源应用工程 24/178、测绘工程 24/144、轻化工程 8/39、城乡规划 24/207、工程管理 65/396、房地产开发与管理 11/55。

通信地址：江苏省南京市浦口区浦珠南路30号
邮政编码：211816
电话号码：025-58139090
学校网址：zhaosheng.njtech.edu.cn

10312　南京医科大学

在中国本科院校竞争力排行榜中的名次 109，江苏省内排名 15/52，医药类排名 3/90。

共25个专业参评，其中5★+专业0个，5★专业8个，5★-专业5个，4★专业3个，3★专业7个，2★专业2个。

5★专业：应用统计学 7/172、儿科学 2/42、口腔医学 5/110、预防医学 4/108、眼视光学 1/27、康复治疗学 3/161、卫生检验与检疫 2/47、智能医学工程 1/20。

5★-专业：临床医学 12/186、药学 15/231、医学检验技术 9/151、护理学 17/278、公共事业管理 20/293。

4★专业：生物医学工程 16/115、医学影像学 12/76、医学影像技术 10/88。

通信地址：江苏省南京市汉中路140号
邮政编码：210029
电话号码：025-86863443/86862670/86862667
学校网址：http://zs.njmu.edu.cn

10320　江苏师范大学

在中国本科院校竞争力排行榜中的名次 176，江苏省内排名 20/52，师范类排名 21/160。

共61个专业参评，其中5★+专业0个，5★专业2个，5★-专业5个，4★专业9个，3★专业39个，2★专业6个。

5★专业：小学教育 8/256、汉语国际教育 14/332。

5★-专业：金融工程 18/259、社会工作 25/261、汉语言文学 57/604、英语 91/924、美术学 22/337。

4★专业：学前教育 58/395、体育教育 57/319、秘书学 12/114、翻译 40/254、广播电视学 28/166、数学与应用数学 76/502、轨道交通信号与控制 10/60、文化产业管理 29/149、音乐学 46/387。

通信地址：江苏省徐州市铜山区上海路101号
邮政编码：221116
电话号码：0516-83403064
学校网址：www.xznu.edu.cn

10304 南通大学

在中国本科院校竞争力排行榜中的名次178，江苏省内排名21/52，综合类排名44/217。

共77个专业参评，其中5★+专业0个，5★专业0个，5★-专业5个，4★专业16个，3★专业35个，2★专业20个。

5★-专业：学前教育32/395、英语54/924、电子信息工程56/645、建筑电气与智能化6/72、医学影像学8/76。

4★专业：国际经济与贸易78/688、汉语言文学63/604、汉语国际教育62/332、秘书学23/114、日语91/461、电气工程及其自动化83/567、通信工程53/511、数据科学与大数据技术105/544、服装设计与工程12/61、非织造材料与工程2/11、临床医学34/186、医学检验技术30/151、康复治疗学18/161、工程管理64/396、音乐学67/387、美术学46/337。

通信地址：江苏省南通市啬园路9号（主校区）/启秀路19号（启秀校区）/通京大道999号（钟秀校区）
邮政编码：226019
电话号码：0513-85012170
学校网址：http://zs.ntu.edu.cn

10331 南京艺术学院

在中国本科院校竞争力排行榜中的名次211，江苏省内排名22/52，艺术类排名5/44。

共36个专业参评，其中5★+专业5个，5★专业8个，5★-专业5个，4★专业8个，3★专业7个，2★专业3个。

5★+专业：音乐学2/387、舞蹈表演1/139、美术学1/337、书法学1/111、公共艺术1/58。

5★专业：音乐表演7/248、表演3/139、动画9/278、影视摄影与制作2/59、绘画5/174、艺术设计学2/50、视觉传达设计33/743、工艺美术4/85。

5★-专业：艺术管理2/16、舞蹈编导5/69、雕塑4/57、摄影5/78、环境设计62/718。

4★专业：作曲与作曲技术理论5/36、舞蹈学24/201、广播电视编导29/239、戏剧影视导演6/31、戏剧影视美术设计7/47、录音艺术7/34、中国画6/29、产品设计52/413。

通信地址：江苏省南京市北京西路74号
邮政编码：210013
电话号码：025-83498055/83498382
学校网址：http://zhaosheng.nua.edu.cn

10292 常州大学

在中国本科院校竞争力排行榜中的名次222，江苏省内排名23/52，理工类排名88/309。

共64个专业参评，其中5★+专业0个，5★专业0个，5★-专业0个，4★专业11个，3★专业36个，2★专业17个。

4★专业：休闲体育15/81、应用化学54/375、高分子材料与工程23/182、计算机科学与技术107/911、数据科学与大数据技术104/544、化学工程与工艺41/326、制药工程39/251、油气储运工程6/34、环境工程56/361、安全工程18/149、数字媒体艺术55/302。

通信地址：江苏省常州市科教城武进校区(校本部)
邮政编码：213164
电话号码：0519-86334485
学校网址：cdzs.cczu.edu.cn

10289 江苏科技大学

在中国本科院校竞争力排行榜中的名次233，江苏省内排名24/52，理工类排名93/309。

共61个专业参评，其中5★+专业0个，5★专业0个，5★-专业1个，4★专业12个，3★专业32个，2★专业16个。

5★-专业：焊接技术与工程3/40。

4★专业：应用化学75/375、机械设计制造及其自动化72/521、材料成型及控制工程45/228、机械电子工程43/300、电气工程及其自动化86/567、软件工程79/590、土木工程94/528、船舶与海洋工程6/34、工程管理45/396、大数据管理与应用13/69、工商管理98/547、财务管理122/699。

通信地址：江苏省镇江市梦溪路2号
邮政编码：212003
电话号码：0511-84401065
学校网址：xsc.just.edu.cnw

10327 南京财经大学

在中国本科院校竞争力排行榜中的名次262，江苏省内排名25/52，财经类排名15/82。

共48个专业参评，其中5★+专业0个，5★专业2个，5★-专业9个，4★专业14个，3★专业19个，2★专业4个。

5★专业：金融数学4/72、物流管理13/455。

5★-专业：经济统计学8/135、金融工程21/259、网络与新媒体25/250、市场营销49/646、会计学44/652、财务管理 37/699、审计学 14/192、资产评估 6/76、电子商务 25/476。

4★专业：经济学 44/345、税收学 16/89、金融学 46/385、国际经济与贸易 74/688、英语 109/924、商务英语 46/365、物联网工程 64/498、食品科学与工程 32/278、粮食工程 3/15、房地产开发与管理 9/55、工商管理 100/547、人力资源管理 66/428、质量管理工程 4/20、旅游管理 80/455。

通信地址：江苏省南京市仙林大学城文苑路 3 号
邮政编码：210023
电话号码：025-84028511
学校网址：http://bkzs.nufe.edu.cn

11276 南京工程学院

在中国本科院校竞争力排行榜中的名次 279，江苏省内排名 26/52，理工类排名 108/309。

共 60 个专业参评，其中 5★+专业 0 个，5★专业 0 个，5★-专业 0 个，4★专业 5 个，3★专业 20 个，2★专业 33 个。

4★专业：商务英语 73/365、电气工程及其自动化 84/567、电气工程与智能控制 6/29、网络工程 56/315、动画 36/278。

通信地址：江苏省南京市江宁科学园弘景大道 1 号
邮政编码：211167
电话号码：025-86118008
学校网址：www.njit.edu.cn

10332 苏州科技大学

在中国本科院校竞争力排行榜中的名次 297，江苏省内排名 27/52，综合类排名 61/217。

共 57 个专业参评，其中 5★+专业 0 个，5★专业 1 个，5★-专业 1 个，4★专业 5 个，3★专业 32 个，2★专业 18 个。

5★专业：城乡规划 10/207。

5★-专业：建筑学 19/286。

4★专业：金融工程 29/259、土木工程 63/528、给排水科学与工程 28/162、环境工程 61/361、风景园林 36/181。

通信地址：江苏省苏州市高新区科锐路 1 号
邮政编码：215009
电话号码：0512-68096117
学校网址：http://zsb.usts.edu.cn

10313 徐州医科大学

在中国本科院校竞争力排行榜中的名次 357，江苏省内排名 28/52，医药类排名 31/90。

共 27 个专业参评，其中 5★+专业 1 个，5★专业 0 个，5★-专业 0 个，4★专业 5 个，3★专业 15 个，2★专业 6 个。

5★+专业：麻醉学 1/58。麻醉学 1/58。

4★专业：临床医学 35/186、医学影像学 11/76、临床药学 10/48、医学影像技术 14/88、康复治疗学 29/161。

通信地址：江苏省徐州市铜山路 209 号
邮政编码：221004
电话号码：0516-83262666
学校网址：http://zsb.xzhmu.edu.cn

11287 南京审计大学

在中国本科院校竞争力排行榜中的名次 361，江苏省内排名 29/52，财经类排名 24/82。

共 34 个专业参评，其中 5★+专业 1 个，5★专业 0 个，5★-专业 0 个，4★专业 6 个，3★专业 22 个，2★专业 5 个。

5★+专业：审计学 1/192。审计学 1/192。

4★专业：金融工程 39/259、保险学 18/109、投资学 19/135、国际经济与贸易 120/688、数据科学与大数据技术 76/544、电子商务 60/476。

通信地址：江苏省南京市浦口区雨山西路 86 号
邮政编码：211815
电话号码：025-58318196
学校网址：http://zs.nau.edu.cn

10333 常熟理工学院

在中国本科院校竞争力排行榜中的名次 396，江苏省内排名 30/52，理工类排名 150/309。

共 49 个专业参评，其中 5★+专业 0 个，5★专业 0 个，5★-专业 0 个，4★专业 0 个，3★专业 21 个，2★专业 28 个。

通信地址：江苏省常熟市南三环路 99 号江苏省常熟市湖山路 99 号
邮政编码：215500
电话号码：0512-52251131
学校网址：http://zsb.cslg.edu.cn

10305 盐城工学院

在中国本科院校竞争力排行榜中的名次 410，江苏省内排名 31/52，理工类排名 153/309。

共 64 个专业参评，其中 5★+专业 0 个，5★专

业0个，5★-专业0个，4★专业0个，3★专业23个，2★专业38个。

通信地址：江苏省盐城市希望大道中路1号（希望大道校区）/江苏省盐城市建军东路211号（建军东路校区）

邮政编码：224051

电话号码：+86-515-88168666

学校网址：http://www.ycit.edu.cn

11998 徐州工程学院

在中国本科院校竞争力排行榜中的名次**420**，江苏省内排名**32/52**，理工类排名**156/309**。

共**58**个专业参评，其中5★+专业0个，5★专业1个，5★-专业0个，4★专业3个，3★专业26个，2★专业25个。

5★专业：视觉传达设计26/743。

4★专业：经济与金融8/69、工程管理67/396、服装与服饰设计42/234。

通信地址：江苏省徐州市云龙区丽水路2号

邮政编码：221111

电话号码：0516-83105200

学校网址：http://zsb.xzhmu.edu.cn

11641 江苏海洋大学

在中国本科院校竞争力排行榜中的名次**441**，江苏省内排名**33/52**，理工类排名**162/309**。

共**58**个专业参评，其中5★+专业0个，5★专业0个，5★-专业0个，4★专业4个，3★专业7个，2★专业37个。

4★专业：机械设计制造及其自动化91/521、计算机科学与技术173/911、测绘工程28/144、工程管理77/396。

通信地址：江苏省连云港市新浦区苍梧路59号

邮政编码：222005

电话号码：0518-86059305

学校网址：http://zsxx.hhit.edu.cn

11463 江苏理工学院

在中国本科院校竞争力排行榜中的名次**447**，江苏省内排名**34/52**，师范类排名**51/160**。

共**52**个专业参评，其中5★+专业0个，5★专业2个，5★-专业0个，4★专业2个，3★专业26个，2★专业21个。

5★专业：商务英语9/365、汽车服务工程4/146。

4★专业：小学教育35/256、环境设计139/718。

通信地址：江苏省常州市中吴大道1801号

邮政编码：213001

电话号码：0519-86999551

学校网址：zs.jsut.edu.cn

10323 淮阴师范学院

在中国本科院校竞争力排行榜中的名次**461**，江苏省内排名**35/52**，师范类排名**53/160**。

共**63**个专业参评，其中5★+专业0个，5★专业0个，5★-专业1个，4★专业0个，3★专业30个，2★专业30个。

5★-专业：视觉传达设计62/743。

通信地址：江苏省淮安市淮阴区长江西路111号

邮政编码：223300

电话号码：0517-83526999

学校网址：http://zjc.hytc.edu.cn

10324 盐城师范学院

在中国本科院校竞争力排行榜中的名次**463**，江苏省内排名**36/52**，师范类排名**54/160**。

共**62**个专业参评，其中5★+专业0个，5★专业0个，5★-专业0个，4★专业4个，3★专业21个，2★专业32个。

4★专业：学前教育74/395、小学教育47/256、社会体育指导与管理39/235、英语140/924。

通信地址：江苏省盐城市开放大道50号

邮政编码：224002

电话号码：(00)86-515-88233012

学校网址：http://www.yctc.edu.cn

13573 金陵科技学院

在中国本科院校竞争力排行榜中的名次**508**，江苏省内排名**37/52**，理工类排名**176/309**。

共**59**个专业参评，其中5★+专业0个，5★专业0个，5★-专业0个，4★专业3个，3★专业16个，2★专业30个。

4★专业：数字出版3/14、动画45/278、数字媒体艺术42/302。

通信地址：江苏省南京市江宁大学城弘景大道99号

邮政编码：211169

电话号码：025-86188800

学校网址：jitzs.university-hr.com

10330　南京体育学院

在中国本科院校竞争力排行榜中的名次510，江苏省内排名38/52，体育类排名8/15。

共12个专业参评，其中5★+专业0个，5★专业0个，5★-专业2个，4★专业2个，3★专业4个，2★专业4个。

5★-专业：运动人体科学2/17、休闲体育7/81。

4★专业：体育教育35/319、社会体育指导与管理27/235。

通信地址：江苏省南京市灵谷寺路8号南京体育学院招生办公室
邮政编码：210014
电话号码：025-84755150
学校网址：http://www.nipes.cn

11049　淮阴工学院

在中国本科院校竞争力排行榜中的名次520，江苏省内排名39/52，理工类排名178/309。

共64个专业参评，其中5★+专业0个，5★专业0个，5★-专业0个，4★专业0个，3★专业19个，2★专业41个。

通信地址：江苏省淮安市枚乘东路1号（淮安市高教园区大学城）
邮政编码：223003
电话号码：0517-83591026
学校网址：http://zsw.hyit.edu.cn

11460　南京晓庄学院

在中国本科院校竞争力排行榜中的名次542，江苏省内排名40/52，师范类排名67/160。

共47个专业参评，其中5★+专业0个，5★专业0个，5★-专业1个，4★专业1个，3★专业14个，2★专业29个。

5★-专业：小学教育15/256。

4★专业：学前教育55/395。

通信地址：江苏省南京市江宁区弘景大道3601号（方山校区）/南京市建邺区北圩路41号（莫愁校区）
邮政编码：方山校区211171/莫愁校区210017
电话号码：025-86178292/86178888
学校网址：http://zhaosheng.njxzc.edu.cn

11055　常州工学院

在中国本科院校竞争力排行榜中的名次544，江苏省内排名41/52，理工类排名184/309。

共45个专业参评，其中5★+专业0个，5★专业0个，5★-专业0个，4★专业0个，3★专业14个，2★专业29个。

通信地址：江苏省常州市新北区辽河路666号
邮政编码：213032
电话号码：0519-85209039
学校网址：zsw.czu.cn

10329　江苏警官学院

在中国本科院校竞争力排行榜中的名次608，江苏省内排名42/52，文法类排名25/64。

共14个专业参评，其中5★+专业0个，5★专业0个，5★-专业1个，4★专业2个，3★专业5个，2★专业4个。

5★-专业：刑事科学技术3/27。

4★专业：经济犯罪侦查3/16、公安管理学2/11。

通信地址：江苏省南京市浦口区石佛寺三宫48号
邮政编码：210031
电话号码：025-52888910
学校网址：part.jspi.cnxx

12048　南京特殊教育师范学院

在中国本科院校竞争力排行榜中的名次676，江苏省内排名43/52，师范类排名109/160。

共20个专业参评，其中5★+专业0个，5★专业0个，5★-专业0个，4★专业0个，3★专业10个，2★专业8个。

通信地址：江苏省南京市栖霞区神农路1号
邮政编码：210000
电话号码：025-89668111/89668222
学校网址：http://www.njts.edu.cn

14436　江苏第二师范学院

在中国本科院校竞争力排行榜中的名次769，江苏省内排名46/52，师范类排名136/160。

共33个专业参评，其中5★+专业0个，5★专业0个，5★-专业0个，4★专业0个，3★专业5个，2★专业22个。

通信地址：江苏省南京市北京西路77号
邮政编码：210013
电话号码：025-83758148
学校网址：zs.jsie.edu.cn

12213　南京森林警察学院

在中国本科院校竞争力排行榜中的名次771，江苏省内排名47/52，文法类排名41/64。

共7个专业参评，其中5★+专业0个，5★专业0个，5★-专业1个，4★专业2个，3★专业0个，2★专业4个。

5★-专业：警务指挥与战术2/18。

4★专业：治安学5/27、网络安全与执法5/26。

通信地址：江苏省南京市仙林大学城文澜路28号
邮政编码：210023
电话号码：025-85878735
学校网址：www.forestpolice.net

12917　泰州学院

在中国本科院校竞争力排行榜中的名次851，江苏省内排名48/52，综合类排名159/217。

共29个专业参评，其中5★+专业0个，5★专业0个，5★-专业0个，4★专业0个，3★专业12个，2★专业17个。

通信地址：江苏省泰州市济川东路93号泰州学院招生办公室
邮政编码：225300
电话号码：0523-80769090
学校网址：http://zsb.tzu-edu.cn

13983　苏州城市学院

江苏省内排名51/52，综合类排名208/217。

共38个专业参评，其中5★+专业0个，5★专业0个，5★-专业0个，4★专业0个，3★专业0个，2★专业9个。

通信地址：江苏省苏州市吴中区吴中大道1188号
邮政编码：215104
电话号码：0512-66555732
学校网址：http://www.sdwz.cn

13982　无锡学院

江苏省内排名52/52，理工类排名299/309。

共37个专业参评，其中5★+专业0个，5★专业0个，5★-专业0个，4★专业0个，3★专业0个，2★专业6个。

通信地址：江苏南京市高新区（浦口）龙山北路6号
邮政编码：210044
电话号码：025-58695869
学校网址：http://bjxy.nuist.edu.cn

民办院校

11122　三江学院

在中国民办院校竞争力排行榜中的名次25，江苏省内排名44/52，综合类排名139/217。

共45个专业参评，其中5★+专业0个，5★专业0个，5★-专业0个，4★专业0个，3★专业18个，2★专业24个。

通信地址：江苏省南京市雨花台区铁心桥龙西路10号
邮政编码：210012
电话号码：025-52897064
学校网址：http://zsb.sju.edu.cn

13571　无锡太湖学院

在中国民办院校竞争力排行榜中的名次27，江苏省内排名45/52，综合类排名141/217。

共30个专业参评，其中5★+专业0个，5★专业0个，5★-专业0个，4★专业0个，3★专业17个，2★专业13个。

通信地址：江苏省无锡市钱荣路68号
邮政编码：214064
电话号码：0510-85509888/85522008/85503999
学校网址：http://www.wxu.edu.cn

12056　南通理工学院

在中国民办院校竞争力排行榜中的名次105，江苏省内排名49/52，理工类排名262/309。

共31个专业参评，其中5★+专业0个，5★专业0个，5★-专业0个，4★专业3个，3★专业18个，2★专业10个。

4★专业：汽车服务工程25/146、财务管理97/699、电子商务77/476。

通信地址：江苏省南通市港闸经济开发区永兴路
邮政编码：226002
电话号码：0513-85601616
学校网址：http://zs.ntit.edu.cn

14160 宿迁学院

在中国民办院校竞争力排行榜中的名次137，江苏省内排名50/52，综合类排名187/217。

共39个专业参评，其中5★+专业0个，5★专业0个，5★-专业0个，4★专业0个，3★专业9个，2★专业27个。

通信地址：江苏省宿迁市黄河南路399号
邮政编码：223800
电话号码：0527-96889666
学校网址：http://zb.sqc.edu.cn

山东省

一流大学

10422 山东大学

在中国本科院校竞争力排行榜中的名次 20，山东省内排名 1/61，综合类排名 10/217。

共 89 个专业参评，其中 5★+专业 1 个，5★专业 36 个，5★-专业 24 个，4★专业 13 个，3★专业 13 个，2★专业 2 个。

5★+专业：数学与应用数学 1/502。

5★专业：国际经济与贸易 21/688、法学 16/584、社会体育指导与管理 12/235、汉语言文学 13/604、汉语国际教育 4/332、英语 16/924、日语 22/461、翻译 9/254、新闻学 6/314、信息与计算科学 5/316、物理学 13/270、生物科学 5/271、生物技术 13/295、机械设计制造及其自动化 8/521、智能制造工程 3/117、电气工程及其自动化 14/567、电子信息工程 23/645、通信工程 25/511、集成电路设计与集成系统 2/34、人工智能 9/176、自动化 10/453、计算机科学与技术 20/911、软件工程 28/590、物联网工程 17/498、数据科学与大数据技术 6/544、土木工程 21/528、城市地下空间工程 2/71、临床医学 9/186、药学 11/231、护理学 10/278、工商管理 13/547、市场营销 18/646、国际商务 6/130、人力资源管理 20/428、文化产业管理 3/149、公共事业管理 7/293。

5★-专业：哲学 7/70、经济学 27/345、财政学 8/83、金融学 21/385、社会工作 15/261、朝鲜语 9/101、应用物理学 12/151、化学 18/295、应用化学 20/375、统计学 14/194、材料成型及控制工程 13/228、能源与动力工程 17/196、光电信息科学与工程 17/217、信息安全 9/116、数字媒体技术 15/224、环境工程 25/361、环境科学 18/181、生物工程 22/243、口腔医学 8/110、会计学 46/652、行政管理 20/303、音乐学 33/387、美术学 28/337、产品设计 26/413。

4★专业：政治学与行政学 14/83、马克思主义理论 3/16、俄语 24/155、法语 28/141、西班牙语 19/96、历史学 28/244、考古学 4/25、文物与博物馆学 8/48、材料化学 21/137、新能源科学与工程 18/109、建筑学 49/286、预防医学 13/108、视觉传达设计 117/743。

通信地址：山东省济南市山大南路27号
邮政编码：250100
电话号码：0531-88364787/88369087
学校网址：http://www.sdu.edu.cn

10423 中国海洋大学

在中国本科院校竞争力排行榜中的名次 61，山东省内排名 2/61，理工类排名 33/309。

共 61 个专业参评，其中 5★+专业 0 个，5★专业 11 个，5★-专业 9 个，4★专业 14 个，3★专业 26 个，2★专业 1 个。

5★专业：法学 27/584、海洋科学 1/30、海洋技术 1/23、海洋资源与环境 1/15、海洋资源开发技术 1/10、环境科学 8/181、食品科学与工程 13/278、水产养殖学 2/49、药学 12/231、会计学 24/652、旅游管理 13/455。

5★-专业：国际经济与贸易 53/688、日语 37/461、生物技术 26/295、电子信息工程 57/645、计算机科学与技术 56/911、海洋渔业科学与技术 1/8、工商管理 42/547、财务管理 66/699、文化产业管理 11/149。

4★专业：经济学 48/345、金融学 54/385、汉语言文学 95/604、英语 123/924、法语 17/141、朝鲜语 16/101、数学与应用数学 88/502、信息与计算科学 51/316、生物科学 41/271、高分子材料与工程 32/182、智能科学与技术 32/159、土木工程 103/528、港口航道与海岸工程 4/33、环境工程 65/361。

通信地址：山东省青岛市崂山区松岭路238号
邮政编码：266100
电话号码：0532-66782426/66781723
学校网址：http://bkzs.ouc.edu.cn

10425 中国石油大学（华东）

在中国本科院校竞争力排行榜中的名次 90，山东省内排名 3/61，理工类排名 41/309。

共 57 个专业参评，其中 5★+专业 0 个，5★专业 3 个，5★-专业 7 个，4★专业 18 个，3★专业 29 个，2★专业 0 个。

5★专业：过程装备与控制工程 4/96、油气储运工程 2/34、环保设备工程 1/15。

5★-专业：应用化学 36/375、机械设计制造及其自动化 48/521、材料成型及控制工程 16/228、数据科学与大数据技术 47/544、化学工程与工艺 18/326、海洋油气工程 1/9、市场营销 57/646。

4★专业：英语 172/924、化学 59/295、地球物理学 4/21、工业设计 31/226、车辆工程 50/260、智能制造工程 21/117、材料科学与工程 39/216、电气工程及其自动化 60/567、电子信息工程 114/645、通信工程 89/511、自动化 59/453、计算机科学与技术 165/911、软件工程 87/590、土木工程 89/528、勘查技术与工程 5/35、资源勘查工程 9/49、石油工程 3/23、安全工程 17/149。

通信地址：山东省青岛市黄岛区长江西路 66 号
邮政编码：266580
电话号码：0532-86981305/86983086
学校网址：http://zhaosheng.upc.edu.cn

一 般 大 学

10445 山东师范大学

在中国本科院校竞争力排行榜中的名次 108，山东省内排名 4/61，师范类排名 13/160。

共 64 个专业参评，其中 5★+专业 0 个，5★专业 4 个，5★-专业 12 个，4★专业 20 个，3★专业 26 个，2★专业 2 个。

5★专业：学前教育 11/395、汉语言文学 26/604、舞蹈学 5/201、美术学 15/337。

5★-专业：思想政治教育 15/264、体育教育 23/319、社会体育指导与管理 17/235、秘书学 10/114、英语 74/924、数学与应用数学 49/502、地理科学 9/160、地理信息科学 10/166、应用心理学 14/244、电子信息工程 58/645、数据科学与大数据技术 44/544、音乐学 25/387。

4★专业：法学 90/584、教育学 12/84、教育技术学 18/127、汉语国际教育 37/332、日语 80/461、历史学 45/244、信息与计算科学 50/316、物理学 28/270、化学 34/295、生物科学 39/271、通信工程 77/511、计算机科学与技术 105/911、物联网工程 69/498、遥感科学与技术 6/41、财务管理 129/699、旅游管理 89/455、音乐表演 29/248、广播电视编导 26/239、视觉传达设计 110/743、数字媒体艺术 37/302。

通信地址：山东省济南历下区文化东路 88 号
邮政编码：250014
电话号码：0531-86182201/86182202/86180245
学校网址：http://www.zsb.sdnu.edu.cn

10424 山东科技大学

在中国本科院校竞争力排行榜中的名次 120，山东省内排名 5/61，理工类排名 53/309。

共 70 个专业参评，其中 5★+专业 0 个，5★专业 2 个，5★-专业 7 个，4★专业 19 个，3★专业 35 个，2★专业 7 个。

5★专业：测绘工程 6/144、安全工程 2/149。

5★-专业：机械设计制造及其自动化 32/521、机械电子工程 18/300、自动化 43/453、计算机科学与技术 68/911、网络工程 17/315、物联网工程 50/498、产品设计 34/413。

4★专业：法学 101/584、英语 133/924、数学与应用数学 86/502、统计学 23/194、智能制造工程 19/117、电气工程及其自动化 58/567、电气工程与智能控制 4/29、电子信息工程 71/645、通信工程 66/511、电子信息科学与技术 35/191、软件工程 80/590、智能科学与技术 27/159、数据科学与大数据技术 55/544、土木工程 59/528、地质工程 9/56、采矿工程 6/50、交通工程 13/107、船舶与海洋工程 7/34、会计学 112/652。

通信地址：山东省青岛经济技术开发区前湾港路 579 号
邮政编码：266590
电话号码：0532-86057077
学校网址：http://www.sdust.edu.cn

10427 济南大学

在中国本科院校竞争力排行榜中的名次 121，山东省内排名 6/61，综合类排名 35/217。

共 80 个专业参评，其中 5★+专业 0 个，5★专业 1 个，5★-专业 5 个，4★专业 9 个，3★专业 57 个，2★专业 7 个。

5★专业：网络工程 13/315。

5★-专业：金融数学 6/72、应用化学 30/375、计算机科学与技术 70/911、文化产业管理 10/149、音乐学 30/387。

4★专业：社会工作 35/261、汉语言文学 98/604、汉语国际教育 60/332、材料科学与工程 33/216、新能源科学与工程 19/109、化学工程与工艺 36/326、制药工程 44/251、信息管理与信息系统 64/391、舞蹈学 36/201。

通信地址：山东省济南市南辛庄西路 336 号
邮政编码：250022
电话号码：0531-82765900
学校网址：http://admission.ujn.edu.cn

11065 青岛大学

在中国本科院校竞争力排行榜中的名次

122，山东省内排名 7/61，综合类排名 36/217。

共 81 个专业参评，其中 5★+专业 0 个，5★专业 1 个，5★-专业 6 个，4★专业 23 个，3★专业 40 个，2★专业 11 个。

5★专业：数字媒体技术 10/224。

5★-专业：国际经济与贸易 67/688、英语 92/924、电气工程及其自动化 39/567、软件工程 42/590、旅游管理 46/455、视觉传达设计 40/743。

4★专业：法学 111/584、汉语言文学 72/604、德语 22/110、日语 84/461、数学与应用数学 92/502、应用心理学 37/244、高分子材料与工程 35/182、新能源科学与工程 21/109、电子信息工程 70/645、自动化 48/453、计算机科学与技术 113/911、物联网工程 86/498、纺织工程 8/41、服装设计与工程 10/61、临床医学 37/186、口腔医学 19/110、药学 41/231、信息管理与信息系统 71/391、市场营销 81/646、会计学 120/652、财务管理 119/699、人力资源管理 78/428、物流管理 75/455。

通信地址：山东省青岛市宁夏路 308 号
邮政编码：266071
电话号码：0532-83780001/83780002~9
学校网址：http://www.qdu.edu.cn

10434　山东农业大学

在中国本科院校竞争力排行榜中的名次 183，山东省内排名 8/61，农林类排名 12/43。

共 79 个专业参评，其中 5★+专业 0 个，5★专业 0 个，5★-专业 5 个，4★专业 16 个，3★专业 37 个，2★专业 21 个。

5★-专业：食品科学与工程 25/278、食品质量与安全 17/230、城乡规划 21/207、农业资源与环境 5/49、环境设计 61/718。

4★专业：国际经济与贸易 119/688、生物科学 53/271、生物技术 37/295、机械电子工程 60/300、农业机械化及其自动化 7/39、风景园林 24/181、生物工程 49/243、农学 12/76、园艺 13/107、植物保护 11/56、动物科学 9/84、园林 23/138、会计学 113/652、资产评估 11/76、文化产业管理 24/149、农林经济管理 11/63。

通信地址：山东省泰安市岱宗大街 61 号
邮政编码：271018
电话号码：0538-8242206
学校网址：http://zhaosheng.sdau.edu.cn

10426　青岛科技大学

在中国本科院校竞争力排行榜中的名次 185，山东省内排名 9/61，理工类排名 72/309。

共 74 个专业参评，其中 5★+专业 0 个，5★专业 1 个，5★-专业 3 个，4★专业 14 个，3★专业 37 个，2★专业 18 个。

5★专业：高分子材料与工程 8/182。

5★-专业：应用化学 32/375、化学工程与工艺 20/326、财务管理 65/699。

4★专业：国际经济与贸易 77/688、英语 127/924、应用统计学 21/172、机械工程 21/124、材料成型及控制工程 42/228、过程装备与控制工程 19/96、能源与动力工程 21/196、信息工程 12/64、人工智能 27/176、制药工程 26/251、包装工程 6/41、市场营销 80/646、物流管理 69/455、视觉传达设计 82/743。

通信地址：山东省青岛市松岭路 99 号
邮政编码：266061
电话号码：0532-88957996
学校网址：http://zs.qust.edu.cn

10433　山东理工大学

在中国本科院校竞争力排行榜中的名次 193，山东省内排名 10/61，理工类排名 75/309。

共 68 个专业参评，其中 5★+专业 0 个，5★专业 1 个，5★-专业 2 个，4★专业 7 个，3★专业 50 个，2★专业 8 个。

5★专业：广告学 10/275。

5★-专业：机械设计制造及其自动化 39/521、机械电子工程 22/300。

4★专业：英语 139/924、车辆工程 38/260、电气工程及其自动化 71/567、计算机科学与技术 145/911、化学工程与工艺 65/326、城乡规划 30/207、信息管理与信息系统 44/391。

通信地址：山东省淄博市张店区新村西路 266 号
邮政编码：255049
电话号码：0533-2780673
学校网址：http://www.sdut.edu.cn

10456　山东财经大学

在中国本科院校竞争力排行榜中的名次 197，山东省内排名 11/61，财经类排名 9/82。

共 52 个专业参评，其中 5★+专业 1 个，5★专业 6 个，5★-专业 6 个，4★专业 16 个，3★专业 19 个，2★专业 4 个。

5★+专业：电子商务 3/476。

5★专业：金融工程 6/259、金融科技 1/18、国际商务

中国大学及学科专业评价报告 2021—2022

4/130、审计学 3/192、资产评估 3/76、文化产业管理 5/149。

5★-专业：经济统计学 14/135、税收学 9/89、金融数学 5/72、国际经济与贸易 42/688、大数据管理与应用 5/69、人力资源管理 23/428。

4★专业：经济学 41/345、财政学 13/83、金融学 40/385、贸易经济 7/42、法学 107/584、英语 146/924、日语 78/461、商务英语 50/365、数字媒体技术 27/224、数据科学与大数据技术 91/544、信息管理与信息系统 56/391、工商管理 72/547、市场营销 104/646、会计学 90/652、财务管理 87/699、行政管理 48/303。

通信地址：山东省济南市舜耕路 40 号
邮政编码：250002
电话号码：0531-88596191/88525423/81793666
学校网址：http://web5.sdufe.edu.cn:8080/zb

10446　曲阜师范大学

在中国本科院校竞争力排行榜中的名次 209，山东省内排名 12/61，师范类排名 24/160。

共 70 个专业参评，其中 5★+专业 0 个，5★专业 1 个，5★-专业 7 个，4★专业 15 个，3★专业 29 个，2★专业 18 个。

5★专业：教育技术学 4/127。

5★-专业：体育教育 25/319、休闲体育 5/81、汉语言文学 43/604、统计学 12/194、数据科学与大数据技术 54/544、舞蹈学 19/201、书法学 9/111。

4★专业：思想政治教育 30/264、学前教育 41/395、汉语国际教育 52/332、英语 105/924、日语 79/461、翻译 35/254、商务英语 44/365、历史学 48/244、数学与应用数学 60/502、信息与计算科学 49/316、物理学 30/270、通信工程 101/511、物联网工程 100/498、戏剧影视文学 12/88、美术学 41/337。

通信地址：山东省曲阜市静轩西路 57 号
邮政编码：273165
电话号码：0537-4418658/4438658/4458658
学校网址：http://www.qfnuzsb.com

10429　青岛理工大学

在中国本科院校竞争力排行榜中的名次 237，山东省内排名 13/61，理工类排名 95/309。

共 55 个专业参评，其中 5★+专业 1 个，5★专业 1 个，5★-专业 4 个，4★专业 8 个，3★专业 24 个，2★专业 15 个。

5★+专业：工程造价 3/257。

5★专业：给排水科学与工程 7/162。

5★-专业：机械设计制造及其自动化 37/521、土木工程 28/528、建筑环境与能源应用工程 18/178、建筑学 17/286。

4★专业：车辆工程 33/260、电子信息工程 127/645、计算机科学与技术 120/911、建筑电气与智能化 8/72、工程管理 72/396、市场营销 125/646、会计学 110/652、财务管理 100/699。

通信地址：山东省青岛市抚顺路 11 号
邮政编码：266033
电话号码：0532-85071039
学校网址：http://zhaosheng.qut.edu.cn

11066　烟台大学

在中国本科院校竞争力排行榜中的名次 251，山东省内排名 14/61，综合类排名 56/217。

共 58 个专业参评，其中 5★+专业 0 个，5★专业 0 个，5★-专业 2 个，4★专业 8 个，3★专业 36 个，2★专业 11 个。

5★-专业：法学 52/584、物联网工程 47/498。

4★专业：投资学 17/135、知识产权 16/79、汉语言文学 113/604、英语 177/924、电子信息科学与技术 26/191、计算机科学与技术 147/911、制药工程 34/251、药学 32/231。

通信地址：山东省烟台市莱山区清泉路 30 号
邮政编码：264005
电话号码：0535-6902653
学校网址：http://www.nanshan.edu.cn

10431　齐鲁工业大学

在中国本科院校竞争力排行榜中的名次 260，山东省内排名 15/61，理工类排名 102/309。

共 70 个专业参评，其中 5★+专业 0 个，5★专业 3 个，5★-专业 2 个，4★专业 6 个，3★专业 40 个，2★专业 18 个。

5★专业：视觉传达设计 16/743、环境设计 33/718、产品设计 15/413。

5★-专业：应用统计学 17/172、生物工程 17/243。

4★专业：无机非金属材料工程 15/77、食品科学与工程 52/278、酿酒工程 3/19、市场营销 72/646、服装与服饰设计 47/234、数字媒体艺术 53/302。

通信地址：山东省济南市长清区大学路 3501 号（主校区）/济南市桑园路 58 号（历城校区）/菏泽市北外环路 1999 号（菏泽校区）
邮政编码：250353
电话号码：0531-89631068
学校网址：http://zsb.qlu.edu.cn

10451 鲁东大学

在中国本科院校竞争力排行榜中的名次286，山东省内排名 16/61，师范类排名 30/160。

共 63 个专业参评，其中 5★+专业 0 个，5★专业 0 个，5★-专业 0 个，4★专业 8 个，3★专业 32 个，2★专业 23 个。

4★专业：学前教育 77/395、小学教育 33/256、体育教育 58/319、汉语言文学 74/604、英语 101/924、地理科学 32/160、物流工程 14/111、美术学 55/337。

通信地址：山东省烟台市芝罘区红旗中路 186 号
邮政编码：264025
电话号码：0535-6672791
学校网址：http://www.zs.ldu.edu.cn

10430 山东建筑大学

在中国本科院校竞争力排行榜中的名次294，山东省内排名 17/61，理工类排名 116/309。

共 47 个专业参评，其中 5★+专业 0 个，5★专业 1 个，5★-专业 2 个，4★专业 9 个，3★专业 26 个，2★专业 9 个。

5★专业：工程造价 12/257。

5★-专业：建筑学 25/286、城乡规划 12/207。

4★专业：土木工程 54/528、建筑环境与能源应用工程 30/178、给排水科学与工程 25/162、城市地下空间工程 14/71、道路桥梁与渡河工程 10/73、工程管理 62/396、房地产开发与管理 7/55、财务管理 84/699、美术学 67/337。

通信地址：山东省济南市临港开发区凤鸣路
邮政编码：250101
电话号码：0531-86367222/86367225
学校网址：http://zsb.sdjzu.edu.cn

10447 聊城大学

在中国本科院校竞争力排行榜中的名次308，山东省内排名 18/61，师范类排名 33/160。

共 77 个专业参评，其中 5★+专业 0 个，5★专业 0 个，5★-专业 2 个，4★专业 12 个，3★专业 38 个，2★专业 23 个。

5★-专业：英语 87/924、美术学 24/337。

4★专业：学前教育 44/395、小学教育 27/256、体育教育 55/319、汉语言文学 82/604、秘书学 16/114、应用心理学 29/244、电子信息工程 103/645、通信工程 88/511、生物工程 30/243、音乐学 40/387、舞蹈学 26/201、广播电视编导 34/239。

通信地址：山东省聊城市湖南路 1 号
邮政编码：252059
电话号码：0635-8239405
学校网址：http://www.lcu.edu.cn

10441 山东中医药大学

在中国本科院校竞争力排行榜中的名次325，山东省内排名 19/61，医药类排名 29/90。

共 31 个专业参评，其中 5★+专业 0 个，5★专业 0 个，5★-专业 1 个，4★专业 9 个，3★专业 13 个，2★专业 8 个。

5★-专业：中药学 10/109。

4★专业：运动康复 11/65、应用心理学 47/244、数据科学与大数据技术 100/544、制药工程 30/251、中医学 9/64、中药资源与开发 6/37、中草药栽培与鉴定 3/15、康复治疗学 30/161、护理学 45/278。

通信地址：山东省济南市长清区大学科技园大学路 4655 号
邮政编码：250355
电话号码：0531-82613577
学校网址：http://zhaosheng.sdutcm.edu.cn

10435 青岛农业大学

在中国本科院校竞争力排行榜中的名次327，山东省内排名 20/61，农林类排名 26/43。

共 74 个专业参评，其中 5★+专业 0 个，5★专业 0 个，5★-专业 1 个，4★专业 2 个，3★专业 34 个，2★专业 35 个。

5★-专业：视觉传达设计 48/743。

4★专业：食品科学与工程 36/278、风景园林 31/181。

通信地址：山东省青岛市城阳区长城路 700 号
邮政编码：266109
电话号码：0532-86080517/8608005
学校网址：http://zsw.qau.edu.cn

11688 山东工商学院

在中国本科院校竞争力排行榜中的名次379，山东省内排名 21/61，财经类排名 26/82。

共 51 个专业参评，其中 5★+专业 0 个，5★专业 0 个，5★-专业 0 个，4★专业 3 个，3★专业 31 个，2★专业 17 个。

4★专业：应用统计学 27/172、审计学 38/192、资产评估 13/76。

通信地址：山东省烟台市莱山区滨海中路191号
邮政编码：264005
电话号码：0535-6903560
学校网址：http://zs.sdibt.edu.cn

10452　临沂大学

在中国本科院校竞争力排行榜中的名次453，山东省内排名22/61，综合类排名76/217。

共82个专业参评，其中5★+专业0个，5★专业0个，5★-专业2个，4★专业6个，3★专业23个，2★专业41个。

5★-专业：广播电视编导 17/239、视觉传达设计 63/743。

4★专业：小学教育 50/256、音乐学 48/387、舞蹈表演 18/139、动画 32/278、书法学 16/111、数字媒体艺术 50/302。

通信地址：山东省临沂市双岭路中段
邮政编码：276005
电话号码：0539-8766777
学校网址：http://zhaosheng.lyu.edu.cn

10448　德州学院

在中国本科院校竞争力排行榜中的名次457，山东省内排名23/61，综合类排名78/217。

共50个专业参评，其中5★+专业0个，5★专业1个，5★-专业0个，4★专业3个，3★专业11个，2★专业32个。

5★专业：环境设计 10/718。

4★专业：数据科学与大数据技术 81/544、视觉传达设计 123/743、服装与服饰设计 26/234。

通信地址：山东省德州市德城区大学西路566号
邮政编码：253023
电话号码：0534-2603002/8987899
学校网址：http://zsw.dzu.edu.cn

10438　潍坊医学院

在中国本科院校竞争力排行榜中的名次481，山东省内排名24/61，医药类排名49/90。

共26个专业参评，其中5★+专业0个，5★专业0个，5★-专业0个，4★专业4个，3★专业13个，2★专业9个。

4★专业：运动康复 12/65、应用心理学 32/244、护理学 41/278、公共事业管理 40/293。

通信地址：山东省潍坊市宝通西街7166号
邮政编码：261053
电话号码：0536-8462283/8462285
学校网址：http://www.wfmc.edu.cn

10439　山东第一医科大学

在中国本科院校竞争力排行榜中的名次483，山东省内排名25/61，医药类排名50/90。

共45个专业参评，其中5★+专业0个，5★专业0个，5★-专业0个，4★专业0个，3★专业6个，2★专业30个。

通信地址：山东省泰安市长城路619号
邮政编码：271000
电话号码：0538-6229809
学校网址：http://enrollment.tsmc.edu.cn

11510　山东交通学院

在中国本科院校竞争力排行榜中的名次489，山东省内排名26/61，理工类排名167/309。

共54个专业参评，其中5★+专业0个，5★专业0个，5★-专业0个，4★专业1个，3★专业13个，2★专业35个。

4★专业：物流工程 16/111。

通信地址：山东省济南市长清大学科技园海棠路5001号
邮政编码：250357
电话号码：0531-80687112
学校网址：http://www.sdjtu.edu.cn

10458　山东艺术学院

在中国本科院校竞争力排行榜中的名次504，山东省内排名27/61，艺术类排名26/44。

共29个专业参评，其中5★+专业0个，5★专业0个，5★-专业4个，4★专业2个，3★专业13个，2★专业10个。

5★-专业：音乐表演 19/248、音乐学 37/387、绘画 15/174、视觉传达设计 49/743。

4★专业：舞蹈表演 24/139、美术学 40/337。

通信地址：山东省济南市文化东路91号
邮政编码：250014
电话号码：0531-86423300/86423257
学校网址：http://www.sdca.cn/jy/zsxx.htm

10908　山东工艺美术学院

在中国本科院校竞争力排行榜中的名次512，山东省内排名28/61，艺术类排名27/44。

共30个专业参评，其中5★+专业0个，5★专业4个，5★-专业3个，4★专业4个，3★专业3个，2★专业10个。

5★专业：艺术设计学 3/50、视觉传达设计 8/743、工艺美术 2/85、艺术与科技 2/57。

5★-专业：绘画 10/174、产品设计 25/413、服装与服饰设计 21/234。

4★专业：美术学 53/337、摄影 13/78、公共艺术 10/58、数字媒体艺术 51/302。

通信地址：山东省济南市长清区大学科技园 1 号路 1255 号
邮政编码：250300
电话号码：0531-89626210/82619300/82611812
学校网址：http://zs.sdada.edu.cn

10440　滨州医学院

在中国本科院校竞争力排行榜中的名次516，山东省内排名29/61，医药类排名54/90。

共26个专业参评，其中5★+专业0个，5★专业0个，5★-专业1个，4★专业3个，3★专业12个，2★专业10个。

5★-专业：康复治疗学 12/161。

4★专业：医学影像技术 15/88、眼视光学 5/27、护理学 40/278。

通信地址：山东省烟台市莱山区观海路346号
邮政编码：264003
电话号码：0535-6913058
学校网址：http://zb.bzmc.edu.cn

11067　潍坊学院

在中国本科院校竞争力排行榜中的名次529，山东省内排名30/61，综合类排名88/217。

共67个专业参评，其中5★+专业0个，5★专业0个，5★-专业1个，4★专业3个，3★专业17个，2★专业39个。

5★-专业：舞蹈学 18/201。

4★专业：小学教育 51/256、工程管理 53/396、播音与主持艺术 40/238。

通信地址：山东省潍坊市东风东街5147号
邮政编码：261061
电话号码：0536-8785173
学校网址：http://www.wfu.edu.cn

10449　滨州学院

在中国本科院校竞争力排行榜中的名次532，山东省内排名31/61，综合类排名90/217。

共50个专业参评，其中5★+专业0个，5★专业0个，5★-专业0个，4★专业1个，3★专业13个，2★专业23个。

4★专业：舞蹈学 30/201。

通信地址：山东省滨州市黄河五路391号
邮政编码：256603
电话号码：0543-3190200
学校网址：https://zsjy.bzu.edu.cn

10443　济宁医学院

在中国本科院校竞争力排行榜中的名次587，山东省内排名32/61，医药类排名63/90。

共30个专业参评，其中5★+专业0个，5★专业0个，5★-专业0个，4★专业0个，3★专业7个，2★专业17个。

通信地址：山东省济宁市太白湖新区荷花路16号
邮政编码：272067
电话号码：0537-3616888
学校网址：http://zhaosheng.jnmc.edu.cn

10457　山东体育学院

在中国本科院校竞争力排行榜中的名次591，山东省内排名33/61，体育类排名12/15。

共14个专业参评，其中5★+专业0个，5★专业0个，5★-专业1个，4★专业4个，3★专业0个，2★专业6个。

5★-专业：社会体育指导与管理 15/235。

4★专业：体育教育 59/319、运动训练 7/52、休闲体育 16/81、舞蹈表演 21/139。

通信地址：山东省济南市世纪大道10600号
邮政编码：250102
电话号码：0531-89655029
学校网址：http://www.sdpei.edu.cn

10453　泰山学院

在中国本科院校竞争力排行榜中的名次

657，山东省内排名 34/61，综合类排名 118/217。

共 48 个专业参评，其中 5★+专业 0 个，5★专业 0 个，5★-专业 0 个，4★专业 0 个，3★专业 14 个，2★专业 28 个。

通信地址：山东省泰安市东岳大街 525 号
邮政编码：271021
电话号码：0538-6715631
学校网址：http://zhaosheng.tsu.edu.cn

10455　菏泽学院

在中国本科院校竞争力排行榜中的名次 669，山东省内排名 35/61，综合类排名 123/217。

共 63 个专业参评，其中 5★+专业 0 个，5★专业 0 个，5★-专业 1 个，4★专业 0 个，3★专业 12 个，2★专业 25 个。

5★-专业：环境设计 38/718。

通信地址：山东省菏泽市牡丹区大学路 2269 号
邮政编码：274015
电话号码：0530-5668117
学校网址：http://zsjy.hezeu.edu.cn

12331　山东女子学院

在中国本科院校竞争力排行榜中的名次 673，山东省内排名 36/61，文法类排名 27/64。

共 37 个专业参评，其中 5★+专业 0 个，5★专业 0 个，5★-专业 1 个，4★专业 0 个，3★专业 15 个，2★专业 21 个。

5★-专业：视觉传达设计 58/743。

通信地址：山东省济南市玉函路 45 号
邮政编码：250002
电话号码：0531-82051817
学校网址：http://zsxx.sdwu.edu.cn

14277　山东青年政治学院

在中国本科院校竞争力排行榜中的名次 686，山东省内排名 37/61，文法类排名 29/64。

共 34 个专业参评，其中 5★+专业 0 个，5★专业 0 个，5★-专业 0 个，4★专业 1 个，3★专业 8 个，2★专业 19 个。

4★专业：播音与主持艺术 33/238。

通信地址：山东省济南市经十东路 31699 号
邮政编码：250103
电话号码：0531-58997707
学校网址：http://zsb.sdyu.edu.cn

10454　济宁学院

在中国本科院校竞争力排行榜中的名次 722，山东省内排名 40/61，师范类排名 123/160。

共 49 个专业参评，其中 5★+专业 0 个，5★专业 0 个，5★-专业 0 个，4★专业 3 个，3★专业 7 个，2★专业 26 个。

4★专业：金融工程 34/259、商务英语 67/365、视觉传达设计 125/743。

通信地址：山东省曲阜市杏坛路 1 号
邮政编码：273155
电话号码：0537-3196209/3196696
学校网址：http://zs.jnxy.edu.cn

10904　枣庄学院

在中国本科院校竞争力排行榜中的名次 749，山东省内排名 42/61，综合类排名 140/217。

共 52 个专业参评，其中 5★+专业 0 个，5★专业 0 个，5★-专业 0 个，4★专业 1 个，3★专业 7 个，2★专业 33 个。

4★专业：网络工程 58/315。

通信地址：山东省枣庄市市中区北安路
邮政编码：277160
电话号码：0632-3786721
学校网址：http://www.uzz.edu.cn

14439　山东农业工程学院

在中国本科院校竞争力排行榜中的名次 755，东省内排名 43/61，农林类排名 39/43。

共 28 个专业参评，其中 5★+专业 0 个，5★专业 0 个，5★-专业 0 个，4★专业 4 个，3★专业 3 个，2★专业 17 个。

4★专业：物联网工程 94/498、食品质量与安全 41/230、工程造价 49/257、视觉传达设计 107/743。

通信地址：山东省济南市历城区农干院路 866 号
邮政编码：250100
电话号码：0531-85593864/88913864
学校网址：http://www.sdngy.edu.cnxx

14100　山东政法学院

在中国本科院校竞争力排行榜中的名次 760，山东省内排名 44/61，文法类排名 38/64。

共 17 个专业参评，其中 5★+专业 0 个，5★专业 0 个，5★-专业 0 个，4★专业 1 个，3★专业 4

个，2★专业11个。

4★专业：法学104/584。

通信地址：山东省济南市解放东路63号
邮政编码：250014
电话号码：0531-88599888/88599859/88599958
学校网址：http://zs.sdupsl.edu.cn

11324　山东警察学院

在中国本科院校竞争力排行榜中的名次780，东省内排名45/61，文法类排名43/64。

共7个专业参评，其中5★+专业0个，5★专业0个，5★-专业1个，4★专业0个，3★专业6个，2★专业0个。

5★-专业：治安学2/27。

通信地址：山东省济南市文化东路54号
邮政编码：250014
电话号码：0531-82606031/82606033
学校网址：http://www.sdpc.edu.cn

14438　山东管理学院

在中国本科院校竞争力排行榜中的名次789，省内排名46/61，综合类排名147/217。

共29个专业参评，其中5★+专业0个，5★专业0个，5★-专业1个，4★专业2个，3★专业8个，2★专业14个。

5★-专业：财务管理60/699。

4★专业：市场营销71/646、审计学23/192。

通信地址：山东省济南市历城区桑园路60号
邮政编码：250100
电话号码：0531-88960001/88617797
学校网址：http://zs.sdmu.edu.cn

14276　齐鲁师范学院

在中国本科院校竞争力排行榜中的名次823，山东省内排名47/61，师范类排名149/160。

共26个专业参评，其中5★+专业0个，5★专业0个，5★-专业0个，4★专业0个，3★专业4个，2★专业13个。

通信地址：山东省济南市章丘区文博路2号（章丘校区）/山东省济南市历下区历山路36号（历下校区）
邮政编码：历下校区250013/章丘校区250200
电话号码：0531-66778117/66778111/0531-86041269
学校网址：http://www.qlnu.edu.cn

13386　山东石油化工学院

在中国本科院校竞争力排行榜中的名次950，山东省内排名54/61，理工类排名267/309。

共23个专业参评，其中5★+专业0个，5★专业0个，5★-专业0个，4★专业0个，3★专业0个，2★专业21个。

通信地址：山东省东营市北二路271号（主校区）/山东省东营市济南路1号（师专校区）
邮政编码：257061
电话号码：0546-7396191
学校网址：http://zs.slcupc.edu.cn

民办院校

12843　潍坊科技学院

在中国民办院校竞争力排行榜中的名次11，山东省内排名38/61，理工类排名209/309。

共36个专业参评，其中5★+专业0个，5★专业0个，5★-专业0个，4★专业3个，3★专业10个，2★专业16个。

4★专业：学前教育70/395、物联网工程90/498、财务管理88/699。

通信地址：山东省寿光市金光街1299号
邮政编码：262700
电话号码：0536-5109220
学校网址：http://zs.wfkjxy.com.cn

12332　烟台南山学院

在中国民办院校竞争力排行榜中的名次16，山东省内排名39/61，综合类排名130/217。

共45个专业参评，其中5★+专业0个，5★专业0个，5★-专业0个，4★专业1个，3★专业6个，2★专业31个。

4★专业：环境设计87/718。

通信地址：山东省烟台龙口市东海旅游度假区大学路12号
邮政编码：265713
电话号码：0535-8609225/8609070/8590603
学校网址：http://www.nanshan.edu.cn

10868　青岛滨海学院

在中国民办院校竞争力排行榜中的名次22，山东省内排名41/61，综合类排名136/217。

共45个专业参评，其中5★+专业0个，5★专业0个，5★-专业0个，4★专业0个，3★专业3个，2★专业30个。

通信地址：山东省青岛经济技术开发区嘉陵江西路425号
邮政编码：266555
电话号码：0532-86728687/86728972/83150103
学校网址：http://zsbgs.qdbhu.edu.cn

13006　山东英才学院

在中国民办院校竞争力排行榜中的名次48，山东省内排名48/61，综合类排名155/217。

共33个专业参评，其中5★+专业0个，5★专业0个，5★-专业0个，4★专业3个，3★专业4个，2★专业20个。

4★专业：学前教育67/395、工程造价37/257、财务管理140/699。

通信地址：山东省济南市高新技术产业开发区英才路2号
邮政编码：250104
电话号码：0531-88253000/88253001
学校网址：http://zsw.ycxy.com

13322　山东现代学院

在中国民办院校竞争力排行榜中的名次55，山东省内排名49/61，综合类排名160/217。

共19个专业参评，其中5★+专业0个，5★专业0个，5★-专业0个，4★专业1个，3★专业1个，2★专业6个。

4★专业：市场营销118/646。

通信地址：山东省济南市经十东路20288号
邮政编码：250104
电话号码：0531-88766666/88270766/88270866
学校网址：http://www.uxd.com.cn

13324　山东协和学院

在中国民办院校竞争力排行榜中的名次57，山东省内排名50/61，医药类排名84/90。

共27个专业参评，其中5★+专业0个，5★专业0个，5★-专业0个，4★专业1个，3★专业6个，2★专业17个。

4★专业：工程造价42/257。

通信地址：山东省济南市历城区济青路6277号
邮政编码：250109
电话号码：0531-88795666/88795777
学校网址：http://www.sdxiehe.com/zs

13320　青岛黄海学院

在中国民办院校竞争力排行榜中的名次65，山东省内排名51/61，综合类排名167/217。

共32个专业参评，其中5★+专业0个，5★专业0个，5★-专业0个，4★专业3个，3★专业8个，2★专业16个。

4★专业：工程造价40/257、物流管理91/455、电子商务83/476。

通信地址：山东省青岛市黄岛区灵海路3111号
邮政编码：266427
电话号码：0532-83175111
学校网址：http://zsb.huanghaicollege.com

10825　齐鲁医药学院

在中国民办院校竞争力排行榜中的名次89，山东省内排名52/61，医药类排名85/90。

共19个专业参评，其中5★+专业0个，5★专业0个，5★-专业0个，4★专业0个，3★专业4个，2★专业14个。

通信地址：山东省淄博市博山经济开发区西外环路246号
邮政编码：255213
电话号码：0533-4318888
学校网址：http://www.qlmu.edu.cnwjmcnews/zhaosheng

13998　齐鲁理工学院

在中国民办院校竞争力排行榜中的名次112，山东省内排名53/61，综合类排名182/217。

共37个专业参评，其中5★+专业0个，5★专业0个，5★-专业0个，4★专业0个，3★专业2个，2★专业16个。

通信地址：山东省济南市经十东路3028号
邮政编码：250200
电话号码：0531-61330555
学校网址：https://www.qlit.edu.cnw

13857　山东华宇工学院

在中国民办院校竞争力排行榜中的名次135，山东省内排名55/61，理工类排名276/309。

共 25 个专业参评，其中 5★+专业 0 个，5★专业 0 个，5★-专业 0 个，4★专业 0 个，3★专业 4 个，2★专业 8 个。

通信地址：山东省德州市大学东路 968 号
邮政编码：253034
电话号码：0534-2551516/2551618/2551718/2551818
学校网址：http://www.sdhyxy.com/

13378　青岛城市学院

在中国民办院校竞争力排行榜中的名次 144，山东省内排名 56/61，理工类排名 279/309。

共 23 个专业参评，其中 5★+专业 0 个，5★专业 0 个，5★-专业 0 个，4★专业 0 个，3★专业 0 个，2★专业 22 个。

通信地址：山东省青岛市城阳区铁骑山路 79 号
邮政编码：266106
电话号码：0532-86666668
学校网址：http://www.qdc.edu.cn

13995　青岛工学院

在中国民办院校竞争力排行榜中的名次 172，山东省内排名 57/61，理工类排名 295/309。

共 35 个专业参评，其中 5★+专业 0 个，5★专业 0 个，5★-专业 0 个，4★专业 0 个，3★专业 1 个，2★专业 30 个。

通信地址：山东省青岛胶州市福州南路 236 号
邮政编码：266300
电话号码：0532-82285001
学校网址：http://www.oucqdc.edu.cn

13015　青岛恒星科技学院

在中国民办院校竞争力排行榜中的名次 177，山东省内排名 58/61，综合类排名 205/217。

共 18 个专业参评，其中 5★+专业 0 个，5★专业 0 个，5★-专业 0 个，4★专业 0 个，3★专业 1 个，2★专业 12 个。

通信地址：山东省青岛市李沧区九水东路 588 号
邮政编码：266100
电话号码：0532-86661234
学校网址：http://zs.hx.cn

13359　烟台理工学院

在中国民办院校竞争力排行榜中的名次 178，山东省内排名 59/61，综合类排名 206/217。

共 27 个专业参评，其中 5★+专业 0 个，5★专业 0 个，5★-专业 0 个，4★专业 0 个，3★专业 0 个，2★专业 14 个。

通信地址：山东省烟台市莱山区港城东大街 100 号
邮政编码：264005
电话号码：0535-6915009
学校网址：http://wenjing.ytu.edu.cn

13379　潍坊理工学院

在中国民办院校竞争力排行榜中的名次 196，山东省内排名 60/61，综合类排名 214/217。

共 25 个专业参评，其中 5★+专业 0 个，5★专业 0 个，5★-专业 0 个，4★专业 0 个，3★专业 1 个，2★专业 8 个。

通信地址：山东省青州市云门山南路 9888 号
邮政编码：262500
电话号码：0536-3888532
学校网址：www.lishanu.edu.cn

13624　泰山科技学院

在中国民办院校竞争力排行榜中的名次 197，山东省内排名 61/61，综合类排名 215/217。

共 19 个专业参评，其中 5★+专业 0 个，5★专业 0 个，5★-专业 0 个，4★专业 0 个，3★专业 0 个，2★专业 0 个。

通信地址：山东省泰安市岱宗大街 223 号
邮政编码：271019
电话号码：0538-3079035
学校网址：http://taxq.sdust.edu.cn

辽宁省

一流大学

10141 大连理工大学

在中国本科院校竞争力排行榜中的名次 29，辽宁省内排名 1/54，理工类排名 15/309。

共 75 个专业参评，其中 5★+专业 4 个，5★专业 24 个，5★-专业 17 个，4★专业 14 个，3★专业 12 个，2★专业 4 个。

5★+专业：应用化学 1/375、机械设计制造及其自动化 3/521、化学工程与工艺 3/326、环境工程 4/361。

5★专业：广播电视学 5/166、数学与应用数学 18/502、信息与计算科学 15/316、应用物理学 3/151、材料成型及控制工程 7/228、过程装备与控制工程 2/96、功能材料 2/44、电气工程及其自动化 24/567、电子信息工程 8/645、计算机科学与技术 11/911、软件工程 11/590、网络工程 10/315、土木工程 13/528、建筑环境与能源应用工程 9/178、港口航道与海岸工程 1/33、资源循环科学与工程 2/34、建筑学 12/286、信息管理与信息系统 14/391、工程管理 7/396、工商管理 6/547、人力资源管理 18/428、公共事业管理 10/293、物流管理 14/455、电子商务 23/476。

5★-专业：运动康复 6/65、商务英语 29/365、工程力学 5/78、工业设计 15/226、测控技术与仪器 19/202、金属材料工程 5/79、高分子材料与工程 15/182、能源与动力工程 11/196、自动化 41/453、数字媒体技术 13/224、水利水电工程 6/84、制药工程 18/251、能源化学工程 6/59、环境科学 16/181、环境生态工程 5/63、城乡规划 14/207、环境设计 57/718。

4★专业：经济学 65/345、金融学 66/385、国际经济与贸易 75/688、知识产权 14/79、英语 183/924、日语 52/461、车辆工程 29/260、电子科学与技术 24/161、光电信息科学与工程 26/217、集成电路设计与集成系统 6/34、人工智能 19/176、化学工程与工业生物工程 2/8、交通工程 20/107、生物工程 25/243。

通信地址：辽宁省大连市凌工路 2 号
邮政编码：116024
电话号码：0411-84708375
学校网址：recruit.dlut.edu.cn

10145 东北大学

在中国本科院校竞争力排行榜中的名次 36，辽宁省内排名 2/54，理工类排名 19/309。

共 73 个专业参评，其中 5★+专业 2 个，5★专业 13 个，5★-专业 15 个，4★专业 22 个，3★专业 19 个，2★专业 2 个。

5★+专业：机器人工程 2/223、公共事业管理 2/293。

5★专业：应用化学 16/375、材料成型及控制工程 3/228、电子信息工程 20/645、自动化 12/453、计算机科学与技术 19/911、软件工程 14/590、物联网工程 18/498、数据科学与大数据技术 7/544、采矿工程 3/50、工商管理 17/547、行政管理 7/303、健康服务与管理 3/95、工业工程 7/150。

5★-专业：国际经济与贸易 62/688、日语 42/461、机械工程 8/124、工业设计 21/226、过程装备与控制工程 10/96、车辆工程 22/260、智能制造工程 12/117、冶金工程 3/37、电气工程及其自动化 33/567、通信工程 36/511、人工智能 10/176、数字媒体技术 14/224、土木工程 53/528、市场营销 37/646、会计学 38/652。

4★专业：经济学 51/345、金融学 52/385、思想政治教育 53/264、社会体育指导与管理 43/235、英语 171/924、数学与应用数学 95/502、应用物理学 28/151、材料科学与工程 34/216、功能材料 7/44、能源与动力工程 22/196、电子科学与技术 22/161、测绘工程 22/144、资源循环科学与工程 7/34、矿物加工工程 5/38、生物医学工程 17/115、建筑学 44/286、安全工程 20/149、生物工程 48/243、信息管理与信息系统 41/391、土地资源管理 14/93、电子商务 71/476、视觉传达设计 111/743。

通信地址：辽宁省沈阳市和平区文化路 3 号巷 11 号
邮政编码：110819
电话号码：024-83687392
学校网址：www.neuzs.com

10151 大连海事大学

在中国本科院校竞争力排行榜中的名次 137，辽宁省内排名 4/54，理工类排名 59/309。

共 51 个专业参评，其中 5★+专业 0 个，5★专业 7 个，5★-专业 6 个，4★专业 13 个，3★专业 16 个，2★专业 8 个。

5★专业：法学 29/584、电子信息工程 31/645、航海技术 1/17、轮机工程 1/19、船舶电子电气工程 1/11、交通管理 1/11、物流工程 6/111。

5★-专业：通信工程 48/511、网络工程 22/315、物联网工程 38/498、交通运输 11/117、财务管理 54/699、物流管理 26/455。

4★专业：国际经济与贸易 122/688、英语 157/924、日语 70/461、电气工程及其自动化 79/567、自动化 78/453、计算机科学与技术 95/911、软件工程 100/590、智能科学与技术 24/159、土木工程 91/528、环境工程 60/361、信息管理与信息系统 73/391、大数据管理与应用 11/69、旅游管理 87/455。

通信地址：辽宁省大连市甘井子区凌海路1号
邮政编码：116026
电话号码：0411-84727233
学校网址：http://www.dlmu.edu.cn

10140　辽宁大学

在中国本科院校竞争力排行榜中的名次 157，辽宁省内排名 6/54，综合类排名 42/217。

共 58 个专业参评，其中 5★+专业 1 个，5★专业 1 个，5★-专业 7 个，4★专业 14 个，3★专业 25 个，2★专业 8 个。

5★+专业：国际经济与贸易 6/688。

5★专业：金融学 10/385。

5★-专业：经济学 18/345、法学 38/584、汉语言文学 49/604、英语 65/924、工商管理 36/547、市场营销 61/646、会计学 59/652。

4★专业：经济统计学 20/135、国民经济管理 2/8、财政学 11/83、保险学 12/109、汉语国际教育 51/332、日语 75/461、翻译 45/254、商务英语 68/365、新闻学 60/314、广告学 42/275、计算机科学与技术 155/911、国际商务 18/130、人力资源管理 84/428、劳动与社会保障 20/135。

通信地址：辽宁省沈阳市皇姑区崇山中路66号（崇山校区）/沈阳市沈北新区道义南大街58号（蒲河校区）
邮政编码：110036
电话号码：024-62202299
学校网址：www.lnu.edu.cn

一般大学

10159　中国医科大学

在中国本科院校竞争力排行榜中的名次 133，辽宁省内排名 3/54，医药类排名 6/90。

共 22 个专业参评，其中 5★+专业 0 个，5★专业 1 个，5★-专业 8 个，4★专业 10 个，3★专业 2 个，2★专业 0 个。

5★专业：医学影像学 2/76。

5★-专业：临床医学 18/186、麻醉学 4/58、精神医学 3/31、口腔医学 9/110、临床药学 3/48、法医学 3/30、医学影像技术 9/88、康复治疗学 15/161。

4★专业：生物科学 48/271、生物技术 54/295、眼视光医学 4/19、儿科学 7/42、预防医学 14/108、药物制剂 11/86、医学检验技术 23/151、护理学 53/278、信息管理与信息系统 66/391、公共事业管理 47/293。

通信地址：辽宁省沈阳市沈北新区蒲河路77号
邮政编码：110122
电话号码：024-31939069
学校网址：http://www.ccmusic.edu.cn

10173　东北财经大学

在中国本科院校竞争力排行榜中的名次 139，辽宁省内排名 5/54，财经类排名 6/82。

共 37 个专业参评，其中 5★+专业 4 个，5★专业 11 个，5★-专业 6 个，4★专业 8 个，3★专业 6 个，2★专业 2 个。

5★+专业：工商管理 3/547、会计学 2/652、财务管理 2/699、人力资源管理 2/428。工商管理 3/547、会计学 2/652、财务管理 2/699、人力资源管理 2/428。

5★专业：经济统计学 2/135、金融学 14/385、国际经济与贸易 24/688、应用统计学 9/172、工程管理 15/396、市场营销 13/646、资产评估 2/76、劳动与社会保障 5/135、物流管理 10/455、电子商务 8/476、旅游管理 18/455。

5★-专业：经济学 25/345、税收学 8/89、金融工程 15/259、保险学 9/109、房地产开发与管理 4/55、行政管理 30/303。

4★专业：财政学 12/83、投资学 15/135、金融数学 14/72、法学 109/584、管理科学 7/34、信息管理与信息系统 69/391、大数据管理与应用 12/69、公共事业管理 41/293。

通信地址：辽宁省大连市沙河口区尖山街217号
邮政编码：116025
电话号码：0411-84710259
学校网址：http://www.dufe.edu.cn

10142　沈阳工业大学

在中国本科院校竞争力排行榜中的名次 204，辽宁省内排名 7/54，理工类排名 82/309。

共58个专业参评，其中5★+专业0个，5★专业2个，5★-专业2个，4★专业11个，3★专业26个，2★专业17个。

5★专业：机械设计制造及其自动化 22/521、电气工程及其自动化 18/567。

5★-专业：材料成型及控制工程 17/228、功能材料 3/44。

4★专业：互联网金融 5/42、国际经济与贸易 79/688、过程装备与控制工程 13/96、车辆工程 45/260、测控技术与仪器 37/202、焊接技术与工程 5/40、电子信息工程 119/645、计算机科学与技术 94/911、软件工程 96/590、化学工程与工艺 57/326、环境工程 69/361。

通信地址：辽宁省沈阳经济技术开发区沈辽西路111号
邮政编码：110870
电话号码：024-25494802/25494587/25496072
学校网址：http://zsxxw.sut.edu.cn

10165　辽宁师范大学

在中国本科院校竞争力排行榜中的名次216，辽宁省内排名8/54，师范类排名25/160。

共59个专业参评，其中5★+专业0个，5★专业1个，5★-专业7个，4★专业15个，3★专业21个，2★专业15个。

5★专业：动画 12/278。

5★-专业：学前教育 33/395、体育教育 18/319、社会体育指导与管理 13/235、地理科学 11/160、地理信息科学 12/166、应用心理学 18/244、播音与主持艺术 13/238。

4★专业：法学 92/584、思想政治教育 34/264、教育学 14/84、教育技术学 21/127、特殊教育 10/59、汉语言文学 69/604、汉语国际教育 63/332、英语 106/924、日语 81/461、物理学 32/270、化学 57/295、心理学 9/69、计算机科学与技术 125/911、国际商务 22/130、旅游管理 81/455。

通信地址：辽宁省大连市沙河口区黄河路850号
邮政编码：116029
电话号码：0411-82158993
学校网址：zsb.lnnu.edu.cn

10147　辽宁工程技术大学

在中国本科院校竞争力排行榜中的名次232，辽宁省内排名9/54，理工类排名92/309。

共56个专业参评，其中5★+专业0个，5★专业0个，5★-专业3个，4★专业11个，3★专业26个，2★专业16个。

5★-专业：测绘工程 10/144、安全工程 14/149、工程管理 39/396。

4★专业：机械设计制造及其自动化 89/521、机械电子工程 44/300、电气工程及其自动化 97/567、电子信息工程 93/645、通信工程 64/511、计算机科学与技术 152/911、软件工程 77/590、网络工程 53/315、土木工程 67/528、采矿工程 7/50、环境工程 68/361。

通信地址：辽宁省阜新市中华路47号辽宁工程技术大学
邮政编码：123000
电话号码：0418-3350234
学校网址：www.lntu.edu.cn

10157　沈阳农业大学

在中国本科院校竞争力排行榜中的名次247，辽宁省内排名10/54，农林类排名18/43。

共43个专业参评，其中5★+专业0个，5★专业1个，5★-专业0个，4★专业5个，3★专业25个，2★专业11个。

5★专业：园艺 5/107。

4★专业：食品科学与工程 29/278、风景园林 23/181、农学 15/76、农业资源与环境 7/49、土地资源管理 19/93。

通信地址：辽宁省沈阳市沈河区东陵路120号
邮政编码：110866
电话号码：024-88490405
学校网址：www.syau.edu.cn

10161　大连医科大学

在中国本科院校竞争力排行榜中的名次248，辽宁省内排名11/54，医药类排名18/90。

共23个专业参评，其中5★+专业0个，5★专业0个，5★-专业0个，4★专业6个，3★专业9个，2★专业7个。

4★专业：生物技术 41/295、应用心理学 44/244、临床医学 26/186、口腔医学 20/110、医学检验技术 18/151、护理学 56/278。

通信地址：辽宁省大连市旅顺口区旅顺南路西段9号
邮政编码：116044
电话号码：0411-86110222
学校网址：http://recruit.dmu.edu.cn

10153　沈阳建筑大学

在中国本科院校竞争力排行榜中的名次266，辽宁省内排名12/54，理工类排名104/309。

共38个专业参评，其中5★+专业0个，5★专

业1个，5★-专业6个，4★专业5个，3★专业14个，2★专业8个。

5★专业：建筑学13/286。

5★-专业：机械设计制造及其自动化50/521、土木工程29/528、建筑环境与能源应用工程17/178、城乡规划15/207、工程管理40/396、环境设计64/718。

4★专业：机械电子工程32/300、无机非金属材料工程11/77、计算机科学与技术167/911、给排水科学与工程17/162、风景园林26/181。

通信地址：辽宁省沈阳市浑南区浑南东路9号
邮政编码：110168
电话号码：024-24693969
学校网址：http://zsjy.sjzu.edu.cn

10152 大连工业大学

在中国本科院校竞争力排行榜中的名次269，辽宁省内排名13/54，理工类排名106/309。

共40个专业参评，其中5★+专业1个，5★专业6个，5★-专业0个，4★专业4个，3★专业20个，2★专业8个。

5★+专业：环境设计5/718。

5★专业：食品科学与工程9/278、食品质量与安全3/230、生物工程9/243、视觉传达设计12/743、产品设计14/413、服装与服饰设计3/234。

4★专业：包装工程5/41、海洋资源开发技术2/10、物流管理77/455、艺术与科技10/57。

通信地址：辽宁省大连市甘井子区轻工苑1号
邮政编码：116034
电话号码：0411-86323661
学校网址：http://zsb.dep.dlpu.edu.cn

10166 沈阳师范大学

在中国本科院校竞争力排行榜中的名次274，辽宁省内排名14/54，师范类排名29/160。

共54个专业参评，其中5★+专业0个，5★专业1个，5★-专业5个，4★专业13个，3★专业26个，2★专业9个。

5★专业：学前教育9/395。

5★-专业：法学51/584、英语66/924、市场营销59/646、酒店管理20/196、音乐表演25/248。

4★专业：国际经济与贸易86/688、小学教育41/256、体育教育56/319、汉语言文学76/604、汉语国际教育48/332、网络与新媒体37/250、应用心理学38/244、环境生态工程13/63、物流管理58/455、旅游管理64/455、美术学57/337、绘画31/174、环境设计118/718。

通信地址：辽宁省沈阳市皇姑区黄河北大街253号
邮政编码：110034
电话号码：024-86592982
学校网址：http://zs.synu.edu.cn

10163 沈阳药科大学

在中国本科院校竞争力排行榜中的名次275，辽宁省内排名15/54，医药类排名23/90。

共20个专业参评，其中5★+专业0个，5★专业3个，5★-专业2个，4★专业7个，3★专业4个，2★专业3个。

5★专业：制药工程12/251、药学4/231、药物制剂3/86。

5★-专业：临床药学4/48、药物分析2/17。

4★专业：应用化学74/375、生物工程29/243、生物制药15/101、药事管理2/11、药物化学2/8、中药学12/109、市场营销70/646。

通信地址：辽宁省沈阳市沈河区文化路103号
邮政编码：110016
电话号码：024-43520666
学校网址：zsjyc.syphu.edu.cn

10143 沈阳航空航天大学

在中国本科院校竞争力排行榜中的名次280，辽宁省内排名16/54，理工类排名109/309。

共51个专业参评，其中5★+专业0个，5★专业0个，5★-专业1个，4★专业6个，3★专业22个，2★专业19个。

5★-专业：产品设计40/413。

4★专业：机械设计制造及其自动化78/521、电子信息工程90/645、通信工程91/511、计算机科学与技术123/911、飞行器制造工程4/33、飞行器动力工程4/24。

通信地址：辽宁省沈阳市沈北新区道义南大街37号
邮政编码：110136
电话号码：024-89724466
学校网址：http://zs.sau.edu.cn

11258 大连大学

在中国本科院校竞争力排行榜中的名次302，辽宁省内排名17/54，综合类排名62/217。

共50个专业参评，其中5★+专业0个，5专业0个，5★-专业1个，4★专业9个，3★专业26个，2★专业12个。

5★-专业：日语41/461。

4★专业：小学教育28/256、英语176/924、机械设计制造及其自动化92/521、计算机科学与技术169/911、土木工程92/528、护理学29/278、市场营销100/646、会计学87/652、音乐表演26/248。

通信地址：辽宁省大连市经济技术开发区学府大街10号
邮政编码：116622
电话号码：0411-87403633
学校网址：www.dlu.edu.cn

10167　渤海大学

在中国本科院校竞争力排行榜中的名次316，辽宁省内排名18/54，综合类排名64/217。

共47个专业参评，其中5★+专业0个，5专业0个，5★-专业2个，4★专业9个，3★专业26个，2★专业10个。

5★-专业：市场营销58/646、物流管理40/455。

4★专业：汉语言文学118/604、新闻学45/314、计算机科学与技术154/911、智能科学与技术25/159、食品科学与工程50/278、会计学82/652、旅游管理86/455、美术学59/337、绘画34/174。

通信地址：辽宁省锦州市松山新区科技路19号
邮政编码：121013
电话号码：0416-3400132
学校网址：www.bhu.edu.cn

10148　辽宁石油化工大学

在中国本科院校竞争力排行榜中的名次319，辽宁省内排名19/54，理工类排名126/309。

共47个专业参评，其中5★+专业0个，5专业1个，5★-专业0个，4★专业6个，3★专业15个，2★专业20个。

5★专业：油气储运工程1/34。

4★专业：自动化67/453、计算机科学与技术161/911、化学工程与工艺39/326、工程管理59/396、市场营销113/646、产品设计58/413。

通信地址：辽宁省抚顺市望花区丹东路西段一号
邮政编码：113001
电话号码：024-56865005
学校网址：www.lnpu.edu.cn

10150　大连交通大学

在中国本科院校竞争力排行榜中的名次333，辽宁省内排名20/54，理工类排名130/309。

共41个专业参评，其中5★+专业0个，5专业1个，5★-专业0个，4★专业5个，3★专业18个，2★专业14个。

5★专业：车辆工程8/260。

4★专业：材料成型及控制工程39/228、电气工程及其自动化76/567、软件工程84/590、交通运输18/117、会计学111/652。

通信地址：辽宁省大连市沙河口区黄河路794号
邮政编码：116028
电话号码：0411-84106239
学校网址：http://recruit.djtu.edu.cn

10154　辽宁工业大学

在中国本科院校竞争力排行榜中的名次342，辽宁省内排名21/54，理工类排名134/309。

共43个专业参评，其中5★+专业0个，5专业0个，5★-专业0个，4★专业5个，3★专业17个，2★专业19个。

4★专业：机械设计制造及其自动化95/521、电子信息工程128/645、通信工程96/511、工程造价46/257、市场营销88/646。

通信地址：辽宁省锦州市古塔区士英街169号
邮政编码：121001
电话号码：0416-4198703
学校网址：http://www.lnut.edu.cn

10172　大连外国语大学

在中国本科院校竞争力排行榜中的名次358，辽宁省内排名22/54，文法类排名13/64。

共34个专业参评，其中5★+专业2个，5专业4个，5★-专业3个，4★专业2个，3★专业8个，2★专业14个。

5★+专业：俄语1/155、日语1/461。

5★专业：英语11/924、朝鲜语3/101、翻译5/254、商务英语10/365。

5★-专业：德语8/110、法语10/141、西班牙语8/96。

4★专业：泰语6/42、信息管理与信息系统60/391。

通信地址：辽宁省大连市旅顺南路西段 6 号大连外国语大学学生工作处
邮政编码：116044
电话号码：0411-86111157
学校网址：http://www.dlufl.edu.cn

10144　沈阳理工大学

在中国本科院校竞争力排行榜中的名次390，辽宁省内排名23/54，理工类排名148/309。

共50个专业参评，其中5★+专业0个，5★专业0个，5★-专业0个，4★专业6个，3★专业21个，2★专业20个。

4★专业：机械设计制造及其自动化 88/521、电子信息工程 111/645、通信工程 99/511、计算机科学与技术 138/911、探测制导与控制技术 3/15、电子商务 50/476。

通信地址：辽宁省沈阳市浑南新区南屏中路6号
邮政编码：110159
电话号码：024-24686088
学校网址：http://zsjy.sylu.edu.cn

10162　辽宁中医药大学

在中国本科院校竞争力排行榜中的名次402，辽宁省内排名24/54，医药类排名39/90。

共20个专业参评，其中5★+专业0个，5★专业0个，5★-专业2个，4★专业2个，3★专业9个，2★专业6个。

5★-专业：中西医临床医学 4/50、中草药栽培与鉴定 2/15。

4★专业：中医学 12/64、中药学 17/109。

通信地址：辽宁省沈阳市皇姑区崇山东路79号
邮政编码：110847
电话号码：024-31207666
学校网址：www.lnutcm.edu.cn

10178　鲁迅美术学院

在中国本科院校竞争力排行榜中的名次407，辽宁省内排名25/54，艺术类排名15/44。

共17个专业参评，其中5★+专业0个，5★专业6个，5★-专业2个，4★专业3个，3★专业5个，2★专业1个。

5★专业：动画 5/278、视觉传达设计 9/743、环境设计 20/718、产品设计 7/413、服装与服饰设计 9/234、数字媒体艺术 13/302。

5★-专业：美术学 33/337、工艺美术 8/85。

4★专业：绘画 18/174、雕塑 8/57、书法学 20/111。

通信地址：辽宁省沈阳市和平区三好街十九号
邮政编码：110004
电话号码：024-82250789
学校网址：www.lumei.edu.cn

10146　辽宁科技大学

在中国本科院校竞争力排行榜中的名次415，辽宁省内排名26/54，理工类排名155/309。

共50个专业参评，其中5★+专业0个，5★专业0个，5★-专业0个，4★专业2个，3★专业21个，2★专业25个。

4★专业：市场营销 98/646、动画 46/278。

通信地址：辽宁省鞍山市高新区千山中路185-1号
邮政编码：114051
电话号码：0412-5929096
学校网址：http://zsjy.ustl.edu.cn

10149　沈阳化工大学

在中国本科院校竞争力排行榜中的名次425，辽宁省内排名27/54，理工类排名159/309。

共43个专业参评，其中5★+专业0个，5★专业0个，5★-专业0个，4★专业3个，3★专业13个，2★专业23个。

4★专业：过程装备与控制工程 18/96、高分子材料与工程 19/182、化学工程与工艺 48/326。

通信地址：辽宁省沈阳经济技术开发区11号街
邮政编码：110142
电话号码：024-89388469/89388462/89378470/89389400
学校网址：http://zhaosheng.syuct.edu.cn

10177　沈阳音乐学院

在中国本科院校竞争力排行榜中的名次432，辽宁省内排名28/54，艺术类排名20/44。

共14个专业参评，其中5★+专业0个，5★专业3个，5★-专业3个，4★专业0个，3★专业2个，2★专业6个。

5★专业：音乐表演 5/248、音乐学 14/387、舞蹈学 10/201。

5★-专业：作曲与作曲技术理论 4/36、舞蹈表演 8/139、播音与主持艺术 22/238。

通信地址：辽宁省沈阳市和平区三好街61号
邮政编码：110818
电话号码：024-23894405
学校网址：www.sycm.com.cn

10160　锦州医科大学

在中国本科院校竞争力排行榜中的名次436，辽宁省内排名29/54，医药类排名44/90。

共23个专业参评，其中5★+专业0个，5★专业0个，5★-专业0个，4★专业1个，3★专业9个，2★专业8个。

4★专业：护理学37/278。

通信地址：辽宁省锦州市凌河区松坡路三段40号
邮政编码：121001
电话号码：0416-4673436
学校网址：www.jzmu.edu.cn

10158　大连海洋大学

在中国本科院校竞争力排行榜中的名次442，辽宁省内排名30/54，农林类排名32/43。

共37个专业参评，其中5★+专业0个，5★专业0个，5★-专业0个，4★专业1个，3★专业15个，2★专业18个。

4★专业：水产养殖学7/49。

通信地址：辽宁省大连市沙河口区黑石礁街52号
邮政编码：116023
电话号码：0411-84763156/84763157/84763158
学校网址：http://zsjy.dlou.edu.cn

12026　大连民族大学

在中国本科院校竞争力排行榜中的名次448，辽宁省内排名31/54，民族类排名9/16。

共54个专业参评，其中5★+专业0个，5★专业0个，5★-专业0个，4★专业0个，3★专业21个，2★专业33个。

通信地址：辽宁省大连经济技术开发区辽河西路18号
邮政编码：116600
电话号码：0411-87656067
学校网址：http://www.dlnu.edu.cn

11035　沈阳大学

在中国本科院校竞争力排行榜中的名次473，辽宁省内排名32/54，综合类排名82/217。

共57个专业参评，其中5★+专业0个，5★专业0个，5★-专业1个，4★专业5个，3★专业14个，2★专业27个。

5★-专业：小学教育23/256。

4★专业：英语166/924、焊接技术与工程6/40、环境生态工程11/63、会计学114/652、财务管理78/699。

通信地址：辽宁省沈阳市大东区望花南街21号(4号楼2楼)
邮政编码：110044
电话号码：024-62721597/62268563/62268564
学校网址：http://zhaoshengjiuye.syu.edu.cn

10175　中国刑事警察学院

在中国本科院校竞争力排行榜中的名次513，辽宁省内排名33/54，文法类排名19/64。

共9个专业参评，其中5★+专业0个，5★专业2个，5★-专业3个，4★专业1个，3★专业3个，2★专业0个。

5★专业：侦查学2/31、刑事科学技术1/27。

5★-专业：经济犯罪侦查2/16、公安视听技术1/6、网络安全与执法3/26。

4★专业：禁毒学2/12。

通信地址：辽宁省沈阳市皇姑区塔湾街83号
邮政编码：110854
电话号码：024-86982243
学校网址：http://zsjy.cipuc.edu.cn

10176　沈阳体育学院

在中国本科院校竞争力排行榜中的名次528，辽宁省内排名34/54，体育类排名10/15。

共12个专业参评，其中5★+专业0个，5★专业1个，5★-专业2个，4★专业2个，3★专业2个，2★专业4个。

5★专业：社会体育指导与管理8/235。

5★-专业：体育教育28/319、运动训练4/52。

4★专业：休闲体育14/81、舞蹈表演26/139。

通信地址：辽宁省沈阳市苏家屯区金钱松东路36号
邮政编码：110102
电话号码：024-89166657
学校网址：zsjyc.syty.edu.cn

10164　沈阳医学院

在中国本科院校竞争力排行榜中的名次605，辽宁省内排名35/54，医药类排名65/90。

共14个专业参评，其中5★+专业0个，5★专

业 0 个，5★-专业 0 个，4★专业 0 个，3★专业 3 个，2★专业 10 个。

  通信地址：辽宁省沈阳市黄河北大街 146 号
  邮政编码：110034
  电话号码：024-62215829
  学校网址：www.symc.edu.cn

11779 辽东学院

  在中国本科院校竞争力排行榜中的名次 619，辽宁省内排名 36/54，综合类排名 108/217。

  共 39 个专业参评，其中 5★+专业 0 个，5★专业 0 个，5★-专业 2 个，4★专业 2 个，3★专业 4 个，2★专业 20 个。

  5★-专业：视觉传达设计 71/743、环境设计 59/718。

  4★专业：工程管理 73/396、服装与服饰设计 36/234。

  通信地址：辽宁省丹东市振安区临江后街 116 号
  邮政编码：118001
  电话号码：0415-3789102
  学校网址：www.ldxy.cn

11632 沈阳工程学院

  在中国本科院校竞争力排行榜中的名次 620，辽宁省内排名 37/54，理工类排名 196/309。

  共 29 个专业参评，其中 5★+专业 0 个，5★专业 0 个，5★-专业 0 个，4★专业 1 个，3★专业 4 个，2★专业 15 个。

  4★专业：物流管理 85/455。

  通信地址：辽宁省沈阳市沈北新区蒲昌路 18 号
  邮政编码：110136
  电话号码：024-31975263
  学校网址：http://zhaosheng.sie.edu.cn

10169 鞍山师范学院

  在中国本科院校竞争力排行榜中的名次 626，辽宁省内排名 38/54，师范类排名 90/160。

  共 44 个专业参评，其中 5★+专业 0 个，5★专业 0 个，5★-专业 0 个，4★专业 2 个，3★专业 3 个，2★专业 23 个。

  4★专业：学前教育 59/395、环境设计 90/718。

  通信地址：辽宁省鞍山市铁东区平安街 43 号
  邮政编码：114007
  电话号码：0412-2961701/2960020/2960027
  学校网址：http://www.asnc.edu.cn

11430 辽宁科技学院

  在中国本科院校竞争力排行榜中的名次 762，辽宁省内排名 39/54，理工类排名 219/309。

  共 31 个专业参评，其中 5★+专业 0 个，5★专业 0 个，5★-专业 0 个，4★专业 0 个，3★专业 3 个，2★专业 21 个。

  通信地址：辽宁省本溪市高新技术产业开发区香槐路 176 号
  邮政编码：117004
  电话号码：024-45861113
  学校网址：www.lnist.edu.cn

13957 辽宁传媒学院

  在中国本科院校竞争力排行榜中的名次 884，辽宁省内排名 43/54，艺术类排名 42/44。

  共 31 个专业参评，其中 5★+专业 0 个，5★专业 0 个，5★-专业 2 个，4★专业 2 个，3★专业 5 个，2★专业 22 个。

  5★-专业：网络与新媒体 23/250、动画 27/278。

  4★专业：广告学 35/275、文化产业管理 26/149。

  通信地址：辽宁省沈阳市沈北新区沈北路 30 号
  邮政编码：110136
  电话号码：024-89745555
  学校网址：www.lncu.cn

14435 营口理工学院

  在中国本科院校竞争力排行榜中的名次 903，辽宁省内排名 45/54，理工类排名 255/309。

  共 26 个专业参评，其中 5★+专业 0 个，5★专业 0 个，5★-专业 0 个，4★专业 0 个，3★专业 5 个，2★专业 19 个。

  通信地址：辽宁省营口市西市区博文路 46 号
  邮政编码：115014
  电话号码：0417-3555556
  学校网址：http://www.yku.edu.cn

11432 辽宁警察学院

  在中国本科院校竞争力排行榜中的名次 906，辽宁省内排名 46/54，文法类排名 60/64。

  共 11 个专业参评，其中 5★+专业 0 个，5★专业 0 个，5★-专业 1 个，4★专业 0 个，3★专业 5 个，2★专业 4 个。

  5★-专业：网络安全与执法 2/26。

通信地址：辽宁省大连市甘井子区营平路260号
邮政编码：116036
电话号码：0411-86728777
学校网址：http://zsjy.lnpc.cn

民办院校

13599 大连艺术学院

在中国民办院校竞争力排行榜中的名次 49，辽宁省内排名 40/54，艺术类排名 39/44。

共27个专业参评，其中5★+专业0个，5★专业0个，5★-专业2个，4★专业3个，3★专业6个，2★专业15个。

5★-专业：视觉传达设计 66/743、环境设计 43/718。

4★专业：表演 27/139、播音与主持艺术 45/238、服装与服饰设计 46/234。

通信地址：辽宁省大连开发区同汇路19号
邮政编码：116600
电话号码：0411-39256115
学校网址：www.dac.edu.cn

13201 沈阳工学院

在中国民办院校竞争力排行榜中的名次 52，辽宁省内排名 41/54，理工类排名 239/309。

共44个专业参评，其中5★+专业0个，5★专业0个，5★-专业0个，4★专业0个，3★专业9个，2★专业32个。

通信地址：辽宁省抚顺经济开发区滨河路东段1号
邮政编码：113122
电话号码：024-56618811/024-56618855
学校网址：http://zsxx.situ.edu.cn

13631 大连东软信息学院

在中国民办院校竞争力排行榜中的名次 64，辽宁省内排名 42/54，理工类排名 242/309。

共30个专业参评，其中5★+专业0个，5★专业0个，5★-专业1个，4★专业1个，3★专业14个，2★专业12个。

5★-专业：数字媒体技术 21/224。

4★专业：电子商务 58/476。

通信地址：辽宁省大连市软件园路8号
邮政编码：116023
电话号码：0411-84835555
学校网址：www.neusoft.edu.cn

13900 辽宁财贸学院

在中国民办院校竞争力排行榜中的名次 77，辽宁省内排名 44/54，财经类排名 58/82。

共18个专业参评，其中5★+专业0个，5★专业0个，5★-专业0个，4★专业0个，3★专业8个，2★专业9个。

通信地址：辽宁省兴城市兴海北街167号
邮政编码：125105
电话号码：0429-5418666
学校网址：www.lncmxy.com

10841 辽宁对外经贸学院

在中国民办院校竞争力排行榜中的名次 94，辽宁省内排名 47/54，财经类排名 64/82。

共18个专业参评，其中5★+专业0个，5★专业0个，5★-专业0个，4★专业1个，3★专业12个，2★专业5个。

4★专业：国际经济与贸易 132/688。

通信地址：辽宁省大连市旅顺经济开发区顺乐街33号
邮政编码：116052
电话号码：0411-86208758
学校网址：www.luibe.edu.cn

13218 大连财经学院

在中国民办院校竞争力排行榜中的名次 110，辽宁省内排名 48/54，财经类排名 67/82。

共26个专业参评，其中5★+专业0个，5★专业0个，5★-专业1个，4★专业0个，3★专业6个，2★专业14个。

5★-专业：财务管理 67/699。

通信地址：辽宁省大连市经济技术开发区人文街80号
邮政编码：116622
电话号码：0411-39265023
学校网址：www.kingbridge.net

13207 大连科技学院

在中国民办院校竞争力排行榜中的名次 120，辽宁省内排名 49/54，理工类排名 269/309。

共28个专业参评，其中5★+专业0个，5★专业0个，5★-专业0个，4★专业0个，3★专业5个，2★专业23个。

通信地址：辽宁省大连旅顺经济开发区滨港路
　　　　　999-26号
邮政编码：116052
电话号码：0411-86245070
学校网址：http://www.dist.edu.cn

13208　沈阳城市建设学院

在中国民办院校竞争力排行榜中的名次148，辽宁省内排名50/54，理工类排名280/309。

共28个专业参评，其中5★+专业0个，5★专业0个，5★-专业0个，4★专业0个，3★专业6个，2★专业19个。

通信地址：辽宁省沈阳市东陵区白塔街380号
邮政编码：110167
电话号码：024-31679870/31679946
学校网址：http://zszx.syucu.edu.cn

13220　沈阳城市学院

在中国民办院校竞争力排行榜中的名次158，辽宁省内排名51/54，综合类排名196/217。

共36个专业参评，其中5★+专业0个，5★专业0个，5★-专业0个，4★专业0个，3★专业3个，2★专业30个。

通信地址：辽宁省沈阳市苏家屯区梧桐大街2号
邮政编码：110112
电话号码：024-89597688
学校网址：http://www.sycu.cn

13621　沈阳科技学院

在中国民办院校竞争力排行榜中的名次170，辽宁省内排名52/54，理工类排名294/309。

共18个专业参评，其中5★+专业0个，5★专业0个，5★-专业0个，4★专业0个，3★专业3个，2★专业12个。

通信地址：辽宁省沈阳市浑南区全运二西路30号
邮政编码：110167
电话号码：024-31679767/31969585
学校网址：http://www.syist.cn

13217　辽宁理工学院

在中国民办院校竞争力排行榜中的名次171，辽宁省内排名53/54，综合类排名203/217。

共21个专业参评，其中5★+专业0个，5★专业0个，5★-专业0个，4★专业0个，3★专业0个，2★专业19个。

通信地址：辽宁省锦州市高新技术产业园区昆明街
　　　　　2号
邮政编码：121013
电话号码：0416-7980195
学校网址：www.lise.edu.cn

13610　辽宁何氏医学院

在中国民办院校竞争力排行榜中的名次179，辽宁省内排名54/54，医药类排名86/90。

共19个专业参评，其中5★+专业0个，5★专业0个，5★-专业0个，4★专业0个，3★专业2个，2★专业9个。

通信地址：辽宁省沈阳市东陵区泗水街66号
邮政编码：110163
电话号码：024-88053145
学校网址：www.he-edu.com

广东省

一流大学

10558 中山大学

在中国本科院校竞争力排行榜中的名次 11，广东省内排名 1/52，综合类排名 7/217。

共 81 个专业参评，其中 5★+专业 6 个，5★专业 28 个，5★-专业 9 个，4★专业 14 个，3★专业 21 个，2★专业 3 个。

5★+专业：汉语言文学 5/604、智能科学与技术 2/159、预防医学 1/108、国际商务 1/130、行政管理 1/303、旅游管理 1/455。

5★专业：金融学 8/385、法学 23/584、政治学与行政学 4/83、社会学 2/84、英语 26/924、历史学 5/244、数学与应用数学 11/502、信息与计算科学 6/316、物理学 7/270、化学 8/295、地理科学 6/160、人文地理与城乡规划 2/115、地理信息科学 8/166、生物科学 7/271、生物技术 4/295、生态学 2/73、通信工程 17/511、光电信息科学与工程 10/217、电子信息科学与技术 5/191、环境科学 9/181、临床医学 3/186、口腔医学 4/110、药学 7/231、护理学 5/278、信息管理与信息系统 11/391、工商管理 7/547、会计学 11/652、会展经济与管理 2/104。

5★-专业：哲学 5/70、经济学 19/345、日语 45/461、新闻学 21/314、自然地理与资源环境 5/50、材料化学 9/137、高分子材料与工程 12/182、计算机科学与技术 47/911、软件工程 34/590。

4★专业：法语 21/141、朝鲜语 18/101、传播学 13/65、海洋科学 4/30、材料物理 9/73、网络空间安全 12/64、遥感科学与技术 7/41、化学工程与工艺 61/326、环境工程 51/361、生物医学工程 23/115、城乡规划 36/207、基础医学 6/30、法医学 4/30、图书馆学 4/19。

通信地址：广东省广州市新港西路 135 号
邮政编码：510275
电话号码：020-84036491
学校网址：http://admission.sysu.edu.cn

10561 华南理工大学

在中国本科院校竞争力排行榜中的名次 23，广东省内排名 2/52，理工类排名 11/309。

共 77 个专业参评，其中 5★+专业 3 个，5★专业 28 个，5★-专业 17 个，4★专业 16 个，3★专业 12 个，2★专业 1 个。

5★+专业：应用物理学 2/151、应用化学 2/375、工商管理 2/547。

5★专业：商务英语 6/365、数学与应用数学 16/502、机械电子工程 9/300、材料科学与工程 10/216、高分子材料与工程 6/182、电气工程及其自动化 13/567、电子科学与技术 8/161、机器人工程 11/223、计算机科学与技术 17/911、软件工程 12/590、网络工程 8/315、土木工程 11/528、化学工程与工艺 4/326、能源化学工程 2/59、轻化工程 2/39、食品科学与工程 10/278、建筑学 7/286、城乡规划 4/207、风景园林 8/181、生物工程 7/243、生物制药 5/101、工程管理 16/396、市场营销 14/646、人力资源管理 7/428、行政管理 8/303、电子商务 21/476、旅游管理 7/455、产品设计 16/413。

5★-专业：国际经济与贸易 50/688、法学 47/584、广告学 27/275、生物技术 20/295、材料成型及控制工程 19/228、工业设计 13/226、智能制造工程 10/117、信息工程 5/64、自动化 28/453、智能科学与技术 11/159、环境工程 26/361、食品质量与安全 15/230、会计学 55/652、财务管理 46/699、物流工程 9/111、会展经济与管理 9/104、服装与服饰设计 16/234。

4★专业：经济学 54/345、金融学 74/385、知识产权 13/79、新闻学 52/314、传播学 12/65、机械工程 15/124、车辆工程 27/260、能源与动力工程 28/196、光电信息科学与工程 30/217、信息安全 22/116、制药工程 33/251、交通工程 21/107、核工程与核技术 5/29、环境科学与工程 5/40、信息管理与信息系统 46/391、环境设计 111/718。

通信地址：广东省广州市天河区五山路 381 号
邮政编码：510640
电话号码：020-87110737
学校网址：www.scut.edu.cn

10559 暨南大学

在中国本科院校竞争力排行榜中的名次 48，广东省内排名 3/52，综合类排名 17/217。

共 81 个专业参评，其中 5★+专业 4 个，5★专

业13个，5★-专业11个，4★专业17个，3★专业27个，2★专业9个。

5★+专业：新闻学2/314、广告学2/275、网络与新媒体3/250、旅游管理3/455。

5★专业：经济学16/345、金融学13/385、国际经济与贸易34/688、国际事务与国际关系1/11、汉语言文学18/604、汉语国际教育16/332、广播电视学8/166、药学10/231、工商管理21/547、市场营销25/646、会计学12/652、财务管理9/699、电子商务20/476。

5★-专业：经济统计学9/135、法学50/584、知识产权6/79、英语69/924、翻译22/254、商务英语19/365、历史学20/244、网络工程26/315、生物制药7/101、国际商务8/130、人力资源管理31/428。

4★专业：国际政治6/35、汉语言4/23、日语68/461、数学与应用数学100/502、应用化学55/375、生物科学32/271、生物技术45/295、电子信息工程83/645、光电信息科学与工程42/217、计算机科学与技术98/911、软件工程109/590、物联网工程72/498、包装工程7/41、临床医学36/186、文化产业管理16/149、公共事业管理50/293、行政管理50/303。

通信地址：广东省广州市黄埔大道西601号
邮政编码：510632
电话号码：020-85220130
学校网址：http://zsb.jnu.edu.cn

10574 华南师范大学

在中国本科院校竞争力排行榜中的名次65，广东省内排名4/52，师范类排名6/160。

共79个专业参评，其中5★+专业1个，5★专业13个，5★-专业12个，4★专业27个，3★专业19个，2★专业6个。

5★+专业：社会体育指导与管理1/235。

5★专业：思想政治教育13/264、教育学3/84、教育技术学2/127、小学教育12/256、运动训练3/52、汉语言文学29/604、英语38/924、地理科学8/160、心理学2/69、应用心理学11/244、公共事业管理12/293、会展经济与管理5/104、舞蹈学8/201。

5★-专业：学前教育22/395、体育教育27/319、数学与应用数学44/502、物理学23/270、化学27/295、文化产业管理13/149、物流管理43/455、电子商务39/476、酒店管理19/196、音乐表演17/248、音乐学26/387、美术学25/337。

4★专业：经济学39/345、国际经济与贸易136/688、法学79/584、特殊教育8/59、俄语28/155、日语59/461、翻译31/254、网络与新媒体33/250、历史学37/244、信息与计算科学53/316、自然地理与资源环境8/50、人文地理与城乡规划22/115、地理信息科学31/166、生物科学29/271、生物技术51/295、材料化学25/137、光电信息科学与工程31/217、人工智能33/176、计算机科学与技术109/911、软件工程75/590、网络工程33/315、生物工程42/243、信息管理与信息系统59/391、会计学98/652、财务管理108/699、人力资源管理45/428、旅游管理52/455。

通信地址：广东省广州市天河区中山大道西55号
邮政编码：510631
电话号码：020-85211098
学校网址：http://zsb.scnu.edu.cn

10572 广州中医药大学

在中国本科院校竞争力排行榜中的名次219，广东省内排名13/52，医药类排名17/90。

共25个专业参评，其中5★+专业0个，5★专业2个，5★-专业2个，4★专业9个，3★专业8个，2★专业3个。

5★专业：中医学3/64、中药学5/109。

5★-专业：针灸推拿学5/49、健康服务与管理6/95。

4★专业：国际经济与贸易91/688、应用心理学40/244、医学信息工程8/47、制药工程27/251、中医养生学2/13、中药资源与开发5/37、康复治疗学21/161、护理学39/278、公共事业管理32/293。

通信地址：广东省广州市番禺区广州大学城外环东路232号
邮政编码：510006
电话号码：020-39358233
学校网址：http://www.gzucm.edu.cn

一 般 大 学

10564 华南农业大学

在中国本科院校竞争力排行榜中的名次76，广东省内排名5/52，农林类排名5/43。

共88个专业参评，其中5★+专业0个，5★专业7个，5★-专业6个，4★专业22个，3★专业45个，2★专业7个。

5★专业：农业机械化及其自动化2/39、食品质量与安全4/230、农学4/76、园艺3/107、动物科学3/84、动物医学4/75、林学2/46。

5★-专业：风景园林15/181、植物保护5/56、茶学

3/29、动物药学 2/23、农林经济管理 5/63、视觉传达设计 69/743。

4★专业：金融学 67/385、国际经济与贸易 130/688、社会工作 39/261、应用化学 52/375、生物科学 36/271、生态学 10/73、机械设计制造及其自动化 70/521、计算机科学与技术 142/911、数据科学与大数据技术 92/544、食品科学与工程 30/278、园林 24/138、水产养殖学 9/49、工商管理 65/547、市场营销 114/646、人力资源管理 62/428、公共事业管理 52/293、行政管理 38/303、劳动与社会保障 21/135、土地资源管理 18/93、动画 51/278、产品设计 73/413、服装与服饰设计 31/234。

通信地址：广州市天河区五山路483号
邮政编码：510640
电话号码：020-85283652
学校网址：zsb.scau.edu.cn

10590　深圳大学

在中国本科院校竞争力排行榜中的名次 87，广东省内排名 6/52，综合类排名 28/217。

共79个专业参评，其中5★+专业1个，5★专业2个，5★-专业16个，4★专业20个，3★专业32个，2★专业8个。

5★+专业：视觉传达设计 6/743。

5★专业：网络与新媒体 4/250、表演 7/139。

5★-专业：国际经济与贸易 68/688、英语 57/924、广告学 23/275、电子信息工程 38/645、通信工程 44/511、光电信息科学与工程 20/217、计算机科学与技术 72/911、土木工程 42/528、地理空间信息工程 1/9、建筑学 22/286、工程管理 24/396、市场营销 52/646、物流管理 24/455、电子商务 35/476、舞蹈编导 6/69、美术学 26/337。

4★专业：经济学 38/345、金融学 62/385、法学 62/584、学前教育 72/395、体育教育 39/319、休闲体育 9/81、汉语言文学 73/604、日语 86/461、新闻学 44/314、心理学 11/69、软件工程 88/590、生物医学工程 18/115、城乡规划 27/207、信息管理与信息系统 75/391、工商管理 59/547、会计学 69/652、人力资源管理 49/428、行政管理 61/303、音乐表演 34/248、产品设计 82/413。

通信地址：广东省深圳市南山区南海大道3688号(后海校区)/广东省深圳市南山区学苑大道1066号(西丽校区)
邮政编码：后海校区 518060/西丽校区 518055
电话号码：0755-26536235
学校网址：http://zs.szu.edu.cn

11845　广东工业大学

在中国本科院校竞争力排行榜中的名次 94，广东省内排名 7/52，理工类排名 44/309。

共81个专业参评，其中5★+专业0个，5★专业5个，5★-专业13个，4★专业30个，3★专业31个，2★专业2个。

5★专业：商务英语 13/365、机械设计制造及其自动化 11/521、机械电子工程 14/300、自动化 20/453、物联网工程 11/498。

5★-专业：应用化学 35/375、工业设计 18/226、电气工程及其自动化 47/567、计算机科学与技术 61/911、软件工程 57/590、网络工程 19/315、道路桥梁与渡河工程 7/73、化学工程与工艺 19/326、房地产开发与管理 5/55、市场营销 40/646、电子商务 41/476、动画 25/278、视觉传达设计 52/743。

4★专业：翻译 38/254、信息与计算科学 55/316、应用统计学 26/172、材料成型及控制工程 24/228、车辆工程 36/260、金属材料工程 12/79、新能源材料与器件 17/91、新能源科学与工程 22/109、电子信息工程 121/645、通信工程 57/511、信息工程 7/64、人工智能 31/176、机器人工程 39/223、数字媒体技术 32/224、数据科学与大数据技术 75/544、土木工程 57/528、建筑环境与能源应用工程 23/178、给排水科学与工程 26/162、城市地下空间工程 11/71、能源化学工程 10/59、环境工程 37/361、环境生态工程 9/63、建筑学 46/286、工程管理 76/396、大数据管理与应用 10/69、会计学 66/652、人力资源管理 63/428、产品设计 67/413、服装与服饰设计 37/234、数字媒体艺术 39/302。

通信地址：广东省广州市番禺区广州大学城外环西路100号
邮政编码：510006
电话号码：020-39322681
学校网址：http://zsb.gdut.edu.cn

12121　南方医科大学

在中国本科院校竞争力排行榜中的名次 111，广东省内排名 8/52，医药类排名 4/90。

共28个专业参评，其中5★+专业1个，5★专业5个，5★-专业6个，4★专业6个，3★专业9个，2★专业1个。

5★+专业：康复治疗学 2/161。

5★专业：生物信息学 1/36、医学影像学 4/76、预防医学 5/108、医学检验技术 4/151、护理学 14/278。

5★-专业：生物技术 16/295、应用统计学 15/172、临床医学 10/186、药学 20/231、医学实验技术 2/18、公共事业管理 25/293。

4★专业：应用心理学 25/244、生物医学工程 13/115、基础医学 4/30、中西医临床医学 7/50、临床药学 8/48、中药学 14/109。

通信地址：广东省广州市白云区沙太南路 1023 号-1063 号
邮政编码：510515
电话号码：020-61648502
学校网址：http://portal.smu.edu.cn

11078　广州大学

在中国本科院校竞争力排行榜中的名次 115，广东省内排名 9/52，综合类排名 34/217。

共 69 个专业参评，其中 5★+专业 0 个，5★专业 3 个，5★-专业 7 个，4★专业 21 个，3★专业 36 个，2★专业 2 个。

5★专业：人文地理与城乡规划 6/115、应用心理学 9/244、建筑环境与能源应用工程 7/178。

5★-专业：学前教育 31/395、英语 61/924、数学与应用数学 41/502、统计学 17/194、土木工程 38/528、工商管理 39/547、旅游管理 27/455。

4★专业：法学 59/584、教育技术学 19/127、体育教育 50/319、汉语言文学 61/604、广播电视学 22/166、网络与新媒体 26/250、信息与计算科学 47/316、机械设计制造及其自动化 66/521、机器人工程 30/223、数据科学与大数据技术 71/544、给排水科学与工程 20/162、化学工程与工艺 56/326、建筑学 43/286、工程管理 58/396、会计学 94/652、行政管理 53/303、物流管理 48/455、音乐学 54/387、舞蹈编导 14/69、播音与主持艺术 28/238、数字媒体艺术 56/302。

通信地址：广东省广州市大学城外环西路 230 号
邮政编码：510006
电话号码：020-39366232
学校网址：http://zsjy.gzhu.edu.cn

11846　广东外语外贸大学

在中国本科院校竞争力排行榜中的名次 182，广东省内排名 10/52，文法类排名 6/64。

共 58 个专业参评，其中 5★+专业 4 个，5★专业 10 个，5★-专业 10 个，4★专业 8 个，3★专业 16 个，2★专业 10 个。

5★+专业：英语 2/924、日语 5/461、翻译 2/254、商务英语 1/365。

5★专业：金融工程 9/259、国际经济与贸易 19/688、俄语 8/155、德语 4/110、法语 3/141、西班牙语 3/96、朝鲜语 5/101、印度尼西亚语 1/11、泰语 1/42、财务管理 23/699。

5★-专业：法学 43/584、柬埔寨语 1/6、老挝语 1/7、越南语 2/23、网络与新媒体 18/250、市场营销 34/646、会计学 47/652、国际商务 11/130、审计学 11/192、电子商务 43/476。

4★专业：金融学 47/385、汉语言文学 100/604、汉语国际教育 56/332、缅甸语 3/13、葡萄牙语 4/32、意大利语 4/21、工商管理 96/547、人力资源管理 64/428。

通信地址：广东省广州市白云区白云大道北 2 号
邮政编码：510420
电话号码：020-36204310
学校网址：http://zsb.gdufs.edu.cn

10560　汕头大学

在中国本科院校竞争力排行榜中的名次 191，广东省内排名 11/52，综合类排名 47/217。

共 41 个专业参评，其中 5★+专业 0 个，5★专业 0 个，5★-专业 3 个，4★专业 11 个，3★专业 19 个，2★专业 8 个。

5★-专业：生物技术 30/295、电子信息工程 61/645、公共艺术 5/58。

4★专业：汉语言文学 111/604、英语 167/924、新闻学 57/314、数学与应用数学 70/502、机械设计制造及其自动化 56/521、通信工程 85/511、计算机科学与技术 170/911、土木工程 69/528、工商管理 68/547、产品设计 54/413、数字媒体艺术 32/302。

通信地址：广东省汕头市大学路 243 号
邮政编码：515041
电话号码：0754-86503666
学校网址：https://zs.stu.edu.cn

14325　南方科技大学

在中国本科院校竞争力排行榜中的名次 208，广东省内排名 12/52，综合类排名 49/217。

共 22 个专业参评，其中 5★+专业 0 个，5★专业 0 个，5★-专业 1 个，4★专业 0 个，3★专业 10 个，2★专业 11 个。

5★-专业：环境科学与工程 4/40。

通信地址：广东省深圳市南山区西丽学苑大道1088号
邮政编码：518055
电话号码：0755-88010500
学校网址：http://zs.sustc.edu.cn

10570　广州医科大学

在中国本科院校竞争力排行榜中的名次276，广东省内排名 **14/52**，医药类排名 **24/90**。

共 **21** 个专业参评，其中 5★+专业 **0** 个，5★专业 **0** 个，5★-专业 **1** 个，4★专业 **4** 个，3★专业 **12** 个，2★专业 **4** 个。

5★-专业：医学检验技术 10/151。

4★专业：临床医学 31/186、精神医学 4/31、护理学 31/278、公共事业管理 35/293。

通信地址：广州市越秀区东风西路 195 号；番禺校区地址：广州市番禺区新造镇
邮政编码：510182
电话号码：020-37103000
学校网址：https://www.gzhmu.edu.cn

10592　广东财经大学

在中国本科院校竞争力排行榜中的名次289，广东省内排名 **15/52**，财经类排名 **17/82**。

共 **55** 个专业参评，其中 5★+专业 **1** 个，5★专业 **4** 个，5★-专业 **6** 个，4★专业 **8** 个，3★专业 **24** 个，2★专业 **12** 个。

5★+专业：审计学 2/192。审计学 2/192。

5★专业：投资学 6/135、市场营销 28/646、财务管理 31/699、电子商务 11/476。

5★-专业：金融学 37/385、国际经济与贸易 61/688、法学 44/584、资产评估 7/76、酒店管理 18/196、视觉传达设计 57/743。

4★专业：税收学 12/89、金融工程 41/259、会计学 77/652、国际商务 26/130、人力资源管理 61/428、文化产业管理 17/149、物流管理 55/455、会展经济与管理 12/104。

通信地址：广东省广州市海珠区仓头路 21 号（广州校区）/广东省佛山市三水区云东海旅游经济区（三水校区）
邮政编码：广州校区 510320/三水校区 528100
电话号码：020-84096844
学校网址：http://zsb.gdufe.edu.cn

10566　广东海洋大学

在中国本科院校竞争力排行榜中的名次362，广东省内排名 **16/52**，农林类排名 **28/43**。

共 **78** 个专业参评，其中 5★+专业 **0** 个，5★专业 **0** 个，5★-专业 **2** 个，4★专业 **2** 个，3★专业 **37** 个，2★专业 **34** 个。

5★-专业：食品科学与工程 28/278、食品质量与安全 14/230。

4★专业：水产养殖学 8/49、舞蹈编导 10/69。

通信地址：广东省湛江市麻章区海大路 1 号
邮政编码：524088
电话号码：0759-2396115
学校网址：http://zsjy.gdou.edu.cn

10588　广东技术师范大学

在中国本科院校竞争力排行榜中的名次387，广东省内排名 **17/52**，师范类排名 **42/160**。

共 **62** 个专业参评，其中 5★+专业 **0** 个，5★专业 **0** 个，5★-专业 **1** 个，4★专业 **4** 个，3★专业 **32** 个，2★专业 **21** 个。

5★-专业：网络与新媒体 22/250。

4★专业：机器人工程 37/223、网络工程 38/315、物联网工程 81/498、工艺美术 15/85。

通信地址：广东省广州市天河区中山大道西 293 号
邮政编码：510665
电话号码：020-38256659
学校网址：http://zs.gpnu.edu.cn

10573　广东药科大学

在中国本科院校竞争力排行榜中的名次395，广东省内排名 **18/52**，医药类排名 **37/90**。

共 **41** 个专业参评，其中 5★+专业 **0** 个，5★专业 **0** 个，5★-专业 **0** 个，4★专业 **3** 个，3★专业 **17** 个，2★专业 **20** 个。

4★专业：制药工程 31/251、药物制剂 17/86、健康服务与管理 19/95。

通信地址：广东省广州市广州大学城外环东路 280 号
邮政编码：510006
电话号码：020-39352093
学校网址：http://zsb.gdpu.edu.cn

11819　东莞理工学院

在中国本科院校竞争力排行榜中的名次411，广东省内排名 **19/52**，理工类排名 **154/309**。

共 **50** 个专业参评，其中 5★+专业 **0** 个，5★专业1个，5★-专业0个，4★专业2个，3★专业21个，2★专业26个。

5★专业：经济与金融2/69。

4★专业：国际经济与贸易105/688、通信工程95/511。

通信地址：广东省东莞市松山湖大学路1号
邮政编码：523808
电话号码：0769-22861919
学校网址：http://zsb.dgut.edu.cn

11349　五邑大学

在中国本科院校竞争力排行榜中的名次417，广东省内排名20/52，综合类排名71/217。

共39个专业参评，其中5★+专业0个，5★专业0个，5★-专业0个，4★专业2个，3★专业14个，2★专业23个。

4★专业：电子信息工程75/645、通信工程79/511。

通信地址：广东省江门市东成村22号
邮政编码：529020
电话号码：0750-3296263
学校网址：zsb.wyu.cn

10586　广州美术学院

在中国本科院校竞争力排行榜中的名次427，广东省内排名21/52，艺术类排名18/44。

共22个专业参评，其中5★+专业1个，5★专业1个，5★-专业3个，4★专业6个，3★专业5个，2★专业4个。

5★+专业：产品设计4/413。

5★专业：绘画9/174。

5★-专业：动画18/278、美术学18/337、雕塑5/57。

4★专业：摄影15/78、书法学14/111、视觉传达设计95/743、环境设计125/718、服装与服饰设计35/234、数字媒体艺术59/302。

通信地址：广东省广州市海珠区昌岗东路257号
邮政编码：510260
电话号码：020-84017740
学校网址：http://www.gzarts.edu.cn

11540　广东金融学院

在中国本科院校竞争力排行榜中的名次437，广东省内排名22/52，财经类排名30/82。

共46个专业参评，其中5★+专业0个，5★专业1个，5★-专业3个，4★专业8个，3★专业27个，2★专业6个。

5★专业：互联网金融1/42。

5★-专业：投资学13/135、经济与金融4/69、电子商务46/476。

4★专业：金融学58/385、保险学16/109、金融数学11/72、信用管理3/23、商务英语64/365、数据科学与大数据技术98/544、财务管理114/699、酒店管理38/196。

通信地址：广东省广州市天河区龙洞迎福路527号
邮政编码：510521
电话号码：020-37215393
学校网址：http://zs.gduf.edu.cn

10571　广东医科大学

在中国本科院校竞争力排行榜中的名次451，广东省内排名23/52，医药类排名45/90。

共32个专业参评，其中5★+专业0个，5★专业0个，5★-专业0个，4★专业4个，3★专业19个，2★专业9个。

4★专业：麻醉学12/58、医学影像学14/76、医学检验技术20/151、口腔医学技术5/26。

通信地址：广东湛江霞山文明东路2号/广东东莞松山湖科技园新城大道1号
邮政编码：524023/523808
电话号码：0769-22896175
学校网址：https://zs.gdmu.edu.cn

10587　星海音乐学院

在中国本科院校竞争力排行榜中的名次458，广东省内排名24/52，艺术类排名21/44。

共10个专业参评，其中5★+专业0个，5★专业2个，5★-专业1个，4★专业3个，3★专业2个，2★专业1个。

5★专业：音乐表演6/248、音乐学7/387。

5★-专业：舞蹈学12/201。

4★专业：作曲与作曲技术理论6/36、舞蹈表演16/139、录音艺术4/34。

通信地址：广东省广州市番禺区小谷围街外环西路398号
邮政编码：510006
电话号码：020-39363636
学校网址：http://www.xhzsb.com/

10579　岭南师范学院

在中国本科院校竞争力排行榜中的名次

480，广东省内排名25/52，师范类排名57/160。

共67个专业参评，其中5★+专业0个，5★专业0个，5★-专业0个，4★专业2个，3★专业21个，2★专业43个。

4★专业：社会工作42/261、人力资源管理73/428。

通信地址：广东省湛江赤坎区寸金路29号
邮政编码：524048
电话号码：0759-3183211
学校网址：http://zsjy.lingnan.edu.cn

11847　佛山科学技术学院

在中国本科院校竞争力排行榜中的名次490，广东省内排名26/52，理工类排名168/309。

共52个专业参评，其中5★+专业0个，5★专业0个，5★-专业0个，4★专业1个，3★专业24个，2★专业26个。

4★专业：数据科学与大数据技术97/544。

通信地址：广东省佛山市禅城区江湾一路18号
邮政编码：528000
电话号码：0757-83989841
学校网址：http://zsb.fosu.edu.cn

10578　韩山师范学院

在中国本科院校竞争力排行榜中的名次505，广东省内排名27/52，师范类排名63/160。

共56个专业参评，其中5★+专业0个，5★专业0个，5★-专业0个，4★专业0个，3★专业16个，2★专业40个。

通信地址：广东省潮州市桥东
邮政编码：521041
电话号码：0768-2525449
学校网址：ttp://zsb.hstc.edu.cn

10585　广州体育学院

在中国本科院校竞争力排行榜中的名次525，广东省内排名28/52，体育类排名9/15。

共18个专业参评，其中5★+专业0个，5★专业2个，5★-专业1个，4★专业1个，3★专业3个，2★专业6个。

5★专业：社会体育指导与管理11/235、休闲体育2/81。
5★-专业：体育教育29/319。
4★专业：运动训练10/52。

通信地址：广东省广州市广州大道中1268号
邮政编码：510500
电话号码：020-87551717
学校网址：http://www.gipe.edu.cn

10577　惠州学院

在中国本科院校竞争力排行榜中的名次531，广东省内排名29/52，综合类排名89/217。

共50个专业参评，其中5★+专业0个，5★专业0个，5★-专业0个，4★专业0个，3★专业18个，2★专业25个。

通信地址：广东省惠州市惠城区演达大道46号
邮政编码：516007
电话号码：0752-2527803
学校网址：http://zs.hzu.edu.cn

11347　仲恺农业工程学院

在中国本科院校竞争力排行榜中的名次552，广东省内排名30/52，农林类排名36/43。

共58个专业参评，其中5★+专业0个，5★专业0个，5★-专业0个，4★专业1个，3★专业18个，2★专业38个。

4★专业：园林17/138。

通信地址：广州市海珠区仲恺路501号
邮政编码：510225
电话号码：020-89003030
学校网址：http://www.zhku.edu.cn

10576　韶关学院

在中国本科院校竞争力排行榜中的名次564，广东省内排名31/52，综合类排名93/217。

共60个专业参评，其中5★+专业0个，5★专业0个，5★-专业0个，4★专业2个，3★专业20个，2★专业35个。

4★专业：英语126/924、商务英语43/365。

通信地址：广东省韶关市浈江区大学路
邮政编码：512005
电话号码：0751-8120066
学校网址：http://zs.sgu.edu.cn

11656　广东石油化工学院

在中国本科院校竞争力排行榜中的名次574，广东省内排名32/52，综合类排名94/217。

共55个专业参评，其中5★+专业0个，5★专

业0个，5★-专业0个，4★专业1个，3★专业19个，2★专业30个。

4★专业：电气工程及其自动化99/567。

通信地址：广东省茂名市官渡二路139号
邮政编码：525000
电话号码：0668-2923508
学校网址：http://www.gdupt.edu.cn

10580 肇庆学院

在中国本科院校竞争力排行榜中的名次603，广东省内排名33/52，综合类排名101/217。

共63个专业参评，其中5★+专业0个，5★专业0个，5★-专业1个，4★专业1个，3★专业22个，2★专业31个。

5★-专业：音乐学35/387。

4★专业：酒店管理39/196。

通信地址：广东省肇庆市端州区肇庆大道
邮政编码：526061
电话号码：0758-2716586
学校网址：http://zsb.zqu.edu.cn

10582 嘉应学院

在中国本科院校竞争力排行榜中的名次613，广东省内排名34/52，综合类排名105/217。

共56个专业参评，其中5★+专业0个，5★专业0个，5★-专业0个，4★专业1个，3★专业11个，2★专业40个。

4★专业：音乐学76/387。

通信地址：广东省梅州市梅松路
邮政编码：514015
电话号码：0753-2186713
学校网址：http://zs.jyu.edu.cnportal/index_dsnc.action

14278 广东第二师范学院

在中国本科院校竞争力排行榜中的名次670，广东省内排名35/52，师范类排名106/160。

共40个专业参评，其中5★+专业0个，5★专业0个，5★-专业0个，4★专业0个，3★专业11个，2★专业28个。

通信地址：广州市海珠区新港中路351号
邮政编码：海珠校区510303
电话号码：020-34113327/34113555
学校网址：http://web.gdei.edu.cn

11106 广州航海学院

在中国本科院校竞争力排行榜中的名次726，广东省内排名36/52，理工类排名213/309。

共28个专业参评，其中5★+专业0个，5★专业1个，5★-专业1个，4★专业1个，3★专业8个，2★专业13个。

5★专业：商务英语14/365。

5★-专业：数字媒体艺术17/302。

4★专业：电子商务57/476。

通信地址：广东省广州黄埔红山三路101号
邮政编码：510725
电话号码：020-32081599
学校网址：http://zsb.gzhmt.edu.cn

11110 广东警官学院

在中国本科院校竞争力排行榜中的名次761，广东省内排名37/52，文法类排名39/64。

共11个专业参评，其中5★+专业0个，5★专业1个，5★-专业0个，4★专业2个，3★专业5个，2★专业3个。

5★专业：经济犯罪侦查1/16。

4★专业：侦查学6/31、刑事科学技术5/27。

通信地址：广州市滨江东路500号（滨江校区）/广州市白云区文盛庄路118号（嘉禾）
邮政编码：滨江校区510230/嘉禾校区510440
电话号码：020-34068339
学校网址：http://www.gdppla.edu.cn

民办院校

13719 广东科技学院

在中国民办院校竞争力排行榜中的名次34，广东省内排名38/52，理工类排名223/309。

共34个专业参评，其中5★+专业0个，5★专业0个，5★-专业0个，4★专业6个，3★专业20个，2★专业8个。

4★专业：金融工程30/259、投资学26/135、商务英语38/365、数据科学与大数据技术73/544、财务管理105/699、物流管理82/455。

通信地址：广东省东莞市南城区西湖路99号
邮政编码：523083
电话号码：0769-86211555/86211666/86211777/86211999/86211801/86211802
学校网址：http://zs.gdust.cn

10822　广东白云学院

在中国民办院校竞争力排行榜中的名次 51，广东省内排名 39/52，理工类排名 238/309。

共 47 个专业参评，其中 5★+专业 0 个，5★专业 0 个，5★-专业 0 个，4★专业 0 个，3★专业 16 个，2★专业 30 个。

通信地址：广东省广州市白云区江高镇学苑路 1 号
邮政编码：510450
电话号码：020-36093333
学校网址：http://www.bvtczsb.com

13714　广州工商学院

在中国民办院校竞争力排行榜中的名次 56，广东省内排名 40/52，综合类排名 161/217。

共 23 个专业参评，其中 5★+专业 0 个，5★专业 1 个，5★-专业 1 个，4★专业 6 个，3★专业 10 个，2★专业 5 个。

5★专业：物流管理 23/455。

5★-专业：商务英语 31/365。

4★专业：网络工程 40/315、数字媒体技术 33/224、食品质量与安全 30/230、市场营销 119/646、财务管理 98/699、人力资源管理 79/428。

通信地址：广东省广州市花都区狮岭镇海布社光明路 5 号
邮政编码：510850
电话号码：020-86914402
学校网址：http://gzgs.org.cn

13667　广州商学院

在中国民办院校竞争力排行榜中的名次 62，广东省内排名 41/52，综合类排名 166/217。

共 28 个专业参评，其中 5★+专业 0 个，5★专业 0 个，5★-专业 3 个，4★专业 4 个，3★专业 14 个，2★专业 7 个。

5★-专业：互联网金融 4/42、商务英语 37/365、数据科学与大数据技术 52/544。

4★专业：国际经济与贸易 128/688、审计学 34/192、物流管理 50/455、电子商务 54/476。

通信地址：广东省广州市黄埔区九龙大道 206 号
邮政编码：511363
电话号码：020-82872773
学校网址：http://zsb.gzcc.cn

12574　广东东软学院

在中国民办院校竞争力排行榜中的名次 69，广东省内排名 42/52，理工类排名 245/309。

共 18 个专业参评，其中 5★+专业 0 个，5★专业 0 个，5★-专业 0 个，4★专业 1 个，3★专业 13 个，2★专业 4 个。

4★专业：电子商务 55/476。

通信地址：广东省佛山市南海软件科技园
邮政编码：528225
电话号码：0757-86684502/86684503/86684508
学校网址：http://zsw.nuit.edu.cn

13684　珠海科技学院

在中国民办院校竞争力排行榜中的名次 73，广东省内排名 43/52，综合类排名 170/217。

共 58 个专业参评，其中 5★+专业 0 个，5★专业 0 个，5★-专业 0 个，4★专业 0 个，3★专业 6 个，2★专业 28 个。

通信地址：珠海市金湾区草堂湾
邮政编码：519041
电话号码：0756-7626271
学校网址：http://www.jluzh.com

12059　广东培正学院

在中国民办院校竞争力排行榜中的名次 79，广东省内排名 44/52，财经类排名 59/82。

共 39 个专业参评，其中 5★+专业 0 个，5★专业 0 个，5★-专业 1 个，4★专业 0 个，3★专业 17 个，2★专业 20 个。

5★-专业：商务英语 33/365。

通信地址：广东省广州市花都区赤坭培正路 53 号
邮政编码：510830
电话号码：020-86710202/86994646
学校网址：http://zb.peizheng.edu.cn

12617　广州城市理工学院

在中国民办院校竞争力排行榜中的名次 84，广东省内排名 45/52，理工类排名 253/309。

共 38 个专业参评，其中 5★+专业 0 个，5★专业 0 个，5★-专业 0 个，4★专业 1 个，3★专业 4 个，2★专业 32 个。

4★专业：供应链管理 3/23。

通信地址：广东省广州市花都区学府路1号
邮政编码：510800
电话号码：020-66609166
学校网址：http://www.gcu.edu.cn

13720　广东理工学院

在中国民办院校竞争力排行榜中的名次 97，广东省内排名 46/52，理工类排名 258/309。

共 31 个专业参评，其中 5★+专业 0 个，5★专业 0 个，5★-专业 2 个，4★专业 4 个，3★专业 19 个，2★专业 5 个。

5★-专业：金融工程 26/259、汽车服务工程 12/146。

4★专业：互联网金融 8/42、商务英语 40/365、物流管理 52/455、工业工程 22/150。

通信地址：广东省肇庆市祈福大道
邮政编码：526100
电话号码：0758-8387888
学校网址：http://www.gdlgxy.com

13902　广州新华学院

在中国民办院校竞争力排行榜中的名次 102，广东省内排名 47/52，综合类排名 179/217。

共 47 个专业参评，其中 5★+专业 0 个，5★专业 0 个，5★-专业 0 个，4★专业 0 个，3★专业 1 个，2★专业 23 个。

通信地址：广东省广州市天河区龙洞广汕一路 721 号　广东省东莞市麻涌镇沿江西一路 7 号
邮政编码：510520/523133
电话号码：0769-82676855
学校网址：http://xh.sysu.edu.cn

12618　广州软件学院

在中国民办院校竞争力排行榜中的名次 138，广东省内排名 48/52，理工类排名 278/309。

共 30 个专业参评，其中 5★+专业 0 个，5★专业 0 个，5★-专业 0 个，4★专业 0 个，3★专业 0 个，2★专业 30 个。

通信地址：广州市从化区广从大道 13 号
邮政编码：510990
电话号码：020-87818781
学校网址：www.sise.edu.cn

12622　湛江科技学院

在中国民办院校竞争力排行榜中的名次 165，广东省内排名 49/52，财经类排名 76/82。

共 39 个专业参评，其中 5★+专业 0 个，5★专业 0 个，5★-专业 0 个，4★专业 0 个，3★专业 0 个，2★专业 35 个。

通信地址：广东省湛江市麻章区学智路二号
邮政编码：524094
电话号码：0759-3871366
学校网址：http://www.gdcjxy.com

12619　广州南方学院

在中国民办院校竞争力排行榜中的名次 180，广东省内排名 50/52，综合类排名 207/217。

共 40 个专业参评，其中 5★+专业 0 个，5★专业 0 个，5★-专业 0 个，4★专业 0 个，3★专业 2 个，2★专业 38 个。

通信地址：广州市从化区温泉镇
邮政编码：510970
电话号码：020-61787326
学校网址：http://www.nfu.edu.cn

12621　广州华商学院

在中国民办院校竞争力排行榜中的名次 189，广东省内排名 51/52，财经类排名 80/82。

共 35 个专业参评，其中 5★+专业 0 个，5★专业 0 个，5★-专业 0 个，4★专业 0 个，3★专业 0 个，2★专业 34 个。

通信地址：广州市增城区荔城街华商路一号
邮政编码：511300
电话号码：020-82666666
学校网址：http://www.gdhsc.edu.cn

13657　广州应用科技学院

在中国民办院校竞争力排行榜中的名次 200，广东省内排名 52/52，综合类排名 216/217。

共 31 个专业参评，其中 5★+专业 0 个，5★专业 0 个，5★-专业 0 个，4★专业 0 个，3★专业 0 个，2★专业 6 个。

通信地址：广东省广州市增城区朱村街
邮政编码：511370
电话号码：020-82856989
学校网址：http://www.sontan.net

湖 北 省

一流大学

10486 武汉大学

在中国本科院校竞争力排行榜中的名次5，湖北省内排名1/54，综合类排名3/217。

共108个专业参评，其中5★+专业7个，5★专业38个，5★-专业26个，4★专业25个，3★专业12个，2★专业0个。

5★+专业：法学4/584、思想政治教育3/264、地理信息科学2/166、水利水电工程1/84、测绘工程1/144、能源化学工程1/59、信息管理与信息系统4/391。

5★专业：经济学7/345、金融学16/385、国际经济与贸易29/688、汉语言文学15/604、汉语国际教育5/332、英语44/924、法语7/141、新闻学9/314、广播电视学7/166、广告学8/275、编辑出版学1/42、历史学8/244、数学与应用数学19/502、物理学10/270、化学13/295、应用化学11/375、生物科学4/271、生物技术9/295、电气工程及其自动化11/567、电子信息工程11/645、计算机科学与技术22/911、软件工程29/590、数据科学与大数据技术18/544、土木工程12/528、遥感科学与技术1/41、印刷工程1/12、生物制药3/101、口腔医学6/110、工程管理18/396、市场营销23/646、会计学20/652、财务管理34/699、人力资源管理14/428、公共事业管理6/293、劳动与社会保障3/135、土地资源管理3/93、图书馆学1/19、环境设计15/718。

5★-专业：金融工程20/259、日语36/461、翻译16/254、传播学6/65、信息与计算科学19/316、地理科学13/160、地球物理学2/21、机械设计制造及其自动化47/521、通信工程28/511、电子信息科学与技术14/191、人工智能15/176、信息安全7/116、网络空间安全6/64、给排水科学与工程12/162、导航工程1/9、环境工程20/361、建筑学15/286、城乡规划17/207、临床医学15/186、工商管理40/547、行政管理17/303、档案学3/33、物流管理37/455、电子商务32/476、表演12/139、产品设计36/413。

4★专业：哲学9/70、保险学13/109、政治学与行政学12/83、外交学3/13、俄语18/155、德语21/110、世界史3/17、人文地理与城乡规划13/115、生态学8/73、统计学26/194、材料成型及控制工程46/228、材料物理13/73、金属材料工程10/79、能源与动力工程29/196、微电子科学与工程11/92、光电信息科学与工程28/217、自动化60/453、水文与水资源工程6/52、港口航道与海岸工程5/33、环境科学28/181、药学27/231、医学检验技术21/151、护理学30/278、戏剧影视文学11/88、播音与主持艺术34/238。

通信地址：湖北省武汉市武昌区八一路299号
邮政编码：430072
电话号码：027-68754231/68754826
学校网址：http://www.whu.edu.cn

10487 华中科技大学

在中国本科院校竞争力排行榜中的名次8，湖北省内排名2/54，理工类排名3/309。

共93个专业参评，其中5★+专业8个，5★专业24个，5★-专业33个，4★专业12个，3★专业13个，2★专业3个。

5★+专业：机械设计制造及其自动化1/521、材料成型及控制工程1/228、电气工程及其自动化2/567、电子信息工程1/645、光电信息科学与工程1/217、计算机科学与技术9/911、市场营销6/646、公共事业管理1/293。

5★专业：翻译13/254、新闻学7/314、广告学11/275、生物技术7/295、能源与动力工程5/196、新能源科学与工程4/109、通信工程21/511、集成电路设计与集成系统1/34、自动化8/453、软件工程18/590、物联网工程10/498、土木工程10/528、给排水科学与工程3/162、生物医学工程6/115、城乡规划9/207、生物制药2/101、临床医学7/186、预防医学3/108、药学5/231、护理学13/278、工程管理13/396、财务管理28/699、物流管理12/455、工业工程3/150。

5★-专业：经济学20/345、金融工程24/259、国际经济与贸易40/688、法学41/584、社会工作16/261、汉语言文学45/604、日语29/461、广播电视学10/166、数学与应用数学33/502、信息与计算科学29/316、物理学16/270、应用物理学15/151、应用化学29/375、生物科学25/271、生物信息学4/36、统计学19/194、材料科学与工程17/216、电子科学与技术 9/161、微电子科学与工程 8/92、人工智能 11/176、信息安全 8/116、建筑环境与能源应用工程 11/178、智能建造 2/19、水利水电工程 7/84、建筑学 20/286、医学影像学 5/76、医学检验技术 11/151、信息管理与信息系统 27/391、工商管理 49/547、会计学 35/652、国际商务 9/130、环境设计 48/718、产品设计 23/413。

4★专业：经济统计学 17/135、金融学 49/385、社会学 16/84、汉语国际教育 47/332、德语 17/110、传播学 8/65、化学 31/295、网络空间安全 10/64、船舶与海洋工程 5/34、环境工程 42/361、中西医临床医学 9/50、行政管理 44/303。

通信地址：湖北省武汉市洪山区珞喻路 1037 号
邮政编码：430074
电话号码：027-87542228
学校网址：http://zsb.hust.edu.cn

10497 武汉理工大学

在中国本科院校竞争力排行榜中的名次 45，湖北省内排名 3/54，理工类排名 25/309。

共 88 个专业参评，其中 5★+专业 7 个，5★专业 13 个，5★-专业 18 个，4★专业 32 个，3★专业 16 个，2★专业 2 个。

5★+专业：汽车服务工程 1/146、无机非金属材料工程 1/77、新能源材料与器件 1/91、物流管理 4/455、物流工程 1/111、动画 3/278、产品设计 3/413。

5★专业：材料成型及控制工程 11/228、车辆工程 6/260、材料科学与工程 9/216、材料化学 6/137、高分子材料与工程 9/182、复合材料与工程 2/44、通信工程 12/511、物联网工程 21/498、土木工程 25/528、船舶与海洋工程 1/34、财务管理 32/699、视觉传达设计 13/743、环境设计 8/718。

5★-专业：思想政治教育 18/264、机械设计制造及其自动化 51/521、能源与动力工程 12/196、电气工程及其自动化 46/567、电子信息工程 35/645、计算机科学与技术 49/911、软件工程 39/590、数据科学与大数据技术 36/544、建筑环境与能源应用工程 12/178、给排水科学与工程 16/162、制药工程 21/251、轮机工程 2/19、安全工程 15/149、生物制药 9/101、工程管理 25/396、工商管理 31/547、市场营销 41/646、艺术设计学 4/50。

4★专业：金融学 65/385、国际经济与贸易 72/688、法学 100/584、社会工作 41/261、英语 163/924、广告学 29/275、信息与计算科学 34/316、应用化学 50/375、工业设计 40/226、过程装备与控制工程 14/96、智能制造工程 20/117、测控技术与仪器 38/202、材料物理 10/73、电子科学与技术 31/161、光电信息科学与工程 37/217、信息工程 10/64、电子信息科学与技术 24/191、人工智能 21/176、自动化 55/453、道路桥梁与渡河工程 11/73、导航工程 2/9、化学工程与工艺 64/326、交通运输 15/117、交通工程 15/107、航海技术 3/17、环境工程 44/361、建筑学 47/286、信息管理与信息系统 52/391、会计学 104/652、人力资源管理 44/428、公共事业管理 38/293、电子商务 53/476。

通信地址：湖北省武汉市洪山区珞狮路 205 号
邮政编码：430070
电话号码：027-87859017/87858399
学校网址：http://zs.whut.edu.cn

10511 华中师范大学

在中国本科院校竞争力排行榜中的名次 54，湖北省内排名 4/54，师范类排名 4/160。

共 73 个专业参评，其中 5★+专业 1 个，5★专业 18 个，5★-专业 17 个，4★专业 24 个，3★专业 11 个，2★专业 2 个。

5★+专业：教育技术学 1/127。

5★专业：社会工作 6/261、思想政治教育 4/264、教育学 4/84、学前教育 10/395、特殊教育 3/59、体育教育 4/319、汉语言文学 11/604、汉语国际教育 11/332、英语 20/924、网络与新媒体 12/250、数学与应用数学 25/502、应用心理学 10/244、数据科学与大数据技术 13/544、信息管理与信息系统 19/391、房地产开发与管理 3/55、财务会计教育 1/11、行政管理 15/303、舞蹈学 7/201。

5★-专业：金融工程 25/259、法学 57/584、社会学 8/84、科学教育 3/38、法语 14/141、日语 30/461、翻译 14/254、历史学 14/244、物理学 20/270、化学 30/295、电子信息工程 65/645、物联网工程 30/498、数字媒体技术 20/224、劳动与社会保障 14/135、信息资源管理 2/16、音乐学 32/387、美术学 19/337。

4★专业：经济学 57/345、国际经济与贸易 80/688、政治学与行政学 9/83、汉语言 3/23、俄语 25/155、朝鲜语 14/101、新闻学 38/314、广播电视学 23/166、应用化学 48/375、地理科学 22/160、自然地理与资源环境 10/50、地理信息科学 24/166、生物科学 34/271、心理学 8/69、通信工程 72/511、电子信息科学与技术 30/191、计算机科学与技术 100/911、软件工程 102/590、大数据管理与应用 14/69、工商管理 75/547、人力资源管理 50/428、土地资源管理 13/93、电子商务 84/476、音乐表演 42/248。

通信地址：湖北省武汉市洪山区珞喻路 152 号
邮政编码：430079
电话号码：027-67863334
学校网址：zs.ccnu.edu.cn

中国大学及学科专业评价报告 2021—2022

10504 华中农业大学

在中国本科院校竞争力排行榜中的名次 57，湖北省内排名 5/54，农林类排名 2/43。

共 56 个专业参评，其中 5★+专业 2 个，5★专业 11 个，5★-专业 11 个，4★专业 7 个，3★专业 22 个，2★专业 3 个。

5★+专业：风景园林 1/181、园艺 1/107。

5★专业：商务英语 12/365、生物科学 13/271、生物技术 5/295、食品科学与工程 5/278、食品质量与安全 6/230、植物科学与技术 1/21、动物科学 2/84、动物医学 3/75、园林 3/138、水产养殖学 1/49、土地资源管理 4/93。

5★-专业：社会工作 17/261、广告学 15/275、数据科学与大数据技术 35/544、农业机械化及其自动化 4/39、生物工程 14/243、种子科学与工程 4/38、设施农业科学与工程 4/39、农业资源与环境 3/49、市场营销 45/646、人力资源管理 39/428、农林经济管理 4/63。

4★专业：国际经济与贸易 73/688、生物信息学 5/36、环境科学 35/181、农学 9/76、水族科学与技术 2/11、工商管理 79/547、行政管理 45/303。

通信地址：湖北省武汉市洪山区狮子山街1号
邮政编码：430070
电话号码：027-87280707
学校网址：http://zs.hzau.edu.cn

10491 中国地质大学（武汉）

在中国本科院校竞争力排行榜中的名次 92，湖北省内排名 6/54，理工类排名 42/309。

共 66 个专业参评，其中 5★+专业 0 个，5★专业 7 个，5★-专业 13 个，4★专业 23 个，3★专业 17 个，2★专业 5 个。

5★专业：地质学 1/25、地球信息科学与技术 1/11、宝石及材料工艺学 1/21、水文与水资源工程 2/52、地质工程 3/56、勘查技术与工程 1/35、资源勘查工程 1/49。

5★-专业：英语 75/924、地理信息科学 15/166、海洋科学 3/30、网络工程 30/315、土木工程 45/528、环境工程 28/361、工程管理 30/396、市场营销 54/646、公共事业管理 26/293、土地资源管理 7/93、视觉传达设计 55/743、环境设计 40/718、产品设计 32/413。

4★专业：经济学 43/345、国际经济与贸易 127/688、思想政治教育 39/264、社会体育指导与管理 35/235、广播电视学 27/166、应用化学 60/375、地理科学 25/160、地球物理学 3/21、地球化学 2/9、机械设计制造及其自动化 73/521、电子信息工程 76/645、自动化 72/453、计算机科学与技术 131/911、软件工程 64/590、智能科学与技术 30/159、测绘工程 16/144、石油工程 5/23、安全工程 25/149、信息管理与信息系统 62/391、工商管理 85/547、会计学 122/652、行政管理 42/303、旅游管理 56/455。

通信地址：湖北省武汉市洪山区鲁磨路388号
邮政编码：430074
电话号码：027-67848570
学校网址：http://zhaosheng.cug.edu.cn

10520 中南财经政法大学

在中国本科院校竞争力排行榜中的名次 127，湖北省内排名 7/54，财经类排名 5/82。

共 57 个专业参评，其中 5★+专业 3 个，5★专业 11 个，5★-专业 11 个，4★专业 9 个，3★专业 18 个，2★专业 4 个。

5★+专业：国际经济与贸易 7/688、法学 6/584、市场营销 3/646。

5★专业：财政学 4/83、税收学 3/89、金融工程 10/259、投资学 3/135、商务英语 18/365、会计学 18/652、财务管理 10/699、国际商务 5/130、人力资源管理 12/428、劳动与社会保障 4/135、旅游管理 12/455。

5★-专业：经济学 22/345、经济统计学 10/135、金融学 23/385、保险学 7/109、数据科学与大数据技术 49/544、工商管理 32/547、公共事业管理 21/293、城市管理 4/52、物流管理 36/455、电子商务 45/476、视觉传达设计 51/743。

4★专业：金融数学 8/72、英语 107/924、日语 58/461、广播电视学 26/166、网络与新媒体 29/250、工程管理 69/396、房地产开发与管理 10/55、工程造价 31/257、行政管理 31/303。

通信地址：湖北省武汉市洪山区南湖南路1号
邮政编码：430073
电话号码：027-88387338
学校网址：http://bkzs.zuel.edu.cn

一般大学

10488 武汉科技大学

在中国本科院校竞争力排行榜中的名次 161，湖北省内排名 8/54，理工类排名 66/309。

共 71 个专业参评，其中 5★+专业 0 个，5★专业 1 个，5★-专业 4 个，4★专业 24 个，3★专业 31 个，2★专业 11 个。

5★专业：无机非金属材料工程 2/77。

5★-专业：机械电子工程 17/300、自动化 27/453、计

-258-

算机科学与技术 64/911、财务管理 69/699。

4★专业：投资学 16/135、国际经济与贸易 107/688、英语 115/924、应用化学 65/375、机械工程 13/124、材料成型及控制工程 38/228、工业设计 42/226、车辆工程 37/260、智能制造工程 14/117、材料化学 22/137、金属材料工程 14/79、电气工程及其自动化 112/567、电子信息工程 109/645、软件工程 92/590、网络工程 37/315、土木工程 83/528、化学工程与工艺 34/326、矿物加工工程 8/38、安全工程 29/149、工商管理 89/547、市场营销 109/646、物业管理 5/24、行政管理 36/303、产品设计 60/413。

通信地址：湖北省武汉市青山和平大道 947 号
邮政编码：430081
电话号码：027-68862888
学校网址：zs.wust.edu.cn

10512 湖北大学

在中国本科院校竞争力排行榜中的名次 187，湖北省内排名 9/54，综合类排名 46/217。

共 70 个专业参评，其中 5★+专业 0 个，5★专业 2 个，5★-专业 2 个，4★专业 10 个，3★专业 44 个，2★专业 12 个。

5★专业：思想政治教育 10/264、旅游管理 14/455。

5★-专业：国际经济与贸易 66/688、汉语言文学 40/604。

4★专业：经济学 47/345、英语 164/924、新闻学 47/314、历史学 46/244、数学与应用数学 69/502、生物科学 46/271、生物技术 57/295、物联网工程 79/498、数据科学与大数据技术 83/544、视觉传达设计 137/743。

通信地址：湖北省武汉市武昌区友谊大道 368 号
邮政编码：430062
电话号码：027-88755167/88755267
学校网址：http://zsxx.hubu.edu.cn

10489 长江大学

在中国本科院校竞争力排行榜中的名次 196，湖北省内排名 10/54，综合类排名 48/217。

共 96 个专业参评，其中 5★+专业 0 个，5★专业 1 个，5★-专业 2 个，4★专业 7 个，3★专业 58 个，2★专业 28 个。

5★专业：商务英语 16/365。

5★-专业：电子信息工程 50/645、资源勘查工程 5/49。

4★专业：学前教育 48/395、体育教育 64/319、机械设计制造及其自动化 63/521、土木工程 97/528、油气储运工程 5/34、风景园林 34/181、园林 28/138。

通信地址：湖北省荆州市南环路 1 号
邮政编码：434023
电话号码：0716-8067167/8060550
学校网址：http://zszc.yangtzeu.edu.cn

11075 三峡大学

在中国本科院校竞争力排行榜中的名次 210，湖北省内排名 11/54，综合类排名 50/217。

共 62 个专业参评，其中 5★+专业 0 个，5★专业 1 个，5★-专业 4 个，4★专业 10 个，3★专业 34 个，2★专业 13 个。

5★专业：电气工程及其自动化 26/567。

5★-专业：英语 90/924、计算机科学与技术 90/911、土木工程 31/528、工程管理 23/396。

4★专业：社会体育指导与管理 45/235、汉语言文学 109/604、机械设计制造及其自动化 61/521、智能电网信息工程 6/29、物联网工程 54/498、数字媒体技术 37/224、水利水电工程 9/84、生物工程 26/243、市场营销 115/646、财务管理 76/699。

通信地址：湖北省宜昌市大学路 8 号
邮政编码：443002
电话号码：0717-6392282/6392665
学校网址：http://zs.ctgu.edu.cn

10524 中南民族大学

在中国本科院校竞争力排行榜中的名次 217，湖北省内排名 12/54，民族类排名 2/16。

共 81 个专业参评，其中 5★+专业 0 个，5★专业 0 个，5★-专业 3 个，4★专业 12 个，3★专业 43 个，2★专业 22 个。

5★-专业：民族学 3/27、英语 86/924、应用统计学 13/172。

4★专业：法学 76/584、社会工作 32/261、汉语言文学 62/604、汉语国际教育 66/332、广告学 45/275、电子信息工程 106/645、通信工程 98/511、软件工程 113/590、财务管理 81/699、劳动与社会保障 24/135、旅游管理 66/455、环境设计 121/718。

通信地址：湖北省武汉市洪山区民族大道 182 号
邮政编码：430074
电话号码：027-67842763
学校网址：http://zsb.scuec.edu.cn

10500 湖北工业大学

在中国本科院校竞争力排行榜中的名次 243，湖北省内排名 13/54，理工类排名 97/309。

共55个专业参评，其中5★+专业0个，5★专业1个，5★-专业1个，4★专业8个，3★专业33个，2★专业12个。

5★专业：产品设计 20/413。

5★-专业：电气工程及其自动化 37/567。

4★专业：国际经济与贸易 81/688、英语 181/924、机械设计制造及其自动化 53/521、测控技术与仪器 35/202、计算机科学与技术 140/911、土木工程 70/528、市场营销 87/646、公共艺术 12/58。

通信地址：湖北省武汉市共山区南李路28号
邮政编码：430068
电话号码：027-59751111
学校网址：http://zs.hbut.edu.cn

10496　武汉轻工大学

在中国本科院校竞争力排行榜中的名次 299，湖北省内排名 14/54，理工类排名 117/309。

共53个专业参评，其中5★+专业0个，5★专业0个，5★-专业0个，4★专业6个，3★专业25个，2★专业22个。

4★专业：国际经济与贸易 114/688、食品科学与工程 35/278、食品质量与安全 46/230、动物药学 4/23、物流管理 64/455、视觉传达设计 99/743。

通信地址：湖北省武汉市汉口常青花园学府南路68号
邮政编码：430023
电话号码：027-83928885/83921022
学校网址：zsb.whpu.edu.cn

10490　武汉工程大学

在中国本科院校竞争力排行榜中的名次 305，湖北省内排名 15/54，理工类排名 119/309。

共64个专业参评，其中5★+专业0个，5★专业1个，5★-专业2个，4★专业2个，3★专业35个，2★专业24个。

5★专业：制药工程 11/251。

5★-专业：应用化学 38/375、化学工程与工艺 31/326。

4★专业：高分子材料与工程 36/182、软件工程 93/590。

通信地址：湖北省武汉市东湖新技术开发区光谷一路206号
邮政编码：430073
电话号码：027-87002966
学校网址：http:// zsb.wit.edu.cn

10522　武汉体育学院

在中国本科院校竞争力排行榜中的名次 336，湖北省内排名 16/54，体育类排名 3/15。

共24个专业参评，其中5★+专业2个，5★专业6个，5★-专业0个，4★专业2个，3★专业7个，2★专业6个。

5★+专业：运动训练 1/52、休闲体育 1/81。

5★专业：体育教育 11/319、社会体育指导与管理 3/235、武术与民族传统体育 1/32、运动康复 3/65、舞蹈表演 3/139、播音与主持艺术 6/238。

4★专业：应用心理学 49/244、舞蹈学 39/201。

通信地址：湖北省武汉市洪山区珞瑜路461号
邮政编码：430079
电话号码：027-87190168
学校网址：www.wipe.edu.cn

10495　武汉纺织大学

在中国本科院校竞争力排行榜中的名次 340，湖北省内排名 17/54，理工类排名 132/309。

共56个专业参评，其中5★+专业0个，5★专业2个，5★-专业3个，4★专业5个，3★专业23个，2★专业23个。

5★专业：工程造价 10/257、服装与服饰设计 4/234。

5★-专业：物流管理 44/455、视觉传达设计 65/743、数字媒体艺术 24/302。

4★专业：纺织工程 7/41、服装设计与工程 8/61、会计学 115/652、人力资源管理 74/428、产品设计 53/413。

通信地址：湖北省武汉市江夏区阳光大道1号
邮政编码：430200
电话号码：027-59367521
学校网址：http://www.wtu.edu.cn

11072　江汉大学

在中国本科院校竞争力排行榜中的名次 380，湖北省内排名 18/54，综合类排名 68/217。

共54个专业参评，其中5★+专业0个，5★专业0个，5★-专业0个，4★专业1个，3★专业12个，2★专业38个。

4★专业：产品设计 42/413。

通信地址：湖北省武汉经济技术开发区三角湖路8号
邮政编码：430056
电话号码：027-84237298
学校网址：www.jhun.edu.cn

11600 湖北经济学院

在中国本科院校竞争力排行榜中的名次 **399**，湖北省内排名 **19/54**，财经类排名 **27/82**。

共 **45** 个专业参评，其中 5★+专业 **0** 个，5★专业 **0** 个，5★-专业 **0** 个，4★专业 **4** 个，3★专业 **17** 个，2★专业 **24** 个。

4★专业：商务经济学 4/20、数据科学与大数据技术 86/544、视觉传达设计 128/743、环境设计 144/718。

通信地址：湖北省武汉市江夏藏龙岛开发区杨桥湖大道8号
邮政编码：430205
电话号码：027-81973717
学校网址：http://zs.hbue.edu.cn

10523 湖北美术学院

在中国本科院校竞争力排行榜中的名次 **426**，湖北省内排名 **20/54**，艺术类排名 **17/44**。

共 **23** 个专业参评，其中 5★+专业 **0** 个，5★专业 **5** 个，5★-专业 **2** 个，4★专业 **2** 个，3★专业 **2** 个，2★专业 **8** 个。

5★专业：动画 13/278、绘画 7/174、视觉传达设计 10/743、产品设计 5/413、服装与服饰设计 6/234。

5★-专业：美术学 20/337、环境设计 53/718。

4★专业：雕塑 7/57、书法学 15/111。

通信地址：湖北省武汉市江夏区藏龙岛科技园栗庙路6号（藏龙岛校区）
邮政编码：430205
电话号码：027-81317222
学校网址：http://zjc.hifa.edu.cn

10513 湖北师范大学

在中国本科院校竞争力排行榜中的名次 **430**，湖北省内排名 **21/54**，师范类排名 **47/160**。

共 **54** 个专业参评，其中 5★+专业 **0** 个，5★专业 **0** 个，5★-专业 **0** 个，4★专业 **2** 个，3★专业 **19** 个，2★专业 **29** 个。

4★专业：学前教育 46/395、旅游管理与服务教育 3/20。

通信地址：湖北省黄石市磁湖路11号
邮政编码：435002
电话号码：0714-6575861
学校网址：http://zhinengdayi.com/hbnu

10507 湖北中医药大学

在中国本科院校竞争力排行榜中的名次 **434**，湖北省内排名 **22/54**，医药类排名 **42/90**。

共 **31** 个专业参评，其中 5★+专业 **0** 个，5★专业 **0** 个，5★-专业 **2** 个，4★专业 **6** 个，3★专业 **17** 个，2★专业 **6** 个。

5★-专业：助产学 6/55、健康服务与管理 10/95。

4★专业：运动康复 13/65、针灸推拿学 6/49、中药学 19/109、护理学 32/278、市场营销 127/646、公共事业管理 49/293。

通信地址：湖北省武汉市洪山区黄家湖西路1号
邮政编码：430065
电话号码：027-68891286/68890298
学校网址：http://zs.hbtcm.edu.cn

10519 湖北文理学院

在中国本科院校竞争力排行榜中的名次 **449**，湖北省内排名 **23/54**，综合类排名 **74/217**。

共 **51** 个专业参评，其中 5★+专业 **0** 个，5★专业 **1** 个，5★-专业 **0** 个，4★专业 **1** 个，3★专业 **29** 个，2★专业 **20** 个。

5★专业：广播电视编导 10/239。

4★专业：社会体育指导与管理 47/235。

通信地址：湖北省襄阳市隆中路296号
邮政编码：441053
电话号码：0710-3595555
学校网址：http://zs.hbuas.edu.cn

11524 武汉音乐学院

在中国本科院校竞争力排行榜中的名次 **472**，湖北省内排名 **24/54**，艺术类排名 **23/44**。

共 **6** 个专业参评，其中 5★+专业 **0** 个，5★专业 **2** 个，5★-专业 **1** 个，4★专业 **1** 个，3★专业 **2** 个，2★专业 **0** 个。

5★专业：音乐表演 12/248、音乐学 10/387。

5★-专业：舞蹈表演 14/139。

4★专业：录音艺术 5/34。

通信地址：湖北省武汉市武昌区张之洞路1号
邮政编码：430060
电话号码：027-88076720
学校网址：www.whcm.edu.cn

10525 湖北汽车工业学院

在中国本科院校竞争力排行榜中的名次

499,湖北省内排名 25/54,理工类排名 172/309。

共 33 个专业参评,其中 5★+专业 0 个,5★专业 0 个,5★-专业 0 个,4★专业 1 个,3★专业 5 个,2★专业 24 个。

4★专业:车辆工程 41/260。

通信地址:湖北省十堰市车城西路 167 号
邮政编码:442002
电话号码:0719-8238223
学校网址:http://zs.huat.edu.cn

10929　湖北医药学院

在中国本科院校竞争力排行榜中的名次 530,湖北省内排名 26/54,医药类排名 56/90。

共 20 个专业参评,其中 5★+专业 0 个,5★专业 0 个,5★-专业 0 个,4★专业 2 个,3★专业 7 个,2★专业 11 个。

4★专业:康复治疗学 31/161、口腔医学技术 4/26。

通信地址:湖北省十堰市人民南路 30 号
邮政编码:442000
电话号码:0719-8891088
学校网址:http://www.hbmu.edu.cn

10517　湖北民族大学

在中国本科院校竞争力排行榜中的名次 549,湖北省内排名 27/54,民族类排名 12/16。

共 55 个专业参评,其中 5★+专业 0 个,5★专业 0 个,5★-专业 1 个,4★专业 0 个,3★专业 8 个,2★专业 46 个。

5★-专业:广播电视编导 18/239。

通信地址:湖北省恩施市学院路 39 号
邮政编码:445000
电话号码:0718-8438945
学校网址:http://www.hbmy.edu.cn

10927　湖北科技学院

在中国本科院校竞争力排行榜中的名次 566,湖北省内排名 28/54,理工类排名 188/309。

共 57 个专业参评,其中 5★+专业 0 个,5★专业 0 个,5★-专业 2 个,4★专业 2 个,3★专业 11 个,2★专业 31 个。

5★-专业:视觉传达设计 41/743、环境设计 50/718。

4★专业:网络与新媒体 50/250、音乐学 72/387。

通信地址:湖北省咸宁市咸宁大道 88 号
邮政编码:437100
电话号码:0715-8338003
学校网址:http://27.24.159.155/hkzjc/zssy.htm

10514　黄冈师范学院

在中国本科院校竞争力排行榜中的名次 571,湖北省内排名 29/54,师范类排名 76/160。

共 64 个专业参评,其中 5★+专业 0 个,5★专业 1 个,5★-专业 2 个,4★专业 1 个,3★专业 12 个,2★专业 36 个。

5★专业:广播电视编导 11/239。

5★-专业:经济与金融 7/69、动画 24/278。

4★专业:音乐学 65/387。

通信地址:湖北省黄冈市开发区新港二路 146 号
邮政编码:438000
电话号码:0713-8616617
学校网址:http://www.hgnc.net

10528　湖北工程学院

在中国本科院校竞争力排行榜中的名次 579,湖北省内排名 30/54,理工类排名 191/309。

共 57 个专业参评,其中 5★+专业 0 个,5★专业 0 个,5★-专业 0 个,4★专业 4 个,3★专业 6 个,2★专业 35 个。

4★专业:金融工程 28/259、视觉传达设计 92/743、环境设计 96/718、产品设计 56/413。

通信地址:湖北省孝感市交通大道 272 号
邮政编码:432000
电话号码:0712-2345651
学校网址:http://zs.hbeu.cn

14099　湖北第二师范学院

在中国本科院校竞争力排行榜中的名次 635,湖北省内排名 31/54,师范类排名 91/160。

共 53 个专业参评,其中 5★+专业 0 个,5★专业 0 个,5★-专业 0 个,4★专业 1 个,3★专业 9 个,2★专业 38 个。

4★专业:视觉传达设计 96/743。

通信地址:湖北省武汉市东湖新技术开发区高新二路 129 号
邮政编码:430205
电话号码:027-87943888
学校网址:http://zsb.hue.edu.cn

10920 湖北理工学院

在中国本科院校竞争力排行榜中的名次 **651**，湖北省内排名 **32/54**，理工类排名 **203/309**。

共 **54** 个专业参评，其中 5★+专业 **0** 个，5★专业 **0** 个，5★-专业 **1** 个，4★专业 **0** 个，3★专业 **6** 个，2★专业 **32** 个。

5★-专业：视觉传达设计 45/743。

通信地址：湖北省黄石市桂林北路16号
邮政编码：435003
电话号码：0714-6350612
学校网址：http://www.hbpu.edu.cn

11336 荆楚理工学院

在中国本科院校竞争力排行榜中的名次 **655**，湖北省内排名 **33/54**，理工类排名 **204/309**。

共 **37** 个专业参评，其中 5★+专业 **0** 个，5★专业 **0** 个，5★-专业 **2** 个，4★专业 **0** 个，3★专业 **7** 个，2★专业 **24** 个。

5★-专业：广播电视编导 15/239、环境设计 65/718。

通信地址：湖北省荆门市象山大道33号
邮政编码：448000
电话号码：0724-2355811
学校网址：www.jcut.edu.cn

11654 武汉商学院

在中国本科院校竞争力排行榜中的名次 **772**，湖北省内排名 **38/54**，财经类排名 **49/82**。

共 **29** 个专业参评，其中 5★+专业 **0** 个，5★专业 **0** 个，5★-专业 **2** 个，4★专业 **6** 个，3★专业 **7** 个，2★专业 **14** 个。

5★-专业：电子商务 37/476、酒店管理 13/196。

4★专业：休闲体育 11/81、商务英语 60/365、汽车服务工程 18/146、财务管理 125/699、物流管理 49/455、动画 50/278。

通信地址：湖北省武汉市武汉经济技术开发区东风大道816号
邮政编码：430056
电话号码：027-84791352/84791355
学校网址：www.wbu.edu.cn

11332 湖北警官学院

在中国本科院校竞争力排行榜中的名次 **816**，湖北省内排名 **41/54**，文法类排名 **50/64**。

共 **11** 个专业参评，其中 5★+专业 **0** 个，5★专业 **0** 个，5★-专业 **0** 个，4★专业 **1** 个，3★专业 **3** 个，2★专业 **6** 个。

4★专业：侦查学 4/31。

通信地址：湖北省武汉市解放大道86号
邮政编码：430034
电话号码：027-61630018
学校网址：http://www.hbpa.edu.cn

10518 汉江师范学院

在中国本科院校竞争力排行榜中的名次 **866**，湖北省内排名 **45/54**，师范类排名 **156/160**。

共 **30** 个专业参评，其中 5★+专业 **0** 个，5★专业 **0** 个，5★-专业 **0** 个，4★专业 **0** 个，3★专业 **2** 个，2★专业 **19** 个。

通信地址：湖北省十堰市北京南路18号
邮政编码：442000
电话号码：0719-8846222
学校网址：http://zsjy.hjnu.edu.cn

民办院校

11800 汉口学院

在中国民办院校竞争力排行榜中的名次 **10**，湖北省内排名 **34/54**，理工类排名 **208/309**。

共 **31** 个专业参评，其中 5★+专业 **0** 个，5★专业 **1** 个，5★-专业 **0** 个，4★专业 **2** 个，3★专业 **8** 个，2★专业 **18** 个。

5★专业：经济与金融 3/69。

4★专业：广播电视编导 40/239、播音与主持艺术 41/238。

通信地址：湖北省武汉市江夏区文化大道299号
邮政编码：430212
电话号码：027-59410037/59410038
学校网址：http://zs.hkxy.edu.cn

11798 武汉东湖学院

在中国民办院校竞争力排行榜中的名次 **13**，湖北省内排名 **35/54**，理工类排名 **210/309**。

共 **31** 个专业参评，其中 5★+专业 **0** 个，5★专业 **0** 个，5★-专业 **0** 个，4★专业 **2** 个，3★专业 **14** 个，2★专业 **12** 个。

4★专业：视觉传达设计 102/743、环境设计 105/718。

通信地址：湖北省武汉市江夏区纸坊街正汤北路1号
邮政编码：430212
电话号码：027-81931188
学校网址：http://www.wdu.edu.cn

13262　文华学院

在中国民办院校竞争力排行榜中的名次 19，湖北省内排名36/54，理工类排名212/309。

共39个专业参评，其中5★+专业0个，5★专业0个，5★-专业0个，4★专业0个，3★专业2个，2★专业36个。

通信地址：湖北省武汉市东湖高新技术开发区文华园路8号
邮政编码：430074
电话号码：027-87583391/87583392
学校网址：http://zhaosheng.hustwenhua.net

12362　武汉生物工程学院

在中国民办院校竞争力排行榜中的名次 23，湖北省内排名37/54，理工类排名217/309。

共43个专业参评，其中5★+专业0个，5★专业0个，5★-专业0个，4★专业1个，3★专业10个，2★专业22个。

4★专业：环境设计95/718。

通信地址：湖北省武汉市阳逻经济开发区汉施路1号
邮政编码：430415
电话号码：027-89649818/89649828
学校网址：zsw.whsw.cn

12310　武昌理工学院

在中国民办院校竞争力排行榜中的名次 32，湖北省内排名39/54，理工类排名222/309。

共27个专业参评，其中5★+专业0个，5★专业0个，5★-专业0个，4★专业0个，3★专业5个，2★专业19个。

通信地址：湖北省武汉市武昌江夏大道16号
邮政编码：430223
电话号码：027-81652828/81652829
学校网址：www.wut.edu.cn

13686　武汉传媒学院

在中国民办院校竞争力排行榜中的名次 39，湖北省内排名40/54，艺术类排名38/44。

共26个专业参评，其中5★+专业0个，5★专业0个，5★-专业0个，4★专业2个，3★专业9个，2★专业12个。

4★专业：广播电视编导43/239、播音与主持艺术29/238。

通信地址：湖北省武汉市江夏区藏龙岛凤凰大道二号
邮政编码：430205
电话号码：027-81979007
学校网址：zs.whmc.edu.cn

13242　武汉工商学院

在中国民办院校竞争力排行榜中的名次 43，湖北省内排名42/54，综合类排名153/217。

共30个专业参评，其中5★+专业0个，5★专业0个，5★-专业0个，4★专业2个，3★专业11个，2★专业16个。

4★专业：网络与新媒体48/250、电子商务66/476。

通信地址：湖北省武汉市洪山区黄家湖西路3号
邮政编码：430065
电话号码：027-88147227/4000567801
学校网址：www.wtbu.edu.cn

13664　武汉工程科技学院

在中国民办院校竞争力排行榜中的名次 50，湖北省内排名43/54，理工类排名233/309。

共27个专业参评，其中5★+专业0个，5★专业0个，5★-专业0个，4★专业1个，3★专业5个，2★专业21个。

4★专业：产品设计51/413。

通信地址：湖北省武汉市江夏区纸坊熊廷弼街特8号
邮政编码：430200
电话号码：027-81820255
学校网址：http://zs.wuhues.com

12309　武昌首义学院

在中国民办院校竞争力排行榜中的名次 60，湖北省内排名44/54，综合类排名163/217。

共34个专业参评，其中5★+专业0个，5★专业0个，5★-专业0个，4★专业1个，3★专业8个，2★专业24个。

4★专业：网络与新媒体46/250。

通信地址：湖北省武汉市洪山区南李路22号
邮政编码：430064
电话号码：027-88426116
学校网址：http://www.wsyu.edu.cn

13241 武昌工学院

在中国民办院校竞争力排行榜中的名次 70，湖北省内排名 46/54，理工类排名 246/309。

共 28 个专业参评，其中 5★+专业 0 个，5★专业 0 个，5★-专业 0 个，4★专业 0 个，3★专业 6 个，2★专业 19 个。

通信地址：湖北省武汉市白沙洲大道 110 号
邮政编码：430065
电话号码：027-88151945
学校网址：www.wpuic.net.cn

13666 武汉华夏理工学院

在中国民办院校竞争力排行榜中的名次 88，湖北省内排名 47/54，理工类排名 256/309。

共 35 个专业参评，其中 5★+专业 0 个，5★专业 0 个，5★-专业 0 个，4★专业 0 个，3★专业 6 个，2★专业 25 个。

通信地址：湖北省武汉东湖新技术开发区关山大道 589 号
邮政编码：430223
电话号码：027-87921666
学校网址：www.hxut.edu.cn

14035 武汉设计工程学院

在中国民办院校竞争力排行榜中的名次 93，湖北省内排名 48/54，综合类排名 176/217。

共 24 个专业参评，其中 5★+专业 0 个，5★专业 0 个，5★-专业 0 个，4★专业 1 个，3★专业 8 个，2★专业 14 个。

4★专业：环境设计 114/718。

通信地址：湖北省武汉市江夏区藏龙岛开发区杨桥湖大道 1 号
邮政编码：430205
电话号码：027-81731888/81730653
学校网址：http://www.hnctxy.com

13247 湖北商贸学院

在中国民办院校竞争力排行榜中的名次 98，湖北省内排名 49/54，综合类排名 177/217。

共 23 个专业参评，其中 5★+专业 0 个，5★专业 0 个，5★-专业 0 个，4★专业 1 个，3★专业 7 个，2★专业 13 个。

4★专业：电子商务 88/476。

通信地址：湖北武汉市洪山区雄楚大道 632 号
邮政编码：430079
电话号码：027-87786825
学校网址：http://bkzs.hbc.edu.cn

13235 武汉城市学院

在中国民办院校竞争力排行榜中的名次 100，湖北省内排名 50/54，理工类排名 259/309。

共 33 个专业参评，其中 5★+专业 0 个，5★专业 0 个，5★-专业 0 个，4★专业 1 个，3★专业 1 个，2★专业 23 个。

4★专业：环境设计 131/718。

通信地址：武汉市东湖生态旅游风景管理区黄家大湾特 1 号
邮政编码：430083
电话号码：027-86490576
学校网址：www.city.wust.edu.cn

13634 武汉学院

在中国民办院校竞争力排行榜中的名次 117，湖北省内排名 51/54，综合类排名 183/217。

共 32 个专业参评，其中 5★+专业 0 个，5★专业 0 个，5★-专业 0 个，4★专业 0 个，3★专业 13 个，2★专业 18 个。

通信地址：湖北省武汉市黄家湖大道 333 号
邮政编码：430212
电话号码：027-81299991
学校网址：zs.whxy.net

13188 武汉晴川学院

在中国民办院校竞争力排行榜中的名次 143，湖北省内排名 52/54，综合类排名 189/217。

共 26 个专业参评，其中 5★+专业 0 个，5★专业 0 个，5★-专业 0 个，4★专业 0 个，3★专业 8 个，2★专业 17 个。

通信地址：湖北省武汉市东湖高新技术开发区中华科技产业园玉屏大道 9 号
邮政编码：430204
电话号码：027-87934566
学校网址：http://www.qcuwh.cn

13237 武汉文理学院

在中国民办院校竞争力排行榜中的名次 159，湖北省内排名 53/54，综合类排名 197/217。

共27个专业参评，其中5★+专业0个，5★专业0个，5★-专业0个，4★专业0个，3★专业0个，2★专业23个。

通信地址：湖北省武汉市黄陂区武湖街胜海大道1号
邮政编码：432200
电话号码：027-65357088
学校网址：http://www.jdwlxy.cn

13250　湖北恩施学院

在中国民办院校竞争力排行榜中的名次193，湖北省内排名54/54，综合类排名213/217。

共19个专业参评，其中5★+专业0个，5★专业0个，5★-专业0个，4★专业0个，3★专业0个，2★专业18个。

通信地址：湖北省恩施市龙洞河路
邮政编码：445000
电话号码：0718-8965960
学校网址：http://www.hbmykjxy.cn

浙 江 省

一流大学

10335　浙江大学

在中国本科院校竞争力排行榜中的名次3，浙江省内排名1/40，综合类排名2/217。

共124个专业参评，其中5★+专业9个、5★专业40个，5★-专业29个，4★专业20个，3★专业21个，2★专业5个。

5★+专业：化学 3/295、机械电子工程 3/300、自动化 3/453、计算机科学与技术 4/911、土木工程 3/528、化学工程与工艺 2/326、环境科学 1/181、建筑学 2/286、市场营销 5/646。

5★专业：国际经济与贸易 14/688、法学 13/584、汉语言文学 20/604、汉语国际教育 12/332、日语 19/461、翻译 7/254、新闻学 13/314、数学与应用数学 15/502、信息与计算科学 14/316、物理学 5/270、生物科学 6/271、生物技术 10/295、机械工程 5/124、机械设计制造及其自动化 13/521、工业设计 10/226、能源与环境系统工程 1/16、新能源科学与工程 3/109、电气工程及其自动化 8/567、电子信息工程 18/645、电子科学与技术 4/161、光电信息科学与工程 3/217、机器人工程 10/223、软件工程 7/590、数字媒体技术 6/224、制药工程 5/251、环境工程 6/361、生物医学工程 4/115、食品科学与工程 11/278、生物工程 11/243、农业资源与环境 2/49、临床医学 4/186、药学 3/231、药物制剂 2/86、工商管理 24/547、会计学 29/652、财务管理 24/699、人力资源管理 5/428、公共事业管理 5/293、物流管理 17/455、旅游管理 15/455。

5★-专业：经济学 24/345、金融学 35/385、英语 78/924、俄语 12/155、德语 11/110、法语 12/141、广告学 17/275、历史学 21/244、文物与博物馆学 5/48、心理学 6/69、应用心理学 13/244、工程力学 8/78、过程装备与控制工程 8/96、材料科学与工程 13/216、高分子材料与工程 10/182、信息工程 6/64、人工智能 16/176、资源循环科学与工程 3/34、海洋工程与技术 1/6、城乡规划 11/207、园艺 8/107、动物科学 8/84、预防医学 10/108、信息管理与信息系统 34/391、农林经济管理 6/63、行政管理 26/303、劳动与社会保障 11/135、土地资源管理 9/93、产品设计 30/413。

4★专业：教育学 11/84、西班牙语 16/96、广播电视学 20/166、人文地理与城乡规划 19/115、生态学 11/73、车辆工程 35/260、测控技术与仪器 32/202、微电子科学与工程 18/92、信息安全 16/116、资源环境科学 3/16、植物保护 8/56、应用生物科学 2/12、动物医学 11/75、园林 19/138、口腔医学 16/110、工业工程 20/150、美术学 35/337、书法学 12/111、视觉传达设计 106/743、环境设计 128/718。

通信地址：浙江省杭州市西湖区余杭塘路866号
邮政编码：310058
电话号码：0571-87951006
学校网址：http://zdzsc.zju.edu.cn

11646　宁波大学

在中国本科院校竞争力排行榜中的名次74，浙江省内排名3/40，综合类排名24/217。

共58个专业参评，其中5★+专业0个、5★专业1个，5★-专业8个、4★专业17个、3★专业22个，2★专业10个。

5★专业：英语 41/924。

5★-专业：法学 49/584、学前教育 23/395、小学教育 19/256、体育教育 20/319、应用心理学 21/244、通信工程 30/511、水产养殖学 5/49、旅游管理 32/455。

4★专业：经济学 67/345、国际经济与贸易 84/688、思想政治教育 50/264、科学教育 8/38、汉语言文学 115/604、日语 57/461、数学与应用数学 56/502、物理学 46/270、工程力学 15/78、机械设计制造及其自动化 60/521、电气工程及其自动化 110/567、电子信息科学与技术 32/191、计算机科学与技术 146/911、土木工程 73/528、食品科学与工程 45/278、会计学 130/652、视觉传达设计 118/743。

通信地址：浙江省宁波市江北区风华路818号
邮政编码：315211
电话号码：0574-87600233
学校网址：http://zsb.nbu.edu.cn

10355　中国美术学院

在中国本科院校竞争力排行榜中的名次

147，浙江省内排名 8/40，艺术类排名 3/44。

共 22 个专业参评，其中 5★+专业 1 个，5★专业 10 个，5★-专业 4 个，4★专业 5 个，3★专业 1 个，2★专业 1 个。

5★+专业：视觉传达设计 3/743。

5★专业：动画 8/278、美术学 7/337、绘画 3/174、雕塑 2/57、摄影 2/78、书法学 2/111、中国画 1/29、产品设计 21/413、公共艺术 3/58、工艺美术 3/85。

5★-专业：艺术史论 2/16、艺术设计学 5/50、服装与服饰设计 23/234、陶瓷艺术设计 1/8。

4★专业：建筑学 42/286、录音艺术 6/34、影视摄影与制作 8/59、环境设计 102/718、艺术与科技 9/57。

通信地址：浙江省杭州市南山路 218 号（南山校区）/杭州市西湖区转塘街道象山 352 号（象山校区）
邮政编码：310002
电话号码：0571-87164630
学校网址：http://zb.caa.edu.cn

一 般 大 学

10337　浙江工业大学

在中国本科院校竞争力排行榜中的名次 59，浙江省内排名 2/40，理工类排名 32/309。

共 66 个专业参评，其中 5★+专业 1 个，5★专业 8 个，5★-专业 16 个，4★专业 17 个，3★专业 23 个，2★专业 1 个。

5★+专业：国际经济与贸易 3/688。

5★专业：应用化学 10/375、网络工程 14/315、化学工程与工艺 14/326、制药工程 8/251、生物工程 6/243、工商管理 19/547、财务管理 26/699、工业工程 5/150。

5★-专业：机械工程 10/124、车辆工程 23/260、电子信息工程 47/645、通信工程 51/511、自动化 44/453、计算机科学与技术 58/911、软件工程 55/590、物联网工程 28/498、数字媒体技术 22/224、数据科学与大数据技术 45/544、土木工程 43/528、城乡规划 19/207、生物制药 6/101、药物制剂 9/86、工程管理 31/396、视觉传达设计 46/743。

4★专业：法学 112/584、知识产权 9/79、汉语言文学 89/604、广播电视学 29/166、广告学 36/275、工业设计 26/226、过程装备与控制工程 11/96、电气工程及其自动化 113/567、光电信息科学与工程 38/217、智能科学与技术 21/159、给排水科学与工程 29/162、能源化学工程 8/59、环境工程 38/361、建筑学 51/286、药学 38/231、物流工程

19/111、公共艺术 11/58。

通信地址：浙江省杭州市下城区潮王路 18 号（朝晖校区）/杭州市西湖区留和路 288 号（屏峰校区）
邮政编码：310032
电话号码：0571-88320032
学校网址：http://zs.zjut.edu.cn

10345　浙江师范大学

在中国本科院校竞争力排行榜中的名次 79，浙江省内排名 4/40，师范类排名 9/160。

共 59 个专业参评，其中 5★+专业 1 个，5★专业 7 个，5★-专业 9 个，4★专业 17 个，3★专业 22 个，2★专业 3 个。

5★+专业：学前教育 2/395。

5★专业：科学教育 1/38、教育技术学 3/127、小学教育 11/256、汉语言文学 17/604、汉语国际教育 6/332、应用心理学 3/244、音乐学 11/387。

5★-专业：社会工作 14/261、特殊教育 5/59、体育教育 26/319、社会体育指导与管理 19/235、英语 79/924、数学与应用数学 39/502、物理学 27/270、动画 22/278、美术学 31/337。

4★专业：国际经济与贸易 95/688、思想政治教育 27/264、翻译 37/254、历史学 44/244、信息与计算科学 60/316、化学 52/295、地理科学 24/160、机器人工程 32/223、计算机科学与技术 159/911、软件工程 67/590、环境科学与工程 7/40、工商管理 107/547、文化产业管理 25/149、电子商务 76/476、舞蹈学 37/201、戏剧影视文学 15/88、数字媒体艺术 35/302。

通信地址：浙江省金华市迎宾大道 688 号
邮政编码：321004
电话号码：0579-82282245
学校网址：http://zs.zjnu.edu.cn

10336　杭州电子科技大学

在中国本科院校竞争力排行榜中的名次 93，浙江省内排名 5/40，理工类排名 43/309。

共 46 个专业参评，其中 5★+专业 0 个，5★专业 9 个，5★-专业 8 个，4★专业 16 个，3★专业 9 个，2★专业 4 个。

5★专业：机械设计制造及其自动化 25/521、电子信息工程 26/645、通信工程 24/511、自动化 22/453、计算机科学与技术 31/911、软件工程 20/590、网络工程 6/315、信息安全 3/116、智能科学与技术 7/159

5★-专业：英语 47/924、医学信息工程 5/47、电子信息科学与技术 15/191、数字媒体技术 16/224、网络空间安全 4/64、信息管理与信息系统 35/391、会计学 63/652、审计学 19/192。

4★专业：经济学 69/345、金融学 77/385、国际经济与贸易 97/688、汉语国际教育 57/332、数学与应用数学 87/502、信息与计算科学 56/316、统计学 33/194、工业设计 32/226、车辆工程 40/260、智能制造工程 23/117、测控技术与仪器 27/202、电气工程及其自动化 81/567、电子科学与技术 26/161、财务管理 86/699、人力资源管理 68/428、产品设计 83/413。

通信地址：浙江省杭州下沙高教园区二号大街
邮政编码：310018
电话号码：0571-86915007
学校网址：http://zhaosheng.hdu.edu.cn

10338　浙江理工大学

在中国本科院校竞争力排行榜中的名次 **112**，浙江省内排名 **6/40**，理工类排名 **51/309**。

共 56 个专业参评，其中 5★+专业 1 个，5★专业 8 个，5★-专业 3 个，4★专业 11 个，3★专业 28 个，2★专业 5 个。

5★+专业：视觉传达设计 7/743。

5★专业：机械设计制造及其自动化 18/521、机械电子工程 6/300、工业设计 11/226、服装设计与工程 2/61、生物制药 4/101、环境设计 11/718、产品设计 17/413、服装与服饰设计 5/234。

5★-专业：数字媒体技术 19/224、纺织工程 4/41、数字媒体艺术 16/302。

4★专业：社会工作 48/261、应用心理学 41/244、智能制造工程 16/117、材料科学与工程 43/216、材料化学 27/137、高分子材料与工程 30/182、新能源材料与器件 15/91、电子信息工程 79/645、机器人工程 41/223、计算机科学与技术 178/911、美术学 51/337。

通信地址：浙江省杭州市下沙高教园区 2 号大街 928 号
邮政编码：310018
电话号码：0571-86843333
学校网址：http://zs.zist.edu.cn

10353　浙江工商大学

在中国本科院校竞争力排行榜中的名次 **141**，浙江省内排名 **7/40**，财经类排名 **7/82**。

共 61 个专业参评，其中 5★+专业 4 个，5★专业 8 个，5★-专业 9 个，4★专业 9 个，3★专业 21 个，2★专业 9 个。

5★+专业：应用统计学 1/172、食品质量与安全 2/230、物流管理 2/455、电子商务 1/476。

5★专业：国际经济与贸易 28/688、日语 21/461、商务英语 7/365、工商管理 14/547、市场营销 30/646、会计学 27/652、审计学 5/192、旅游管理 20/455。

5★-专业：经济学 34/345、金融学 31/385、法学 45/584、英语 68/924、食品科学与工程 22/278、工程管理 29/396、财务管理 36/699、国际商务 13/130、人力资源管理 27/428。

4★专业：经济统计学 25/135、知识产权 10/79、社会工作 52/261、电子信息工程 91/645、通信工程 87/511、计算机科学与技术 126/911、数据科学与大数据技术 65/544、环境工程 70/361、文化产业管理 20/149。

通信地址：浙江省杭州市下沙高教园区
邮政编码：310018
电话号码：0571-86989998
学校网址：http://zhaoban.zjsu.edu.cn

10343　温州医科大学

在中国本科院校竞争力排行榜中的名次 **148**，浙江省内排名 **9/40**，医药类排名 **9/90**。

共 27 个专业参评，其中 5★+专业 0 个，5★专业 3 个，5★-专业 4 个，4★专业 4 个，3★专业 14 个，2★专业 1 个。

5★专业：眼视光医学 1/19、医学检验技术 3/151、康复治疗学 6/161。

5★-专业：临床医学 17/186、药学 22/231、卫生检验与检疫 3/47、护理学 22/278。

4★专业：生物制药 13/101、儿科学 8/42、临床药学 9/48、助产学 10/55。

通信地址：浙江省温州市茶山高教园区
邮政编码：325035
电话号码：0577-86689885
学校网址：http://zhaosheng.wmu.edu.cn

10356　中国计量大学

在中国本科院校竞争力排行榜中的名次 **159**，浙江省内排名 **10/40**，理工类排名 **65/309**。

共 48 个专业参评，其中 5★+专业 0 个，5★专业 2 个，5★-专业 5 个，4★专业 8 个，3★专业 19 个，2★专业 14 个。

5★专业：知识产权 3/79、质量管理工程 1/20。

5★-专业：测控技术与仪器 14/202、电子信息工程

62/645、食品质量与安全 21/230、动植物检疫 2/24、标准化工程 1/6。

4★专业：金融工程 33/259、广告学 50/275、机械设计制造及其自动化 87/521、机械电子工程 51/300、光电信息科学与工程 29/217、自动化 49/453、计算机科学与技术 168/911、数据科学与大数据技术 60/544。

通信地址：浙江省杭州市下沙高教园区学源街 258 号
邮政编码：310018
电话号码：0571-86836060
学校网址：http://zs.cjlu.edu.cn

10346　杭州师范大学

在中国本科院校竞争力排行榜中的名次 226，浙江省内排名 11/40，师范类排名 26/160。

共 63 个专业参评，其中 5★+专业 1 个，5★专业 4 个，5★-专业 6 个，4★专业 14 个，3★专业 29 个，2★专业 9 个。

5★+专业：电子商务 5/476。

5★专业：小学教育 6/256、英语 39/924、公共事业管理 15/293、健康服务与管理 5/95。

5★-专业：学前教育 36/395、汉语国际教育 32/332、应用心理学 23/244、物联网工程 42/498、动画 19/278、美术学 27/337。

4★专业：社会工作 49/261、体育教育 53/319、汉语言文学 65/604、日语 61/461、翻译 46/254、数学与应用数学 63/502、计算机科学与技术 175/911、数据科学与大数据技术 88/544、护理学 50/278、国际商务 17/130、行政管理 47/303、绘画 29/174、书法学 19/111、环境设计 83/718。

通信地址：浙江省杭州市余杭区仓前街道余杭塘路 2318 号
邮政编码：311121
电话号码：0571-28865193
学校网址：http://bkzs.hznu.edu.cn

11482　浙江财经大学

在中国本科院校竞争力排行榜中的名次 246，浙江省内排名 12/40，财经类排名 13/82。

共 45 个专业参评，其中 5★+专业 0 个，5★专业 2 个，5★-专业 8 个，4★专业 10 个，3★专业 19 个，2★专业 5 个。

5★专业：财务管理 17/699、审计学 7/192。

5★-专业：财政学 6/83、金融学 24/385、国际经济与贸易 39/688、英语 77/924、工商管理 45/547、市场营销 43/646、会计学 42/652、人力资源管理 38/428。

4★专业：经济学 59/345、税收学 10/89、法学 98/584、商务英语 39/365、应用统计学 25/172、数据科学与大数据技术 57/544、资产评估 10/76、城市管理 8/52、电子商务 68/476、视觉传达设计 142/743。

通信地址：浙江省杭州市下沙高教园区学源街 18 号
邮政编码：310018
电话号码：0571-87557480
学校网址：http://zsw.zjicm.edu.cn

10341　浙江农林大学

在中国本科院校竞争力排行榜中的名次 271，浙江省内排名 13/40，农林类排名 20/43。

共 50 个专业参评，其中 5★+专业 0 个，5★专业 0 个，5★-专业 1 个，4★专业 4 个，3★专业 28 个，2★专业 16 个。

5★-专业：风景园林 13/181。

4★专业：木材科学与工程 3/16、城乡规划 35/207、农业资源与环境 6/49、视觉传达设计 133/743。

通信地址：浙江省杭州市临安区武肃街 666 号（东湖校区）/浙江省杭州市临安区衣锦街 252 号（衣锦校区）
邮政编码：311300
电话号码：0571-63730908
学校网址：http://zs.zafu.edu.cn

10344　浙江中医药大学

在中国本科院校竞争力排行榜中的名次 277，浙江省内排名 14/40，医药类排名 25/90。

共 24 个专业参评，其中 5★+专业 0 个，5★专业 1 个，5★-专业 5 个，4★专业 9 个，3★专业 3 个，2★专业 6 个。

5★专业：中草药栽培与鉴定 1/15。

5★-专业：医学信息工程 3/47、中药学 8/109、护理学 23/278、助产学 4/55、健康服务与管理 7/95。

4★专业：中医学 7/64、针灸推拿学 10/49、中医康复学 2/13、医学检验技术 24/151、医学实验技术 4/18、医学影像技术 17/88、康复治疗学 19/161、卫生检验与检疫 8/47、听力与言语康复学 2/10。

通信地址：浙江省杭州市滨江区滨文路 548 号
邮政编码：310053
电话号码：0571-86613520
学校网址：http://zsb.zcmu.edu.cn

10351 温州大学

在中国本科院校竞争力排行榜中的名次 278，浙江省内排名 **15/40**，综合类排名 **59/217**。

共 **44** 个专业参评，其中 5★+专业 **0** 个，5★专业 **2** 个，5★-专业 **3** 个，4★专业 **10** 个，3★专业 **26** 个，2★专业 **3** 个。

5★专业：小学教育 10/256、环境设计 18/718。

5★-专业：金融工程 14/259、网络工程 28/315、服装与服饰设计 13/234。

4★专业：学前教育 51/395、体育教育 45/319、汉语言文学 71/604、英语 122/924、广告学 54/275、电气工程及其自动化 93/567、电子信息科学与技术 34/191、计算机科学与技术 132/911、数据科学与大数据技术 102/544、工业工程 23/150。

通信地址：浙江省温州市高教园区温州大学
邮政编码：325035
电话号码：0577-86680800
学校网址：http://zs.wzu.edu.cn

10340 浙江海洋大学

在中国本科院校竞争力排行榜中的名次 298，浙江省内排名 **16/40**，农林类排名 **23/43**。

共 **40** 个专业参评，其中 5★+专业 **0** 个，5★专业 **0** 个，5★-专业 **1** 个，4★专业 **4** 个，3★专业 **21** 个，2★专业 **14** 个。

5★-专业：海洋资源与环境 2/15。

4★专业：海洋科学 5/30、海洋技术 3/23、数据科学与大数据技术 79/544、物流管理 81/455。

通信地址：浙江省舟山市临城新区长峙海大南路1号
邮政编码：316022
电话号码：0580-2550022
学校网址：http://zs.zjou.edu.cn

11057 浙江科技学院

在中国本科院校竞争力排行榜中的名次 330，浙江省内排名 **17/40**，理工类排名 **128/309**。

共 **46** 个专业参评，其中 5★+专业 **0** 个，5★专业 **1** 个，5★-专业 **0** 个，4★专业 **3** 个，3★专业 **18** 个，2★专业 **24** 个。

5★专业：视觉传达设计 30/743。

4★专业：工业设计 34/226、土木工程 86/528、服装与服饰设计 39/234。

通信地址：浙江省杭州市留和路318号
邮政编码：310023
电话号码：0571-85070164/85070165
学校网址：http://zsb.zust.edu.cn

11647 浙江传媒学院

在中国本科院校竞争力排行榜中的名次 339，浙江省内排名 **18/40**，文法类排名 **12/64**。

共 **35** 个专业参评，其中 5★+专业 **0** 个，5★专业 **4** 个，5★-专业 **4** 个，4★专业 **6** 个，3★专业 **13** 个，2★专业 **8** 个。

5★专业：网络与新媒体 8/250、广播电视编导 6/239、播音与主持艺术 5/238、动画 10/278。

5★-专业：广播电视学 16/166、数字媒体技术 18/224、影视摄影与制作 4/59、摄影 8/78。

4★专业：网络工程 57/315、文化产业管理 18/149、会展经济与管理 13/104、舞蹈编导 9/69、戏剧影视文学 13/88、视觉传达设计 116/743。

通信地址：浙江省杭州市下沙高教园区学源街998号
邮政编码：310018
电话号码：0571-86832600/86832630
学校网址：http://zsw.zjicm.edu.cn

11058 宁波工程学院

在中国本科院校竞争力排行榜中的名次 367，浙江省内排名 **19/40**，理工类排名 **141/309**。

共 **42** 个专业参评，其中 5★+专业 **0** 个，5★专业 **0** 个，5★-专业 **1** 个，4★专业 **1** 个，3★专业 **15** 个，2★专业 **21** 个。

5★-专业：汽车服务工程 14/146。

4★专业：商务英语 57/365。

通信地址：浙江省宁波市风华路201号
邮政编码：315211
电话号码：0574-87616666/87616616
学校网址：http://zs.nbut.edu.cn

10349 绍兴文理学院

在中国本科院校竞争力排行榜中的名次 368，浙江省内排名 **20/40**，综合类排名 **67/217**。

共 **50** 个专业参评，其中 5★+专业 **0** 个，5★专业 **0** 个，5★-专业 **0** 个，4★专业 **3** 个，3★专业 **24** 个，2★专业 **20** 个。

4★专业：小学教育 37/256、汉语言文学 92/604、书法学 22/111。

通信地址：浙江省绍兴市越城区环城西路508号
邮政编码：312000
电话号码：0575-88345555
学校网址：http://www.usx.edu.cn

10347　湖州师范学院

在中国本科院校竞争力排行榜中的名次388，浙江省内排名21/40，师范类排名43/160。

共46个专业参评，其中5★+专业0个，5★专业0个，5★-专业1个，4★专业3个，3★专业14个，2★专业27个。

5★-专业：小学教育 22/256。

4★专业：学前教育 56/395、数据科学与大数据技术 108/544、音乐学 74/387。

通信地址：浙江省湖州市二环东路759号
邮政编码：313000
电话号码：0572-2599888/2321128
学校网址：http://zsw.zjhu.edu.cn

10354　嘉兴学院

在中国本科院校竞争力排行榜中的名次389，浙江省内排名22/40，综合类排名69/217。

共52个专业参评，其中5★+专业0个，5★专业1个，5★-专业1个，4★专业2个，3★专业26个，2★专业20个。

5★专业：视觉传达设计 37/743。

5★-专业：应用统计学 10/172。

4★专业：环境设计 84/718、服装与服饰设计 44/234。

通信地址：浙江省嘉兴市越秀南路56号
邮政编码：314001
电话号码：0573-83640000
学校网址：zsb.zjxu.edu.cn

14535　浙江音乐学院

在中国本科院校竞争力排行榜中的名次412，浙江省内排名23/40，艺术类排名16/44。

共8个专业参评，其中5★+专业0个，5★专业0个，5★-专业0个，4★专业3个，3★专业1个，2★专业3个。

4★专业：音乐表演 32/248、音乐学 60/387、舞蹈学 27/201。

通信地址：浙江省杭州市西湖区转塘街道浙音路1号
邮政编码：310024
电话号码：0571-89808080
学校网址：http://www.zjcm.edu.cn

10876　浙江万里学院

在中国本科院校竞争力排行榜中的名次551，浙江省内排名25/40，理工类排名186/309。

共47个专业参评，其中5★+专业1个，5★专业0个，5★-专业1个，4★专业5个，3★专业19个，2★专业20个。

5★+专业：会展经济与管理 1/104。

5★-专业：物流管理 33/455。

4★专业：国际经济与贸易 111/688、商务英语 49/365、网络与新媒体 38/250、财务管理 123/699、电子商务及法律 3/14。

通信地址：浙江省宁波市鄞州区钱湖南路8号
邮政编码：315100
电话号码：0574-88222065/88222066
学校网址：http://www.zjwu.net

10350　台州学院

在中国本科院校竞争力排行榜中的名次584，浙江省内排名26/40，综合类排名97/217。

共43个专业参评，其中5★+专业0个，5★专业0个，5★-专业0个，4★专业2个，3★专业6个，2★专业34个。

4★专业：英语 145/924、商务英语 66/365。

通信地址：浙江省台州市椒江区市府大道1139号
邮政编码：318000
电话号码：0576-85137102
学校网址：http://zs.tzc.edu.cn

10352　丽水学院

在中国本科院校竞争力排行榜中的名次621，浙江省内排名27/40，综合类排名109/217。

共39个专业参评，其中5★+专业0个，5★专业0个，5★-专业0个，4★专业1个，3★专业7个，2★专业26个。

4★专业：摄影 11/78。

通信地址：浙江省丽水市学院路1号
邮政编码：323000
电话号码：0578-2271179/2271180
学校网址：http://zsw.lsu.edu.cn

14275　浙江外国语学院

在中国本科院校竞争力排行榜中的名次633，浙江省内排名28/40，文法类排名26/64。

共30个专业参评，其中5★+专业0个，5★专业0个，5★-专业0个，4★专业1个，3★专业14个，2★专业11个。

4★专业：国际经济与贸易89/688。

通信地址：杭州市小和山高教园区留和路299号
邮政编码：310023
电话号码：0571-88213107
学校网址：http://zs.zisu.edu.cn

13023 杭州医学院

在中国本科院校竞争力排行榜中的名次688，浙江省内排名29/40，医药类排名74/90。

共15个专业参评，其中5★+专业0个，5★专业0个，5★-专业0个，4★专业0个，3★专业2个，2★专业12个。

通信地址：浙江省杭州市滨江高教园区滨文路481号
邮政编码：310053
电话号码：0571-87692654
学校网址：http://zs.hmc.edu.cn

11483 浙江警察学院

在中国本科院校竞争力排行榜中的名次716，浙江省内排名32/40，文法类排名35/64。

共8个专业参评，其中5★+专业0个，5★专业0个，5★-专业0个，4★专业3个，3★专业2个，2★专业3个。

4★专业：警务指挥与战术4/18、交通管理工程3/19、网络安全与执法4/26。

通信地址：浙江省杭州市滨江区滨文路555号
邮政编码：310053
电话号码：0571-87787029
学校网址：http://www.zjjcxy.cn

11481 浙江水利水电学院

在中国本科院校竞争力排行榜中的名次728，浙江省内排名33/40，理工类排名214/309。

共29个专业参评，其中5★+专业0个，5★专业0个，5★-专业1个，4★专业1个，3★专业12个，2★专业14个。

5★-专业：人力资源管理42/428。

4★专业：商务英语65/365。

通信地址：浙江省杭州市江干区下沙街道学府街508号
邮政编码：310018
电话号码：0571-86929123
学校网址：http://zjc.zjweu.edu.cn

13021 浙大城市学院

在中国本科院校竞争力排行榜中的名次730，浙江省内排名34/40，理工类排名215/309。

共34个专业参评，其中5★+专业0个，5★专业0个，5★-专业0个，4★专业0个，3★专业11个，2★专业20个。

通信地址：杭州市拱墅区湖州街51号
邮政编码：310015
电话号码：0571-88018551
学校网址：http://zs.zucc.edu.cn

11488 衢州学院

在中国本科院校竞争力排行榜中的名次743，浙江省内排名35/40，综合类排名137/217。

共27个专业参评，其中5★+专业0个，5★专业0个，5★-专业0个，4★专业1个，3★专业5个，2★专业18个。

4★专业：视觉传达设计141/743。

通信地址：浙江省衢州市柯城区九华北大道78号
邮政编码：324000
电话号码：0570-8015711
学校网址：http://xsc.qzu.zj.cn

13022 浙大宁波理工学院

在中国本科院校竞争力排行榜中的名次838，浙江省内排名36/40，理工类排名235/309。

共22个专业参评，其中5★+专业0个，5★专业0个，5★-专业0个，4★专业0个，3★专业6个，2★专业11个。

通信地址：浙江省宁波市鄞州区钱湖南路1号浙江大学宁波理工学院招生办公室（邮编315100）
邮政编码：315100
电话号码：0574-88229100
学校网址：http://www.nit.zju.edu.cn

13289 温州理工学院

浙江省内排名38/40，师范类排名159/160。

共19个专业参评，其中5★+专业0个，5★专

业0个，5★-专业0个，4★专业0个，3★专业8个，2★专业11个。

通信地址：浙江省温州市茶山高教园区
邮政编码：325035
电话号码：0577-86689999
学校网址：http://www.ojc.zj.cn

13287　湖州学院

浙江省内排名39/40，师范类排名160/160。

共17个专业参评，其中5★+专业0个，5★专业0个，5★-专业0个，4★专业0个，3★专业0个，2★专业12个。

通信地址：浙江省湖州市学士路1号
邮政编码：313000
电话号码：0572-2599555
学校网址：http://qzxy.hutc.zj.cn

13291　嘉兴南湖学院

浙江省内排名40/40，综合类排名212/217。

共22个专业参评，其中5★+专业0个，5★专业0个，5★-专业0个，4★专业0个，3★专业0个，2★专业15个。

通信地址：浙江省嘉兴市越秀南路56号
邮政编码：314001
电话号码：0573-83640000
学校网址：nhxy.zjxu.edu.cn

民办院校

11842　浙江树人学院

在中国民办院校竞争力排行榜中的名次2，浙江省内排名24/40，理工类排名174/309。

共46个专业参评，其中5★+专业0个，5★专业0个，5★-专业0个，4★专业0个，3★专业9个，2★专业32个。

通信地址：浙江省杭州市树人街8号
邮政编码：310015
电话号码：0571-88297011
学校网址：http://zs.zjsru.edu.cn

13001　宁波财经学院

在中国民办院校竞争力排行榜中的名次12，浙江省内排名30/40，财经类排名42/82。

共35个专业参评，其中5★+专业0个，5★专业0个，5★-专业0个，4★专业3个，3★专业13个，2★专业18个。

4★专业：金融工程 27/259、国际经济与贸易 124/688、财务管理 104/699。

通信地址：浙江省宁波海曙区学院路899号
邮政编码：315175
电话号码：0574-88052238/88052239
学校网址：https://www.nbdhyu.edu.cn

12792　浙江越秀外国语学院

在中国民办院校竞争力排行榜中的名次15，浙江省内排名31/40，文法类排名33/64。

共34个专业参评，其中5★+专业0个，5★专业0个，5★-专业2个，4★专业2个，3★专业16个，2★专业13个。

5★-专业：商务英语 35/365、酒店管理 15/196。

4★专业：翻译 49/254、数字媒体艺术 47/302。

通信地址：浙江省绍兴市越城区会稽路 428 号（稽山校区）/群贤中路2801号（镜湖校区）
邮政编码：312000
电话号码：0575-88343001
学校网址：http://zs.zyufl.edu.cn

13637　温州商学院

在中国民办院校竞争力排行榜中的名次81，浙江省内排名37/40，财经类排名60/82。

共20个专业参评，其中5★+专业0个，5★专业0个，5★-专业0个，4★专业0个，3★专业8个，2★专业12个。

通信地址：浙江省温州市茶山高教园区
邮政编码：325035
电话号码：0577-86698888
学校网址：http://zsw.wzbc.edu.cn

陕 西 省

一流大学

10698 西安交通大学

在中国本科院校竞争力排行榜中的名次 16，陕西省内排名 1/46，理工类排名 7/309。

共 72 个专业参评，其中 5★+专业 17 个，5★专业 24 个，5★-专业 8 个，4★专业 11 个，3★专业 11 个，2★专业 0 个。

5★+专业：金融工程 2/259、网络与新媒体 1/250、数学与应用数学 4/502、信息与计算科学 3/316、工业设计 2/226、过程装备与控制工程 1/96、材料科学与工程 2/216、材料物理 1/73、材料化学 1/137、能源与动力工程 2/196、新能源科学与工程 1/109、电气工程及其自动化 3/567、电子科学与技术 2/161、物联网工程 1/498、大数据管理与应用 1/69、会计学 7/652、劳动与社会保障 1/135。

5★专业：经济统计学 7/135、金融学 18/385、国际经济与贸易 27/688、贸易经济 2/42、物理学 9/270、应用物理学 7/151、应用化学 8/375、统计学 9/194、工程力学 3/78、机械工程 3/124、车辆工程 7/260、测控技术与仪器 10/202、微电子科学与工程 2/92、信息工程 2/64、人工智能 3/176、自动化 6/453、计算机科学与技术 14/911、软件工程 22/590、制药工程 6/251、核工程与核技术 1/29、工商管理 9/547、行政管理 6/303、电子商务 6/476、书法学 4/111。

5★-专业：经济学 29/345、马克思主义理论 2/16、英语 62/924、日语 32/461、化学工程与工艺 24/326、生物医学工程 7/115、药学 14/231、护理学 19/278。

4★专业：法学 66/584、汉语言文学 121/604、生物技术 35/295、光电信息科学与工程 32/217、环境工程 58/361、建筑学 41/286、临床医学 33/186、口腔医学 22/110、法医学 5/30、工业工程 21/150、环境设计 79/718。

通信地址：陕西省西安市咸宁西路 28 号
邮政编码：710049
电话号码：029-82668320
学校网址：http://www.xjtu.edu.cn

10699 西北工业大学

在中国本科院校竞争力排行榜中的名次 34，陕西省内排名 2/46，理工类排名 18/309。

共 56 个专业参评，其中 5★+专业 2 个，5★专业 11 个，5★-专业 12 个，4★专业 20 个，3★专业 10 个，2★专业 0 个。

5★+专业：机械设计制造及其自动化 5/521、机械电子工程 2/300。

5★专业：工业设计 4/226、电气工程及其自动化 23/567、电子信息工程 13/645、通信工程 8/511、自动化 14/453、计算机科学与技术 15/911、软件工程 9/590、飞行器设计与工程 1/29、飞行器制造工程 1/33、探测制导与控制技术 1/15、工程管理 11/396。

5★-专业：英语 53/924、数学与应用数学 38/502、信息与计算科学 17/316、材料科学与工程 12/216、材料物理 6/73、能源与动力工程 19/196、微电子科学与工程 7/92、光电信息科学与工程 18/217、人工智能 18/176、数据科学与大数据技术 39/544、飞行器动力工程 2/24、工业工程 11/150。

4★专业：应用物理学 17/151、应用化学 69/375、工程力学 12/78、材料成型及控制工程 31/228、高分子材料与工程 20/182、复合材料与工程 8/44、电子科学与技术 18/161、信息工程 9/64、机器人工程 29/223、信息安全 13/116、物联网工程 67/498、网络空间安全 13/64、土木工程 74/528、航空航天工程 3/16、建筑学 50/286、信息管理与信息系统 51/391、工商管理 103/547、市场营销 102/646、会计学 96/652、产品设计 50/413。

通信地址：陕西省西安市友谊西路 127 号
邮政编码：710072
电话号码：029-88460206
学校网址：http://zsb.nwpu.edu.cn

10701 西安电子科技大学

在中国本科院校竞争力排行榜中的名次 49，陕西省内排名 3/46，理工类排名 28/309。

共 51 个专业参评，其中 5★+专业 3 个，5★专业 9 个，5★-专业 7 个，4★专业 15 个，3★专业 10 个，2★专业 7 个。

5★+专业：通信工程 4/511、软件工程 5/590、网络工程 1/315。

5★专业：电子信息工程 7/645、微电子科学与工程

5/92、电子信息科学与技术 6/191、人工智能 8/176、计算机科学与技术 13/911、信息安全 6/116、物联网工程 14/498、智能科学与技术 3/159、信息管理与信息系统 18/391。

5★-专业：数学与应用数学 43/502、信息与计算科学 20/316、机械设计制造及其自动化 33/521、测控技术与仪器 11/202、电子科学与技术 12/161、数据科学与大数据技术 28/544、探测制导与控制技术 2/15。

4★专业：英语 137/924、翻译 44/254、空间科学与技术 2/8、工业设计 27/226、电气工程及其自动化 63/567、光电信息科学与工程 27/217、信息工程 13/64、集成电路设计与集成系统 4/34、自动化 56/453、机器人工程 42/223、数字媒体技术 25/224、空间信息与数字技术 2/13、网络空间安全 11/64、遥感科学与技术 5/41、市场营销 105/646。

通信地址：陕西省西安市太白南路 2 号
邮政编码：710071
电话号码：029-88202335
学校网址：http://www.xidian.edu.cn

10718　陕西师范大学

在中国本科院校竞争力排行榜中的名次 62，陕西省内排名 4/46，师范类排名 5/160。

共 59 个专业参评，其中 5★+专业 1 个，5★专业 11 个，5★-专业 16 个，4★专业 13 个，3★专业 16 个，2★专业 2 个。

5★+专业：汉语言文学 6/604。

5★专业：思想政治教育 7/264、学前教育 6/395、体育教育 16/319、英语 33/924、网络与新媒体 10/250、历史学 9/244、地理科学 7/160、旅游管理 6/455、音乐学 15/387、广播电视编导 7/239、播音与主持艺术 9/238。

5★-专业：经济学 31/345、教育学 7/84、教育技术学 9/127、古典文献学 1/7、新闻学 29/314、文物与博物馆学 3/48、数学与应用数学 28/502、物理学 22/270、化学 22/295、地理信息科学 14/166、心理学 7/69、应用心理学 19/244、计算机科学与技术 88/911、食品质量与安全 18/230、人力资源管理 25/428、舞蹈学 14/201。

4★专业：俄语 29/155、翻译 33/254、信息与计算科学 46/316、应用化学 42/375、生物科学 47/271、生物技术 56/295、材料化学 23/137、电子信息科学与技术 29/191、软件工程 68/590、食品科学与工程 54/278、行政管理 59/303、美术学 38/337、绘画 25/174。

通信地址：陕西省西安市雁塔区长安南路 199 号
邮政编码：710062
电话号码：029-85310330
学校网址：http://www.xsc.snnu.edu.cn

10697　西北大学

在中国本科院校竞争力排行榜中的名次 72，陕西省内排名 5/46，综合类排名 23/217。

共 76 个专业参评，其中 5★+专业 0 个，5★专业 6 个，5★-专业 18 个，4★专业 23 个，3★专业 23 个，2★专业 6 个。

5★专业：经济学 14/345、汉语言文学 21/604、汉语国际教育 17/332、历史学 11/244、人文地理与城乡规划 3/115、物联网工程 20/498。

5★-专业：国际经济与贸易 47/688、新闻学 31/314、网络与新媒体 16/250、考古学 3/25、数学与应用数学 34/502、物理学 17/270、化学 23/295、地质学 3/25、生物科学 26/271、材料化学 13/137、计算机科学与技术 59/911、软件工程 38/590、工商管理 44/547、人力资源管理 40/428、公共事业管理 16/293、行政管理 18/303、劳动与社会保障 12/135、旅游管理 30/455。

4★专业：经济统计学 16/135、金融学 60/385、法学 63/584、社会工作 38/261、英语 153/924、日语 71/461、广告学 46/275、文物保护技术 2/8、应用物理学 16/151、应用化学 39/375、自然地理与资源环境 6/50、地理信息科学 21/166、生物技术 33/295、电子信息工程 84/645、通信工程 81/511、电子信息科学与技术 21/191、智能科学与技术 18/159、化学工程与工艺 45/326、能源化学工程 12/59、资源勘查工程 8/49、城乡规划 29/207、中药学 16/109、会计学 92/652。

通信地址：陕西省西安市太白北路 229 号
邮政编码：710069
电话号码：029-88302211
学校网址：http://zsb.nwu.edu.cn

10712　西北农林科技大学

在中国本科院校竞争力排行榜中的名次 75，陕西省内排名 6/46，农林类排名 4/43。

共 64 个专业参评，其中 5★+专业 1 个，5★专业 7 个，5★-专业 10 个，4★专业 11 个，3★专业 26 个，2★专业 9 个。

5★+专业：风景园林 2/181。

5★专业：葡萄与葡萄酒工程 1/17、农学 2/76、植物保护 2/56、设施农业科学与工程 1/39、水土保持与荒漠化防治 1/19、农林经济管理 2/63、环境设计 22/718。

5★-专业：生物技术 17/295、农业水利工程 3/32、食品科学与工程 15/278、食品质量与安全 19/230、生物工程 20/243、园艺 7/107、动物科学 5/84、动物医学 5/75、林

-276-

学 3/46、园林 8/138。

4★专业：社会工作 34/261、英语 104/924、生物科学 35/271、计算机科学与技术 163/911、软件工程 118/590、环境工程 39/361、环境科学 21/181、城乡规划 34/207、动物药学 5/23、草业科学 4/30、市场营销 94/646。

通信地址：陕西省杨凌国家农业高新技术产业示范区西农路 22 号/陕西省咸阳市杨凌区邰城路 3 号
邮政编码：712100
电话号码：029-87091406/87091407
学校网址：http://www.nwsuaf.edu.cn

10710 长安大学

在中国本科院校竞争力排行榜中的名次 98，陕西省内排名 8/46，理工类排名 47/309。

共 73 个专业参评，其中 5★+专业 1 个，5★专业 6 个，5★-专业 11 个，4★专业 14 个，3★专业 36 个，2★专业 5 个。

5★+专业：地质工程 1/56。

5★专业：机械设计制造及其自动化 24/521、道路桥梁与渡河工程 3/73、地下水科学与工程 1/15、交通运输 2/117、交通工程 3/107、土地整治工程 1/13。

5★-专业：机械电子工程 27/300、车辆工程 15/260、计算机科学与技术 75/911、土木工程 32/528、水文与水资源工程 4/52、测绘工程 12/144、遥感科学与技术 4/41、资源勘查工程 3/49、环境工程 36/361、工程管理 22/396、工程造价 21/257。

4★专业：汽车服务工程 20/146、电子信息工程 101/645、通信工程 76/511、人工智能 34/176、自动化 47/453、机器人工程 40/223、物联网工程 92/498、建筑环境与能源应用工程 27/178、给排水科学与工程 30/162、勘查技术与工程 7/35、环境科学 36/181、建筑学 34/286、城乡规划 23/207、物流管理 47/455。

通信地址：陕西省西安市南二环路中段
邮政编码：710064
电话号码：029-82334104/82334813
学校网址：http://www.chd.edu.cn

91030 第四军医大学

在中国本科院校竞争力排行榜中的名次 153，陕西省内排名 10/46，医药类排名 10/90。

共 16 个专业参评，其中 5★+专业 0 个，5★专业 0 个，5★-专业 0 个，4★专业 3 个，3★专业 6 个，2★专业 2 个。

4★专业：口腔医学 21/110、护理学 38/278、公共事业管理 59/293。

通信地址：陕西省西安市长乐西路 169 号
邮政编码：710032
电话号码：029-84774114
学校网址：https://www.fmmu.edu.cn

一般大学

10703 西安建筑科技大学

在中国本科院校竞争力排行榜中的名次 97，陕西省内排名 7/46，理工类排名 46/309。

共 64 个专业参评，其中 5★+专业 1 个，5★专业 11 个，5★-专业 1 个，4★专业 10 个，3★专业 33 个，2★专业 8 个。

5★+专业：环境设计 3/718。

5★专业：材料成型及控制工程 10/228、土木工程 22/528、建筑环境与能源应用工程 5/178、给排水科学与工程 8/162、建筑电气与智能化 2/72、环境工程 5/361、建筑学 5/286、城乡规划 7/207、风景园林 6/181、工程管理 8/396、文化产业管理 4/149。

5★-专业：城市地下空间工程 5/71。

4★专业：机械设计制造及其自动化 55/521、机械电子工程 42/300、材料科学与工程 36/216、金属材料工程 16/79、电气工程及其自动化 101/567、自动化 90/453、资源循环科学与工程 4/34、环境科学 25/181、历史建筑保护工程 2/8、信息管理与信息系统 65/391。

通信地址：陕西省西安市碑林区雁塔路中段 13 号
邮政编码：710055
电话号码：029-82202288/029-82205014
学校网址：http://zs.xauat.edu.cn

10700 西安理工大学

在中国本科院校竞争力排行榜中的名次 138，陕西省内排名 9/46，理工类排名 60/309。

共 65 个专业参评，其中 5★+专业 0 个，5★专业 5 个，5★-专业 7 个，4★专业 19 个，3★专业 26 个，2★专业 7 个。

5★专业：机械设计制造及其自动化 23/521、自动化 15/453、计算机科学与技术 43/911、水利水电工程 3/84、工商管理 25/547。

5★-专业：电气工程及其自动化 45/567、物联网工程 26/498、数据科学与大数据技术 31/544、土木工程 48/528、工程管理 32/396、市场营销 56/646、会计学 61/652。

4★专业：应用统计学 33/172、材料成型及控制工程 37/228、车辆工程 43/260、测控技术与仪器 24/202、材料科学与工程 27/216、能源与动力工程 37/196、电气工程与智能控制 5/29、电子信息工程 82/645、电子科学与技术 28/161、通信工程 84/511、机器人工程 26/223、软件工程 106/590、网络工程 36/315、数字媒体技术 29/224、水文与水资源工程 7/52、包装工程 8/41、印刷工程 2/12、环境工程 47/361、工业工程 28/150。

通信地址：陕西省西安市金花南路5号
邮政编码：710048
电话号码：029-82312504
学校网址：http://www.xaut.edu.cn

10708　陕西科技大学

在中国本科院校竞争力排行榜中的名次192，陕西省内排名11/46，理工类排名74/309。

共59个专业参评，其中5★+专业0个，5★专业0个，5★-专业4个，4★专业11个，3★专业29个，2★专业12个。

5★-专业：无机非金属材料工程 7/77、轻化工程 3/39、包装工程 3/41、广播电视编导 21/239。

4★专业：应用化学 59/375、机械电子工程 57/300、电气工程及其自动化 91/567、数据科学与大数据技术 85/544、化学工程与工艺 38/326、环境科学与工程 6/40、食品科学与工程 43/278、市场营销 75/646、动画 37/278、产品设计 69/413、服装与服饰设计 41/234。

通信地址：陕西省西安市未央大学园区/咸阳校区：咸阳市人民西路49号
邮政编码：710021
电话号码：029-86168100/86168101
学校网址：http://zsxx.sust.edu.cn

10704　西安科技大学

在中国本科院校竞争力排行榜中的名次224，陕西省内排名12/46，理工类排名89/309。

共58个专业参评，其中5★+专业0个，5★专业1个，5★-专业4个，4★专业12个，3★专业27个，2★专业14个。

5★专业：安全工程 6/149。

5★-专业：机械设计制造及其自动化 40/521、机械电子工程 30/300、土木工程 46/528、测绘工程 11/144。

4★专业：车辆工程 48/260、电气工程及其自动化 87/567、电子信息工程 66/645、计算机科学与技术 179/911、软件工程 99/590、网络工程 60/315、物联网工程 98/498、智能科学与技术 31/159、建筑环境与能源应用工程 34/178、化学工程与工艺 60/326、地质工程 10/56、采矿工程 10/50。

通信地址：陕西省西安市雁塔中路58号
邮政编码：710054
电话号码：029-85583041
学校网址：http://zs.xust.edu.cn

10702　西安工业大学

在中国本科院校竞争力排行榜中的名次313，陕西省内排名13/46，理工类排名123/309。

共47个专业参评，其中5★+专业0个，5★专业1个，5★-专业6个，4★专业9个，3★专业20个，2★专业9个。

5★专业：金属材料工程 4/79。

5★-专业：机械设计制造及其自动化 31/521、机械电子工程 25/300、测控技术与仪器 16/202、计算机科学与技术 78/911、视觉传达设计 67/743、环境设计 42/718。

4★专业：智能制造工程 17/117、通信工程 102/511、光电信息科学与工程 33/217、自动化 68/453、机器人工程 43/223、软件工程 91/590、土木工程 80/528、市场营销 112/646、产品设计 46/413。

通信地址：陕西省西安市金花北路4号
邮政编码：710032
电话号码：029-83208114/86173115
学校网址：http://zsb.xatu.cn

11664　西安邮电大学

在中国本科院校竞争力排行榜中的名次318，陕西省内排名14/46，理工类排名125/309。

共45个专业参评，其中5★+专业0个，5★专业0个，5★-专业1个，4★专业5个，3★专业21个，2★专业18个。

5★-专业：电子商务 44/476。

4★专业：电子信息工程 99/645、通信工程 68/511、计算机科学与技术 137/911、网络工程 63/315、智能科学与技术 22/159。

通信地址：陕西省西安市雁塔区长安南路563号
邮政编码：710121
电话号码：029-88166193
学校网址：http://www.xbmu.edu.cn

10705　西安石油大学

在中国本科院校竞争力排行榜中的名次

351，陕西省内排名 15/46，理工类排名 138/309。

共 58 个专业参评，其中 5★+专业 0 个，5★专业 0 个，5★-专业 1 个，4★专业 6 个，3★专业 27 个，2★专业 24 个。

5★-专业：焊接技术与工程 4/40。

4★专业：机械设计制造及其自动化 99/521、测控技术与仪器 40/202、计算机科学与技术 114/911、软件工程 108/590、电子商务 87/476、环境设计 74/718。

通信地址：陕西省西安市电子二路东段 18 号
邮政编码：710065
电话号码：029-88382310/88382299
学校网址：http://www.xasyu.cn

10709　西安工程大学

在中国本科院校竞争力排行榜中的名次 356，陕西省内排名 16/46，理工类排名 140/309。

共 60 个专业参评，其中 5★+专业 0 个，5★专业 4 个，5★-专业 2 个，4★专业 5 个，3★专业 25 个，2★专业 22 个。

5★专业：视觉传达设计 17/743、环境设计 12/718、产品设计 19/413、服装与服饰设计 7/234。

5★-专业：服装设计与工程 4/61、动画 15/278。

4★专业：电气工程及其自动化 88/567、电子信息工程 126/645、计算机科学与技术 129/911、网络工程 59/315、纺织工程 6/41。

通信地址：陕西省西安市金花南路 19 号
邮政编码：710048
电话号码：029-82330087
学校网址：http://zsb.xatu.cn

10729　西安美术学院

在中国本科院校竞争力排行榜中的名次 369，陕西省内排名 17/46，艺术类排名 14/44。

共 22 个专业参评，其中 5★+专业 2 个，5★专业 4 个，5★-专业 0 个，4★专业 7 个，3★专业 6 个，2★专业 3 个。

5★+专业：视觉传达设计 4/743、环境设计 1/718。

5★专业：美术学 12/337、绘画 4/174、雕塑 3/57、书法学 5/111。

4★专业：摄影 14/78、中国画 4/29、艺术设计学 6/50、产品设计 45/413、服装与服饰设计 30/234、公共艺术 8/58、工艺美术 10/85。

通信地址：陕西省西安含光路南段 100 号
邮政编码：710065
电话号码：029-88247882/88222342
学校网址：http://www.zhshch.xafa.edu.cn

10724　西安外国语大学

在中国本科院校竞争力排行榜中的名次 370，陕西省内排名 18/46，文法类排名 14/64。

共 43 个专业参评，其中 5★+专业 2 个，5★专业 4 个，5★-专业 3 个，4★专业 5 个，3★专业 19 个，2★专业 8 个。

5★+专业：日语 4/461、翻译 1/254。

5★专业：英语 45/924、俄语 6/155、法语 6/141、商务英语 8/365。

5★-专业：德语 7/110、西班牙语 6/96、旅游管理 37/455。

4★专业：汉语言文学 117/604、汉语国际教育 58/332、朝鲜语 19/101、葡萄牙语 6/32、网络与新媒体 27/250。

通信地址：陕西省西安郭杜教育科技产业开发区文苑南路
邮政编码：710128
电话号码：029-85319401/029-85319500
学校网址：http://www.xaiu.edu.cn

10726　西北政法大学

在中国本科院校竞争力排行榜中的名次 382，陕西省内排名 19/46，文法类排名 16/64。

共 28 个专业参评，其中 5★+专业 0 个，5★专业 1 个，5★-专业 1 个，4★专业 2 个，3★专业 13 个，2★专业 9 个。

5★专业：法学 11/584。

5★-专业：侦查学 3/31。

4★专业：国际经济与贸易 125/688、新闻学 59/314。

通信地址：陕西省西安市西长安街 558 号（长安校区）/西安市长安南路 300 号（雁塔校区）
邮政编码：长安校区 710199/雁塔校区 710063
电话号码：029-88182275/029-85388805
学校网址：http://www.nwupl.edu.cn

11560　西安财经大学

在中国本科院校竞争力排行榜中的名次 446，陕西省内排名 20/46，财经类排名 32/82。

共 43 个专业参评，其中 5★+专业 0 个，5★专业 1 个，5★-专业 1 个，4★专业 5 个，3★专业 20 个，2★专业 13 个。

5★专业：电子商务 22/476。

5★-专业：财务管理 52/699。

4★专业：金融学 51/385、商务英语 59/365、统计学 36/194、应用统计学 29/172、会计学 85/652。

通信地址：陕西省西安市长安区韦常路南段2号

邮政编码：710100

电话号码：029-81556128

学校网址：http://www.xafy.edu.cn

10719　延安大学

在中国本科院校竞争力排行榜中的名次460，陕西省内排名 21/46，综合类排名 79/217。

共60个专业参评，其中5★+专业0个，5★专业0个，5★-专业0个，4★专业3个，3★专业25个，2★专业31个。

4★专业：汉语言文学 103/604、秘书学 18/114、电子信息工程 115/645。

通信地址：陕西省延安市圣地路580号

邮政编码：716000

电话号码：86-0911-2650666

学校网址：https://www.yau.edu.cn

10727　西安体育学院

在中国本科院校竞争力排行榜中的名次492，陕西省内排名 22/46，体育类排名 7/15。

共13个专业参评，其中5★+专业1个，5★专业3个，5★-专业0个，4★专业1个，3★专业7个，2★专业1个。

5★+专业：舞蹈学 2/201。

5★专业：体育教育 15/319、社会体育指导与管理 7/235、播音与主持艺术 3/238。

4★专业：舞蹈表演 22/139。

通信地址：陕西省西安市含光北路65号

邮政编码：710068

电话号码：029-88409422

学校网址：http://www.xisu.edu.cn

10720　陕西理工大学

在中国本科院校竞争力排行榜中的名次497，陕西省内排名 23/46，理工类排名 170/309。

共61个专业参评，其中5★+专业0个，5★专业0个，5★-专业0个，4★专业0个，3★专业13个，2★专业48个。

通信地址：陕西省汉中市汉台区东一环路1号

邮政编码：南校区723001/北校区723003

电话号码：0916-2641855/2291022

学校网址：http://www.snut.edu.cn

10728　西安音乐学院

在中国本科院校竞争力排行榜中的名次540，陕西省内排名 24/46，艺术类排名 29/44。

共10个专业参评，其中5★+专业0个，5★专业3个，5★-专业1个，4★专业1个，3★专业2个，2★专业2个。

5★专业：音乐表演 8/248、音乐学 16/387、舞蹈表演 5/139。

5★-专业：舞蹈编导 4/69。

4★专业：舞蹈学 28/201。

通信地址：陕西省西安市长安中路108号

邮政编码：710061

电话号码：029-85251287/029-85253474（fax）

学校网址：http://www.xiyou.edu.cn

10716　陕西中医药大学

在中国本科院校竞争力排行榜中的名次555，陕西省内排名 25/46，医药类排名 60/90。

共24个专业参评，其中5★+专业0个，5★专业0个，5★-专业0个，4★专业0个，3★专业9个，2★专业14个。

通信地址：陕西省西安市西咸新区世纪大道

邮政编码：712046

电话号码：029-38185360/38184259

学校网址：http://www.sntcm.edu.cn

11080　西安文理学院

在中国本科院校竞争力排行榜中的名次588，陕西省内排名 26/46，师范类排名 81/160。

共47个专业参评，其中5★+专业0个，5★专业0个，5★-专业1个，4★专业3个，3★专业10个，2★专业27个。

5★-专业：经济与金融 5/69。

4★专业：学前教育 71/395、小学教育 46/256、视觉传达设计 80/743。

通信地址：陕西省西安市太白南路168号

邮政编码：710065

电话号码：029-88221619/88221907

学校网址：http://www.xiyi.edu.cn

10723　渭南师范学院

在中国本科院校竞争力排行榜中的名次596，陕西省内排名 28/46，师范类排名 84/160。

共 59 个专业参评，其中 5★+专业 0 个，5★专业 2 个，5★-专业 0 个，4★专业 3 个，3★专业 13 个，2★专业 28 个。

5★专业：视觉传达设计 23/743、环境设计 24/718。

4★专业：数字媒体技术 44/224、音乐学 58/387、广播电视编导 36/239。

通信地址：陕西省渭南市朝阳大街中段
邮政编码：714099
电话号码：0913-2133998
学校网址：http://www.wntc.edu.cn

10721　宝鸡文理学院

在中国本科院校竞争力排行榜中的名次601，陕西省内排名 29/46，师范类排名 86/160。

共 61 个专业参评，其中 5★+专业 0 个，5★专业 0 个，5★-专业 0 个，4★专业 2 个，3★专业 20 个，2★专业 36 个。

4★专业：学前教育 75/395、播音与主持艺术 36/238。

通信地址：陕西省宝鸡市高新大道 1 号
邮政编码：721013
电话号码：0917-3361065
学校网址：http://www.bjwlxy.cn

11840　西安医学院

在中国本科院校竞争力排行榜中的名次624，陕西省内排名 30/46，医药类排名 68/90。

共 18 个专业参评，其中 5★+专业 0 个，5★专业 0 个，5★-专业 0 个，4★专业 0 个，3★专业 6 个，2★专业 10 个。

通信地址：陕西省西安市未央区辛王路 1 号
邮政编码：710021
电话号码：029-86177408/88462933
学校网址：http://www.xacom.edu.cn

10722　咸阳师范学院

在中国本科院校竞争力排行榜中的名次662，陕西省内排名 31/46，师范类排名 103/160。

共 43 个专业参评，其中 5★+专业 0 个，5★专业 0 个，5★-专业 0 个，4★专业 1 个，3★专业 13 个，2★专业 22 个。

4★专业：视觉传达设计 75/743。

通信地址：陕西省咸阳市渭城区文林路 43 号
邮政编码：712000
电话号码：029-33720888
学校网址：http://www.xync.edu.cn

11736　西安航空学院

在中国本科院校竞争力排行榜中的名次681，陕西省内排名 32/46，理工类排名 207/309。

共 33 个专业参评，其中 5★+专业 0 个，5★专业 0 个，5★-专业 1 个，4★专业 1 个，3★专业 7 个，2★专业 24 个。

5★-专业：汽车服务工程 13/146。

4★专业：机械电子工程 55/300。

通信地址：陕西省西安市西二环 259 号
邮政编码：710077
电话号码：029-84257775/84250446
学校网址：http://zb.xaau.edu.cn

11395　榆林学院

在中国本科院校竞争力排行榜中的名次715，陕西省内排名 33/46，综合类排名 132/217。

共 53 个专业参评，其中 5★+专业 0 个，5★专业 0 个，5★-专业 0 个，4★专业 0 个，3★专业 6 个，2★专业 39 个。

通信地址：陕西省榆林市崇文西路 4 号
邮政编码：719000
电话号码：0912-3893980
学校网址：http://www.yulinu.edu.cn

14390　陕西学前师范学院

在中国本科院校竞争力排行榜中的名次756，陕西省内排名 37/46，师范类排名 132/160。

共 22 个专业参评，其中 5★+专业 0 个，5★专业 1 个，5★-专业 0 个，4★专业 0 个，3★专业 8 个，2★专业 11 个。

5★专业：学前教育 18/395。

通信地址：西安市雁塔区兴善寺东街 69 号（雁塔校区）/西安市长安区神禾二路 101 号（长安校区）
邮政编码：雁塔校区 710061/长安校区 710100
电话号码：029-81530100/81530210
学校网址：http://www.snsy.edu.cn

11397 安康学院

在中国本科院校竞争力排行榜中的名次758，陕西省内排名38/46，师范类排名133/160。

共41个专业参评，其中5★+专业0个，5★专业0个，5★-专业1个，4★专业0个，3★专业7个，2★专业26个。

5★-专业：视觉传达设计 68/743。

通信地址：陕西省安康市汉滨区育才路92号
邮政编码：725000
电话号码：0915-3261011/3261101
学校网址：http://zsb.aku.edu.cn

11396 商洛学院

在中国本科院校竞争力排行榜中的名次828，陕西省内排名40/46，师范类排名151/160。

共38个专业参评，其中5★+专业0个，5★专业0个，5★-专业0个，4★专业0个，3★专业5个，2★专业29个。

通信地址：陕西省商洛市北新街10号
邮政编码：726000
电话号码：0914-2312156
学校网址：http://www.slxy.edu.cn

民办院校

12715 西京学院

在中国民办院校竞争力排行榜中的名次5，陕西省内排名27/46，综合类排名98/217。

共33个专业参评，其中5★+专业0个，5★专业0个，5★-专业0个，4★专业6个，3★专业18个，2★专业9个。

4★专业：工程管理 68/396、工程造价 29/257、财务管理 101/699、电子商务 73/476、视觉传达设计 136/743、环境设计 93/718。

通信地址：陕西省西安市长安区西京路1号
邮政编码：710123
电话号码：029-85628909/85628035
学校网址：http://zhaosh.xijing.edu.cn

12712 西安欧亚学院

在中国民办院校竞争力排行榜中的名次18，陕西省内排名34/46，财经类排名44/82。

共35个专业参评，其中5★+专业0个，5★专业0个，5★-专业1个，4★专业3个，3★专业13个，2★专业16个。

5★-专业：工程造价 19/257。

4★专业：网络与新媒体 43/250、视觉传达设计 98/743、环境设计 119/718。

通信地址：陕西省西安市东仪路南段（雁环路南段）
邮政编码：710065
电话号码：400-8877-369
学校网址：http://zhaosheng.eurasia.edu/index.html

12714 西安翻译学院

在中国民办院校竞争力排行榜中的名次20，陕西省内排名35/46，文法类排名36/64。

共33个专业参评，其中5★+专业0个，5★专业0个，5★-专业0个，4★专业4个，3★专业8个，2★专业21个。

4★专业：翻译 27/254、商务英语 62/365、工程造价 38/257、播音与主持艺术 44/238。

通信地址：陕西省西安市长安区太乙宫
邮政编码：710105
电话号码：029-85896666/85891139
学校网址：http://www.xafy.edu.cn

12713 西安外事学院

在中国民办院校竞争力排行榜中的名次21，陕西省内排名36/46，财经类排名46/82。

共41个专业参评，其中5★+专业0个，5★专业0个，5★-专业0个，4★专业1个，3★专业12个，2★专业24个。

4★专业：财务管理 102/699。

通信地址：陕西省西安市丈八北路408号
邮政编码：710077
电话号码：400-0019-888/029-88513888
学校网址：http://www.xawl.edu.cn

11400 西安培华学院

在中国民办院校竞争力排行榜中的名次33，陕西省内排名39/46，文法类排名44/64。

共31个专业参评，其中5★+专业0个，5★专业0个，5★-专业0个，4★专业2个，3★专业13个，2★专业16个。

4★专业：电子商务 90/476、播音与主持艺术 32/238。

通信地址：陕西省西安市高新区白沙路南段2号（高新校区）/西安市长安区常宁大街888号（长安校区）

邮政编码：高校校区710065/长安校区710125

电话号码：029-85680000

学校网址：http://www.peihua.cn

13123　陕西国际商贸学院

在中国民办院校竞争力排行榜中的名次 63，陕西省内排名41/46，财经类排名56/82。

共32个专业参评，其中5★+专业0个，5★专业0个，5★-专业0个，4★专业2个，3★专业10个，2★专业20个。

4★专业：人力资源管理77/428、动画53/278。

通信地址：陕西省西安市西咸新区沣西新城统一西路35号

邮政编码：712000

电话号码：029-33813555/33814555

学校网址：http://www.csiic.com

13121　西安思源学院

在中国民办院校竞争力排行榜中的名次 76，陕西省内排名42/46，理工类排名250/309。

共25个专业参评，其中5★+专业0个，5★专业0个，5★-专业0个，4★专业3个，3★专业2个，2★专业18个。

4★专业：工程造价39/257、财务管理93/699、人力资源管理76/428。

通信地址：陕西省西安市东郊水安路28号

邮政编码：710038

电话号码：400-888-6660/029-82601888

学校网址：http://www.xasyu.cn

13125　陕西服装工程学院

在中国民办院校竞争力排行榜中的名次 95，陕西省内排名43/46，理工类排名257/309。

共27个专业参评，其中5★+专业0个，5★专业0个，5★-专业0个，4★专业3个，3★专业2个，2★专业12个。

4★专业：物流管理88/455、视觉传达设计122/743、环境设计103/718。

通信地址：陕西省西安西咸新区沣西新城崇文路1号

邮政编码：712046

电话号码：029-38114101/38114102

学校网址：http://zhaokao.sxfu.org

13569　西安交通工程学院

在中国民办院校竞争力排行榜中的名次 126，陕西省内排名44/46，理工类排名272/309。

共18个专业参评，其中5★+专业0个，5★专业0个，5★-专业0个，4★专业0个，3★专业7个，2★专业9个。

通信地址：陕西省西安市高新科技产业开发区甘家寨1号

邮政编码：710065

电话号码：029-89028888/89028188

学校网址：http://zs.xauat.edu.cn

13894　西安明德理工学院

在中国民办院校竞争力排行榜中的名次 147，陕西省内排名45/46，综合类排名192/217。

共25个专业参评，其中5★+专业0个，5★专业0个，5★-专业0个，4★专业0个，3★专业0个，2★专业13个。

通信地址：西安市长安区西工大沣河校区

邮政编码：710124

电话号码：029-85603066/85603067

学校网址：http://www.npumd.edu.cn

13682　西安工商学院

在中国民办院校竞争力排行榜中的名次 190，陕西省内排名46/46，综合类排名211/217。

共14个专业参评，其中5★+专业0个，5★专业0个，5★-专业0个，4★专业0个，3★专业5个，2★专业8个。

通信地址：西安市高陵区鹿祥路235号

邮政编码：710200

电话号码：029-63609561

学校网址：http://zs.bxait.cn

上海市

一流大学

10248 上海交通大学

在中国本科院校竞争力排行榜中的名次4，上海市内排名1/37，理工类排名2/309。

共69个专业参评，其中5★+专业15个，5★专业29个，5★-专业9个，4★专业9个，3★专业7个，2★专业0个。

5★+专业：英语6/924、应用物理学1/151、应用化学4/375、生物技术1/295、工业设计1/226、材料科学与工程1/216、电子信息科学与技术2/191、自动化2/453、软件工程6/590、信息安全1/116、生物医学工程1/115、临床医学1/186、行政管理2/303、工业工程2/150、视觉传达设计5/743。

5★专业：国际经济与贸易11/688、法学10/584、日语9/461、传播学3/65、数学与应用数学7/502、物理学6/270、统计学8/194、机械工程2/124、能源与动力工程10/196、新能源科学与工程2/109、电气工程及其自动化10/567、电子科学与技术3/161、微电子科学与工程3/92、人工智能4/176、计算机科学与技术10/911、土木工程9/528、化学工程与工艺8/326、船舶与海洋工程2/34、环境科学与工程1/40、资源环境科学1/16、生物工程3/243、口腔医学2/110、食品卫生与营养学1/28、药学9/231、医学检验技术5/151、护理学6/278、工商管理10/547、会计学32/652、文化产业管理2/149。

5★-专业：汉语言文学53/604、生物科学15/271、测控技术与仪器18/202、信息工程4/64、电子与计算机工程1/7、食品科学与工程26/278、植物科学与技术2/21、儿科学3/42、预防医学6/108。

4★专业：法语27/141、化学58/295、工程力学14/78、建筑学40/286、风景园林35/181、园林25/138、信息管理与信息系统55/391、人力资源管理54/428、广播电视编导46/239。

通信地址：上海市东川路800号
邮政编码：200240
电话号码：021-34200000
学校网址：http://www.sjtu.edu.cn

10246 复旦大学

在中国本科院校竞争力排行榜中的名次6，上海市内排名2/37，综合类排名4/217。

共74个专业参评，其中5★+专业16个，5★专业25个，5★-专业16个，4★专业5个，3★专业11个，2★专业1个。

5★+专业：哲学1/70、经济学2/345、社会工作2/261、翻译3/254、广播电视学2/166、广告学3/275、数学与应用数学3/502、信息与计算科学1/316、物理学3/270、生物科学3/271、生物技术3/295、数据科学与大数据技术2/544、护理学2/278、市场营销4/646、财务管理7/699、公共事业管理3/293。

5★专业：保险学5/109、国际经济与贸易12/688、政治学与行政学2/83、汉语言文学7/604、英语27/924、朝鲜语4/101、新闻学5/314、历史学3/244、文物与博物馆学1/48、化学12/295、生态学3/73、材料化学4/137、高分子材料与工程5/182、电子信息科学与技术7/191、计算机科学与技术35/911、软件工程24/590、环境科学4/181、生物医学工程2/115、基础医学2/30、临床医学5/186、药学6/231、管理科学1/34、工商管理15/547、行政管理9/303、旅游管理19/455。

5★-专业：金融学22/385、法学31/584、国际政治3/35、社会学5/84、汉语言2/23、俄语10/155、日语34/461、传播学4/65、材料物理5/73、通信工程38/511、微电子科学与工程9/92、光电信息科学与工程14/217、智能科学与技术10/159、预防医学7/108、信息管理与信息系统32/391、会计学34/652。

4★专业：德语19/110、法语23/141、统计学34/194、信息安全15/116、飞行器设计与工程6/29。

通信地址：上海市杨浦区邯郸路220号
邮政编码：200433
电话号码：021-55666668
学校网址：http://www.ao.fudan.edu.cn

10247 同济大学

在中国本科院校竞争力排行榜中的名次19，上海市内排名3/37，理工类排名9/309。

共76个专业参评，其中5★+专业5个，5★专业30个，5★-专业12个，4★专业14个，3★专业14个，2★专业1个。

5★+专业：土木工程 1/528、环境工程 3/361、建筑学 1/286、城乡规划 1/207、工程管理 2/396。

5★专业：英语 34/924、德语 3/110、日语 14/461、数学与应用数学 20/502、应用物理学 4/151、应用化学 17/375、生物技术 8/295、生物信息学 2/36、机械设计制造及其自动化 20/521、机械电子工程 11/300、工业设计 5/226、车辆工程 13/260、汽车服务工程 3/146、智能制造工程 5/117、通信工程 22/511、计算机科学与技术 23/911、软件工程 10/590、数据科学与大数据技术 23/544、建筑环境与能源应用工程 6/178、给排水科学与工程 4/162、建筑电气与智能化 3/72、智能建造 1/19、测绘工程 2/144、地质工程 2/56、交通运输 4/117、交通工程 2/107、风景园林 3/181、市场营销 22/646、文化产业管理 6/149、产品设计 6/413。

5★-专业：电气工程及其自动化 53/567、电子信息工程 37/645、人工智能 12/176、自动化 29/453、信息安全 12/116、环境科学 12/181、历史建筑保护工程 1/8、临床医学 14/186、康复治疗学 10/161、信息管理与信息系统 26/391、会计学 36/652、物流管理 35/455。

4★专业：政治学与行政学 16/83、汉语言文学 112/604、广告学 40/275、海洋技术 4/23、工程力学 16/78、材料科学与工程 28/216、能源与动力工程 33/196、港口航道与海岸工程 7/33、口腔医学 15/110、行政管理 54/303、工业工程 17/150、广播电视编导 48/239、视觉传达设计 81/743、环境设计 130/718。

通信地址：上海市四平路1239号
邮政编码：200092
电话号码：021-65982643/65983643
学校网址：http://www.tongji.edu.cn

10269 华东师范大学

在中国本科院校竞争力排行榜中的名次 25，上海市内排名 4/37，师范类排名 2/160。

共70个专业参评，其中5★+专业7个，5★专业19个，5★-专业19个，4★专业18个，3★专业6个，2★专业1个。

5★+专业：学前教育 3/395、特殊教育 1/59、体育教育 2/319、社会体育指导与管理 2/235、汉语言文学 3/604、汉语国际教育 2/332、地理科学 2/160。

5★专业：社会工作 5/261、艺术教育 1/27、英语 23/924、翻译 11/254、新闻学 10/314、数学与应用数学 17/502、化学 15/295、人文地理与城乡规划 4/115、地理信息科学 7/166、应用心理学 12/244、统计学 5/194、软件工程 16/590、数据科学与大数据技术 21/544、人力资源管理 19/428、公共事业管理 14/293、广播电视编导 5/239、美术学 13/337、环境设计 29/718、公共艺术 2/58。

5★-专业：金融学 28/385、社会学 7/84、思想政治教育 19/264、教育技术学 7/127、教育康复学 1/9、法语 11/141、日语 28/461、历史学 15/244、信息与计算科学 27/316、物理学 25/270、心理学 5/69、通信工程 27/511、计算机科学与技术 53/911、环境科学 10/181、工商管理 47/547、行政管理 25/303、旅游管理 35/455、音乐学 31/387、产品设计 31/413。

4★专业：哲学 14/70、保险学 21/109、法学 93/584、政治学与行政学 15/83、俄语 27/155、德语 16/110、西班牙语 14/96、编辑出版学 6/42、生物科学 37/271、生物技术 46/295、微电子科学与工程 12/92、电子信息科学与技术 22/191、环境生态工程 7/63、信息管理与信息系统 40/391、音乐表演 46/248、播音与主持艺术 27/238、绘画 27/174、雕塑 10/57。

通信地址：上海市普陀区中山北路3663号
邮政编码：200062
电话号码：021-62232212
学校网址：www.ecnu.edu.cn

10280 上海大学

在中国本科院校竞争力排行榜中的名次 40，上海市内排名 5/37，综合类排名 15/217。

共87个专业参评，其中5★+专业1个，5★专业9个，5★-专业26个，4★专业22个，3★专业25个，2★专业4个。

5★+专业：广播电视编导 2/239。

5★专业：汉语言文学 27/604、网络与新媒体 9/250、电子信息工程 24/645、通信工程 23/511、数字媒体技术 4/224、智能科学与技术 8/159、数据科学与大数据技术 19/544、美术学 6/337、数字媒体艺术 8/302。

5★-专业：国际经济与贸易 43/688、法学 55/584、社会学 6/84、社会工作 18/261、汉语国际教育 26/332、英语 89/924、新闻学 20/314、广播电视学 11/166、广告学 16/275、数学与应用数学 36/502、信息与计算科学 18/316、应用物理学 9/151、机械设计制造及其自动化 46/521、机械电子工程 28/300、工业设计 23/226、金属材料工程 6/79、电气工程及其自动化 42/567、电子信息科学与技术 18/191、自动化 35/453、计算机科学与技术 52/911、土木工程 47/528、环境工程 35/361、生物工程 19/243、信息管理与信息系统 29/391、戏剧影视文学 9/88、绘画 11/174。

4★专业：金融学 43/385、思想政治教育 46/264、日语 72/461、历史学 39/244、应用化学 49/375、机械工程 18/124、智能制造工程 15/117、无机非金属材料工程 10/77、建筑学 45/286、生物制药 11/101、管理科学 4/34、工商管理 91/547、财务管理 113/699、人力资源管理 51/428、档案学 5/33、信息资源管理 3/16、音乐学 52/387、戏剧影视导演 5/31、戏剧影视美术设计 6/47、影视摄影与制作 7/59、环境设计 88/718、艺术与科技 8/57。

通信地址：上海市宝山区上大路99号
邮政编码：200444
电话号码：021-66134148
学校网址：http://bkzsw.shu.edu.cn

10251　华东理工大学

在中国本科院校竞争力排行榜中的名次 44，上海市内排名 6/37，理工类排名 24/309。

共 61 个专业参评，其中 5★+专业 2 个，5★专业 10 个，5★-专业 8 个，4★专业 24 个，3★专业 16 个，2★专业 1 个。

5★+专业：制药工程 2/251、生物工程 1/243。

5★专业：社会工作 13/261、应用化学 5/375、过程装备与控制工程 3/96、化学工程与工艺 6/326、资源循环科学与工程 1/34、环境工程 8/361、药物制剂 4/86、信息管理与信息系统 20/391、工程管理 14/396、数字媒体艺术 12/302。

5★-专业：国际经济与贸易 48/688、化学 21/295、材料化学 14/137、高分子材料与工程 14/182、能源与动力工程 14/196、自动化 26/453、药学 17/231、人力资源管理 33/428。

4★专业：金融学 75/385、法学 110/584、英语 113/924、数学与应用数学 90/502、信息与计算科学 42/316、生物技术 39/295、机械设计制造及其自动化 54/521、材料成型及控制工程 35/228、工业设计 37/226、无机非金属材料工程 12/77、复合材料与工程 5/44、新能源材料与器件 14/91、信息工程 11/64、计算机科学与技术 92/911、智能科学与技术 29/159、食品质量与安全 36/230、工商管理 82/547、市场营销 68/646、会计学 108/652、财务管理 72/699、公共事业管理 56/293、劳动与社会保障 25/135、物流管理 61/455、环境设计 117/718。

通信地址：上海市梅陇路130号
邮政编码：200237
电话号码：021-64252763
学校网址：http://zsb.ecust.edu.cn

10255　东华大学

在中国本科院校竞争力排行榜中的名次 70，上海市内排名 7/37，理工类排名 38/309。

共 51 个专业参评，其中 5★+专业 1 个，5★专业 7 个，5★-专业 10 个，4★专业 13 个，3★专业 16 个，2★专业 4 个。

5★+专业：服装设计与工程 1/61。

5★专业：应用化学 18/375、高分子材料与工程 4/182、网络工程 5/315、纺织工程 1/41、环境工程 16/361、数字媒体艺术 5/302、艺术与科技 3/57。

5★-专业：工业设计 16/226、复合材料与工程 3/44、能源与环境系统工程 2/16、电子信息工程 48/645、自动化 33/453、生物工程 24/243、工商管理 41/547、市场营销 50/646、财务管理 61/699、物流管理 45/455。

4★专业：机械工程 19/124、功能材料 8/44、通信工程 69/511、计算机科学与技术 106/911、软件工程 63/590、建筑环境与能源应用工程 26/178、轻化工程 6/39、环境科学 31/181、信息管理与信息系统 53/391、会计学 88/652、公共关系学 3/14、电子商务 51/476、服装与服饰设计 27/234。

通信地址：上海市延安西路1882号
邮政编码：200051
电话号码：021-62379160
学校网址：http://zs.dhu.edu.cn

10272　上海财经大学

在中国本科院校竞争力排行榜中的名次 104，上海市内排名 9/37，财经类排名 2/82。

共 25 个专业参评，其中 5★+专业 5 个，5★专业 12 个，5★-专业 2 个，4★专业 2 个，3★专业 4 个，2★专业 0 个。

5★+专业：经济统计学 1/135、税收学 1/89、投资学 1/135、会计学 1/652、财务管理 5/699。

5★专业：经济学 11/345、财政学 2/83、金融学 6/385、保险学 4/109、国际经济与贸易 22/688、统计学 3/194、数据科学与大数据技术 14/544、工商管理 8/547、市场营销 7/646、国际商务 2/130、劳动与社会保障 2/135、电子商务 15/476。

5★-专业：法学 32/584、新闻学 24/314。

4★专业：信息管理与信息系统 61/391、行政管理 35/303。

通信地址：上海市杨浦区国定路777号
邮政编码：200433
电话号码：021-65904372
学校网址：zs.shufe.edu.cn

91020　第二军医大学

在中国本科院校竞争力排行榜中的名次 **146**，上海市内排名 **11/37**，医药类排名 **8/90**。

共 **11** 个专业参评，其中 5★+专业 **0** 个，5★专业 **0** 个，5★-专业 **0** 个，4★专业 **1** 个，3★专业 **8** 个，2★专业 **2** 个。

4★专业：护理学 46/278。

通信地址：上海市翔殷路 800 号
邮政编码：200433
电话号码：021-81870199
学校网址：http://www.smmu.edu.cn

10268　上海中医药大学

在中国本科院校竞争力排行榜中的名次 **154**，上海市内排名 **12/37**，医药类排名 **11/90**。

共 **14** 个专业参评，其中 5★+专业 **1** 个，5★专业 **4** 个，5★-专业 **1** 个，4★专业 **1** 个，3★专业 **4** 个，2★专业 **3** 个。

5★+专业：中西医临床医学 1/50。

5★专业：中医学 2/64、针灸推拿学 1/49、中药学 2/109、听力与言语康复学 1/10。

5★-专业：康复物理治疗 1/8。

4★专业：康复治疗学 26/161。

通信地址：上海市浦东新区蔡伦路 1200 号
邮政编码：201203
电话号码：021-51322028
学校网址：http://ygzs.shutcm.edu.cn

10271　上海外国语大学

在中国本科院校竞争力排行榜中的名次 **181**，上海市内排名 **13/37**，文法类排名 **5/64**。

共 **31** 个专业参评，其中 5★+专业 **3** 个，5★专业 **8** 个，5★-专业 **4** 个，4★专业 **4** 个，3★专业 **9** 个，2★专业 **1** 个。

5★+专业：英语 9/924、俄语 2/155、法语 1/141。

5★专业：汉语国际教育 7/332、德语 2/110、西班牙语 2/96、阿拉伯语 1/41、日语 6/461、翻译 4/254、商务英语 5/365、网络与新媒体 6/250。

5★-专业：国际政治 4/35、朝鲜语 6/101、葡萄牙语 3/32、意大利语 2/21。

4★专业：国际经济与贸易 83/688、越南语 4/23、新闻学 49/314、工商管理 95/547。

通信地址：上海市虹口区大连西路 550 号
邮政编码：200083
电话号码：021-55386006/55383668
学校网址：admissions.shisu.edu.cn

10277　上海体育学院

在中国本科院校竞争力排行榜中的名次 **205**，上海市内排名 **15/37**，体育类排名 **2/15**。

共 **15** 个专业参评，其中 5★+专业 **1** 个，5★专业 **3** 个，5★-专业 **2** 个，4★专业 **4** 个，3★专业 **1** 个，2★专业 **3** 个。

5★+专业：运动康复 1/65。

5★专业：体育教育 7/319、社会体育指导与管理 6/235、休闲体育 3/81。

5★-专业：体能训练 1/7、体育经济与管理 2/24。

4★专业：新闻学 58/314、应用心理学 35/244、数据科学与大数据技术 78/544、康复治疗学 27/161。

通信地址：上海市杨浦区清源环路 650 号绿瓦大楼 126 室
邮政编码：200438
电话号码：021-51253145
学校网址：http://www.sus.edu.cn

10278　上海音乐学院

在中国本科院校竞争力排行榜中的名次 **225**，上海市内排名 **17/37**，艺术类排名 **6/44**。

共 **6** 个专业参评，其中 5★+专业 **2** 个，5★专业 **1** 个，5★-专业 **1** 个，4★专业 **1** 个，3★专业 **1** 个，2★专业 **0** 个。

5★+专业：音乐表演 1/248、音乐学 1/387。

5★专业：作曲与作曲技术理论 2/36。

5★-专业：录音艺术 3/34。

4★专业：艺术与科技 7/57。

通信地址：上海市徐汇区汾阳路 20 号
邮政编码：200031
电话号码：021-64316347
学校网址：http://www.shcmusic.edu.cn

10264　上海海洋大学

在中国本科院校竞争力排行榜中的名次 **288**，上海市内排名 **19/37**，农林类排名 **22/43**。

共 **38** 个专业参评，其中 5★+专业 **0** 个，5★专业 **0** 个，5★-专业 **2** 个，4★专业 **5** 个，3★专业 **18** 个，2★专业 **13** 个。

5★-专业：食品科学与工程 27/278、水产养殖学 3/49。

4★专业：海洋资源与环境 3/15、生物科学 50/271、计算机科学与技术 180/911、生物制药 18/101、海洋渔业科学与技术 2/8。

通信地址：上海市浦东新区沪城环路 999 号
邮政编码：201306
电话号码：021-61900607
学校网址：http://www.shfu.edu.cn

一般大学

10270　上海师范大学

在中国本科院校竞争力排行榜中的名次 86，上海市内排名 8/37，师范类排名 11/160。

共 79 个专业参评，其中 5★+专业 1 个，5★专业 7 个，5★-专业 9 个，4★专业 17 个，3★专业 31 个，2★专业 14 个。

5★+专业：应用心理学 2/244。

5★专业：学前教育 14/395、小学教育 4/256、社会体育指导与管理 9/235、汉语言文学 25/604、汉语国际教育 10/332、英语 46/924、音乐学 9/387。

5★-专业：教育技术学 13/127、广播电视学 14/166、广告学 22/275、历史学 19/244、人力资源管理 26/428、电子商务 47/476、旅游管理 25/455、音乐表演 14/248、舞蹈学 20/201。

4★专业：法学 103/584、社会工作 27/261、思想政治教育 43/264、科学教育 5/38、体育教育 38/319、日语 48/461、数学与应用数学 62/502、信息与计算科学 54/316、汽车服务工程 28/146、电子信息工程 123/645、通信工程 80/511、计算机科学与技术 160/911、酒店管理 23/196、会展经济与管理 19/104、表演 20/139、广播电视编导 32/239、美术学 52/337。

通信地址：上海市徐汇区桂林路 100 号
邮政编码：200234
电话号码：021-64322695
学校网址：http://www.shnu.edu.cn

10252　上海理工大学

在中国本科院校竞争力排行榜中的名次 136，上海市内排名 10/37，理工类排名 58/309。

共 55 个专业参评，其中 5★+专业 1 个，5★专业 1 个，5★-专业 6 个，4★专业 19 个，3★专业 27 个，2★专业 1 个。

5★+专业：光电信息科学与工程 2/217。光电信息科学与工程 2/217。

5★专业：机械设计制造及其自动化 14/521。

5★-专业：国际经济与贸易 56/688、英语 60/924、编辑出版学 4/42、工商管理 53/547、会计学 58/652、会展经济与管理 6/104。

4★专业：广告学 37/275、工业设计 36/226、车辆工程 32/260、测控技术与仪器 22/202、能源与动力工程 34/196、电气工程及其自动化 111/567、电子信息工程 94/645、电子信息科学与技术 33/191、人工智能 25/176、自动化 85/453、机器人工程 35/223、计算机科学与技术 177/911、数字媒体技术 41/224、土木工程 106/528、环境工程 53/361、生物医学工程 21/115、公共事业管理 36/293、视觉传达设计 86/743、环境设计 77/718。

通信地址：上海市杨浦区军工路 516 号
邮政编码：200093
电话号码：021-55270799
学校网址：http://www.usst.edu.cn

10254　上海海事大学

在中国本科院校竞争力排行榜中的名次 199，上海市内排名 14/37，理工类排名 78/309。

共 46 个专业参评，其中 5★+专业 1 个，5★专业 1 个，5★-专业 5 个，4★专业 14 个，3★专业 18 个，2★专业 7 个。

5★+专业：物流管理 5/455。

5★专业：物流工程 3/111。

5★-专业：英语 67/924、商务英语 24/365、计算机科学与技术 79/911、航海技术 2/17、财务管理 64/699。

4★专业：法学 77/584、日语 51/461、翻译 39/254、机械电子工程 54/300、电气工程及其自动化 80/567、电子信息工程 77/645、通信工程 83/511、网络工程 46/315、交通运输 14/117、轮机工程 3/19、船舶电子电气工程 2/11、会计学 119/652、交通管理 2/11、电子商务 65/476。

通信地址：上海市海港大道 1550 号
邮政编码：201306
电话号码：021-38284395
学校网址：http://www.shmtu.edu.cn

10276　华东政法大学

在中国本科院校竞争力排行榜中的名次 214，上海市内排名 16/37，文法类排名 8/64。

共 22 个专业参评，其中 5★+专业 0 个，5★专业 2 个，5★-专业 1 个，4★专业 5 个，3★专业 9 个，2★专业 5 个。

5★专业：法学 9/584、知识产权 2/79。

5★-专业：翻译 15/254。

4★专业：国际经济与贸易 88/688、新闻学 53/314、文化产业管理 19/149、行政管理 43/303、劳动与社会保障 15/135。

通信地址：上海市松江区松江大学园区龙源路 555 号

邮政编码：200042

电话号码：021-67790220

学校网址：http://www.ecupl.edu.cn

10856　上海工程技术大学

在中国本科院校竞争力排行榜中的名次 263，上海市内排名 18/37，理工类排名 103/309。

共 53 个专业参评，其中 5★+专业 0 个，5★专业 3 个，5★-专业 2 个，4★专业 7 个，3★专业 30 个，2★专业 11 个。

5★专业：数据科学与大数据技术 27/544、服装设计与工程 3/61、数字媒体艺术 14/302。

5★-专业：市场营销 60/646、服装与服饰设计 15/234。

4★专业：机械电子工程 56/300、汽车服务工程 23/146、轨道交通信号与控制 11/60、交通运输 19/117、物流管理 72/455、旅游管理 90/455、摄影 10/78。

通信地址：上海市长宁区仙霞路 350 号

邮政编码：200336

电话号码：021-62750183

学校网址：zsb.sues.edu.cn

10279　上海戏剧学院

在中国本科院校竞争力排行榜中的名次 296，上海市内排名 20/37，艺术类排名 10/44。

共 14 个专业参评，其中 5★+专业 1 个，5★专业 3 个，5★-专业 3 个，4★专业 2 个，3★专业 4 个，2★专业 1 个。

5★+专业：表演 1/139。

5★专业：艺术管理 1/16、戏剧影视文学 2/88、戏剧影视美术设计 1/47。

5★-专业：舞蹈表演 11/139、广播电视编导 22/239、影视摄影与制作 5/59。

4★专业：戏剧影视导演 4/31、播音与主持艺术 30/238。

通信地址：上海市华山路 630 号

邮政编码：200040

电话号码：021-62488077

学校网址：http://www.sta.edu.cn

10256　上海电力大学

在中国本科院校竞争力排行榜中的名次 307，上海市内排名 21/37，理工类排名 120/309。

共 33 个专业参评，其中 5★+专业 0 个，5★专业 0 个，5★-专业 0 个，4★专业 0 个，3★专业 12 个，2★专业 21 个。

通信地址：上海市杨浦区平凉路 2103 号

邮政编码：200090

电话号码：021-35303755

学校网址：http://zs.shiep.edu.cn

10273　上海对外经贸大学

在中国本科院校竞争力排行榜中的名次 331，上海市内排名 22/37，财经类排名 21/82。

共 31 个专业参评，其中 5★+专业 0 个，5★专业 2 个，5★-专业 5 个，4★专业 10 个，3★专业 10 个，2★专业 4 个。

5★专业：国际经济与贸易 16/688、数据科学与大数据技术 20/544。

5★-专业：英语 52/924、财务管理 45/699、审计学 16/192、资产评估 8/76、物流管理 30/455。

4★专业：经济统计学 27/135、金融学 61/385、法学 99/584、日语 47/461、应用统计学 23/172、市场营销 126/646、会计学 79/652、国际商务 25/130、旅游管理 76/455、会展经济与管理 17/104。

通信地址：上海市松江区文翔路 1900 号

邮政编码：210620

电话号码：021-67703050

学校网址：http://zhaosheng.suibe.edu.cn

10259　上海应用技术大学

在中国本科院校竞争力排行榜中的名次 350，上海市内排名 23/37，理工类排名 137/309。

共 52 个专业参评，其中 5★+专业 0 个，5★专业 0 个，5★-专业 0 个，4★专业 3 个，3★专业 21 个，2★专业 24 个。

4★专业：机械设计制造及其自动化 104/521、电气工程及其自动化 96/567、环境设计 85/718。

通信地址：上海市奉贤区海泉路 100 号

邮政编码：201418

电话号码：021-64941403

学校网址：http://www.sit.edu.cn

14423　上海科技大学

在中国本科院校竞争力排行榜中的名次384，上海市内排名24/37，理工类排名146/309。

共8个专业参评，其中5★+专业0个，5★专业0个，5★-专业0个，4★专业0个，3★专业6个，2★专业1个。

通信地址：上海市浦东新区华夏中路393号
邮政编码：201210
电话号码：021-54202237/4009209393
学校网址：http://admission.shanghaitech.edu.cn

11047　上海立信会计金融学院

在中国本科院校竞争力排行榜中的名次464，上海市内排名25/37，财经类排名34/82。

共37个专业参评，其中5★+专业0个，5★专业1个，5★-专业2个，4★专业5个，3★专业17个，2★专业10个。

5★专业：审计学8/192。

5★-专业：国际经济与贸易35/688、财务管理62/699。

4★专业：金融学63/385、信用管理5/23、金融科技3/18、商务英语63/365、人力资源管理82/428。

通信地址：上海市浦东新区上川路995号
邮政编码：201209
电话号码：021-50218552
学校网址：http://zhaosheng.lixin.edu.cn

11458　上海电机学院

在中国本科院校竞争力排行榜中的名次507，上海市内排名26/37，理工类排名175/309。

共35个专业参评，其中5★+专业0个，5★专业0个，5★-专业0个，4★专业2个，3★专业13个，2★专业16个。

4★专业：汽车服务工程21/146、财务管理132/699。

通信地址：上海市浦东新区临港新城橄榄路1350号
邮政编码：200306
电话号码：021-38223045
学校网址：http://www.sdju.edu.cn

11835　上海政法学院

在中国本科院校竞争力排行榜中的名次536，上海市内排名27/37，文法类排名21/64。

共25个专业参评，其中5★+专业0个，5★专业0个，5★-专业0个，4★专业2个，3★专业10个，2★专业11个。

4★专业：法学81/584、监狱学2/9。

通信地址：上海市青浦区外青松公路7989号
邮政编码：201701
电话号码：021-39225065/39225175
学校网址：http://zs.shupl.edu.cn

12050　上海商学院

在中国本科院校竞争力排行榜中的名次541，上海市内排名28/37，财经类排名38/82。

共27个专业参评，其中5★+专业0个，5★专业0个，5★-专业0个，4★专业1个，3★专业2个，2★专业23个。

4★专业：工商管理87/547。

通信地址：上海市中山西路2271号
邮政编码：200235
电话号码：021-54252879
学校网址：http://www.sbs.edu.cn

12044　上海第二工业大学

在中国本科院校竞争力排行榜中的名次568，上海市内排名29/37，理工类排名190/309。

共40个专业参评，其中5★+专业0个，5★专业0个，5★-专业0个，4★专业1个，3★专业12个，2★专业23个。

4★专业：国际商务16/130。

通信地址：上海市浦东新区金海路2360号
邮政编码：201209
电话号码：021-50217411
学校网址：http://zsb.sspu.edu.cn

10274　上海海关学院

在中国本科院校竞争力排行榜中的名次709，上海市内排名30/37，文法类排名34/64。

共7个专业参评，其中5★+专业0个，5★专业0个，5★-专业0个，4★专业0个，3★专业1个，2★专业6个。

通信地址：上海市浦东新区华夏西路5677号
邮政编码：201204
电话号码：021-28991053
学校网址：shanghai_edu.customs.gov.cn

10262　上海健康医学院

在中国本科院校竞争力排行榜中的名次

764，上海市内排名31/37，医药类排名80/90。

共12个专业参评，其中5★+专业0个，5★专业0个，5★-专业1个，4★专业2个，3★专业5个，2★专业4个。

5★-专业：医学影像技术7/88。

4★专业：健康服务与管理13/95、数据科学与大数据技术101/544。

通信地址：上海市浦东新区周祝公路279号
邮政编码：201204
电话号码：021-54397981
学校网址：http://www.sumhs.edu.cn

10283　上海公安学院

在中国本科院校竞争力排行榜中的名次900，上海市内排名34/37，文法类排名57/64。

共5个专业参评，其中5★+专业0个，5★专业0个，5★-专业0个，4★专业0个，3★专业0个，2★专业2个。

通信地址：上海市浦东新区崇景路100号
邮政编码：200137
电话号码：021-28957000
学校网址：http://www.shpc.edu.cn

民办院校

12799　上海建桥学院

在中国民办院校竞争力排行榜中的名次58，上海市内排名32/37，综合类排名162/217。

共33个专业参评，其中5★+专业0个，5★专业0个，5★-专业1个，4★专业0个，3★专业19个，2★专业13个。

5★-专业：视觉传达设计54/743。

通信地址：上海市浦东新区康桥路1500号
邮政编码：201315
电话号码：021-58137880
学校网址：http://www.gench.edu.cn

13632　上海视觉艺术学院

在中国民办院校竞争力排行榜中的名次59，上海市内排名33/37，艺术类排名40/44。

共16个专业参评，其中5★+专业0个，5★专业0个，5★-专业1个，4★专业1个，3★专业7个，2★专业3个。

5★-专业：视觉传达设计50/743。

4★专业：环境设计113/718。

通信地址：上海市松江区文翔路2200号
邮政编码：201620
电话号码：021-67823033/67823034
学校网址：http://www.siva.edu.cn

11833　上海杉达学院

在中国民办院校竞争力排行榜中的名次87，上海市内排名35/37，财经类排名62/82。

共35个专业参评，其中5★+专业0个，5★专业0个，5★-专业0个，4★专业1个，3★专业10个，2★专业21个。

4★专业：酒店管理25/196。

通信地址：上海市浦东新区金海路2727号（金海校区）/浙江省嘉善县人民大道505号（嘉善校区）/上海市普陀区长寿路652号（长寿路校区）
邮政编码：金海校区201209/嘉善校区314100
电话号码：021-50210897/0573-84239202
学校网址：http://zsw.sandau.edu.cn

12914　上海兴伟学院

在中国民办院校竞争力排行榜中的名次191，上海市内排名36/37，理工类排名304/309。

共2个专业参评，其中5★+专业0个，5★专业0个，5★-专业0个，4★专业0个，3★专业0个，2★专业2个。

通信地址：上海市浦东新区勤奋路1号
邮政编码：200120
电话号码：021-68020761
学校网址：www.xingwei.edu.cn

12587　上海立达学院

在中国民办院校竞争力排行榜中的名次195，上海市内排名37/37，财经类排名82/82。

通信地址：上海市松江区车亭公路1788号
邮政编码：201609
电话号码：021-57805678
学校网址：http://www.lidapoly.edu.cn

河南省

一流大学

10459 郑州大学

在中国本科院校竞争力排行榜中的名次 39，河南省内排名 1/54，综合类排名 14/217。

共 109 个专业参评，其中 5★+专业 0 个，5★专业 3 个，5★-专业 34 个，4★专业 40 个，3★专业 25 个，2★专业 7 个。

5★专业：英语 30/924、水利水电工程 4/84、行政管理 12/303。

5★-专业：法学 36/584、体育教育 32/319、社会体育指导与管理 21/235、汉语国际教育 20/332、新闻学 17/314、广播电视学 15/166、广告学 28/275、网络与新媒体 15/250、物理学 26/270、化学 20/295、应用化学 23/375、材料科学与工程 20/216、电子信息工程 41/645、通信工程 34/511、自动化 39/453、轨道交通信号与控制 4/60、计算机科学与技术 63/911、软件工程 35/590、土木工程 34/528、道路桥梁与渡河工程 6/73、化学工程与工艺 26/326、制药工程 20/251、药物制剂 5/86、医学检验技术 14/151、护理学 25/278、信息管理与信息系统 31/391、市场营销 48/646、人力资源管理 22/428、公共事业管理 22/293、工业工程 12/150、旅游管理 31/455、酒店管理 17/196、音乐表演 22/248、视觉传达设计 39/743。

4★专业：金融学 55/385、国际经济与贸易 138/688、知识产权 11/79、思想政治教育 51/264、汉语言文学 81/604、德语 13/110、日语 87/461、历史学 41/244、考古学 5/25、数学与应用数学 57/502、信息与计算科学 39/316、应用物理学 24/151、应用心理学 28/244、工业设计 45/226、材料化学 19/137、能源与动力工程 39/196、电气工程及其自动化 77/567、电子信息科学与技术 20/191、建筑环境与能源应用工程 19/178、给排水科学与工程 18/162、城市地下空间工程 8/71、水文与水资源工程 8/52、建筑学 39/286、临床医学 27/186、麻醉学 8/58、医学影像学 15/76、儿科学 5/42、预防医学 18/108、药学 37/231、医学影像技术 11/88、康复治疗学 32/161、工程管理 49/396、工商管理 58/547、会计学 97/652、财务管理 71/699、物流管理 73/455、电子商务 63/476、音乐学 59/387、绘画 24/174、书法学 17/111。

通信地址：河南省郑州市高新区科学大道 100 号
邮政编码：450001
电话号码：0371-67781111/67731111
学校网址：http://www.zzu.edu.cn

10475 河南大学

在中国本科院校竞争力排行榜中的名次 88，河南省内排名 2/54，综合类排名 29/217。

共 91 个专业参评，其中 5★+专业 0 个，5★专业 7 个，5★-专业 12 个，4★专业 30 个，3★专业 32 个，2★专业 10 个。

5★专业：国际经济与贸易 32/688、学前教育 19/395、体育教育 9/319、汉语言文学 30/604、英语 37/924、网络工程 16/315、文化产业管理 7/149。

5★-专业：经济学 23/345、汉语国际教育 22/332、日语 43/461、地理科学 12/160、人文地理与城乡规划 11/115、生物科学 22/271、应用心理学 15/244、数据科学与大数据技术 41/544、会计学 65/652、人力资源管理 37/428、电子商务 42/476、音乐表演 23/248。

4★专业：经济统计学 21/135、法学 61/584、思想政治教育 44/264、教育学 13/84、教育技术学 16/127、运动训练 6/52、武术与民族传统体育 5/32、翻译 32/254、新闻学 55/314、广告学 39/275、历史学 27/244、文物与博物馆学 6/48、物理学 42/270、化学 36/295、应用化学 70/375、自然地理与资源环境 7/50、地理信息科学 22/166、计算机科学与技术 103/911、软件工程 70/590、生物工程 46/243、工商管理 67/547、市场营销 107/646、财务管理 75/699、公共事业管理 42/293、行政管理 41/303、劳动与社会保障 26/135、旅游管理 47/455、戏剧影视文学 17/88、播音与主持艺术 31/238、美术学 61/337。

通信地址：河南省开封市明伦街 85 号
邮政编码：475001
电话号码：0371-22868221
学校网址：http://zs.henu.edu.cn

一般大学

10464 河南科技大学

在中国本科院校竞争力排行榜中的名次

156，河南省内排名 3/54，理工类排名 64/309。

共 94 个专业参评，其中 5★+专业 0 个，5★专业 3 个，5★-专业 4 个，4★专业 12 个，3★专业 54 个，2★专业 20 个。

5★专业：机械设计制造及其自动化 26/521、材料成型及控制工程 4/228、机械电子工程 4/300。

5★-专业：商务英语 26/365、车辆工程 18/260、金属材料工程 7/79、物联网工程 45/498。

4★专业：英语 118/924、日语 73/461、能源与动力工程 25/196、电气工程及其自动化 95/567、电子信息工程 98/645、自动化 54/453、计算机科学与技术 122/911、软件工程 72/590、数据科学与大数据技术 106/544、农业机械化及其自动化 8/39、食品科学与工程 41/278、旅游管理 78/455。

通信地址：河南省洛阳市洛龙区开元大道 263 号
邮政编码：471023
电话号码：0379-65627020
学校网址：http://zjc.haust.edu.cn

10476　河南师范大学

在中国本科院校竞争力排行榜中的名次 166，河南省内排名 4/54，师范类排名 17/160。

共 82 个专业参评，其中 5★+专业 0 个，5★专业 0 个，5★-专业 4 个，4★专业 19 个，3★专业 41 个，2★专业 18 个。

5★-专业：汉语言文学 46/604、汉语国际教育 23/332、化学 28/295、网络工程 23/315。

4★专业：法学 65/584、社会工作 43/261、学前教育 42/395、小学教育 43/256、体育教育 41/319、英语 151/924、日语 77/461、历史学 49/244、数学与应用数学 68/502、物理学 29/270、生物科学 49/271、计算机科学与技术 162/911、物联网工程 71/498、制药工程 40/251、环境工程 63/361、旅游管理 67/455、音乐表演 27/248、音乐学 63/387、美术学 42/337。

通信地址：河南省新乡市建设路东段 46 号
邮政编码：453007
电话号码：0373-3326191
学校网址：http://www.htu.cn

10460　河南理工大学

在中国本科院校竞争力排行榜中的名次 173，河南省内排名 5/54，理工类排名 70/309。

共 81 个专业参评，其中 5★+专业 1 个，5★专业 0 个，5★-专业 3 个，4★专业 17 个，3★专业 47 个，2★专业 13 个。

5★+专业：安全工程 1/149。

5★-专业：测绘工程 9/144、采矿工程 5/50、工程管理 35/396。

4★专业：机械设计制造及其自动化 64/521、材料成型及控制工程 41/228、机械电子工程 38/300、电气工程及其自动化 65/567、电子信息工程 112/645、通信工程 71/511、自动化 74/453、轨道交通信号与控制 8/60、计算机科学与技术 130/911、物联网工程 78/498、土木工程 60/528、工商管理 92/547、市场营销 117/646、财务管理 74/699、公共事业管理 39/293、旅游管理 71/455、产品设计 78/413。

通信地址：河南省焦作高新区世纪路 2001 号
邮政编码：454000
电话号码：0391-3987226
学校网址：http://zhaosheng.hpu.edu.cn

10466　河南农业大学

在中国本科院校竞争力排行榜中的名次 212，河南省内排名 6/54，农林类排名 14/43。

共 65 个专业参评，其中 5★+专业 1 个，5★专业 1 个，5★-专业 5 个，4★专业 4 个，3★专业 34 个，2★专业 19 个。

5★+专业：园林 1/138。

5★专业：种子科学与工程 2/38。

5★-专业：食品营养与检验教育 1/9、风景园林 11/181、生物工程 18/243、园艺 6/107、烟草 1/9。

4★专业：汽车服务工程 29/146、食品科学与工程 53/278、设施农业科学与工程 6/39、环境设计 142/718。

通信地址：河南省郑州市金水区文化路 95 号
邮政编码：450002
电话号码：0371-63558015/63558020
学校网址：http://www.hactcm.edu.cn

10463　河南工业大学

在中国本科院校竞争力排行榜中的名次 236，河南省内排名 7/54，理工类排名 94/309。

共 63 个专业参评，其中 5★+专业 0 个，5★专业 4 个，5★-专业 1 个，4★专业 9 个，3★专业 37 个，2★专业 12 个。

5★专业：食品科学与工程 7/278、粮食工程 1/15、物流管理 11/455、电子商务 17/476。

5★-专业：网络与新媒体 20/250。

4★专业：国际经济与贸易 98/688、英语 119/924、机械设计制造及其自动化86/521、电子信息工程89/645、计算机科学与技术93/911、土木工程79/528、制药工程35/251、建筑学56/286、工程管理46/396。

通信地址：河南省郑州市高新技术产业开发区莲花街100号
邮政编码：450001
电话号码：0371-67756015
学校网址：http://zs.haut.edu.cn

10462　郑州轻工业大学

在中国本科院校竞争力排行榜中的名次293，河南省内排名8/54，理工类排名115/309。

共62个专业参评，其中5★+专业0个，5★专业4个，5★-专业4个，4★专业6个，3★专业14个，2★专业28个。

5★专业：视觉传达设计22/743、环境设计9/718、产品设计9/413、数字媒体艺术15/302。

5★-专业：电气工程及其自动化57/567、网络工程27/315、数据科学与大数据技术42/544、工艺美术7/85。

4★专业：机械设计制造及其自动化102/521、计算机科学与技术117/911、软件工程66/590、建筑电气与智能化10/72、食品科学与工程40/278、服装与服饰设计34/234。

通信地址：郑州市金水区东风路5号（东风校区）/郑州高新技术产业开发区科学大道136号（科学校区）
邮政编码：450002
电话号码：0371-63925110/63557508
学校网址：http://zhaosheng.zzuli.edu.cn

10078　华北水利水电大学

在中国本科院校竞争力排行榜中的名次317，河南省内排名9/54，理工类排名124/309。

共65个专业参评，其中5★+专业0个，5★专业1个，5★-专业1个，4★专业6个，3★专业40个，2★专业16个。

5★专业：应用统计学8/172。

5★-专业：水利水电工程8/84。

4★专业：机械设计制造及其自动化77/521、土木工程90/528、建筑学48/286、工程管理47/396、工程造价33/257、绘画35/174。

通信地址：河南省郑州市金水东路136号（龙子湖校区）/河南省郑州市北环路36号（花园校区）
邮政编码：450045
电话号码：0371-65577818/65577819
学校网址：http://www5.ncwu.edu.cn

10484　河南财经政法大学

在中国本科院校竞争力排行榜中的名次324，河南省内排名10/54，财经类排名20/82。

共62个专业参评，其中5★+专业0个，5★专业0个，5★-专业4个，4★专业5个，3★专业28个，2★专业21个。

5★-专业：国际经济与贸易64/688、法学42/584、市场营销47/646、会计学54/652。

4★专业：金融学44/385、金融工程50/259、金融数学10/72、财务管理103/699、电子商务69/476。

通信地址：河南省郑州市金水东路180号
邮政编码：450046
电话号码：0371-86507767
学校网址：http://zs.huel.edu.cn

10465　中原工学院

在中国本科院校竞争力排行榜中的名次347，河南省内排名11/54，理工类排名135/309。

共63个专业参评，其中5★+专业0个，5★专业2个，5★-专业2个，4★专业2个，3★专业28个，2★专业23个。

5★专业：视觉传达设计31/743、环境设计25/718。

5★-专业：市场营销53/646、服装与服饰设计17/234。

4★专业：软件工程89/590、服装设计与工程11/61。

通信地址：河南省郑州市中原中路41号
邮政编码：450007
电话号码：0371-67698700
学校网址：http://zsc.zut.edu.cn

10477　信阳师范学院

在中国本科院校竞争力排行榜中的名次365，河南省内排名12/54，师范类排名41/160。

共69个专业参评，其中5★+专业0个，5★专业0个，5★-专业0个，4★专业4个，3★专业34个，2★专业28个。

4★专业：汉语言文学101/604、秘书学15/114、英语131/924、文化产业管理27/149。

通信地址：河南省信阳市南湖路237号
邮政编码：464000
电话号码：0376-6391212/6391762
学校网址：http://www.xyu.edu.cn

10471　河南中医药大学

在中国本科院校竞争力排行榜中的名次392，河南省内排名13/54，医药类排名35/90。

共31个专业参评，其中5★+专业0个，5★专业1个，5★-专业1个，4★专业5个，3★专业17个，2★专业7个。

5★专业：中医养生学1/13。

5★-专业：康复治疗学11/161。

4★专业：制药工程38/251、生物工程44/243、中医学8/64、中药学13/109、医学影像技术13/88。

通信地址：河南省郑州市郑东新区金水路与博学路交叉口龙子湖高校园区
邮政编码：450046
电话号码：0371-86667366
学校网址：http://www.hactcm.edu.cn

10472　新乡医学院

在中国本科院校竞争力排行榜中的名次400，河南省内排名14/54，医药类排名38/90。

共26个专业参评，其中5★+专业0个，5★专业0个，5★-专业0个，4★专业8个，3★专业11个，2★专业7个。

4★专业：应用心理学39/244、生物工程36/243、医学检验技术22/151、医学影像技术18/88、康复治疗学17/161、护理学48/278、信息管理与信息系统57/391、公共事业管理45/293。

通信地址：河南省新乡市金穗大道601号
邮政编码：453003
电话号码：0373-3029485
学校网址：http://www.xxmu.edu.cn

11070　洛阳理工学院

在中国本科院校竞争力排行榜中的名次409，河南省内排名15/54，理工类排名152/309。

共50个专业参评，其中5★+专业0个，5★专业0个，5★-专业1个，4★专业3个，3★专业23个，2★专业23个。

5★-专业：数据科学与大数据技术50/544。

4★专业：工程管理71/396、财务管理120/699、酒店管理21/196。

通信地址：河南省洛阳市王城大道90号
邮政编码：471023
电话号码：0379-65928777
学校网址：www.lumei.edu.cn

10482　洛阳师范学院

在中国本科院校竞争力排行榜中的名次413，河南省内排名16/54，师范类排名45/160。

共64个专业参评，其中5★+专业0个，5★专业0个，5★-专业1个，4★专业1个，3★专业27个，2★专业31个。

5★-专业：学前教育39/395。

4★专业：舞蹈学34/201。

通信地址：河南省洛阳市龙门路71号
邮政编码：471022
电话号码：0379-65526004/65526081
学校网址：www.lumei.edu.cn

11653　南阳理工学院

在中国本科院校竞争力排行榜中的名次421，河南省内排名17/54，理工类排名157/309。

共48个专业参评，其中5★+专业0个，5★专业0个，5★-专业1个，4★专业5个，3★专业21个，2★专业20个。

5★-专业：环境设计66/718。

4★专业：学前教育69/395、小学教育31/256、软件工程94/590、物联网工程61/498、生物工程33/243。

通信地址：河南省南阳市长江路80号
邮政编码：473004
电话号码：0377-63121358
学校网址：http://zs.ntit.edu.cn

10467　河南科技学院

在中国本科院校竞争力排行榜中的名次438，河南省内排名18/54，师范类排名49/160。

共65个专业参评，其中5★+专业0个，5★专业0个，5★-专业0个，4★专业1个，3★专业30个，2★专业31个。

4★专业：食品科学与工程56/278。

通信地址：河南省新乡市华兰大道东段
邮政编码：453003
电话号码：0373-3040127
学校网址：http://zsxx.hist.edu.cn

11517　河南工程学院

在中国本科院校竞争力排行榜中的名次440，河南省内排名19/54，理工类排名161/309。

共57个专业参评，其中5★+专业0个，5★专

业0个，5★-专业0个，4★专业1个，3★专业30个，2★专业25个。

4★专业：环境设计 115/718。

通信地址：河南省郑州市新郑龙湖祥和路1号
邮政编码：451191
电话号码：0371-62508666
学校网址：http://hauezs.university-hr.com

10479　安阳师范学院

在中国本科院校竞争力排行榜中的名次443，河南省内排名20/54，师范类排名50/160。

共55个专业参评，其中5★+专业0个，5★专业0个，5★-专业0个，4★专业1个，3★专业19个，2★专业29个。

4★专业：数据科学与大数据技术 56/544。

通信地址：河南省安阳市弦歌大道436号
邮政编码：455000
电话号码：0372-2900135
学校网址：http://www.aynu.edu.cn

10485　郑州航空工业管理学院

在中国本科院校竞争力排行榜中的名次494，河南省内排名21/54，理工类排名169/309。

共56个专业参评，其中5★+专业0个，5★专业1个，5★-专业1个，4★专业2个，3★专业24个，2★专业26个。

5★专业：播音与主持艺术 11/238。

5★-专业：审计学 17/192。

4★专业：信息管理与信息系统 70/391、会计学 107/652。

通信地址：郑州市郑东新区文苑西路15号郑州航院招生就业处
邮政编码：450046
电话号码：0371-60632539
学校网址：http://xsc.zua.edu.cn

10480　许昌学院

在中国本科院校竞争力排行榜中的名次501，河南省内排名22/54，综合类排名84/217。

共63个专业参评，其中5★+专业0个，5★专业0个，5★-专业2个，4★专业5个，3★专业12个，2★专业37个。

5★-专业：播音与主持艺术 24/238、视觉传达设计 44/743。

4★专业：学前教育 62/395、数字媒体技术 43/224、数据科学与大数据技术 72/544、环境设计 138/718、产品设计 59/413。

通信地址：河南省许昌市八一路
邮政编码：461000
电话号码：0374-2968818
学校网址：http://zs.xcu.edu.cn

10481　南阳师范学院

在中国本科院校竞争力排行榜中的名次548，河南省内排名23/54，师范类排名69/160。

共67个专业参评，其中5★+专业0个，5★专业0个，5★-专业1个，4★专业1个，3★专业16个，2★专业46个。

5★-专业：水质科学与技术 1/6。

4★专业：动画 39/278。

通信地址：河南省南阳市卧龙区卧龙路1638号
邮政编码：473061
电话号码：0377-63510790/63510791
学校网址：http://www.nynu.edu.cn

11071　新乡学院

在中国本科院校竞争力排行榜中的名次554，河南省内排名24/54，师范类排名71/160。

共60个专业参评，其中5★+专业0个，5★专业0个，5★-专业0个，4★专业5个，3★专业14个，2★专业38个。

4★专业：人力资源管理 67/428、广播电视编导 39/239、动画 48/278、视觉传达设计 83/743、环境设计 76/718。

通信地址：河南省新乡市金穗大道东段191号
邮政编码：453003
电话号码：0373-3682901
学校网址：http://zs.xxu.edu.cn

10483　商丘师范学院

在中国本科院校竞争力排行榜中的名次593，河南省内排名26/54，师范类排名82/160。

共67个专业参评，其中5★+专业0个，5★专业1个，5★-专业1个，4★专业3个，3★专业14个，2★专业45个。

5★专业：视觉传达设计 19/743。

5★-专业：环境设计 37/718。

4★专业：英语 162/924、物流管理 83/455、电子商务 91/476。

通信地址：河南省商丘市平原中路 55 号
邮政编码：476000
电话号码：0370-3057992/3057995/3057996
学校网址：http://zhaoban.sqnu.edu.cn

10478　周口师范学院

在中国本科院校竞争力排行榜中的名次 595，河南省内排名 27/54，师范类排名 83/160。

共 59 个专业参评，其中 5★+专业 0 个，5★专业 0 个，5★-专业 0 个，4★专业 1 个，3★专业 22 个，2★专业 34 个。

4★专业：网络与新媒体 49/250。

通信地址：河南省周口市川汇区文昌路东段
邮政编码：466001
电话号码：0394-8592469
学校网址：http://www.zknu.edu.cn

10918　黄淮学院

在中国本科院校竞争力排行榜中的名次 602，河南省内排名 28/54，师范类排名 87/160。

共 52 个专业参评，其中 5★+专业 0 个，5★专业 1 个，5★-专业 2 个，4★专业 2 个，3★专业 12 个，2★专业 34 个。

5★专业：环境设计 36/718。

5★-专业：动画 23/278、视觉传达设计 56/743。

4★专业：广播电视编导 27/239、播音与主持艺术 38/238。

通信地址：河南省驻马店市开源大道 76 号
邮政编码：463000
电话号码：0396-2853111/2853178/2879369
学校网址：http://zhaosheng.huanghuai.edu.cn

11765　河南城建学院

在中国本科院校竞争力排行榜中的名次 615，河南省内排名 29/54，理工类排名 194/309。

共 54 个专业参评，其中 5★+专业 0 个，5★专业 0 个，5★-专业 0 个，4★专业 1 个，3★专业 16 个，2★专业 32 个。

4★专业：数据科学与大数据技术 66/544。

通信地址：河南省平顶山市新城区龙翔大道
邮政编码：467036
电话号码：0375-2089092
学校网址：http://zs.hncj.edu.cn

11330　安阳工学院

在中国本科院校竞争力排行榜中的名次 618，河南省内排名 30/54，理工类排名 195/309。

共 50 个专业参评，其中 5★+专业 0 个，5★专业 0 个，5★-专业 0 个，4★专业 0 个，3★专业 11 个，2★专业 30 个。

通信地址：河南省安阳市黄河大道西段
邮政编码：455000
电话号码：0372-2909038/2909040/2909046
学校网址：http://ayitzs.university-hr.com

10919　平顶山学院

在中国本科院校竞争力排行榜中的名次 658，河南省内排名 31/54，综合类排名 119/217。

共 55 个专业参评，其中 5★+专业 0 个，5★专业 0 个，5★-专业 0 个，4★专业 1 个，3★专业 15 个，2★专业 38 个。

4★专业：物联网工程 83/498。

通信地址：河南省平顶山市新城区未来路南段
邮政编码：467099
电话号码：0375-2657796/2657677/2657797
学校网址：http://zsxx.pdsu.edu.cn

10469　河南牧业经济学院

在中国本科院校竞争力排行榜中的名次 679，河南省内排名 32/54，农林类排名 38/43。

共 45 个专业参评，其中 5★+专业 0 个，5★专业 0 个，5★-专业 1 个，4★专业 4 个，3★专业 12 个，2★专业 27 个。

5★-专业：投资学 12/135。

4★专业：市场营销 93/646、会计学 103/652、财务管理 112/699、物业管理 4/24。

通信地址：河南省郑州市郑东新区龙子湖高校园区龙子湖北路 6 号（龙子湖校区）/郑州市金水区北林路 16 号（北林校区）
邮政编码：龙子湖 450046/北林 450011
电话号码：0371-86176188
学校网址：http://zhaosheng.hnuahe.edu.cn

11652　河南财政金融学院

在中国本科院校竞争力排行榜中的名次729，河南省内排名33/54，财经类排名45/82。

共29个专业参评，其中5★+专业0个，5★专业1个，5★-专业1个，4★专业2个，3★专业14个，2★专业11个。

5★专业：工程造价13/257。

5★-专业：投资学8/135。

4★专业：商务英语53/365、物流管理56/455。

通信地址：河南省郑州市郑东新区郑开大道与康庄路交叉口（象湖校区）/郑州市郑东新区龙子湖北路22号（龙子湖校区）

邮政编码：451464

电话号码：0371-85305166/0371-69303623

学校网址：http://zsjy.haie.edu.cn

12949　郑州师范学院

在中国本科院校竞争力排行榜中的名次742，河南省内排名34/54，师范类排名129/160。

共39个专业参评，其中5★+专业0个，5★专业0个，5★-专业0个，4★专业1个，3★专业12个，2★专业22个。

4★专业：投资学23/135。

通信地址：郑州市大学城北区英才街6号

邮政编码：450044

电话号码：0371-86666195/86666196/86666197

学校网址：http://zsb.zznu.edu.cn

11068　郑州工程技术学院

在中国本科院校竞争力排行榜中的名次751，河南省内排名35/54，理工类排名218/309。

共28个专业参评，其中5★+专业0个，5★专业0个，5★-专业0个，4★专业1个，3★专业10个，2★专业15个。

4★专业：物联网工程63/498。

通信地址：河南省郑州市惠济区英才街18号

邮政编码：450044

电话号码：0371-68229255/68229256

学校网址：http://zsb.zhzhu.edu.cn

11788　河南警察学院

在中国本科院校竞争力排行榜中的名次794，河南省内排名36/54，文法类排名46/64。

共9个专业参评，其中5★+专业0个，5★专业0个，5★-专业0个，4★专业0个，3★专业9个，2★专业0个。

通信地址：河南省郑州市郑东新区龙子湖东路1号

邮政编码：450046

电话号码：0371-56817119/56817120

学校网址：www.hnp.edu.cn

11329　河南工学院

在中国本科院校竞争力排行榜中的名次807，河南省内排名38/54，理工类排名225/309。

共31个专业参评，其中5★+专业0个，5★专业0个，5★-专业0个，4★专业1个，3★专业11个，2★专业19个。

4★专业：机器人工程25/223。

通信地址：河南省新乡市平原路699号

邮政编码：453003

电话号码：0373-3691234/3691071

学校网址：http://zs.hait.edu.cn

11326　信阳农林学院

在中国本科院校竞争力排行榜中的名次822，河南省内排名40/54，农林类排名41/43。

共37个专业参评，其中5★+专业0个，5★专业0个，5★-专业0个，4★专业2个，3★专业16个，2★专业14个。

4★专业：商务英语58/365、物流管理68/455。

通信地址：河南省信阳市平桥区北环路1号

邮政编码：464000

电话号码：0376-6698021

学校网址：http://www.xyafu.edu.cn

12735　铁道警察学院

在中国本科院校竞争力排行榜中的名次849，河南省内排名43/54，文法类排名52/64。

共5个专业参评，其中5★+专业0个，5★专业0个，5★-专业0个，4★专业2个，3★专业3个，2★专业0个。

4★专业：治安学4/27、刑事科学技术4/27。

通信地址：河南省郑州市农业路31号

邮政编码：450053

电话号码：0371-60666067

学校网址：http://www.rpc.edu.cn

民办院校

11834　黄河科技学院

在中国民办院校竞争力排行榜中的名次 4，河南省内排名 25/54，理工类排名 192/309。

共 65 个专业参评，其中 5★+专业 0 个，5★专业 0 个，5★-专业 1 个，4★专业 0 个，3★专业 22 个，2★专业 41 个。

5★-专业：工程造价 14/257。

通信地址：河南省郑州市航海中路 94 号（北校区）；郑州市紫荆山南路 666 号（南校区）
邮政编码：450063
电话号码：0371-68880130/68951486/68951955/68951631
学校网址：http://www.hhstu.cn

14654　郑州西亚斯学院

在中国民办院校竞争力排行榜中的名次 37，河南省内排名 37/54，财经类排名 52/82。

通信地址：河南省新郑市人民路东 168 号
邮政编码：451150
电话号码：0371-62606666
学校网址：https://www.sias.edu.cn

14333　郑州升达经贸管理学院

在中国民办院校竞争力排行榜中的名次 40，河南省内排名 39/54，财经类排名 55/82。

共 41 个专业参评，其中 5★+专业 0 个，5★专业 0 个，5★-专业 0 个，4★专业 0 个，3★专业 10 个，2★专业 26 个。

通信地址：河南省郑州市新郑市龙湖镇文昌路 1 号
邮政编码：451191
电话号码：0371-62436243
学校网址：http://www.shengda.edu.cn

12747　郑州工业应用技术学院

在中国民办院校竞争力排行榜中的名次 45，河南省内排名 41/54，理工类排名 230/309。

共 37 个专业参评，其中 5★+专业 0 个，5★专业 0 个，5★-专业 0 个，4★专业 0 个，3★专业 6 个，2★专业 31 个。

通信地址：河南省郑州市新郑高新技术开发区中华北路
邮政编码：451150
电话号码：0371-85011888
学校网址：http://zsb.zzgyxy.com

14003　商丘学院

在中国民办院校竞争力排行榜中的名次 47，河南省内排名 42/54，综合类排名 154/217。

共 42 个专业参评，其中 5★+专业 0 个，5★专业 0 个，5★-专业 0 个，4★专业 4 个，3★专业 9 个，2★专业 19 个。

4★专业：物联网工程 99/498、财务管理 94/699、广播电视编导 45/239、环境设计 129/718。

通信地址：河南省商丘市北海东路 66 号
邮政编码：476000
电话号码：0370-3167666/3699999
学校网址：http://www.squ.net.cn

13497　郑州财经学院

在中国民办院校竞争力排行榜中的名次 68，河南省内排名 44/54，财经类排名 57/82。

共 29 个专业参评，其中 5★+专业 0 个，5★专业 0 个，5★-专业 2 个，4★专业 2 个，3★专业 5 个，2★专业 8 个。

5★-专业：数据科学与大数据技术 51/544、电子商务 40/476。

4★专业：工程造价 44/257、物流管理 60/455。

通信地址：河南省郑州市惠济区天河路 36 号
邮政编码：450000
电话号码：0371-86650005/86650006/86650007
学校网址：http://www.zzife.edu.cn

13507　郑州工商学院

在中国民办院校竞争力排行榜中的名次 80，河南省内排名 45/54，理工类排名 252/309。

共 54 个专业参评，其中 5★+专业 0 个，5★专业 0 个，5★-专业 0 个，4★专业 0 个，3★专业 18 个，2★专业 32 个。

通信地址：河南省郑州市郑东新区前程路 8 号
邮政编码：451400
电话号码：0371-85303666/85303777
学校网址：http://www.ztbu.edu.cn

13503　信阳学院

在中国民办院校竞争力排行榜中的名次 86，河南省内排名 46/54，综合类排名 173/217。

共 33 个专业参评，其中 5★+专业 0 个，5★专业 0 个，5★-专业 0 个，4★专业 1 个，3★专业 9

个，2★专业 23 个。

4★专业：英语 180/924。

通信地址：河南省信阳市南湖路 237 号
邮政编码：464000
电话号码：0376-3083333/3097777
学校网址：http://www.xyu.edu.cn

14040　郑州商学院

在中国民办院校竞争力排行榜中的名次 91，河南省内排名 47/54，财经类排名 63/82。

共 38 个专业参评，其中 5★+专业 0 个，5★专业 0 个，5★-专业 0 个，4★专业 3 个，3★专业 8 个，2★专业 25 个。

4★专业：商务英语 61/365、审计学 22/192、视觉传达设计 109/743。

通信地址：河南省郑州巩义紫荆路 136 号
邮政编码：451200
电话号码：0371-64561666
学校网址：http://www.chenggong.edu.cn

13504　安阳学院

在中国民办院校竞争力排行榜中的名次 103，河南省内排名 48/54，综合类排名 180/217。

共 39 个专业参评，其中 5★+专业 0 个，5★专业 0 个，5★-专业 0 个，4★专业 0 个，3★专业 4 个，2★专业 13 个。

通信地址：河南省安阳市中华路南段 599 号
邮政编码：455000
电话号码：0372-2176666/2171999/2178888
学校网址：http://www.ayrwedu.cn

13500　商丘工学院

在中国民办院校竞争力排行榜中的名次 104，河南省内排名 49/54，理工类排名 261/309。

共 37 个专业参评，其中 5★+专业 0 个，5★专业 0 个，5★-专业 1 个，4★专业 1 个，3★专业 9 个，2★专业 26 个。

5★-专业：环境设计 44/718。

4★专业：学前教育 64/395。

通信地址：河南省商丘市睢阳大道中段 236 号
邮政编码：476000
电话号码：0370-3020999
学校网址：http://www.sstvc.com

12746　郑州科技学院

在中国民办院校竞争力排行榜中的名次 113，河南省内排名 50/54，理工类排名 265/309。

共 38 个专业参评，其中 5★+专业 0 个，5★专业 1 个，5★-专业 0 个，4★专业 6 个，3★专业 11 个，2★专业 20 个。

5★专业：视觉传达设计 24/743。

4★专业：物联网工程 91/498、数据科学与大数据技术 74/544、物流管理 70/455、电子商务 85/476、播音与主持艺术 46/238、环境设计 80/718。

通信地址：郑州市二七区马寨工业园区学院路 1 号
邮政编码：450064
电话号码：0371-56150666/56150888
学校网址：http://zs.zit.edu.cn

13498　黄河交通学院

在中国民办院校竞争力排行榜中的名次 118，河南省内排名 51/54，理工类排名 268/309。

共 26 个专业参评，其中 5★+专业 0 个，5★专业 0 个，5★-专业 0 个，4★专业 2 个，3★专业 5 个，2★专业 17 个。

4★专业：工程造价 43/257、物流管理 74/455。

通信地址：河南省郑州市黄河北岸武陟迎宾大道
邮政编码：454950
电话号码：0391-7666711
学校网址：http://zs.zjtu.edu.cn

13502　中原科技学院

在中国民办院校竞争力排行榜中的名次 133，河南省内排名 52/54，师范类排名 158/160。

共 47 个专业参评，其中 5★+专业 0 个，5★专业 0 个，5★-专业 0 个，4★专业 0 个，3★专业 1 个，2★专业 41 个。

通信地址：郑州市郑东新区郑开大道 50 号；新乡市国家新乡经济技术开发区
邮政编码：450000；453007
电话号码：0371-85302222/0373-3325484
学校网址：https://www.xlxy.edu.cn

13508　郑州经贸学院

在中国民办院校竞争力排行榜中的名次 140，河南省内排名 53/54，财经类排名 73/82。

共 41 个专业参评，其中 5★+专业 0 个，5★专

业0个，5★-专业0个，4★专业0个，3★专业1个，2★专业36个。

通信地址：河南省郑州市中原路41号
邮政编码：450007
电话号码：0371-62499999
学校网址：http://www.zcib.edu.cn

13501　河南开封科技传媒学院

在中国民办院校竞争力排行榜中的名次151，河南省内排名54/54，财经类排名75/82。

共37个专业参评，其中5★+专业0个，5★专业0个，5★-专业0个，4★专业0个，3★专业0个，2★专业27个。

通信地址：河南省开封市龙亭区金明大道
邮政编码：475003
电话号码：0371-23880262
学校网址：http://www.humc.edu.cn

河 北 省

一流大学

10080 河北工业大学

在中国本科院校竞争力排行榜中的名次130，河北省内排名3/47，理工类排名55/309。

共64个专业参评，其中5★+专业0个，5★专业1个，5★-专业10个，4★专业14个，3★专业31个，2★专业7个。

5★专业：电气工程及其自动化15/567。

5★-专业：机械设计制造及其自动化41/521、机械电子工程16/300、车辆工程17/260、金属材料工程8/79、电子科学与技术13/161、自动化42/453、物联网工程36/498、土木工程35/528、化学工程与工艺28/326、建筑学18/286。

4★专业：材料成型及控制工程40/228、智能制造工程18/117、高分子材料与工程29/182、功能材料9/44、电子信息工程92/645、通信工程60/511、人工智能23/176、建筑环境与能源应用工程29/178、道路桥梁与渡河工程15/73、生物医学工程22/115、城乡规划41/207、工商管理84/547、工业工程27/150、视觉传达设计88/743。

通信地址：天津市北辰区西平道5340号
邮政编码：300401
电话号码：022-60438029
学校网址：http://www.hebut.edu.cn

一般大学

10216 燕山大学

在中国本科院校竞争力排行榜中的名次67，河北省内排名1/47，理工类排名36/309。

共54个专业参评，其中5★+专业0个，5★专业9个，5★-专业8个，4★专业19个，3★专业15个，2★专业3个。

5★专业：机械设计制造及其自动化10/521、材料成型及控制工程6/228、金属材料工程2/79、无机非金属材料工程4/77、电子信息工程32/645、自动化13/453、计算机科学与技术39/911、旅游管理10/455、产品设计18/413。

5★-专业：车辆工程16/260、测控技术与仪器13/202、材料物理7/73、电气工程及其自动化50/567、机器人工程12/223、软件工程43/590、智能科学与技术12/159、电子商务27/476。

4★专业：经济与金融14/69、英语120/924、日语67/461、信息与计算科学41/316、应用物理学27/151、应用化学44/375、工业设计30/226、过程装备与控制工程17/96、高分子材料与工程22/182、电子科学与技术23/161、土木工程99/528、化学工程与工艺52/326、生物工程39/243、工商管理64/547、会计学72/652、行政管理33/303、工业工程24/150、音乐表演50/248、环境设计73/718。

通信地址：河北省秦皇岛市海港区河北大街438号
邮政编码：066004
电话号码：0335-8057069
学校网址：http://zsjyc.ysu.edu.cn

10075 河北大学

在中国本科院校竞争力排行榜中的名次100，河北省内排名2/47，综合类排名31/217。

共87个专业参评，其中5★+专业0个，5★专业2个，5★-专业4个，4★专业17个，3★专业51个，2★专业12个。

5★专业：学前教育13/395、新闻学12/314。

5★-专业：汉语言文学56/604、广播电视学13/166、广告学24/275、信息管理与信息系统39/391。

4★专业：经济统计学26/135、法学70/584、社会工作46/261、汉语国际教育40/332、英语102/924、历史学31/244、生物科学51/271、测控技术与仪器23/202、材料化学17/137、高分子材料与工程31/182、新能源材料与器件10/91、计算机科学与技术157/911、数据科学与大数据技术62/544、护理学55/278、人力资源管理80/428、音乐学51/387、戏剧影视文学18/88。

通信地址：河北省保定市五四东路180号
邮政编码：071002
电话号码：0312-5079698
学校网址：zhaoban.hbu.cn

10094 河北师范大学

在中国本科院校竞争力排行榜中的名次

190，河北省内排名 4/47，师范类排名 23/160。

共 74 个专业参评，其中 5★+专业 0 个，5★专业 1 个，5★-专业 4 个，4★专业 18 个，3★专业 28 个，2★专业 23 个。

5★专业：旅游管理与服务教育 1/20。

5★-专业：思想政治教育 22/264、体育教育 21/319、汉语言文学 52/604、翻译 23/254。

4★专业：学前教育 50/395、汉语国际教育 46/332、英语 110/924、历史学 34/244、数学与应用数学 54/502、物理学 35/270、化学 55/295、地理科学 30/160、人文地理与城乡规划 20/115、地理信息科学 32/166、生物科学 42/271、生物技术 52/295、软件工程 115/590、音乐表演 41/248、音乐学 73/387、舞蹈表演 25/139、航空服务艺术与管理 4/21、美术学 58/337。

通信地址：河北省石家庄市南二环东路 20 号
邮政编码：050024
电话号码：0311-80786666
学校网址：http://zsjyc.hebtu.edu.cn

10086 河北农业大学

在中国本科院校竞争力排行榜中的名次 213，河北省内排名 5/47，农林类排名 15/43。

共 77 个专业参评，其中 5★+专业 0 个，5★专业 0 个，5★-专业 2 个，4★专业 9 个，3★专业 35 个，2★专业 27 个。

5★-专业：食品科学与工程 23/278、园林 11/138。

4★专业：机械设计制造及其自动化 97/521、食品质量与安全 45/230、城乡规划 26/207、风景园林 19/181、园艺 12/107、动植物检疫 5/24、林学 9/46、森林保护 4/19、农林经济管理 13/63。

通信地址：河北省保定市灵雨寺街 289 号
邮政编码：071000
电话号码：0312-7526000/7528888/7528383
学校网址：http://zhaosheng.hebau.edu.cn

10089 河北医科大学

在中国本科院校竞争力排行榜中的名次 250，河北省内排名 6/47，医药类排名 19/90。

共 24 个专业参评，其中 5★+专业 0 个，5★专业 0 个，5★-专业 5 个，4★专业 8 个，3★专业 8 个，2★专业 3 个。

5★-专业：药物制剂 8/86、医学影像技术 6/88、康复治疗学 14/161、卫生检验与检疫 5/47、护理学 28/278。

4★专业：临床医学 30/186、麻醉学 11/58、预防医学 16/108、食品卫生与营养学 6/28、中西医临床医学 6/50、药学 26/231、药物分析 3/17、法医学 6/30。

通信地址：河北省石庄市中山东路 361 号
邮政编码：050017
电话号码：0311-86266317
学校网址：http://zsb.hebmu.edu.cn

10081 华北理工大学

在中国本科院校竞争力排行榜中的名次 253，河北省内排名 7/47，综合类排名 57/217。

共 85 个专业参评，其中 5★+专业 0 个，5★专业 0 个，5★-专业 0 个，4★专业 3 个，3★专业 50 个，2★专业 32 个。

4★专业：冶金工程 6/37、电子信息工程 108/645、护理学 35/278。

通信地址：河北省唐山市新华西道 46 号
邮政编码：063003
电话号码：0315-8816666
学校网址：http://www.ncst.edu.cn

10082 河北科技大学

在中国本科院校竞争力排行榜中的名次 267，河北省内排名 8/47，理工类排名 105/309。

共 77 个专业参评，其中 5★+专业 0 个，5★专业 2 个，5★-专业 0 个，4★专业 5 个，3★专业 38 个，2★专业 29 个。

5★专业：制药工程 13/251、服装与服饰设计 11/234。

4★专业：英语 156/924、电气工程及其自动化 98/567、电子信息工程 97/645、化学工程与工艺 42/326、环境工程 45/361。

通信地址：河北省石家庄市裕翔街 26 号
邮政编码：050018
电话号码：0311-81668135
学校网址：http://zsjyc.depart.hebust.edu.cn

10107 石家庄铁道大学

在中国本科院校竞争力排行榜中的名次 310，河北省内排名 9/47，理工类排名 122/309。

共 45 个专业参评，其中 5★+专业 0 个，5★专业 0 个，5★-专业 4 个，4★专业 2 个，3★专业 22 个，2★专业 17 个。

5★-专业：机械设计制造及其自动化 42/521、电气工程及其自动化 54/567、土木工程 41/528、交通运输 9/117。

4★专业：车辆工程 46/260、交通工程 17/107。

通信地址：河北省石家庄市北二环路 17 号

邮政编码：050043

电话号码：0311-87935166

学校网址：zs.stdu.edu.cn

11832　河北经贸大学

在中国本科院校竞争力排行榜中的名次 366，河北省内排名 10/47，财经类排名 25/82。

共 57 个专业参评，其中 5★+专业 0 个，5★专业 0 个，5★-专业 7 个，4★专业 10 个，3★专业 17 个，2★专业 22 个。

5★-专业：投资学 14/135、国际经济与贸易 55/688、市场营销 36/646、会计学 60/652、财务管理 43/699、人力资源管理 34/428、审计学 18/192。

4★专业：金融学 45/385、法学 72/584、新闻学 50/314、网络工程 55/315、工商管理 74/547、资产评估 15/76、电子商务 94/476、旅游管理 62/455、酒店管理 31/196、会展经济与管理 15/104。

通信地址：河北省石家庄市学府路 47 号

邮政编码：050061

电话号码：0311-87655611

学校网址：http://zhaosheng.heuet.edu.cn

10076　河北工程大学

在中国本科院校竞争力排行榜中的名次 381，河北省内排名 11/47，理工类排名 145/309。

共 74 个专业参评，其中 5★+专业 0 个，5★专业 0 个，5★-专业 0 个，4★专业 4 个，3★专业 19 个，2★专业 47 个。

4★专业：土木工程 98/528、水利水电工程 11/84、建筑学 36/286、工程管理 70/396。

通信地址：河北省邯郸市光明南大街 199 号

邮政编码：056038

电话号码：0310-8579060

学校网址：http://zhaosheng.hebeu.edu.cn

10077　河北地质大学

在中国本科院校竞争力排行榜中的名次 462，河北省内排名 12/47，理工类排名 164/309。

共 59 个专业参评，其中 5★+专业 0 个，5★专业 0 个，5★-专业 0 个，4★专业 1 个，3★专业 21 个，2★专业 33 个。

4★专业：财务管理 85/699。

通信地址：河北省石家庄市槐安东路 136 号

邮政编码：050031

电话号码：0311-87207400

学校网址：http://zsxxw.hgu.edu.cn

10092　河北北方学院

在中国本科院校竞争力排行榜中的名次 469，河北省内排名 13/47，综合类排名 80/217。

共 72 个专业参评，其中 5★+专业 0 个，5★专业 0 个，5★-专业 0 个，4★专业 1 个，3★专业 9 个，2★专业 50 个。

4★专业：视觉传达设计 103/743。

通信地址：河北省张家口市高新区钻石南路 11 号

邮政编码：075000

电话号码：0313-4029183

学校网址：zs.hebeinu.edu.cn

10798　河北科技师范学院

在中国本科院校竞争力排行榜中的名次 519，河北省内排名 14/47，师范类排名 66/160。

共 73 个专业参评，其中 5★+专业 0 个，5★专业 0 个，5★-专业 0 个，4★专业 3 个，3★专业 23 个，2★专业 39 个。

4★专业：酿酒工程 4/19、园林 26/138、工程管理 57/396。

通信地址：河北省秦皇岛市河北大街西段 360 号

邮政编码：066004

电话号码：0335-8076333

学校网址：http://www.hevttc.edu.cn

11104　华北科技学院

在中国本科院校竞争力排行榜中的名次 527，河北省内排名 15/47，理工类排名 180/309。

共 50 个专业参评，其中 5★+专业 0 个，5★专业 0 个，5★-专业 0 个，4★专业 1 个，3★专业 15 个，2★专业 34 个。

4★专业：安全工程 21/149。

通信地址：北京市东燕郊国家高新区学院大街 467 号（206 信箱）

邮政编码：065201

电话号码：010-61591445

学校网址：http://www.ncist.edu.cn

11105 中国人民警察大学

在中国本科院校竞争力排行榜中的名次562，河北省内排名16/47，文法类排名23/64。

共6个专业参评，其中5★+专业0个，5★专业1个，5★-专业0个，4★专业1个，3★专业3个，2★专业1个。

5★专业：消防工程1/18。

4★专业：警务指挥与战术3/18。

通信地址：河北省廊坊市西昌路220号
邮政编码：065000
电话号码：0316-2068235
学校网址：http://www.wjxy.edu.cn

10093 承德医学院

在中国本科院校竞争力排行榜中的名次609，河北省内排名17/47，医药类排名66/90。

共14个专业参评，其中5★+专业0个，5★专业0个，5★-专业0个，4★专业1个，3★专业4个，2★专业6个。

4★专业：康复治疗学24/161。

通信地址：河北省承德市双桥区翠桥路6号
邮政编码：067000
电话号码：0314-2290576
学校网址：http://www.cdmc.edu.cn

10100 廊坊师范学院

在中国本科院校竞争力排行榜中的名次642，河北省内排名18/47，师范类排名93/160。

共59个专业参评，其中5★+专业0个，5★专业0个，5★-专业0个，4★专业2个，3★专业17个，2★专业38个。

4★专业：人文教育2/8、舞蹈学40/201。

通信地址：河北省廊坊市爱民西道100号
邮政编码：065000
电话号码：0316-2188213
学校网址：www.lfsfxy.edu.cn

10102 石家庄学院

在中国本科院校竞争力排行榜中的名次678，河北省内排名19/47，师范类排名110/160。

共46个专业参评，其中5★+专业0个，5★专业0个，5★-专业0个，4★专业1个，3★专业10个，2★专业35个。

4★专业：机器人工程23/223。

通信地址：河北省石家庄高新技术产业开发区长江大道6号（北校区）/河北省石家庄高新技术开发区珠峰大街288号（南校区）
邮政编码：050035
电话号码：0311-66617111
学校网址：http://www.sjzc.edu.cn

11236 河北体育学院

在中国本科院校竞争力排行榜中的名次683，河北省内排名20/47，体育类排名14/15。

共11个专业参评，其中5★+专业0个，5★专业0个，5★-专业0个，4★专业3个，3★专业1个，2★专业2个。

4★专业：体育教育60/319、运动训练9/52、社会体育指导与管理41/235。

通信地址：河北省石家庄市学府路82号
邮政编码：050041
电话号码：0311-85337658
学校网址：http://zsxx.hepec.edu.cn

10103 邯郸学院

在中国本科院校竞争力排行榜中的名次700，河北省内排名21/47，师范类排名118/160。

共56个专业参评，其中5★+专业0个，5★专业0个，5★-专业0个，4★专业2个，3★专业13个，2★专业33个。

4★专业：播音与主持艺术39/238、数字媒体艺术58/302。

通信地址：河北省邯郸市学院北路530号
邮政编码：056005
电话号码：0310-7090228
学校网址：http://zs.hdc.edu.cn

10104 邢台学院

在中国本科院校竞争力排行榜中的名次703，河北省内排名22/47，综合类排名128/217。

共51个专业参评，其中5★+专业0个，5★专业0个，5★-专业0个，4★专业2个，3★专业11个，2★专业27个。

4★专业：视觉传达设计89/743、环境设计91/718。

通信地址：河北省邢台市桥东区泉北大街88号
邮政编码：054001
电话号码：0319-3650789
学校网址：http://second.xttc.edu.cn

10099　唐山师范学院

在中国本科院校竞争力排行榜中的名次705，河北省内排名 24/47，师范类排名 119/160。

共 47 个专业参评，其中 5★+专业 0 个，5★专业 0 个，5★-专业 0 个，4★专业 1 个，3★专业 9 个，2★专业 35 个。

4★专业：音乐学 70/387。

通信地址：河北省唐山市建设北路 156 号
邮政编码：063000
电话号码：0315-3863129
学校网址：http://zsjy.tstc.edu.cn

11629　北华航天工业学院

在中国本科院校竞争力排行榜中的名次719，河北省内排名 25/47，理工类排名 211/309。

共 44 个专业参评，其中 5★+专业 0 个，5★专业 0 个，5★-专业 0 个，4★专业 0 个，3★专业 9 个，2★专业 34 个。

通信地址：河北省廊坊市 130 信箱 18 分箱
邮政编码：065000
电话号码：0316-2083179
学校网址：http://zb.nciae.edu.cn

10098　河北民族师范学院

在中国本科院校竞争力排行榜中的名次740，河北省内排名 26/47，师范类排名 128/160。

共 39 个专业参评，其中 5★+专业 0 个，5★专业 0 个，5★-专业 0 个，4★专业 2 个，3★专业 7 个，2★专业 30 个。

4★专业：舞蹈学 38/201、视觉传达设计 79/743。

通信地址：河北省承德市高新区学院路西 2 号
邮政编码：067000
电话号码：0314-2370333/2370919
学校网址：http://www.hbun.edu.cn

11420　河北金融学院

在中国本科院校竞争力排行榜中的名次745，河北省内排名 27/47，财经类排名 47/82。

共 29 个专业参评，其中 5★+专业 0 个，5★专业 0 个，5★-专业 0 个，4★专业 0 个，3★专业 17 个，2★专业 11 个。

通信地址：河北省保定市恒祥北大街 3188 号
邮政编码：071051
电话号码：0312-3338049/3338135
学校网址：https://www.hbfu.edu.cn

10096　保定学院

在中国本科院校竞争力排行榜中的名次759，河北省内排名 28/47，师范类排名 134/160。

共 50 个专业参评，其中 5★+专业 0 个，5★专业 0 个，5★-专业 0 个，4★专业 0 个，3★专业 11 个，2★专业 39 个。

通信地址：河北省保定市七一东路 3027 号
邮政编码：071000
电话号码：0312-5972065
学校网址：http://www.bdu.edu.cndefault.html

10101　衡水学院

在中国本科院校竞争力排行榜中的名次768，河北省内排名 29/47，师范类排名 135/160。

共 45 个专业参评，其中 5★+专业 0 个，5★专业 0 个，5★-专业 0 个，4★专业 0 个，3★专业 11 个，2★专业 34 个。

通信地址：河北省衡水市和平西路 1088 号
邮政编码：053000
电话号码：0318-6016093
学校网址：http://jx.hsnc.edu.cn

10084　河北建筑工程学院

在中国本科院校竞争力排行榜中的名次770，河北省内排名 30/47，理工类排名 220/309。

共 39 个专业参评，其中 5★+专业 0 个，5★专业 0 个，5★-专业 1 个，4★专业 2 个，3★专业 4 个，2★专业 28 个。

5★-专业：工程造价 16/257。

4★专业：建筑电气与智能化 14/72、环境设计 97/718。

通信地址：河北省张家口市高新区朝阳西大街 13 号
邮政编码：075000
电话号码：0313-4187686/83
学校网址：http://zsjy.hebiace.edu.cn

14432　河北中医学院

在中国本科院校竞争力排行榜中的名次783，河北省内排名 32/47，医药类排名 81/90。

共 19 个专业参评，其中 5★+专业 0 个，5★专

业0个，5★-专业0个，4★专业0个，3★专业4个，2★专业11个。

通信地址：河北省石家庄市鹿泉经济开发区杏苑路3号
邮政编码：050200
电话号码：0311-89926311/89926111
学校网址：http://zsb.hebcm.edu.cn

11903　中央司法警官学院

在中国本科院校竞争力排行榜中的名次786，河北省内排名33/47，文法类排名45/64。

共6个专业参评，其中5★+专业0个，5★专业0个，5★-专业1个，4★专业0个，3★专业3个，2★专业1个。

5★-专业：监狱学1/9。

通信地址：河北省保定市七一中路103号
邮政编码：71000
电话号码：0312-5910067
学校网址：http://zs.cicp.edu.cn

11033　唐山学院

在中国本科院校竞争力排行榜中的名次792，河北省内排名34/47，综合类排名150/217。

共50个专业参评，其中5★+专业0个，5★专业0个，5★-专业0个，4★专业0个，3★专业9个，2★专业39个。

通信地址：河北省唐山市路北区大学西道9号
邮政编码：063000
电话号码：0315-2792205
学校网址：http://zsjyc.tsc.edu.cn

14458　张家口学院

在中国本科院校竞争力排行榜中的名次802，河北省内排名35/47，师范类排名143/160。

共33个专业参评，其中5★+专业0个，5★专业0个，5★-专业1个，4★专业1个，3★专业7个，2★专业15个。

5★-专业：财务管理58/699。

4★专业：学前教育60/395。

通信地址：河北省张家口市桥西区平门大街副19号
邮政编码：075000
电话号码：0313-8161803
学校网址：http://www.zjku.edu.cn

11775　防灾科技学院

在中国本科院校竞争力排行榜中的名次806，河北省内排名36/47，理工类排名224/309。

共29个专业参评，其中5★+专业0个，5★专业0个，5★-专业0个，4★专业0个，3★专业12个，2★专业14个。

通信地址：北京市东燕郊开发区学院大街465号
邮政编码：101601
电话号码：010-61596244
学校网址：http://zjb.cidp.edu.cnl

10105　沧州师范学院

在中国本科院校竞争力排行榜中的名次818，河北省内排名38/47，师范类排名147/160。

共50个专业参评，其中5★+专业0个，5★专业0个，5★-专业0个，4★专业0个，3★专业5个，2★专业32个。

通信地址：河北省沧州市高教新区学院西路
邮政编码：061000
电话号码：0317-2159817
学校网址：www.caztc.edu.cn

10085　河北水利电力学院

在中国本科院校竞争力排行榜中的名次824，河北省内排名39/47，理工类排名228/309。

共27个专业参评，其中5★+专业0个，5★专业0个，5★-专业0个，4★专业0个，3★专业7个，2★专业18个。

通信地址：河北省沧州市重庆路1号
邮政编码：061001
电话号码：0317-7587125/7587123
学校网址：http://zsb.hbwe.edu.cn

51721　河北环境工程学院

在中国本科院校竞争力排行榜中的名次840，河北省内排名40/47，理工类排名236/309。

共21个专业参评，其中5★+专业0个，5★专业0个，5★-专业0个，4★专业2个，3★专业5个，2★专业13个。

4★专业：环境生态工程10/63、视觉传达设计144/743。

通信地址：河北省秦皇岛市北戴河区金港大道8号
邮政编码：066102
电话号码：0335-7815777
学校网址：http://www.emcc.cn

13409　河北工业职业技术大学

河北省内排名45/47，理工类排名286/309。

共56个专业参评，其中5★+专业0个，5★专业0个，5★-专业0个，4★专业0个，3★专业0个，2★专业18个。

通信地址：河北省石家庄市裕华东路70号
邮政编码：050018
电话号码：0311-88632258
学校网址：http://hbklg.hebust.edu.cn

13417 河北科技工程职业技术大学

河北省内排名46/47，理工类排名293/309。

共22个专业参评，其中5★+专业0个，5★专业0个，5★-专业0个，4★专业0个，3★专业0个，2★专业8个。

通信地址：河北省保定市瑞祥大街282号
邮政编码：071051
电话号码：0312-7523462
学校网址：http://www.hdky.edu.cn

民办院校

12784 河北传媒学院

在中国民办院校竞争力排行榜中的名次14，河北省内排名23/47，文法类排名32/64。

共41个专业参评，其中5★+专业0个，5★专业1个，5★-专业1个，4★专业1个，3★专业9个，2★专业22个。

5★专业：广播电视编导4/239。
5★-专业：播音与主持艺术19/238。
4★专业：表演18/139。

通信地址：河北省石家庄市栾城区兴安大街109号
邮政编码：051430
电话号码：0311-85100688
学校网址：http://zs.hebic.cn

13075 河北美术学院

在中国民办院校竞争力排行榜中的名次30，河北省内排名31/47，艺术类排名36/44。

共21个专业参评，其中5★+专业0个，5★专业0个，5★-专业2个，4★专业3个，3★专业5个，2★专业11个。

5★-专业：视觉传达设计74/743、环境设计49/718。
4★专业：广播电视编导37/239、动画34/278、书法学13/111。

通信地址：河北省石家庄市空港工业园区北环港路111号
邮政编码：050700
电话号码：0311-88651148
学校网址：http://www.hbafa.com

13895 燕京理工学院

在中国民办院校竞争力排行榜中的名次42，河北省内排名37/47，综合类排名152/217。

共44个专业参评，其中5★+专业0个，5★专业0个，5★-专业1个，4★专业1个，3★专业13个，2★专业27个。

5★-专业：视觉传达设计73/743。
4★专业：环境设计106/718。

通信地址：河北省三河市燕郊国家高新技术产业开发区迎宾北路45号
邮政编码：065201
电话号码：010-80843808/80844355
学校网址：http://www.yit.edu.cn

13391 河北科技学院

在中国民办院校竞争力排行榜中的名次114，河北省内排名41/47，理工类排名266/309。

共33个专业参评，其中5★+专业0个，5★专业0个，5★-专业0个，4★专业1个，3★专业6个，2★专业8个。

4★专业：环境设计126/718。

通信地址：河北省保定市南二环1956号
邮政编码：071000
电话号码：0312-2195866/2195966
学校网址：http://www.hbkjxy.cn

13402 河北外国语学院

在中国民办院校竞争力排行榜中的名次116，河北省内排名42/47，文法类排名63/64。

共43个专业参评，其中5★+专业0个，5★专业0个，5★-专业0个，4★专业0个，3★专业7个，2★专业24个。

通信地址：河北省石家庄市红旗南大街汇丰西路29号
邮政编码：050091
电话号码：0311-85237026
学校网址：http://zsb.hbwy.com.cn

12796 河北工程技术学院

在中国民办院校竞争力排行榜中的名次

150，河北省内排名 43/47，理工类排名 282/309。

共 19 个专业参评，其中 5★+专业 0 个，5★专业 0 个，5★-专业 0 个，4★专业 3 个，3★专业 4 个，2★专业 9 个。

4★专业：工程管理 75/396、工程造价 36/257、电子商务 70/476。

通信地址：河北省石家庄市桥西区宫北路 11 号
邮政编码：050091
电话号码：0311-89653577/88/99
学校网址：http://www.hbfsh.com

14202　沧州交通学院

在中国民办院校竞争力排行榜中的名次 153，河北省内排名 44/47，理工类排名 284/309。

共 35 个专业参评，其中 5★+专业 0 个，5★专业 0 个，5★-专业 0 个，4★专业 0 个，3★专业 0 个，2★专业 19 个。

通信地址：河北省黄骅市学院西路 2009 号
邮政编码：061199
电话号码：0317-8887322
学校网址：http://zsb.bjtuhbxy.edu.cn

14225　河北东方学院

在中国民办院校竞争力排行榜中的名次 181，河北省内排名 47/47，综合类排名 209/217。

共 19 个专业参评，其中 5★+专业 0 个，5★专业 0 个，5★-专业 0 个，4★专业 0 个，3★专业 8 个，2★专业 9 个。

通信地址：河北廊坊经济开发区东方大学城圣陶路
　　　　　（凯旋门北 100 米）
邮政编码：065001
电话号码：010-80841926/010-80841927
学校网址：http://www.hbdfxy.cn

四川省

一流大学

10610 四川大学

在中国本科院校竞争力排行榜中的名次 12，四川省内排名 1/43，综合类排名 8/217。

共 103 个专业参评，其中 5★+专业 3 个，5★专业 43 个，5★-专业 22 个，4★专业 19 个，3★专业 16 个，2★专业 0 个。

5★+专业：高分子材料与工程 1/182、口腔医学 1/110、康复治疗学 1/161。

5★专业：经济学 12/345、国际经济与贸易 25/688、法学 12/584、社会工作 8/261、汉语言文学 8/604、汉语国际教育 8/332、英语 13/924、新闻学 8/314、广告学 9/275、网络与新媒体 7/250、历史学 6/244、文物与博物馆学 2/48、数学与应用数学 9/502、信息与计算科学 8/316、化学 7/295、应用化学 14/375、生物科学 9/271、机械设计制造及其自动化 17/521、新能源材料与器件 3/91、电气工程及其自动化 17/567、电子信息工程 10/645、通信工程 10/511、计算机科学与技术 42/911、物联网工程 25/498、化学工程与工艺 15/326、制药工程 10/251、轻化工程 1/39、生物医学工程 5/115、生物工程 10/243、临床医学 6/186、药学 8/231、法医学 1/30、医学检验技术 7/151、医学影像技术 2/88、卫生检验与检疫 1/47、护理学 8/278、管理科学 2/34、市场营销 32/646、人力资源管理 15/428、行政管理 10/303、旅游管理 11/455、美术学 10/337、服装与服饰设计 12/234。

5★-专业：金融学 38/385、金融工程 17/259、物理学 18/270、材料科学与工程 15/216、光电信息科学与工程 21/217、人工智能 14/176、软件工程 56/590、土木工程 37/528、核工程与核技术 3/29、环境工程 24/361、预防医学 9/108、食品卫生与营养学 2/28、眼视光学 2/27、口腔医学技术 2/26、会计学 45/652、财务管理 44/699、劳动与社会保障 9/135、工业工程 15/150、会展经济与管理 7/104、舞蹈表演 13/139、绘画 14/174、书法学 8/111。

4★专业：俄语 31/155、日语 49/461、生态学 12/73、统计学 37/194、材料成型及控制工程 26/228、测控技术与仪器 28/202、能源与动力工程 23/196、自动化 52/453、网络空间安全 8/64、城市地下空间工程 9/71、飞行器控制与信息工程 2/10、食品科学与工程 38/278、建筑学 38/286、基础医学 5/30、临床药学 7/48、土地资源管理 10/93、广播电视编导 44/239、视觉传达设计 113/743、环境设计 108/718。

通信地址：四川省成都市一环路南一段 24 号
邮政编码：610065
电话号码：028-86080605/86081605
学校网址：zs.scu.edu.cn

10614 电子科技大学

在中国本科院校竞争力排行榜中的名次 32，四川省内排名 2/43，理工类排名 17/309。

共 53 个专业参评，其中 5★+专业 6 个，5★专业 13 个，5★-专业 8 个，4★专业 12 个，3★专业 10 个，2★专业 4 个。

5★+专业：电子信息工程 5/645、计算机科学与技术 6/911、软件工程 2/590、网络工程 3/315、物联网工程 2/498、数据科学与大数据技术 3/544。

5★专业：数学与应用数学 10/502、机械设计制造及其自动化 21/521、测控技术与仪器 5/202、新能源材料与器件 2/91、电子科学与技术 7/161、通信工程 6/511、光电信息科学与工程 9/217、自动化 19/453、数字媒体技术 7/224、空间信息与数字技术 1/13、网络空间安全 3/64、工商管理 23/547、工业工程 8/150。

5★-专业：信息与计算科学 23/316、应用物理学 10/151、电气工程及其自动化 43/567、智能电网信息工程 2/29、集成电路设计与集成系统 3/34、电子信息科学与技术 12/191、生物医学工程 10/115、行政管理 19/303。

4★专业：金融学 50/385、英语 100/924、翻译 41/254、应用化学 47/375、材料科学与工程 35/216、微电子科学与工程 15/92、电磁场与无线技术 2/12、机器人工程 31/223、无人驾驶航空器系统工程 3/13、信息管理与信息系统 43/391、城市管理 10/52、电子商务 61/476。

通信地址：四川省成都市高新区西区-西源大道 2006 号
邮政编码：611731
电话号码：028-61831137/61831139
学校网址：www.uestc.edu.cn

10613　西南交通大学

在中国本科院校竞争力排行榜中的名次 42，四川省内排名 3/43，理工类排名 23/309。

共 78 个专业参评，其中 5★+专业 4 个，5★专业 15 个，5★-专业 16 个，4★专业 19 个，3★专业 21 个，2★专业 3 个。

5★+专业：电气工程及其自动化 6/567、通信工程 5/511、交通运输 1/117、交通工程 1/107。

5★专业：机械设计制造及其自动化 7/521、车辆工程 4/260、电子信息工程 22/645、轨道交通信号与控制 2/60、计算机科学与技术 44/911、土木工程 8/528、道路桥梁与渡河工程 4/73、铁道工程 1/11、测绘工程 7/144、建筑学 11/286、工程管理 19/396、会计学 33/652、公共事业管理 9/293、物流管理 18/455、物流工程 2/111。

5★-专业：思想政治教育 23/264、汉语言文学 60/604、英语 48/924、地理信息科学 17/166、应用心理学 16/244、工程力学 7/78、电气工程与智能控制 2/29、自动化 36/453、软件工程 40/590、建筑环境与能源应用工程 14/178、城市地下空间工程 7/71、制药工程 16/251、地质工程 5/56、交通设备与控制工程 2/18、工程造价 20/257、工商管理 46/547。

4★专业：金融学 76/385、汉语国际教育 39/332、日语 82/461、翻译 28/254、传播学 10/65、数学与应用数学 52/502、应用物理学 19/151、材料成型及控制工程 25/228、材料科学与工程 29/216、电子信息科学与技术 25/191、数据科学与大数据技术 109/544、环境工程 67/361、安全工程 23/149、生物工程 27/243、消防工程 3/18、信息管理与信息系统 50/391、工业工程 16/150、环境设计 133/718、产品设计 63/413。

通信地址：四川省成都市二环路北一段 111 号
邮政编码：611756
电话号码：028-66366386/66366379/66368074
学校网址：http://zhaosheng.swjtu.edu.cn

10651　西南财经大学

在中国本科院校竞争力排行榜中的名次 114，四川省内排名 4/43，财经类排名 4/82。

共 38 个专业参评，其中 5★+专业 6 个，5★专业 17 个，5★-专业 1 个，4★专业 5 个，3★专业 5 个，2★专业 4 个。

5★+专业：金融学 4/385、国际经济与贸易 5/688、市场营销 2/646、财务管理 3/699、人力资源管理 3/428、旅游管理 4/455。

5★专业：经济学 9/345、经济统计学 4/135、财政学 3/83、税收学 2/89、金融工程 7/259、保险学 2/109、投资学 2/135、金融数学 2/72、信用管理 1/23、法学 14/584、统计学 4/194、工商管理 16/547、会计学 16/652、国际商务 3/130、审计学 4/192、物流管理 22/455、电子商务 19/476。

5★-专业：商务英语 21/365。

4★专业：计算机科学与技术 174/911、数据科学与大数据技术 61/544、信息管理与信息系统 76/391、行政管理 52/303、劳动与社会保障 19/135。

通信地址：四川省成都市温江区柳台大道 555 号
邮政编码：611130
电话号码：028-87092355/8709289/87092898
学校网址：http://zb.swufe.edu.cn

10615　西南石油大学

在中国本科院校竞争力排行榜中的名次 167，四川省内排名 5/43，理工类排名 69/309。

共 69 个专业参评，其中 5★+专业 0 个，5★专业 0 个，5★-专业 1 个，4★专业 12 个，3★专业 47 个，2★专业 9 个。

5★-专业：机械电子工程 26/300。

4★专业：应用化学 63/375、机械设计制造及其自动化 59/521、焊接技术与工程 8/40、计算机科学与技术 171/911、网络工程 49/315、物联网工程 55/498、数字媒体技术 39/224、化学工程与工艺 53/326、石油工程 4/23、油气储运工程 4/34、工程造价 48/257、财务管理 133/699。

通信地址：四川省成都市新都区新都大道 8 号
邮政编码：610500
电话号码：028-83032224/83032001
学校网址：http://www.swpu.edu.cn

10626　四川农业大学

在中国本科院校竞争力排行榜中的名次 175，四川省内排名 7/43，农林类排名 11/43。

共 83 个专业参评，其中 5★+专业 0 个，5★专业 2 个，5★-专业 7 个，4★专业 15 个，3★专业 39 个，2★专业 20 个。

5★专业：园林 5/138、产品设计 12/413。

5★-专业：物联网工程 46/498、食品质量与安全 20/230、风景园林 18/181、农学 5/76、动物科学 6/84、动物医学 7/75、林学 4/46。

4★专业：广告学 32/275、生物科学 54/271、生物技术 50/295、食品科学与工程 34/278、城乡规划 40/207、园艺 17/107、种子科学与工程 5/38、设施农业科学与工程

5/39、茶学 5/29、农业资源与环境 8/49、草业科学 5/30、财务管理 96/699、资产评估 14/76、视觉传达设计 135/743、环境设计 134/718。

通信地址：四川省成都市温江区惠民路 211 号
邮政编码：611130
电话号码：028-86290999
学校网址：zs.sicau.edu.cn

10616　成都理工大学

在中国本科院校竞争力排行榜中的名次 189，四川省内排名 8/43，理工类排名 73/309。

共 75 个专业参评，其中 5★+专业 0 个，5★专业 0 个，5★-专业 4 个，4★专业 13 个，3★专业 46 个，2★专业 8 个。

5★-专业：物联网工程 49/498、土木工程 52/528、勘查技术与工程 3/35、资源勘查工程 4/49。

4★专业：投资学 25/135、广播电视学 33/166、广告学 55/275、数学与应用数学 99/502、电子信息工程 124/645、化学工程与工艺 59/326、地质工程 7/56、环境科学与工程 8/40、大数据管理与应用 9/69、市场营销 96/646、财务管理 121/699、旅游管理 54/455、播音与主持艺术 26/238。

通信地址：四川省成都市二仙桥东三路 1 号
邮政编码：610059
电话号码：028-84078927
学校网址：www.zs.cdut.edu.cn

10633　成都中医药大学

在中国本科院校竞争力排行榜中的名次 268，四川省内排名 10/43，医药类排名 22/90。

共 33 个专业参评，其中 5★+专业 0 个，5★专业 2 个，5★-专业 6 个，4★专业 5 个，3★专业 14 个，2★专业 6 个。

5★专业：中西医临床医学 3/50、中药学 3/109。

5★-专业：医学信息工程 4/47、制药工程 22/251、食品质量与安全 23/230、针灸推拿学 4/49、中药资源与开发 3/37、护理学 27/278。

4★专业：中医学 11/64、药学 45/231、康复治疗学 22/161、公共事业管理 48/293、健康服务与管理 15/95。

通信地址：四川省成都市温江区柳台大道 1166 号
邮政编码：611137
电话号码：028-61800090
学校网址：cdutcm.edu.cn

一般大学

10636　四川师范大学

在中国本科院校竞争力排行榜中的名次 170，四川省内排名 6/43，师范类排名 19/160。

共 73 个专业参评，其中 5★+专业 0 个，5★专业 6 个，5★-专业 14 个，4★专业 18 个，3★专业 31 个，2★专业 4 个。

5★专业：教育技术学 6/127、学前教育 5/395、秘书学 5/114、工程造价 7/257、视觉传达设计 35/743、环境设计 21/718。

5★-专业：小学教育 26/256、特殊教育 6/59、汉语言文学 36/604、英语 56/924、网络与新媒体 17/250、财务管理 57/699、审计学 13/192、旅游管理 44/455、音乐表演 18/248、舞蹈表演 10/139、舞蹈学 16/201、表演 14/139、播音与主持艺术 16/238、数字媒体艺术 25/302。

4★专业：经济学 58/345、法学 82/584、思想政治教育 37/264、科学教育 7/38、体育教育 36/319、社会体育指导与管理 44/235、汉语国际教育 42/332、历史学 42/244、数学与应用数学 53/502、物理学 45/270、地理科学 27/160、网络工程 52/315、市场营销 73/646、音乐学 42/387、广播电视编导 30/239、美术学 62/337、绘画 30/174、服装与服饰设计 25/234。

通信地址：四川省成都市锦江区静安路 5 号（狮子山校区）/成都市龙泉驿区成龙大道二段 1819 号（成龙校区）/成都市龙泉驿区洪河中路 351 号（东校区）
邮政编码：狮子山校区 610068/成龙校区 610101
电话号码：028-84767065
学校网址：zjc.sicnu.edu.cn

10619　西南科技大学

在中国本科院校竞争力排行榜中的名次 195，四川省内排名 9/43，理工类排名 77/309。

共 79 个专业参评，其中 5★+专业 0 个，5★专业 0 个，5★-专业 2 个，4★专业 13 个，3★专业 39 个，2★专业 25 个。

5★-专业：环境工程 29/361、视觉传达设计 64/743。

4★专业：汉语国际教育 64/332、英语 155/924、机械设计制造及其自动化 58/521、材料科学与工程 38/216、电子信息工程 87/645、自动化 73/453、软件工程 74/590、土木工程 81/528、信息对抗技术 3/13、城乡规划 33/207、生物工程 40/243、工程造价 51/257、市场营销 90/646。

通信地址：四川省绵阳市涪城区青龙大道中段59号
邮政编码：621010
电话号码：0816-6089071
学校网址：http://zs.swust.edu.cn

10621　成都信息工程大学

在中国本科院校竞争力排行榜中的名次291，四川省内排名11/43，理工类排名114/309。

共51个专业参评，其中5★+专业0个，5★专业1个，5★-专业5个，4★专业3个，3★专业29个，2★专业12个。

5★专业：网络工程9/315。

5★-专业：电子信息工程34/645、通信工程37/511、机器人工程15/223、计算机科学与技术89/911、软件工程59/590。

4★专业：物联网工程82/498、数字媒体技术34/224、数据科学与大数据技术67/544。

通信地址：四川省成都市西南航空港经济开发区学府路一段24号
邮政编码：610225
电话号码：028-85966857
学校网址：https://www.cuit.edu.cn

10623　西华大学

在中国本科院校竞争力排行榜中的名次292，四川省内排名12/43，综合类排名60/217。

共89个专业参评，其中5★+专业0个，5★专业1个，5★-专业3个，4★专业6个，3★专业51个，2★专业25个。

5★专业：工程造价8/257。

5★-专业：汽车服务工程10/146、电气工程及其自动化55/567、产品设计37/413。

4★专业：机械设计制造及其自动化81/521、医学信息工程6/47、计算机科学与技术141/911、土木工程96/528、食品科学与工程55/278、市场营销78/646。

通信地址：四川省成都市郫都区高店路东段999号
邮政编码：610039
电话号码：028-87720918/87720097
学校网址：http://zb.xhu.edu.cn

10656　西南民族大学

在中国本科院校竞争力排行榜中的名次314，四川省内排名13/43，民族类排名3/16。

共82个专业参评，其中5★+专业0个，5★专业1个，5★-专业2个，4★专业12个，3★专业41个，2★专业23个。

5★专业：旅游管理16/455。

5★-专业：英语84/924、人力资源管理29/428。

4★专业：金融学73/385、国际经济与贸易109/688、法学95/584、汉语言文学66/604、汉语国际教育38/332、中国少数民族语言文学6/33、市场营销69/646、财务管理80/699、文化产业管理23/149、音乐表演39/248、舞蹈编导8/69、美术学65/337。

通信地址：四川省成都市一环路南四段16号
邮政编码：610041
电话号码：028-85522012
学校网址：http://www.swpu.edu.cn

10638　西华师范大学

在中国本科院校竞争力排行榜中的名次337，四川省内排名14/43，师范类排名34/160。

共70个专业参评，其中5★+专业0个，5★专业0个，5★-专业0个，4★专业6个，3★专业37个，2★专业26个。

4★专业：学前教育52/395、汉语言文学97/604、汉语国际教育59/332、秘书学13/114、英语185/924、视觉传达设计112/743。

通信地址：四川省南充市顺庆区师大路1号
邮政编码：637009
电话号码：0817-2568373/2568301
学校网址：http://cwnuzs.good-edu.cn

10653　成都体育学院

在中国本科院校竞争力排行榜中的名次363，四川省内排名15/43，体育类排名4/15。

共21个专业参评，其中5★+专业0个，5★专业1个，5★-专业5个，4★专业1个，3★专业4个，2★专业8个。

5★专业：体育教育10/319。

5★-专业：运动训练5/52、社会体育指导与管理24/235、武术与民族传统体育3/32、运动康复7/65、休闲体育8/81。

4★专业：新闻学61/314。

通信地址：四川省成都市武侯区体院路2号
邮政编码：610041
电话号码：028-85090713
学校网址：zb.cdsu.edu.cn

10622　四川轻化工大学

在中国本科院校竞争力排行榜中的名次 **403**，四川省内排名 **16/43**，理工类排名 **151/309**。

共 **76** 个专业参评，其中 5★+专业 **0** 个，5★专业 **1** 个，5★-专业 **0** 个，4★专业 **1** 个，3★专业 **36** 个，2★专业 **35** 个。

5★专业：工程造价 9/257。

4★专业：网络工程 61/315。

通信地址：四川省自贡市汇兴路学苑街180号
邮政编码：643000
电话号码：0813-5505999
学校网址：http://zjc.suse.edu.cn

10654　四川音乐学院

在中国本科院校竞争力排行榜中的名次 **429**，四川省内排名 **17/43**，艺术类排名 **19/44**。

共 **26** 个专业参评，其中 5★+专业 **0** 个，5★专业 **2** 个，5★-专业 **5** 个，4★专业 **3** 个，3★专业 **8** 个，2★专业 **7** 个。

5★专业：音乐表演 4/248、音乐学 18/387。

5★-专业：作曲与作曲技术理论 3/36、舞蹈学 15/201、广播电视编导 13/239、播音与主持艺术 15/238、动画 20/278。

4★专业：舞蹈表演 15/139、表演 17/139、绘画 32/174。

通信地址：四川省成都市武侯区新生路6号
邮政编码：610021
电话号码：028-85430270
学校网址：zsw.sccm.cn

11079　成都大学

在中国本科院校竞争力排行榜中的名次 **450**，四川省内排名 **18/43**，综合类排名 **75/217**。

共 **61** 个专业参评，其中 5★+专业 **0** 个，5★专业 **1** 个，5★-专业 **3** 个，4★专业 **0** 个，3★专业 **30** 个，2★专业 **25** 个。

5★专业：动画 6/278。

5★-专业：广播电视编导 23/239、视觉传达设计 59/743、产品设计 38/413。

通信地址：四川省成都市成洛大道2025号
邮政编码：610106
电话号码：028-84616013
学校网址：zhaosheng.cdu.edu.cn

10632　西南医科大学

在中国本科院校竞争力排行榜中的名次 **459**，四川省内排名 **19/43**，医药类排名 **46/90**。

共 **31** 个专业参评，其中 5★+专业 **0** 个，5★专业 **0** 个，5★-专业 **0** 个，4★专业 **0** 个，3★专业 **15** 个，2★专业 **14** 个。

通信地址：四川省泸州市龙马潭区香林路1号
邮政编码：646000
电话号码：0830-3161658
学校网址：http://www.swupl.edu.cn

10649　乐山师范学院

在中国本科院校竞争力排行榜中的名次 **482**，四川省内排名 **20/43**，师范类排名 **58/160**。

共 **53** 个专业参评，其中 5★+专业 **0** 个，5★专业 **0** 个，5★-专业 **1** 个，4★专业 **4** 个，3★专业 **16** 个，2★专业 **29** 个。

5★-专业：播音与主持艺术 23/238。

4★专业：人力资源管理 81/428、酒店管理 28/196、视觉传达设计 131/743、环境设计 89/718。

通信地址：四川省乐山市市中区滨河路778号
邮政编码：614000
电话号码：0833-2276288
学校网址：lstc.edu.cn

10634　川北医学院

在中国本科院校竞争力排行榜中的名次 **522**，四川省内排名 **21/43**，医药类排名 **55/90**。

共 **23** 个专业参评，其中 5★+专业 **0** 个，5★专业 **0** 个，5★-专业 **1** 个，4★专业 **3** 个，3★专业 **8** 个，2★专业 **11** 个。

5★-专业：医学影像技术 8/88。

4★专业：眼视光学 4/27、智能医学工程 4/20、助产学 9/55。

通信地址：四川省南充市涪江路234号
邮政编码：637000
电话号码：0817-2242705
学校网址：http://admission.nsmc.edu.cn

10624　中国民用航空飞行学院

在中国本科院校竞争力排行榜中的名次 **539**，四川省内排名 **22/43**，理工类排名 **183/309**。

共 24 个专业参评，其中 5★+专业 0 个，5★专业 1 个，5★-专业 0 个，4★专业 0 个，3★专业 8 个，2★专业 15 个。

5★专业：飞行技术 1/19。

通信地址：四川省广汉市南昌路四段 46 号
邮政编码：618307
电话号码：0838-5182078
学校网址：http://zsc.cafuc.edu.cn

10640　内江师范学院

在中国本科院校竞争力排行榜中的名次 546，四川省内排名 23/43，师范类排名 68/160。

共 46 个专业参评，其中 5★+专业 0 个，5★专业 0 个，5★-专业 0 个，4★专业 0 个，3★专业 15 个，2★专业 28 个。

通信地址：四川省内江市东桐路 705 号
邮政编码：641112
电话号码：0832-2340613
学校网址：http://njtczs.university-hr.cn

13705　成都医学院

在中国本科院校竞争力排行榜中的名次 597，四川省内排名 24/43，医药类排名 64/90。

共 21 个专业参评，其中 5★+专业 0 个，5★专业 0 个，5★-专业 1 个，4★专业 1 个，3★专业 6 个，2★专业 12 个。

5★-专业：健康服务与管理 9/95。

4★专业：卫生检验与检疫 9/47。

通信地址：四川省成都市金牛区蓉都大道天回路 601 号
邮政编码：610083
电话号码：028-62739988
学校网址：www.cmc.edu.cn

10646　阿坝师范学院

在中国本科院校竞争力排行榜中的名次 604，四川省内排名 25/43，师范类排名 88/160。

共 16 个专业参评，其中 5★+专业 0 个，5★专业 0 个，5★-专业 0 个，4★专业 0 个，3★专业 2 个，2★专业 10 个。

通信地址：四川省阿坝州汶川县水磨镇
邮政编码：623002
电话号码：028-62332000
学校网址：http://zjc.abtc.edu.cn

11116　成都工业学院

在中国本科院校竞争力排行榜中的名次 623，四川省内排名 26/43，理工类排名 198/309。

共 30 个专业参评，其中 5★+专业 0 个，5★专业 0 个，5★-专业 2 个，4★专业 3 个，3★专业 10 个，2★专业 15 个。

5★-专业：汽车服务工程 15/146、网络工程 32/315。

4★专业：互联网金融 6/42、机械电子工程 40/300、物流管理 90/455。

通信地址：四川省成都市郫都区中信大道二段 1 号
邮政编码：611730
电话号码：028-87992366
学校网址：http://zs.cdtu.edu.cn

10628　西昌学院

在中国本科院校竞争力排行榜中的名次 641，四川省内排名 27/43，综合类排名 117/217。

共 47 个专业参评，其中 5★+专业 0 个，5★专业 0 个，5★-专业 0 个，4★专业 0 个，3★专业 11 个，2★专业 34 个。

通信地址：四川省西昌市安宁镇学府路 24 号
邮政编码：615013
电话号码：0834-2580038/2580029
学校网址：http://www.xcc.sc.cn

14389　成都师范学院

在中国本科院校竞争力排行榜中的名次 646，四川省内排名 28/43，师范类排名 97/160。

共 34 个专业参评，其中 5★+专业 0 个，5★专业 0 个，5★-专业 2 个，4★专业 3 个，3★专业 12 个，2★专业 15 个。

5★-专业：汽车服务工程 11/146、工程造价 17/257。

4★专业：贸易经济 8/42、小学教育 49/256、艺术设计学 10/50。

通信地址：四川省成都市温江区海科路东段 99 号
邮政编码：611130
电话号码：028-66772145
学校网址：www.cdnu.edu.cn

11360　攀枝花学院

在中国本科院校竞争力排行榜中的名次 664，四川省内排名 29/43，理工类排名 205/309。

共 49 个专业参评，其中 5★+专业 0 个，5★专

业 0 个，5★-专业 0 个，4★专业 0 个，3★专业 10 个，2★专业 31 个。

通信地址：四川省攀枝花市东区机场路 10 号
邮政编码：617000
电话号码：0812-5712507/3370868
学校网址：http://zsw.pzhu.cn

11552　四川旅游学院

在中国本科院校竞争力排行榜中的名次 668，四川省内排名 30/43，综合类排名 122/217。

共 24 个专业参评，其中 5★+专业 0 个，5★专业 2 个，5★-专业 2 个，4★专业 3 个，3★专业 7 个，2★专业 6 个。

5★专业：酒店管理 9/196、会展经济与管理 3/104。

5★-专业：商务英语 20/365、烹饪与营养教育 2/20。

4★专业：休闲体育 10/81、数字媒体技术 42/224、食品质量与安全 40/230。

通信地址：四川省成都市龙泉驿区红岭路 459 号
邮政编码：610100
电话号码：028-84825803
学校网址：http://zs.sctu.edu.cn

10639　绵阳师范学院

在中国本科院校竞争力排行榜中的名次 672，四川省内排名 31/43，师范类排名 108/160。

共 47 个专业参评，其中 5★+专业 0 个，5★专业 0 个，5★-专业 0 个，4★专业 0 个，3★专业 18 个，2★专业 28 个。

通信地址：四川省绵阳市游仙区仙人路一段 30 号
邮政编码：621000
电话号码：0816-2200001
学校网址：http://zs.mnu.cn

10641　宜宾学院

在中国本科院校竞争力排行榜中的名次 706，四川省内排名 32/43，综合类排名 129/217。

共 63 个专业参评，其中 5★+专业 0 个，5★专业 0 个，5★-专业 0 个，4★专业 0 个，3★专业 12 个，2★专业 46 个。

通信地址：四川省宜宾市翠屏区酒圣路 8 号
邮政编码：644000
电话号码：0831-3545029
学校网址：http://www.yibinu.cn

10644　四川文理学院

在中国本科院校竞争力排行榜中的名次 804，四川省内排名 35/43，师范类排名 144/160。

共 54 个专业参评，其中 5★+专业 0 个，5★专业 0 个，5★-专业 0 个，4★专业 1 个，3★专业 20 个，2★专业 30 个。

4★专业：翻译 51/254。

通信地址：四川省达州市通川区塔石路中段 519 号
邮政编码：635000
电话号码：0818-2790027/2790101
学校网址：https://zjc.sasu.edu.cn

12212　四川警察学院

在中国本科院校竞争力排行榜中的名次 810，四川省内排名 36/43，文法类排名 48/64。

共 8 个专业参评，其中 5★+专业 0 个，5★专业 0 个，5★-专业 1 个，4★专业 0 个，3★专业 6 个，2★专业 1 个。

5★-专业：治安学 3/27。

通信地址：四川省泸州市江阳西路 34 号
邮政编码：646000
电话号码：0830-3109557
学校网址：www.scjyzsjy.com/index.html

11661　四川民族学院

在中国本科院校竞争力排行榜中的名次 914，四川省内排名 41/43，民族类排名 16/16。

共 29 个专业参评，其中 5★+专业 0 个，5★专业 0 个，5★-专业 0 个，4★专业 0 个，3★专业 1 个，2★专业 23 个。

通信地址：四川省康定市姑咱镇文化路 4 号
邮政编码：626001
电话号码：0836-2859672
学校网址：http://zjc.scun.edu.cn

民办院校

13669　四川传媒学院

在中国民办院校竞争力排行榜中的名次 26，四川省内排名 33/43，艺术类排名 34/44。

共 43 个专业参评，其中 5★+专业 0 个，5★专业 0 个，5★-专业 0 个，4★专业 3 个，3★专业 6 个，2★专业 12 个。

4★专业：广播电视编导 41/239、播音与主持艺术 48/238、环境设计 127/718。

通信地址：四川省成都市国家高新技术开发区西区团结学院街67号
邮政编码：611745
电话号码：028-87907888
学校网址：www.SCMC.edu.cn

13671　成都文理学院

在中国民办院校竞争力排行榜中的名次 35，四川省内排名 34/43，综合类排名 149/217。

共30个专业参评，其中5★+专业0个，5★专业0个，5★-专业1个，4★专业0个，3★专业8个，2★专业21个。

5★-专业：广播电视编导 16/239。

通信地址：四川省成都市外东洪河中路351号（第一校区）/四川省成都市金堂学府大道9号（第二校区）
邮政编码：第一校区610101/第二校区610401
电话号码：028-82854721
学校网址：cdcas.edu.cn

12636　成都东软学院

在中国民办院校竞争力排行榜中的名次 54，四川省内排名 37/43，理工类排名 241/309。

共25个专业参评，其中5★+专业0个，5★专业0个，5★-专业2个，4★专业1个，3★专业15个，2★专业7个。

5★-专业：电子商务 38/476、动画 28/278。

4★专业：物联网工程 74/498。

通信地址：四川省成都市都江堰青城山东软大道一号
邮政编码：611844
电话号码：028-64888001/64888002/64888003/64888006
学校网址：https://www.nsu.edu.cn

14043　四川文化艺术学院

在中国民办院校竞争力排行榜中的名次 72，四川省内排名 38/43，艺术类排名 41/44。

共39个专业参评，其中5★+专业0个，5★专业0个，5★-专业0个，4★专业1个，3★专业6个，2★专业11个。

4★专业：播音与主持艺术 43/238。

通信地址：四川省绵阳市经开区机场东路83号
邮政编码：621000
电话号码：0816-6357995
学校网址：zjc.cymy.edu.cnl

13672　四川工商学院

在中国民办院校竞争力排行榜中的名次 75，四川省内排名 39/43，综合类排名 171/217。

共38个专业参评，其中5★+专业0个，5★专业0个，5★-专业0个，4★专业5个，3★专业14个，2★专业17个。

4★专业：经济与金融 13/69、财务管理 134/699、物流管理 79/455、舞蹈表演 20/139、环境设计 120/718。

通信地址：四川省成都市郫县团结镇学院街65号
邮政编码：610000
电话号码：028-87953080/38090999/87953086
学校网址：www.scgsxy.com

14410　四川电影电视学院

在中国民办院校竞争力排行榜中的名次 83，四川省内排名 40/43，艺术类排名 43/44。

共4个专业参评，其中5★+专业0个，5★专业0个，5★-专业0个，4★专业0个，3★专业1个，2★专业3个。

通信地址：四川省成都市金牛区华严路8号（金牛校区）/四川省成都是安仁镇金山路188号（安仁校区）
邮政编码：610037（金牛校区）/611331（安仁校区）
电话号码：028-87512806
学校网址：zs.scftvc.com

13816　四川工业科技学院

在中国民办院校竞争力排行榜中的名次 155，四川省内排名 42/43，综合类排名 193/217。

共23个专业参评，其中5★+专业0个，5★专业0个，5★-专业0个，4★专业3个，3★专业12个，2★专业8个。

4★专业：汽车服务工程 27/146、物流管理 51/455、酒店管理 35/196。

通信地址：四川省德阳罗江大学路59号四川工业科技学院（罗江校区）/四川德阳绵竹新市经济开发区（绵竹校区）
邮政编码：618500（罗江校区）/618209（绵竹校区）
电话号码：0838-3201799
学校网址：www.scit.cn

13670 成都银杏酒店管理学院

在中国民办院校竞争力排行榜中的名次184，四川省内排名43/43，财经类排名79/82。

共24个专业参评，其中5★+专业0个，5★专业0个，5★-专业0个，4★专业0个，3★专业1个，2★专业8个。

通信地址：四川省成都市郫都区红光镇广场路北二段60号
邮政编码：611743
电话号码：028-87979222
学校网址：http://www.chcedu.cn

湖南省

一流大学

91002 国防科技大学

在中国本科院校竞争力排行榜中的名次 18，湖南省内排名 1/37，理工类排名 8/309。

共 41 个专业参评，其中 5★+专业 0 个，5★专业 0 个，5★-专业 2 个，4★专业 6 个，3★专业 19 个，2★专业 11 个。

5★-专业：电子信息工程 64/645、计算机科学与技术 76/911。

4★专业：通信工程 97/511、自动化 87/453、机器人工程 27/223、软件工程 110/590、网络工程 51/315、物联网工程 97/498。

通信地址：湖南省长沙市国防科技大学招生办公室
邮政编码：410073
电话号码：0731-84574064
学校网址：http://www.gotonudt.cn

10533 中南大学

在中国本科院校竞争力排行榜中的名次 21，湖南省内排名 2/37，理工类排名 10/309。

共 90 个专业参评，其中 5★+专业 0 个，5★专业 19 个，5★-专业 25 个，4★专业 21 个，3★专业 22 个，2★专业 3 个。

5★专业：法学 19/584、英语 40/924、信息与计算科学 10/316、应用化学 13/375、机械设计制造及其自动化 9/521、电气工程及其自动化 28/567、计算机科学与技术 26/911、数据科学与大数据技术 8/544、土木工程 18/528、测绘工程 3/144、交通运输 3/117、交通设备与控制工程 1/18、麻醉学 2/58、精神医学 1/31、医学检验技术 8/151、护理学 9/278、工程管理 6/396、工商管理 20/547、劳动与社会保障 6/135。

5★-专业：国际经济与贸易 37/688、数学与应用数学 30/502、应用物理学 14/151、生物科学 19/271、车辆工程 14/260、材料科学与工程 19/216、冶金工程 4/37、电子信息工程 45/645、通信工程 35/511、自动化 24/453、软件工程 32/590、物联网工程 39/498、智能科学与技术 13/159、化学工程与工艺 17/326、制药工程 15/251、矿物加工工程 3/38、环境工程 33/361、建筑学 29/286、安全工程 10/149、临床医学 11/186、药学 13/231、信息管理与信息系统 22/391、会计学 48/652、行政管理 21/303、物流工程 11/111。

4★专业：金融学 53/385、社会学 9/84、思想政治教育 38/264、汉语言文学 84/604、法语 15/141、日语 66/461、广播电视学 19/166、数字出版 2/14、地理信息科学 20/166、生物技术 40/295、生物信息学 7/36、统计学 20/194、材料化学 20/137、新能源材料与器件 11/91、能源与动力工程 38/196、新能源科学与工程 12/109、电子信息科学与技术 31/191、轨道交通信号与控制 7/60、建筑环境与能源应用工程 22/178、城市地下空间工程 12/71、采矿工程 8/50。

通信地址：湖南省长沙市麓山南路 932 号
邮政编码：410083
电话号码：0731-88830995
学校网址：http://zhaosheng.csu.edu.cn

10532 湖南大学

在中国本科院校竞争力排行榜中的名次 38，湖南省内排名 3/37，理工类排名 21/309。

共 50 个专业参评，其中 5★+专业 2 个，5★专业 18 个，5★-专业 14 个，4★专业 10 个，3★专业 6 个，2★专业 0 个。

5★+专业：工商管理 1/547、电子商务 4/476。

5★专业：金融学 7/385、国际经济与贸易 10/688、法学 25/584、英语 22/924、日语 13/461、广告学 13/275、化学 11/295、应用化学 15/375、机械设计制造及其自动化 15/521、工业设计 3/226、车辆工程 5/260、电气工程及其自动化 9/567、自动化 17/453、计算机科学与技术 37/911、土木工程 17/528、建筑环境与能源应用工程 4/178、化学工程与工艺 9/326、会计学 23/652。

5★-专业：经济学 28/345、保险学 8/109、新闻学 26/314、数学与应用数学 42/502、信息与计算科学 30/316、统计学 15/194、材料成型及控制工程 12/228、电子信息工程 60/645、机器人工程 17/223、软件工程 31/590、给排水科学与工程 15/162、环境工程 30/361、建筑学 16/286、城乡规划 18/207。

4★专业：汉语言文学 87/604、历史学 43/244、生物技术 34/295、材料科学与工程 37/216、电子科学与技术 27/161、通信工程 56/511、信息安全 21/116、环境科学

24/181、行政管理 49/303、广播电视编导 47/239。

通信地址：湖南省长沙市岳麓区麓山南路 1 号

邮政编码：410082

电话号码：0731-88823560/88823067

学校网址：http://admi.hnu.edu.cn

10542　湖南师范大学

在中国本科院校竞争力排行榜中的名次 78，湖南省内排名 4/37，师范类排名 8/160。

共 84 个专业参评，其中 5★+专业 1 个，5★专业 6 个，5★-专业 18 个，4★专业 24 个，3★专业 29 个，2★专业 6 个。

5★+专业：英语 5/924。

5★专业：学前教育 16/395、汉语言文学 24/604、酒店管理 5/196、音乐表演 10/248、舞蹈学 4/201、美术学 8/337。

5★-专业：法学 37/584、知识产权 8/79、思想政治教育 16/264、教育学 5/84、体育教育 22/319、社会体育指导与管理 16/235、汉语国际教育 33/332、俄语 9/155、日语 26/461、新闻学 28/314、广告学 21/275、网络与新媒体 14/250、数学与应用数学 47/502、生物科学 18/271、生物技术 25/295、应用电子技术教育 1/8、旅游管理 39/455、音乐学 20/387。

4★专业：经济学 55/345、教育技术学 24/127、特殊教育 11/59、法语 24/141、朝鲜语 11/101、翻译 30/254、历史学 26/244、信息与计算科学 63/316、物理学 34/270、化学 41/295、地理科学 17/160、人文地理与城乡规划 16/115、地理信息科学 18/166、心理学 12/69、统计学 35/194、计算机科学与技术 176/911、数据科学与大数据技术 68/544、文化产业管理 21/149、会展经济与管理 18/104、绘画 23/174、艺术设计学 8/50、服装与服饰设计 38/234、工艺美术 14/85、数字媒体艺术 45/302。

通信地址：湖南省长沙市潇湘中路 122 号

邮政编码：410081

电话号码：0731-88872222

学校网址：http://zsb.hunnu.edu.cn

一 般 大 学

10530　湘潭大学

在中国本科院校竞争力排行榜中的名次 101，湖南省内排名 5/37，综合类排名 32/217。

共 70 个专业参评，其中 5★+专业 0 个，5★专业 2 个，5★-专业 12 个，4★专业 19 个，3★专业 33 个，2★专业 4 个。

5★专业：信息与计算科学 16/316、档案学 2/33。

5★-专业：经济学 21/345、法学 30/584、知识产权 5/79、广告学 25/275、数学与应用数学 50/502、应用化学 37/375、计算机科学与技术 87/911、网络工程 20/315、数据科学与大数据技术 38/544、公共事业管理 17/293、行政管理 22/303、旅游管理 38/455。

4★专业：国际经济与贸易 82/688、汉语言文学 77/604、汉语国际教育 45/332、英语 130/924、日语 89/461、新闻学 54/314、物理学 39/270、化学 39/295、机械设计制造及其自动化 74/521、电子信息工程 105/645、软件工程 86/590、土木工程 102/528、化学工程与工艺 49/326、信息管理与信息系统 45/391、工商管理 88/547、会计学 121/652、人力资源管理 56/428、文化产业管理 22/149、电子商务 82/476。

通信地址：湖南省湘潭市雨湖区

邮政编码：411105

电话号码：0731-58293275

学校网址：http://zhaosh.xtu.edu.cn

10536　长沙理工大学

在中国本科院校竞争力排行榜中的名次 144，湖南省内排名 6/37，理工类排名 62/309。

共 64 个专业参评，其中 5★+专业 1 个，5★专业 6 个，5★-专业 5 个，4★专业 18 个，3★专业 27 个，2★专业 7 个。

5★+专业：数字媒体艺术 3/302。

5★专业：汽车服务工程 6/146、电气工程及其自动化 19/567、工程管理 20/396、会计学 28/652、财务管理 35/699、环境设计 17/718。

5★-专业：金融学 39/385、轨道交通信号与控制 5/60、计算机科学与技术 66/911、网络工程 29/315、土木工程 27/528。

4★专业：国际经济与贸易 85/688、英语 129/924、翻译 50/254、应用统计学 18/172、机械设计制造及其自动化 71/521、电子信息工程 122/645、通信工程 82/511、软件工程 111/590、数据科学与大数据技术 99/544、建筑环境与能源应用工程 32/178、道路桥梁与渡河工程 12/73、测绘工程 17/144、交通运输 16/117、交通工程 14/107、市场营销 95/646、人力资源管理 72/428、物流工程 18/111、视觉传达设计 126/743。

通信地址：湖南省长沙市雨花区万家丽南路二段 960 号

邮政编码：410114

电话号码：0713-85256175

学校网址：http://www.edu.csust.edu.cnpub/zsw/index.htm

10537 湖南农业大学

在中国本科院校竞争力排行榜中的名次202，湖南省内排名7/37，农林类排名13/43。

共64个专业参评，其中5★+专业0个，5★专业0个，5★-专业0个，4★专业9个，3★专业34个，2★专业21个。

4★专业：食品科学与工程 31/278、食品质量与安全 31/230、风景园林 29/181、园艺 14/107、茶学 6/29、动物科学 14/84、市场营销 79/646、行政管理 51/303、劳动与社会保障 22/135。

通信地址：湖南省长沙市芙蓉区农大路1号
邮政编码：410128
电话号码：0731-84618084/84638406/84638407
学校网址：http://zs.hunau.edu.cn

10534 湖南科技大学

在中国本科院校竞争力排行榜中的名次203，湖南省内排名8/37，理工类排名81/309。

共80个专业参评，其中5★+专业0个，5★专业0个，5★-专业4个，4★专业9个，3★专业49个，2★专业17个。

5★-专业：金融工程 22/259、机械设计制造及其自动化 36/521、安全工程 13/149、美术学 32/337。

4★专业：国际经济与贸易 112/688、思想政治教育 29/264、汉语言文学 114/604、英语 111/924、机械电子工程 31/300、电气工程及其自动化 104/567、计算机科学与技术 166/911、音乐学 45/387、舞蹈表演 23/139。

通信地址：湖南省湘潭市桃园路
邮政编码：411201
电话号码：0731-58273804
学校网址：www.hnust.edu.cn

10538 中南林业科技大学

在中国本科院校竞争力排行榜中的名次223，湖南省内排名9/37，农林类排名16/43。

共75个专业参评，其中5★+专业0个，5★专业2个，5★-专业6个，4★专业8个，3★专业31个，2★专业25个。

5★专业：物流工程 4/111、环境设计 23/718。

5★-专业：食品科学与工程 21/278、市场营销 46/646、物流管理 31/455、旅游管理 41/455、视觉传达设计 53/743、产品设计 22/413。

4★专业：国际经济与贸易 103/688、法学 106/584、生态学 9/73、土木工程 100/528、环境科学 33/181、风景园林 20/181、园林 18/138、会计学 118/652。

通信地址：湖南省长沙市韶山南路498号
邮政编码：410004
电话号码：0731-85623099
学校网址：http://zjc.csuft.edu.cn

10555 南华大学

在中国本科院校竞争力排行榜中的名次241，湖南省内排名10/37，综合类排名54/217。

共62个专业参评，其中5★+专业0个，5★专业0个，5★-专业3个，4★专业9个，3★专业38个，2★专业12个。

5★-专业：软件工程 48/590、物联网工程 48/498、数字媒体艺术 30/302。

4★专业：国际经济与贸易 115/688、英语 165/924、机械设计制造及其自动化 100/521、建筑环境与能源应用工程 31/178、给排水科学与工程 23/162、建筑电气与智能化 11/72、核工程与核技术 6/29、安全工程 19/149、会计学 78/652。

通信地址：湖南省衡阳市常胜西路28号
邮政编码：421001
电话号码：0734-8282553
学校网址：http://zsw.usc.edu.cn

10531 吉首大学

在中国本科院校竞争力排行榜中的名次326，湖南省内排名11/37，综合类排名65/217。

共58个专业参评，其中5★+专业0个，5★专业0个，5★-专业0个，4★专业6个，3★专业22个，2★专业27个。

4★专业：体育教育 44/319、武术与民族传统体育 6/32、工商管理 97/547、电子商务 92/476、旅游管理 60/455、视觉传达设计 93/743。

通信地址：湖南省吉首市人民南路120号
邮政编码：416000
电话号码：0743-8564141
学校网址：http://jsuzs.jysd.com

11535 湖南工业大学

在中国本科院校竞争力排行榜中的名次348，湖南省内排名12/37，理工类排名136/309。

共60个专业参评，其中5★+专业0个，5★专

业0个，5★-专业2个，4★专业7个，3★专业32个，2★专业19个。

5★-专业：产品设计35/413、数字媒体艺术22/302。

4★专业：电气工程及其自动化85/567、自动化80/453、土木工程84/528、市场营销84/646、会计学124/652、财务管理83/699、环境设计141/718。

通信地址：湖南省株洲市天元区泰山西路
邮政编码：412007
电话号码：0731-22183355
学校网址：www.hut.edu.cn

10541　湖南中医药大学

在中国本科院校竞争力排行榜中的名次375，湖南省内排名13/37，医药类排名32/90。

共25个专业参评，其中5★+专业0个，5★专业1个，5★-专业0个，4★专业3个，3★专业11个，2★专业9个。

5★专业：中西医临床医学2/50。

4★专业：制药工程45/251、针灸推拿学7/49、中药学18/109。

通信地址：湖南省长沙市岳麓区含浦科教产业园学士路300号
邮政编码：410208
电话号码：0731-85381101
学校网址：http://zsjy.hnucm.edu.cn

10543　湖南理工学院

在中国本科院校竞争力排行榜中的名次386，湖南省内排名14/37，理工类排名147/309。

共45个专业参评，其中5★+专业0个，5★专业1个，5★-专业0个，4★专业1个，3★专业25个，2★专业18个。

5★专业：环境设计34/718。

4★专业：网络与新媒体32/250。

通信地址：湖南省岳阳市学院路
邮政编码：414006
电话号码：0730-8648876/8640127
学校网址：http://zjc.hnist.cn

10554　湖南工商大学

在中国本科院校竞争力排行榜中的名次405，湖南省内排名15/37，财经类排名28/82。

共46个专业参评，其中5★+专业0个，5★专业3个，5★-专业1个，4★专业11个，3★专业16个，2★专业12个。

5★专业：物流管理9/455、视觉传达设计34/743、环境设计27/718。

5★-专业：国际经济与贸易59/688。

4★专业：金融学41/385、保险学22/109、秘书学21/114、物联网工程87/498、工程管理78/396、工商管理66/547、市场营销76/646、会计学105/652、财务管理77/699、审计学27/192、旅游管理69/455。

通信地址：湖南省长沙市岳麓大道569号
邮政编码：410205
电话号码：0731-88686693
学校网址：http://www.hnuc.edu.cn

10549　湖南文理学院

在中国本科院校竞争力排行榜中的名次493，湖南省内排名16/37，师范类排名60/160。

共56个专业参评，其中5★+专业0个，5★专业0个，5★-专业0个，4★专业2个，3★专业14个，2★专业31个。

4★专业：音乐学68/387、舞蹈编导11/69。

通信地址：湖南省常德市洞庭大道3150号
邮政编码：415000
电话号码：0736-7186059
学校网址：http://www.huaszj.cn

10546　衡阳师范学院

在中国本科院校竞争力排行榜中的名次506，湖南省内排名17/37，师范类排名64/160。

共48个专业参评，其中5★+专业0个，5★专业0个，5★-专业0个，4★专业1个，3★专业8个，2★专业34个。

4★专业：音乐学62/387。

通信地址：湖南省衡阳市珠晖区衡花路16号（东校区）/湖南省衡阳市雁峰区黄白路165号（西校区）
邮政编码：421002
电话号码：0734-8486615
学校网址：http://zs.hynu.cn

11077　长沙学院

在中国本科院校竞争力排行榜中的名次518，湖南省内排名18/37，综合类排名86/217。

共44个专业参评，其中5★+专业0个，5★专业0个，5★-专业0个，4★专业1个，3★专业18个，2★专业24个。

4★专业：物业管理 3/24。

通信地址：湖南省长沙市开福区洪山路98号
邮政编码：410022
电话号码：0731-84261436
学校网址：http://zsjy.ccsu.cn

11342 湖南工程学院

在中国本科院校竞争力排行榜中的名次535，湖南省内排名19/37，理工类排名182/309。

共51个专业参评，其中5★+专业0个，5★专业1个，5★-专业0个，4★专业3个，3★专业17个，2★专业30个。

5★专业：环境设计 35/718。

4★专业：商务英语 54/365、电气工程及其自动化 90/567、视觉传达设计 76/743。

通信地址：湖南省湘潭市福星东路88号
邮政编码：411104
电话号码：0731-58688511
学校网址：www.hnie.edu.cn

12034 湖南第一师范学院

在中国本科院校竞争力排行榜中的名次556，湖南省内排名20/37，师范类排名72/160。

共29个专业参评，其中5★+专业0个，5★专业1个，5★-专业0个，4★专业1个，3★专业16个，2★专业10个。

5★专业：小学教育 7/256。

4★专业：英语 158/924。

通信地址：湖南省长沙市岳麓区枫林三路1015号
邮政编码：410205
电话号码：0731-88228176
学校网址：www.hnfnu.edu.cn

11527 湖南城市学院

在中国本科院校竞争力排行榜中的名次567，湖南省内排名21/37，理工类排名189/309。

共47个专业参评，其中5★+专业0个，5★专业0个，5★-专业0个，4★专业3个，3★专业17个，2★专业27个。

4★专业：网络与新媒体 40/250、音乐学 75/387、环境设计 135/718。

通信地址：湖南省益阳市迎宾东路518号
邮政编码：413000
电话号码：0737-4628858
学校网址：http://zj.hncu.net

10553 湖南人文科技学院

在中国本科院校竞争力排行榜中的名次576，湖南省内排名22/37，师范类排名78/160。

共46个专业参评，其中5★+专业0个，5★专业0个，5★-专业0个，4★专业2个，3★专业15个，2★专业25个。

4★专业：金融工程 47/259、音乐学 69/387。

通信地址：湖南省娄底市氐星路
邮政编码：417000
电话号码：0738-8325377
学校网址：http://www.huhst.edu.cn

10547 邵阳学院

在中国本科院校竞争力排行榜中的名次592，湖南省内排名23/37，综合类排名99/217。

共52个专业参评，其中5★+专业0个，5★专业0个，5★-专业0个，4★专业1个，3★专业16个，2★专业34个。

4★专业：音乐学 64/387。

通信地址：湖南省邵阳市大祥区
邮政编码：422000
电话号码：0739-5432591/5308781
学校网址：http://zsjy.hnsyu.net/zhaosheng

10551 湖南科技学院

在中国本科院校竞争力排行榜中的名次625，湖南省内排名24/37，综合类排名110/217。

共46个专业参评，其中5★+专业0个，5★专业0个，5★-专业0个，4★专业0个，3★专业18个，2★专业27个。

通信地址：湖南省永州市零陵区杨梓塘路130号
邮政编码：425199
电话号码：0746-6382188
学校网址：www.huse.edu.cn

10548 怀化学院

在中国本科院校竞争力排行榜中的名次

632，湖南省内排名 25/37，综合类排名 114/217。

共 48 个专业参评，其中 5★+专业 0 个，5★专业 0 个，5★-专业 0 个，4★专业 1 个，3★专业 17 个，2★专业 29 个。

4★专业：音乐学 71/387。

通信地址：湖南省怀化市迎丰东路 612 号
邮政编码：418008
电话号码：0745-2853370
学校网址：http://zsb.hhtc.edu.cn

11528　湖南工学院

在中国本科院校竞争力排行榜中的名次 636，湖南省内排名 26/37，理工类排名 200/309。

共 45 个专业参评，其中 5★+专业 0 个，5★专业 0 个，5★-专业 0 个，4★专业 0 个，3★专业 26 个，2★专业 16 个。

通信地址：湖南省衡阳市珠晖区衡花路 18 号
邮政编码：421002
电话号码：0734-3452345
学校网址：http://www.hnpu.edu.cn

10545　湘南学院

在中国本科院校竞争力排行榜中的名次 638，湖南省内排名 27/37，综合类排名 116/217。

共 46 个专业参评，其中 5★+专业 0 个，5★专业 0 个，5★-专业 1 个，4★专业 1 个，3★专业 13 个，2★专业 28 个。

5★-专业：环境设计 56/718。

4★专业：视觉传达设计 114/743。

通信地址：湖南省郴州市郴州大道 889 号
邮政编码：423000
电话号码：0735-2653053/2653289/2653052/2653055/2653189/0735-2653053（fax）
学校网址：http://www.xnu.edu.cnc/default.aspx

11538　湖南女子学院

在中国本科院校竞争力排行榜中的名次 702，湖南省内排名 29/37，文法类排名 31/64。

共 27 个专业参评，其中 5★+专业 0 个，5★专业 0 个，5★-专业 1 个，4★专业 2 个，3★专业 17 个，2★专业 7 个。

5★-专业：服装与服饰设计 22/234。

4★专业：家政学 2/9、视觉传达设计 119/743。

通信地址：湖南省长沙市中意一路 160 号
邮政编码：410004
电话号码：0731-85570812/82825069/82766142/82766112
学校网址：http://zsc.hnwu.edu.cn

13806　长沙师范学院

在中国本科院校竞争力排行榜中的名次 708，湖南省内排名 30/37，师范类排名 120/160。

共 26 个专业参评，其中 5★+专业 0 个，5★专业 0 个，5★-专业 2 个，4★专业 3 个，3★专业 11 个，2★专业 10 个。

5★-专业：学前教育 35/395、小学教育 21/256。

4★专业：音乐学 41/387、动画 31/278、美术学 48/337。

通信地址：湖南省长沙市星沙特立路 9 号
邮政编码：410100
电话号码：0731-8403-6198
学校网址：http://zs.cssf.cn

11532　湖南财政经济学院

在中国本科院校竞争力排行榜中的名次 713，湖南省内排名 31/37，财经类排名 43/82。

共 37 个专业参评，其中 5★+专业 0 个，5★专业 0 个，5★-专业 0 个，4★专业 1 个，3★专业 15 个，2★专业 21 个。

4★专业：电子商务 80/476。

通信地址：湖南省长沙市岳麓区枫林二路 139 号
邮政编码：410205
电话号码：0731-88811789
学校网址：http://www.hufe.edu.cn

11534　湖南警察学院

在中国本科院校竞争力排行榜中的名次 779，湖南省内排名 33/37，文法类排名 42/64。

共 13 个专业参评，其中 5★+专业 0 个，5★专业 0 个，5★-专业 1 个，4★专业 0 个，3★专业 6 个，2★专业 5 个。

5★-专业：交通管理工程 2/19。

通信地址：湖南省长沙市远大三路 9 号
邮政编码：410138
电话号码：0731-82791758
学校网址：www.hnpolice.com

13836　湖南信息学院

在中国本科院校竞争力排行榜中的名次

841，湖南省内排名 34/37，理工类排名 237/309。

共 23 个专业参评，其中 5★+专业 0 个，5★专业 1 个，5★-专业 0 个，4★专业 2 个，3★专业 9 个，2★专业 9 个。

5★专业：电子商务 14/476。

4★专业：网络工程 41/315、财务管理 109/699。

通信地址：湖南省长沙（星沙）经济技术开发区毛塘工业园
邮政编码：410151
电话号码：0731-84098666
学校网址：http://zsb.hnisc.com

12214　湖南医药学院

在中国本科院校竞争力排行榜中的名次 843，湖南省内排名 35/37，医药类排名 83/90。

共 15 个专业参评，其中 5★+专业 0 个，5★专业 0 个，5★-专业 0 个，4★专业 0 个，3★专业 6 个，2★专业 8 个。

通信地址：湖南省怀化市锦溪南路 492 号
邮政编码：418000
电话号码：0745-2382419
学校网址：http://www.hnmu.com.cn

民办院校

12303　湖南涉外经济学院

在中国民办院校竞争力排行榜中的名次 8，湖南省内排名 28/37，财经类排名 41/82。

共 45 个专业参评，其中 5★+专业 0 个，5★专业 0 个，5★-专业 0 个，4★专业 5 个，3★专业 15 个，2★专业 24 个。

4★专业：社会体育指导与管理 37/235、商务英语 52/365、电子商务 86/476、音乐学 57/387、产品设计 72/413。

通信地址：湖南省长沙市岳麓区高新技术产业开发区麓谷园
邮政编码：410205
电话号码：0731-88100988
学校网址：http://zs.hieu.edu.cn

10823　长沙医学院

在中国民办院校竞争力排行榜中的名次 17，湖南省内排名 32/37，医药类排名 77/90。

共 27 个专业参评，其中 5★+专业 0 个，5★专业 0 个，5★-专业 0 个，4★专业 1 个，3★专业 10 个，2★专业 16 个。

4★专业：财务管理 135/699。

通信地址：湖南省长沙市望城区雷锋大道 1501 号
邮政编码：410219
电话号码：0713-82858888
学校网址：http://www.csmu.edu.cn

13809　湖南应用技术学院

在中国民办院校竞争力排行榜中的名次 124，湖南省内排名 36/37，综合类排名 185/217。

共 21 个专业参评，其中 5★+专业 0 个，5★专业 0 个，5★-专业 0 个，4★专业 1 个，3★专业 8 个，2★专业 8 个。

4★专业：物流管理 62/455。

通信地址：湖南省常德市桥南善卷路 2058 号
邮政编码：415000
电话号码：0736-7388388/7377377
学校网址：http://www.hnyyjsxy.com

13924　湖南交通工程学院

在中国民办院校竞争力排行榜中的名次 157，湖南省内排名 37/37，综合类排名 195/217。

共 29 个专业参评，其中 5★+专业 0 个，5★专业 0 个，5★-专业 0 个，4★专业 0 个，3★专业 3 个，2★专业 22 个。

通信地址：湖南省衡阳市蒸湘区呆鹰岭
邮政编码：421001
电话号码：0734-8815001
学校网址：zs.hnjtgc.com

安徽省

一流大学

10358　中国科学技术大学

在中国本科院校竞争力排行榜中的名次 10，安徽省内排名 1/40，理工类排名 4/309。

共33个专业参评，其中5★+专业2个，5★专业14个，5★-专业6个，4★专业7个，3★专业4个，2★专业0个。

5★+专业：化学 1/295、统计学 1/194。

5★专业：数学与应用数学 8/502、信息与计算科学 7/316、物理学 4/270、应用物理学 6/151、地球物理学 1/21、生物科学 11/271、生物技术 15/295、材料物理 3/73、材料化学 2/137、高分子材料与工程 7/182、电子信息工程 14/645、通信工程 18/511、计算机科学与技术 24/911、信息安全 5/116。

5★-专业：测控技术与仪器 20/202、能源与动力工程 13/196、光电信息科学与工程 12/217、自动化 31/453、安全工程 8/149、管理科学 3/34。

4★专业：天文学 2/12、理论与应用力学 2/11、机械设计制造及其自动化 80/521、电子科学与技术 25/161、软件工程 65/590、环境科学 20/181、工商管理 77/547。

通信地址：安徽省合肥市金寨路96号
邮政编码：230026
电话号码：0551-63602553/63602563
学校网址：http://zsb.ustc.edu.cn

10359　合肥工业大学

在中国本科院校竞争力排行榜中的名次 55，安徽省内排名 2/40，理工类排名 30/309。

共86个专业参评，其中5★+专业2个，5★专业8个，5★-专业19个，4★专业19个，3★专业33个，2★专业5个。

5★+专业：金属材料工程 1/79、信息管理与信息系统 3/391。

5★专业：机械设计制造及其自动化 12/521、智能制造工程 6/117、电子信息工程 17/645、机器人工程 6/223、计算机科学与技术 16/911、土木工程 20/528、大数据管理与应用 2/69、电子商务 16/476。

5★-专业：思想政治教育 24/264、英语 72/924、材料成型及控制工程 14/228、车辆工程 26/260、测控技术与仪器 17/202、高分子材料与工程 17/182、粉体材料科学与工程 1/7、新能源材料与器件 6/91、电气工程及其自动化 40/567、通信工程 31/511、软件工程 49/590、物联网工程 34/498、智能科学与技术 14/159、城市地下空间工程 6/71、制药工程 24/251、食品科学与工程 19/278、建筑学 27/286、工商管理 37/547、会计学 43/652。

4★专业：金融工程 36/259、数学与应用数学 73/502、应用化学 61/375、工业设计 41/226、无机非金属材料工程 13/77、光电信息科学与工程 34/217、自动化 69/453、建筑环境与能源应用工程 21/178、给排水科学与工程 24/162、水利水电工程 13/84、测绘工程 25/144、化学工程与工艺 35/326、交通运输 23/117、交通工程 18/107、交通设备与控制工程 4/18、环境生态工程 12/63、食品质量与安全 25/230、生物工程 31/243、物流管理 59/455。

通信地址：安徽省合肥市屯溪路193号
邮政编码：230009
电话号码：0551-62902397
学校网址：http://bkzs.hfut.edu.cn

10357　安徽大学

在中国本科院校竞争力排行榜中的名次 89，安徽省内排名 3/40，综合类排名 30/217。

共84个专业参评，其中5★+专业0个，5★专业3个，5★-专业7个，4★专业25个，3★专业37个，2★专业12个。

5★专业：新闻学 14/314、计算机科学与技术 34/911、视觉传达设计 27/743。

5★-专业：法学 40/584、汉语言文学 38/604、汉语国际教育 29/332、广播电视学 17/166、信息与计算科学 28/316、电子信息工程 55/645、网络工程 31/315。

4★专业：国际经济与贸易 135/688、知识产权 12/79、社会工作 37/261、思想政治教育 52/264、英语 103/924、编辑出版学 7/42、网络与新媒体 30/250、历史学 25/244、数学与应用数学 58/502、应用物理学 26/151、化学 37/295、统计学 28/194、材料物理 11/73、高分子材料与工程 25/182、新能源材料与器件 16/91、通信工程 67/511、自动化 88/453、信息安全 20/116、数字媒体技术 28/224、智能科学与技术 20/159、测绘工程 26/144、信息管理与信息系统 49/391、工商管理 93/547、人力资源管理 46/428、物流管理 84/455。

通信地址：安徽省合肥市经济技术开发区九龙路111号
邮政编码：230601
电话号码：0551-63861667
学校网址：http://www.ahu.edu.cn

一般大学

10370　安徽师范大学

在中国本科院校竞争力排行榜中的名次168，安徽省内排名4/40，师范类排名18/160。

共72个专业参评，其中5★+专业1个，5★专业3个，5★-专业7个，4★专业22个，3★专业34个，2★专业4个。

5★+专业：秘书学1/114。

5★专业：汉语国际教育13/332、音乐学12/387、播音与主持艺术10/238。

5★-专业：思想政治教育21/264、学前教育28/395、社会体育指导与管理 20/235、汉语言文学 34/604、英语80/924、地理科学14/160、旅游管理26/455。

4★专业：法学105/584、社会工作40/261、小学教育40/256、体育教育40/319、休闲体育12/81、新闻学41/314、广告学33/275、网络与新媒体36/250、历史学40/244、数学与应用数学94/502、物理学40/270、化学35/295、应用化学51/375、地理信息科学29/166、生物科学45/271、生物技术55/295、计算机科学与技术133/911、物联网工程58/498、生物制药 16/101、音乐表演 37/248、美术学44/337、环境设计98/718。

通信地址：安徽省芜湖市北京东路1号
邮政编码：241000
电话号码：0553-5910161
学校网址：http://zsxx.ahnu.edu.cn

10360　安徽工业大学

在中国本科院校竞争力排行榜中的名次206，安徽省内排名5/40，理工类排名83/309。

共59个专业参评，其中5★+专业0个，5★专业0个，5★-专业2个，4★专业10个，3★专业38个，2★专业9个。

5★-专业：材料成型及控制工程23/228、光源与照明1/6。

4★专业：经济与金融 12/69、国际经济与贸易102/688、能源与动力工程 31/196、电气工程及其自动化59/567、自动化84/453、化学工程与工艺54/326、环保设备工程3/15、会计学83/652、物流工程13/111、视觉传达设计145/743。

通信地址：安徽省马鞍山市湖东路59号
邮政编码：243032
电话号码：0555-2315601/2315351/2315272
学校网址：http://www.ahut.edu.cn

10361　安徽理工大学

在中国本科院校竞争力排行榜中的名次221，安徽省内排名6/40，理工类排名87/309。

共76个专业参评，其中5★+专业0个，5★专业1个，5★-专业1个，4★专业6个，3★专业40个，2★专业26个。

5★专业：安全工程3/149。

5★-专业：机械设计制造及其自动化49/521。

4★专业：机械电子工程 33/300、电气工程及其自动化69/567、物联网工程56/498、土木工程55/528、环境工程43/361、工程造价45/257。

通信地址：安徽省淮南市舜耕中路168号
邮政编码：232001
电话号码：0554-6668487/6632810
学校网址：http://www.aust.edu.cn

10378　安徽财经大学

在中国本科院校竞争力排行榜中的名次255，安徽省内排名7/40，财经类排名14/82。

共49个专业参评，其中5★+专业0个，5★专业3个，5★-专业5个，4★专业8个，3★专业25个，2★专业8个。

5★专业：金融学12/385、投资学4/135、财务管理21/699。

5★-专业：金融工程23/259、互联网金融3/42、国际经济与贸易60/688、商务英语30/365、会计学41/652。

4★专业：经济学42/345、法学85/584、秘书学17/114、工程造价28/257、工商管理62/547、市场营销67/646、人力资源管理55/428、审计学25/192。

通信地址：安徽省蚌埠市蚌山区曹山路962号
邮政编码：233030
电话号码：0552-3176767
学校网址：http://www.aufe.edu.cn

10366　安徽医科大学

在中国本科院校竞争力排行榜中的名次

256，安徽省内排名 8/40，医药类排名 20/90。

共 29 个专业参评，其中 5★+专业 0 个，5★专业 3 个，5★-专业 4 个，4★专业 7 个，3★专业 8 个，2★专业 7 个。

5★专业：医学信息工程 1/47、公共事业管理 13/293、健康服务与管理 2/95。

5★-专业：临床医学 19/186、药学 16/231、康复治疗学 16/161、护理学 21/278。

4★专业：生物技术 59/295、麻醉学 7/58、预防医学 20/108、食品卫生与营养学 4/28、临床药学 6/48、医学检验技术 25/151、卫生检验与检疫 6/47。

通信地址：安徽省合肥市梅山路 81 号
邮政编码：230032
电话号码：0551-65167746
学校网址：http://zs.ahmu.edu.cn

10364 安徽农业大学

在中国本科院校竞争力排行榜中的名次 284，安徽省内排名 9/40，农林类排名 21/43。

共 70 个专业参评，其中 5★+专业 0 个，5★专业 2 个，5★-专业 1 个，4★专业 3 个，3★专业 40 个，2★专业 24 个。

5★专业：茶学 1/29、应用生物科学 1/12。

5★-专业：园林 9/138。

4★专业：生物技术 53/295、食品科学与工程 37/278、生物制药 17/101。

通信地址：安徽省合肥市长江西路 130 号
邮政编码：230036
电话号码：0551-65786603/65786135
学校网址：http://zsb.ahau.edu.cn

10363 安徽工程大学

在中国本科院校竞争力排行榜中的名次 353，安徽省内排名 10/40，理工类排名 139/309。

共 56 个专业参评，其中 5★+专业 0 个，5★专业 1 个，5★-专业 1 个，4★专业 5 个，3★专业 35 个，2★专业 14 个。

5★专业：互联网金融 2/42。

5★-专业：机器人工程 21/223。

4★专业：金融工程 35/259、机械设计制造及其自动化 98/521、生物制药 19/101、视觉传达设计 139/743、产品设计 65/413。

通信地址：安徽省芜湖市北京中路
邮政编码：241000
电话号码：0553-2871043
学校网址：http://www.ahpu.edu.cn

10372 安庆师范大学

在中国本科院校竞争力排行榜中的名次 418，安徽省内排名 11/40，师范类排名 46/160。

共 62 个专业参评，其中 5★+专业 0 个，5★专业 0 个，5★-专业 1 个，4★专业 3 个，3★专业 30 个，2★专业 25 个。

5★-专业：金融工程 19/259。

4★专业：社会工作 51/261、汉语言文学 105/604、表演 21/139。

通信地址：安徽省安庆市集贤北路 1318 号
邮政编码：246133
电话号码：0556-5300117
学校网址：http://zsw.aqtc.edu.cn

10369 安徽中医药大学

在中国本科院校竞争力排行榜中的名次 422，安徽省内排名 12/40，医药类排名 41/90。

共 22 个专业参评，其中 5★+专业 0 个，5★专业 0 个，5★-专业 1 个，4★专业 4 个，3★专业 10 个，2★专业 6 个。

5★-专业：中药学 9/109。

4★专业：保险学 20/109、中医学 10/64、针灸推拿学 9/49、药物制剂 16/86。

通信地址：安徽省合肥市前江路 1 号
邮政编码：230012
电话号码：0551-68129059
学校网址：http://zsjy.ahtcm.edu.cn.asp

11059 合肥学院

在中国本科院校竞争力排行榜中的名次 423，安徽省内排名 13/40，综合类排名 72/217。

共 46 个专业参评，其中 5★+专业 0 个，5★专业 0 个，5★-专业 0 个，4★专业 2 个，3★专业 13 个，2★专业 29 个。

4★专业：生物工程 38/243、供应链管理 4/23。

通信地址：安徽省合肥市经济技术开发区锦绣大道 99 号/158 号
邮政编码：230601
电话号码：0551-62158118
学校网址：www.hfuu.edu.cn

10878　安徽建筑大学

在中国本科院校竞争力排行榜中的名次 **433**，安徽省内排名 **14/40**，理工类排名 **160/309**。

共 **55** 个专业参评，其中 5★+专业 **0** 个，5★专业 **2** 个，5★-专业 **0** 个，4★专业 **7** 个，3★专业 **13** 个，2★专业 **32** 个。

5★专业：建筑电气与智能化 4/72、环境设计 26/718。

4★专业：无机非金属材料工程 14/77、土木工程 61/528、建筑环境与能源应用工程 33/178、给排水科学与工程 32/162、建筑学 54/286、城乡规划 25/207、视觉传达设计 90/743。

通信地址：安徽省合肥市包河区金寨路856号
邮政编码：230022
电话号码：0551-63513083
学校网址：http://www.ahjzu.edu.cn

10373　淮北师范大学

在中国本科院校竞争力排行榜中的名次 **470**，安徽省内排名 **15/40**，师范类排名 **56/160**。

共 **63** 个专业参评，其中 5★+专业 **0** 个，5★专业 **0** 个，5★-专业 **1** 个，4★专业 **7** 个，3★专业 **30** 个，2★专业 **25** 个。

5★-专业：学前教育 37/395。

4★专业：体育教育 62/319、社会体育指导与管理 30/235、汉语言文学 108/604、翻译 47/254、商务英语 72/365、美术学 50/337、书法学 21/111。

通信地址：安徽省淮北市东山路100号
邮政编码：235000
电话号码：0561-3803276
学校网址：http://hbcnczs.good-edu.cn

10371　阜阳师范大学

在中国本科院校竞争力排行榜中的名次 **491**，安徽省内排名 **16/40**，师范类排名 **59/160**。

共 **63** 个专业参评，其中 5★+专业 **0** 个，5★专业 **0** 个，5★-专业 **0** 个，4★专业 **2** 个，3★专业 **17** 个，2★专业 **36** 个。

4★专业：财务管理 131/699、电子商务 95/476。

通信地址：安徽省阜阳市清河西路100号
邮政编码：236037
电话号码：0558-2596225
学校网址：http://www.fync.edu.cn

10368　皖南医学院

在中国本科院校竞争力排行榜中的名次 **534**，安徽省内排名 **17/40**，医药类排名 **57/90**。

共 **23** 个专业参评，其中 5★+专业 **0** 个，5★专业 **0** 个，5★-专业 **0** 个，4★专业 **1** 个，3★专业 **13** 个，2★专业 **9** 个。

4★专业：应用心理学 48/244。

通信地址：安徽省芜湖市高教园文昌西路22号
邮政编码：241003
电话号码：0553-3932637/3932680
学校网址：http://zsb.wnmc.edu.cn

10367　蚌埠医学院

在中国本科院校竞争力排行榜中的名次 **538**，安徽省内排名 **18/40**，医药类排名 **58/90**。

共 **27** 个专业参评，其中 5★+专业 **0** 个，5★专业 **0** 个，5★-专业 **0** 个，4★专业 **2** 个，3★专业 **14** 个，2★专业 **10** 个。

4★专业：医学检验技术 28/151、健康服务与管理 18/95。

通信地址：安徽省蚌埠东海大道2600号大学城
邮政编码：233000
电话号码：0552-3178336
学校网址：http://www.bbmc.edu.cn

10375　黄山学院

在中国本科院校竞争力排行榜中的名次 **557**，安徽省内排名 **19/40**，综合类排名 **91/217**。

共 **56** 个专业参评，其中 5★+专业 **0** 个，5★专业 **1** 个，5★-专业 **0** 个，4★专业 **0** 个，3★专业 **9** 个，2★专业 **45** 个。

5★专业：酒店管理 10/196。

通信地址：安徽省黄山市屯溪区西海路39号
邮政编码：245041
电话号码：0559-2546568
学校网址：http://zsb.hsu.edu.cn

10879　安徽科技学院

在中国本科院校竞争力排行榜中的名次 **565**，安徽省内排名 **20/40**，理工类排名 **187/309**。

共 **44** 个专业参评，其中 5★+专业 **0** 个，5★专业 **0** 个，5★-专业 **0** 个，4★专业 **0** 个，3★专业 **22** 个，2★专业 **22** 个。

通信地址：安徽省凤阳县东华路9号
邮政编码：233100
电话号码：0550-6732041/6732178
学校网址：http://www.ahstu.edu.cn

14098　合肥师范学院

在中国本科院校竞争力排行榜中的名次582，安徽省内排名21/40，师范类排名79/160。

共51个专业参评，其中5★+专业0个，5★专业0个，5★-专业1个，4★专业0个，3★专业6个，2★专业41个。

5★-专业：网络与新媒体24/250。

通信地址：合肥市经济开发区莲花路1688号行知楼314 合肥市金寨路327号教科大楼4楼
邮政编码：230061
电话号码：0551-63674808
学校网址：http://www.hfnu.edu.cn

10377　滁州学院

在中国本科院校竞争力排行榜中的名次594，安徽省内排名22/40，综合类排名100/217。

共57个专业参评，其中5★+专业0个，5★专业0个，5★-专业0个，4★专业2个，3★专业13个，2★专业39个。

4★专业：物联网工程80/498、审计学37/192。

通信地址：安徽省滁州市会峰西路1号
邮政编码：239000
电话号码：0550-3518833
学校网址：http://www.chzu.edu.cn

10383　铜陵学院

在中国本科院校竞争力排行榜中的名次612，安徽省内排名23/40，综合类排名104/217。

共53个专业参评，其中5★+专业0个，5★专业0个，5★-专业0个，4★专业0个，3★专业11个，2★专业41个。

通信地址：安徽省铜陵市北京中路297号
邮政编码：244000
电话号码：0562-5883647
学校网址：http://zsb.tlu.edu.cn

10376　皖西学院

在中国本科院校竞争力排行榜中的名次614，安徽省内排名24/40，综合类排名106/217。

共57个专业参评，其中5★+专业0个，5★专业0个，5★-专业0个，4★专业0个，3★专业22个，2★专业33个。

通信地址：安徽省六安市云露桥西月亮岛
邮政编码：237012
电话号码：0564-3305015
学校网址：http://zsb.wxc.edu.cn

10381　淮南师范学院

在中国本科院校竞争力排行榜中的名次660，安徽省内排名25/40，师范类排名102/160。

共54个专业参评，其中5★+专业0个，5★专业0个，5★-专业1个，4★专业0个，3★专业19个，2★专业32个。

5★-专业：商务英语36/365。

通信地址：安徽省淮南市洞山西路238号
邮政编码：232038
电话号码：0554-6863550
学校网址：http://zsb.hnnu.edu.cn

10380　巢湖学院

在中国本科院校竞争力排行榜中的名次682，安徽省内排名26/40，综合类排名126/217。

共44个专业参评，其中5★+专业0个，5★专业0个，5★-专业0个，4★专业1个，3★专业18个，2★专业25个。

4★专业：酒店管理33/196。

通信地址：安徽省合肥巢湖经济开发区
邮政编码：238000
电话号码：0551-82361098/82361303/82362523
学校网址：http://www.chu.edu.cn

11306　池州学院

在中国本科院校竞争力排行榜中的名次691，安徽省内排名27/40，师范类排名114/160。

共44个专业参评，其中5★+专业0个，5★专业0个，5★-专业0个，4★专业3个，3★专业10个，2★专业29个。

4★专业：数据科学与大数据技术 87/544、视觉传达设计 100/743、环境设计 100/718。

通信地址：安徽省池州市教育园区池州学院
邮政编码：247000
电话号码：0566-2748992
学校网址：http://www.czu.edu.cn

10379　宿州学院

在中国本科院校竞争力排行榜中的名次711，安徽省内排名28/40，综合类排名131/217。

共51个专业参评，其中5★+专业0个，5★专业0个，5★-专业0个，4★专业1个，3★专业8个，2★专业40个。

4★专业：商务英语70/365。

通信地址：安徽省宿州市汴河中路49号
邮政编码：234000
电话号码：0557-2875361/2871081
学校网址：http://zjc.xzit.edu.cn

11305　蚌埠学院

在中国本科院校竞争力排行榜中的名次747，安徽省内排名29/40，师范类排名130/160。

共49个专业参评，其中5★+专业0个，5★专业0个，5★-专业0个，4★专业0个，3★专业5个，2★专业42个。

通信地址：安徽省蚌埠市曹山路1866号
邮政编码：233030
电话号码：0552-3177008
学校网址：http://www.bbc.edu.cn

12926　亳州学院

在中国本科院校竞争力排行榜中的名次864，安徽省内排名31/40，综合类排名165/217。

共26个专业参评，其中5★+专业0个，5★专业0个，5★-专业0个，4★专业1个，3★专业8个，2★专业16个。

4★专业：环境设计143/718。

通信地址：安徽省亳州市经济开发区汤王大道2266号
邮政编码：236800
电话号码：0558-5598588
学校网址：http://www.bzuu.edu.cn

民办院校

12216　安徽新华学院

在中国民办院校竞争力排行榜中的名次29，安徽省内排名30/40，理工类排名221/309。

共52个专业参评，其中5★+专业0个，5★专业0个，5★-专业0个，4★专业3个，3★专业21个，2★专业27个。

4★专业：经济与金融9/69、财务管理99/699、动画44/278。

通信地址：安徽省合肥市望江西路555号
邮政编码：230088
电话号码：0551-65872888
学校网址：http://zhaosheng.axhu.cn

10959　安徽三联学院

在中国民办院校竞争力排行榜中的名次66，安徽省内排名32/40，理工类排名243/309。

共40个专业参评，其中5★+专业0个，5★专业0个，5★-专业0个，4★专业0个，3★专业12个，2★专业28个。

通信地址：安徽合肥市经济技术开发区合安路47号
邮政编码：230601
电话号码：0551-63806967/18055194059
学校网址：http://www.slu.edu.cn

13613　安徽信息工程学院

在中国民办院校竞争力排行榜中的名次74，安徽省内排名33/40，理工类排名248/309。

共24个专业参评，其中5★+专业0个，5★专业0个，5★-专业0个，4★专业0个，3★专业8个，2★专业16个。

通信地址：安徽省芜湖市弋江区高教园区文津西路8号
邮政编码：241000
电话号码：0553-3913555/3913567
学校网址：http://www.ahpumec.edu.cn

13065　安徽外国语学院

在中国民办院校竞争力排行榜中的名次115，安徽省内排名34/40，文法类排名62/64。

共28个专业参评，其中5★+专业0个，5★专业0个，5★-专业0个，4★专业0个，3★专业8个，2★专业17个。

通信地址：安徽合肥市森林大道（西）2号
邮政编码：231201
电话号码：0551-68589666
学校网址：http://zsw.aflu.com.cn

12810　安徽文达信息工程学院

在中国民办院校竞争力排行榜中的名次121，安徽省内排名35/40，理工类排名270/309。

共35个专业参评，其中5★+专业0个，5★专

业0个，5★-专业0个，4★专业2个，3★专业7个，2★专业26个。

4★专业：财务管理127/699、视觉传达设计134/743。

通信地址：安徽省合肥市紫蓬山风景区森林大道三号
邮政编码：231201
电话号码：0551-68583277
学校网址：http://www.wendaedu.com.cn

14203 皖江工学院

在中国民办院校竞争力排行榜中的名次134，安徽省内排名36/40，理工类排名275/309。

共31个专业参评，其中5★+专业0个，5★专业0个，5★-专业0个，4★专业0个，3★专业2个，2★专业12个。

通信地址：安徽省马鞍山市霍里山大道333号
邮政编码：243031
电话号码：0555-5228888
学校网址：http://www.hhuwtian.edu.cn

13616 合肥经济学院

在中国民办院校竞争力排行榜中的名次169，安徽省内排名37/40，综合类排名202/217。

共26个专业参评，其中5★+专业0个，5★专业0个，5★-专业0个，4★专业0个，3★专业0个，2★专业11个。

通信地址：安徽省合肥市新站区学府路1号
邮政编码：无
电话号码：无
学校网址：无

13614 马鞍山学院

在中国民办院校竞争力排行榜中的名次185，安徽省内排名38/40，理工类排名300/309。

共29个专业参评，其中5★+专业0个，5★专业0个，5★-专业0个，4★专业0个，3★专业3个，2★专业18个。

通信地址：安徽省马鞍山市江东大道南段
邮政编码：243002
电话号码：0555-2311983
学校网址：http://iccszs.ahut.edu.cn

13611 蚌埠工商学院

在中国民办院校竞争力排行榜中的名次194，安徽省内排名39/40，财经类排名81/82。

共18个专业参评，其中5★+专业0个，5★专业0个，5★-专业0个，4★专业0个，3★专业0个，2★专业13个。

通信地址：蚌埠市东海大道7100号（新校区）蚌埠市宏业路255号（老校区）
邮政编码：233000
电话号码：0552-2567985
学校网址：http://acsxy.aufe.edu.cn

13615 合肥城市学院

在中国民办院校竞争力排行榜中的名次199，安徽省内排名40/40，理工类排名306/309。

共23个专业参评，其中5★+专业0个，5★专业0个，5★-专业0个，4★专业0个，3★专业0个，2★专业14个。

通信地址：合肥市黄麓科教园区
邮政编码：238076
电话号码：0551-88569000
学校网址：http://www.ajduc.edu.cnb

黑龙江省

一流大学

10213 哈尔滨工业大学

在中国本科院校竞争力排行榜中的名次 13，黑龙江省内排名 1/38，理工类排名 5/309。

共 80 个专业参评，其中 5★+专业 15 个，5★专业 31 个，5★-专业 10 个，4★专业 9 个，3★专业 14 个，2★专业 1 个。

5★+专业：机械设计制造及其自动化 2/521、材料成型及控制工程 2/228、机械电子工程 1/300、电子信息工程 4/645、通信工程 1/511、自动化 4/453、计算机科学与技术 3/911、数字媒体技术 1/224、数据科学与大数据技术 4/544、给排水科学与工程 2/162、建筑电气与智能化 1/72、城市地下空间工程 1/71、环境工程 2/361、环境科学 2/181、环境生态工程 1/63。

5★专业：数学与应用数学 24/502、信息与计算科学 9/316、工程力学 4/78、工业设计 6/226、车辆工程 12/260、测控技术与仪器 3/202、材料科学与工程 6/216、材料物理 4/73、材料化学 7/137、复合材料与工程 1/44、焊接技术与工程 1/40、能源与动力工程 6/196、电气工程及其自动化 7/567、电子科学与技术 6/161、光电信息科学与工程 6/217、软件工程 15/590、物联网工程 9/498、土木工程 6/528、建筑环境与能源应用工程 3/178、道路桥梁与渡河工程 2/73、遥感科学与技术 2/41、化学工程与工艺 5/326、飞行器制造工程 2/33、建筑学 10/286、城乡规划 6/207、工程管理 12/396、大数据管理与应用 3/69、工商管理 27/547、市场营销 19/646、会计学 19/652、财务管理 11/699。

5★-专业：应用化学 27/375、高分子材料与工程 18/182、人工智能 17/176、机器人工程 16/223、能源化学工程 5/59、交通工程 6/107、风景园林 12/181、生物工程 21/243、信息管理与信息系统 24/391、电子商务 26/476。

4★专业：化学 54/295、新能源科学与工程 16/109、微电子科学与工程 10/92、电子封装技术 2/8、信息安全 17/116、飞行器设计与工程 5/29、工业工程 29/150、环境设计 99/718、数字媒体艺术 34/302。

通讯地址：黑龙江省哈尔滨市南岗区西大直街92号（本部）/山东省威海市文化西路2号（威海）/广东省深圳市南山区西丽深圳大学城哈工大校区（深圳）
邮政编码：本部 150001/威海校区 264209/深圳校区 518055
电话号码：0451-86414671/0631-5689455/0755-26035891
学校网址：http://zsb.hit.edu.cn

10217 哈尔滨工程大学

在中国本科院校竞争力排行榜中的名次 63，黑龙江省内排名 2/38，理工类排名 34/309。

共 26 个专业参评，其中 5★+专业 1 个，5★专业 5 个，5★-专业 4 个，4★专业 8 个，3★专业 7 个，2★专业 1 个。

5★+专业：电子信息工程 6/645。

5★专业：能源与动力工程 7/196、通信工程 14/511、光电信息科学与工程 7/217、自动化 18/453、电子商务 13/476。

5★-专业：计算机科学与技术 60/911、软件工程 54/590、船舶与海洋工程 3/34、核化工与核燃料工程 1/6。

4★专业：材料科学与工程 32/216、材料物理 12/73、电气工程及其自动化 106/567、机器人工程 34/223、轮机工程 4/19、核工程与核技术 4/29、工商管理 76/547、公共事业管理 46/293。

通讯地址：黑龙江省哈尔滨市南岗区南通大街145号
邮政编码：150001
电话号码：0451-82519740
学校网址：http://zsb.hrbeu.edu.cn

10224 东北农业大学

在中国本科院校竞争力排行榜中的名次 123，黑龙江省内排名 3/38，农林类排名 8/43。

共 70 个专业参评，其中 5★+专业 0 个，5★专业 1 个，5★-专业 8 个，4★专业 10 个，3★专业 30 个，2★专业 20 个。

5★专业：食品科学与工程 4/278。

5★-专业：国际经济与贸易 65/688、农业机械化及其自动化 3/39、粮食工程 2/15、乳品工程 1/6、风景园林

16/181、农学 6/76、园艺 11/107、动物科学 7/84。

4★专业：保险学 17/109、生物科学 44/271、生物技术 42/295、物联网工程 53/498、食品质量与安全 24/230、植物科学与技术 4/21、园林 21/138、工程管理 61/396、市场营销 124/646、土地资源管理 12/93。

通讯地址：黑龙江省哈尔滨市香坊区木材街 59 号
邮政编码：150030
电话号码：0451-55190419
学校网址：zsb.neau.edu.cn

10225　东北林业大学

在中国本科院校竞争力排行榜中的名次 131，黑龙江省内排名 4/38，农林类排名 9/43。

共 63 个专业参评，其中 5★+专业 0 个，5★专业 3 个，5★-专业 7 个，4★专业 10 个，3★专业 35 个，2★专业 8 个。

5★专业：林学 1/46、园林 2/138、森林保护 1/19。

5★-专业：生物科学 21/271、生物技术 27/295、机械电子工程 24/300、森林工程 1/6、木材科学与工程 2/16、林产化工 1/9、野生动物与自然保护区管理 1/6。

4★专业：机械设计制造及其自动化 79/521、汽车服务工程 22/146、材料化学 26/137、计算机科学与技术 149/911、土木工程 76/528、交通工程 12/107、城乡规划 37/207、风景园林 25/181、农林经济管理 9/63、产品设计 55/413。

通讯地址：黑龙江省哈尔滨市香坊区和兴路 26 号
邮政编码：150040
电话号码：0451-82190346
学校网址：zhaosheng.nefu.edu.cn

一般大学

10212　黑龙江大学

在中国本科院校竞争力排行榜中的名次 140，黑龙江省内排名 5/38，综合类排名 39/217。

共 86 个专业参评，其中 5★+专业 1 个，5★专业 4 个，5★-专业 8 个，4★专业 20 个，3★专业 29 个，2★专业 24 个。

5★+专业：商务英语 2/365。

5★专业：英语 17/924、俄语 4/155、日语 16/461、翻译 10/254。

5★-专业：法学 33/584、汉语言文学 51/604、汉语国际教育 25/332、朝鲜语 10/101、网络工程 24/315、物联网工程 31/498、信息管理与信息系统 37/391、行政管理 28/303。

4★专业：哲学 11/70、经济学 64/345、国际经济与贸易 123/688、德语 15/110、法语 19/141、西班牙语 12/96、新闻学 42/314、广告学 38/275、化学 50/295、应用化学 53/375、材料化学 15/137、电子信息工程 95/645、通信工程 93/511、计算机科学与技术 116/911、软件工程 81/590、生物工程 43/243、生物制药 12/101、电子商务 74/476、旅游管理 72/455、环境设计 109/718。

通讯地址：黑龙江省哈尔滨市南岗区学府路 74 号
邮政编码：150080
电话号码：0451-86608661
学校网址：http://www.hlju.edu.cn

10226　哈尔滨医科大学

在中国本科院校竞争力排行榜中的名次 145，黑龙江省内排名 6/38，医药类排名 7/90。

共 14 个专业参评，其中 5★+专业 0 个，5★专业 1 个，5★-专业 5 个，4★专业 6 个，3★专业 1 个，2★专业 1 个。

5★专业：护理学 12/278。

5★-专业：基础医学 3/30、麻醉学 6/58、医学影像学 7/76、临床药学 5/48、公共事业管理 27/293。

4★专业：生物信息学 6/36、临床医学 20/186、儿科学 6/42、口腔医学 14/110、预防医学 12/108、药学 39/231。

通讯地址：黑龙江省哈尔滨市南岗区保健路 157 号
邮政编码：150081
电话号码：0451-86664885/86681434
学校网址：http://www.hrbmu.edu.cn

10214　哈尔滨理工大学

在中国本科院校竞争力排行榜中的名次 165，黑龙江省内排名 7/38，理工类排名 68/309。

共 56 个专业参评，其中 5★+专业 0 个，5★专业 2 个，5★-专业 11 个，4★专业 10 个，3★专业 25 个，2★专业 7 个。

5★专业：机械设计制造及其自动化 16/521、电气工程及其自动化 21/567。

5★-专业：机械电子工程 19/300、电子信息工程 51/645、自动化 45/453、计算机科学与技术 62/911、软件工程 45/590、网络工程 21/315、工商管理 55/547、市场营销 55/646、财务管理 51/699、视觉传达设计 60/743、环境设计 46/718。

4★专业：英语 134/924、日语 56/461、应用统计学 19/172、材料成型及控制工程 36/228、测控技术与仪器 29/202、高分子材料与工程 28/182、通信工程 78/511、电子信息科学与技术27/191、物联网工程57/498、会计学76/652。

通讯地址：黑龙江省哈尔滨市南岗区学府路52号（西校区）/哈尔滨市南岗区学府三道街2号（南校区）/哈尔滨市香坊区三大动力路23号（东校区）/山东省荣成市学院路2006号（荣成校区）
邮政编码：150080
电话号码：0451-86390111
学校网址：http://zs.hrbust.edu.cn

10220　东北石油大学

在中国本科院校竞争力排行榜中的名次242，黑龙江省内排名8/38，理工类排名96/309。

共59个专业参评，其中5★+专业0个，5★专业0个，5★-专业2个，4★专业9个，3★专业24个，2★专业21个。

5★-专业：电气工程及其自动化56/567、电子信息工程54/645。

4★专业：机械设计制造及其自动化84/521、过程装备与控制工程12/96、自动化82/453、计算机科学与技术110/911、化学工程与工艺51/326、油气储运工程7/34、财务管理116/699、舞蹈编导12/69、环境设计140/718。

通讯地址：黑龙江省大庆市高新技术开发区学府街99号
邮政编码：163318
电话号码：0459-6504671/6504674/6503662
学校网址：http://zsb.nepu.edu.cn

10231　哈尔滨师范大学

在中国本科院校竞争力排行榜中的名次244，黑龙江省内排名9/38，师范类排名28/160。

共87个专业参评，其中5★+专业0个，5★专业7个，5★-专业4个，4★专业16个，3★专业50个，2★专业8个。

5★专业：思想政治教育11/264、学前教育20/395、英语24/924、音乐学17/387、美术学9/337、摄影3/78、书法学6/111。

5★-专业：汉语言文学44/604、俄语16/155、日语39/461、动画21/278。

4★专业：教育学16/84、科学教育6/38、体育教育34/319、社会体育指导与管理33/235、汉语国际教育43/332、秘书学20/114、数学与应用数学96/502、物理学38/270、地理科学18/160、地理信息科学30/166、物联网工程68/498、数字媒体技术36/224、劳动与社会保障18/135、音乐表演30/248、舞蹈编导13/69、绘画22/174。

通讯地址：黑龙江省哈尔滨市利民经济技术开发区师大路1号
邮政编码：150025
电话号码：0451-88067377
学校网址：http://zsb.hrbnu.edu.cn

10228　黑龙江中医药大学

在中国本科院校竞争力排行榜中的名次312，黑龙江省内排名10/38，医药类排名28/90。

共23个专业参评，其中5★+专业0个，5★专业1个，5★-专业2个，4★专业9个，3★专业7个，2★专业4个。

5★专业：康复治疗学7/161。

5★-专业：中医学6/64、中药学11/109。

4★专业：制药工程37/251、针灸推拿学8/49、中医康复学3/13、中西医临床医学10/50、药学31/231、药物制剂10/86、医学实验技术3/18、护理学34/278、助产学8/55。

通讯地址：黑龙江省哈尔滨市香坊区和平路24号
邮政编码：150040
电话号码：0454-6103226
学校网址：http://zsjyc.hljucm.net

10240　哈尔滨商业大学

在中国本科院校竞争力排行榜中的名次320，黑龙江省内排名11/38，财经类排名19/82。

共62个专业参评，其中5★+专业0个，5★专业2个，5★-专业6个，4★专业19个，3★专业21个，2★专业14个。

5★专业：会计学31/652、酒店管理4/196。

5★-专业：经济统计学13/135、国际经济与贸易36/688、市场营销35/646、财务管理48/699、审计学12/192、物流管理27/455。

4★专业：经济学62/345、商务经济学3/20、税收学18/89、金融学57/385、金融工程45/259、商务英语47/365、机械设计制造及其自动化94/521、电子信息工程129/645、制药工程46/251、食品科学与工程44/278、烹饪与营养教育3/20、中药学20/109、体育经济与管理5/24、行政管理56/303、物流工程15/111、电子商务72/476、旅游管理61/455、环境设计101/718、产品设计77/413。

通讯地址：黑龙江省哈尔滨市松北区学海街1号（北校区）/黑龙江省哈尔滨市道里区通达街138号（南校区）
邮政编码：150028
电话号码：0451-84865257/84805261
学校网址：http://zsb.hrbcu.edu.cn

10232 齐齐哈尔大学

在中国本科院校竞争力排行榜中的名次398，黑龙江省内排名12/38，综合类排名70/217。

共72个专业参评，其中5★+专业0个，5★专业0个，5★-专业1个，4★专业3个，3★专业38个，2★专业28个。

5★-专业：舞蹈编导7/69。

4★专业：英语170/924、音乐表演31/248、环境设计132/718。

通讯地址：黑龙江省齐齐哈尔市建华区文化大街42号
邮政编码：161006
电话号码：0452-2738190
学校网址：http://zs.qqhru.edu.cn

10222 佳木斯大学

在中国本科院校竞争力排行榜中的名次428，黑龙江省内排名13/38，综合类排名73/217。

共68个专业参评，其中5★+专业0个，5★专业0个，5★-专业1个，4★专业3个，3★专业22个，2★专业36个。

5★-专业：环境设计54/718。

4★专业：英语173/924、制药工程47/251、音乐表演38/248。

通讯地址：黑龙江省佳木斯市学府街148号
邮政编码：154007
电话号码：0454-8796220
学校网址：http://zsjyc.hljucm.net

10223 黑龙江八一农垦大学

在中国本科院校竞争力排行榜中的名次444，黑龙江省内排名14/38，农林类排名33/43。

共48个专业参评，其中5★+专业0个，5★专业0个，5★-专业0个，4★专业4个，3★专业18个，2★专业21个。

4★专业：食品质量与安全33/230、食品营养与检验教育2/9、市场营销103/646、会计学127/652。

通讯地址：黑龙江省大庆市高新技术产业开发区新风路5号
邮政编码：163319
电话号码：0459-6819043/6819044
学校网址：http://www1.byau.edu.cn

14560 哈尔滨音乐学院

在中国本科院校竞争力排行榜中的名次474，黑龙江省内排名15/38，艺术类排名24/44。

共3个专业参评，其中5★+专业0个，5★专业0个，5★-专业0个，4★专业0个，3★专业1个，2★专业2个。

通讯地址：黑龙江省哈尔滨市松北区学子街3179号
邮政编码：150028
电话号码：0451-58597677
学校网址：http://www.hrbcm.edu.cn

10219 黑龙江科技大学

在中国本科院校竞争力排行榜中的名次486，黑龙江省内排名16/38，理工类排名166/309。

共55个专业参评，其中5★+专业0个，5★专业0个，5★-专业1个，4★专业3个，3★专业21个，2★专业25个。

5★-专业：机械工艺技术1/6。

4★专业：电气工程及其自动化100/567、安全工程27/149、工商管理105/547。

通讯地址：黑龙江省哈尔滨市松北区浦源路2468号
邮政编码：150022
电话号码：0451-88033300
学校网址：http://www.usth.edu.cn

11802 黑龙江工程学院

在中国本科院校竞争力排行榜中的名次547，黑龙江省内排名17/38，理工类排名185/309。

共47个专业参评，其中5★+专业0个，5★专业0个，5★-专业0个，4★专业0个，3★专业10个，2★专业25个。

通讯地址：黑龙江省哈尔滨市道外区红旗大街999号（东区）
邮政编码：150050
电话号码：0451-88028842
学校网址：http://www.hljit.edu.cn

10233 牡丹江师范学院

在中国本科院校竞争力排行榜中的名次550，黑龙江省内排名18/38，师范类排名70/160。

共55个专业参评，其中5★+专业0个，5★专业0个，5★-专业1个，4★专业3个，3★专业17个，2★专业27个。

5★-专业：翻译 25/254。

4★专业：英语 116/924、音乐学 77/387、环境设计 82/718。

通讯地址：黑龙江省牡丹江市爱民区文化街191号
邮政编码：157011
电话号码：0453-6512058
学校网址：http://zsjy.mdjnu.com/zsjy

10242　哈尔滨体育学院

在中国本科院校竞争力排行榜中的名次572，黑龙江省内排名19/38，体育类排名11/15。

共10个专业参评，其中5★+专业0个，5★专业1个，5★-专业0个，4★专业3个，3★专业2个，2★专业4个。

5★专业：舞蹈表演 7/139。

4★专业：体育教育 47/319、社会体育指导与管理 38/235、运动康复 9/65。

通讯地址：黑龙江省哈尔滨市南岗区大成街1号
邮政编码：150008
电话号码：0451-82766447/82713479
学校网址：http://www.hrbipe.edu.cn

10234　哈尔滨学院

在中国本科院校竞争力排行榜中的名次674，黑龙江省内排名20/38，综合类排名124/217。

共35个专业参评，其中5★+专业0个，5★专业0个，5★-专业0个，4★专业1个，3★专业8个，2★专业25个。

4★专业：小学教育 45/256。

通讯地址：黑龙江省哈尔滨市南岗区中兴大道109号
邮政编码：150086
电话号码：0451-86688519/86617723
学校网址：http://www.hrbu.edu.cn

10229　牡丹江医学院

在中国本科院校竞争力排行榜中的名次690，黑龙江省内排名21/38，医药类排名75/90。

共20个专业参评，其中5★+专业0个，5★专业0个，5★-专业0个，4★专业0个，3★专业4个，2★专业10个。

通讯地址：黑龙江省牡丹江市爱民区通乡街3号
邮政编码：157011
电话号码：0453-6585444
学校网址：http://mdjmuzs.university-hr.com

11230　齐齐哈尔医学院

在中国本科院校竞争力排行榜中的名次699，黑龙江省内排名22/38，医药类排名76/90。

共21个专业参评，其中5★+专业0个，5★专业0个，5★-专业0个，4★专业0个，3★专业6个，2★专业11个。

通讯地址：黑龙江省齐齐哈尔市建华卜奎北大街333号
邮政编码：161006
电话号码：0452-2664111
学校网址：http://zhaosheng.qmu.edu.cn

13744　黑河学院

在中国本科院校竞争力排行榜中的名次735，黑龙江省内排名23/38，文法类排名37/64。

共37个专业参评，其中5★+专业0个，5★专业0个，5★-专业0个，4★专业0个，3★专业5个，2★专业26个。

通讯地址：黑龙江省黑河市学院路1号
邮政编码：164300
电话号码：0456-6842222/6842777
学校网址：http://www.hhhxy.cn

10235　大庆师范学院

在中国本科院校竞争力排行榜中的名次785，黑龙江省内排名25/38，师范类排名138/160。

共40个专业参评，其中5★+专业0个，5★专业0个，5★-专业0个，4★专业2个，3★专业4个，2★专业34个。

4★专业：学前教育 43/395、市场营销 86/646。

通讯地址：黑龙江省大庆市让胡路区西佳路23号
邮政编码：163712
电话号码：0459-5510088/5510288
学校网址：http://zsjy.dqsy.net

10236　绥化学院

在中国本科院校竞争力排行榜中的名次790，黑龙江省内排名26/38，综合类排名148/217。

共38个专业参评，其中5★+专业0个，5★专业0个，5★-专业0个，4★专业0个，3★专业6个，2★专业26个。

通讯地址：黑龙江省绥化市黄河南路18号
邮政编码：152061
电话号码：0455-8301777
学校网址：zs.shxy.net

10245 哈尔滨金融学院

在中国本科院校竞争力排行榜中的名次 808，黑龙江省内排名 27/38，财经类排名 54/82。

共 22 个专业参评，其中 5★+专业 0 个，5★专业 0 个，5★-专业 0 个，4★专业 0 个，3★专业 12 个，2★专业 10 个。

通讯地址：黑龙江省哈尔滨市香坊区电碳路 65 号
邮政编码：150030
电话号码：0451-86143166
学校网址：http://zs.hrbfu.edu.cn

11445 黑龙江工业学院

在中国本科院校竞争力排行榜中的名次 886，黑龙江省内排名 28/38，理工类排名 249/309。

共 20 个专业参评，其中 5★+专业 0 个，5★专业 0 个，5★-专业 0 个，4★专业 0 个，3★专业 9 个，2★专业 9 个。

通讯地址：黑龙江省鸡西市和平南大街 99 号
邮政编码：158100
电话号码：0467-2395017
学校网址：http://www.hljut.edu.cn

民办院校

11446 黑龙江东方学院

在中国民办院校竞争力排行榜中的名次 31，黑龙江省内排名 24/38，综合类排名 145/217。

共 38 个专业参评，其中 5★+专业 0 个，5★专业 0 个，5★-专业 0 个，4★专业 0 个，3★专业 9 个，2★专业 29 个。

通讯地址：黑龙江省哈尔滨市平房区哈南工业新城核心区哈南十九路 1 号
邮政编码：150066
电话号码：0451-87505389/87505390
学校网址：http://www.dfxyzj.com

13307 哈尔滨华德学院

在中国民办院校竞争力排行榜中的名次 107，黑龙江省内排名 29/38，理工类排名 264/309。

共 27 个专业参评，其中 5★+专业 0 个，5★专业 0 个，5★-专业 0 个，4★专业 0 个，3★专业 7 个，2★专业 20 个。

通讯地址：黑龙江省哈尔滨市利民开发区学院路 288 号
邮政编码：150025
电话号码：0451-88128888/88128666
学校网址：http://zs.hhdu.edu.cn

13296 黑龙江外国语学院

在中国民办院校竞争力排行榜中的名次 108，黑龙江省内排名 30/38，师范类排名 157/160。

共 29 个专业参评，其中 5★+专业 0 个，5★专业 0 个，5★-专业 0 个，4★专业 3 个，3★专业 5 个，2★专业 17 个。

4★专业：商务英语 51/365、财务管理 128/699、环境设计 124/718。

通讯地址：黑龙江省哈尔滨市利民开发区师大南路 1 号
邮政编码：150025
电话号码：0451-88121000
学校网址：http://www.hiu.edu.cn

13298 黑龙江财经学院

在中国民办院校竞争力排行榜中的名次 130，黑龙江省内排名 31/38，财经类排名 71/82。

共 32 个专业参评，其中 5★+专业 0 个，5★专业 0 个，5★-专业 0 个，4★专业 1 个，3★专业 3 个，2★专业 24 个。

4★专业：审计学 31/192。

通讯地址：哈尔滨市利民开发区学院路 1230 号
邮政编码：150025
电话号码：0451-85911881
学校网址：http://www.hfu.edu.cn

13299 哈尔滨石油学院

在中国民办院校竞争力排行榜中的名次 132，黑龙江省内排名 32/38，理工类排名 274/309。

共 31 个专业参评，其中 5★+专业 0 个，5★专业 0 个，5★-专业 0 个，4★专业 0 个，3★专业 2 个，2★专业 24 个。

通讯地址：黑龙江省哈尔滨市松北区松浦路 297 号
邮政编码：150028
电话号码：0451-87174111/0451-87174222
学校网址：http://www.hip.edu.cn

13306 哈尔滨广厦学院

在中国民办院校竞争力排行榜中的名次

146，黑龙江省内排名 33/38，综合类排名 191/217。

共 15 个专业参评，其中 5★+专业 0 个，5★专业 0 个，5★-专业 0 个，4★专业 3 个，3★专业 6 个，2★专业 6 个。

4★专业：财务管理 107/699、视觉传达设计 127/743、环境设计 116/718。

通讯地址：黑龙江省哈尔滨市利民开发区学院路 1 号
邮政编码：150025
电话号码：0451-57350166/57350177
学校网址：http://zhaosheng.gsxy.cn

13303 哈尔滨剑桥学院

在中国民办院校竞争力排行榜中的名次 173，黑龙江省内排名 34/38，综合类排名 204/217。

共 24 个专业参评，其中 5★+专业 0 个，5★专业 0 个，5★-专业 0 个，4★专业 1 个，3★专业 10 个，2★专业 13 个。

4★专业：学前教育 63/395。

通讯地址：黑龙江省哈尔滨市香坊区哈平路 239 号
邮政编码：150069
电话号码：0451-86615811/86615822
学校网址：http://www.jqu.net.cn

12729 齐齐哈尔工程学院

在中国民办院校竞争力排行榜中的名次 174，黑龙江省内排名 35/38，理工类排名 296/309。

共 18 个专业参评，其中 5★+专业 0 个，5★专业 0 个，5★-专业 0 个，4★专业 0 个，3★专业 8 个，2★专业 10 个。

通讯地址：黑龙江省齐齐哈尔市喜庆路 1 号
邮政编码：161005
电话号码：0452-6186020/6186022
学校网址：http://www.qqhrit.com

13301 哈尔滨远东理工学院

在中国民办院校竞争力排行榜中的名次 182，黑龙江省内排名 36/38，理工类排名 297/309。

共 23 个专业参评，其中 5★+专业 0 个，5★专业 0 个，5★-专业 0 个，4★专业 0 个，3★专业 8 个，2★专业 13 个。

通讯地址：黑龙江省哈尔滨市利民开发区时代大街 158 号
邮政编码：150025
电话号码：0451-82473255/82473266
学校网址：http://www.fe-edu.com.cn

11635 哈尔滨信息工程学院

在中国民办院校竞争力排行榜中的名次 186，黑龙江省内排名 37/38，理工类排名 301/309。

共 10 个专业参评，其中 5★+专业 0 个，5★专业 0 个，5★-专业 0 个，4★专业 0 个，3★专业 4 个，2★专业 6 个。

通讯地址：哈尔滨市宾西经济技术开发区大学城 9 号
邮政编码：150025
电话号码：0451-58607888
学校网址：http://www.hxci.com.cn

13300 黑龙江工商学院

在中国民办院校竞争力排行榜中的名次 187，黑龙江省内排名 38/38，综合类排名 210/217。

共 24 个专业参评，其中 5★+专业 0 个，5★专业 0 个，5★-专业 0 个，4★专业 0 个，3★专业 2 个，2★专业 20 个。

通讯地址：黑龙江省哈尔滨市利民开发区学院路群英街 33 号
邮政编码：150025
电话号码：0451-56890198
学校网址：http://zsb.hibu.edu.cn

吉林省

一流大学

10183 吉林大学

在中国本科院校竞争力排行榜中的名次9，吉林省内排名1/34，综合类排名6/217。

共124个专业参评，其中5★+专业1个，5★专业30个，5★-专业33个，4★专业30个，3★专业27个，2★专业3个。

5★+专业：车辆工程2/260。

5★专业：经济学13/345、金融学19/385、国际经济与贸易8/688、法学7/584、社会工作11/261、汉语言文学10/604、日语12/461、数学与应用数学14/502、信息与计算科学11/316、物理学12/270、化学10/295、应用化学12/375、汽车服务工程2/146、智能制造工程4/117、材料物理2/73、材料化学5/137、高分子材料与工程3/182、通信工程20/511、电子信息科学与技术8/191、计算机科学与技术30/911、软件工程27/590、物联网工程6/498、水文与水资源工程3/52、勘查技术与工程2/35、农业机械化及其自动化1/39、信息管理与信息系统9/391、工商管理11/547、市场营销26/646、财务管理27/699、人力资源管理21/428。

5★-专业：哲学6/70、政治学与行政学6/83、西班牙语9/96、广告学26/275、历史学18/244、考古学2/25、文物与博物馆学4/48、应用物理学13/151、生物科学23/271、机械工程9/124、材料成型及控制工程18/228、工业设计14/226、测控技术与仪器12/202、材料科学与工程22/216、无机非金属材料工程5/77、电子信息工程40/645、电子科学与技术11/161、道路桥梁与渡河工程5/73、交通运输7/117、交通工程8/107、食品科学与工程18/278、食品质量与安全22/230、生物制药8/101、放射医学1/5、药物制剂6/86、护理学15/278、工程管理21/396、大数据管理与应用4/69、会计学40/652、行政管理29/303、劳动与社会保障13/135、物流管理38/455、绘画13/174。

4★专业：信用管理4/23、社会学10/84、思想政治教育36/264、英语124/924、俄语26/155、朝鲜语12/101、新闻学34/314、生物技术31/295、应用心理学42/244、统计学30/194、能源与动力工程32/196、电气工程及其自动化94/567、微电子科学与工程14/92、光电信息科学与工程43/217、自动化71/453、空间信息与数字技术3/13、土木工程64/528、测绘工程20/144、地下水科学与工程3/15、环境工程66/361、动物医学12/75、临床医学22/186、口腔医学17/110、预防医学19/108、药学36/231、康复治疗学23/161、土地资源管理11/93、档案学6/33、物流工程20/111、工业工程19/150。

通讯地址：吉林省长春市前进大街2699号
邮政编码：130012
电话号码：0431-85168305
学校网址：zsb.jlu.edu.cn

10200 东北师范大学

在中国本科院校竞争力排行榜中的名次66，吉林省内排名2/34，师范类排名7/160。

共51个专业参评，其中5★+专业2个，5★专业14个，5★-专业7个，4★专业16个，3★专业12个，2★专业0个。

5★+专业：小学教育1/256、美术学3/337。

5★专业：思想政治教育6/264、学前教育8/395、体育教育6/319、英语14/924、日语18/461、商务英语17/365、历史学7/244、数学与应用数学23/502、地理科学5/160、统计学10/194、音乐学19/387、舞蹈编导3/69、广播电视编导12/239、环境设计28/718。

5★-专业：教育技术学10/127、汉语言文学35/604、化学24/295、地理信息科学11/166、数字媒体技术17/224、视觉传达设计72/743、数字媒体艺术18/302。

4★专业：经济学60/345、金融学56/385、教育学9/84、俄语23/155、新闻学48/314、广告学47/275、物理学33/270、生物科学31/271、生物技术44/295、心理学10/69、计算机科学与技术121/911、环境工程71/361、环境科学23/181、会计学91/652、播音与主持艺术37/238、雕塑11/57。

通讯地址：吉林省长春市人民大街5268号
邮政编码：130024
电话号码：0431-85098500
学校网址：zsb.nenu.edu.cn

10184 延边大学

在中国本科院校竞争力排行榜中的名次235，吉林省内排名4/34，综合类排名52/217。

共72个专业参评，其中5★+专业0个，5★专业3个，5★-专业1个，4★专业6个，3★专业34个，2★专业24个。

5★专业：英语 18/924、日语 11/461、朝鲜语 2/101。

5★-专业：音乐学 34/387。

4★专业：汉语言文学 90/604、俄语 17/155、药学 33/231、药物制剂 12/86、护理学 52/278、音乐表演 43/248。

通讯地址：吉林省延吉市公园路977号
邮政编码：133002
电话号码：0433-2732477
学校网址：http://www.ybu.edu.cn

一般大学

10186 长春理工大学

在中国本科院校竞争力排行榜中的名次 177，吉林省内排名 3/34，理工类排名 71/309。

共55个专业参评，其中5★+专业0个，5★专业5个，5★-专业4个，4★专业8个，3★专业20个，2★专业18个。

5★专业：机械电子工程 5/300、测控技术与仪器 8/202、无机非金属材料工程 3/77、电子信息工程 30/645、数据科学与大数据技术 26/544。

5★-专业：机械设计制造及其自动化 43/521、功能材料 4/44、通信工程 50/511、计算机科学与技术 55/911。

4★专业：应用物理学 23/151、电子科学与技术 30/161、光电信息科学与工程 23/217、电子信息科学与技术 37/191、软件工程 62/590、网络工程 35/315、智能科学与技术 28/159、产品设计 61/413。

通讯地址：吉林省长春市朝阳区卫星路7089号
邮政编码：130022
电话号码：0431-85386281
学校网址：http://zsb.cust.edu.cn

10193 吉林农业大学

在中国本科院校竞争力排行榜中的名次 239，省内排名 5/34，农林类排名 17/43。

共56个专业参评，其中5★+专业0个，5★专业1个，5★-专业2个，4★专业10个，3★专业18个，2★专业23个。

5★专业：食品科学与工程 14/278。

5★-专业：家政学 1/9、园林 12/138。

4★专业：生物技术 47/295、食品质量与安全 38/230、生物制药 20/101、植物保护 9/56、种子科学与工程 6/38、农业资源与环境 10/49、动物科学 16/84、动物医学 9/75、中药资源与开发 7/37、农林经济管理 12/63。

通讯地址：吉林省长春市新城大街2888号
邮政编码：130118
电话号码：0431-84532980
学校网址：www.jlau.edu.cn

10190 长春工业大学

在中国本科院校竞争力排行榜中的名次 254，吉林省内排名 6/34，理工类排名 99/309。

共47个专业参评，其中5★+专业0个，5★专业0个，5★-专业1个，4★专业10个，3★专业21个，2★专业15个。

5★-专业：机械电子工程 23/300。

4★专业：国际经济与贸易 104/688、材料成型及控制工程 28/228、车辆工程 52/260、电气工程及其自动化 89/567、电子信息工程 81/645、自动化 66/453、计算机科学与技术 119/911、软件工程 112/590、数字媒体技术 38/224、化学工程与工艺 50/326。

通讯地址：吉林省长春市延安大街2055号
邮政编码：130012
电话号码：0431-85914753
学校网址：http://bzkzs.ccut.edu.cn

10188 东北电力大学

在中国本科院校竞争力排行榜中的名次 259，吉林省内排名 7/34，理工类排名 101/309。

共44个专业参评，其中5★+专业0个，5★专业0个，5★-专业2个，4★专业6个，3★专业24个，2★专业11个。

5★-专业：电气工程及其自动化 30/567、机器人工程 20/223。

4★专业：智能电网信息工程 5/29、电子信息工程 96/645、通信工程 90/511、自动化 57/453、计算机科学与技术 97/911、土木工程 85/528。

通讯地址：吉林省吉林市长春路169号
邮政编码：132012
电话号码：0432-64806749
学校网址：http://aaeo.neepu.edu.cn

10201 北华大学

在中国本科院校竞争力排行榜中的名次

311，吉林省内排名 8/34，综合类排名 63/217。

共 73 个专业参评，其中 5★+专业 0 个，5★专业 0 个，5★-专业 0 个，4★专业 5 个，3★专业 32 个，2★专业 28 个。

4★专业：学前教育 53/395、电气工程及其自动化 62/567、园林 27/138、医学检验技术 29/151、美术学 47/337。

通讯地址：吉林省吉林市丰满区滨江东路 3999 号
邮政编码：132013
电话号码：0432-64608596
学校网址：http://zsb.beihua.edu.cn

10203　吉林师范大学

在中国本科院校竞争力排行榜中的名次 344，吉林省内排名 9/34，师范类排名 36/160。

共 58 个专业参评，其中 5★+专业 0 个，5★专业 1 个，5★-专业 0 个，4★专业 8 个，3★专业 34 个，2★专业 14 个。

5★专业：小学教育 13/256。

4★专业：学前教育 45/395、体育教育 63/319、汉语言文学 88/604、汉语国际教育 65/332、英语 160/924、数学与应用数学 89/502、物理学 52/270、数据科学与大数据技术 84/544。

通讯地址：吉林省四平市铁西区海丰大街 1301 号
邮政编码：136000
电话号码：0434-3294661
学校网址：http://web.jlnu.edu.cn

10207　吉林财经大学

在中国本科院校竞争力排行榜中的名次 439，吉林省内排名 10/34，财经类排名 31/82。

共 36 个专业参评，其中 5★+专业 0 个，5★专业 0 个，5★-专业 1 个，4★专业 6 个，3★专业 19 个，2★专业 9 个。

5★-专业：会计学 49/652。

4★专业：税收学 13/89、金融学 68/385、国际经济与贸易 71/688、法学 117/584、工商管理 83/547、审计学 32/192。

通讯地址：吉林省长春市净月大街 3699 号
邮政编码：130117
电话号码：0431-84539100
学校网址：http://zsb.jlufe.edu.cn

10205　长春师范大学

在中国本科院校竞争力排行榜中的名次 454，吉林省内排名 11/34，师范类排名 52/160。

共 61 个专业参评，其中 5★+专业 0 个，5★专业 0 个，5★-专业 2 个，4★专业 3 个，3★专业 23 个，2★专业 31 个。

5★-专业：科学教育 4/38、人文教育 1/8。

4★专业：学前教育 47/395、表演 16/139、动画 41/278。

通讯地址：吉林省长春市二道区长吉北路 677 号
邮政编码：130031
电话号码：0431-86168222
学校网址：http://zhaosheng.ccsfu.edu.cn

11726　长春大学

在中国本科院校竞争力排行榜中的名次 456，吉林省内排名 12/34，综合类排名 77/217。

共 50 个专业参评，其中 5★+专业 0 个，5★专业 0 个，5★-专业 0 个，4★专业 0 个，3★专业 21 个，2★专业 25 个。

通讯地址：吉林省长春市朝阳区卫星路 6543 号
邮政编码：130022
电话号码：0431-85250087
学校网址：http://www.ccu.edu.cn

10199　长春中医药大学

在中国本科院校竞争力排行榜中的名次 467，吉林省内排名 13/34，医药类排名 48/90。

共 18 个专业参评，其中 5★+专业 0 个，5★专业 0 个，5★-专业 0 个，4★专业 3 个，3★专业 9 个，2★专业 6 个。

4★专业：制药工程 50/251、中医学 13/64、中药学 21/109。

通讯地址：吉林省长春市净月开发区博硕路 1035 号
邮政编码：130117
电话号码：0431-86172018
学校网址：http://www.ccucm.edu.cn

10191　吉林建筑大学

在中国本科院校竞争力排行榜中的名次 498，吉林省内排名 14/34，理工类排名 171/309。

共 48 个专业参评，其中 5★+专业 1 个，5★专业 0 个，5★-专业 0 个，4★专业 4 个，3★专业 11 个，2★专业 28 个。

5★+专业：环境设计 7/718。

4★专业：土木工程 82/528、建筑环境与能源应用工程 28/178、道路桥梁与渡河工程 8/73、建筑学 32/286。

通讯地址：吉林省长春市新城大街 5088 号
邮政编码：130118
电话号码：0431-84566063
学校网址：http://www.jliae.edu.cn

10209　吉林艺术学院

在中国本科院校竞争力排行榜中的名次 523，吉林省内排名 15/34，艺术类排名 28/44。

共 22 个专业参评，其中 5★+专业 1 个，5★专业 1 个，5★-专业 3 个，4★专业 4 个，3★专业 6 个，2★专业 7 个。

5★+专业：数字媒体艺术 2/302。

5★专业：视觉传达设计 15/743。

5★-专业：音乐表演 16/248、音乐学 27/387、表演 13/139。

4★专业：播音与主持艺术 47/238、动画 29/278、美术学 64/337、绘画 20/174。

通讯地址：吉林省长春市自由大路 695 号
邮政编码：130022
电话号码：0431-85641085
学校网址：http://zsb.jlart.edu.cn

10208　吉林体育学院

在中国本科院校竞争力排行榜中的名次 617，吉林省内排名 16/34，体育类排名 13/15。

共 12 个专业参评，其中 5★+专业 0 个，5★专业 0 个，5★-专业 2 个，4★专业 2 个，3★专业 5 个，2★专业 3 个。

5★-专业：社会体育指导与管理 14/235、表演 11/139。

4★专业：体育教育 37/319、运动人体科学 3/17。

通讯地址：吉林省长春市南关区自由大路 2476 号
邮政编码：130022
电话号码：0431-85267666
学校网址：www.jlsu.edu.cn

11437　长春工程学院

在中国本科院校竞争力排行榜中的名次 630，吉林省内排名 17/34，理工类排名 199/309。

共 48 个专业参评，其中 5★+专业 0 个，5★专业 0 个，5★-专业 0 个，4★专业 0 个，3★专业 9 个，2★专业 30 个。

通讯地址：吉林省长春市朝阳区宽平大路 395 号
邮政编码：130012
电话号码：0431-85947183
学校网址：http://zsb.ccit.edu.cn

10192　吉林化工学院

在中国本科院校竞争力排行榜中的名次 640，吉林省内排名 18/34，理工类排名 202/309。

共 42 个专业参评，其中 5★+专业 0 个，5★专业 0 个，5★-专业 0 个，4★专业 0 个，3★专业 9 个，2★专业 30 个。

通讯地址：吉林省吉林市龙潭区承德街 45 号
邮政编码：132022
电话号码：0432-63083056
学校网址：www.jlict.edu.cn

10206　白城师范学院

在中国本科院校竞争力排行榜中的名次 645，吉林省内排名 19/34，师范类排名 96/160。

共 47 个专业参评，其中 5★+专业 0 个，5★专业 0 个，5★-专业 0 个，4★专业 1 个，3★专业 5 个，2★专业 26 个。

4★专业：视觉传达设计 130/743。

通讯地址：吉林省白城市洮北区中兴西大路 57 号
邮政编码：137000
电话号码：0436-3555068
学校网址：http://www.bcsfxy.com

10204　吉林工程技术师范学院

在中国本科院校竞争力排行榜中的名次 724，吉林省内排名 21/34，师范类排名 124/160。

共 50 个专业参评，其中 5★+专业 0 个，5★专业 0 个，5★-专业 0 个，4★专业 3 个，3★专业 10 个，2★专业 28 个。

4★专业：动画 47/278、视觉传达设计 140/743、服装与服饰设计 33/234。

通讯地址：吉林省长春市凯旋路 3050 号
邮政编码：130052
电话号码：0431-86908039
学校网址：http://www.jltiet.edu.cn

10202　通化师范学院

在中国本科院校竞争力排行榜中的名次 731，吉林省内排名 22/34，师范类排名 125/160。

共40个专业参评,其中5★+专业0个,5★专业0个,5★-专业0个,4★专业0个,3★专业5个,2★专业29个。

通讯地址:吉林省通化市育才路950号
邮政编码:134000
电话号码:0435-3202077
学校网址:http://www.thnu.edu.cn

11261 吉林工商学院

在中国本科院校竞争力排行榜中的名次776,吉林省内排名24/34,财经类排名50/82。

共39个专业参评,其中5★+专业0个,5★专业0个,5★-专业0个,4★专业1个,3★专业6个,2★专业26个。

4★专业:动画38/278。

通讯地址:吉林省长春九台经济开发区卡伦湖大街1666号
邮政编码:130507
电话号码:0431-82306251/82306253
学校网址:http://www.jlbtc.edu.cn

13706 吉林医药学院

在中国本科院校竞争力排行榜中的名次798,吉林省内排名25/34,医药类排名82/90。

共21个专业参评,其中5★+专业0个,5★专业0个,5★-专业0个,4★专业0个,3★专业5个,2★专业12个。

通讯地址:吉林省吉林市吉林大街5号
邮政编码:132013
电话号码:0432-64560120
学校网址:http://www.jlmu.cn

11439 吉林农业科技学院

在中国本科院校竞争力排行榜中的名次820,吉林省内排名26/34,农林类排名40/43。

共43个专业参评,其中5★+专业0个,5★专业0个,5★-专业0个,4★专业0个,3★专业2个,2★专业26个。

通讯地址:吉林市吉林经济技术开发区翰林路77号
邮政编码:132101
电话号码:0432-3509600
学校网址:http://www.jlnku.com

11441 吉林警察学院

在中国本科院校竞争力排行榜中的名次853,吉林省内排名28/34,文法类排名53/64。

共16个专业参评,其中5★+专业0个,5★专业0个,5★-专业0个,4★专业1个,3★专业4个,2★专业9个。

4★专业:侦查学5/31。

通讯地址:吉林省长春市净月经济开发区博硕路1399号
邮政编码:130117
电话号码:0431-81108000
学校网址:ww.jljcxy.com

民办院校

10964 吉林外国语大学

在中国民办院校竞争力排行榜中的名次9,吉林省内排名20/34,文法类排名30/64。

共34个专业参评,其中5★+专业0个,5★专业0个,5★-专业1个,4★专业1个,3★专业3个,2★专业25个。

5★-专业:英语70/924。

4★专业:商务英语71/365。

通讯地址:吉林省长春市净月大街讯地址3658号
邮政编码:130117
电话号码:0431-84533585
学校网址:www.hqwy.com

13607 吉林动画学院

在中国民办院校竞争力排行榜中的名次28,吉林省内排名23/34,艺术类排名35/44。

共29个专业参评,其中5★+专业0个,5★专业1个,5★-专业0个,4★专业1个,3★专业5个,2★专业6个。

5★专业:动画14/278。

4★专业:数字媒体艺术52/302。

通讯地址:吉林省长春市高新开发区博识路168号
邮政编码:130032
电话号码:0431-87021904
学校网址:http://zs.jlai.edu.cn

13605 长春建筑学院

在中国民办院校竞争力排行榜中的名次46,吉林省内排名27/34,理工类排名231/309。

共43个专业参评,其中5★+专业0个,5★专业1个,5★-专业0个,4★专业1个,3★专业10

个，2★专业30个。

5★专业：环境设计32/718。

4★专业：工程造价35/257。

通讯地址：吉林省长春市双阳区奢岭高校园区
邮政编码：130604
电话号码：0431-89752111
学校网址：http://zhaosheng.jladi.com

13603　长春财经学院

在中国民办院校竞争力排行榜中的名次82，吉林省内排名29/34，财经类排名61/82。

共26个专业参评，其中5★+专业0个，5★专业0个，5★-专业0个，4★专业1个，3★专业11个，2★专业14个。

4★专业：审计学33/192。

通讯地址：吉林省长春市净月国家高新技术产业开发区擎天树街58号
邮政编码：130122
电话号码：0431-84512713
学校网址：http://www.ccufe.com

13606　长春科技学院

在中国民办院校竞争力排行榜中的名次99，吉林省内排名30/34，综合类排名178/217。

共50个专业参评，其中5★+专业0个，5★专业0个，5★-专业0个，4★专业0个，3★专业1个，2★专业41个。

通讯地址：吉林省长春市双阳区东华大街1699号
邮政编码：130600
电话号码：0431-84266666
学校网址：http://www.cstu.edu.cn

13662　长春人文学院

在中国民办院校竞争力排行榜中的名次119，吉林省内排名31/34，综合类排名184/217。

共37个专业参评，其中5★+专业0个，5★专业0个，5★-专业0个，4★专业0个，3★专业2个，2★专业18个。

通讯地址：吉林省长春净月国家高新技术产业开发区博硕路1488号
邮政编码：130117
电话号码：0431-84537195
学校网址：http://www.chsnenu.edu.cn

13600　长春光华学院

在中国民办院校竞争力排行榜中的名次125，吉林省内排名32/34，综合类排名186/217。

共43个专业参评，其中5★+专业0个，5★专业0个，5★-专业0个，4★专业0个，3★专业5个，2★专业32个。

通讯地址：吉林省长春市经济技术开发区武汉路3555号
邮政编码：130033
电话号码：0431-85552348
学校网址：www.ccughc.net

13602　长春电子科技学院

在中国民办院校竞争力排行榜中的名次149，吉林省内排名33/34，理工类排名281/309。

共32个专业参评，其中5★+专业0个，5★专业0个，5★-专业0个，4★专业0个，3★专业2个，2★专业24个。

通讯地址：长春市宽城区学理路333号
邮政编码：130012
电话号码：0431-81901666
学校网址：http://www.csoei.com

13604　吉林建筑科技学院

在中国民办院校竞争力排行榜中的名次162，吉林省内排名34/34，理工类排名288/309。

共38个专业参评，其中5★+专业0个，5★专业0个，5★-专业0个，4★专业0个，3★专业6个，2★专业23个。

通讯地址：吉林省长春市宽城区学建大路1111号
邮政编码：130111
电话号码：0431-81865508
学校网址：http://www.jlucc.edu.cn

江西省

一流大学

10403 南昌大学

在中国本科院校竞争力排行榜中的名次 53，江西省内排名 1/36，综合类排名 19/217。

共 103 个专业参评，其中 5★+专业 1 个，5★专业 4 个，5★-专业 13 个，4★专业 31 个，3★专业 45 个，2★专业 9 个。

5★+专业：食品科学与工程 2/278。

5★专业：广告学 14/275、新能源材料与器件 5/91、食品质量与安全 5/230、生物工程 12/243。

5★-专业：汉语言文学 55/604、汉语国际教育 31/332、英语 83/924、新闻学 23/314、广播电视学 12/166、机械设计制造及其自动化 34/521、材料成型及控制工程 22/228、通信工程 45/511、计算机科学与技术 81/911、土木工程 49/528、旅游管理 42/455、音乐学 39/387、产品设计 41/413。

4★专业：经济学 36/345、法学 75/584、知识产权 15/79、数学与应用数学 77/502、化学 56/295、应用化学 41/375、生物科学 43/271、应用心理学 36/244、过程装备与控制工程 16/96、车辆工程 30/260、材料科学与工程 31/216、高分子材料与工程 24/182、电气工程及其自动化 75/567、电子信息工程 85/645、软件工程 69/590、网络工程 50/315、制药工程 32/251、环境工程 40/361、建筑学 55/286、医学影像学 13/76、药学 34/231、康复治疗学 20/161、护理学 47/278、管理科学 6/34、信息管理与信息系统 48/391、工商管理 69/547、会计学 81/652、行政管理 40/303、公共关系学 2/14、电子商务 93/476、会展经济与管理 20/104。

通讯地址：江西省南昌市红谷滩新区学府大道 999 号
邮政编码：330047
电话号码：0791-88305092
学校网址：http://zjc.ncu.edu.cn

一般大学

10414 江西师范大学

在中国本科院校竞争力排行榜中的名次 151，江西省内排名 2/36，师范类排名 14/160。

共 76 个专业参评，其中 5★+专业 0 个，5★专业 3 个，5★-专业 7 个，4★专业 21 个，3★专业 36 个，2★专业 9 个。

5★专业：思想政治教育 12/264、英语 43/924、商务英语 11/365。

5★-专业：学前教育 26/395、小学教育 16/256、汉语言文学 33/604、历史学 23/244、化学 29/295、应用心理学 22/244、美术学 29/337。

4★专业：法学 102/584、体育教育 43/319、社会体育指导与管理 28/235、汉语国际教育 34/332、日语 60/461、广告学 51/275、数学与应用数学 51/502、应用化学 45/375、地理科学 20/160、心理学 13/69、计算机科学与技术 135/911、软件工程 85/590、房地产开发与管理 8/55、工商管理 99/547、市场营销 116/646、旅游管理 73/455、音乐表演 36/248、音乐学 61/387、舞蹈学 35/201、表演 26/139、广播电视编导 42/239。

通讯地址：江西省南昌市紫阳大道 99 号
邮政编码：330022
电话号码：0791-88120152
学校网址：http://zs.jxnu.edu.cngz.asp

10421 江西财经大学

在中国本科院校竞争力排行榜中的名次 162，江西省内排名 3/36，财经类排名 8/82。

共 42 个专业参评，其中 5★+专业 1 个，5★专业 11 个，5★-专业 9 个，4★专业 8 个，3★专业 9 个，2★专业 3 个。

5★+专业：会计学 3/652。

5★专业：经济统计学 6/135、金融学 15/385、国际经济与贸易 13/688、社会工作 10/261、应用统计学 3/172、数据科学与大数据技术 24/544、房地产开发与管理 2/55、市场营销 16/646、财务管理 13/699、人力资源管理 9/428、物流管理 16/455。

5★-专业：经济学 30/345、税收学 5/89、法学 35/584、商务英语 22/365、物联网工程 43/498、工商管理 33/547、电子商务 30/476、旅游管理 28/455、环境设计 39/718。

4★专业：财政学 10/83、社会体育指导与管理

46/235、新闻学 56/314、计算机科学与技术 136/911、软件工程 61/590、信息管理与信息系统 58/391、工程管理 54/396、国际商务 14/130。

通讯地址：江西省南昌市昌北经济技术开发区
邮政编码：330013
电话号码：0791-83816635
学校网址：http://www.jxufe.edu.cn

10406　南昌航空大学

在中国本科院校竞争力排行榜中的名次220，江西省内排名4/36，理工类排名86/309。

共58个专业参评，其中5★+专业0个，5★专业2个，5★-专业1个，4★专业8个，3★专业25个，2★专业19个。

5★专业：金属材料工程3/79、焊接技术与工程2/40。

5★-专业：物联网工程29/498。

4★专业：英语147/924、测控技术与仪器39/202、复合材料与工程 9/44、电子信息工程 78/645、软件工程82/590、网络工程44/315、环境工程50/361、动画56/278。

通讯地址：江西省南昌市丰和南大道696号
邮政编码：330063
电话号码：0791-83957505
学校网址：http://zjw.nchu.jx.cn

10404　华东交通大学

在中国本科院校竞争力排行榜中的名次258，江西省内排名5/36，理工类排名100/309。

共49个专业参评，其中5★+专业0个，5★专业0个，5★-专业3个，4★专业15个，3★专业22个，2★专业9个。

5★-专业：电气工程及其自动化48/567、通信工程46/511、给排水科学与工程9/162。

4★专业：机械设计制造及其自动化101/521、机械电子工程59/300、车辆工程34/260、电子信息工程86/645、自动化 58/453、轨道交通信号与控制 9/60、软件工程95/590、物联网工程84/498、土木工程58/528、建筑电气与智能化9/72、铁道工程2/11、交通运输20/117、市场营销99/646、会计学67/652、人力资源管理52/428。

通讯地址：江西省南昌市经济技术开发区双港东大街808号
邮政编码：330013
电话号码：0791-87046576
学校网址：http://zjb.ecjtu.edu.cn

10407　江西理工大学

在中国本科院校竞争力排行榜中的名次283，江西省内排名6/36，理工类排名112/309。

共52个专业参评，其中5★+专业0个，5★专业0个，5★-专业1个，4★专业7个，3★专业30个，2★专业14个。

5★-专业：测绘工程14/144。

4★专业：冶金工程7/37、金属材料工程15/79、电气工程及其自动化 72/567、自动化 81/453、软件工程101/590、工程造价34/257、数字媒体艺术57/302。

通讯地址：江西省赣州市红旗大道86号
邮政编码：341000
电话号码：0797-8312508
学校网址：http://zsjy.jxust.cn

10405　东华理工大学

在中国本科院校竞争力排行榜中的名次285，江西省内排名7/36，理工类排名113/309。

共55个专业参评，其中5★+专业0个，5★专业0个，5★-专业2个，4★专业4个，3★专业31个，2★专业18个。

5★-专业：软件工程58/590、测绘工程13/144。

4★专业：应用化学 68/375、计算机科学与技术182/911、资源勘查工程7/49、市场营销83/646。

通讯地址：江西省南昌市经济技术开发区广兰大道418号
邮政编码：330013
电话号码：0791-83897952
学校网址：http://zsb.ecut.edu.cn

10408　景德镇陶瓷大学

在中国本科院校竞争力排行榜中的名次303，江西省内排名8/36，艺术类排名11/44。

共49个专业参评，其中5★+专业0个，5★专业1个，5★-专业1个，4★专业8个，3★专业24个，2★专业12个。

5★专业：应用统计学5/172。

5★-专业：工艺美术5/85。

4★专业：国际经济与贸易93/688、机械设计制造及其自动化65/521、无机非金属材料工程 9/77、市场营销120/646、会计学117/652、财务管理91/699、美术学39/337、产品设计71/413。

通讯地址：江西省景德镇陶瓷学院
邮政编码：333403
电话号码：0798-8499720
学校网址：http://zs.jci.edu.cn

10410　江西农业大学

在中国本科院校竞争力排行榜中的名次322，江西省内排名9/36，农林类排名25/43。

共55个专业参评，其中5★+专业0个，5★专业1个，5★-专业0个，4★专业6个，3★专业24个，2★专业23个。

5★专业：园林6/138。

4★专业：生物工程45/243、动物科学13/84、动物医学14/75、动物药学3/23、林学7/46、土地资源管理15/93。

通讯地址：江西省南昌市经济技术开发区志敏大道1101号
邮政编码：330045
电话号码：0791-83813214
学校网址：http://zs.jxau.edu.cn

11318　江西科技师范大学

在中国本科院校竞争力排行榜中的名次360，江西省内排名10/36，师范类排名40/160。

共58个专业参评，其中5★+专业0个，5★专业2个，5★-专业2个，4★专业1个，3★专业22个，2★专业28个。

5★专业：酒店管理8/196、视觉传达设计29/743。

5★-专业：学前教育29/395、动画16/278。

4★专业：旅游管理77/455。

通讯地址：江西省南昌红角洲学府大道589号行政楼C楼347室
邮政编码：330038
电话号码：0791-83835961
学校网址：http://zsjy.jxstnu.edu.cnzjc/hb_zsindex.asp

10412　江西中医药大学

在中国本科院校竞争力排行榜中的名次385，江西省内排名11/36，医药类排名34/90。

共25个专业参评，其中5★+专业0个，5★专业0个，5★-专业0个，4★专业5个，3★专业17个，2★专业3个。

4★专业：医学信息工程9/47、中医养生学3/13、药学35/231、中药学15/109、公共事业管理57/293。

通讯地址：江西省南昌市湾里区兴湾大道818号
邮政编码：330004
电话号码：0791-87119528
学校网址：http://zjc.jxutcm.edu.cnZSystem/z.aspx

10418　赣南师范大学

在中国本科院校竞争力排行榜中的名次431，江西省内排名12/36，师范类排名48/160。

共51个专业参评，其中5★+专业0个，5★专业0个，5★-专业0个，4★专业3个，3★专业20个，2★专业27个。

4★专业：体育教育61/319、英语138/924、音乐学66/387。

通讯地址：江西省赣州经济技术开发区师院南路
邮政编码：341000
电话号码：0797-8393638
学校网址：http://zs.gnnu.cn

11319　南昌工程学院

在中国本科院校竞争力排行榜中的名次476，江西省内排名13/36，理工类排名165/309。

共46个专业参评，其中5★+专业0个，5★专业0个，5★-专业0个，4★专业1个，3★专业22个，2★专业20个。

4★专业：工程造价41/257。

通讯地址：江西省南昌市高新开发区天祥大道289号
邮政编码：330099
电话号码：0791-88126666
学校网址：http://envo.nit.edu.cn

10419　井冈山大学

在中国本科院校竞争力排行榜中的名次484，江西省内排名14/36，综合类排名83/217。

共59个专业参评，其中5★+专业0个，5★专业0个，5★-专业0个，4★专业0个，3★专业5个，2★专业40个。

通讯地址：江西省吉安市青原区井冈山大学
邮政编码：343009
电话号码：0796-8116983/8100735
学校网址：http://zs.jgsu.edu.cn

11843　九江学院

在中国本科院校竞争力排行榜中的名次516，江西省内排名16/36，综合类排名85/217。

共78个专业参评，其中5★+专业0个，5★专业0个，5★-专业2个，4★专业5个，3★专业13个，2★专业39个。

5★-专业：工程造价26/257、环境设计55/718。

4★专业：国际经济与贸易108/688、广播电视编导28/239、播音与主持艺术42/238、视觉传达设计84/743、产品设计64/413。

通讯地址：江西省九江市前进东路551号
邮政编码：332005
电话号码：0792-8310030
学校网址：http://www.jju.edu.cn

10417　宜春学院

在中国本科院校竞争力排行榜中的名次559，江西省内排名18/36，综合类排名92/217。

共63个专业参评，其中5★+专业0个，5★专业1个，5★-专业1个，4★专业1个，3★专业6个，2★专业43个。

5★专业：视觉传达设计32/743。

5★-专业：环境设计47/718。

4★专业：学前教育78/395。

通讯地址：江西省宜春市学府路576号
邮政编码：336000
电话号码：0795-3201926
学校网址：http://www.jxycu.edu.cn

10416　上饶师范学院

在中国本科院校竞争力排行榜中的名次610，江西省内排名19/36，师范类排名89/160。

共45个专业参评，其中5★+专业0个，5★专业0个，5★-专业2个，4★专业1个，3★专业10个，2★专业32个。

5★-专业：舞蹈学17/201、播音与主持艺术17/238。

4★专业：环境设计122/718。

通讯地址：江西省上饶市志敏大道401号
邮政编码：334000
电话号码：0793-8150684
学校网址：http://zsjy.sru.jx.cn

10413　赣南医学院

在中国本科院校竞争力排行榜中的名次661，江西省内排名20/36，医药类排名72/90。

共26个专业参评，其中5★+专业0个，5★专业0个，5★-专业0个，4★专业1个，3★专业5个，2★专业17个。

4★专业：助产学11/55。

通讯地址：江西省赣州市章贡区医学院路1号
邮政编码：341000
电话号码：0797-8269722
学校网址：http://www.gmu.cn

11508　新余学院

在中国本科院校竞争力排行榜中的名次757，江西省内排名21/36，综合类排名142/217。

共35个专业参评，其中5★+专业0个，5★专业1个，5★-专业1个，4★专业0个，3★专业5个，2★专业23个。

5★专业：视觉传达设计20/743。

5★-专业：环境设计45/718。

通讯地址：江西省新余市高新区阳光大道2666号
邮政编码：338004
电话号码：0790-6666056
学校网址：http://www.xyafu.edu.cn

13774　豫章师范学院

在中国本科院校竞争力排行榜中的名次801，江西省内排名22/36，师范类排名142/160。

共23个专业参评，其中5★+专业0个，5★专业0个，5★-专业0个，4★专业0个，3★专业0个，2★专业15个。

通讯地址：江西省南昌市梅岭大道1999号
邮政编码：330103
电话号码：0791-87545116/87545147
学校网址：http://www.yuznu.cnhtml

14437　南昌师范学院

在中国本科院校竞争力排行榜中的名次825，江西省内排名23/36，师范类排名150/160。

共25个专业参评，其中5★+专业0个，5★专业0个，5★-专业0个，4★专业0个，3★专业6个，2★专业17个。

通讯地址：江西省南昌市瑞香路889号
邮政编码：330032
电话号码：0791-83818931
学校网址：www.jxie.edu.cnzjc

10894　景德镇学院

在中国本科院校竞争力排行榜中的名次

834，江西省内排名 25/36，综合类排名 156/217。

共 28 个专业参评，其中 5★+专业 0 个，5★专业 0 个，5★-专业 1 个，4★专业 0 个，3★专业 5 个，2★专业 21 个。

5★-专业：工艺美术 9/85。

通讯地址：江西省景德镇市瓷都大道 838 号
邮政编码：333000
电话号码：0798-8336008
学校网址：http://jcc.good-edu.cn

11504 江西警察学院

在中国本科院校竞争力排行榜中的名次 854，江西省内排名 26/36，文法类排名 54/64。

共 12 个专业参评，其中 5★+专业 0 个，5★专业 0 个，5★-专业 0 个，4★专业 0 个，3★专业 3 个，2★专业 9 个。

通讯地址：江西省南昌市新建县兴湾大道 1666 号
邮政编码：330100
电话号码：0791-88673333
学校网址：http://zjc.jxga.com

10895 萍乡学院

在中国本科院校竞争力排行榜中的名次 878，江西省内排名 27/36，综合类排名 168/217。

共 30 个专业参评，其中 5★+专业 0 个，5★专业 0 个，5★-专业 0 个，4★专业 1 个，3★专业 4 个，2★专业 21 个。

4★专业：商务英语 55/365。

通讯地址：江西省萍乡市萍安北大道 211 号
邮政编码：337055
电话号码：07996684491 6682122 66843555
学校网址：http://zsw.pxc.jx.cn

13434 赣南科技学院

江西省内排名 32/36，理工类排名 287/309。

共 28 个专业参评，其中 5★+专业 0 个，5★专业 0 个，5★-专业 0 个，4★专业 0 个，3★专业 0 个，2★专业 16 个。

通讯地址：江西省赣州市客家大道 156 号
邮政编码：341000
电话号码：0797-8312688
学校网址：http://www.asc.jx.cn

13437 南昌医学院

江西省内排名 34/36，医药类排名 88/90。

共 11 个专业参评，其中 5★+专业 0 个，5★专业 0 个，5★-专业 0 个，4★专业 0 个，3★专业 0 个，2★专业 11 个。

通讯地址：江西省南昌市湾里区梅岭大道 819 号
邮政编码：330004
电话号码：0791-86588664
学校网址：www.jxtcmstc.com

13432 赣东学院

江西省内排名 35/36，理工类排名 305/309。

共 22 个专业参评，其中 5★+专业 0 个，5★专业 0 个，5★-专业 0 个，4★专业 0 个，3★专业 0 个，2★专业 11 个。

通讯地址：江西省抚州市学府路
邮政编码：344000
电话号码：0794-8258122
学校网址：http://www.ecutcj.edu.cn

民办院校

10846 江西科技学院

在中国民办院校竞争力排行榜中的名次 1，江西省内排名 15/36，理工类排名 173/309。

共 35 个专业参评，其中 5★+专业 0 个，5★专业 0 个，5★-专业 2 个，4★专业 4 个，3★专业 14 个，2★专业 15 个。

5★-专业：汽车服务工程 8/146、环境设计 71/718。

4★专业：机器人工程 45/223、人力资源管理 85/428、广播电视编导 38/239、服装与服饰设计 43/234。

通讯地址：江西省南昌市瑶湖高校园区江西科技学院
邮政编码：330098
电话号码：0791-88138888
学校网址：http://zsb.jxut.edu.cn

12795 南昌理工学院

在中国民办院校竞争力排行榜中的名次 3，江西省内排名 17/36，理工类排名 181/309。

共 52 个专业参评，其中 5★+专业 0 个，5★专业 0 个，5★-专业 2 个，4★专业 2 个，3★专业 18 个，2★专业 25 个。

5★-专业：工程造价 24/257、广播电视编导 20/239。

4★专业：电子商务 78/476、表演 15/139。

通讯地址：江西省南昌市国家经济技术开发区英雄大道901号
邮政编码：330044
电话号码：0791-83890888
学校网址：http://zsb.nclg.com.cn

13421　南昌工学院

在中国民办院校竞争力排行榜中的名次 44，江西省内排名 24/36，理工类排名 229/309。

共37个专业参评，其中5★+专业0个，5★专业0个，5★-专业0个，4★专业2个，3★专业4个，2★专业22个。

4★专业：学前教育 76/395、智能科学与技术 23/159。

通讯地址：江西省南昌市红谷滩新区创业南路998号
邮政编码：330108
电话号码：0791-87583640
学校网址：http://zjc.ncgxy.com

12766　江西工程学院

在中国民办院校竞争力排行榜中的名次 71，江西省内排名 28/36，理工类排名 247/309。

共28个专业参评，其中5★+专业0个，5★专业0个，5★-专业1个，4★专业0个，3★专业3个，2★专业17个。

5★-专业：电子商务 31/476。

通讯地址：江西省新余市仙来西大道859号
邮政编码：338000
电话号码：0790-6351177
学校网址：web.ygxy.com

13418　江西服装学院

在中国民办院校竞争力排行榜中的名次 78，江西省内排名 29/36，理工类排名 251/309。

共20个专业参评，其中5★+专业0个，5★专业0个，5★-专业0个，4★专业0个，3★专业3个，2★专业5个。

通讯地址：江西省南昌市向塘经济开发区
邮政编码：330201
电话号码：0791-5158888
学校网址：http://www.fuzhuang.com.cn

13431　南昌交通学院

在中国民办院校竞争力排行榜中的名次 129，江西省内排名 30/36，理工类排名 273/309。

共36个专业参评，其中5★+专业0个，5★专业0个，5★-专业0个，4★专业0个，3★专业3个，2★专业33个。

通讯地址：江西省南昌经济技术开发区广兰大道899号
邮政编码：330100
电话号码：0791-82121208
学校网址：www.ecjtuit.com.cn

12938　江西应用科技学院

在中国民办院校竞争力排行榜中的名次 139，江西省内排名 31/36，综合类排名 188/217。

共31个专业参评，其中5★+专业0个，5★专业0个，5★-专业0个，4★专业2个，3★专业2个，2★专业19个。

4★专业：商务英语 56/365、物流管理 86/455。

通讯地址：江西省南昌市新建联福大道001号
邮政编码：330100
电话号码：0791-7129001
学校网址：http://www.jxcsedu.com/zhaosheng

13435　景德镇艺术职业大学

在中国民办院校竞争力排行榜中的名次 164，江西省内排名 33/36，理工类排名 290/309。

共21个专业参评，其中5★+专业0个，5★专业0个，5★-专业0个，4★专业0个，3★专业0个，2★专业11个。

通讯地址：江西省景德镇市陶阳南路27号
邮政编码：333001
电话号码：0798-8460333
学校网址：http://www.jci-ky.cn

13440　南昌应用技术师范学院

在中国民办院校竞争力排行榜中的名次 203，江西省内排名 36/36，理工类排名 309/309。

共11个专业参评，其中5★+专业0个，5★专业0个，5★-专业0个，4★专业0个，3★专业0个，2★专业7个。

通讯地址：江西省南昌市红谷滩新区创业南路998号
邮政编码：330100
电话号码：0791-87600960
学校网址：http://www.jxstnupi.cn

福 建 省

一流大学

10384 厦门大学

在中国本科院校竞争力排行榜中的名次31，福建省内排名1/31，综合类排名12/217。

共93个专业参评，其中5★+专业2个，5★专业26个，5★-专业17个，4★专业19个，3★专业22个，2★专业7个。

5★+专业：会计学4/652、财务管理6/699。

5★专业：经济学10/345、金融学9/385、国际经济与贸易17/688、法学20/584、英语15/924、日语20/461、数学与应用数学13/502、化学4/295、海洋科学2/30、生物科学10/271、生物技术14/295、统计学7/194、电子信息工程27/645、电子信息科学与技术10/191、计算机科学与技术29/911、软件工程25/590、数字媒体技术9/224、化学工程与工艺10/326、环境生态工程2/63、工商管理12/547、国际商务7/130、人力资源管理11/428、行政管理4/303、电子商务18/476、旅游管理17/455、戏剧影视文学4/88。

5★-专业：社会工作20/261、汉语言文学47/604、法语13/141、新闻学19/314、广告学19/275、传播学7/65、历史学16/244、信息与计算科学25/316、物理学21/270、化学生物学2/18、海洋技术2/23、生态学7/73、机械设计制造及其自动化38/521、新能源科学与工程11/109、通信工程42/511、环境科学17/181、酒店管理11/196。

4★专业：经济统计学19/135、财政学14/83、政治学与行政学13/83、俄语22/155、西班牙语17/96、广播电视学18/166、测控技术与仪器26/202、材料科学与工程24/216、人工智能28/176、自动化51/453、数据科学与大数据技术89/544、网络空间安全7/64、土木工程66/528、建筑学30/286、药学46/231、管理科学5/34、市场营销77/646、音乐学55/387、绘画33/174。

通讯地址：福建省厦门市思明区思明南路422号
邮政编码：361005
电话号码：0592-2188888
学校网址：http://www.xmu.edu.cn

10386 福州大学

在中国本科院校竞争力排行榜中的名次84，福建省内排名3/31，综合类排名27/217。

共90个专业参评，其中5★+专业0个，5★专业9个，5★-专业13个，4★专业22个，3★专业36个，2★专业10个。

5★专业：化学9/295、电气工程及其自动化22/567、计算机科学与技术41/911、网络工程11/315、物联网工程24/498、土木工程16/528、化学工程与工艺16/326、财务管理30/699、视觉传达设计36/743。

5★-专业：机械设计制造及其自动化30/521、车辆工程20/260、电子信息工程52/645、数字媒体技术12/224、建筑电气与智能化5/72、制药工程25/251、信息管理与信息系统38/391、工程管理34/396、工商管理48/547、市场营销39/646、会计学37/652、物流管理39/455、产品设计24/413。

4★专业：国际经济与贸易137/688、法学69/584、英语144/924、数学与应用数学80/502、信息与计算科学44/316、应用物理学20/151、材料成型及控制工程44/228、工业设计25/226、机器人工程24/223、软件工程78/590、数据科学与大数据技术82/544、给排水科学与工程27/162、智能建造4/19、环境工程64/361、食品科学与工程47/278、建筑学31/286、城乡规划39/207、公共事业管理44/293、环境设计123/718、服装与服饰设计29/234、工艺美术11/85、数字媒体艺术41/302。

通讯地址：福建省福州市福州地区大学新区学园路2号
邮政编码：350116
电话号码：0591-22866099
学校网址：http://zsb.fzu.edu.cn

一般大学

10394 福建师范大学

在中国本科院校竞争力排行榜中的名次81，福建省内排名2/31，师范类排名10/160。

共77个专业参评，其中5★+专业1个，5★专业12个，5★-专业8个，4★专业24个，3★专业27个，2★专业5个。

5★+专业：体育教育3/319。

5★专业：经济学15/345、思想政治教育8/264、社会体育指导与管理 10/235、汉语言文学 19/604、秘书学 3/114、英语 35/924、广告学 12/275、地理科学 4/160、网络工程 12/315、音乐学 8/387、广播电视编导 3/239、美术学 5/337。

5★-专业：学前教育 27/395、汉语国际教育 28/332、广播电视学 9/166、数学与应用数学 46/502、财务管理 56/699、旅游管理 36/455、酒店管理 14/196、播音与主持艺术 18/238。

4★专业：国际经济与贸易 106/688、法学 78/584、教育学 17/84、教育技术学 22/127、小学教育 32/256、日语 53/461、商务英语 41/365、历史学 36/244、物理学 36/270、化学 43/295、应用化学 57/375、自然地理与资源环境 9/50、人文地理与城乡规划 17/115、地理信息科学 19/166、心理学 14/69、统计学 31/194、新能源科学与工程 15/109、光电信息科学与工程 35/217、计算机科学与技术 156/911、软件工程 107/590、数字媒体技术 23/224、信息管理与信息系统 63/391、城市管理 9/52、舞蹈学 21/201。

通讯地址：福建省福州市大学城科技路 1 号福建师范大学旗山校区
邮政编码：350117
电话号码：0591-22867412/22867413
学校网址：http://zsb.fjnu.edu.cn

10389　福建农林大学

在中国本科院校竞争力排行榜中的名次 117，福建省内排名 4/31，农林类排名 7/43。

共 70 个专业参评，其中 5★+专业 0 个，5★专业 1 个，5★-专业 5 个，4★专业 8 个，3★专业 43 个，2★专业 13 个。

5★专业：风景园林 4/181。

5★-专业：生物科学 24/271、食品科学与工程 24/278、农学 8/76、植物保护 4/56、茶学 2/29。

4★专业：生物技术 38/295、生态学 13/73、食品质量与安全 27/230、城乡规划 38/207、园艺 18/107、园林 16/138、财务管理 117/699、产品设计 79/413。

通讯地址：福建省福州市仓山区上下店路 15 号
邮政编码：350002
电话号码：0591-83789216
学校网址：http://zsb.fafu.edu.cn

10385　华侨大学

在中国本科院校竞争力排行榜中的名次 124，福建省内排名 5/31，综合类排名 37/217。

共 76 个专业参评，其中 5★+专业 0 个，5★专业 2 个，5★-专业 7 个，4★专业 16 个，3★专业 35 个，2★专业 13 个。

5★专业：旅游管理 9/455、酒店管理 7/196。

5★-专业：国际经济与贸易 52/688、土木工程 50/528、给排水科学与工程 14/162、建筑学 26/286、财务管理 59/699、物流管理 41/455、电子商务 48/476。

4★专业：经济学 53/345、法学 86/584、国际事务与国际关系 2/11、汉语言文学 107/604、汉语国际教育 54/332、英语 154/924、应用化学 46/375、车辆工程 49/260、电子信息工程 104/645、计算机科学与技术 144/911、软件工程 114/590、化学工程与工艺 47/326、工程管理 56/396、工商管理 57/547、国际商务 20/130、人力资源管理 83/428。

通讯地址：福建省泉州市城华北路 269 号
邮政编码：362021
电话号码：0595-22695678
学校网址：http://zsc.hqu.edu.cn

10390　集美大学

在中国本科院校竞争力排行榜中的名次 240，福建省内排名 6/31，综合类排名 53/217。

共 65 个专业参评，其中 5★+专业 0 个，5★专业 0 个，5★-专业 1 个，4★专业 9 个，3★专业 30 个，2★专业 19 个。

5★-专业：工程管理 38/396。

4★专业：国际经济与贸易 110/688、小学教育 48/256、社会体育指导与管理 34/235、汉语言文学 119/604、英语 159/924、网络工程 43/315、食品科学与工程 49/278、水产养殖学 6/49、市场营销 106/646。

通讯地址：福建省厦门市集美区银江路 185 号
邮政编码：361021
电话号码：0592-6181301
学校网址：http://zsb.jmu.edu.cn

10392　福建医科大学

在中国本科院校竞争力排行榜中的名次 301，福建省内排名 7/31，医药类排名 27/90。

共 22 个专业参评，其中 5★+专业 0 个，5★专业 3 个，5★-专业 3 个，4★专业 5 个，3★专业 9 个，2★专业 2 个。

5★专业：医学影像技术 4/88、护理学 7/278、助产学 2/55。

5★-专业：口腔医学 11/110、药学 23/231、康复治疗学 13/161。

4★专业：社会工作 45/261、临床医学 32/186、药物制剂15/86、医学检验技术26/151、公共事业管理31/293。

通讯地址：福建省福州市大学新区学府北路1号（上街校区）/福建省福州市交通路88号（台江校区）
邮政编码：上街校区350122/台江校区350004
电话号码：0591-22860673
学校网址：http://www.fjmu.edu.cn

11062　厦门理工学院

在中国本科院校竞争力排行榜中的名次332，福建省内排名8/31，理工类排名129/309。

共58个专业参评，其中5★+专业0个，5★专业0个，5★-专业3个，4★专业7个，3★专业21个，2★专业25个。

5★-专业：金融工程16/259、文化产业管理15/149、服装与服饰设计19/234。

4★专业：投资学24/135、网络与新媒体35/250、机械设计制造及其自动化103/521、车辆工程31/260、汽车服务工程19/146、电气工程及其自动化105/567、财务管理115/699。

通讯地址：福建省厦门市集美区理工路600号
邮政编码：361024
电话号码：0592-6291114
学校网址：http://zsb.xmut.edu.cn

10388　福建工程学院

在中国本科院校竞争力排行榜中的名次335，福建省内排名9/31，理工类排名131/309。

共59个专业参评，其中5★+专业0个，5★专业0个，5★-专业2个，4★专业6个，3★专业27个，2★专业21个。

5★-专业：工程管理33/396、工程造价18/257。

4★专业：广告学30/275、电气工程及其自动化109/567、通信工程92/511、物联网工程70/498、土木工程105/528、视觉传达设计115/743。

通讯地址：福建省福州市大学新区学府南路33号
邮政编码：350118
电话号码：0591-22863181
学校网址：https://www.fjut.edu.cn

10393　福建中医药大学

在中国本科院校竞争力排行榜中的名次404，福建省内排名10/31，医药类排名40/90。

共15个专业参评，其中5★+专业0个，5★专业1个，5★-专业0个，4★专业2个，3★专业10个，2★专业2个。

5★专业：康复治疗学5/161。

4★专业：康复物理治疗2/8、护理学49/278。

通讯地址：福建省福州市闽侯上街邱阳路1号
邮政编码：350122
电话号码：0591-22861250
学校网址：http://zsb.fjtcm.edu.cn

10402　闽南师范大学

在中国本科院校竞争力排行榜中的名次466，福建省内排名11/31，师范类排名55/160。

共52个专业参评，其中5★+专业0个，5★专业0个，5★-专业0个，4★专业3个，3★专业19个，2★专业29个。

4★专业：汉语言文学91/604、数学与应用数学91/502、食品质量与安全43/230。

通讯地址：福建省漳州市芗城区县前直街36号
邮政编码：363000
电话号码：0596-2529991
学校网址：http://zsb.mnnu.edu.cn

10395　闽江学院

在中国本科院校竞争力排行榜中的名次471，福建省内排名12/31，综合类排名81/217。

共55个专业参评，其中5★+专业0个，5★专业0个，5★-专业0个，4★专业4个，3★专业16个，2★专业28个。

4★专业：广告学44/275、电子商务67/476、视觉传达设计94/743、服装与服饰设计24/234。

通讯地址：福建省福州市闽侯上街文贤路1号
邮政编码：350108
电话号码：0591-83761856
学校网址：http://zsb.mju.edu.cn

10399　泉州师范学院

在中国本科院校竞争力排行榜中的名次496，福建省内排名13/31，师范类排名61/160。

共55个专业参评，其中5★+专业0个，5★专业0个，5★-专业0个，4★专业1个，3★专业9个，2★专业40个。

4★专业：音乐学56/387。

通讯地址：福建省泉州市丰泽区东海大街398号
邮政编码：362000
电话号码：0595-22919911
学校网址：http://www.qztc.edu.cn

13763　福建江夏学院

在中国本科院校竞争力排行榜中的名次573，福建省内排名 **14/31**，财经类排名 **40/82**。

共40个专业参评，其中5★+专业0个，5★专业0个，5★-专业3个，4★专业2个，3★专业20个，2★专业15个。

5★-专业：商务英语28/365、财务管理49/699、人力资源管理43/428。

4★专业：审计学36/192、物流管理76/455。

通讯地址：福建省福州地区大学新校区溪源宫路2号
邮政编码：350108
电话号码：0591-23535033
学校网址：http://zsjy.fjjxu.edu.cnweb/jxzsindex.jsp

11498　莆田学院

在中国本科院校竞争力排行榜中的名次627，福建省内排名 **15/31**，综合类排名 **111/217**。

共47个专业参评，其中5★+专业0个，5★专业0个，5★-专业0个，4★专业0个，3★专业12个，2★专业34个。

通讯地址：福建省莆田市学园中街1133号
邮政编码：351100
电话号码：0594-2637164
学校网址：https://www.ptu.edu.cn

10397　武夷学院

在中国本科院校竞争力排行榜中的名次639，福建省内排名 **16/31**，师范类排名 **92/160**。

共39个专业参评，其中5★+专业0个，5★专业0个，5★-专业0个，4★专业5个，3★专业4个，2★专业29个。

4★专业：物流管理63/455、酒店管理36/196、广播电视编导25/239、动画55/278、视觉传达设计108/743。

通讯地址：福建省武夷山市武夷大道16号
邮政编码：354300
电话号码：0599-5136788
学校网址：http://www.wuyiu.edu.cnl

11311　三明学院

在中国本科院校竞争力排行榜中的名次648，福建省内排名 **17/31**，师范类排名 **98/160**。

共41个专业参评，其中5★+专业0个，5★专业0个，5★-专业0个，4★专业0个，3★专业14个，2★专业22个。

通讯地址：福建省三明市荆东路25号
邮政编码：365004
电话号码：0598-8399860
学校网址：http://218.5.241.22:8036/zsw

12631　厦门医学院

在中国本科院校竞争力排行榜中的名次654，福建省内排名 **18/31**，医药类排名 **71/90**。

共14个专业参评，其中5★+专业0个，5★专业0个，5★-专业0个，4★专业0个，3★专业2个，2★专业9个。

通讯地址：厦门市集美区灌口镇灌中路1999号
邮政编码：361023
电话号码：0592-6275566/6375566/2120548
学校网址：http://www.xmmc.edu.cnxx

10398　宁德师范学院

在中国本科院校竞争力排行榜中的名次694，福建省内排名 **19/31**，师范类排名 **116/160**。

共35个专业参评，其中5★+专业0个，5★专业0个，5★-专业1个，4★专业1个，3★专业4个，2★专业24个。

5★-专业：旅游管理与服务教育2/20。

4★专业：酒店管理37/196。

通讯地址：福建省宁德市东侨经济开发区学院路1号
邮政编码：352100
电话号码：0593-2955125
学校网址：http://zsb.ndnu.edu.cn

11312　龙岩学院

在中国本科院校竞争力排行榜中的名次727，福建省内排名 **20/31**，综合类排名 **135/217**。

共40个专业参评，其中5★+专业0个，5★专业0个，5★-专业0个，4★专业0个，3★专业12个，2★专业20个。

通讯地址：福建省龙岩市东肖北路1号
邮政编码：364012
电话号码：0597-2795053
学校网址：http://zsw.lyun.edu.cn

11495　福建警察学院

在中国本科院校竞争力排行榜中的名次813，福建省内排名22/31，文法类排名49/64。

共12个专业参评，其中5★+专业0个，5★专业0个，5★-专业0个，4★专业0个，3★专业4个，2★专业6个。

通讯地址：福建省福州市仓山区首山路59号
邮政编码：350007
电话号码：0591-83463987/83532647/83532691
学校网址：http://www.fjpsc.edu.cn

11313　福建商学院

福建省内排名29/31，财经类排名74/82。

共25个专业参评，其中5★+专业0个，5★专业0个，5★-专业0个，4★专业0个，3★专业9个，2★专业16个。

通讯地址：福建省福州市连江县潘渡乡连潘路2号
邮政编码：无
电话号码：无
学校网址：无

民办院校

13762　福州外语外贸学院

在中国民办院校竞争力排行榜中的名次24，福建省内排名21/31，财经类排名48/82。

共33个专业参评，其中5★+专业0个，5★专业0个，5★-专业2个，4★专业5个，3★专业20个，2★专业6个。

5★-专业：工程造价23/257、动画26/278。

4★专业：金融工程37/259、投资学20/135、国际经济与贸易87/688、审计学35/192、物流管理80/455。

通讯地址：福建省福州市长乐首占新区育环路28号
邮政编码：350202
电话号码：0591-83560666
学校网址：http://zsb.fzfu.com

12710　闽南理工学院

在中国民办院校竞争力排行榜中的名次41，福建省内排名23/31，理工类排名227/309。

共38个专业参评，其中5★+专业0个，5★专业0个，5★-专业0个，4★专业3个，3★专业16个，2★专业14个。

4★专业：视觉传达设计78/743、环境设计107/718、产品设计75/413。

通讯地址：福建省泉州市石狮宝盖风景区（宝盖校区）/福建省石狮市厝仔工业区（蚶江校区）
邮政编码：362700
电话号码：0595-88911680
学校网址：http://www.mnust.cnjy

11784　仰恩大学

在中国民办院校竞争力排行榜中的名次61，福建省内排名24/31，综合类排名164/217。

共20个专业参评，其中5★+专业0个，5★专业0个，5★-专业0个，4★专业0个，3★专业2个，2★专业16个。

通讯地址：福建省泉州市洛江区马甲镇
邮政编码：362014
电话号码：0595-22082001
学校网址：http://www.yeu.edu.cn

12709　厦门华厦学院

在中国民办院校竞争力排行榜中的名次85，福建省内排名25/31，综合类排名172/217。

共25个专业参评，其中5★+专业0个，5★专业0个，5★-专业0个，4★专业1个，3★专业8个，2★专业16个。

4★专业：物流工程22/111。

通讯地址：福建省厦门市集美文教区天马路288号
邮政编码：361024
电话号码：0592-6276222/6279222
学校网址：http://zsb.hxxy.edu.cn

13468　阳光学院

在中国民办院校竞争力排行榜中的名次92，福建省内排名26/31，综合类排名175/217。

共25个专业参评，其中5★+专业0个，5★专业0个，5★-专业0个，4★专业0个，3★专业6个，2★专业18个。

通讯地址：福建省福州经济技术开发区（马尾）登龙路99号
邮政编码：350015
电话号码：0591-83969606
学校网址：http://www.ygu.edu.cn

13773　福州理工学院

在中国民办院校竞争力排行榜中的名次109，福建省内排名27/31，综合类排名181/217。

共26个专业参评，其中5★+专业0个，5★专业0个，5★-专业0个，4★专业1个，3★专业3个，2★专业16个。

4★专业：物联网工程93/498。

通讯地址：福建省福州市连江潘渡
邮政编码：350506
电话号码：0591-62990018
学校网址：http://zs.fit.edu.cn

13115　厦门工学院

在中国民办院校竞争力排行榜中的名次122，福建省内排名28/31，理工类排名271/309。

共31个专业参评，其中5★+专业0个，5★专业0个，5★-专业0个，4★专业0个，3★专业8个，2★专业17个。

通讯地址：福建省厦门市集美区孙坂南路1251号
邮政编码：361021
电话号码：0592-6667579/6667578
学校网址：http://www.xit.edu.cnw

13766　泉州信息工程学院

在中国民办院校竞争力排行榜中的名次154，福建省内排名30/31，理工类排名285/309。

共26个专业参评，其中5★+专业0个，5★专业0个，5★-专业1个，4★专业1个，3★专业7个，2★专业15个。

5★-专业：电子商务36/476。
4★专业：数字媒体艺术60/302。

通讯地址：福建省泉州市丰泽区博东路249号
邮政编码：362000
电话号码：0595-22789708/22789808
学校网址：http://www.qziedu.cngongzuo

12993　福州工商学院

在中国民办院校竞争力排行榜中的名次201，福建省内排名31/31，理工类排名307/309。

共22个专业参评，其中5★+专业0个，5★专业0个，5★-专业0个，4★专业0个，3★专业3个，2★专业17个。

通讯地址：福州市琅岐经济区龙鼓度假村1号
邮政编码：350017
电话号码：0591-83909903
学校网址：http://www.fjdfxy.com

天 津 市

一流大学

10056 天津大学

在中国本科院校竞争力排行榜中的名次 26，天津市内排名 1/23，理工类排名 13/309。

共 66 个专业参评，其中 5★+专业 6 个，5★专业 24 个，5★-专业 12 个，4★专业 15 个，3★专业 6 个，2★专业 2 个。

5★+专业：机械设计制造及其自动化 4/521、测控技术与仪器 1/202、化学工程与工艺 1/326、制药工程 1/251、工程管理 1/396、环境设计 4/718。

5★专业：应用化学 6/375、材料成型及控制工程 9/228、工业设计 7/226、智能制造工程 2/117、材料科学与工程 4/216、功能材料 1/44、能源与动力工程 3/196、电气工程及其自动化 20/567、电子信息工程 19/645、电子科学与技术 5/161、通信工程 15/511、光电信息科学与工程 11/217、人工智能 7/176、计算机科学与技术 28/911、软件工程 17/590、物联网工程 13/498、土木工程 19/528、水利水电工程 2/84、环境工程 14/361、建筑学 9/286、城乡规划 5/207、生物工程 5/243、信息管理与信息系统 8/391、财务管理 18/699。

5★-专业：金融学 25/385、数学与应用数学 35/502、过程装备与控制工程 9/96、自动化 38/453、数据科学与大数据技术 30/544、网络空间安全 5/64、建筑环境与能源应用工程 10/178、港口航道与海岸工程 3/33、工商管理 35/547、物流工程 8/111、工业工程 10/150、电子商务 34/476。

4★专业：金融数学 13/72、法学 108/584、教育学 10/84、应用物理学 29/151、海洋技术 5/23、工程力学 10/78、智能电网信息工程 4/29、集成电路设计与集成系统 5/34、船舶与海洋工程 4/34、环境科学 22/181、生物医学工程 14/115、风景园林 22/181、药学 43/231、智能医学工程 3/20、动画 54/278。

通讯地址：天津市南开区卫津路 92 号
邮政编码：300072
电话号码：022-27405486
学校网址：http://zs.tju.edu.cn

10055 南开大学

在中国本科院校竞争力排行榜中的名次 28，天津市内排名 2/23，综合类排名 11/217。

共 87 个专业参评，其中 5★+专业 2 个，5★专业 24 个，5★-专业 14 个，4★专业 19 个，3★专业 23 个，2★专业 5 个。

5★+专业：国际经济与贸易 2/688、旅游管理 2/455。

5★专业：经济学 4/345、商务经济学 1/20、金融学 11/385、金融工程 8/259、法学 21/584、社会工作 7/261、汉语言文学 23/604、英语 36/924、日语 15/461、历史学 12/244、数学与应用数学 12/502、信息与计算科学 4/316、化学 14/295、应用化学 19/375、统计学 6/194、智能科学与技术 4/159、环境科学 7/181、信息管理与信息系统 17/391、工商管理 18/547、市场营销 27/646、会计学 25/652、财务管理 29/699、人力资源管理 8/428、物流管理 19/455。

5★-专业：保险学 11/109、政治学与行政学 5/83、汉语国际教育 18/332、物理学 24/270、应用心理学 24/244、材料化学 12/137、电子信息科学与技术 11/191、计算机科学与技术 51/911、软件工程 53/590、物联网工程 33/498、数据科学与大数据技术 32/544、环境工程 34/361、行政管理 16/303、会展经济与管理 10/104。

4★专业：哲学 10/70、财政学 17/83、投资学 22/135、社会学 12/84、思想政治教育 35/264、俄语 30/155、翻译 43/254、广播电视学 25/166、应用物理学 30/151、化学生物学 4/18、生物科学 30/271、生物技术 32/295、材料物理 8/73、通信工程 70/511、光电信息科学与工程 36/217、自动化 53/453、城市管理 6/52、电子商务 49/476、环境设计 110/718。

通讯地址：天津市南开区卫津路 94 号
邮政编码：300071
电话号码：022-23504845
学校网址：http://zsb.nankai.edu.cn

10062 天津医科大学

在中国本科院校竞争力排行榜中的名次 126，天津市内排名 3/23，医药类排名 5/90。

共17个专业参评，其中5★+专业1个，5★专业1个，5★-专业10个，4★专业2个，3★专业2个，2★专业1个。

5★+专业：医学影像技术 1/88。

5★专业：康复治疗学 4/161。

5★-专业：麻醉学 5/58、医学影像学 6/76、眼视光医学 2/19、预防医学 11/108、药学 21/231、药物制剂 7/86、医学检验技术 12/151、眼视光学 3/27、智能医学工程 2/20、护理学 18/278。

4★专业：临床医学 21/186、口腔医学 13/110。

通讯地址：天津市和平区气象台路22号
邮政编码：300070
电话号码：022-83336711
学校网址：http://www.tmu.edu.cn

10058 天津工业大学

在中国本科院校竞争力排行榜中的名次164，天津市内排名5/23，理工类排名67/309。

共56个专业参评，其中5★+专业0个，5★专业4个，5★-专业3个，4★专业17个，3★专业21个，2★专业11个。

5★专业：纺织工程 2/41、非织造材料与工程 1/11、环境工程 15/361、动画 11/278。

5★-专业：电子信息工程 59/645、软件工程 44/590、网络工程 25/315。

4★专业：国际经济与贸易 134/688、应用统计学 34/172、机械电子工程 37/300、工业设计 35/226、材料科学与工程 30/216、复合材料与工程 7/44、电气工程及其自动化 103/567、通信工程 58/511、自动化 62/453、计算机科学与技术 158/911、物联网工程 75/498、数据科学与大数据技术 70/544、服装设计与工程 7/61、信息管理与信息系统 68/391、工商管理 101/547、公共事业管理 58/293、工业工程 30/150。

通讯地址：天津市西青区宾水西道399号
邮政编码：300387
电话号码：022-83955227
学校网址：http://zsb.tjpu.edu.cn

10063 天津中医药大学

在中国本科院校竞争力排行榜中的名次261，天津市内排名8/23，医药类排名21/90。

共24个专业参评，其中5★+专业0个，5★专业1个，5★-专业4个，4★专业6个，3★专业6个，2★专业7个。

5★专业：中药资源与开发 2/37。

5★-专业：制药工程 17/251、中医学 4/64、针灸推拿学 3/49、中药学 7/109。

4★专业：中西医临床医学 8/50、药学 42/231、药物制剂 14/86、中药制药 3/20、护理学 33/278、健康服务与管理 11/95。

通讯地址：天津市静海区团泊新城西区鄱阳湖路10号
邮政编码：无
电话号码：无
学校网址：无

一般大学

10065 天津师范大学

在中国本科院校竞争力排行榜中的名次152，天津市内排名4/23，师范类排名15/160。

共66个专业参评，其中5★+专业1个，5★专业3个，5★-专业9个，4★专业16个，3★专业34个，2★专业3个。

5★+专业：应用心理学 1/244。

5★专业：小学教育 5/256、播音与主持艺术 8/238、数字媒体艺术 11/302。

5★-专业：法学 56/584、政治学与行政学 8/83、教育技术学 12/127、学前教育 21/395、汉语言文学 39/604、英语 64/924、新闻学 18/314、信息管理与信息系统 36/391、视觉传达设计 70/743。

4★专业：国际经济与贸易 116/688、社会工作 47/261、思想政治教育 31/264、汉语国际教育 35/332、广告学 49/275、数学与应用数学 83/502、地理科学 26/160、物联网工程 85/498、行政管理 57/303、音乐学 50/387、舞蹈学 31/201、表演 19/139、戏剧影视文学 14/88、摄影 16/78、环境设计 75/718、服装与服饰设计 32/234。

通讯地址：天津市西青区宾水西道393号
邮政编码：300387
电话号码：022-23541338
学校网址：www.tjnuzsb.com

10057 天津科技大学

在中国本科院校竞争力排行榜中的名次200，天津市内排名6/23，理工类排名79/309。

共62个专业参评，其中5★+专业0个，5★专业4个，5★-专业0个，4★专业14个，3★专业32个，2★专业12个。

5★专业：包装工程 2/41、食品科学与工程 12/278、生物工程 8/243、财务管理 14/699。

4★专业：金融工程 46/259、投资学 21/135、国际经济与贸易 118/688、英语 132/924、日语 76/461、机械电子工程 41/300、车辆工程 51/260、物联网工程 62/498、化学工程与工艺 58/326、制药工程 28/251、轻化工程 5/39、食品质量与安全 32/230、物流管理 66/455、产品设计 70/413。

通讯地址：天津经济技术开发区第十三大街 29 号（滨海校区）/天津市河西区大沽南路 1038 号（河西校区）
邮政编码：300222
电话号码：022-28113336/60600336
学校网址：http://zsb.tust.edu.cn

10060　天津理工大学

在中国本科院校竞争力排行榜中的名次 231，天津市内排名 7/23，理工类排名 91/309。

共 60 个专业参评，其中 5★+专业 1 个，5★专业 1 个，5★-专业 5 个，4★专业 13 个，3★专业 23 个，2★专业 17 个。

5★+专业：工程造价 1/257。

5★专业：产品设计 13/413。

5★-专业：电子信息工程 42/645、计算机科学与技术 80/911、信息安全 11/116、工业工程 14/150、视觉传达设计 47/743。

4★专业：保险学 14/109、英语 179/924、日语 55/461、机械电子工程 50/300、电气工程及其自动化 68/567、通信工程 74/511、自动化 75/453、软件工程 73/590、制药工程 43/251、工程管理 41/396、大数据管理与应用 8/69、工商管理 104/547、环境设计 78/718。

通讯地址：天津市西青区宾水西道 391 号
邮政编码：300384
电话号码：022-60216795
学校网址：http://zsb.tjut.edu.cn

10059　中国民航大学

在中国本科院校竞争力排行榜中的名次 273，天津市内排名 9/23，理工类排名 107/309。

共 33 个专业参评，其中 5★+专业 0 个，5★专业 1 个，5★-专业 1 个，4★专业 9 个，3★专业 18 个，2★专业 4 个。

5★专业：电子信息工程 29/645。

5★-专业：交通运输 10/117。

4★专业：经济与金融 10/69、机械电子工程 47/300、通信工程 75/511、计算机科学与技术 181/911、飞行技术 4/19、飞行器制造工程 6/33、飞行器动力工程 5/24、无人驾驶航空器系统工程 2/13、物流管理 65/455。

通讯地址：天津市东丽区津北公路 2898 号
邮政编码：300300
电话号码：022-24092126
学校网址：http://www.cauc.edu.cnb

10069　天津商业大学

在中国本科院校竞争力排行榜中的名次 315，天津市内排名 10/23，财经类排名 18/82。

共 46 个专业参评，其中 5★+专业 0 个，5★专业 2 个，5★-专业 0 个，4★专业 7 个，3★专业 24 个，2★专业 13 个。

5★专业：财务管理 16/699、酒店管理 3/196。

4★专业：金融学 70/385、国际经济与贸易 76/688、食品质量与安全 35/230、市场营销 129/646、人力资源管理 69/428、电子商务 89/476、旅游管理 59/455。

通讯地址：天津市北辰区津霸公路东口招生办公室
邮政编码：300134
电话号码：022-26656785
学校网址：zs.TJCU.edu.cn

10070　天津财经大学

在中国本科院校竞争力排行榜中的名次 352，天津市内排名 11/23，财经类排名 23/82。

共 45 个专业参评，其中 5★+专业 0 个，5★专业 5 个，5★-专业 6 个，4★专业 7 个，3★专业 16 个，2★专业 10 个。

5★专业：国际经济与贸易 30/688、工商管理 22/547、市场营销 31/646、会计学 17/652、审计学 6/192。

5★-专业：经济统计学 11/135、金融学 20/385、应用统计学 11/172、财务管理 50/699、人力资源管理 24/428、物流管理 34/455。

4★专业：经济学 61/345、财政学 15/83、税收学 14/89、金融工程 42/259、商务英语 69/365、国际商务 19/130、电子商务 56/476。

通讯地址：天津市河西区珠江道 25 号
邮政编码：300222
电话号码：022-28171399
学校网址：http://zhaosheng.tjufe.edu.cn

10066　天津职业技术师范大学

在中国本科院校竞争力排行榜中的名次 354，天津市内排名 12/23，师范类排名 38/160。

共39个专业参评，其中5★+专业0个，5★专业0个，5★-专业1个，4★专业3个，3★专业10个，2★专业20个。

5★-专业：汽车服务工程 9/146。

4★专业：教育技术学 23/127、机械设计制造及其自动化 96/521、电子信息工程 117/645。

通讯地址：天津市河西区大沽南路1310号
邮政编码：300222
电话号码：022-88181513
学校网址：http://zb.tute.edu.cn

10071 天津体育学院

在中国本科院校竞争力排行榜中的名次373，天津市内排名13/23，体育类排名5/15。

共14个专业参评，其中5★+专业0个，5★专业1个，5★-专业1个，4★专业2个，3★专业4个，2★专业6个。

5★专业：体育教育 12/319。

5★-专业：舞蹈学 11/201。

4★专业：社会体育指导与管理 40/235、运动康复 8/65。

通讯地址：天津市静海区团泊新城西区东海道16号
邮政编码：301617
电话号码：022-23015120
学校网址：http://zb.tjus.edu.cn

10068 天津外国语大学

在中国本科院校竞争力排行榜中的名次391，天津市内排名14/23，文法类排名17/64。

共36个专业参评，其中5★+专业1个，5★专业2个，5★-专业3个，4★专业7个，3★专业7个，2★专业15个。

5★+专业：日语 2/461。

5★专业：西班牙语 5/96、商务英语 15/365。

5★-专业：俄语 11/155、朝鲜语 8/101、翻译 17/254。

4★专业：汉语言文学 78/604、汉语国际教育 55/332、英语 117/924、德语 20/110、法语 16/141、阿拉伯语 8/41、泰语 7/42。

通讯地址：天津市河西区马场道 117号（马场道校区）/天津市大港区学府路60号（滨海校区）
邮政编码：无
电话号码：无
学校网址：无

10792 天津城建大学

在中国本科院校竞争力排行榜中的名次511，天津市内排名15/23，理工类排名177/309。

共50个专业参评，其中5★+专业0个，5★专业0个，5★-专业0个，4★专业5个，3★专业14个，2★专业31个。

4★专业：投资学 18/135、土木工程 72/528、给排水科学与工程 31/162、道路桥梁与渡河工程 9/73、建筑学 57/286。

通讯地址：天津市西青区津静路26号
邮政编码：300384
电话号码：022-23085247
学校网址：http://recruit.tcu.edu.cn

10073 天津美术学院

在中国本科院校竞争力排行榜中的名次543，天津市内排名16/23，艺术类排名30/44。

共15个专业参评，其中5★+专业0个，5★专业0个，5★-专业4个，4★专业3个，3★专业8个，2★专业0个。

5★-专业：绘画 17/174、摄影 7/78、视觉传达设计 42/743、数字媒体艺术 29/302。

4★专业：动画 42/278、环境设计 86/718、产品设计 49/413。

通讯地址：天津市河北区天纬路4号
邮政编码：300141
电话号码：022-26241719
学校网址：http://www.tjarts.edu.cn

10061 天津农学院

在中国本科院校竞争力排行榜中的名次561，天津市内排名17/23，农林类排名37/43。

共42个专业参评，其中5★+专业0个，5★专业0个，5★-专业0个，4★专业0个，3★专业10个，2★专业31个。

通讯地址：天津市西青区津静路22号天津农学院招生就业办公室
邮政编码：300384
电话号码：022-23799551
学校网址：http://zjb.tjau.edu.cn

10072 天津音乐学院

在中国本科院校竞争力排行榜中的名次

580，天津市内排名 18/23，艺术类排名 31/44。

共 9 个专业参评，其中 5★+专业 0 个，5★专业 1 个，5★-专业 2 个，4★专业 2 个，3★专业 3 个，2★专业 0 个。

5★专业：音乐学 5/387。

5★-专业：音乐表演 13/248、表演 8/139。

4★专业：舞蹈表演 17/139、戏剧影视美术设计 9/47。

通讯地址：天津市河东区十四经路 9 号天津音乐学院南院
邮政编码：300171
电话号码：022-24160044
学校网址：www.tjcm.edu.cn

12105　天津中德应用技术大学

在中国本科院校竞争力排行榜中的名次 622，天津市内排名 19/23，理工类排名 197/309。

共 20 个专业参评，其中 5★+专业 0 个，5★专业 0 个，5★-专业 0 个，4★专业 0 个，3★专业 5 个，2★专业 14 个。

通讯地址：天津市海河教育园区雅深路 2 号
邮政编码：300350
电话号码：022-28776099/28776716
学校网址：http://zs.tsguas.edu.cn

13584　河北石油职业技术大学

天津市内排名 21/23，理工类排名 291/309。

共 15 个专业参评，其中 5★+专业 0 个，5★专业 0 个，5★-专业 0 个，4★专业 0 个，3★专业 0 个，2★专业 0 个。

通讯地址：天津市红桥区光荣道 29 号
邮政编码：300132
电话号码：022-60200879
学校网址：http://cc.hebut.edu.cn

民办院校

14038　天津仁爱学院

在中国民办院校竞争力排行榜中的名次 145，天津市内排名 20/23，综合类排名 190/217。

共 27 个专业参评，其中 5★+专业 0 个，5★专业 0 个，5★-专业 0 个，4★专业 0 个，3★专业 0 个，2★专业 16 个。

通讯地址：天津市团泊新城博学苑
邮政编码：301636
电话号码：022-68579988
学校网址：http://www.tjrac.edu.cn

10859　天津天狮学院

在中国民办院校竞争力排行榜中的名次 166，天津市内排名 22/23，综合类排名 200/217。

共 31 个专业参评，其中 5★+专业 0 个，5★专业 0 个，5★-专业 0 个，4★专业 0 个，3★专业 6 个，2★专业 25 个。

通讯地址：天津市新技术产业园区武清开发区源泉路 15 号
邮政编码：301700
电话号码：022-82113117
学校网址：www.tianshi.edu.cn

13659　天津传媒学院

在中国民办院校竞争力排行榜中的名次 196，天津市内排名 23/23，体育类排名 15/15。

共 19 个专业参评，其中 5★+专业 0 个，5★专业 0 个，5★-专业 0 个，4★专业 0 个，3★专业 1 个，2★专业 13 个。

通讯地址：天津市河西区卫津南路 51 号
邮政编码：301901
电话号码：022-23910195
学校网址：www.tjtwy.cn

山 西 省

一流大学

10112 太原理工大学

在中国本科院校竞争力排行榜中的名次 95，山西省内排名 1/29，理工类排名 45/309。

共 66 个专业参评，其中 5★+专业 0 个，5★专业 6 个，5★-专业 11 个，4★专业 15 个，3★专业 28 个，2★专业 6 个。

5★专业：机械设计制造及其自动化 19/521、材料成型及控制工程 5/228、计算机科学与技术 45/911、数据科学与大数据技术 25/544、化学工程与工艺 12/326、安全工程 5/149。

5★-专业：机械电子工程 20/300、电气工程及其自动化 29/567、电子信息工程 53/645、机器人工程 22/223、软件工程 37/590、物联网工程 32/498、土木工程 40/528、采矿工程 4/50、工程管理 28/396、服装与服饰设计 20/234、工艺美术 6/85。

4★专业：体育教育 52/319、英语 99/924、工业设计 38/226、车辆工程 44/260、电子科学与技术 32/161、通信工程 73/511、给排水科学与工程 21/162、城市地下空间工程 13/71、水文与水资源工程 9/52、制药工程 42/251、矿物加工工程 7/38、环境工程 48/361、建筑学 52/286、会计学 126/652、物流管理 67/455。

通讯地址：山西省太原市迎泽西大街 79 号
邮政编码：030024
电话号码：0351-6014101
学校网址：http://zs.tyut.edu.cn

一般大学

10108 山西大学

在中国本科院校竞争力排行榜中的名次 107，山西省内排名 2/29，综合类排名 33/217。

共 70 个专业参评，其中 5★+专业 1 个，5★专业 2 个，5★-专业 8 个，4★专业 23 个，3★专业 30 个，2★专业 6 个。

5★+专业：工程造价 2/257。

5★专业：音乐表演 11/248、舞蹈编导 2/69。

5★-专业：社会工作 21/261、体育教育 24/319、广告学 20/275、物理学 15/270、计算机科学与技术 65/911、软件工程 52/590、信息管理与信息系统 30/391、电子商务 29/476。

4★专业：经济学 46/345、经济统计学 22/135、法学 71/584、汉语言文学 70/604、英语 125/924、日语 88/461、翻译 42/254、历史学 32/244、数学与应用数学 67/502、化学 53/295、应用化学 43/375、应用心理学 46/244、电气工程及其自动化 108/567、电子信息工程 102/645、光电信息科学与工程 24/217、电子信息科学与技术 38/191、数据科学与大数据技术 94/544、建筑电气与智能化 12/72、环境科学 32/181、工商管理 81/547、会计学 99/652、旅游管理 75/455、环境设计 81/718。

通讯地址：山西省太原市小店区坞城路 92 号
邮政编码：030006
电话号码：0351-7010288
学校网址：bkzs.sxu.edu.cn

10110 中北大学

在中国本科院校竞争力排行榜中的名次 142，山西省内排名 3/29，理工类排名 61/309。

共 60 个专业参评，其中 5★+专业 0 个，5★专业 2 个，5★-专业 7 个，4★专业 16 个，3★专业 28 个，2★专业 7 个。

5★专业：电子信息工程 28/645、数据科学与大数据技术 15/544。

5★-专业：材料成型及控制工程 15/228、测控技术与仪器 15/202、复合材料与工程 4/44、新能源材料与器件 7/91、电气工程与智能控制 3/29、通信工程 32/511、物联网工程 41/498。

4★专业：社会体育指导与管理 42/235、英语 114/924、应用化学 58/375、机械设计制造及其自动化 62/521、机械电子工程 39/300、金属材料工程 13/79、高分子材料与工程 33/182、新能源科学与工程 20/109、光电信息科学与工程 40/217、人工智能 32/176、计算机科学与技术 112/911、软件工程 76/590、城市地下空间工程 10/71、化学工程与工艺 55/326、飞行器制造工程 5/33、市场营销 92/646。

通讯地址：山西省太原市学院路3号
邮政编码：030051
电话号码：0351-3922280
学校网址：http://zbzs.nuc.edu.cn

10114 山西医科大学

在中国本科院校竞争力排行榜中的名次198，山西省内排名4/29，医药类排名16/90。

共28个专业参评，其中5★+专业1个，5★专业2个，5★-专业3个，4★专业8个，3★专业11个，2★专业2个。

5★+专业：护理学 1/278。

5★专业：医学影像学 3/76、法医学 2/30。

5★-专业：生物制药 10/101、儿科学 4/42、助产学 5/55。

4★专业：运动康复 10/65、临床医学 25/186、麻醉学 10/58、精神医学 6/31、预防医学 17/108、药学 44/231、医学影像技术 16/88、康复治疗学 28/161。

通讯地址：山西省太原市新建南路86号
邮政编码：030002
电话号码：0351-4135433/4135291/4135800
学校网址：http://www.sxmu.edu.cn

10125 山西财经大学

在中国本科院校竞争力排行榜中的名次218，山西省内排名5/29，财经类排名10/82。

共48个专业参评，其中5★+专业0个，5★专业4个，5★-专业9个，4★专业12个，3★专业15个，2★专业8个。

5★专业：市场营销 24/646、会计学 13/652、财务管理 15/699、旅游管理 22/455。

5★-专业：经济学 26/345、能源经济 2/15、金融学 29/385、商务英语 32/365、统计学 11/194、工商管理 54/547、人力资源管理 32/428、资产评估 5/76、物流管理 29/455。

4★专业：经济统计学 24/135、税收学 17/89、金融工程 40/259、保险学 19/109、国际经济与贸易 70/688、法学 80/584、信息管理与信息系统 47/391、工程管理 63/396、国际商务 23/130、审计学 20/192、体育经济与管理 4/24、电子商务 59/476。

通讯地址：山西省太原市坞城路696号
邮政编码：030006
电话号码：0351-7666571/7666563
学校网址：http://zhaosheng.sxufe.edu.cn

10118 山西师范大学

在中国本科院校竞争力排行榜中的名次306，山西省内排名6/29，师范类排名32/160。

共47个专业参评，其中5★+专业1个，5★专业0个，5★-专业3个，4★专业8个，3★专业20个，2★专业15个。

5★+专业：播音与主持艺术 2/238。

5★-专业：财务管理 70/699、航空服务艺术与管理 2/21、戏剧影视文学 8/88。

4★专业：思想政治教育 41/264、体育教育 42/319、社会体育指导与管理 29/235、汉语言文学 80/604、化学 40/295、音乐学 49/387、表演 28/139、书法学 18/111。

通讯地址：山西省临汾市尧都区贡院街1号
邮政编码：041004
电话号码：0357-2051067
学校网址：http://zsb.sxnu.edu.cn

10109 太原科技大学

在中国本科院校竞争力排行榜中的名次323，山西省内排名7/29，理工类排名127/309。

共49个专业参评，其中5★+专业0个，5★专业0个，5★-专业2个，4★专业7个，3★专业21个，2★专业19个。

5★-专业：机械设计制造及其自动化 44/521、机械电子工程 29/300。

4★专业：应用统计学 31/172、材料成型及控制工程 33/228、车辆工程 47/260、电气工程及其自动化 92/567、自动化 77/453、软件工程 97/590、市场营销 121/646。

通讯地址：山西省太原市万柏林区窊流路66号
邮政编码：030024
电话号码：0351-6998011
学校网址：http://zsb.tyust.edu.cn

10113 山西农业大学

在中国本科院校竞争力排行榜中的名次371，山西省内排名8/29，农林类排名30/43。

共56个专业参评，其中5★+专业0个，5★专业0个，5★-专业2个，4★专业5个，3★专业29个，2★专业20个。

5★-专业：动物医学 8/75、数字媒体艺术 28/302。

4★专业：风景园林 28/181、园艺 19/107、农业资源与环境 9/49、动植物检疫 4/24、公共事业管理 54/293。

通讯地址：山西省晋中市太谷县
邮政编码：030801
电话号码：0354-6288909
学校网址：www.sxau.edu.cn

10120　山西大同大学

在中国本科院校竞争力排行榜中的名次517，山西省内排名9/29，师范类排名65/160。

共64个专业参评，其中5★+专业0个，5★专业0个，5★-专业1个，4★专业0个，3★专业27个，2★专业30个。

5★-专业：英语85/924。

通讯地址：大同市矿区平泉路52号
邮政编码：037009
电话号码：0352-7563686
学校网址：http://jyw.sxdtdx.edu.cn

10119　太原师范学院

在中国本科院校竞争力排行榜中的名次558，山西省内排名10/29，师范类排名73/160。

共48个专业参评，其中5★+专业0个，5★专业0个，5★-专业0个，4★专业3个，3★专业23个，2★专业19个。

4★专业：地理科学 31/160、数据科学与大数据技术 103/544、财务管理 126/699。

通讯地址：山西省晋中市榆次区大学街319号
邮政编码：030619
电话号码：0351-2506580/2506581
学校网址：http://zjc.tynu.edu.cn

10123　运城学院

在中国本科院校竞争力排行榜中的名次581，山西省内排名11/29，综合类排名96/217。

共43个专业参评，其中5★+专业0个，5★专业0个，5★-专业1个，4★专业2个，3★专业20个，2★专业18个。

5★-专业：商务英语34/365。

4★专业：金融工程43/259、数字媒体技术40/224。

通讯地址：山西省运城市复旦西街1155号
邮政编码：044000
电话号码：0359-2090661/2090662/2090807
学校网址：http://www.ycu.edu.cn

14101　太原工业学院

在中国本科院校竞争力排行榜中的名次598，山西省内排名12/29，理工类排名193/309。

共37个专业参评，其中5★+专业0个，5★专业0个，5★-专业0个，4★专业0个，3★专业11个，2★专业26个。

通讯地址：太原市尖草坪区新兰路31号
邮政编码：030008
电话号码：0351-3568812
学校网址：http://zsxx.tit.edu.cn

10809　山西中医药大学

在中国本科院校竞争力排行榜中的名次631，山西省内排名13/29，医药类排名69/90。

共16个专业参评，其中5★+专业0个，5★专业0个，5★-专业0个，4★专业0个，3★专业10个，2★专业6个。

通讯地址：山西省高校园区大学街121号
邮政编码：030619
电话号码：0351-3179767
学校网址：http://www.sxtcm.edu.cn

14434　山西传媒学院

在中国本科院校竞争力排行榜中的名次647，山西省内排名14/29，艺术类排名32/44。

共21个专业参评，其中5★+专业0个，5★专业1个，5★-专业4个，4★专业4个，3★专业6个，2★专业6个。

5★专业：广播电视编导8/239。

5★-专业：播音与主持艺术14/238、动画17/278、影视摄影与制作6/59、数字媒体艺术26/302。

4★专业：广播电视学32/166、广告学31/275、网络与新媒体44/250、文化产业管理28/149。

通讯地址：山西省高校新区文华街125号
邮政编码：030619
电话号码：0351-2772155/2772156/2772157
学校网址：http://zs.arft.net

10117　长治医学院

在中国本科院校竞争力排行榜中的名次652，山西省内排名15/29，医药类排名70/90。

共19个专业参评，其中5★+专业0个，5★专业0个，5★-专业0个，4★专业0个，3★专业4个，2★专业13个。

通讯地址：山西省长治市解放东街161号
邮政编码：046000
电话号码：0355-3012393/3151476
学校网址：http://zsjy.czmc.com

10124　忻州师范学院

在中国本科院校竞争力排行榜中的名次653，山西省内排名16/29，师范类排名101/160。

共36个专业参评，其中5★+专业0个，5★专业0个，5★-专业0个，4★专业0个，3★专业15个，2★专业20个。

通讯地址：山西省忻州市和平西街10号
邮政编码：034000
电话号码：0350-3611123
学校网址：http://zs.xzsyzjc.cn

10812　吕梁学院

在中国本科院校竞争力排行榜中的名次677，山西省内排名17/29，综合类排名125/217。

共40个专业参评，其中5★+专业0个，5★专业0个，5★-专业0个，4★专业0个，3★专业10个，2★专业30个。

通讯地址：山西省吕梁市离石区学院路1号
邮政编码：033001
电话号码：0358-8249976
学校网址：www.lumei.edu.cn

10122　长治学院

在中国本科院校竞争力排行榜中的名次714，山西省内排名18/29，师范类排名122/160。

共33个专业参评，其中5★+专业0个，5★专业0个，5★-专业0个，4★专业0个，3★专业9个，2★专业23个。

通讯地址：山西省长治市保宁门东街73号
邮政编码：046011
电话号码：0355-2179079
学校网址：http://www.czc.edu.cn

11242　太原学院

在中国本科院校竞争力排行榜中的名次736，山西省内排名19/29，理工类排名216/309。

共36个专业参评，其中5★+专业0个，5★专业0个，5★-专业2个，4★专业4个，3★专业8个，2★专业20个。

5★-专业：投资学11/135、酒店管理16/196。

4★专业：汽车服务工程26/146、网络工程34/315、审计学28/192、物流工程12/111。

通讯地址：山西省太原经济技术开发区大昌南路18号
邮政编码：030032
电话号码：0351-8378223/8378227
学校网址：http://zhaosheng.tyu.edu.cn

10121　晋中学院

在中国本科院校竞争力排行榜中的名次782，山西省内排名20/29，综合类排名146/217。

共44个专业参评，其中5★+专业0个，5★专业0个，5★-专业0个，4★专业0个，3★专业13个，2★专业29个。

通讯地址：山西省晋中市榆次区文华街199号
邮政编码：030619
电话号码：0351-3985777
学校网址：zjb.jzxy.edu.cnxxw.htm

14527　山西工程技术学院

在中国本科院校竞争力排行榜中的名次833，山西省内排名22/29，理工类排名232/309。

共28个专业参评，其中5★+专业0个，5★专业0个，5★-专业1个，4★专业1个，3★专业7个，2★专业17个。

5★-专业：投资学9/135。

4★专业：工程管理60/396。

通讯地址：山西省阳泉市开发区学院路1号
邮政编码：045000
电话号码：0353-2112277
学校网址：http://www.sxit.edu.cn

12111　山西警察学院

在中国本科院校竞争力排行榜中的名次865，山西省内排名23/29，文法类排名55/64。

共11个专业参评，其中5★+专业0个，5★专业0个，5★-专业0个，4★专业0个，3★专业1个，2★专业9个。

通讯地址：太原市清徐县清东路西北坊段799号
邮政编码：303499
电话号码：0351-6925305/6925304
学校网址：http://www.sxpc.edu.cn

51189 山西能源学院

在中国本科院校竞争力排行榜中的名次901，山西省内排名24/29，理工类排名254/309。

共24个专业参评，其中5★+专业0个，5★专业0个，5★-专业0个，4★专业0个，3★专业5个，2★专业17个。

通讯地址：山西省高校园区大学街63号
邮政编码：030600
电话号码：0351-2167670
学校网址：http://www.sxmtxy.net/News/Zsdt/index.html

13533 山西工程科技职业大学

在中国本科院校竞争力排行榜中的名次939，山西省内排名25/29，财经类排名66/82。

共40个专业参评，其中5★+专业0个，5★专业0个，5★-专业0个，4★专业0个，3★专业1个，2★专业30个。

通讯地址：山西省太原市太榆路武宿机场南
邮政编码：030031
电话号码：0351-7942477
学校网址：http://www.sdsy.sxu.edu.cn

13534 山西工学院

山西省内排名28/29，理工类排名303/309。

共32个专业参评，其中5★+专业0个，5★专业0个，5★-专业0个，4★专业0个，3★专业0个，2★专业9个。

通讯地址：山西省太原市迎泽西大街新矿院路18号（太原校区）/山西省孝义市敬德街42号（孝义校区）
邮政编码：无
电话号码：无
学校网址：无

民办院校

13691 山西工商学院

在中国民办院校竞争力排行榜中的名次38，山西省内排名21/29，财经类排名53/82。

共36个专业参评，其中5★+专业0个，5★专业0个，5★-专业0个，4★专业7个，3★专业12个，2★专业16个。

4★专业：学前教育61/395、物联网工程96/498、食品质量与安全37/230、工程管理74/396、工程造价47/257、财务管理110/699、数字媒体艺术40/302。

通讯地址：山西省太原市坞城南路99号
邮政编码：030006
电话号码：0351-7965790/7965795/7965829
学校网址：http://www.sxtbu.net

13535 晋中信息学院

在中国民办院校竞争力排行榜中的名次142，山西省内排名26/29，农林类排名43/43。

共30个专业参评，其中5★+专业0个，5★专业0个，5★-专业0个，4★专业0个，3★专业0个，2★专业25个。

通讯地址：山西省太谷县学院路8号
邮政编码：030800
电话号码：0354-5507782
学校网址：http://www.cisau.com.cn

12779 山西应用科技学院

在中国民办院校竞争力排行榜中的名次160，山西省内排名27/29，综合类排名198/217。

共28个专业参评，其中5★+专业0个，5★专业0个，5★-专业0个，4★专业4个，3★专业7个，2★专业14个。

4★专业：工程管理51/396、工程造价30/257、审计学30/192、视觉传达设计129/743。

通讯地址：山西省太原市小店区榆古路东1号
邮政编码：030031
电话号码：400-0351-181
学校网址：http://www.sxxh.org/h-col-629.html

13538 山西晋中理工学院

在中国民办院校竞争力排行榜中的名次202，山西省内排名29/29，理工类排名308/309。

共28个专业参评，其中5★+专业0个，5★专业0个，5★-专业0个，4★专业0个，3★专业1个，2★专业8个。

通讯地址：山西省晋中市工业园区8号路15号
邮政编码：030600
电话号码：0351-3624910
学校网址：http://xxsw.nuc.edu.cn

广西壮族自治区

一流大学

10593 广西大学

在中国本科院校竞争力排行榜中的名次 83，广西壮族自治区内排名 1/28，综合类排名 26/217。

共 66 个专业参评，其中 5★+专业 0 个，5★专业 2 个，5★-专业 7 个，4★专业 24 个，3★专业 25 个，2★专业 8 个。

5★专业：英语 21/924、土木工程 24/528。

5★-专业：生物技术 22/295、电气工程及其自动化 32/567、计算机科学与技术 82/911、化学工程与工艺 22/326、轻化工程 4/39、包装工程 4/41、财务管理 39/699。

4★专业：金融学 71/385、国际经济与贸易 92/688、法学 60/584、思想政治教育 49/264、汉语言文学 106/604、日语 64/461、新闻学 39/314、数学与应用数学 97/502、物理学 44/270、应用化学 62/375、机械设计制造及其自动化 93/521、机械电子工程 34/300、自动化 64/453、网络工程 62/315、水利水电工程 12/84、环境工程 52/361、食品科学与工程 46/278、建筑学 37/286、动物科学 17/84、动物医学 13/75、工商管理 61/547、会计学 123/652、公共事业管理 53/293、旅游管理 84/455。

通讯地址：广西壮族自治区南宁市大学路 100 号
邮政编码：530004
电话号码：0771-3232999
学校网址：http://www.gxu.edu.cn

一般大学

10602 广西师范大学

在中国本科院校竞争力排行榜中的名次 174，广西壮族自治区内排名 2/28，师范类排名 20/160。

共 73 个专业参评，其中 5★+专业 1 个，5★专业 4 个，5★-专业 6 个，4★专业 17 个，3★专业 32 个，2★专业 13 个。

5★+专业：健康服务与管理 1/95。

5★专业：科学教育 2/38、学前教育 12/395、视觉传达设计 28/743、环境设计 16/718。

5★-专业：思想政治教育 14/264、小学教育 14/256、汉语言文学 50/604、秘书学 7/114、文化产业管理 12/149、旅游管理 45/455。

4★专业：法学 68/584、教育技术学 20/127、体育教育 46/319、社会体育指导与管理 32/235、汉语国际教育 50/332、英语 168/924、翻译 26/254、网络与新媒体 34/250、数学与应用数学 98/502、物理学 53/270、化学 42/295、应用化学 64/375、计算机科学与技术 148/911、数据科学与大数据技术 96/544、人力资源管理 70/428、舞蹈学 32/201、美术学 43/337。

通讯地址：广西壮族自治区桂林市育才路 15 号
邮政编码：541004
电话号码：0773-5818532
学校网址：http://bkzs.gxnu.edu.cn

10595 桂林电子科技大学

在中国本科院校竞争力排行榜中的名次 215，广西壮族自治区内排名 3/28，理工类排名 85/309。

共 64 个专业参评，其中 5★+专业 0 个，5★专业 0 个，5★-专业 7 个，4★专业 13 个，3★专业 30 个，2★专业 14 个。

5★-专业：机械设计制造及其自动化 52/521、电子信息工程 33/645、通信工程 29/511、计算机科学与技术 54/911、物联网工程 44/498、智能科学与技术 15/159、产品设计 39/413。

4★专业：信息与计算科学 43/316、机械电子工程 35/300、测控技术与仪器 21/202、材料科学与工程 42/216、新能源材料与器件 12/91、软件工程 90/590、网络工程 39/315、建筑电气与智能化 13/72、生物医学工程 20/115、物流管理 78/455、服装与服饰设计 45/234、工艺美术 17/85、数字媒体艺术 54/302。

通讯地址：广西壮族自治区桂林市金鸡路 1 号
邮政编码：541004
电话号码：0773-2290010
学校网址：https://www.guet.edu.cn

10596 桂林理工大学

在中国本科院校竞争力排行榜中的名次229，广西壮族自治区内排名4/28，理工类排名90/309。

共69个专业参评，其中5★+专业0个，5★专业3个，5★-专业4个，4★专业9个，3★专业39个，2★专业13个。

5★专业：应用统计学6/172、环境工程17/361、旅游管理21/455。

5★-专业：社会工作23/261、无机非金属材料工程8/77、酒店管理12/196、环境设计58/718。

4★专业：宝石及材料工艺学3/21、物联网工程65/498、土木工程68/528、给排水科学与工程19/162、测绘工程27/144、化学工程与工艺46/326、资源勘查工程10/49、生物工程34/243、市场营销108/646。

通讯地址：广西壮族自治区桂林市建干路12号
邮政编码：541004
电话号码：0773-5896575
学校网址：http://www.glut.edu.cn

10598 广西医科大学

在中国本科院校竞争力排行榜中的名次287，广西壮族自治区内排名5/28，医药类排名26/90。

共27个专业参评，其中5★+专业0个，5★专业0个，5★-专业3个，4★专业7个，3★专业9个，2★专业8个。

5★-专业：医学检验技术13/151、护理学26/278、公共事业管理29/293。

4★专业：医学信息工程7/47、临床医学24/186、口腔医学12/110、预防医学15/108、药学25/231、助产学7/55、健康服务与管理12/95。

通讯地址：广西壮族自治区南宁市双拥路22号
邮政编码：530021
电话号码：0771-5359030
学校网址：www.gxmu.edu.cn

10608 广西民族大学

在中国本科院校竞争力排行榜中的名次346，广西壮族自治区内排名6/28，民族类排名4/16。

共66个专业参评，其中5★+专业0个，5★专业1个，5★-专业1个，4★专业5个，3★专业31个，2★专业28个。

5★专业：越南语1/23。

5★-专业：泰语3/42。

4★专业：民族学4/27、体育教育54/319、汉语言文学75/604、汉语国际教育44/332、英语149/924。

通讯地址：广西壮族自治区南宁市大学东路188号
邮政编码：530006
电话号码：0771-3260410
学校网址：http://zs.gxun.edu.cn

10607 广西艺术学院

在中国本科院校竞争力排行榜中的名次359，广西壮族自治区内排名7/28，艺术类排名13/44。

共35个专业参评，其中5★+专业0个，5★专业6个，5★-专业4个，4★专业5个，3★专业17个，2★专业3个。

5★专业：广告学7/275、音乐表演9/248、美术学17/337、绘画6/174、视觉传达设计11/743、环境设计14/718。

5★-专业：音乐学22/387、舞蹈表演9/139、表演10/139、书法学10/111。

4★专业：文化产业管理30/149、动画49/278、中国画5/29、产品设计43/413、艺术与科技11/57。

通讯地址：广西壮族自治区南宁市教育路7号
邮政编码：530022
电话号码：0771-5333126
学校网址：http://zsb.gxau.edu.cn

10594 广西科技大学

在中国本科院校竞争力排行榜中的名次372，广西壮族自治区内排名8/28，理工类排名142/309。

共60个专业参评，其中5★+专业0个，5★专业2个，5★-专业2个，4★专业4个，3★专业24个，2★专业22个。

5★专业：社会工作9/261、汽车服务工程5/146。

5★-专业：机器人工程13/223、环境设计41/718。

4★专业：应用统计学32/172、机械工程24/124、数据科学与大数据技术64/544、视觉传达设计148/743。

通讯地址：广西壮族自治区柳州市东环大道268号
邮政编码：545006
电话号码：0772-2687735
学校网址：http://www.gxut.edu.cn

10603　南宁师范大学

在中国本科院校竞争力排行榜中的名次406，广西壮族自治区内排名9/28，师范类排名44/160。

共67个专业参评，其中5★+专业0个，5★专业0个，5★-专业1个，4★专业3个，3★专业29个，2★专业32个。

5★-专业：播音与主持艺术20/238。

4★专业：小学教育39/256、泰语8/42、应用电子技术教育2/8。

通讯地址：广西壮族自治区南宁市明秀东路175号
邮政编码：530001
电话号码：0771-3903928
学校网址：http://zjc.gxtc.edu.cnxxw

10600　广西中医药大学

在中国本科院校竞争力排行榜中的名次485，广西壮族自治区内排名10/28，医药类排名51/90。

共18个专业参评，其中5★+专业0个，5★专业0个，5★-专业0个，4★专业1个，3★专业12个，2★专业4个。

4★专业：护理学36/278。

通讯地址：广西壮族自治区壮族自治区南宁市明秀东路179号
邮政编码：530001
电话号码：0771-3126099
学校网址：http://www.GXTCMU.edu.cn

11548　广西财经学院

在中国本科院校竞争力排行榜中的名次537，广西壮族自治区内排名11/28，财经类排名37/82。

共49个专业参评，其中5★+专业0个，5★专业0个，5★-专业0个，4★专业0个，3★专业18个，2★专业28个。

通讯地址：广西壮族自治区南宁市明秀西路100号
邮政编码：530003
电话号码：0771-3835078/3859737
学校网址：http://www.gxufe.edu.cn

10601　桂林医学院

在中国本科院校竞争力排行榜中的名次569，广西壮族自治区内排名12/28，医药类排名61/90。

共23个专业参评，其中5★+专业0个，5★专业0个，5★-专业0个，4★专业0个，3★专业9个，2★专业13个。

通讯地址：广西壮族自治区壮族自治区桂林市环城北二路109号
邮政编码：541004
电话号码：0773-5895160
学校网址：http://mgmt.glmc.edu.cnzjc

11837　桂林旅游学院

在中国本科院校竞争力排行榜中的名次576，广西壮族自治区内排名13/28，综合类排名95/217。

共23个专业参评，其中5★+专业1个，5★专业1个，5★-专业0个，4★专业3个，3★专业10个，2★专业8个。

5★+专业：酒店管理1/196。

5★专业：会展经济与管理4/104。

4★专业：经济与金融11/69、财务管理118/699、工艺美术12/85。

通讯地址：广西壮族自治区桂林市雁山区良丰路26号
邮政编码：541006
电话号码：0773-3690077
学校网址：http://www.gltu.edu.cnb

11838　贺州学院

在中国本科院校竞争力排行榜中的名次583，广西壮族自治区内排名14/28，师范类排名80/160。

共49个专业参评，其中5★+专业0个，5★专业0个，5★-专业0个，4★专业2个，3★专业8个，2★专业31个。

4★专业：商务英语42/365、数字媒体艺术46/302。

通讯地址：广西壮族自治区贺州市西环路18号
邮政编码：542899
电话号码：0774-5228686
学校网址：http://zsb.hzu.gx.cn

11825　桂林航天工业学院

在中国本科院校竞争力排行榜中的名次637，广西壮族自治区内排名15/28，理工类排名201/309。

共 29 个专业参评，其中 5★+专业 0 个，5★专业 0 个，5★-专业 0 个，4★专业 5 个，3★专业 14 个，2★专业 10 个。

4★专业：商务英语 45/365、汽车服务工程 17/146、物联网工程 66/498、物流工程 17/111、酒店管理 29/196。

通讯地址：广西壮族自治区桂林市金鸡路 2 号
邮政编码：541004
电话号码：0773-2253028
学校网址：http://zsw.guat.edu.cn

11546 广西科技师范学院

在中国本科院校竞争力排行榜中的名次 644，广西壮族自治区内排名 16/28，师范类排名 95/160。

共 27 个专业参评，其中 5★+专业 0 个，5★专业 0 个，5★-专业 1 个，4★专业 1 个，3★专业 8 个，2★专业 16 个。

5★-专业：小学教育 25/256。
4★专业：物流管理 54/455。

通讯地址：广西壮族自治区来宾市铁北路 966 号
邮政编码：546199
电话号码：0772-6620895
学校网址：http://zsw.gxstnu.edu.cn

10606 玉林师范学院

在中国本科院校竞争力排行榜中的名次 650，广西壮族自治区内排名 17/28，师范类排名 100/160。

共 57 个专业参评，其中 5★+专业 0 个，5★专业 0 个，5★-专业 0 个，4★专业 0 个，3★专业 8 个，2★专业 46 个。

通讯地址：广西壮族自治区玉林市教育东路 1303 号
邮政编码：537000
电话号码：0775-2666516
学校网址：http://www.ylu.edu.cn

10609 百色学院

在中国本科院校竞争力排行榜中的名次 680，广西壮族自治区内排名 18/28，师范类排名 111/160。

共 55 个专业参评，其中 5★+专业 0 个，5★专业 0 个，5★-专业 0 个，4★专业 0 个，3★专业 4 个，2★专业 47 个。

通讯地址：广西壮族自治区中国百色中山二路 21 号
邮政编码：533000
电话号码：0776-2848059
学校网址：http://zs.bsuc.edu.cn

10605 河池学院

在中国本科院校竞争力排行榜中的名次 684，广西壮族自治区内排名 19/28，文法类排名 28/64。

共 48 个专业参评，其中 5★+专业 0 个，5★专业 0 个，5★-专业 0 个，4★专业 0 个，3★专业 4 个，2★专业 36 个。

通讯地址：广西壮族自治区宜州市龙江路 42 号
邮政编码：546300
电话号码：0778-3142339
学校网址：http://xbphp.hcnu.edu.cn:8080/zsw

11607 北部湾大学

在中国本科院校竞争力排行榜中的名次 697，广西壮族自治区内排名 20/28，综合类排名 127/217。

共 52 个专业参评，其中 5★+专业 0 个，5★专业 0 个，5★-专业 0 个，4★专业 0 个，3★专业 10 个，2★专业 38 个。

通讯地址：广西壮族自治区钦州市滨海大道 12 号
邮政编码：535011
电话号码：0777-2804088/2804188
学校网址：http://zsw.qzhu.edu.cn

10599 右江民族医学院

在中国本科院校竞争力排行榜中的名次 721，广西壮族自治区内排名 21/28，医药类排名 78/90。

共 17 个专业参评，其中 5★+专业 0 个，5★专业 0 个，5★-专业 0 个，4★专业 1 个，3★专业 7 个，2★专业 8 个。

4★专业：健康服务与管理 17/95。

通讯地址：广西壮族自治区百色市右江区城乡路 98 号
邮政编码：533000
电话号码：0776-2853922
学校网址：http://www.ymcn.gx.cn

10604 广西民族师范学院

在中国本科院校竞争力排行榜中的名次 738，广西壮族自治区内排名 22/28，师范类排名 127/160。

共42个专业参评，其中5★+专业0个，5★专业0个，5★-专业0个，4★专业0个，3★专业16个，2★专业25个。

通讯地址：广西壮族自治区崇左市城南区佛子路23号
邮政编码：532200
电话号码：0771-7870718
学校网址：http://zsw.gxnun.edu.cn

11354　梧州学院

在中国本科院校竞争力排行榜中的名次744，广西壮族自治区内排名23/28，综合类排名138/217。

共50个专业参评，其中5★+专业0个，5★专业0个，5★-专业0个，4★专业0个，3★专业16个，2★专业31个。

通讯地址：广西壮族自治区梧州市富民三路82号
邮政编码：543002
电话号码：0774-5841064
学校网址：www.gxuwz.edu.cn

13520　广西警察学院

在中国本科院校竞争力排行榜中的名次905，广西壮族自治区内排名25/28，文法类排名59/64。

共17个专业参评，其中5★+专业0个，5★专业0个，5★-专业0个，4★专业0个，3★专业4个，2★专业13个。

通讯地址：广西壮族自治区南宁市长湖路6号
邮政编码：530028
电话号码：0771-5612367
学校网址：http://www.gagx.com.cn

民办院校

11549　南宁学院

在中国民办院校竞争力排行榜中的名次67，广西壮族自治区内排名24/28，理工类排名244/309。

共29个专业参评，其中5★+专业0个，5★专业0个，5★-专业0个，4★专业4个，3★专业18个，2★专业6个。

4★专业：物联网工程88/498、数据科学与大数据技术58/544、质量管理工程3/20、工艺美术16/85。

通讯地址：广西壮族自治区南宁市龙亭路8号
邮政编码：530200
电话号码：0771-5900888
学校网址：http://zs.nnxy.cn

13830　广西外国语学院

在中国民办院校竞争力排行榜中的名次90，广西壮族自治区内排名26/28，文法类排名61/64。

共34个专业参评，其中5★+专业0个，5★专业0个，5★-专业0个，4★专业3个，3★专业14个，2★专业16个。

4★专业：金融工程32/259、国际经济与贸易96/688、播音与主持艺术35/238。

通讯地址：广西壮族自治区南宁市青秀区（五合大学城）五合大道19号
邮政编码：530222
电话号码：0771-4797113
学校网址：http://zs.gxufl.com

13639　柳州工学院

在中国民办院校竞争力排行榜中的名次136，广西壮族自治区内排名27/28，理工类排名277/309。

共38个专业参评，其中5★+专业0个，5★专业0个，5★-专业0个，4★专业0个，3★专业5个，2★专业27个。

通讯地址：广西柳州市鱼峰区新柳大道99号
邮政编码：545000
电话号码：0772-3517068
学校网址：http://www.lzls.gxut.edu.cn

13524　北海艺术设计学院

在中国民办院校竞争力排行榜中的名次141，广西壮族自治区内排名28/28，艺术类排名44/44。

共18个专业参评，其中5★+专业0个，5★专业0个，5★-专业1个，4★专业4个，3★专业2个，2★专业6个。

5★-专业：环境设计51/718。

4★专业：动画33/278、视觉传达设计101/743、产品设计76/413、数字媒体艺术44/302。

通讯地址：广西壮族自治区北海市新世纪大道1号
邮政编码：536000
电话号码：0779-6801200/6818000/6800400/6818002
学校网址：http://www.sszss.com/bkzs

云 南 省

一流大学

10673 云南大学

在中国本科院校竞争力排行榜中的名次 71，云南省内排名 1/28，综合类排名 22/217。

共72个专业参评，其中5★+专业1个，5★专业3个，5★-专业14个，4★专业22个，3★专业17个，2★专业15个。

5★+专业：旅游管理 5/455。

5★专业：法学 26/584、公共事业管理 11/293、视觉传达设计 25/743。

5★-专业：经济学 35/345、民族学 2/27、汉语言文学 48/604、英语 73/924、历史学 24/244、生物技术 29/295、生态学 5/73、电子信息工程 43/645、计算机科学与技术 85/911、软件工程 47/590、工商管理 50/547、会计学 64/652、财务管理 63/699、环境设计 52/718。

4★专业：国际经济与贸易 99/688、政治学与行政学 10/83、社会工作 33/261、日语 92/461、缅甸语 2/13、新闻学 36/314、广播电视学 24/166、数学与应用数学 61/502、信息与计算科学 52/316、化学 47/295、地理科学 28/160、地理信息科学 25/166、生物科学 28/271、统计学 21/194、通信工程 52/511、数字媒体技术 31/224、土木工程 87/528、制药工程 36/251、行政管理 34/303、档案学 7/33、美术学 49/337、绘画 28/174。

通讯地址：云南省昆明市翠湖北路2号
邮政编码：650091
电话号码：0871-65033819/65032173/65939873
学校网址：http://www.zsb.ynu.edu.cn

一般大学

10674 昆明理工大学

在中国本科院校竞争力排行榜中的名次 103，云南省内排名 2/28，理工类排名 48/309。

共91个专业参评，其中5★+专业0个，5★专业1个，5★-专业13个，4★专业25个，3★专业41个，2★专业10个。

5★专业：电气工程及其自动化 25/567。

5★-专业：宝石及材料工艺学 2/21、通信工程 43/511、电子信息科学与技术 16/191、计算机科学与技术 83/911、制药工程 14/251、矿物加工工程 4/38、交通工程 7/107、环境工程 22/361、建筑学 21/286、城乡规划 16/207、风景园林 17/181、质量管理工程 2/20、环境设计 68/718。

4★专业：国际经济与贸易 94/688、法学 74/584、信息与计算科学 59/316、材料成型及控制工程 29/228、材料科学与工程 23/216、冶金工程 5/37、新能源材料与器件 18/91、能源与动力工程 24/196、电子信息工程 107/645、自动化 89/453、物联网工程 76/498、土木工程 56/528、测绘工程 18/144、化学工程与工艺 44/326、资源循环科学与工程 5/34、能源化学工程 11/59、资源勘查工程 6/49、交通运输 22/117、飞行技术 3/19、农业电气化 2/12、农业水利工程 4/32、环境科学 29/181、工程管理 42/396、工程造价 32/257、会计学 101/652。

通讯地址：云南省昆明市一二一大街文昌路68号
邮政编码：650093
电话号码：0871-65194108/63346080
学校网址：www.kmust.edu.cn

10681 云南师范大学

在中国本科院校竞争力排行榜中的名次 179，云南省内排名 3/28，师范类排名 22/160。

共80个专业参评，其中5★+专业0个，5★专业2个，5★-专业7个，4★专业12个，3★专业42个，2★专业17个。

5★专业：英语 42/924、航空服务艺术与管理 1/21。

5★-专业：艺术教育 3/27、学前教育 30/395、体育教育 19/319、地理科学 16/160、地理信息科学 9/166、旅游管理 40/455、舞蹈表演 12/139。

4★专业：社会体育指导与管理 31/235、汉语言文学 102/604、秘书学 14/114、日语 90/461、数学与应用数学 82/502、物理学 48/270、人文地理与城乡规划 23/115、应用心理学 43/244、音乐表演 47/248、音乐学 47/387、动画 43/278、美术学 54/337。

通讯地址：云南省昆明市呈贡区聚贤街768号
邮政编码：650500
电话号码：0871-65912887/65910379
学校网址：http://www.ynnu.edu.cn

10676 云南农业大学

在中国本科院校竞争力排行榜中的名次328，云南省内排名4/28，农林类排名27/43。

共72个专业参评，其中5★+专业0个，5★专业1个，5★-专业2个，4★专业7个，3★专业20个，2★专业37个。

5★专业：动植物检疫1/24。

5★-专业：园林13/138、工程造价22/257。

4★专业：秘书学19/114、农业水利工程6/32、园艺21/107、植物保护10/56、茶学4/29、烟草2/9、动物科学15/84。

通讯地址：云南省昆明市盘龙区沣源路452号
邮政编码：650201
电话号码：0871-65227706/65226172
学校网址：http://www.ynau.edu.cn

10689 云南财经大学

在中国本科院校竞争力排行榜中的名次349，云南省内排名5/28，财经类排名22/82。

共61个专业参评，其中5★+专业1个，5★专业6个，5★-专业5个，4★专业10个，3★专业16个，2★专业22个。

5★+专业：财务管理1/699。

5★专业：市场营销20/646、会计学14/652、物流管理21/455、电子商务7/476、旅游管理23/455、酒店管理6/196。

5★-专业：金融学30/385、国际经济与贸易46/688、统计学16/194、应用统计学12/172、人力资源管理36/428。

4★专业：经济学50/345、财政学16/83、数据科学与大数据技术95/544、工程管理48/396、工商管理71/547、国际商务21/130、审计学29/192、资产评估9/76、会展经济与管理16/104、视觉传达设计87/743。

通讯地址：云南省昆明市龙泉路237号云南财经大学
邮政编码：650221
电话号码：0871-65132629
学校网址：http://www.ynufe.edu.cn

10678 昆明医科大学

在中国本科院校竞争力排行榜中的名次378，云南省内排名6/28，医药类排名33/90。

共26个专业参评，其中5★+专业0个，5★专业0个，5★-专业1个，4★专业6个，3★专业16个，2★专业3个。

5★-专业：医学影像技术5/88。

4★专业：临床医学29/186、麻醉学9/58、药物制剂13/86、医学检验技术27/151、卫生检验与检疫7/47、护理学51/278。

通讯地址：云南省昆明市呈贡区雨花街道春融西路1168号
邮政编码：650500
电话号码：13708407471/13708407481
学校网址：http://www.kmmc.cn

10691 云南民族大学

在中国本科院校竞争力排行榜中的名次408，云南省内排名7/28，民族类排名7/16。

共75个专业参评，其中5★+专业0个，5★专业1个，5★-专业2个，4★专业9个，3★专业28个，2★专业29个。

5★专业：缅甸语1/13。

5★-专业：秘书学11/114、泰语4/42。

4★专业：社会学13/84、汉语言文学116/604、英语148/924、会计学106/652、财务管理111/699、人力资源管理59/428、财务会计教育2/11、舞蹈学25/201、视觉传达设计149/743。

通讯地址：云南省昆明市一二一大街134号
邮政编码：650031
电话号码：0871-65172133
学校网址：http://zsjyc.ynni.edu.cn

10677 西南林业大学

在中国本科院校竞争力排行榜中的名次419，云南省内排名8/28，农林类排名31/43。

共67个专业参评，其中5★+专业0个，5★专业1个，5★-专业0个，4★专业2个，3★专业17个，2★专业39个。

5★专业：环境设计13/718。

4★专业：风景园林30/181、园林20/138。

通讯地址：云南省昆明市白龙寺
邮政编码：650224
电话号码：0871-63863101
学校网址：http://www.swun.edu.cn

10690 云南艺术学院

在中国本科院校竞争力排行榜中的名次

479，云南省内排名9/28，艺术类排名25/44。

共31个专业参评，其中5★+专业0个，5★专业2个，5★-专业1个，4★专业5个，3★专业14个，2★专业8个。

5★专业：舞蹈学9/201、视觉传达设计14/743。

5★-专业：表演9/139。

4★专业：音乐表演48/248、音乐学53/387、影视摄影与制作10/59、美术学63/337、绘画21/174。

通讯地址：云南省昆明市呈贡区雨花路1577号
邮政编码：650500
电话号码：0871-65937127
学校网址：http://www.ynart.edu.cn

10679　大理大学

在中国本科院校竞争力排行榜中的名次524，云南省内排名10/28，综合类排名87/217。

共53个专业参评，其中5★+专业0个，5★专业0个，5★-专业0个，4★专业1个，3★专业10个，2★专业39个。

4★专业：小学教育34/256。

通讯地址：云南省大理市古城弘圣路2号
邮政编码：671003
电话号码：0872-2219959
学校网址：http://www.dali.edu.cn

10680　云南中医药大学

在中国本科院校竞争力排行榜中的名次553，云南省内排名11/28，医药类排名59/90。

共14个专业参评，其中5★+专业0个，5★专业0个，5★-专业0个，4★专业0个，3★专业9个，2★专业5个。

通讯地址：云南省昆明市呈贡区雨花路1076号
邮政编码：650500
电话号码：0871-65918999
学校网址：http://www.ynutcm.edu.cn

11393　昆明学院

在中国本科院校竞争力排行榜中的名次570，云南省内排名12/28，师范类排名75/160。

共61个专业参评，其中5★+专业0个，5★专业1个，5★-专业0个，4★专业2个，3★专业14个，2★专业37个。

5★专业：视觉传达设计18/743。

4★专业：学前教育49/395、财务管理130/699。

通讯地址：云南省昆明国家经济技术开发区浦新路2号
邮政编码：650214
电话号码：0871-65098085/65098083
学校网址：http://www.kmu.edu.cn

10684　曲靖师范学院

在中国本科院校竞争力排行榜中的名次600，云南省内排名13/28，师范类排名85/160。

共57个专业参评，其中5★+专业0个，5★专业0个，5★-专业0个，4★专业0个，3★专业6个，2★专业47个。

通讯地址：云南省曲靖市经济技术开发区三江大道
邮政编码：655011
电话号码：0874-8998692/8998620
学校网址：http://zsjyc.qjnu.edu.cn

10687　红河学院

在中国本科院校竞争力排行榜中的名次665，云南省内排名14/28，综合类排名121/217。

共54个专业参评，其中5★+专业0个，5★专业0个，5★-专业0个，4★专业1个，3★专业8个，2★专业38个。

4★专业：食品质量与安全42/230。

通讯地址：云南省红河州蒙自市
邮政编码：661100
电话号码：0873-3694008
学校网址：http://zs.uoh.edu.cn

11390　玉溪师范学院

在中国本科院校竞争力排行榜中的名次667，云南省内排名15/28，师范类排名105/160。

共44个专业参评，其中5★+专业0个，5★专业0个，5★-专业0个，4★专业0个，3★专业4个，2★专业35个。

通讯地址：云南省玉溪市红塔区凤凰路134号
邮政编码：653100
电话号码：0877-2057041/0877-2050750
学校网址：http://www.yxnu.net

14092　滇西科技师范学院

在中国本科院校竞争力排行榜中的名次695，云南省内排名16/28，师范类排名117/160。

共31个专业参评,其中5★+专业0个,5★专业0个,5★-专业0个,4★专业1个,3★专业2个,2★专业12个。

4★专业:互联网金融7/42。

通讯地址:云南省临沧市临翔区学府路2号
邮政编码:677000
电话号码:0883-8882659
学校网址:http://zjc.dxstnu.edu.cn

11556　文山学院

在中国本科院校竞争力排行榜中的名次725,云南省内排名17/28,综合类排名134/217。

共27个专业参评,其中5★+专业0个,5★专业0个,5★-专业0个,4★专业0个,3★专业0个,2★专业25个。

通讯地址:云南省文山壮族苗族自治州文山市学府路66号
邮政编码:663099
电话号码:0876-2825077/2157190
学校网址:http://zjc.wsu.edu.cn

11392　云南警官学院

在中国本科院校竞争力排行榜中的名次766,云南省内排名18/28,文法类排名40/64。

共12个专业参评,其中5★+专业0个,5★专业1个,5★-专业0个,4★专业0个,3★专业2个,2★专业9个。

5★专业:禁毒学1/12。

通讯地址:云南省昆明市教场北路249号
邮政编码:650223
电话号码:0871-65125133
学校网址:http://www.ynpsc.edu.cn

11391　楚雄师范学院

在中国本科院校竞争力排行榜中的名次819,云南省内排名19/28,师范类排名148/160。

共43个专业参评,其中5★+专业0个,5★专业0个,5★-专业0个,4★专业0个,3★专业4个,2★专业34个。

通讯地址:云南省楚雄市鹿城南路546号
邮政编码:675000
电话号码:0878-3129000
学校网址:http://www.cxtc.edu.cn

10683　昭通学院

在中国本科院校竞争力排行榜中的名次835,云南省内排名20/28,师范类排名152/160。

共24个专业参评,其中5★+专业0个,5★专业0个,5★-专业0个,4★专业0个,3★专业3个,2★专业12个。

通讯地址:云南省昭通市昭阳区环城东路146号
邮政编码:657000
电话号码:0870-2154520
学校网址:http://www.ztu.edu.cn

14623　滇西应用技术大学

在中国本科院校竞争力排行榜中的名次837,云南省内排名21/28,理工类排名234/309。

共22个专业参评,其中5★+专业0个,5★专业0个,5★-专业0个,4★专业0个,3★专业3个,2★专业15个。

通讯地址:中国云南省大理市海东山地新城海月街1号
邮政编码:671006
电话号码:0872-2255968
学校网址:http://www.wyuas.edu.cn

10686　保山学院

在中国本科院校竞争力排行榜中的名次842,云南省内排名22/28,综合类排名157/217。

共39个专业参评,其中5★+专业0个,5★专业0个,5★-专业0个,4★专业0个,3★专业1个,2★专业26个。

通讯地址:云南省保山市隆阳区远征路16号
邮政编码:678000
电话号码:0875-2864662/2864663/2864678
学校网址:http://www.bsnc.cn

10685　普洱学院

在中国本科院校竞争力排行榜中的名次848,云南省内排名23/28,师范类排名154/160。

共42个专业参评,其中5★+专业0个,5★专业0个,5★-专业0个,4★专业1个,3★专业5个,2★专业18个。

4★专业:烹饪与营养教育4/20。

通讯地址:云南省普洱市学苑路6号
邮政编码:665000
电话号码:0879-2301198
学校网址:http://zjw.peuni.cn

民办院校

12560 云南经济管理学院

在中国民办院校竞争力排行榜中的名次 96，云南省内排名 24/28，财经类排名 65/82。

共 42 个专业参评，其中 5★+专业 0 个，5★专业 0 个，5★-专业 0 个，4★专业 2 个，3★专业 2 个，2★专业 31 个。

4★专业：工程造价 27/257、财务管理 136/699。

通讯地址：云南省昆明市五华区海屯路 296 号
邮政编码：650106
电话号码：0871-68314770
学校网址：http://www.ynjgy.com

13326 滇池学院

在中国民办院校竞争力排行榜中的名次 111，云南省内排名 25/28，财经类排名 68/82。

共 43 个专业参评，其中 5★+专业 0 个，5★专业 0 个，5★-专业 0 个，4★专业 0 个，3★专业 1 个，2★专业 38 个。

通讯地址：云南省昆明滇池国家旅游度假区红塔东路 2 号云南省昆明市嵩明职教基地文轩路
邮政编码：650228/651701
电话号码：0871-64316805
学校网址：http://www.ynudcc.cn

13909 云南工商学院

在中国民办院校竞争力排行榜中的名次 131，云南省内排名 26/28，财经类排名 72/82。

共 27 个专业参评，其中 5★+专业 0 个，5★专业 0 个，5★-专业 0 个，4★专业 0 个，3★专业 6 个，2★专业 15 个。

通讯地址：云南省昆明市嵩明县杨林职教园区官军路
邮政编码：651701
电话号码：0871-67978799/67978800
学校网址：http://www.yngsxy.net

13331 昆明文理学院

在中国民办院校竞争力排行榜中的名次 161，云南省内排名 27/28，综合类排名 199/217。

共 38 个专业参评，其中 5★+专业 0 个，5★专业 0 个，5★-专业 0 个，4★专业 0 个，3★专业 2 个，2★专业 30 个。

通讯地址：云南省昆明市龙泉路岗头村 627 号/云南省昆明市嵩明职业教育基地
邮政编码：650222/651701
电话号码：0871-65825028
学校网址：http://www.ysdwl.cn

13328 丽江文化旅游学院

在中国民办院校竞争力排行榜中的名次 176，云南省内排名 28/28，财经类排名 78/82。

共 31 个专业参评，其中 5★+专业 0 个，5★专业 0 个，5★-专业 0 个，4★专业 0 个，3★专业 0 个，2★专业 28 个。

通讯地址：云南省丽江市古城区玉泉路 1 号
邮政编码：674100
电话号码：0888-5135636
学校网址：http://www.lywhxy.com

重庆市

一流大学

10611　重庆大学

在中国本科院校竞争力排行榜中的名次 30，重庆市内排名 1/24，理工类排名 16/309。

共 99 个专业参评，其中 5★+专业 5 个，5★专业 23 个，5★-专业 25 个，4★专业 16 个，3★专业 27 个，2★专业 3 个。

5★+专业：电气工程及其自动化 1/567、建筑环境与能源应用工程 2/178、给排水科学与工程 1/162、工程管理 3/396、房地产开发与管理 1/55。

5★专业：机械设计制造及其自动化 6/521、材料成型及控制工程 8/228、机械电子工程 8/300、车辆工程 10/260、测控技术与仪器 9/202、材料科学与工程 8/216、冶金工程 2/37、电子信息工程 15/645、自动化 16/453、计算机科学与技术 27/911、软件工程 21/590、物联网工程 15/498、土木工程 7/528、城市地下空间工程 4/71、建筑学 8/286、城乡规划 8/207、工程造价 4/257、市场营销 9/646、会计学 15/652、财务管理 25/699、城市管理 2/52、物流管理 6/455、工业工程 4/150。

5★-专业：国际经济与贸易 45/688、法学 39/584、知识产权 7/79、英语 51/924、日语 46/461、新闻学 30/314、数学与应用数学 27/502、信息与计算科学 21/316、应用化学 22/375、能源与动力工程 16/196、新能源科学与工程 6/109、电子科学与技术 16/161、通信工程 33/511、光电信息科学与工程 19/217、机器人工程 18/223、数据科学与大数据技术 33/544、化学工程与工艺 25/326、制药工程 19/251、环境工程 19/361、环境科学 15/181、环境生态工程 4/63、生物工程 16/243、信息管理与信息系统 25/391、工商管理 29/547、物流工程 10/111。

4★专业：金融学 48/385、体育教育 51/319、物理学 31/270、统计学 25/194、工业设计 24/226、材料化学 16/137、电子信息科学与技术 28/191、人工智能 24/176、信息安全 23/116、测绘工程 19/144、风景园林 21/181、安全工程 22/149、行政管理 39/303、表演 23/139、影视摄影与制作 9/59、产品设计 48/413。

通讯地址：重庆市沙坪坝区沙正街 174 号
邮政编码：400044
电话号码：023-65102371/65102370
学校网址：http://zhaosheng.cqu.edu.cn

10635　西南大学

在中国本科院校竞争力排行榜中的名次 50，重庆市内排名 2/24，综合类排名 18/217。

共 94 个专业参评，其中 5★+专业 2 个，5★专业 9 个，5★-专业 19 个，4★专业 32 个，3★专业 29 个，2★专业 3 个。

5★+专业：思想政治教育 2/264、英语 8/924。

5★专业：教育学 2/84、学前教育 7/395、体育教育 13/319、汉语言文学 16/604、应用心理学 5/244、水族科学与技术 1/11、市场营销 17/646、音乐学 13/387、播音与主持艺术 7/238。

5★-专业：教育技术学 8/127、特殊教育 4/59、汉语国际教育 24/332、数学与应用数学 37/502、生物科学 17/271、生物技术 24/295、心理学 4/69、环境科学与工程 3/40、食品科学与工程 20/278、农学 7/76、园艺 9/107、农业资源与环境 4/49、水产养殖学 4/49、信息管理与信息系统 28/391、文化产业管理 14/149、舞蹈学 13/201、广播电视编导 14/239、美术学 21/337、服装与服饰设计 18/234。

4★专业：经济学 52/345、法学 114/584、日语 69/461、新闻学 33/314、历史学 33/244、物理学 49/270、化学 46/295、应用化学 71/375、地理科学 29/160、人文地理与城乡规划 15/115、统计学 24/194、电子信息工程 120/645、计算机科学与技术 124/911、网络工程 45/315、制药工程 49/251、农业建筑环境与能源工程 2/8、食品质量与安全 26/230、风景园林 32/181、植物保护 7/56、动物科学 12/84、动物医学 10/75、药学 29/231、工商管理 108/547、会计学 93/652、人力资源管理 53/428、农林经济管理 10/63、农村区域发展 4/23、土地资源管理 16/93、旅游管理 68/455、音乐表演 35/248、戏剧影视文学 16/88、绘画 26/174。

通讯地址：重庆市北碚区天生路 2 号
邮政编码：400715
电话号码：023-68252513
学校网址：http://bkzsw.swu.edu.cn

一般大学

10617 重庆邮电大学

在中国本科院校竞争力排行榜中的名次150，重庆市内排名3/24，理工类排名63/309。

共54个专业参评，其中5★+专业0个，5★专业5个，5★-专业4个，4★专业9个，3★专业25个，2★专业10个。

5★专业：通信工程11/511、计算机科学与技术36/911、软件工程30/590、智能科学与技术5/159、广播电视编导9/239。

5★-专业：电子信息工程39/645、自动化37/453、网络工程18/315、物联网工程40/498。

4★专业：翻译48/254、数学与应用数学93/502、机械电子工程53/300、电气工程及其自动化107/567、机器人工程33/223、信息安全14/116、数字媒体技术24/224、动画30/278、数字媒体艺术31/302。

通讯地址：重庆市南岸区南山街道崇文路2号
邮政编码：400065
电话号码：023-62468661
学校网址：http://zs.cqupt.edu.cn

10631 重庆医科大学

在中国本科院校竞争力排行榜中的名次188，重庆市内排名4/24，医药类排名15/90。

共34个专业参评，其中5★+专业1个，5★专业5个，5★-专业8个，4★专业5个，3★专业10个，2★专业5个。

5★+专业：医学检验技术2/151。

5★专业：医学信息工程2/47、麻醉学3/58、儿科学1/42、医学影像技术3/88、护理学4/278。

5★-专业：应用统计学16/172、临床医学16/186、口腔医学10/110、食品卫生与营养学3/28、康复治疗学9/161、口腔医学技术3/26、卫生检验与检疫4/47、公共事业管理24/293。

4★专业：生物医学工程15/115、医学影像学9/76、精神医学5/31、预防医学21/108、药学30/231。

通讯地址：重庆市渝中区医学院路1号
邮政编码：400016
电话号码：023-68485358
学校网址：http://www.cqmu.edu.cn

10618 重庆交通大学

在中国本科院校竞争力排行榜中的名次201，重庆市内排名5/24，理工类排名80/309。

共56个专业参评，其中5★+专业0个，5★专业2个，5★-专业5个，4★专业8个，3★专业28个，2★专业13个。

5★专业：汽车服务工程7/146、工程造价5/257。

5★-专业：翻译19/254、土木工程39/528、交通运输8/117、交通工程11/107、物流管理25/455。

4★专业：机械设计制造及其自动化76/521、机械电子工程46/300、计算机科学与技术128/911、道路桥梁与渡河工程13/73、港口航道与海岸工程6/33、测绘工程29/144、工程管理52/396、旅游管理63/455。

通讯地址：重庆市南岸区学府大道66号
邮政编码：400074
电话号码：023-62652497
学校网址：http://zsjy.cqjtu.edu.cn

10637 重庆师范大学

在中国本科院校竞争力排行榜中的名次227，重庆市内排名6/24，师范类排名27/160。

共71个专业参评，其中5★+专业0个，5★专业1个，5★-专业5个，4★专业15个，3★专业38个，2★专业11个。

5★专业：食品质量与安全10/230。

5★-专业：学前教育38/395、小学教育17/256、英语55/924、翻译21/254、广播电视编导24/239。

4★专业：金融工程48/259、思想政治教育42/264、艺术教育4/27、特殊教育7/59、教育康复学2/9、汉语言文学68/604、汉语国际教育49/332、秘书学22/114、日语85/461、数学与应用数学66/502、应用心理学34/244、电子商务75/476、音乐表演40/248、视觉传达设计143/743、产品设计80/413。

通讯地址：重庆市沙坪坝区虎溪镇大学城中路37号
邮政编码：401331
电话号码：023-65911111
学校网址：http://www.cqnu.edu.cn

10652 西南政法大学

在中国本科院校竞争力排行榜中的名次230，重庆市内排名7/24，文法类排名9/64。

共27个专业参评，其中5★+专业2个，5★专业1个，5★-专业2个，4★专业5个，3★专业14个，2★专业3个。

5★+专业：法学1/584、知识产权1/79。

5★专业：市场营销29/646。

5★-专业：国际经济与贸易63/688、审计学15/192。

4★专业：金融学 64/385、新闻学 32/314、广播电视学 30/166、传播学 11/65、行政管理 55/303。

通讯地址：重庆市渝北区宝圣大道301号
邮政编码：401120
电话号码：023-67258088/67258828
学校网址：http://www.xync.edu.cn

11799　重庆工商大学

在中国本科院校竞争力排行榜中的名次234，重庆市内排名8/24，财经类排名11/82。

共70个专业参评，其中5★+专业0个，5★专业3个，5★-专业3个，4★专业11个，3★专业39个，2★专业14个。

5★专业：贸易经济 1/42、市场营销 15/646、物流管理 7/455。

5★-专业：金融学 32/385、国际经济与贸易 51/688、会计学 39/652。

4★专业：经济学 40/345、广告学 34/275、统计学 39/194、汽车服务工程 16/146、环境工程 72/361、工程管理 66/396、工商管理 78/547、财务管理 137/699、人力资源管理 60/428、审计学 24/192、旅游管理 74/455。

通讯地址：重庆市南岸区学府大道19号
邮政编码：400067
电话号码：023-62769696
学校网址：http://acgozs.ctbu.edu.cn

11660　重庆理工大学

在中国本科院校竞争力排行榜中的名次252，重庆市内排名9/24，理工类排名98/309。

共62个专业参评，其中5★+专业0个，5★专业0个，5★-专业3个，4★专业11个，3★专业36个，2★专业12个。

5★-专业：应用统计学 14/172、数据科学与大数据技术 29/544、会计学 50/652。

4★专业：金融数学 9/72、国际经济与贸易 121/688、机械电子工程 45/300、汽车服务工程 24/146、焊接技术与工程 7/40、电子信息工程 69/645、电子信息科学与技术 23/191、计算机科学与技术 104/911、网络工程 54/315、财务管理 73/699、电子商务及法律 2/14。

通讯地址：重庆市九龙坡区杨家坪兴胜路4号
邮政编码：400050
电话号码：023-68822995
学校网址：http://zs.cqut.edu.cn

10655　四川美术学院

在中国本科院校竞争力排行榜中的名次334，重庆市内排名10/24，艺术类排名12/44。

共23个专业参评，其中5★+专业0个，5★专业3个，5★-专业3个，4★专业8个，3★专业5个，2★专业3个。

5★专业：动画 7/278、绘画 8/174、环境设计 31/718。

5★-专业：戏剧影视美术设计 5/47、数字媒体艺术 27/302、艺术与科技 6/57。

4★专业：艺术教育 5/27、影视摄影与制作 12/59、美术学 56/337、雕塑 9/57、摄影 12/78、产品设计 47/413、公共艺术 9/58、工艺美术 13/85。

通讯地址：重庆市九龙坡区黄桷坪街108号
邮政编码：400053
电话号码：023-65921056
学校网址：http://www.scfai.edu.cn

11551　重庆科技学院

在中国本科院校竞争力排行榜中的名次377，重庆市内排名11/24，理工类排名144/309。

共62个专业参评，其中5★+专业0个，5★专业0个，5★-专业0个，4★专业1个，3★专业21个，2★专业37个。

4★专业：酒店管理 27/196。

通讯地址：重庆市沙坪坝区大学城东路20号
邮政编码：401331
电话号码：023-65022363
学校网址：http://zjc.cqust.edu.cn

10642　重庆文理学院

在中国本科院校竞争力排行榜中的名次424，重庆市内排名12/24，理工类排名158/309。

共56个专业参评，其中5★+专业0个，5★专业0个，5★-专业0个，4★专业3个，3★专业26个，2★专业27个。

4★专业：商务英语 48/365、数据科学与大数据技术 63/544、会展经济与管理 14/104。

通讯地址：重庆市永川区红河大道319号
邮政编码：402160
电话号码：023-49891968
学校网址：http://zb.cqwu.net

10650　四川外国语大学

在中国本科院校竞争力排行榜中的名次

445，重庆市内排名 13/24，文法类排名 18/64。

共 39 个专业参评，其中 5★+专业 2 个，5★专业 4 个，5★-专业 1 个，4★专业 6 个，3★专业 12 个，2★专业 11 个。

5★+专业：英语 3/924、商务英语 4/365。

5★专业：德语 6/110、法语 5/141、日语 17/461、翻译 8/254。

5★-专业：俄语 13/155。

4★专业：汉语言文学 104/604、西班牙语 11/96、阿拉伯语 7/41、朝鲜语 17/101、泰语 5/42、网络与新媒体 39/250。

通讯地址：重庆市沙坪坝区壮志路 33 号
邮政编码：400031
电话号码：023-65385206
学校网址：www.sisu.edu.cn

10647　长江师范学院

在中国本科院校竞争力排行榜中的名次 563，重庆市内排名 14/24，师范类排名 74/160。

共 52 个专业参评，其中 5★+专业 0 个，5★专业 0 个，5★-专业 0 个，4★专业 1 个，3★专业 22 个，2★专业 29 个。

4★专业：小学教育 42/256。

通讯地址：重庆市涪陵区聚贤大道 16 号
邮政编码：408100
电话号码：023-72791999
学校网址：http://zsb.yznu.cn

14388　重庆第二师范学院

在中国本科院校竞争力排行榜中的名次 575，重庆市内排名 15/24，师范类排名 77/160。

共 33 个专业参评，其中 5★+专业 0 个，5★专业 0 个，5★-专业 2 个，4★专业 3 个，3★专业 14 个，2★专业 10 个。

5★-专业：小学教育 18/256、物流管理 46/455。

4★专业：学前教育 73/395、网络与新媒体 31/250、视觉传达设计 147/743。

通讯地址：重庆市南岸区学府大道 9 号
邮政编码：400067
电话号码：023-61638299
学校网址：http://www.cque.edu.cn

10643　重庆三峡学院

在中国本科院校竞争力排行榜中的名次 616，重庆市内排名 16/24，综合类排名 107/217。

共 60 个专业参评，其中 5★+专业 0 个，5★专业 0 个，5★-专业 0 个，4★专业 1 个，3★专业 14 个，2★专业 39 个。

4★专业：物联网工程 59/498。

通讯地址：重庆市万州区沙龙路二段 780 号
邮政编码：404100
电话号码：023-58102264
学校网址：http://zsb.sanxiau.edu.cn

12757　重庆警察学院

在中国本科院校竞争力排行榜中的名次 876，重庆市内排名 18/24，文法类排名 56/64。

共 7 个专业参评，其中 5★+专业 0 个，5★专业 0 个，5★-专业 0 个，4★专业 1 个，3★专业 0 个，2★专业 2 个。

4★专业：交通管理工程 4/19。

通讯地址：重庆市沙坪坝区大学城景锌路 666 号
邮政编码：401331
电话号码：023-63964592/023-63964580/023-63964432
学校网址：http://www.cqpc.edu.cn

民办院校

13548　重庆人文科技学院

在中国民办院校竞争力排行榜中的名次 53，重庆市内排名 17/24，综合类排名 158/217。

共 40 个专业参评，其中 5★+专业 0 个，5★专业 0 个，5★-专业 0 个，4★专业 0 个，3★专业 14 个，2★专业 26 个。

通讯地址：重庆市合川区草街街道学院街 256 号
邮政编码：401524
电话号码：023-42465352
学校网址：http://www.cqrk.edu.cn

12608　重庆工程学院

在中国民办院校竞争力排行榜中的名次 101，重庆市内排名 19/24，理工类排名 260/309。

共 24 个专业参评，其中 5★+专业 0 个，5★专业 0 个，5★-专业 3 个，4★专业 2 个，3★专业 6 个，2★专业 11 个。

5★-专业：工程造价 15/257、市场营销 63/646、数字媒体艺术 23/302。

4★专业：物联网工程 52/498、电子商务 52/476。

通讯地址：重庆市巴南区南泉街道白鹤林 16 号
邮政编码：400056
电话号码：023-62846626
学校网址：http://www.cqgcxy.com/web/ygzs

13590　重庆财经学院

在中国民办院校竞争力排行榜中的名次 123，重庆市内排名 20/24，财经类排名 69/82。

共 35 个专业参评，其中 5★+专业 0 个，5★专业 0 个，5★-专业 0 个，4★专业 1 个，3★专业 0 个，2★专业 24 个。

4★专业：金融科技 4/18。

通讯地址：重庆市沙坪坝井口工业园区
邮政编码：无
电话号码：无
学校网址：无

13588　重庆外语外事学院

在中国民办院校竞争力排行榜中的名次 127，重庆市内排名 21/24，文法类排名 64/64。

共 33 个专业参评，其中 5★+专业 0 个，5★专业 0 个，5★-专业 0 个，4★专业 0 个，3★专业 0 个，2★专业 26 个。

通讯地址：重庆市渝北区回兴街道宝圣东路 611 号　重庆市綦江区文龙街道东部新城
邮政编码：401120/401420
电话号码：023-67138000
学校网址：www.tcsisu.com

13589　重庆对外经贸学院

在中国民办院校竞争力排行榜中的名次 128，重庆市内排名 22/24，财经类排名 70/82。

共 40 个专业参评，其中 5★+专业 0 个，5★专业 0 个，5★-专业 0 个，4★专业 0 个，3★专业 3 个，2★专业 30 个。

通讯地址：重庆市合川区学府路 9 号　重庆市铜梁区学府大道 304 号
邮政编码：401520/402560
电话号码：023-42888768
学校网址：http://www.swsm.edu.cn

12616　重庆城市科技学院

在中国民办院校竞争力排行榜中的名次 156，重庆市内排名 23/24，综合类排名 194/217。

共 33 个专业参评，其中 5★+专业 0 个，5★专业 0 个，5★-专业 0 个，4★专业 0 个，3★专业 2 个，2★专业 29 个。

通讯地址：重庆市永川区光彩大道 368 号
邮政编码：402167
电话号码：023-49481068
学校网址：http://www.cqucc.com.cndefault.html

13627　重庆信息学院

在中国民办院校竞争力排行榜中的名次 168，重庆市内排名 24/24，理工类排名 292/309。

共 30 个专业参评，其中 5★+专业 0 个，5★专业 0 个，5★-专业 1 个，4★专业 0 个，3★专业 1 个，2★专业 14 个。

5★-专业：供应链管理 2/23。

通讯地址：重庆市合川区大学城假日大道 1 号
邮政编码：401520
电话号码：023-42871166
学校网址：http://www.cqytu.com

贵州省

一流大学

10657 贵州大学

在中国本科院校竞争力排行榜中的名次132，贵州省内排名1/23，综合类排名38/217。

共99个专业参评，其中5★+专业0个，5★专业2个，5★-专业6个，4★专业13个，3★专业58个，2★专业20个。

5★专业：数据科学与大数据技术 12/544、酿酒工程 1/19。

5★-专业：法学 48/584、机械设计制造及其自动化 29/521、电气工程及其自动化 36/567、计算机科学与技术 77/911、制药工程 23/251、植物保护 6/56。

4★专业：社会工作 28/261、汉语言文学 86/604、英语 94/924、日语 74/461、新闻学 63/314、数学与应用数学 79/502、材料成型及控制工程 43/228、工业设计 43/226、软件工程 71/590、土木工程 95/528、市场营销 85/646、音乐表演 33/248、视觉传达设计 138/743。

通讯地址：贵州省贵阳市花溪区贵州大学
邮政编码：550025
电话号码：0851-88292075
学校网址：http://www.gzu.edu.cn

一般大学

10663 贵州师范大学

在中国本科院校竞争力排行榜中的名次290，贵州省内排名2/23，师范类排名31/160。

共76个专业参评，其中5★+专业0个，5★专业0个，5★-专业5个，4★专业12个，3★专业42个，2★专业16个。

5★-专业：学前教育 40/395、汉语言文学 37/604、地理科学 15/160、应用心理学 17/244、数据科学与大数据技术 34/544。

4★专业：法学 113/584、思想政治教育 28/264、体育教育 48/319、社会体育指导与管理 36/235、汉语国际教育 61/332、英语 152/924、数学与应用数学 84/502、信息与计算科学 61/316、人文地理与城乡规划 21/115、地理信息科学 27/166、电子商务 81/476、旅游管理 82/455。

通讯地址：贵州省贵阳市宝山北路116号
邮政编码：550001
电话号码：0851-6701855
学校网址：http://www.gznu.edu.cn

10671 贵州财经大学

在中国本科院校竞争力排行榜中的名次414，贵州省内排名3/23，财经类排名29/82。

共56个专业参评，其中5★+专业0个，5★专业1个，5★-专业1个，4★专业3个，3★专业25个，2★专业17个。

5★专业：审计学 10/192。

5★-专业：国际商务 12/130。

4★专业：市场营销 123/646、会计学 75/652、旅游管理 83/455。

通讯地址：贵州省贵阳市花溪大学城
邮政编码：550025
电话号码：0851-88575778
学校网址：https://www.gufe.edu.cn

10660 贵州医科大学

在中国本科院校竞争力排行榜中的名次435，贵州省内排名4/23，医药类排名43/90。

共36个专业参评，其中5★+专业0个，5★专业1个，5★-专业1个，4★专业4个，3★专业21个，2★专业9个。

5★专业：助产学 3/55。

5★-专业：健康服务与管理 8/95。

4★专业：生物医学工程 19/115、食品卫生与营养学 5/28、医学检验技术 17/151、护理学 44/278。

通讯地址：贵州省贵安新区大学城贵州医科大学
邮政编码：550025
电话号码：0851-88416022
学校网址：http://www.gmc.edu.cn

10661 遵义医科大学

在中国本科院校竞争力排行榜中的名次

465，贵州省内排名5/23，医药类排名47/90。

共30个专业参评，其中5★+专业0个，5★专业0个，5★-专业0个，4★专业2个，3★专业14个，2★专业13个。

4★专业：生物工程35/243、护理学43/278。

通讯地址：贵州省遵义市汇川区大连路201号
邮政编码：563099
电话号码：0851-28609366
学校网址：http://stujob.zmc.edu.cn

10672　贵州民族大学

在中国本科院校竞争力排行榜中的名次477，贵州省内排名6/23，民族类排名10/16。

共78个专业参评，其中5★+专业0个，5★专业0个，5★-专业1个，4★专业4个，3★专业13个，2★专业42个。

5★-专业：音乐表演20/248。

4★专业：社会学 15/84、中国少数民族语言文学7/33、网络与新媒体47/250、广播电视编导35/239。

通讯地址：贵州省贵阳市花溪区
邮政编码：550025
电话号码：0851-3610412
学校网址：http://zjc.gzmu.edu.cn

10662　贵州中医药大学

在中国本科院校竞争力排行榜中的名次578，贵州省内排名7/23，医药类排名62/90。

共25个专业参评，其中5★+专业0个，5★专业0个，5★-专业0个，4★专业0个，3★专业10个，2★专业15个。

通讯地址：贵州省贵阳市市东路50号
邮政编码：550025
电话号码：0851-88308474
学校网址：zs.gyctcm.edu.cn

11731　贵州商学院

在中国本科院校竞争力排行榜中的名次606，贵州省内排名8/23，综合类排名102/217。

共27个专业参评，其中5★+专业0个，5★专业0个，5★-专业0个，4★专业8个，3★专业8个，2★专业10个。

4★专业：投资学27/135、物联网工程77/498、市场营销74/646、物流管理71/455、电子商务62/476、酒店管理34/196、会展经济与管理11/104、视觉传达设计132/743。

通讯地址：贵州省贵阳市白云区26大道1号
邮政编码：550014
电话号码：0851-84873437
学校网址：http://www.gzcc.edu.cn

14223　贵州师范学院

在中国本科院校竞争力排行榜中的名次649，贵州省内排名9/23，师范类排名99/160。

共46个专业参评，其中5★+专业0个，5★专业0个，5★-专业0个，4★专业1个，3★专业10个，2★专业32个。

4★专业：学前教育68/395。

通讯地址：贵州省贵阳市乌当区高新路115号
邮政编码：550018
电话号码：0851-85842823
学校网址：http://zhaosheng.gznc.edu.cn

10665　铜仁学院

在中国本科院校竞争力排行榜中的名次671，贵州省内排名10/23，师范类排名107/160。

共33个专业参评，其中5★+专业0个，5★专业0个，5★-专业0个，4★专业0个，3★专业8个，2★专业25个。

通讯地址：贵州省铜仁市清水大道103号
邮政编码：554300
电话号码：0856-5232273
学校网址：http://www.gztrc.edu.cn

14440　贵州理工学院

在中国本科院校竞争力排行榜中的名次675，贵州省内排名11/23，理工类排名206/309。

共36个专业参评，其中5★+专业0个，5★专业0个，5★-专业0个，4★专业3个，3★专业13个，2★专业20个。

4★专业：网络工程 48/315、数据科学与大数据技术90/544、工程管理43/396。

通讯地址：贵州省贵阳市云岩区蔡关路1号
邮政编码：550003
电话号码：0851-95105166
学校网址：http://zs.git.edu.cn

10670　黔南民族师范学院

在中国本科院校竞争力排行榜中的名次

712，贵州省内排名 12/23，师范类排名 121/160。

共 50 个专业参评，其中 5★+专业 0 个，5★专业 0 个，5★-专业 0 个，4★专业 0 个，3★专业 10 个，2★专业 35 个。

通讯地址：贵州省都匀市斗篷山路
邮政编码：558000
电话号码：0854-8737019
学校网址：http://zsw.sgmtu.edu.cn

10976 贵阳学院

在中国本科院校竞争力排行榜中的名次 720，贵州省内排名 13/23，综合类排名 133/217。

共 46 个专业参评，其中 5★+专业 0 个，5★专业 0 个，5★-专业 0 个，4★专业 0 个，3★专业 1 个，2★专业 38 个。

通讯地址：贵州省贵阳市龙洞堡见龙洞路 103 号
邮政编码：550005
电话号码：0851-85406767
学校网址：http://zjc.gyu.cn

10664 遵义师范学院

在中国本科院校竞争力排行榜中的名次 732，贵州省内排名 14/23，师范类排名 126/160。

共 47 个专业参评，其中 5★+专业 0 个，5★专业 0 个，5★-专业 0 个，4★专业 0 个，3★专业 11 个，2★专业 34 个。

通讯地址：贵州省遵义市新蒲新区（红花岗区新蒲镇）乌江大道 6 号
邮政编码：563006
电话号码：0851-28927462
学校网址：http://www.zsjy.zync.edu.cn

10669 凯里学院

在中国本科院校竞争力排行榜中的名次 784，贵州省内排名 15/23，师范类排名 137/160。

共 40 个专业参评，其中 5★+专业 0 个，5★专业 0 个，5★-专业 0 个，4★专业 0 个，3★专业 3 个，2★专业 27 个。

通讯地址：贵州省凯里经济开发区开元大道 3 号
邮政编码：556011
电话号码：0855-8509281
学校网址：enis.kluniv.edu.cn

10977 六盘水师范学院

在中国本科院校竞争力排行榜中的名次 793，贵州省内排名 16/23，师范类排名 140/160。

共 44 个专业参评，其中 5★+专业 0 个，5★专业 0 个，5★-专业 0 个，4★专业 0 个，3★专业 2 个，2★专业 19 个。

通讯地址：贵州省六盘水市钟山区明湖路
邮政编码：553004
电话号码：0858-8601126
学校网址：http://lpssyzs.university-hr.cn

10667 安顺学院

在中国本科院校竞争力排行榜中的名次 799，贵州省内排名 17/23，师范类排名 141/160。

共 37 个专业参评，其中 5★+专业 0 个，5★专业 0 个，5★-专业 0 个，4★专业 1 个，3★专业 3 个，2★专业 27 个。

4★专业：数据科学与大数据技术 69/544。

通讯地址：贵州省安顺市西秀区学院路 25 号
邮政编码：561000
电话号码：0851-33245016
学校网址：http://zsgzw.asu.edu.cn

12107 贵州警察学院

在中国本科院校竞争力排行榜中的名次 800，贵州省内排名 18/23，文法类排名 47/64。

共 10 个专业参评，其中 5★+专业 0 个，5★专业 0 个，5★-专业 0 个，4★专业 0 个，3★专业 1 个，2★专业 7 个。

通讯地址：贵州省贵阳市龙洞堡见龙洞路 132 号
邮政编码：550005
电话号码：0851-5400997
学校网址：http://www.gzjgxy.cn

10668 贵州工程应用技术学院

在中国本科院校竞争力排行榜中的名次 803，贵州省内排名 19/23，综合类排名 151/217。

共 37 个专业参评，其中 5★+专业 0 个，5★专业 0 个，5★-专业 0 个，4★专业 2 个，3★专业 2 个，2★专业 28 个。

4★专业：舞蹈表演 28/139、视觉传达设计 105/743。

通讯地址：贵州省毕节市七星关区学院路
邮政编码：551700
电话号码：0857-8331317
学校网址：http://www.gues.edu.cn

10666　兴义民族师范学院

在中国本科院校竞争力排行榜中的名次875，贵州省内排名20/23，民族类排名14/16。

共40个专业参评，其中5★+专业0个，5★专业0个，5★-专业0个，4★专业0个，3★专业5个，2★专业31个。

通讯地址：贵州省兴义市湖南街32号
邮政编码：562400
电话号码：0859-3236966
学校网址：http://zsjy.xynun.edu.cn

民办院校

14625　茅台学院

在中国民办院校竞争力排行榜中的名次167，贵州省内排名21/23，综合类排名201/217。

共12个专业参评，其中5★+专业0个，5★专业0个，5★-专业0个，4★专业0个，3★专业3个，2★专业8个。

通讯地址：贵州省遵义市仁怀市S208
邮政编码：564500
电话号码：0851-28797003
学校网址：http://www.mtxy.cn

13653　遵义医科大学医学与科技学院

在中国民办院校竞争力排行榜中的名次192，贵州省内排名22/23，医药类排名87/90。

共14个专业参评，其中5★+专业0个，5★专业0个，5★-专业0个，4★专业0个，3★专业0个，2★专业9个。

通讯地址：贵州省遵义市新蒲新区园区1号路12号
邮政编码：563000
电话号码：0851-28608085
学校网址：http://mts.zmc.edu.cn

13647　贵州中医药大学时珍学院

在中国民办院校竞争力排行榜中的名次204，贵州省内排名23/23，医药类排名89/90。

共5个专业参评，其中5★+专业0个，5★专业0个，5★-专业0个，4★专业0个，3★专业0个，2★专业0个。

通讯地址：贵阳市花溪区党武乡栋青路
邮政编码：550025
电话号码：0851-5652605
学校网址：http://sz.gyctcm.edu.cn

甘 肃 省

一流大学

10730 兰州大学

在中国本科院校竞争力排行榜中的名次 43，甘肃省内排名 1/20，综合类排名 16/217。

共87个专业参评，其中5★+专业0个，5★专业7个，5★-专业13个，4★专业18个，3★专业31个，2★专业18个。

5★专业：物理学 14/270、自然地理与资源环境 2/50、生物技术 11/295、生态学 4/73、草业科学 1/30、人力资源管理 13/428、行政管理 11/303。

5★-专业：思想政治教育 17/264、汉语言文学 41/604、历史学 13/244、数学与应用数学 40/502、化学 16/295、应用化学 25/375、人文地理与城乡规划 12/115、地理信息科学 16/166、电子信息科学与技术 19/191、计算机科学与技术 71/911、数据科学与大数据技术 37/544、辐射防护与核安全 1/8、公共事业管理 28/293。

4★专业：经济学 63/345、法学 83/584、英语 150/924、新闻学 43/314、广播电视学 31/166、文物与博物馆学 9/48、信息与计算科学 33/316、大气科学 3/17、应用气象学 2/12、生物科学 38/271、材料化学 18/137、通信工程 59/511、数字媒体技术 30/224、土木工程 62/528、环境工程 62/361、环境科学 19/181、口腔医学 18/110、市场营销 89/646。

通讯地址：甘肃省兰州市天水南路222号
邮政编码：730000
电话号码：0931-8912116/8912748
学校网址：http://zsb.lzu.edu.cn

一般大学

10736 西北师范大学

在中国本科院校竞争力排行榜中的名次 163，甘肃省内排名 2/20，师范类排名 16/160。

共77个专业参评，其中5★+专业0个，5★专业3个，5★-专业14个，4★专业13个，3★专业32个，2★专业15个。

5★专业：教育技术学 5/127、应用心理学 8/244、美术学 16/337。

5★-专业：思想政治教育 20/264、教育学 8/84、艺术教育 2/27、学前教育 25/395、体育教育 30/319、汉语言文学 42/604、汉语国际教育 27/332、秘书学 9/114、英语 50/924、翻译 24/254、数学与应用数学 45/502、旅游管理 33/455、音乐表演 15/248、书法学 7/111。

4★专业：社会工作 31/261、小学教育 29/256、特殊教育 9/59、历史学 30/244、物理学 37/270、化学 38/295、地理科学 21/160、人文地理与城乡规划 18/115、地理信息科学 26/166、物联网工程 51/498、数据科学与大数据技术 77/544、旅游管理与服务教育 4/20、广播电视编导 31/239。

通讯地址：甘肃省兰州市安宁东路967号
邮政编码：730070
电话号码：0931-7971922
学校网址：http://www.nwnu.edu.cn

10731 兰州理工大学

在中国本科院校竞争力排行榜中的名次 194，甘肃省内排名 3/20，理工类排名 76/309。

共63个专业参评，其中5★+专业0个，5★专业3个，5★-专业6个，4★专业13个，3★专业25个，2★专业16个。

5★专业：机械电子工程 7/300、电子信息科学与技术 9/191、工程造价 11/257。

5★-专业：机械设计制造及其自动化 28/521、材料成型及控制工程 20/228、能源与动力工程 20/196、自动化 34/453、土木工程 33/528、化学工程与工艺 33/326。

4★专业：过程装备与控制工程 15/96、智能制造工程 22/117、新能源科学与工程 13/109、电气工程及其自动化 64/567、通信工程 54/511、计算机科学与技术 101/911、数据科学与大数据技术 80/544、道路桥梁与渡河工程 14/73、水利水电工程 15/84、工程管理 55/396、市场营销 82/646、会计学 128/652、财务管理 82/699。

通讯地址：甘肃省兰州市七里河区兰工坪287号
邮政编码：730050
电话号码：（86-0931）-2973715
学校网址：http://www.gsut.edu.cn

10732 兰州交通大学

在中国本科院校竞争力排行榜中的名次 207，甘肃省内排名 4/20，理工类排名 84/309。

共 62 个专业参评，其中 5★+专业 0 个，5★专业 2 个，5★-专业 5 个，4★专业 10 个，3★专业 31 个，2★专业 13 个。

5★专业：轨道交通信号与控制 3/60、给排水科学与工程 6/162。

5★-专业：车辆工程 24/260、电气工程及其自动化 34/567、土木工程 36/528、建筑环境与能源应用工程 15/178、交通运输 12/117。

4★专业：机械设计制造及其自动化 82/521、机械电子工程 36/300、电子信息工程 100/645、通信工程 62/511、自动化 86/453、计算机科学与技术 127/911、交通工程 19/107、环境工程 55/361、工程管理 44/396、市场营销 111/646。

通讯地址：甘肃省兰州市安宁西路 88 号
邮政编码：730070
电话号码：0931-4938051
学校网址：http://zsb.lzjtu.edu.cn

10733 甘肃农业大学

在中国本科院校竞争力排行榜中的名次 321，甘肃省内排名 5/20，农林类排名 24/43。

共 56 个专业参评，其中 5★+专业 0 个，5★专业 0 个，5★-专业 1 个，4★专业 8 个，3★专业 14 个，2★专业 33 个。

5★-专业：种子科学与工程 3/38。

4★专业：应用统计学 24/172、食品科学与工程 51/278、农学 13/76、设施农业科学与工程 7/39、水土保持与荒漠化防治 4/19、动物医学 15/75、园林 22/138、土地资源管理 17/93。

通讯地址：甘肃省兰州市安宁区营门村 1 号
邮政编码：730070
电话号码：0931-7631109
学校网址：http://bkzsw.gsau.edu.cn

10742 西北民族大学

在中国本科院校竞争力排行榜中的名次 397，甘肃省内排名 6/20，民族类排名 5/16。

共 65 个专业参评，其中 5★+专业 0 个，5★专业 1 个，5★-专业 1 个，4★专业 2 个，3★专业 27 个，2★专业 32 个。

5★专业：中国少数民族语言文学 1/33。

5★-专业：音乐表演 24/248。

4★专业：汉语言文学 94/604、航空服务艺术与管理 3/21。

通讯地址：甘肃省兰州市城关区西北新村 1 号
邮政编码：730030
电话号码：0931-2938300
学校网址：http://www.xbmu.edu.cn

10741 兰州财经大学

在中国本科院校竞争力排行榜中的名次 514，甘肃省内排名 7/20，财经类排名 36/82。

共 57 个专业参评，其中 5★+专业 0 个，5★专业 1 个，5★-专业 2 个，4★专业 3 个，3★专业 26 个，2★专业 24 个。

5★专业：财务管理 33/699。

5★-专业：商务经济学 2/20、国际经济与贸易 69/688。

4★专业：市场营销 66/646、会计学 86/652、审计学 21/192。

通讯地址：甘肃省兰州市薇乐大道 4 号（和平校区）/ 兰州市城关区段家滩 496 号（段家滩校区）
邮政编码：730101（和平校区）/ 730020（段家滩校区）
电话号码：0931-5259988
学校网址：http://zjc.lzufe.edu.cn

11406 甘肃政法大学

在中国本科院校竞争力排行榜中的名次 585，甘肃省内排名 8/20，文法类排名 24/64。

共 31 个专业参评，其中 5★+专业 0 个，5★专业 0 个，5★-专业 0 个，4★专业 1 个，3★专业 9 个，2★专业 10 个。

4★专业：财务管理 92/699。

通讯地址：甘肃省兰州市安宁西路 6 号
邮政编码：730070
电话号码：0931-7601433
学校网址：http://bkzs.gsli.edu.cn

10735 甘肃中医药大学

在中国本科院校竞争力排行榜中的名次 611，甘肃省内排名 9/20，医药类排名 67/90。

共 20 个专业参评，其中 5★+专业 0 个，5★专业 0 个，5★-专业 0 个，4★专业 1 个，3★专业 8 个，2★专业 10 个。

4★专业：中药学 22/109。

通讯地址：五里铺校区：甘肃省兰州市定西东路35号
邮政编码：730101
电话号码：0931-8765321
学校网址：http://www.gszy.edu.cn

10740 河西学院

在中国本科院校竞争力排行榜中的名次629，甘肃省内排名10/20，综合类排名113/217。

共63个专业参评，其中5★+专业0个，5★专业0个，5★-专业0个，4★专业0个，3★专业14个，2★专业40个。

通讯地址：甘肃省张掖市北环路846号
邮政编码：734000
电话号码：0936-8283598
学校网址：http://www.hxu.edu.cn

10739 天水师范学院

在中国本科院校竞争力排行榜中的名次643，甘肃省内排名11/20，师范类排名94/160。

共56个专业参评，其中5★+专业0个，5★专业0个，5★-专业0个，4★专业0个，3★专业10个，2★专业42个。

通讯地址：甘肃省天水市秦州区藉河南路
邮政编码：741000
电话号码：0938-8363669
学校网址：http://www.tsnc.edu.cn

10737 兰州城市学院

在中国本科院校竞争力排行榜中的名次663，甘肃省内排名12/20，师范类排名104/160。

共52个专业参评，其中5★+专业0个，5★专业0个，5★-专业1个，4★专业1个，3★专业11个，2★专业34个。

5★-专业：音乐学36/387。

4★专业：数据科学与大数据技术93/544。

通讯地址：甘肃省兰州市安宁区街坊路11号
邮政编码：730070
电话号码：0931-7601072
学校网址：http://zhaosheng.lzcu.edu.cn

10738 陇东学院

在中国本科院校竞争力排行榜中的名次689，甘肃省内排名13/20，师范类排名113/160。

共56个专业参评，其中5★+专业0个，5★专业0个，5★-专业0个，4★专业0个，3★专业12个，2★专业33个。

通讯地址：甘肃省庆阳市兰州路45号
邮政编码：745000
电话号码：0934-8658679/8652820
学校网址：http://www.ldxy.edu.cn

11805 甘肃医学院

在中国本科院校竞争力排行榜中的名次763，甘肃省内排名14/20，医药类排名79/90。

共8个专业参评，其中5★+专业0个，5★专业0个，5★-专业0个，4★专业0个，3★专业2个，2★专业5个。

通讯地址：甘肃省平凉市崆峒区柳湖路中段
邮政编码：744000
电话号码：0933-8613953/8612905
学校网址：http://www.plmc.edu.cn

11562 兰州文理学院

在中国本科院校竞争力排行榜中的名次765，甘肃省内排名15/20，综合类排名143/217。

共34个专业参评，其中5★+专业0个，5★专业0个，5★-专业1个，4★专业2个，3★专业9个，2★专业16个。

5★-专业：环境设计70/718。

4★专业：数字媒体技术45/224、财务管理124/699。

通讯地址：甘肃省兰州市城关区雁滩北面滩400号
邮政编码：730000
电话号码：0931-8685536
学校网址：http://www.luas.edu.cn

11561 甘肃民族师范学院

在中国本科院校竞争力排行榜中的名次846，甘肃省内排名16/20，师范类排名153/160。

共36个专业参评，其中5★+专业0个，5★专业0个，5★-专业0个，4★专业0个，3★专业3个，2★专业27个。

通讯地址：甘肃省甘南州合作市知合玛路233号
邮政编码：747000
电话号码：0941-8253168
学校网址：http://zsc.gnun.edu.cn

11807 兰州工业学院

在中国本科院校竞争力排行榜中的名次

852,甘肃省内排名17/20,理工类排名240/309。

共31个专业参评,其中5★+专业0个,5★专业0个,5★-专业1个,4★专业0个,3★专业6个,2★专业17个。

5★-专业：视觉传达设计61/743。

通讯地址：甘肃省兰州市七里河区龚家坪东路1号
邮政编码：730050
电话号码：0931-2885585
学校网址：http://zjc.lzit.edu.cn

民办院校

13511　兰州工商学院

在中国民办院校竞争力排行榜中的名次175,甘肃省内排名18/20,财经类排名77/82。

共29个专业参评,其中5★+专业0个,5★专业0个,5★-专业0个,4★专业0个,3★专业0个,2★专业19个。

通讯地址：甘肃省兰州市和平开发区薇乐大道68号
邮政编码：730101
电话号码：0931-5271764
学校网址：http://www.lzlqc.com

13515　兰州信息科技学院

在中国民办院校竞争力排行榜中的名次183,甘肃省内排名19/20,理工类排名298/309。

共28个专业参评,其中5★+专业0个,5★专业0个,5★-专业0个,4★专业0个,3★专业0个,2★专业9个。

通讯地址：兰州市七里河区龚家坪北路211号
邮政编码：730050
电话号码：0931-286715
学校网址：http://www.lutcte.cn

13514　兰州博文科技学院

在中国民办院校竞争力排行榜中的名次188,甘肃省内排名20/20,理工类排名302/309。

共39个专业参评,其中5★+专业0个,5★专业0个,5★-专业0个,4★专业0个,3★专业0个,2★专业21个。

通讯地址：兰州市和平开发区
邮政编码：730101
电话号码：0931-5272605
学校网址：http://www.bowenedu.cn

内蒙古自治区

一流大学

10126　内蒙古大学

在中国本科院校竞争力排行榜中的名次 158，内蒙古自治区内排名 1/15，综合类排名 43/217。

共 62 个专业参评，其中 5★+专业 0 个，5★专业 0 个，5★-专业 5 个，4★专业 13 个，3★专业 28 个，2★专业 13 个。

5★-专业：汉语言文学 58/604、新闻学 25/314、生物技术 18/295、计算机科学与技术 84/911、播音与主持艺术 21/238。

4★专业：法学 67/584、汉语国际教育 53/332、英语 121/924、日语 50/461、网络与新媒体 41/250、数学与应用数学 72/502、生物科学 33/271、软件工程 104/590、数据科学与大数据技术 107/544、行政管理 37/303、劳动与社会保障 27/135、旅游管理 48/455、视觉传达设计 121/743。

通讯地址：呼和浩特市赛罕区大学西街 235 号（北校区）/呼和浩特市玉泉区昭君路 24 号（南校区）
邮政编码：010021
电话号码：0471-4993105/4993164
学校网址：http://zhaosheng.imu.edu.cn

一般大学

10129　内蒙古农业大学

在中国本科院校竞争力排行榜中的名次 264，内蒙古自治区内排名 2/15，农林类排名 19/43。

共 71 个专业参评，其中 5★+专业 0 个，5★专业 1 个，5★-专业 3 个，4★专业 9 个，3★专业 22 个，2★专业 33 个。

5★专业：草业科学 2/30。

5★-专业：食品科学与工程 16/278、水土保持与荒漠化防治 2/19、园林 14/138。

4★专业：应用统计学 20/172、农业机械化及其自动化 5/39、食品质量与安全 29/230、风景园林 27/181、农学 10/76、植物科学与技术 3/21、动物科学 10/84、林学 8/46、会计学 80/652。

通讯地址：内蒙古呼和浩特市昭乌达路 306 号
邮政编码：010018
电话号码：0471-4311359
学校网址：http://www.imau.edu.cn

10128　内蒙古工业大学

在中国本科院校竞争力排行榜中的名次 281，内蒙古自治区内排名 3/15，理工类排名 110/309。

共 61 个专业参评，其中 5★+专业 0 个，5★专业 0 个，5★-专业 2 个，4★专业 10 个，3★专业 28 个，2★专业 21 个。

5★-专业：化学工程与工艺 32/326、建筑学 23/286。

4★专业：英语 142/924、应用化学 72/375、材料成型及控制工程 32/228、能源与动力工程 27/196、电气工程及其自动化 66/567、通信工程 100/511、计算机科学与技术 164/911、财务管理 79/699、物流管理 53/455、环境设计 104/718。

通讯地址：内蒙古自治区呼和浩特市新城区爱民街 49 号
邮政编码：010051
电话号码：0471-6576346
学校网址：http://zsb.imut.edu.cn

10127　内蒙古科技大学

在中国本科院校竞争力排行榜中的名次 301，内蒙古自治区内排名 4/15，理工类排名 118/309。

共 70 个专业参评，其中 5★+专业 0 个，5★专业 0 个，5★-专业 0 个，4★专业 4 个，3★专业 30 个，2★专业 34 个。

4★专业：机械设计制造及其自动化 69/521、机械电子工程 58/300、土木工程 88/528、安全工程 30/149。

通讯地址：内蒙古包头市昆都仑区阿尔丁大街 7 号
邮政编码：014010
电话号码：0472-5951605/5953346/5953347
学校网址：http://zhaosheng.imust.cn

10135　内蒙古师范大学

在中国本科院校竞争力排行榜中的名次343，内蒙古自治区内排名 5/15，师范类排名 35/160。

共 71 个专业参评，其中 5★+专业 0 个，5★专业 1 个，5★-专业 5 个，4★专业 8 个，3★专业 32 个，2★专业 24 个。

5★专业：环境设计 19/718。

5★-专业：学前教育 24/395、小学教育 24/256、中国少数民族语言文学 3/33、美术学 30/337、视觉传达设计 43/743。

4★专业：体育教育 33/319、社会体育指导与管理 25/235、汉语言文学 93/604、地理信息科学 33/166、音乐表演 28/248、音乐学 44/387、动画 40/278、产品设计 74/413。

通讯地址：内蒙古呼和浩特市赛罕区昭乌达路 81 号
邮政编码：010022
电话号码：0471-4392514
学校网址：http://zs.imnu.edu.cn

10136　内蒙古民族大学

在中国本科院校竞争力排行榜中的名次478，内蒙古自治区内排名 6/15，民族类排名 11/16。

共 68 个专业参评，其中 5★+专业 0 个，5★专业 0 个，5★-专业 1 个，4★专业 0 个，3★专业 22 个，2★专业 38 个。

5★-专业：广播电视编导 19/239。

通讯地址：内蒙古通辽市科尔沁区霍林河大街（西）536 号
邮政编码：028043
电话号码：0475-8313584
学校网址：http://zs.imun.edu.cn

10139　内蒙古财经大学

在中国本科院校竞争力排行榜中的名次488，内蒙古自治区内排名 7/15，财经类排名 35/82。

共 47 个专业参评，其中 5★+专业 0 个，5★专业 1 个，5★-专业 1 个，4★专业 6 个，3★专业 18 个，2★专业 20 个。

5★专业：物业管理 1/24。

5★-专业：人力资源管理 35/428。

4★专业：税收学 15/89、国际经济与贸易 126/688、应用统计学 30/172、会计学 102/652、资产评估 12/76、旅游管理 91/455。

通讯地址：内蒙古呼和浩特市回民区北二环路 185 号
邮政编码：010070
电话号码：0471-3662060
学校网址：http://www.imufe.edu.cn

10132　内蒙古医科大学

在中国本科院校竞争力排行榜中的名次495，内蒙古自治区内排名 8/15，医药类排名 52/90。

共 28 个专业参评，其中 5★+专业 0 个，5★专业 0 个，5★-专业 0 个，4★专业 0 个，3★专业 11 个，2★专业 16 个。

通讯地址：内蒙古呼和浩特市金山开发区
邮政编码：010059
电话号码：0471-6653318/6636217/6653317
学校网址：http://immczs.university-hr.com

10138　赤峰学院

在中国本科院校竞争力排行榜中的名次685，内蒙古自治区内排名 9/15，师范类排名 112/160。

共 49 个专业参评，其中 5★+专业 0 个，5★专业 0 个，5★-专业 0 个，4★专业 2 个，3★专业 6 个，2★专业 27 个。

4★专业：学前教育 65/395、视觉传达设计 97/743。

通讯地址：内蒙古赤峰市红山区迎宾路 1 号
邮政编码：024000
电话号码：0476-8300202
学校网址：http://www.cfxyzsxx.com

10819　呼伦贝尔学院

在中国本科院校竞争力排行榜中的名次767，内蒙古自治区内排名 10/15，综合类排名 144/217。

共 50 个专业参评，其中 5★+专业 0 个，5★专业 0 个，5★-专业 0 个，4★专业 0 个，3★专业 6 个，2★专业 34 个。

通讯地址：内蒙古自治区呼伦贝尔市海拉尔区学府路 83 号
邮政编码：021008
电话号码：0470-3103126
学校网址：http://zsjy.hlbrc.cn

14531　内蒙古艺术学院

在中国本科院校竞争力排行榜中的名次**778**，内蒙古自治区内排名 **11/15**，艺术类排名 **37/44**。

共 **24** 个专业参评，其中 5★+专业 **0** 个，5★专业 **1** 个，5★-专业 **0** 个，4★专业 **1** 个，3★专业 **7** 个，2★专业 **8** 个。

5★专业：舞蹈表演 6/139。

4★专业：表演 24/139。

通讯地址：内蒙古自治区呼和浩特市新城区新华东街 101 号
邮政编码：010010
电话号码：0471-4978356
学校网址：http://zs.imac.edu.cn

11427　集宁师范学院

在中国本科院校竞争力排行榜中的名次**788**，内蒙古自治区内排名 **12/15**，师范类排名 **139/160**。

共 **28** 个专业参评，其中 5★+专业 **0** 个，5★专业 **0** 个，5★-专业 **0** 个，4★专业 **1** 个，3★专业 **3** 个，2★专业 **17** 个。

4★专业：学前教育 57/395。

通讯地址：内蒙古自治区乌兰察布市集宁区工农路 59 号
邮政编码：012000
电话号码：0474-8989023
学校网址：http://www.jntc.nm.cn

11631　河套学院

在中国本科院校竞争力排行榜中的名次**881**，内蒙古自治区内排名 **13/15**，综合类排名 **169/217**。

共 **32** 个专业参评，其中 5★+专业 **0** 个，5★专业 **0** 个，5★-专业 **0** 个，4★专业 **0** 个，3★专业 **5** 个，2★专业 **17** 个。

通讯地址：内蒙古巴彦淖尔市临河区大学路河套学院
邮政编码：015000
电话号码：0478-8414414
学校网址：http://www.hetaodaxue.com

11709　呼和浩特民族学院

在中国本科院校竞争力排行榜中的名次**888**，内蒙古自治区内排名 **14/15**，民族类排名 **15/16**。

共 **35** 个专业参评，其中 5★+专业 **0** 个，5★专业 **0** 个，5★-专业 **0** 个，4★专业 **0** 个，3★专业 **4** 个，2★专业 **23** 个。

通讯地址：内蒙古自治区呼和浩特市新城区通道北路 56 号
邮政编码：010051
电话号码：0471-6585520
学校网址：http://www.imnc.edu.cn

14532　鄂尔多斯应用技术学院

在中国本科院校竞争力排行榜中的名次**916**，内蒙古自治区内排名 **15/15**，综合类排名 **174/217**。

共 **22** 个专业参评，其中 5★+专业 **0** 个，5★专业 **0** 个，5★-专业 **0** 个，4★专业 **0** 个，3★专业 **2** 个，2★专业 **10** 个。

通讯地址：内蒙古自治区鄂尔多斯市康巴什区鄂尔多斯大街东 1 号
邮政编码：071000
电话号码：0477-8591166
学校网址：http://www.oit.edu.cnjy.htm

新疆维吾尔自治区

一流大学

10755 新疆大学

在中国本科院校竞争力排行榜中的名次155，新疆维吾尔自治区内排名1/15，综合类排名41/217。

共66个专业参评，其中5★+专业0个，5★专业1个，5★-专业8个，4★专业15个，3★专业31个，2★专业10个。

5★专业：计算机科学与技术46/911。

5★-专业：法学58/584、汉语言文学54/604、数学与应用数学29/502、信息与计算科学32/316、电气工程及其自动化52/567、软件工程46/590、化学工程与工艺23/326、旅游管理43/455。

4★专业：经济学49/345、思想政治教育47/264、中国少数民族语言文学5/33、英语174/924、俄语20/155、新闻学46/314、化学44/295、地理信息科学23/166、机械工程20/124、电子信息工程80/645、通信工程86/511、机器人工程28/223、土木工程65/528、生物工程37/243、酒店管理26/196。

通讯地址：新疆乌鲁木齐市胜利路666号
邮政编码：830046
电话号码：0991-8585671
学校网址：http://www.xju.edu.cn

10759 石河子大学

在中国本科院校竞争力排行榜中的名次184，新疆维吾尔自治区内排名2/15，综合类排名45/217。

共83个专业参评，其中5★+专业0个，5★专业3个，5★-专业0个，4★专业6个，3★专业48个，2★专业22个。

5★专业：学前教育17/395、食品质量与安全7/230、审计学9/192。

4★专业：机械设计制造及其自动化83/521、化学工程与工艺37/326、种子科学与工程8/38、市场营销91/646、会计学116/652、财务管理89/699。

通讯地址：新疆石河子市北四路
邮政编码：832003
电话号码：0993-2092827
学校网址：www.shzu.edu.cn

一般大学

10760 新疆医科大学

在中国本科院校竞争力排行榜中的名次329，新疆维吾尔自治区内排名3/15，医药类排名30/90。

共24个专业参评，其中5★+专业0个，5★专业1个，5★-专业1个，4★专业3个，3★专业15个，2★专业3个。

5★专业：健康服务与管理4/95。

5★-专业：药学19/231。

4★专业：临床医学23/186、预防医学22/108、护理学54/278。

通讯地址：新疆乌鲁木齐市新医路393号
邮政编码：830011
电话号码：0991-4362444
学校网址：http://xsc.xjmu.edu.cn

10762 新疆师范大学

在中国本科院校竞争力排行榜中的名次345，新疆维吾尔自治区内排名4/15，师范类排名37/160。

共52个专业参评，其中5★+专业0个，5★专业0个，5★-专业5个，4★专业8个，3★专业24个，2★专业14个。

5★-专业：思想政治教育26/264、小学教育20/256、体育教育31/319、音乐学24/387、美术学34/337。

4★专业：社会工作29/261、民族学5/27、教育技术学17/127、学前教育66/395、特殊教育12/59、汉语言文学96/604、旅游管理50/455、舞蹈学22/201。

通讯地址：新疆乌鲁木齐市新医路102号
邮政编码：830054
电话号码：0991-4332596
学校网址：http://www.xjnu.edu.cn

10758　新疆农业大学

在中国本科院校竞争力排行榜中的名次364，新疆维吾尔自治区内排名5/15，农林类排名29/43。

共53个专业参评，其中5★+专业0个，5★专业0个，5★-专业0个，4★专业3个，3★专业21个，2★专业29个。

4★专业：水利水电工程 14/84、食品质量与安全 44/230、草业科学 6/30。

通讯地址：新疆乌鲁木齐市农大东路311号
邮政编码：830052
电话号码：0991-8763007
学校网址：http://www.xjau.edu.cn

10766　新疆财经大学

在中国本科院校竞争力排行榜中的名次452，新疆维吾尔自治区内排名6/15，财经类排名33/82。

共31个专业参评，其中5★+专业0个，5★专业1个，5★-专业2个，4★专业8个，3★专业10个，2★专业9个。

5★专业：国际经济与贸易 26/688。

5★-专业：金融学 33/385、财务管理 47/699。

4★专业：经济统计学 18/135、金融数学 12/72、新闻学 62/314、工程造价 50/257、市场营销 110/646、会计学 68/652、国际商务 24/130、旅游管理 51/455。

通讯地址：新疆乌鲁木齐市北京中路449号
邮政编码：830012
电话号码：0991-7804693/7842094
学校网址：http://www.xjie.edu.cn

10757　塔里木大学

在中国本科院校竞争力排行榜中的名次474，新疆维吾尔自治区内排名7/15，农林类排名34/43。

共56个专业参评，其中5★+专业0个，5★专业0个，5★-专业0个，4★专业1个，3★专业18个，2★专业34个。

4★专业：园艺 20/107。

通讯地址：新疆阿拉尔市塔里木大道东1487
邮政编码：843300
电话号码：0997-4681849
学校网址：http://xsc.taru.edu.cn

10763　喀什大学

在中国本科院校竞争力排行榜中的名次693，新疆维吾尔自治区内排名8/15，师范类排名115/160。

共45个专业参评，其中5★+专业0个，5★专业0个，5★-专业0个，4★专业1个，3★专业10个，2★专业34个。

4★专业：广告学 52/275。

通讯地址：新疆喀什市学院路29号
邮政编码：844006
电话号码：0998-2892386
学校网址：http://www.ksu.edu.cn

10768　新疆艺术学院

在中国本科院校竞争力排行榜中的名次741，新疆维吾尔自治区内排名9/15，艺术类排名33/44。

共29个专业参评，其中5★+专业0个，5★专业0个，5★-专业0个，4★专业2个，3★专业14个，2★专业11个。

4★专业：音乐表演 44/248、舞蹈表演 27/139。

通讯地址：新疆乌鲁木齐市团结路734号
邮政编码：830049
电话号码：0991-2554104/2575210
学校网址：http://www.xjart.edu.cn

10764　伊犁师范大学

在中国本科院校竞争力排行榜中的名次750，新疆维吾尔自治区内排名10/15，师范类排名131/160。

共43个专业参评，其中5★+专业0个，5★专业0个，5★-专业0个，4★专业0个，3★专业10个，2★专业31个。

通讯地址：新疆伊宁市解放西路448号
邮政编码：835000
电话号码：0999-8137391
学校网址：http://www.ylsy.edu.cn

10994　新疆工程学院

在中国本科院校竞争力排行榜中的名次812，新疆维吾尔自治区内排名11/15，理工类排名226/309。

共31个专业参评，其中5★+专业0个，5★专

业0个，5★-专业0个，4★专业1个，3★专业10个，2★专业12个。

4★专业：物联网工程89/498。

通讯地址：新疆乌鲁木齐经济技术开发区科创路1350号
邮政编码：830023
电话号码：0991-7977269
学校网址：http://www.xjpcedu.cn

10997　昌吉学院

在中国本科院校竞争力排行榜中的名次856，新疆维吾尔自治区内排名12/15，师范类排名155/160。

共39个专业参评，其中5★+专业0个，5★专业0个，5★-专业0个，4★专业1个，3★专业6个，2★专业31个。

4★专业：网络与新媒体42/250。

通讯地址：新疆昌吉市北京北路77号
邮政编码：831100
电话号码：0994-2337793
学校网址：http://www.cjc.edu.cn

12734　新疆警察学院

在中国本科院校竞争力排行榜中的名次904，新疆维吾尔自治区内排名13/15，文法类排名58/64。

共7个专业参评，其中5★+专业0个，5★专业0个，5★-专业0个，4★专业0个，3★专业4个，2★专业3个。

通讯地址：新疆乌鲁木齐市新市区长沙路1108号
邮政编码：830011
电话号码：0991-7811875
学校网址：http://www.xjpcedu.cn

13628　新疆政法学院

新疆维吾尔自治区内排名14/15，综合类排名217/217。

通讯地址：新疆五家渠市前进东街109号
邮政编码：831300
电话号码：0993-2058175
学校网址：http://kjxy.shzu.edu.cn

13560　新疆第二医学院

新疆维吾尔自治区内排名15/15，医药类排名90/90。

共10个专业参评，其中5★+专业0个，5★专业0个，5★-专业0个，4★专业0个，3★专业0个，2★专业6个。

通讯地址：新疆维吾尔自治区克拉玛依市胜利路12号
邮政编码：834000
电话号码：0990-7563666
学校网址：http://www.xjmuhbc.edu.cn

海 南 省

一流大学

10589 海南大学

在中国本科院校竞争力排行榜中的名次143，海南省内排名1/7，综合类排名40/217。

共70个专业参评，其中5★+专业0个，5★专业4个，5★-专业5个，4★专业22个，3★专业27个，2★专业12个。

5★专业：法学24/584、财务管理19/699、公共关系学1/14、旅游管理8/455。

5★-专业：英语76/924、生物技术28/295、数据科学与大数据技术48/544、园艺10/107、会计学57/652。

4★专业：国际经济与贸易113/688、思想政治教育45/264、休闲体育13/81、汉语言文学110/604、生物科学52/271、电子信息工程73/645、通信工程55/511、网络工程42/315、物联网工程60/498、土木工程101/528、化学工程与工艺40/326、食品科学与工程33/278、食品质量与安全34/230、风景园林33/181、农学11/76、设施农业科学与工程8/39、水产养殖学10/49、工商管理109/547、审计学26/192、酒店管理24/196、会展经济与管理21/104、视觉传达设计124/743。

通讯地址：海南省海口市美兰区人民大道58号
邮政编码：570228
电话号码：0898-66266469
学校网址：http://bkzs.hainu.edu.cn

一般大学

11658 海南师范大学

在中国本科院校竞争力排行榜中的名次355，海南省内排名2/7，师范类排名39/160。

共56个专业参评，其中5★+专业0个，5★专业1个，5★-专业0个，4★专业5个，3★专业26个，2★专业24个。

5★专业：小学教育9/256。

4★专业：思想政治教育48/264、社会体育指导与管理26/235、汉语言文学67/604、化学49/295、酒店管理30/196。

通讯地址：海南省海口市琼山区龙昆南路99号
邮政编码：571158
电话号码：0898-65888710
学校网址：http://www.hainnu.edu.cn

11810 海南医学院

在中国本科院校竞争力排行榜中的名次509，海南省内排名3/7，医药类排名53/90。

共28个专业参评，其中5★+专业0个，5★专业0个，5★-专业0个，4★专业1个，3★专业9个，2★专业16个。

4★专业：健康服务与管理16/95。

通讯地址：海南省海口市龙华区学院路3号
邮政编码：571199
电话号码：0898-66895588
学校网址：http://www.hainmc.edu.cn

11100 海南热带海洋学院

在中国本科院校竞争力排行榜中的名次659，海南省内排名5/7，综合类排名120/217。

共52个专业参评，其中5★+专业0个，5★专业0个，5★-专业0个，4★专业0个，3★专业10个，2★专业36个。

通讯地址：海南省三亚市育才路1号
邮政编码：572022
电话号码：0898-88651897
学校网址：http://www.qzu.edu.cn

13811 琼台师范学院

在中国本科院校竞争力排行榜中的名次805，海南省内排名7/7，师范类排名145/160。

共24个专业参评，其中5★+专业0个，5★专业0个，5★-专业0个，4★专业0个，3★专业0个，2★专业16个。

通讯地址：海南省海口市琼山区府城中山路8号（府城校区）/海南省海口市桂林洋高校区（桂林洋校区）
邮政编码：571127
电话号码：0898-66671919
学校网址：http://www.qttc.edu.cn

民办院校

13892 三亚学院

在中国民办院校竞争力排行榜中的名次 7，海南省内排名 4/7，综合类排名 115/217。

共 46 个专业参评，其中 5★+专业 0 个，5★专业 0 个，5★-专业 0 个，4★专业 1 个，3★专业 14 个，2★专业 30 个。

4★专业：酒店管理 32/196。

通讯地址：海南省三亚市迎宾大道学院路
邮政编码：572022
电话号码：0898-88386666
学校网址：http://zhaosheng.sanyau.edu.cn

12308 海口经济学院

在中国民办院校竞争力排行榜中的名次 36，海南省内排名 6/7，财经类排名 51/82。

共 42 个专业参评，其中 5★+专业 0 个，5★专业 0 个，5★-专业 0 个，4★专业 3 个，3★专业 13 个，2★专业 20 个。

4★专业：金融工程 51/259、舞蹈学 33/201、播音与主持艺术 25/238。

通讯地址：海南省海口市美兰区高校区居委会海涛大道 1001 号
邮政编码：571127
电话号码：0898-65733733
学校网址：http://www.hkc.edu.cn

宁夏回族自治区

一流大学

10749 宁夏大学

在中国本科院校竞争力排行榜中的名次228，宁夏回族自治区内排名 1/6，综合类排名 51/217。

共75个专业参评，其中5★+专业0个，5★专业0个，5★-专业1个，4★专业10个，3★专业33个，2★专业30个。

5★-专业：英语 63/924。

4★专业：法学 116/584、小学教育 44/256、汉语言文学 83/604、信息与计算科学 45/316、应用心理学 45/244、软件工程 116/590、水利水电工程 16/84、化学工程与工艺 62/326、食品科学与工程 39/278、葡萄与葡萄酒工程 3/17。

通讯地址：宁夏银川市西夏区贺兰山西路489号
邮政编码：750021
电话号码：0951-2061897
学校网址：http://zs.nxu.edu.cn

一般大学

10752 宁夏医科大学

在中国本科院校竞争力排行榜中的名次393，宁夏回族自治区内排名 2/6，医药类排名 36/90。

共19个专业参评，其中5★+专业0个，5★专业0个，5★-专业0个，4★专业2个，3★专业11个，2★专业4个。

4★专业：医学检验技术 16/151、公共事业管理 51/293。

通讯地址：宁夏回族自治区银川市兴庆区胜利街1160号
邮政编码：750004
电话号码：0951-6980061
学校网址：http://www.zs.nxmu.edu.cn

11407 北方民族大学

在中国本科院校竞争力排行榜中的名次401，宁夏回族自治区内排名 3/6，民族类排名 6/16。

共69个专业参评，其中5★+专业0个，5★专业0个，5★-专业0个，4★专业0个，3★专业25个，2★专业39个。

通讯地址：宁夏银川市西夏区文昌北街204号
邮政编码：750021
电话号码：0951-2066992/2066335
学校网址：http://zb.nun.edu.cn

10753 宁夏师范学院

在中国本科院校竞争力排行榜中的名次817，宁夏回族自治区内排名 4/6，师范类排名 146/160。

共30个专业参评，其中5★+专业0个，5★专业0个，5★-专业0个，4★专业0个，3★专业3个，2★专业21个。

通讯地址：宁夏固原市文化街161号
邮政编码：756000
电话号码：0954-2079366
学校网址：http://zs.nxnu.edu.cn

民办院校

12544 宁夏理工学院

在中国民办院校竞争力排行榜中的名次152，宁夏回族自治区内排名 5/6，理工类排名 283/309。

共37个专业参评，其中5★+专业0个，5★专业0个，5★-专业0个，4★专业0个，3★专业3个，2★专业31个。

通讯地址：宁夏石嘴山市大武口区山水大道学院路1号
邮政编码：753000
电话号码：0952-2210016/15226229969
学校网址：http://www.nxist.com

13820 银川能源学院

在中国民办院校竞争力排行榜中的名次163,宁夏回族自治区内排名6/6,理工类排名289/309。

共26个专业参评,其中5★+专业0个,5★专业0个,5★-专业0个,4★专业0个,3★专业3个,2★专业15个。

通讯地址:宁夏银川市永宁王太堡
邮政编码:750105
电话号码:0951-8409278
学校网址:http://zsjy.yku.edu.cn

西藏自治区

一流大学

10694 西藏大学

在中国本科院校竞争力排行榜中的名次338，西藏自治区内排名1/4，综合类排名66/217。

共43个专业参评，其中5★+专业0个，5★专业0个，5★-专业1个，4★专业4个，3★专业13个，2★专业21个。

5★-专业：音乐学 23/387。

4★专业：中国少数民族语言文学 4/33、计算机科学与技术 139/911、财务管理 138/699、美术学 66/337。

通讯地址：西藏自治区拉萨市城关区藏大东路10号
邮政编码：850000
电话号码：0891-6331646
学校网址：http://www.utibet.edu.cn

一般大学

10695 西藏民族大学

在中国本科院校竞争力排行榜中的名次599，西藏自治区内排名2/4，民族类排名13/16。

共43个专业参评，其中5★+专业0个，5★专业0个，5★-专业0个，4★专业1个，3★专业9个，2★专业25个。

4★专业：汉语言文学 99/604。

通讯地址：陕西省咸阳市文汇东路6号
邮政编码：712082
电话号码：029-33755799/33755035/029-33755799（fax）
学校网址：http://www.xzmy.edu.cn

10696 西藏藏医药大学

在中国本科院校竞争力排行榜中的名次666，西藏自治区内排名3/4，医药类排名73/90。

共2个专业参评，其中5★+专业0个，5★专业0个，5★-专业0个，4★专业0个，3★专业0个，2★专业0个。

通讯地址：西藏拉萨市当热中路10号
邮政编码：850000
电话号码：0891-6389670
学校网址：http://www.ttmc.edu.cn

10693 西藏农牧学院

在中国本科院校竞争力排行榜中的名次844，西藏自治区内排名4/4，农林类排名42/43。

共27个专业参评，其中5★+专业0个，5★专业0个，5★-专业0个，4★专业0个，3★专业0个，2★专业19个。

通讯地址：西藏自治区林芝市巴宜区育才西路100号
邮政编码：860000
电话号码：0894-5888499
学校网址：http://www.xcc.sc.cn

青海省

一流大学

10743 青海大学

在中国本科院校竞争力排行榜中的名次271，青海省内排名1/3，综合类排名58/217。

共54个专业参评，其中5★+专业0个，5★专业0个，5★-专业1个，4★专业3个，3★专业23个，2★专业26个。

5★-专业：环境生态工程6/63。

4★专业：会计学109/652、人力资源管理75/428、旅游管理85/455。

通讯地址：青海省西宁市宁大路251号
邮政编码：810016
电话号码：0971-5310697
学校网址：http://www.qhu.edu.cn

一般大学

10748 青海民族大学

在中国本科院校竞争力排行榜中的名次416，青海省内排名2/3，民族类排名8/16。

共52个专业参评，其中5★+专业0个，5★专业0个，5★-专业0个，4★专业3个，3★专业19个，2★专业29个。

4★专业：法学73/584、学前教育79/395、旅游管理58/455。

通讯地址：青海省西宁市八一中路3号
邮政编码：810007
电话号码：0971-8808501/8863272
学校网址：http://www.qhmu.edu.cn

10746 青海师范大学

在中国本科院校竞争力排行榜中的名次503，青海省内排名3/3，师范类排名62/160。

共42个专业参评，其中5★+专业0个，5★专业0个，5★-专业0个，4★专业6个，3★专业16个，2★专业15个。

4★专业：学前教育54/395、小学教育38/256、汉语言文学120/604、地理科学19/160、地理信息科学28/166、计算机科学与技术134/911。

通讯地址：青海省西宁市五四西路38号
邮政编码：810016
电话号码：0971-6318787
学校网址：http://zsb.qhnu.edu.cn